{传播大讲堂论丛}

# 西方国际传播的想象

朱振明 著



WESTERN INTERNATIONAL COMMUNICATION IMAGINATION

CUCP 中国传媒大学出版社
·北京·

# 目　录

>>> CONTENTS

# 引 言

思考,就是去组织;组织,就是建立等级体系。①

——雷吉斯·德布雷

人不能不传播。②

——保罗·瓦茨拉维克

我们生活在一个前所未有的全球化时代,现代性(modernity)向后现代性的过渡成了这种全球化的重要特征,并成了对人类社会现象学解释的现实背景。现代性强调秩序、传统、宏大叙事、结构,后现代性更关注去中心化、叙事的碎片化、解构等。在社会方面,从以原材料、生产和消费为特征的前工业和工业社会逐渐转向以知识生产和消费为特征的后工业社会,人们之间的结社方式由现实的直接转向了虚拟的间接,社会的发展体现出“复杂性”的特征,在社会学和人类学理论上体现为结构主义向日常生活社会学或常人方法论的转变;在经济方面,从实体经济转向以虚拟为特征的新经济,同时制造消费冲动成了重要特征,在经济学理论上,体现为以国家为调节主体的现实主义和以市场为调节主体的自由主义转向以经济组织和政府为互动调节的新自由主义;在政治方面,从传统的“现实政治”转向虚拟的网络政治,权力的实施更多表现为柔性策略,而非强制性表达,在国际政治理论上,从现实主义转向自由主义直至所谓的以文化为主要博弈力量的“后现代政治”;在文化方面,从传统的精英文化崇拜转向以网络为载体的后现代碎片文化,以往以相对稳定的“时空”为身份参照的叙事逐渐转向以“流动的”镜

① DEBRAY R. Cours de mediologie generale[M]. Paris:Editions Gallimard, 1991:142.

② WATZLAWICK P, BEAVIN J H, JACKSON D D. Une logique de la communication[M]. Paris:Editions du Seuil, 1972:45.

像为特征的“快餐式”写真，文化传播模式从以往的“从上到下”转向“从下到上”，在文化研究理论上，从宏大的精英文化和阶级对立文化的研究转向了次级文化张扬，文化主体具有了积极的解码能力；在技术方面，从物理“单体”运作更多转向具有链接或超链接的虚拟的“链接性”网络，在理论上，不同技术的“整合”或“融合”成了关注的焦点。所有这些转换为国际传播研究提供了更多的知识可能性。

从目前的“国际传播”的逻辑来看，基本上存在着两种类型：现代型和后现代型。现代型往往与“等级秩序”“中心”“边缘”“发达”“欠发达”“现代化”等概念联系在一起，体现的是“国际传播”流动的不平衡，具有明显的批判传播政治经济学特征。其中具有代表性的是法国传播学家阿芒·马特拉（Armand Mattelart, 1936—）的“传播世界”（communication-monde）观念。这个概念是他进行分析的逻辑框架参照，在此框架中存在着世界的等级化关系。传播的“短时段”“长时段”等历史就发生在这个等级框架之中。马特拉没有明确给出造成这种等级化的“传播世界”的原因，但毫无疑问它“来自经济世界所产生的灵感”①，而且在传播技术的发展中起了重要的作用，如他所说，“技术网络具有一个向心构型”②，即传播网络的形成具有向（中）心的特征，传播流动更多从发达地区流向不发达地区。这种世界观主要受法国年鉴学派史学家费尔南·布罗代尔（Fernand Braudel, 1902—1985）的“经济世界”与美国社会学家伊曼纽·沃勒斯坦（Immanuel Wallerstein, 1930—2019）的“世界体系”（world system）经济世界观的启发。布罗代尔认为，一个经济世界的界定可由四部分组成：第一，它有一个给定的地理空间，被用来解释它的变化范围；第二，经济世界常常有一个处于支配地位的、由城市代表的极或中心，在一个经济世界中可以存在两个中心，心脏区指围绕中心的地区；第三，整个经济世界在连续的区域中进行分配，表现为围绕心脏区的中间区域；第四，存在大量的边缘区，它们在作为经济世界特点的劳动分工中处于依赖和从属的地位，不只是参与者。布罗代尔就是从这些方面来界定“经济世界”概念，其中的关系内涵就是“不平等交换”。③ 在沃勒斯坦那里，“经济世界”作为一种视角，它“不是一个囊括整个地球表面的系统，

---

① MATTELART A. Histoire des théories de la communication[M]. Paris: La Découverte, 1995: 98.

② MATTELART A. L'invention de la communication[M]. Paris: La Découverte, 1994: 185.

③ MATTELART A. L'invention de la communication[M]. Paris: La Découverte, 1994: 86.

而是这样一个系统:它所构成的世界需要用自身的内在因素来进行自我解释"①。如果说沃勒斯坦在布罗代尔、马克思和依附理论的影响下构建了自己的"经济世界",在该世界中边缘地区要服从中心地区的需要,那么马特拉则在布罗代尔、启蒙共和思想等影响下结构了自己"传播世界"。在这个存在传播等级体系的世界中,马特拉主张所有参与传播者共同享有传播权,以实现传播的民主化。在此逻辑下,对传播的分析存在着一个前提:民族国家是传播过程发生的"时空参照"。马特拉认为:"我们不能把这些民族国家从它们的地缘政治环境中抽象出来。这就是'传播世界'概念的意义,它是历史学家布罗代尔'经济世界'概念的延伸。布罗代尔致力于等级体系重构的分析,这是一套媒介和文化辐射的初级和次级中心,还包括附属地区。交换的选择性动力把网络置于一个多层次的非均匀的空间之中。"②

与现代型传播等级体系相对应的是具有"后现代"特征的"帝国秩序"。后现代型往往与"去中心化""碎化""无秩序""无权威""无等级""平面化"等概念联系在一起,体现的是"国际传播"流动的"平面化"特征,更多体现着后现代主义的特征。米歇尔·哈特(Michael Hardt)与安东尼奥·内格里(Antonio Negri)合著的《帝国》中对帝国进行了很好的现象学描述。在帝国中民族国家不再被看作具有至高无上的权威,它对经济的调节能力越来越弱,它的权威由新的全球权威来代替。在全球化的发展过程中,民族边界在逐渐消失,世界市场从民族国家施加的内外区分中被解放出来,"在这种新的自由空间中出现了许多差别。这些差别当然不是自由地在国际空间中发生作用,而是被整合进包含高度分化的、动态的全球权力结构网络之中"③。在帝国中,任何国家"都不能成为帝国主义的中心。帝国主义已结束"④,"民族身份被移动性、灵活性和大众的永久性分化所代替。"⑤该书的作者虽然采用了政治经济学分析方法,但是对全球化过程中宏大或微观主体所做的是非历史性分析。这实际把被剥夺了具体的社会、政治、经济语境的发展中国家和发达国家抽象地安置在帝国之中,抹杀了围绕市场建立起来的世界

① WALLERSTEIN I. Les économies-monde et leur histoire. Entretient[J].Le Débat, 2009(154):165.

② MATTELART A.Diversité culturelle et mondialisation[M]. Paris:La Découverte, 2005:78.

③ HARDT M, NEGRI A. Empire[M]. Cambridge:Harvard University Press, 2000:151.

④ HARDT M, NEGRI A. Empire[M]. Cambridge:Harvard University Press, 2000:xiv.

⑤ HARDT M, NEGRI A. Empire[M]. Cambridge:Harvard University Press, 2000:344.

秩序地形图。因此“帝国”是在全球化和新自由主义语境中,在历史终结和意识形态终结①的背景下,以后现代的视角来分析所谓新的政治、经济和文化传播方式。如福山所说,“我们所看到的不仅是冷战的结束或一段战后历史特殊时期消失,而是历史本身的终结,即,人类的意识形态发展的重点以及西方民主作为最终的人类管理形式被普及开来。”②丹尼尔·贝尔也认为:“意识形态是对末世学信仰的政治表达……这些信仰用世俗的东西来表达着宗教的冲动。意识形态论述的是试图动员人们来实现这些信仰的社会运动……当目的被用来为非道德的手段辩护时,意识形态就提供一种信仰和一套道德可靠性。”“自从这本书(丹尼尔·贝尔的《意识形态的终结》)出现以后,意识形态概念彻底解体……一切皆无法幸免:思想、标准、信仰、信条、激情、价值观、世界观、宗教、哲学、政治、道德体系、语言话语。”③“终结话语”是对社会发展的后现代主义式前瞻性描述,从此人类似乎进入了一个平面的世界。

全球化的推进使传播和国际传播研究成为必要。根据政治经济学的观点,“传播的历史不是一部关于机器的历史,而是一部关于新生的媒体促成权力体系重构和社会关系重组的历史”④。以经济全球化为显著特征的全球化逐渐扩展到文化、社会、政治等领域,并使它们的构成元素成了传播关注的对象。随着全球化的展开和传播技术的发展,时间和空间被压缩,社会的、政治的、经济的和文化的关系被更改,世界化约成“地球村”。在全球化过程中,活动主体(个体、群体、国家)面临着在经济、政治、社会、文化、伦理等方面被重新界定的风险,重新界定意味着解构与结构、排斥与认可、非法与合法、中心化与边缘化、优势与劣势、选择与放弃、转移与接收。就是在这种矛盾的对立中,传播成了社会建构的润滑剂,如何把握传播和国际传播成了建构现实国际社会和关系的关键。

---

① MENDRAS H, BELL D.La fin de l'idéologie [J]. Revue française de science politique, 1997, 47(3): 498.

② FUKUYAMA F. The End of History? [J]The national interest, 1989(Summer).

③ 丹尼尔·贝尔(BELL D)宣布了意识形态的终结并成了分析的第一人。他的分析不是广义的意识形态,而是狭义的。MENDRAS H, BELL D. La fin de l'idéologie [J]. Revue française de science politique, 1997, 47(3):498.

④ MURDOCK G. Communications and the constitution of modernity[J]. Media, culture & society, 1993, 15(4):533.

就当前的国际传播研究来看,它与脱胎于两次世界冲突环境中的大众传播联系在一起。大众传播具有明确的阐释范畴(军事、竞选、消费)与研究范式,如皮下注射、二级传播、沉默螺旋、涵化、满足与使用等,用来解释这些传播行为的理论更多关注社会活动者行为及其与环境互动的社会学(互动主义社会学、功能主义社会学)与心理学(行为心理学和试验心理学),研究传播的目的更多在于实现对"受众"(recipient)的管理及其"意见"或行为的预测。哈罗德·拉斯韦尔的传播"三功能"(监视社会环境、协调社会关系、传衍社会遗产)、拉扎斯菲尔德的"三功能"观(授予地位、促进社会准则的实行、麻醉受众神经)、威尔伯·施拉姆的"四功能"观(雷达功能、控制功能、教育功能、娱乐功能)等,基本上都是这些功能的大同小异的总结。随着传播行为的阐释学科的增加,大众传播又被赋予了"产业功能",如传播或传媒政治经济学,其不但强调了传播活动的社会性(对传播工具的占有意味着传播流动的不平衡与传播活动者权力关系以及所支配资源的不对称),又重视传播活动的经济性(传媒产业成了经济的重要增长点)。

一般认为,"国际传播"作为一门学科开始于20世纪60年代的美国,起源于美国的洛克菲勒对拉美的实践操作。当传播的认识活动跨越国界,成为国与国之间的"国际的"直至"全球的"活动,活动者/系统(agent/system)被扩大到"我们"群体以外时,传播成了"跨边界传播""国际传播"与"世界传播"。地方的、国际的、全球化的社会(societies)成了界定和分析传播行为的时空(tempo-spatial)参照,涉及国际活动的跨边界学科知识成了阐释跨边界传播行为的理论参照和阅读格栅,如国际关系学、国际政治学、全球政治学、全球化社会学、全球政治经济学等。"我们"(Wedom)群体内的互动扩展为跨边界的"国际的"乃至"全球的"的公民互动或国家间的博弈,传播活动从"对受众的管理"嬗变为国家或地区间或世界范围的"公民辩论"、跨文化交流(或传播)以及"地缘政治-经济利益"的博弈。国际传播的功能已经远远超越了"大众传播"的功能范畴,被整合进国家的对外关系和战略以及国际公民运动之中。于是,国际传播研究有自己的问题意识(problématique)、本体论、认识论和方法论。在"问题意识"方面:在做研究时,我所谈论的问题基本上都是在不同层面上被意识到的、值得理论或实践反思的问题,如提及发展传播,是因为大众传播媒介作为技术中介对社会发展具有促动作用;提及互联网政治,是因为现实政治被转移到虚拟网络并发挥巨大地缘政治作用;提及媒介伦理,是因为在新闻职业的现实操作中,出现了违背人类日常生活道德和伦理的现象;提及媒介批判,是因为媒介的技术理性绑架了作为解放人类的人文理性逻辑,等等。

人们借助传播可以形成不同的社会群体,传播起到了社会黏合剂的作用,在此意义上,传播被看成了文化。① 在不同的文化语境下,不仅存在传播机制、模式和功能方面的差异,而且传播本身也被赋予不同的意义。因此,对国际传播的研究实际上是一种跨文化的认知工作,旨在沟通不同群体在相同研究对象上的认识以及对相关知识的共享。对中国而言,传播学如同其他许多社会科学一样是舶来品,这让我们理解起来有些困难。传播学并不是简单的报纸、广播、电视、互联网等经验或实证主义操作。每个学科的产生有其产生的时空背景,时空的转换涉及"去地域化"和"再地域化"问题。作为跨学科,甚至跨科学的一门学科,传播学的概念工具不是简单的现象学术语。这些概念有着深厚的文化背景,因此研究者理解(国际)传播必须遵循知识的系谱学传统,回归其原有的内涵,在充分理解的基础上,来实现知识的"去地域化"和"再地域化"的过程。无视对学术与知识渊源的理解与运用,是篡改,不是真正的学术态度,达不到真正的跨文化理解与交流的效果。

本书不打算呈现传播全球化时代的"全媒体"的物质表象景观,而是试图借助跨学科的理论(社会人文科学理论)构建一种国际传播的立体透视的"理论与实践构型";不是去列举一些百科全书式的"条框",而是展现切入问题并进行思考的路径。本书旨在以主题框架的形式勾勒和呈现自20世纪以来的西方"国际传播"研究学术话语,无意去编纂一部"国际传播"百科全书。梳理主要的国际传播理论,点出其研究的问题、视角,乃至方法,只求呈现出研究中的一些理论框架以及概念的重要坐标,给出一个思考问题的方向。

---

① CAREY J W. Communication as Culture[M].London:Routledge, 2009.

# 第一章 （国际）传播的观念

从15世纪至今，人们一直在追逐宗教、帝国、经济模式或被压迫者斗争影响下的统一世界。①

——阿芒·马特拉

事实是经验的囚徒。②

——陈卫星

## 第一节 人与社会

### 一、人的属性

作为社会活动者的"人"有着不同的属性，如亚里士多德的"人是政治动物"的"政治人"（Homo politicus），亚当·斯密的"理性的、自我利益最大化"的"经济人"（homo economicus），伯杰和卢曼的"作为社会存在"的"社会人"（Homo socius），金格拉斯（Yves Gingras）的"世界是人的理性产物"的"技术人"（Homo technologicus），沃尔特·费舍尔的"就是通过叙事（narrative）我们感知世界的意义并把自己定位其中"的"叙事人"（Homo narrans），卡西尔的"作为象征动物"的"象征人"（Animal symbolicum），皮埃尔·布尔迪厄的"位于知识分子辩论和权力生产空间"中的"学术人"（Homo Academicus），仓

① MATTELART A. La diversité culturelle：entre histoire et géopolitique[C].2001 Bogues Globalisme et Pluralisme. Montréal，2002-4-23.

② 陈卫星.传播的表象[M]. 广州：广东人民出版社，1999：97.

桥重史的技术社会学意义上的“制造人”(homo faber),等等,除此以外还有很多以拉丁语 homo-为前缀或以动物为限定词的诸多有关人属性的描述,如“作为意义制造者”的“诗学人”( Homo poetica)以及能够思考的“理性动物”( Animal rationabile)。正是这些不同的属性,人才成了社会复杂活动的承担者,也因此成就了从不同角度来解析人及其活动的社会人文科学理论。不管以何种属性来界定人,都是在文化框架中进行的,换句话,人是文化动物,即人拥有其他物种所不具备的借助符号来生产意义的能力。

人是具有象征表达的文化动物。知识体系的塑造被看作一种象征形式的构建。[①] 这种趋势随着19世纪末哲学研究的“语言学转向”而得到进一步的强化,语言学转向“把对主客体关系的研究变成了对主体间交流和传达问题的研究,把对主体的研究从心理学领域(如观念、思想)转移到了语言的领域(语句和意义)”。[②] 同时显示语言不纯粹不仅是描述性的,而且也是“表述行为的”(performative),也就是实现某种东西。[③] 随着社会与人文科学的发展,这种哲学认识论层面上逻辑思辨的“象征性”嬗变在不同的学科之中:语言学(费尔迪南·德·索绪尔)、结构人类学(克劳德·列维·施特劳斯)、结构功能或建构社会学(塔尔科特·帕森斯、皮埃尔·布尔迪厄、乔治·赫伯特·米德)、心理分析(雅克·拉康)、文化研究(伯明翰学派)、国际政治学(约瑟夫·奈),等等。如,在结构主义心理学家雅克·拉康(Jacques Lacan,1909—1981)那里,象征体系“就是语言和文化的界域,象征识别意味着通过与象征性权威保持一致来内化文化规范”[④],“象征体系作为结构,制作了人的现实并为其提供根据”[⑤];在建构社会学家布尔迪厄(Pierre Bourdieu, 1930—2002)那里,“文化就是一个象征秩序,它为社会支配其再生产的无意识机制提供了元素”[⑥]。这种分散的象征描述的共性在于,作为社会黏合剂的文化被看作一种象征体系的规范,有意识或无意识地影响和解

---

① VERENE D P. Kant, hegel, and cassirer:the origins of the philosophy of symbolic forms[J]. Journal of the history of ideas, 1969, 30(1):33-46.

② 徐友渔. 哥白尼式的革命:哲学中的语言学转向[M]. 上海:上海三联出版社,1994:6.

③ MATTELART A, MATTELART M. Histoire des théories de la communication [M]. Paris:La Decouverte, 2004:78.

④ SHARPE M, BOUCHER G. Zizek and politics:a critical introudction[M]. Edinburgh:Edinburgh University Press, 2010:47.

⑤ JUIGNET P. Lacan, le symbolique et le signifiant[J]. Cliniques méditerranéennes, 2003, 2(68):133.

⑥ RITZER G. The blackwell encyclopedia of sociology[M]. Hoboken:Blackwell Publishing Ltd. 2007:347.

构了活动者的行为。

文化的作用很受重视，在20世纪70年代，人文和社会科学中就出现了一种“文化转向”(cultural turn)的思潮。“文化转向”被描述为“一系列来自以往位于社会科学边缘地区新的理论冲动以及淹没在社会科学本身的某些传统。”①关于文化的界定，更多被追溯到泰勒对文化的人类学描述：“在人种志(enthnographic)的意义上，文化(或文明)是复杂的综合体，其包括知识、信仰、艺术、道德、法律、习惯以及其他一个人作为社会成员所获得的能力和习性。”②在此意义上，“文化转向”不仅意味着视角从实证主义认识论(positivist epistemology)向意义生产和身份，即文化建构作用的转移，而且也显示了人们对看重经济决定论而轻视文化象征能力作法的不满。③

## 二、象征的社会表象：团结之锚

传播是社会建构。具体地，传播构建的是一种文化意义上的象征秩序，包括身份、制度、生活习惯、思维方式等，作为社会行动者的行为参考框架，也构成了锚固传播者想象和文化归宿的依据。这种象征秩序被不同的社会学或社会心理学术语阐释与表达，如集体表达、社会表达、社会想象、集体记忆等，并散落在不同的人文和社会科学中。这些象征层面上的概念，无论是动态的或是静态的，更多属于拉丁语系文化的社会—人文科学思想的关键表达，如“集体表达”“社会表达”“社会想象”“集体记忆”等。

**集体表达**。长期以来，我们知道，人们关于世界和自身的最早表达体系来自宗教。④ 这与心理学家荣格的认识有着异曲同工之妙。荣格认为：“意识正如广大无意识领域的表面或表皮，而无意识的内容是未知的。”⑤“人类心理也许还存在着共有的无意识，这种远古的无意识并非来自个人的体验，而是来自人类共有的心理功能，即来自遗传下来的脑组织。荣格把这种远

---

① STEINMETZ G. Introduction：culture and the state[M]//STEINMETZ G. State/culture：state-formation after the cultural turn. New York：Cornell University Press，1999：1.

② STEINMETZ G. Introduction：culture and the state[M]//STEINMETZ G. State/culture：state-formation after the cultural turn. New York：Cornell University Press，1999：5.

③ RITZER G. The blackwell encyclopedia of sociology[M]. Hoboken：Blackwell Publishing Ltd.，2007：943.

④ DURKHEIM É. Les formes élémentaires de la vie religieuse [M]. Paris：Librairie Félix Alcan，1912：12.

⑤ 荣格. 分析心理学的理论与实践[M].成穷，王作虹，译. 上海：三联出版社，1991：4.

古的无意识称作'集体无意识',把人类共有的心理功能称为'原型'。"① "原型意味着模式(印迹),这是一类在形式和内容上都包含神话主题的远古特征。"②宽泛地讲,人类的"集体表达"的模板来自宗教。

在社会学中,"集体表达"更多的是作为一种信仰与情感的表达而存在。在《社会劳动分工》中,涂尔干(Émile Durkheim,1858—1917)把集体意识(collective conscience)界定为:对每个社会成员来说都是相同的信仰和情感的东西,它因机械的或有机的社会凝聚形式而有着不同的形式和内容。③ 集体表达被认为包含外在于社会个体的"集体意识"或"社会意识"。④ 通过宗教的社会学分析,涂尔干认为,"集体表达(collective representations)指由集体生产的观念、信仰和价值观,这些东西不能简单地化约为个体的组成部分。集体表达是涂尔干寻求社会凝聚力的关键概念……这些表达可看作是通过宗教仪式的强烈互动形成的,……集体表达有助于为世界赋予秩序和意义,同时表达、象征、阐释社会关系。集体表达可抑制和促进社会行为。它们的力量来自其既位于我们当中,又外在于个体的特性"⑤。在涂尔干看来,集体生活和个体生活一样,都是由"表达"(représentations)组成的。"社会把被结合个体的整体看作基础。个体通过联合形成的体系构成了社会生活的基础,它依据个体在不同地域、自然和传播手段的数量上的配置而发生变化。作为其网络结构的表达显现出了建立于联合的个体间或介于个体与社会整体间的次级群体间关系。"⑥"集体表达首先反映着集体性的所有状态:它依赖于集体的构成和组织方法、形态以及宗教、道德、经济等机构……社会是一个独特的事实,它自己有着在世界其他地方找不到的、具有相同形式的特征。用来表现社会的(集体)表达有着不同于纯粹个体表达(représentations individuelles)的内容,我们可以提前相信,前者要向后者添加某些东西……集体表达是大量合作的产物,这种合作不仅在空间里扩展,而且也扩展到时间里;为了合作,诸多不同思想的人把他们的观念(idées)和情

---

① 渡边学. 漫画荣格[M]. 北京:科学技术文献出版社,2003:115.

② 荣格. 分析心理学的理论与实践[M].成穷,王作虹,译. 上海:三联出版社,1991:38.

③ SCOTT J, MARSHALL G. A dictionary of sociology[M]. Oxford:Oxford University Press, 2005:86.

④ SCOTT J. Sociology:the key concepts[M]. London:Routledge, 2006:33.

⑤ SCOTT J, MARSHALL G. A dictionary of sociology[M].Oxford:Oxford University Press, 2005:87.

⑥ DURKHEIM É. Sociologie et philosophie[M].Paris:Librairie Félix Alcan, 1924:34.

感联系、混合、组合在一起;一代代人把他们的经验和知识累积起来。"①换句话,集体表达用来指"对社会化到其中的个体具有连续影响的、世界的组织方法和意义。"②

**社会表达**。"社会表达"(social representations)是社会心理学中的术语。埃米尔·涂尔干及其侄子马塞尔·莫斯等社会学家对社会学与心理学的交汇研究,对社会的象征表达的认识产生了很大的影响,这种评价体现在与列维·施特劳斯(Claude-Lévi Strauss,1908—2009)在莫斯《社会学与人类学》一书的"前言"中。在涂尔干引入"集体表达"概念后,社会心理学的主要任务之一就是对"社会表达"的研究,社会表达成了"心理"(psychologique)与"社会"的界面或接触面。社会表达理论深深地植根于法国的社会理论中。③莫斯科维奇(Serge Moscovici)在涂尔干的"集体表达"的基础上,把"社会表达"描述为对社会对象进行集体制作的结果。④"引入社会表达(概念),他旨在捕捉流动于现代世界中的表达的动态变迁和变化过程。"⑤换句话,"集体表达被认为是出现在现代世界语境中的集体观念展现(ideation)的形式"。⑥自 20 世纪以来,"社会表达"概念进入诸多人文学科之中:人类学、语言学、社会心理学、心理分析、社会学,等等。"representation"一词有多种含义,例如在哲学上,它是指个体在思想中再现的过程;在心理学上,它是一种感知,一种内容与某客体、情景、场面等相关联的精神意象。

在总结他人的研究成果后,法国社会心理学者让-克劳德·阿布力克(Jean-Claude Abric)指出:"所有的表达都是一种对客观对象和主体的整体和统一看法。这种表达重新结构现实,以便整合对象的客观特征、主体的先

---

① DURKHEIM É. Les formes élémentaires de la vie religieuse [M]. Paris:Librairie Félix Alcan, 1912:22-23.

② SCOTT J, MARSHALL G. A dictionary of sociology[M].Oxford:Oxford University Press, 2005:626.

③ LASZLO J. Narrative organisation of social representations [J]. Papers on social reprentations (1021-5573), 1997,6(2):155-172.

④ SLUNECHO T, HENGLE S. Language, cognition, subjectivity: a dynamic constitution [M] //VALSINER J, ROSA A. The Cambridge handbook of sociocultural psychology. Cambridge:Cambridge University Press, 2007:49.

⑤ DUVEEN G. Culture and social representations[M] //VALSINER J, ROSA A. The Cambridge handbook of sociocultural psychology. Cambridge:Cambridge University Press, 2007:545.

⑥ DUVEEN G. Culture and social representations[M] //VALSINER J, ROSA A. The Cambridge handbook of sociocultural psychology. Cambridge:Cambridge University Press, 2007:545.

前经验及其态度与规范体系。这就使得把表达界定为对世界的一种功能性看法，它允许个体或群体赋予自己的行动意义，使他们借助自己的参照体系来理解现实、适应现实，为自己确定位置……表达不是对现实的简单反映，而是一种具有指称功能的结构……作为对支配个体与其物理的和社会的环境关系的现实解释系统，表达将决定个体的行为及实践。表达是行动指南，它决定着行动和社会关系的方向。它是一个对现实的预解码（pré-décodage）系统，因为它决定着一系列预想和期待。"①总体看来，"社会表达概念指一种特定的认识形式，即常识认识，其内容体现着具有社会烙印的生产与功能过程。宽泛地讲，它指一种社会思维（pensée sociale）形式。社会表达是一些指向交际、理解，把握社会、物质和思想环境事实的实践思维形态。这样，它在逻辑的内容与思想运作的结构方面提供了特定的特征。表达内容及过程的社会印迹将指向表达的条件和语境，指向表达借以流动的传播，指向与世界和他者进行互动时所发挥的功能"②。在此种意义上，我们可以认为，社会表达概念是从社会心理学角度把具有静态特征的"集体表达"概念赋予了动态的心理过程。

**社会想象**。"想象"（imaginaire）一词首先被"引入法语中，似乎其他语言都没有注意到（在英语中没有同等的词）"③。"想象一词在二十世纪越来越受到重视，这可能归因于想象力（imagination）概念的失宠，想象力常被理解为心理学能力（faculté psychologique）。"④被我们称作想象的东西"是一套在作品中的以视角（如图表、图画、照片）和语言（隐喻、象征、叙事）的意象为基础的、精神的或物质化的生产，这些影像形成了一些连贯的与动态的集合，在连接本义与引申义方面，具有象征功能"⑤。"'想象'指向我们个体与集体生产一系列价值、规范和真理的能力，这些东西塑造了我们关于政治和历史的看法，指导着我们的行为，并（尤其）发展到自治，即表现为外部环境，

---

① ABRIC J C. Pratiques sociales et représentations[M]. Paris:PUF, 2003:13.

② JODELET D. Représentations sociales:phénomènes, concepts et théorie[M]//MOSCOVICI.(S). Psychologie sociale. Paris:PUF, 1984:357-378.

③ WUNENBURGER. J J. L'imaginaire[M].Paris:PUF. 2003:5.

④ WUNENBURGER. J J. L'imaginaire[M].Paris:PUF. 2003:6.

⑤ WUNENBURGER. J J. L'imaginaire[M].Paris:PUF. 2003:10.

好像在我们之前就已存在，独立于我们的行为。”①

法国哲学家和心理学家科尼利厄斯·卡斯特瑞阿迪斯(Cornelius Castoriadis，1922—1997)提出的“社会想象”概念，被看作具有现象特征的社会意义聚合物，其指向世界和心灵深处，即其所谓的“深层/混沌/无根据”(Abîme/Chaos/Sans-Fond)状态，从中诞生出一种具有创造性的新的意义流，对人类产生了影响。“我所谈的想象不是某东西的意象。它是形象/形式/意象(figures/forms/images)的本质上不确定而又连续的社会—历史—精神的创造……我们所谓的‘现实’(reality)和‘合理性’(rationality)是它的作品。”②它是社会对世界(monde)和自己(soi-même)的意义的原始倾注，该意义不是由现实因素规定的或强加的，更确切地说，在社会所构成的空间中该意义赋予这些因素某种重要性和位置。③该社会想象“为每个制度系统指出特定的方向；决定象征网络的选择与连接；它是每个历史时期的创造物，既是生活和观察的特殊方法，也是指导自己存在、自己世界、自己与这个世界关系的方法”④。“除了制度化的意识活动，机构还从社会想象中吸取资源。这种现象必须与象征体系交织在一起，否则社会就不能‘走到一起’，并且也必须和经济—功能元素联系起来，否则就不能生存。”⑤通过这种意义的独特性(specificité)，即想象的元素，社会构成了社会想象意义的世界，其界定了整个社会的行动和表达的最终方向和指向对象，确立社会个体的需求，哪些是真实的，哪些是不真实的，哪些有价值，哪些没有价值。总之，在这里，社会想象从心理学的角度提出了不同于马克思唯物主义历史观的看法，认为这种从心灵深处分泌出来的东西影响着社会现实的建构，即社会的想象性建构。从“集体表达”到“社会表达”直至“社会想象”，体现了象征结构在认识层面上的变迁：从静态反映到动态互动，直至深层次与社会历史发展观联系在一起。

**集体记忆**。作为涂尔干学派的传人，法国社会学家莫里斯·哈布瓦赫(Maurice Halbwachs，1877—1945)提出了“集体记忆”(mémoire collective)概

① JAMIN J. L'imaginaire du complot, Discours d'extrême droite en France et aux Etats-Unis[M]. Amsterdam：Amsterdam University Press，2009：24.

② CASTORIADIS C.The imaginary institution of society [M].Cambridge：Polity Press，2005：3.

③ CASTORIADIS C.The imaginary institution of society[M].Cambridge：Polity Press，2005：128.

④ CASTORIADIS C.The imaginary institution of society[M].Cambridge：Polity Press，2005：145.

⑤ CASTORIADIS C.The imaginary institution of society [M].Cambridge：Polity Press，2005：131.

念,认为记忆是对过去的重构,所有被组织起来的群体会创造一个属于自己的记忆,在记忆化与地方化的过程中,个体记忆要依赖来自社会环境(milieu social)的形式和“框架”。用哈布瓦赫的话说:“存在着所谓的集体记忆和记忆的社会框架;从而,我们的个体思想将自身置于这些框架内,并汇入能够进行回忆的记忆中去。”①“但是也可确信,群体的记忆是通过个体记忆来实现的,并且在个体记忆之中体现着自身。”②从社会文化研究的角度来看,“集体记忆研究倾向聚焦于以往表达在生产和保护身份主张中的作用,这些主张成了集体形成和维护的基础”③。随着传播技术的发展,人的个体记忆及集体记忆被逐渐外化。

在《技术与时间:阿比米修斯的过失》中,受法国人类学家和哲学家勒鲁瓦-古兰(André Leroi-Gourhan,1911—1986)影响,法国哲学家斯蒂格勒指出,人化(hominization)过程是体现于生命自由化过程中的一种断裂,一种发生在外化(exteriorization)过程中的断裂,其意味着技术和人相伴而生:一方面人发明了技术,另一方面,人通过发明技术创造了自己。④ 在此过程中,人借助技术实现了自己的外化,成了技术的加工对象。“外化”过程中的断裂既意味着一种新的记忆组织,又意味着一种新的记忆支撑工具产生。借助这种“外化”,记忆(memory)把自己从基因写入形式中解放出来,追求着自由化(freeing)的过程,并记录下断裂的印迹,如在石头上、墙上、书上、机器及其他形式的支撑上,从文身的身体到被工具化的基因记忆:首先是散乱的、无生机的,然后是被称作“生物技术的”生命工业所重组、管理、存储、合理化与利用,其中包括正在被信息化处理(information-processing)工业规划的全息存储器。⑤ 借助手势、符号、语言、文字、无线电、互联网、云存储等,人的记忆被逐渐外化,成了一种新的(全球)社会管理资源。

集体表达、社会表达、社会想象、集体记忆等概念构成了象征的表象,这

---

① 哈布瓦赫. 论集体记忆[M].毕然,郭金华,译. 上海:上海人民出版社,2002:69.

② 哈布瓦赫. 论集体记忆[M].毕然,郭金华,译. 上海:上海人民出版社,2002:71.

③ WERTSCH J V. Collective memory[M] //VALSINER J, ROSA A. The Cambridge handbook of sociocultural psychology. Cambridge:Cambridge University Press, 2007:657.

④ STIEGLER B.Technics and time: the fault of epimetheus[M]. Stanford: Stanford University Press, 1998:141.

⑤ STIEGLER B.Technics and time: the fault of epimetheus[M]. Stanford: Stanford University Press, 1998:169.

些概念体现了作为象征动物的人的象征性建构的内涵，并与意义及意义创新联系在一起成了传播研究的关键词。

## 三、主体性与主体间性

**主体性**。人类自诞生以来所关注的基本哲学问题就是："我是谁？从哪里来？到哪里去？""我是谁？"不仅事关"主体"问题，还涉及"主体性"(subjectivité)问题。这就是说，自古以来，人就在不断地探究自己的主体性、人类的意识、自我认识等问题。所谓的"主观主义"(subjecitvisme)意味着以主观视角进行思考与判断。"主体性"概念事关所有涉及作为主体(sujet)的人的东西，是对"自我"(Soi)意义的追寻，是对"我是谁？"的追问。"严格说来，主体(subject)是一个近代哲学产生的特定概念，它来自拉丁文subjectum，意为'在底下的东西'。古代哲学家和经济哲学家用subjectum这个词来翻译希腊文hypokeimenon一词，这个词在亚里士多德那里意为一切性质、变化或状况的载体，实际上是'基础'或'实体'的意思。从17世纪近代哲学产生开始，'主体'一词渐渐有了我们今天熟悉的意思。它表示意识的统一，即奠定一切感觉、一切知觉、一切思维(知性、理性)和意志基础的东西。因此，'主体'一词常常被用作'自我'或'我'的同义词，表示心理学及认识论意义上的、与对象或客体相对的个人，他是认识的主体，也是行动的主体。"①而描述主体特征的"主体性常常和'身份'概念互用，主体性更准确地表明我们身份的社会建构及身份意识。我们常把身份看成一个扁平的、单维度概念，而主体性则更宽泛，具有多面性，是社会和个人存在，其存在于广泛文化界定和我们自我理想的协商过程之中。"②

主体性是西方形而上学的牢笼。"西方哲学或形而上学从一开始就迷恋于主体性，这种迷恋付出了代价：作为'对其尊贵的惩罚'，认识论的主体被'永久监禁在它的自我之中'，被判定像'城堡中'的骑士那样去看世界。自笛卡尔(René Descartes，1596—1650)以来，尤其自康德以来的近代思想中，主体性逐渐成为哲学注意的中心……这种哲学运动在最近的存在主义

---

① 张汝伦.德国哲学十论[M].上海：复旦大学出版社，2004：43.

② HALL D E. Subjectivity[M]. London：Routledge，2004：134.

中达到了顶点。"①因为存在主义的首要作用就是使每个人如其所是地拥有他自己,并将他存在的整个责任牢牢地固置于他的肩头。然而,当我们说人对他自己负责时,并不是说他只对他自己的个体负责任,而是说他对所有人都负有责任。正如萨特的解释,"责任的广泛影响是与人的选择的普遍影响相关联的,即人不是离群索居地进行选择,人的选择是对他人的,他的行为不仅塑造他自己的生存,而且塑造人类存在的一般形象。当个人'为他自己而选择'时,也可以说是在'为所有人而选择;因为事实上人们采取的各种行为以按他所希望的那样去创造他自己,同时,也就创造了他相信他所应该是的人的形象'。"②换句话说,存在主义的主体性在于自我的选择。

从笛卡尔的"我思"强调自我意识的存在,到康德仅依赖自己意识的超验"主体性",再到黑格尔的具有历史与社会特征的意识结构以及马克思的作为社会实践表征的"意识",直至现在的"主体性"意义的泛化——现在,"主体性"概念已不再局限于个人的表述或想象(fantasme),它既包含着对自我的认识,又包含着与他者关系的复杂性、人类实际关系的复杂性、内化意象的复杂性、生活情结的复杂性以及人文环境的复杂性。③ 随着哲学认识的发展,"主体性"概念经历了复杂的变化。

学者托马斯·麦卡锡(Thomas McCarthy)在哈贝马斯英文版的《交际理论》前言中对这种变迁进行了详细的描述:"在现代的早期,笛卡尔的孤独的思想者(solus ipse)作为对知识和道德进行根本反思的不可避免的框架处于支配地位。其中蕴含的方法论上的唯我论(soplsism)在18世纪末又在康德的方法上打上了烙印,同样也体现于康德之前两个世纪的实证和理性主义的前辈那里。这种独白式的方法提前规定了思想和行为基础问题的某些提法:主体对客体、理性对感觉(sense)、理性对欲望、心灵(mind)对身体、自己对他者,等等。在19世纪,这种笛卡尔模式以及与其相联系的主体主义(subjectivistic)定位受到了挑战。在19世纪早期,黑格尔展示了意识结构(consciousness)复杂的历史和社会特征。马克思走得更远,坚持认为心灵(mind)不是自然的基础,而是相反;他强调人的意识是被体现的和实践的,意识的形式是社会生产方式的一种被编码的表达。达尔文在人类和自然的

---

① 多尔迈.主体性的黄昏[M].万俊人,朱国钧,吴海针,译.上海:上海人民出版社,1992:48.

② 多尔迈.主体性的黄昏[M].万俊人,朱国钧,吴海针,译.上海:上海人民出版社,1992:26.

③ DORA K. Subjectivités [J]. Psychothérapies,2011(31):93.

其他东西之间建立了联系，为智力和自我保护建立联系铺平了道路，即为理性的基本概念、功能（如美国的实用主义）铺平了道路。尼采和弗洛伊德揭示了意识中的无意识以及概念领域中的前概念和非概念角色。历史主义细致地展示了思想和行为原则中的历史和文化变量。这导致的结果就是哈贝马斯所说的‘精神的去神圣化’和因之而来的‘哲学的去权力化’……从埃德蒙·胡塞尔（Edmund Husserl，1859—1938）的明显的笛卡尔式现象学到隐藏于逻辑经验主义表面下的笛卡尔思想，20 世纪的哲学仍见证了表现为不同形式的笛卡尔模式的持续影响。最近，对这种模式的批判重新涌现出来。于是我们说我们生活在一个‘后-海德格尔’‘后-维根斯坦’‘后-结构主义’的时代。精神再一次去神圣化。主体性被展示以‘把异质东西引入自我（selfhood）中心的方式’‘与世界渗透在一起’。”①“主体性”内涵随着哲学认识思想的变化而发生变迁，“主体性”的“唯我”意识被引入了另类东西，发生了嬗变。

在学者张汝伦看来，是马克思给传统主体概念签发了死亡证书。马克思的主体概念“不仅不排斥，反而包容人的自然存在即肉体存在的根本性；传统主体概念却专指人的精神和意识能力……马克思根本颠覆和解构了传统的主体概念。主体不是任何意义上的个人、自我、主观意识和主观能动性，而是指人的基本历史活动——劳动”②。“主体概念固然体现了现代人摆脱传统的种种束缚的一面，但也歪曲和掩盖了人自我异化的事实。马克思对传统主体概念的颠覆和解构，揭露了它作为现代意识形态的‘假意识’性质。”③“无论从实践还是从理论考虑，马克思都必然要否定和扬弃近代哲学的主体概念……可以说，马克思对主体概念的处理是一个通过解构来进行重构的过程；对于马克思来说，主体不再是自我意识或自我，而是人的历史存在，它具体表现为各种不同的社会形态及其所有的种种复杂关系……马克思的主体概念也不是胡塞尔意义上的主体间性，因为主体间性归根结底还是以主体（自我）为基点。在这个意义上，我们甚至可以说，马克思将主体概念去人化和去主观化。仅仅承认主体是人的活动还远不够，黑格尔已经

---

① MCCARTHY T. Translator's introduction[M]//HABERMAS J. The theory of communicative action：I. Boston：Beacon Press，1984：viii.

② 张汝伦.德国哲学十论[M].上海：复旦大学出版社，2004：49.

③ 张汝伦.德国哲学十论[M].上海：复旦大学出版社，2004：60.

做到了这一点，只有将感性活动同时视为历史的活动，即由历史决定和历史地发生的活动，是历史过程的本身，才是马克思的主体概念。"①不过，"马克思扬弃传统主体概念，绝不是要否定个人，而恰恰是因为个人在现代社会完全丧失了自己，而传统主体概念却使人无法看到这个严酷的事实……马克思强调人的社会性和历史性，绝不是要让个人被社会和历史吞没，而是要使人的个别性得以最终实现"②。我们要清楚的是，"马克思的主体概念首先不是要解决传统的认识论上的问题（在很大程度上这其实是伪问题），而是要让人们在自己的历史存在中达到自身的解放。当主体概念不再是指一般的人，而是指历史过程时，人的解放才真正成为一个实践课题。这就是马克思的主体概念所辩证地昭示我们的真实含义"③。

多尔迈在《主体性的黄昏》中通过对马克思主义者阿尔都塞的研究也指出，"对作为'人类主体'的传统的'人的形象'的揭露，开始于20世纪马克思和弗洛伊德的著作，这是一项从其长期效果来看可以与'哥白尼革命引起的剧烈动荡'相媲美的成就"。他在《列宁与哲学》一书中指出："由于哥白尼，我们知道了地球不是宇宙的'中心'，由于马克思，我们知道了人类主体——经济的、政治的或哲学的自我不是历史的'中心'；与启蒙时期的哲学家和黑格尔相反，历史甚至是没有'中心的'，除非在意识形态的错误认识中'。马克思在认识论和政治经济学水平上的发现与弗洛伊德的心理分析发现并行不悖，因为弗洛伊德的研究表明了'真正的主体'或具体的人类存在'并没有自我的形态'，也不是以'自我''意识，或'存在'为中心的——无论他是自身的存在、身体的存在或'行为'的存在——人类主体是非中心的，它由没有'中心'的结构构成，除非在对'自我'的虚构的错误认识中，即在自己'认识'自己的意识形态结构中。"④这实际上是阿尔都塞借助马克思和弗洛伊德的研究对传统"主体性"概念中的"唯我论"（solipisme）的批判。

在一定程度上，现代西方哲学的发展过程是一个传统主体和主体性概念不断被消解和解构的过程。不过这与我们研究的正好相反，在我国哲学

---

① 张汝伦.德国哲学十论[M].上海：复旦大学出版社，2004：60.
② 张汝伦.德国哲学十论[M].上海：复旦大学出版社，2004：61.
③ 张汝伦.德国哲学十论[M].上海：复旦大学出版社，2004：62.
④ 多尔迈.主体性的黄昏[M].万俊人，朱国钧，吴海针，译.上海：上海人民出版社，1992：32.

界,主体和主体性概念近 20 年来却大行其道。[①] 在这里,“主体”成了一个恒定的、无所不包的、用来描述社会活动者的概念。

**主体间性**。主体间性(intersubjectivity)是一个辩证术语,它是人类存在的一个条件。在现代意识哲学看来,人类的状况服从于主体间性,认为主体与他者的关系不可避免地决定着每个人的存在,而且影响着所有主体对自己的认识。[②] 作为自治主体的自我与他者彼此以对方为手段实现自我意识,即通过对方实现自我身份意识,见表 1-1。

**表 1-1　主体间性认识[③]**

| | |
|---|---|
| 哲学家费希特 | 人应当理解,从自己的超验主体开始,当自己被他者“号召”来共同生产一个第三者时,在一种把彼此双方的主体性“搁置”的“精神状态环境”中,主体发现了另外一个自我意识(self-consciousness)。个体间的相互承认是“我”(I-hood)存在的必要条件 |
| 哲学家黑格尔 | 自我意识存在于自身之中,因为它是一种存在于他人之中的自我意识,这意味着它只有在被承认时才存在。个体只有在他者那里被反映并被承认的时候,才能意识到自己。自我意识只能通过他者的自我意识才能得到满足。主体间性是人类存在的条件 |
| 社会学家西美尔 | 社会性(socialness)的本质,即在意识的主体间性形成过程中,主体的存在依赖于他者的存在,这是存在自身的一个关键条件 |
| 哲学家胡塞尔 | 不同于黑格尔的基于“承认”的主体间性,主体间性基于这样的假设:人类意识和存在的条件完全是平等的;当个体意识在探索一个异己的心灵(psyche)时,一个二元的“我的”(duality of I’s)就在该个体意识中形成。当个体自我(ego)把他者当成一个合适的(adequate)存在,并通过他者的眼睛来看世界的时候,其必然的结果是,他者必须用同样的方法来看自己的自我 |
| 哲学家哈贝马斯 | 以我(I)为中心的意识既不是直接的也不是内部的东西。自我意识是在从外到内的过程中、借助与互动伙伴的关系形成的,象征符号构成了这种互动关系的中介 |
| 社会学家乔治·赫伯特·米德 | 一个主体如果能够“通过他者的眼睛”和“采用他者的观点”来看自己,他就能获得一种自我意识和一种身份,并建立与自己的联系,控制自己的行为 |
| 心理分析学家杰西卡·本雅明 | 主体间性描述了由相互承认决定的关系。在这种关系中,一个人把他者当作一个“主体”来体验,即一个具有自己心理构成的存在(being),与自己能够“感受到移情作用”。也即是,主体间性概念涉及作为“条件人”(conditio Humana)基础的人际关系 |

---

① 张汝伦.德国哲学十论[M].上海:复旦大学出版社,2004:42.

② DORA K. Subjectivités [J]. Psychothérapies,2011(31):93.

③ ROTHFUSS E. Intersubjectivity, intercultural hermeneutics and the recognition of the other[J]. Erdkunge, 2009, 63(2):174-176.

表 1-1 是对来自不同方法的主体间性的梳理和总结。

基本上,主体间性主要围绕主体哲学展开,离开了主体哲学(或意识哲学)来谈论已经变异的主体间性,如哈贝马斯的主体间性,虽然批判吸收胡塞尔的认知层面上的主体间性和费希特行为上的主体间性,但他的主体间性已属于社会哲学的概念,探讨语言传播合理性中意识心理与语言问题:主体间的认识是对话双方合作的可能条件。① 胡塞尔的主体间性(或互为主体性)终于又回到了黑格尔的《精神现象学》的解释:黑格尔的个体既是主体又是客体,或说既有主体性又有客体性,不过是在精神层面,主体和客体的思想的相互辩证扬弃,达到主体与客体思想的统一,到达了认识层面,因此所谓解决了主体和客体的统一性问题,也就是黑格尔完成了形而上学体系的构建。胡塞尔的主体是经过"搁置"后的主体,具有纯粹的"意识",并且还是不断地构建的,即所谓的"意识流"。这就是所谓的"主体间性理论使胡塞尔达到的主体性领域(subjective community)与黑格尔《精神现象学》中的领域相去不远,这也许就是主体间性理论的真实意义。在自我构建中(self-consitution),一个纯粹超验的主体被构建成了与所有客观性相关的东西,只有如此,主体才被构建成一个可认识的客体。对另一个主体来说,过程纯粹是相反的,首先是客体性,其次是主体性。就像作为自我(self)和他者(other)个体构成中的彼此对应一样,纯粹超验主体性的主体性和主体间性的构建也存在着对应"②。以此看来,互为主体性可以看成"主体间的视域融合",具体特征表现为"纯粹超验的意识流"间的融合。"胡塞尔的主体间性强调的是认知层面,费希特则对互动行为感兴趣。哈贝马斯综合了二者,把交际看作一种行为,其中语言成了认识和与他者合作的中介。"③总体而言,主体间性因视角不同产生了不同的内涵。

## 四、象征与现实

象征性总是与"无意识""集体意识""集体记忆""集体表达""社会表

① AUBERT I. Sujet et intersubjectivité [J/OL]. Trajectoires, 2008 (2) [2011-12-10]. http://trajectoires.revues.org/index209.html.

② LAUER Q. The triumph of subjectivity: an introduction to transcendental phenomenology [M]. New York: Fordham University Press, 1958: 157.

③ AUBERT I. Sujet et intersubjectivité [J/OL]. Trajectoires, 2008 (2) [2011-12-10]. http://trajectoires.revues.org/index209.html.

达”“语言”“符号”等概念联系在一起，但最终总是落脚于文化。自笛卡尔的主客体二分理论开始，近代哲学就围绕客观世界及其认识表述扩展开来，知识体系的构建成了哲学的任务之一。在建构这种知识体系的过程中，作为认识主体的人具有了理性地认识、阐释与逻辑思辨的能力，并且也成了心理分析剖析的对象。

**象征的无意识起源。**在《传播学史》中，罗杰斯（Everett M. Rogers，1931—2004）把西格蒙德·弗洛伊德看作美国传播学欧洲起源的三位犹太奠基人之一，并花了不少篇幅来陈述这位心理分析学家的生平和思想，特别是他的“无意识”概念，但美国的传播学者似乎没从这个“无意识”概念中学到什么，倒是受到了威廉·冯特（Wilhelm Wundt，1832—1920）实验心理学的影响，①并在实证主义方法和实用主义思想的影响下，将这种方法用在了战争宣传、消费推广和政治竞选中。不过弗洛伊德的心理分析（尤其是“无意识”）理论在欧洲大陆产生了具有形而上学的思辨与批判特征的“无意识社会学”：在此，社会成了无意识运作中的“象征关系体系”，并延伸出来了一系列有关象征秩序的概念，如集体表达、社会表达、集体记忆、象征秩序等。

最早提出心理分析“无意识”概念的是弗洛伊德（Edmund Freud，1856—1939）。荣格（Carl Jung，1875—1961）发展了弗洛伊德的个人无意识理论，提出了集体无意识的概念，不过弗洛伊德认为个人无意识与集体无意识应无差别：“把个体心理学的概念转移到集体心理学上不太容易，我怀疑采用集体‘无意识’概念有什么好处。在任何情况下，无意识内容难道不是集体的？难道没有构成人类的普遍特性？”②荣格认为，“意识正如广大无意识领域的表面或表皮，而无意识的内容是未知的”③。“人类心理也许还存在着共有的无意识，这种远古的无意识并非来自个人的体验，而是来自人类共有的心理功能，即来自遗传下来的脑组织。荣格把这种远古的无意识称作‘集体无意识’。”④“把它称之为‘集体的’是因为它与个人无意识不同，它不是由个人的，即或多或少具有独特性的心理内容所构成，而是由普遍的、反复发

① 罗杰斯. 传播学史：一种传记的方式[M].殷晓荣，译. 上海：上海译文出版社，2002：89.

② FREUD S. Moïse et le monothéisme[M/OL]. Dans le cadre de la collection："Les classiques des sciences sociales."[2020-11-23]. http://www.uqac.uquebec.ca/zone30/Classiques_des_sciences_sociales/index.html.

③ 荣格. 分析心理学的理论与实践[M].成穷，王作虹，译. 上海：三联出版社，1991：4.

④ 渡边学.漫画荣格[M].北京：科学技术文献出版社，2003：115.

生的心理内容所构成。"[①]而这种"无意识"成了"无意识社会学"的重要组成内容,体现在涂尔干、莫斯、施特劳斯、布尔迪厄等人的作品中。不过"无意识社会学"中的"集体无意识"与荣格的"集体无意识"有所区别:在莫斯看来,集体的无意识指一类集体思想(pensée collective);在荣格那里,集体无意识则根据人们所被赋予的个人或集体特征而分为不同的领域。如施特劳斯所说:"在这两种情况下,人们把无意识看作一个象征系统(système symbolique);不过对荣格来说,无意识没有化约为系统:它充满了形成一种无意识层次的符号,甚至被象征的东西。"[②]

**无意识社会学和象征体系。**人类学家施特劳斯在莫斯的《社会学和人类学》"前言"中说到,如果在表象上彼此相去甚远的社会生活不同表现间,如语言、艺术、法律和宗教,存在着某些根本的相似,我们有一天就能超越作为集体事物的文化与其体现的个体间的对立,因为在思想与个人行为层面上,所谓的"集体意识"就可化约为一种对某些普遍法则的暂时模式的表达,在这些普遍法则中存在着精神的无意识行动。[③] 莫斯也认为:"既然说到集体表达和实践,即习惯性的行为和观念,我必然采用一种心理学的语言。"[④]在一种意义上,"所有心理现象都是社会学现象的说法"是真实的,心理(mental)与社会(social)是一致的;在另一种意义上,社会的证据只能是心理的,换句话说,如果不能恢复一个机构对个体意识的影响,我们就永远不能确定是否触及它的意义与功能。[⑤] 莫斯和施特劳斯都赞成通过社会学与心理学的合作来研究社会现实和社会生活,不过在解释社会现实和社会的无意识层面上,莫斯认为个人的行为构成象征系统,而施特劳斯则寻求象征系统对个人行为的影响,换句话,施特劳斯把象征系统看成先验的,其中的成分发挥了功能;莫斯则把象征系统看作社会功能的结果。[⑥] 总之,"象征"成了欧洲(特别是法国)的人文社会科学建构议题的限定词与分析对象。

---

① 荣格. 荣格文集[M].冯川,苏克,译. 北京:改革出版社,1997:6.

② STRAUSS C L. Introduction[M]//MAUSS M. Sociologie et anthropologie.Paris:PUF,2004:xxxii.

③ STRAUSS C L. Anthropologie structurale[M].Paris:Plon, 1958:5.

④ MAUSS M. Sociologie et anthropologie[M].Paris:PUF, 2004:291.

⑤ STRAUSS C L. Introduction[M]//MAUSS M. Sociologie et anthropologie. Paris:PUF,2004,P.xvi.

⑥ DUCLOS A.Sociologie de l' inconscient collectif, du rassemblement à l' émeute[J/OL].Les cahiers psychologie politique, 2011(18)[2012-05-30]. http://lodel.irevues.inist.fr/cahierspsychologiepolitique/index.php? id=1777.

法国社会和人类学家马塞尔·莫斯（Marcel Mauss, 1872—1950）对人类学的研究产生了深刻影响，尤其对北美（美国）的人类学研究。在自己的《社会学与人类学》中，莫斯认为有必要通过社会学和心理学的合作，让心理学服从社会学，并解释社会事实与社会生活，因此研究者常常求助于“无意识”，把它看作社会事实的共同和具体特征的提供者：“在巫术中，与在宗教与语言学中一样，都是无意识观念（idées inconscients）在发挥作用。”①在莫斯那里，社会生活看成是“一个象征关系的世界”，本尼迪克特描写不同文化范式的《文化的模型》（*Patterns of Culture*）的观点已存在于莫斯的这种表述之中。②“象征概念完全是我们的，它来自宗教和法律。这就是长期以来，涂尔干给我们指出的，人们只能通过象征符号，通过恒定的、外在于个体精神状态（états mentaux）的共同符号，通过被看作现实的状态群体符号来交流并保持感情上的一致……这就是长期以来，我们认为社会事实的特征之一，确切地说，是它的象征性的一面。在大多数集体表达中，涉及的不是单一事物的单一表达，而是人为选择的一种表达，此种表达或多或少具有武断的特征，以便被用来指称其他的表达和指导实践。”③个人的正常行为从来不是因为本身具有象征性：“这些行为是一个只能表现形成集体象征系统的元素。”④换句话，个体的精神生活提供了构成只能集体象征系统的元素。受莫斯的影响，列维·施特劳斯认为：“所有文化都可看作一系列象征系统，其中比较重要的有语言、婚姻规则、经济关系、艺术、科学、宗教。所有这些系统力求表达物理现实和社会现实的某些方面、两者间以及多个象征系统间所保持的关系。”⑤于是，在无意识社会学中，心理、象征、文化等成了“集体表达”的近义词。

不过，施特劳斯不赞成荣格的“原型”和“集体无意识”，认为“只有形式可以是相同的，但内容不同。”⑥施特劳斯从语言学那里获取了“无意识”的灵感。“语言（language）是一个社会现象。在所有社会现象中……几乎所有的语言行为都位于无意识思想层面上。说话时，我们没有意识到语言的句法

① STRAUSS C L. Introduction[M]//MAUSS M. Sociologie et anthropologie. Paris:PUF,2004:xvi.
② STRAUSS C L. Introduction[M]//MAUSS M. Sociologie et anthropologie. Paris:PUF,2004:xv.
③ MAUSS M. Sociologie et anthropologie[M].Paris:PUF, 2004:294-295.
④ STRAUSS C L. Introduction[M]//MAUSS M. Sociologie et anthropologie. Paris:PUF,2004:xvi.
⑤ STRAUSS C L. Introduction[M]//MAUSS M. Sociologie et anthropologie. Paris:PUF,2004:xix.
⑥ STRAUSS C L. La pensée sauvage[M].Paris:Plon, 1962:88.

和词形学法则。另外，当区分话语(paroles)的意义时，我们也没有对音素进行有意识的认识。”①“语言学，尤其是结构语言学，使我们熟悉了这样的思想：精神生活的根本现象，即决定其最普遍形式的现象，就位于无意识思想的层面上。因此无意识是我与他者的中介项(terme médiateur)。”②从此可以看出，施特劳斯关注的是这种无意识栖身其中的具有普遍性的象征形式。

莫斯和施特劳斯都在努力实现“与从有意识到无意识的过渡伴随的是从特殊到一般的转换”③。换句话，研究者试图从这种转换中找出一种能够解释社会现实和生活的具有普遍性的象征系统或结构，一种象征性的、由象征符号组织的语言。“与索绪尔不同，在莫斯看来，符号(signe)和象征符号(symbole)是一回事。象征符号是一个符号，因为它负载着意义和价值。”④“象征主义(symbolisme)或象征体系(symbolique)就是一系列彼此互指的符号，是‘一个被组织为语言的符合系统’……所有这些同时发生的集体表达不仅仅是些单纯的表象，更是些符号，是些被理解的表达，总之，是一种语言(langage)。”⑤在《论赠送》(*Essai sur le don*)中，交换(échange)作为一种逻辑秩序，成了诸多表面差异的社会活动的共同点。⑥ 这同施特劳斯在《结构人类学》中描写的不同种族间的“婚姻”一样，成了信息的交换模式，成了一种具有象征性的语言。在二位学者那里，“人类思维是一种通过符号与其他符号相连接的思维”⑦。这使我们想起哲学家卡西尔的“人是符号动物”以及皮尔斯的“所有的思想都依赖符号”的说法。

**传播学的社会学想象与人类学精神。**社会学的想象主要涉及两个问题：作为社会学认识论性质的反思性(reflexivity)和社会学认识论的变迁。关于作为社会学认识性质的反思，法国社会学家皮埃尔·布尔迪厄在总结其他研究者的“反思性”认识的基础上，提出了自己的“反思社会学”观点(见下文“反思性”)，指出研究社会学认识论的“反思性”不仅需要考虑作为社会学(如所处的社会、经济地位、阶级、学术场域)和人类学(如种族、性别

① STRAUSS C L.Anthropologie structurale[M].Paris:Plon, 1958:64.
② STRAUSS C L. Introduction[M]//MAUSS M. Sociologie et anthropologie. Paris:PUF,2004:xxxi.
③ STRAUSS C L. Anthropologie structurale[M].Paris:Plon, 1958:28.
④ TAROT C. Sociologie et anthropologie de Marcel Mauss[M].Paris:La Découverte, 2003:99.
⑤ TAROT C. Sociologie et anthropologie de Marcel Mauss[M].Paris:La Découverte, 2003:99-100.
⑥ STRAUSS C L. Introduction[M]//MAUSS M. Sociologie et anthropologie. Paris:PUF,2004:xxxii.
⑦ TAROT C. Sociologie et anthropologie de Marcel Mauss[M].Paris:La Découverte, 2003:102.

等)意义上的活动者的处境对社会学研究的影响,更需要(尤其要)考虑对社会学实践的社会学分析与控制,对铭刻于世界思考行为当中的前提进行系统的批判,以系统地探讨限制可思考(thinkable)和预先决定思维(thinking)的那些没有被思考的思想范畴,指导对社会的研究实践。① 换句话说,社会学研究不仅研究社会现实,也意味着需要对社会学知识生产进行反思,因为不同的社会语境有着不同的认识实践逻辑。从福柯的"词与物"的意义上来说,不同语境有着不同的话语生产格栅。社会科学认识论变迁的主要特征之一,体现在从笛卡尔二元社会本体论向二元中和论的回归,即从主体/客体、意图/原因、物质性/象征表达等对立向二者互动(如结构-建构)的回归。自社会学诞生以来,社会学依次经历了实证主义社会学、马克思主义社会学、古典学院社会学(如韦伯、涂尔干、帕累托等)、帕森斯的结构功能主义社会学等,这些社会学具有典型的笛卡尔二元论特征,或重视结构,或重视象征性生产,此特征体现于布尔迪厄所说的"社会物理学"和"社会现象学"的二元对立,或简单地化约为,体现了"结构主义"和"建构主义"的二元视角的对立。布尔迪厄和吉登斯努力尝试中和"结构主义"和"建构主义",提出了社会学的"结构—建构视角"。

社会学经常借助改造掩盖社会现实的幻想的努力,来阐明那些被常识——往往点缀着科学性特征——热衷遮掩的东西。②在中国流行的传播社会学想象往往被蒙上一层"结构主义"或"结构—功能主义"的色调,具有明显的盎格鲁-撒克逊的社会学传统特征,如"社会学是对人类社会和社会互动的科学研究。作为社会学家,其主要目的是理解社会状况,寻找社会中重复的模式……社会学家试图理解在社会中发挥作用的力量,这些力量塑造着个体,影响着人们的行为,因此也决定着社会事件"③。或者,"社会学视角促使我们超越社会生活中我们认为想当然的东西,并用新颖的并具有创造性的方法来观察它们。人类的体验有很多层含义。看不见的规则和制度安排网络指导着我们的行为"④。这种 21 世纪的"社会学想象"仍然和 20 世纪

---

① BOURDIEU P, WACQUANT L J. An invitation to reflexive sociology[M]. Cambridge: Polity Press, 1992:39-40.

② GUINCHARD C, LAHIRE B. L'esprit sociologique[J]. Questions de communication, 2006(10):507.

③ TISCHLER H L. Introduction to sociology[M].$10^{th}$ ed. Belmont:Wadsworth, Cengage Learning, 2011:4.

④ HUGHES M, KROEHLER C J. Sociologie, the core [M]. 10th ed. New York:McGraw-Hill, 2011:4-5.

五六十年代处于“结构—功能主义”宏大叙事中的美国社会学家米尔斯的“想象”联系在一起,“社会学想象就是把我们个人经验、困难和成绩(部分地)看作社会结构安排和我们生活时代反映的观察能力”①,以及“把我们自己和他者的生活看作宏大社会结构一部分的能力”②。换句话说,社会学想象就是认识“日常生活”反映“社会结构”的能力。

不过在研究传播现象时,我们不能把这种“社会学想象”集中于此,应当从描述微观/宏观、活动者/系统、主体/客体等的辩证互动关系的分析中升级“社会学想象”,因为社会学研究的不同视角为此提供了动力。富有创新的想象之一就是“日常生活社会学”,“日常性”(quotidienneté)成为研究对象。“日常生活社会学”是法国社会学的称谓,与美国常人方法论(ethnomethodology)的提出者加芬克尔(Harold Garfinkel,1917—2011)的理论有着相似的地方。在后者看来,作为日常生活协同活动连续成果的社会现实才是社会学应当研究的根本现象。“常人方法学研究通过把日常活动看作社会成员的方法来进行分析,这些方法使那些相同的活动具有明显合理性,并使所有实践目的具有可述说性,即‘可解释的’……常人方法研究指向去了解社会成员真实的日常活动如何包含着使实际行动、实践环境、社会结构的常识知识以及把实际的社会学推理变得具有可分析性的方法;从实际背景(actual settings)内部出发,去发现作为这些背景的连续成果的、实际而普通的常识行为的形式性能。”③常人方法学家主张:“人类史在一种持续的基础上这样做的,并且在此过程中不断地在实践上创造和重塑这个社会世界。人类在给出说法和创造世界的过程中,被认为本质上能够胜任并熟练地就日常社会经验的场景给出说法。”④日常生活社会学更多显示出日常生活活动的“建构”(如米歇尔·福柯,昂利·列斐伏尔)与“解构”(如塞尔托,米歇尔·马夫索利)性能,其关键词是“纪律”和“反抗”。

在传播学研究中,除研究隐藏于“私人问题”(private troubles)下面的“公共问题”(public issues)的社会学之外,人类学(anthropology)是另外一门

---

① HUGHES M, KROEHLER C J. Sociologie, the Core [M]. 10th ed. New York:McGraw-Hill, 2011:7.

② BRINKERHOFF D B, et al. Essentials of Sociology [M]. 8th ed. Belmont:Wadsworth, Cengage Learning, 2011:4.

③ GARFINKEL H. Studies in ethnomethodology[M].New Jersey:Prentic-Hall, Inc. 1967:vii-viii.

④ 姆沃特斯. 现代社会学理论[M].杨善华,李康,译. 北京:华夏出版社,2000:40.

重要的学科。在西方人的词典中，人类学被界定为研究人类与其行为以及社会的过去与未来的科学。人类学往往与人种志（ethnography）和人种学（ethnology）联系在一起，不过三者之间存在着差异："人类学完全是人的科学，人种学是民族的科学（peuples），而人种志则是对这些民族的描述。"①人类学来自两个希腊语词根的组合：anthrôpos（人）和 logos（科学、言语、话语）。换句话，人类学是有关（或研究）人的话语或科学。人类学超越了自然科学、社会科学以及人文科学的界限来探讨人处于的不同形式的物质和象征维度。人类学的思维路径在于"从小范围的社会单位的研究对象出发，来进行一种具有普遍性的分析，以便从某个角度来了解包括这些单位的整个社会"。②

人类学的精神在于揭示多元文化与社会存在的本质，其对传播学的主要贡献在于认识论和方法论。在人类学的认识论方面，不管学界同意与否，人类学（尤其文化人类学）的假设在于"人是文化的动物"，借助意义生产及其制度化来实现自己的存在，是传播学文化多元（尤其跨文化传播研究）的前提。在人类学的方法论方面，把人类学与其他学科区别开来的是其民族志学方法，尤其人类学以量化的方式在深层次上探讨人类文化、行为以及表达的缘由和机制的特征。民族志方法采取现象学的视觉转换方法，从不同的角度来观察自己的研究对象，在田野调查的基础上与自己的研究进行多重关系的互动，试图借助参与观察、采访、核心群体、文本分析等数据收集技术对研究现象构建一个具有语境特征的整体主义图像。当然在诸多情况下，人类学从解析数据中发现不同文化和社会存在的、与众不同的行为、表现与制度化特征。这种方法在社会学那里往往又表述为"民族学方法论""常人方法论""民俗学方法论""本土方法论""俗民方法论"等。

**作为制度批判工具的"日常性"**。英国学者哈维·弗格森在《现象学社会学：现代社会中的洞见与体验》中写道，"现象学教给我们悬置概念，悬置我们对世界现实的信仰，以此作为克服自然态度的方法……（我的）建议可能是一个大胆的建议，处于自然态度的人也采用了一种特定的悬置，当然这与现象学家的不同。人没有悬置对外部世界及其物体的信仰，相反，悬置了

① PAUL T. Anthropologie, ethnologie et ethnographie[J]. Bulletins de la société d'anthropologie de Paris, 1876(11):199.

② KILANI M. Introduction à l' anthropologie[M]. Lausanne:Payot, 1992:33.

对其存在的怀疑。他悬置的是对外部世界及物体与显示的表象可能不一样的怀疑……这种悬置为对自然态度的悬置。对舒茨(Alfred Schütz,1899—1959)来说,关键问题不是去考察自然态度被消除后所剩余的东西,而是去理解这种持久稳固而又有强制性的信任如何直接地并无深思熟虑地通过社会行为被构建和生产。因此,舒茨关心的是,在我们于不同行为方案中所拥有的直接而充满生机的兴趣和作为既定主体间性现实的永久社会结构之间建立联系。”①换句话说,就是在宏观结构与微观行动之间构建可以沟通的桥梁。事实上,这种构建形成了日常生活社会学的理论指向。

在社会学的研究中,从“建构主义”(行动)、“功能主义”(系统)、“功利主义”(理性)到“批判结构主义”(结构)理论,②视角特征基本上是单方面的,即从一种理论的对立面提出另一种试图能够阐释社会现实的说辞,如从社会“系统”的“约束性”与“功能性”到社会活动者的“自由性”与“建构性”。具体地说,在“结构—功能主义”视角下,“社会作为一个系统……它就需要一定类型的机构发挥功能性的作用……结构变迁的方向是由文化内涵即社会的共同规范体系所决定的”③,作为视角的对立面,现象学社会学和常人方法更多强调社会活动者在日常生活中“以怎样的方式理解其行为,以怎样的方式赋予其行为意义”④。

作为建构主义理论实践者,吉登斯和布尔迪厄中和了“结构—功能主义”与现象学社会学的观点,主张一种“结构—被结构”(structuring-structured)的过程。从认识论的角度来说,这个过程是从对社会的认识由认识论集体观(epistemological collectivism)到认识论个体观(epistemological individualism),⑤直至试图将两种视角结合的建构论。不过这里存在着一个令人感兴趣的问题:在日常生活中,处于功能结构的“约束性”和“导向性”中的社会活动者如何实现日常的“物质性”和“象征性”的构建,更具体地说,如何实现自己的“对抗性”或“反权力”或“反制度”的社会现实构建?在对此问

① FERGUSON H. Phenomenological sociology: insight and experience in modern society[M]. London: SAGE Publications, 2006:92.

② 姆沃特斯. 现代社会学理论[M].杨善华,李康,译. 北京:华夏出版社,2000:8.

③ 姆沃特斯. 现代社会学理论[M].杨善华,李康,译. 北京:华夏出版社,2000:9.

④ 姆沃特斯. 现代社会学理论[M].杨善华,李康,译. 北京:华夏出版社,2000:8.

⑤ BUNNIN N, YU J Y. The blackwell dictionary of western philosophy[M]. Hoboken: Blackwell Publishing, 2004:432.

题的尝试回答中,“日常性”成了被用来分析和批判的工具。“体验、集体与生活所构成的三脚架(tripode)会对社会学更新认识论带来丰富的结果。”① 如法国社会学家米歇尔·马费索利(Michel Maffesoli)所说:“从实在和我们认识的那样出发。在一个宏大的经济政治系统饱和的时代,正确的方法是回到这种最极端的具体性:每天的生活。”②法国传播学家阿芒·马特拉在《思考媒介》中就意识到相似的问题:传播的“制度化”与“反制度化”功能,并进行了跨学科的阐释,其理论依据来自福柯的“权力观”与人类学家塞尔托的“做的艺术”。③

具有“社会学精神”④的法国著名思想家米歇尔·福柯(Michel Foucault,1926—1984)的“微观权力物理学”尽人皆知,一种柔性的、敞视式的“权力的眼睛”⑤实现了对个体的“规训”。福柯在《规训与惩罚:监狱的诞生》中更新了对权力行使模式的理论分析,他对监狱诞生过程的分析抓住了镇压历史上的一个关键时刻:从惩罚到监视的过渡。对福柯来说,监狱的出现是一种惩罚艺术向另一种艺术的转变,这符合了权力经济学的规则,物理的、笨重的肉体惩罚以及政治机构体系转换成光线视觉原理,监视比惩罚变得更加经济与富有效率。福柯在考虑权力机制的时候,是在“考虑它存在的‘毛细’形式,直至权力和颗粒般的个体融合在一起,到达他们的身体,深入他们的姿势、态度、话语、学习、日常生活之中”⑥。塞尔托认为,“在《规训与惩罚:监狱的诞生》中,福柯用对‘完全控制’机构且悄悄重组权力运作的分析来代替对行使权力的机器的分析:那些利用‘细节’的‘微小’技术流程成了‘监视’的操作者…… 这些‘权力微观物理学’注重纪律的生产装置……尽管这些静悄悄的技术引起或回避制度层面上的实施。”⑦不过把社会生活中的充满辩证“矛盾”的“日常性”作为社会学研究对象的做法在盎格鲁-撒克逊的文献中并不多见,但在拉丁语系的学术界却有着启发性的见解,尤其在以“社

① MAFFESOLI M. Préface[M]//SCHÜTZ A. Le chercheur et le quotidien. Paris:Klinchsieck, 1987:XII.
② MAFFESOLI M. Préface[M]//SCHÜTZ A. Le chercheur et le quotidien. Paris:Klinchsieck, 1987:II.
③ MATTELART A. Pensar sobre los medios[M]. San Jose:Editorial DEI, 1988:100-101.
④ LAHIRE B. L'esprit sociologique[M]. Paris:La Découverte, 2007:112.
⑤ 包亚明.权力的眼睛:福柯访谈录[M]. 上海:上海人民出版社,1997:149.
⑥ FOUCAULT M. Dits et écrits (1954-1988):II[M]. Paris:Gallimard, 1994:741.
⑦ CERTEAU M de. L'invention du quotidien, arts de faire[M]. Paris:Gallimard, 1990:xxxix.

会学研究”见长的法国学术界。

法国社会学家昂利·列斐伏尔（Henri Lefebvre，1901—1991）对日常生活批判的理论化无疑起了推动作用，他与米歇尔·马夫索利在社会学领域对日常生活中使用与实践的结构—解构功能的分析做出了贡献。[①] 前者深受马克思主义的影响，把日常生活看作被“异化”渗透的批判对象；后者则把日常生活看成一种创造性的源泉，看成对抗任何对社会实施控制的集权主义（totalitaire）方案。[②] 在列斐伏尔的马克思主义路线看来，作为意识形态的象征生产与再生产渗透于日常生活之中，广告、娱乐、消费等都成了这种生产现象的组成部分：“日常”活动被剥夺了“新颖性、创造性与发明性”。这会使人想起阿多诺和霍克海默对文化工业的批判以及另一位马克思主义者路易·阿尔都塞（Louis Althusser，1918—1990）的“意识形态国家机器”论。马夫索利的社会学研究关注的是社团中社会联系以及当代社会日常社会中的想象：不赞成上述“异化”理论中关于大众的“被动性”的假设，不接受“被统治者是通过各种制度渠道传输的意识形态的被动接受容器”[③]的观点，并认为“现代性的根本特征当然是‘驯服人’与使社会中的生活‘合理化’”[④]，“现代性强加的逻辑在日常生活中遭遇到抵抗”[⑤]，面对集体生活中的支配和权力，作为支配的颠覆性反抗的“有机性”（organicité）[⑥]或“日常的激情”（la passion de l’ordinaire）[⑦]借助“诡计”发生着作用——这类似塞尔托日常生活中“做的艺术”的“策略”。“社会联系使我们能够接触他者……因此一个交际（或传播）的目的更多在于交换一种社会接触，而不是信息。”[⑧]日常生活社会学，正是在这种对处于支配地位的合法性话语的产生场所与合法性

① JAVEAU C. Sociologie de la vie quotidienne[M]. Paris：PUF，2011：5.

② ENRIQUE C P A. La quotidienneté comme objet：Henri Lefebvre et Michel Maffesoli Deux lectures opposées[J]. Sociétés，2002，4(78)：5.

③ ENRIQUE C P A. La quotidienneté comme objet：Henri Lefebvre et Michel Maffesoli Deux lectures opposées[J]. Sociétés，2002，4(78)：8.

④ MAFFESOLI M. L’instant éternel[M]. Paris：Denoël，2003：171.

⑤ ENRIQUE C P A. La quotidienneté comme objet：Henri Lefebvre et Michel Maffesoli Deux lectures opposées[J]. Sociétés，2002，4(78)：8.

⑥ MAFFESOLI M. L’instant éternel[M]. Paris：Denoël，2003：165.

⑦ RENAUD G. Michel Maffesoli ou la passion de l’ordinaire[J].Revue Religiologiques，printemps 1991(3).

⑧ CASALEGNO F. Memoire quotidienne：communautés et communication à l’ère des réseaux[M]. Québec：Les Presses de l’Université Laval，2005：130.

的质询中生产了平常或普通的合法性。①

传播不仅是社会、政治、经济与文化现实的表象，而且也是该现实及其内部动态互动关系的形塑剂，日常生活成了传播活动的习惯交叉场域，一种逐渐形成自治的社会领域——在这里制度机构被看作个体或集体行动者间的关系，而不是具体的物（choses）。这种互动在社会学意义的"短时段"内呈现为行动者所遵循的规则、习惯和制度性功能；在"长时段"内体现着制度变迁或转型的社会特征。

## 五、社会的合理化

中国人常说的"合理性"与西方的"合理性"概念有些差异：前者着重指"合乎道理""能用道理解释""有理由""合情合理"，英语词中与其相对应的更多是"reasonable"而不是"rational"；而且后者的"合理性"则有着其哲学和词源学根源，更多指合乎以数学为基础的逻辑，即从原因导出结果的逻辑，其词源来自拉丁语的 ratio（算计），遵循这种逻辑所经历的过程就是"合理化"（rationalization），体现着手段/目的特征，这就是马克斯·韦伯（Max Weber，1864—1920）与法兰克福学派所批判的那种"工具合理化"。18 世纪被称作"理性的世纪"，这意味着理性（Reason）成了启蒙运动的智力基础，而且作为主体并拥有理性的人的选择与其实现目的物质化过程则是理性化，表现为西方现代化场景中的民主化、经济市场化和社会公民化过程，对围绕现代性以及工具理性的批判就是以此为参照展开的。

在西欧大陆哲学认知中，"理性主义（rationalism）认为知识来源于理性能力和智力（intellect）的运用……理性之路就是通往真知识的道路"②。"合理性（rationality）是人类运用理性，展现在推理、归纳、计算和其他非正规治理过程中的能力。"③"行为'合理化'的一个核心内容就是：用有计划的适应利益格局来代替内容对惯常习俗的依赖。这样一种合理化是以牺牲情感行

---

① HATZFELD H. Les légitimités ordinaires：au nom de quoi devrions-nous nous taire?［M］.Paris：L'Harmattan，2011：52.

② BUNNIN N，YU J Y. The Blackwell dictionary of western philosophy［M］. Hoboken：Blackwell Publishing，2004：587

③ BUNNIN N，YU J Y. The Blackwell dictionary of western philosophy［M］. Hoboken：Blackwell Publishing，2004：588

为以及传统行为为代价的。”①马克思、韦伯、霍克海默和阿多诺都认为，所谓社会合理化，就是行为关系当中工具理性和策略理性的增长。② 合理化就是知识经验的增加、诊断能力的提高、控制经验过程的工具与组织的完善，现代科学是合理化生活的命定力量。③ 韦伯所描述的“不仅是西方文化的世俗化，而且（尤其）是合理化视角下西方社会的发展过程。新的社会结构特征在于，两种围绕资本主义企业和科层国家机器形成并在功能上相互交叉的系统出现了分化。韦伯把这种过程看作目的合理（purposive-rational）的经济和管理行为的制度化过程。日常社会受到这种文化和社会合理化的影响，传统的生活形式解体。”④“韦伯关注合理化的成就，经历了从作为此概念温床的加尔文新教思想到渗透西方所有文化，直至为所有现代人构建一个‘铁笼’（iron cage）。合理化意味着所有文化将具有以下特征：社会关系的去人性化，计算技术的完善、专业知识的强化以及对自然和社会过程技术理性的扩展。”⑤换句话，韦伯的分析过于关注变化过程中的目标定位和使目的合理性的方法，这种关注在日常生活中越来越多，产生了目的—工具理性的“铁笼”。⑥ 韦伯把合理化看作整体化的动力。在古典社会学家当中，“只有马克斯·韦伯摆脱了历史哲学思想的前提和进化论的基本立场，而且把欧洲的现代化理解为具有普遍历史意义的合理化过程”⑦。韦伯用一般的经验研究揭示了合理化的过程，但他并没有从经验主义的角度曲解合理化过程，也没有使合理性内容在社会学习过程中消失殆尽。

在现代思想的原子论观点中，“主体面对着一个物质的客观世界，它们之间的基本关系是：表达（representation）和行动（action）。相应地，与这种模

① 哈贝马斯. 行为交往理论：行为合理性与社会合理性：I［M］. 曹卫东，译. 上海：上海人民出版社，2004：165.

② 哈贝马斯. 行为交往理论：行为合理性与社会合理性：I［M］. 曹卫东，译. 上海：上海人民出版社，2004：142.

③ 哈贝马斯. 行为交往理论：行为合理性与社会合理性：I［M］. 曹卫东，译. 上海：上海人民出版社，2004：155.

④ HABERMAS J. The philosophical discourse of modernity［M］. Cambridge：Polity Press，1984：1-2.

⑤ WATERS M. Globalization［M］. 2nd ed. London：Routledge，1995：8.

⑥ YOUNG R. Intercultural communication：pragmatics，genealogy，deconstruction［M］. Bristol：Multilingual Matters Ltd，1996：157.

⑦ 哈贝马斯. 行为交往理论：行为合理性与社会合理性：I［M］. 曹卫东，译. 上海：上海人民出版社，2004：141

式相联系的合理性是一个主体能够获取有关偶然环境的知识并将其付诸运用的‘认知—工具’合理性，以明智地适应和操纵这种环境。”①启蒙运动对进步的信仰基于以牛顿物理学为模式的理性观念之上，这种物理学因可靠的方法和增长方式被认为提供了一种普遍知识的范式。“科学进步对整个现代社会的影响，首先不是被看作生产力的扩张和管理技术的细化的结果，而是探究其对生活、文化环境的影响。特别是科学发展必然伴随着道德进步的信念，这种信念不仅来源于理论和实践问题逻辑的同化，而且也基于早期现代科学在宗教、道德和政治领域的历史体验。来自科学知识传播并对传统思想习惯产生解放性影响——逐渐根除了‘迷信、偏见、错误’——的文化的合理化形成了社会生活全面合理化的中心，其中也包括政治和经济结构的转变。政治领域的理性的具体化意味着建立一种保证市民自由和公共空间安全的共和政府形式，以便政治权力能够通过反映普遍意愿和利益的公共讨论中介（medium）合理化。另一方面，理性在经济领域中体现为建立一种个体自由寻求自我利益——与其他个体寻求相兼容——的社会空间。这样产生的结果是社会普遍财富的连续增长和个体分配的继续平等。”②启蒙运动的“合理化”概念成就了现代性的各种面相。

马克斯·韦伯挑战了启蒙运动的理性和进步的信条。在他看来，“界定现代性的理性最终是一个 Zweckrationalität，即目的理性，以及手段或目的理性，它的内在目的是掌控世界，为人类的利益服务。因此，启蒙运动所希望的理性的增长和扩散并没为现代文化提供一个崭新的、非虚幻的意义中心。不过，它的确渐渐消解了传统的迷信、偏见和错误，但这种对‘世界的去魅’并没用其他能够胜任赋予生活意义和一致性的东西来代替传统的宗教世界观”③。实际上，自 19 世纪中叶以后，认识论已被知识学所代替，实证主义的观点否认哲学反思的价值，它不再研究认识的条件和意义，而用现代科学的事实代替认识论，并试图用唯科学论的知识学来代替对认识批判的反思，后果则是排除了科学对自身的反思，也排除了关于人们对社会科学现象进行

---

① MCCARTHY T. Translator's Introduction[M]//HABERMAS J.The theory of communicative action:I. Boston:Beacon Press, 1984:ix.

② MCCARTHY T. Translator's Introduction[M]//HABERMAS J.The theory of communicative action:I. Boston:Beacon Press, 1984:xvi-ii.

③ MCCARTHY T. Translator's Introduction[M]//HABERMAS J.The theory of communicative action:I. Boston:Beacon Press, 1984:xvii.

自我反思的研究,妨碍了人们用一种恰当的社会分析方式去研究人的行为。①

在韦伯那里,这种具有工具—目的特征的理性最终阻碍了人的发展。"关于理性的制度化,韦伯关于经济和社会的观点同样与启蒙运动的期望相对立。社会理性化的过程很顺利地进行到19世纪末;但在韦伯看来,这种进步最终促成了目的理性、技术和计算、组织和管理的上升。理性的胜利带来的不是自由的盛行,而是非人性经济力量和官僚组织管理的支配地位的形成……在18世纪被哲学家看作地球上神的王国的理性的合理化最终成了我们注定生活其中的'铁笼'。"②可见,对合理化的批判集中于"理性的合理化"(或更具体地,理性的工具性合理化)上面:"理性成了制作其他所有工具的通用工具,这些工具具有僵化的目的指向性,与物质生产的精确计算一样酿成灾祸……理性成为纯粹目的工具的古老抱负最终完全实现。"③这种合理化造就的"铁笼"在哈贝马斯那里似乎被解构了。

在马克思主义者马尔库塞那里,随着现代技术的发展,技术力量的意义和方向被倒转:一旦把人类从与自然的关系解放出来,现代技术就变成了政治控制的手段。一方面,合理化实际上是一种隐性支配体系;另一方面,需要发展一种能与自然对话并摆脱作为支配力量的技术(technics)之影响的新的科学。哈贝马斯重拾马尔库塞的第一个观点:被韦伯唤作合理化的东西,不是起统治作用的合理性,而是一种以这种理性为名义的新的政治支配形式;不过,最重要的是,这种新的形式不再被作为政治支配力量来认识,因为它发现自己被科技合理性的进步所合法化。关于马尔库塞的第二个观点,哈贝马斯参照了阿诺德·盖伦(Arnold Gelhen,1904—1976)的思想,发现这种方案是乌托邦,因为技术的历史代表了目的—合理的行为在技术系统中必然逐渐物化的历史。④

---

① 郭官义,李黎.译者前言[M]//于尔根·哈贝马斯.知识与兴趣.郭官义,李黎,译.上海:学林出版社,1999:10.

② MCCARTHY T. Translator's introduction[M]//HABERMAS J.The theory of communicative action:I. Boston:Beacon Press, 1984:xviii.

③ HORKHEIMER M, ADORNO T W. Dialectic of enlightenment:philosophical fragment[M]. Stanford:Stanford University Press, 2002:23.

④ STIEGLER B. Technics and time:the fault of epimetheus[M]. Stanford:Stanford University Press, 1998:10-11.

盖伦是德国的人类学家和社会学家,是哲学人类学或人类学哲学领域的代表人物,他提出了人类学有异于传统的形而上学的观念,即把人看作一个与自然相对的文化存在,他关注技术概念、制度机构以及工业社会对人类生活的影响。在他看来,"以往几千年的传统社会是一种稳态的农业社会,具有各种各样的稳定制度,但技术的日新月异使人类告别了那种宁静的常规社会,打破了那种稳定的制度,步入一个节奏快、变化大的现代社会,而人类的精神、思想、伦理等都将在这种未定型的社会中被迫迎接这一巨大挑战。"①哈贝马斯提出另一种选择,并为此"铸造了一个新概念'象征中介化的互动'(symbolically mediated interaction),其中的'交际行为'(communicative action)就是一个例子,它与构成'目的—合理的行为'的劳动相对。交际行为回指到那些不能置于技术统治者相同水平上的特殊的社会规范……所有人类史都可相应地分析为交际行为和目的—合理行为间的变化关系组合。传统社会与现代社会不同在于这样一个事实:在前者中,交际行为形成了社会权威的基础(无论是神话的、宗教的或是超验政治的);在后者中,合法化则由科学技术合理性来支配,这种合理性逐渐散布到所有生活领域,包括特殊性(specificity)被否认的、所谓的'交际'层面"②。

哈贝马斯不赞成法兰克福学派前辈对科学技术的工具理性的批判,把"科技异化"以及对社会文化问题(如享乐主义、社会身份的缺失等)的重新认识看成了启蒙运动未完成的方案,因为在阿多诺、霍克海默、马尔库塞等人那里,或大众传媒推动下的流行文化对大众实行柔性控制,或科技本身因具有工具性和奴役性社会功能而成了意识形态。

## 六、从社会的结构到建构

自 19 世纪,社会学由"唯实论"(realism)的科学实证社会学(如奥古斯特·孔德)经过"唯名论"(nominalism)的诠释社会学(如马克斯·韦伯)与结构功能主义(如塔尔科特·帕森斯)发展到现象学社会学(如阿尔弗雷德·舒茨、哈罗德·加芬克尔),直至结构主义建构论(皮埃尔·布尔迪厄)

① 盖伦. 技术时代的人类心灵:工业社会的社会心理问题[M].何兆武,何冰,译. 上海:上海科技教育出版社,2003.

② STIEGLER B. Technics and time: the fault of epimetheus[M]. Stanford: Stanford University Press, 1998:11.

与结构论(安东尼·吉登斯),社会实在(reality)也逐渐由科学的实在发展到社会的实在,直至发展到成为日常建构的实在,社会互动者也逐渐从服从规则发展到日常社会实在的建构主体。在社会学中,系统与社会活动者的关系不再是对立、服从或规则的强加,而是成了彼此的互动建构。社会学除了在 19 世纪受到自然科学研究的启发,在认识论上也受到了哲学的巨大影响。哲学本来就是指导人们认识世界的学科,涉及本体论、认识论和方法论,于是理性/合理性、主观/客观、主体/客体、整体论/个体论、现象/实在、批判/实证等“对子概念”成了社会学研究的理论工具。

在现代社会学理论中,社会学研究对象的选择具有时空二元维度特征,时空维度上的社会实践反映着行动与结构、行动者与系统、主观与客观间的二元辩证关系。关于社会学理论,不同的学者从不同的视角把社会学研究分成不同的传统,每种传统的不同元素都在解释社会团结的作用。如在《现代社会学理论》中,马尔科姆把社会学研究分为四种类型:“建构主义(constructionism)(主观的/个体论的),寻求的是理解个人的和主体间的意义和动机。在这里,人被看作是有资格和沟通能力的行动者,他们积极主动地创造或构建世界。功利主义(utilitarianism)(客观的/个体论的),它寻求依据对个人利益及其现实手段的明确计算来解释人的行为。在这里,人被看作始终处于计算之中,追求利益最大化,总是以牺牲他人为代价来寻求自己的好处。功能主义(functionalism)(整体论的/主观的),考察各种社会安排在多大程度上能够满足由一个至高共享的规范体系所限定的各种功能要求。在这里,人被看作是宗教和文化的尊奉者,没有社会和道德方面的支持,他们就不能生存下来。批判结构主义(critical structuralism)(整体论的/客观的),回溯潜在物质结构的长期发展过程,以及这些结构对个人、社会和文化所产生的影响。在这里,人被看作是被他们在社会经济和历史方面的定位(location)任意摆布、操纵和扭曲(的东西),这使他们真实的自我发生畸变。”①在《四种社会学传统》②中,科林斯(Randall Collins)则将社会学研究分为四种传统:在冲突传统中,人们看到了意识形态与合法性的动力、自利群体的动员条件;对于此传统,观念是武器,其支配地位是由社会与经济资源

① 姆沃特斯. 现代社会学理论[M].杨善华,李康,译. 北京:华夏出版社,2000:7.

② COLLINS R. Four sociological traditions[M].Oxford:Oxford University Press, 1994:3-4.

的分配来决定的。在理性/功利主义（rational/utilitarian）传统中，人处理信息的能力是有限的，其理性是有限的，存在着认知选择上的矛盾。在涂尔干传统中，社会仪式不仅生产了团结，而且也制造了人们用来思考的象征符号；人们的思想是由充满道德力量的关键元素组成的，人们的成员身份决定着他们相信的东西是真的，道德成了束缚性力量。在微观互动传统中，社会存在于心灵当中，人们的对话和日常生活实践构建社会现实的意义。实际这四种传统仍可化约在马尔科姆的分类当中：冲突传统、理性主义、涂尔干和微观互动传统分别具有结构主义、功利主义、功能主义和建构主义类型特征。这些类型基本上体现着两种思考：首先，社会现实来自思想着、行动着的主体的那些创造、解释、意义及观念；其次，人类就处在一套不可改变的共有约束之下。① 基本上，整个类型的划分就处在活动者与系统、主观与客观、理性与有限理性等的相互组合之中（如图 1-1）。

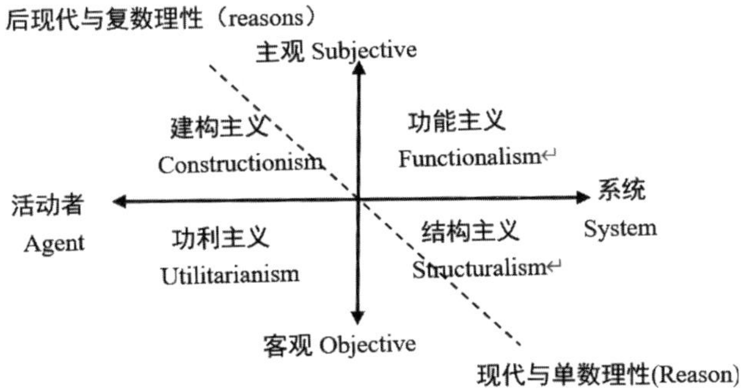


**图 1-1 现代社会学理论组合图**

自 20 世纪二三十年代所谓的“传播学”诞生以来，在社会学角度上，传播学研究逐渐呈现出了主体回归趋势：一方面研究者关注主体在传播接受中的主动性，单向传播的制度化作用被消解，主体日常活动（或消费）的反制度或反纪律作用得到提倡；另一方面，研究者强调全球化背景下作为宏大主体的国家的重要性，新自由主义框架下的制度（国家）消亡论被批判，文化与社会的多元性观点得到了尊重。与这些趋势相伴随的是 20 世纪 70 年代以后的“主体”与“地方”思想的回归与人文社会科学研究中的“文化转向”。

---

① 姆沃特斯.现代社会学理论[M].杨善华，李康，译. 北京：华夏出版社，2000：6.

这些变化的最终目标指向了行动主体的自治与理性（如具有自主生产与阐释意义的能力）、社会的自治与自我调节（如公共辩论产生基础的市民社会建设的必要性）特征以及政治生活中（或国家治理中，如参与民主、协商民主、制度建设）的民主化。传播研究视角下的社会不仅仅是客观的现实，而且是被传播主体构建出来的，具有主观特征的现实。

人是象征和物质意义上的存在。“人类在传播过程中使用符号。符号受到接收者的解释，这使得意义成为社会活动的核心。意义是社会生活的产品。不管一个人对某物有什么意义，都是关于被定义的客体与他人发生相互作用的结果。如果没有与他人的相互作用，一个客体对一个人是没有意义的。社会是一个由社会相互作用构成的网络。在这个网络中，参与者通过使用符号给自己的和他人的行动赋予意义。”①人在有意义的生产活动中实现了社会现实的存在与再生产。法国社会学家布尔迪厄曾说：“有关社会的最根本的问题之一是：知道为何这个世界在延续、自己存在着，为何社会秩序永久存在，即构成秩序的一系列关系……实际上，像古典哲学家所说，社会世界（monde social）拥有一种倾向（conatus），一种继续存在的倾向，一种既存在于客观结构又存于‘主观’结构和活动者的安排之中，并在结构的构建和再建构行为得以连续维持、该结构依赖于活动者在结构中所占的位置。”②简而言之，社会的存在是客观结构和主观安排间互动的结果。

## 七、日常生活、社会世界和生活世界

日常生活与生活世界（life world）是意义生产的基础与环境，意义是对环境的阐释，两者的辩证关系体现在日常社会现实的构建之中。

何谓日常生活？“日常生活表现为一个具有时间秩序的客观整体，这是一个或多或少必然位于一个准确时间结构中的互动场所，这种时间结构无疑有助于保证社会成员在一个共同的世界中生活，分享现实社会的大部分价值观。日常关系遵从一种规范性结构。”③意义就产生于这种秩序化的日常互动空间之中。

---

① 小约翰.传播理论[M].陈德民，等译. 北京：中国社会科学出版社，1999：112.

② PIERRE B. Stratégies de reproduction et modes de domination[J]. Actes de la recherche en sciences sociales, 1994(105):3.

③ TABBONI S. Les temps sociaux[M]. Paris: Armand Colin, 2006:29.

现象学社会学家舒茨借助胡塞尔的现象学中“意识”“意义”概念以及韦伯的“生活世界”及其对主观意义行为的关注，创立了自己的社会世界现象学，揭示“个体所体验的异质的世界如何被同伴所共享”，[①]“社会世界是如何进行有意义的构建”——换句话，“社会世界的意义是如何被构建的”[②]——“在意义构建、社会行为及其社会性间建立起了必要的联系”。[③]舒茨虽然从胡塞尔那里受到启发，但并没有停留于胡塞尔的基于超验意识（transcendental consciousness）上的感知，他同时引入了实践行为，并从对“社会世界”中意义的构建转向了对以“主体间性”为特征的生活世界的关注——主体间的彼此理解更多靠互动进行，而不是理论的观察。[④] 如从制度建构主义观点来看，一个社会世界位于构建过程之中，包含着一个扩张的制度秩序的根基。[⑤] 从社会世界到生活世界概念的转换意味着，基于主体（或主观）意识的被知觉的社会现实的意义构建转向了在日常生活中的借助实践行为实现的主体间的理解与沟通。

生活世界是胡塞尔现象学中的术语，往往是指“我们日常生活中给定的现实世界”[⑥]，其关注的社会现实的自我建构（self-constitution）过程[⑦]，是靠知觉来直接接触的世界[⑧]，被看作人类活动的一般框架：作为有意识的存在，人们居住在一个预先给定的并作为整体被体验的生活世界中，生活世界是一个普通的结构，它允许客观性和物依据不同的文化背景以不同的方式出现。[⑨] 不过，现象学中的生活世界概念过于强调文化知识的再生产和更新，

---

① SHUTZ A. The Phenomenology of the social world[M]. Evanston: Northwestern University Press, 1967:139.

② CHI Yu Chung. Schutz on lifeworld and cultural difference [M]//EMBREE L. Schutzian social sicence. Dordrecht: Kluwer Academic Publishers, 1999:160.

③ FLICK U, et la. A companion to qualitative research[M].London: Sage Publications, 2004:104.

④ CHI Yu Chung. Schutz on lifeworld and cultural difference [M]//EMBREE L. Schutzian Social Si-cence. Dordrecht: Kluwer Academic Publishers, 1999:161.

⑤ BERGER P L, LUCKMANN T. The social construction of reality: a treatise in the sociology of knowl-edge[M]. London: Penguin Books, 1966:75.

⑥ HUSSERL E.The crisis of European sciences and transcendental phenomenology[M]. Evanston: North-western University Press, 1970:51.

⑦ ENDRESS M. Alfred Schutz and contemporary social theory and social research[M]//ENDRESS M, et al. Explorations of the Life-World. Berlin: Springer, 2005:2.

⑧ CHI Yu Chung. Schutz on lifeworld and cultural difference [M] // EMBREE L. Schutzian Social Sicence. Dordrecht: Kluwer Academic Publishers, 1999:159.

⑨ MORAN D. Introduction to phenomenology[M]. London: Routlegde, 2002:182.

相对忽略了群体成员和个人身份的形成和变化，社会学家涂尔干和帕森斯的“生活世界”则表现出了“制度主义的倾向”，社会整合占据支配地位，米德的互动主义则从社会化角度出发，把生活世界看成了个体扮演的角色实现自我过程的社会文化环境。① 哈贝马斯在整合米德、帕森斯、舒茨与涂尔干的基础上，提出一种多维度的整合的生活世界概念——借助交际行为，生活世界在象征层面上实现再生产——并将其表述为“在文化上被传输的、在语言上被组织的一揽子阐释模式”②，借助语言和文化形式，这种隐含的知识仓库为社会活动者提供了没有问题的背景性信念。

在哈贝马斯那里，韦伯的“社会行为”或舒茨的“实践行为”被整合为传播（或交际）行为，希望依靠传播理性来实现对启蒙运动以来的社会合理化方案的反思。哈贝马斯的生活世界概念是交际行为的补充概念，生活世界中的象征结构的再生产要通过交际行为这个中介来进行③，它体现着文化、社会和人格（personality）三种结构成分④，是人们借助交际行为实现相互理解过程的背景，支配着语境的形成⑤。总而言之，“被我们唤作社会的东西是由不断更新的互动构成的……每时每刻，一个自我（ego）都遇到一个给定的他我（alter）。这种相遇所产生的交换在一个既定社会中编织和重复编织着社会联系。这些互动产生于集体存在的不同事件中，而这些事件本身又镶嵌在不同的情景中。在集体存在中，一个共同接受的界定会导致产生社会现实，它约束着自我和他我的行动，甚至以某种方式约束着人们的思考……学校、企业、医院、兵营、监狱、娱乐场所、家庭空间等。对我们每个人来说，在给定时间，这些同时存在的次级世界（sous-mondes）的整体构成我们的现象学意义上的生活世界”⑥。

生活世界对不少社会学家和人类学家产生了影响，总体上来看，生活世界构成了社会活动者进行日常生活的象征性语境或背景。实际上，日常生活世界构成人们生活和进行各种具体活动的社会环境。作为现象学——具有认识论和方法论特征——延伸出来的生活世界或社会世界，实际上都在

① HABERMAS J. The theory of communicative action: I[M]. Boston: Beacon Press, 1984: xxiii.
② HABERMAS J. The Theory of communicative action: I[M]. Boston: Beacon Press, 1984: xxiii.
③ HABERMAS J. The Theory of communicative action: II[M]. Boston: Beacon Press, 1987: 204.
④ COHEN J L, ARATO A. Civil society and political theory[M]. Cambridge: MIT Press, 1994: 428.
⑤ HABERMAS J. The theory of communicative action: II[M]. Boston: Beacon Press, 1987: 204.
⑥ JAVEAU C. Sociologie de la vie quotidienne[M]. Paris: PUF, 2011: 33.

试图描述一种象征层面上(或意义)的建构。

## 八、社会形态的变迁:从传统社会到后工业社会

在西方的关于人类的认识上,法国实证主义之父奥古斯特·孔德(Auguste Comte,1798—1857)以科学实证的精神和通俗天文学的名义把人类理智的发展过程分为三个阶段:神学、形而上学和实证,并认为我们所有的无论何种思辨都不可避免地——无论是个体还是人类(l' espèce)——要连续经历这三个阶段。[①] 神学阶段又称"封建阶段",与中世纪时期(约476年—1453年)和法国旧制度时期(14世纪—18世纪)相对应,社会关系被看作神权思想的结果来分析;形而上学阶段作为"抽象阶段"与"启蒙的世纪"(18世纪)相对应,该阶段的特征在于用抽象的和形而上学的假定来分析社会(如卢梭的《社会契约论》);实证阶段也叫作"科学阶段",人们不再追究人类社会的起源和社会发展最终归宿,而是用理性和观察来寻找自然的现实规则,与该阶段相对应的应该是基于社会理性化策略时期。在历史时间上,欧洲文艺复兴时期的学者把西方的历史划分成三个时期:与"光明"联系在一起的古代、"黑暗的"中世纪和走出"黑暗"获得新生和觉醒的现代。[②] 无论是三个阶段还是三个时期,它们反映的都是社会的变迁。

社会形态变迁构成了传播研究的背景,而这种变迁又反映着当时的社会—经济—政治—文化—传播的组织构型与特征。如很明显,丹尼尔·贝尔就曾把社会分为三部分:"社会机构、政体和文化。社会结构由经济、技术和就业系统组成;政体调节分配权力,裁决个人、不同集团间相互冲突的要求和需求;文化是意义和表意性象征主义的领域。"[③]从安东尼·吉登斯社会学层面的"现代性"到乌尔希·贝克的"第二现代性",直至于尔根·哈贝马斯哲学层面上的"未完成的现代性方案";从居伊·德波(Guy Debord,1931—1994)传播学层面上的"景观社会"到让·鲍德利亚符号经济学层面上的"消费社会",再到丹尼尔·贝尔社会学层面上的"后工业社会",直至曼纽尔·卡斯特尔社会学层面上的"网络社会" 以及所谓的"知识社会"和"信

① COMPTE A, Discours sur l' esprit positif[M]. Paris:Carilian-Goeury et V$^{or}$ Dalmont, 1844:2.

② KUMAR K. From post-industrial to post-modern society:new theories of the contemporary world[M]. Hoboken:Blackwell Publishing, 2005:97.

③ 贝尔. 后工业社会[M].彭强,译. 北京:科学普及出版社,1985:1.

息社会”,这些不同的概念背后是对不同社会构型、特征以及其存在的中介化的认识。

每一种社会形态的出现或表现出认识的连续,或呈现出断裂与扬弃。从我们熟悉的马克思唯物主义历史哲学来看,生产力和生产关系间的矛盾成了社会发展的决定性力量,人类社会从原始社会,依次经过封建社会,资本主义社会,到社会主义社会,直至共产主义社会,连续变迁的社会形态呈现出不同的社会关系构型及中介化特征,人类因生产资料所有制的演化,社会的团结性逐渐由人身依附走向自由。马克思以唯物辩证的思想修正了康德的历史“内在目的论”说法,认为历史的发展逻辑不在自身的“合目的性”。然而,马克思的认识并没有成为现代西方人文科学知识的主流话语,基本上,从笛卡尔到康德、黑格尔、韦伯、胡塞尔,再到哈贝马斯,主体哲学思想一直是现代社会形态批判分析的依据和动力,而欧洲的文艺复兴和启蒙运动正是这些知识的重要源泉,基于普遍主义(universalism)之上的民族国家的社会、政治、文化、经济等的变迁和内涵各异的“市民社会”能指成了现代社会研究的重要客体参照框架。

从社会学层面上的“现代性”到“第二现代性”或“反思现代性”,直至“未完成的现代性”,考察的是社会现代化过程中所出现的问题,在哲学层面上体现为主客体间的关系以及由此而来的社会合理化所带来的问题。韦伯的“合理化”概念是阐释现代性过程的一个典范,但这种阐释的后面却是“理性的消失”。“韦伯自己及其追随者对知识的科层化(bureaucratization)和垄断化(monopolization)的描述已经很大程度上显示了从客观理性向主观理性转移的社会特征。”①不过安东尼·吉登斯认为“人们对现代的理解仍然极为肤浅”,“在现代性的背后,我以为,我们能够观察到一种崭新的不同于过去的秩序轮廓……现代化的社会制度在某些方面是独一无二的,其在形式上异于所有类型的传统秩序……现代性以前所未有的方式,把我们抛离了所有类型社会秩序的轨道,从而形成其生活形态。”②在乌尔希·贝克那里,“现代社会‘反思性的’现代化对现代性内部的社会根本转型问题进行考察。现代性虽然没有消失,不过变得越来越有问题。当危机、变迁和激烈的社会

① HORKHEIMER M. Eclipse of reason[M]. London:Continuum, 2004:5.

② 吉登斯. 现代性的后果[M].田禾,译. 南京:译林出版社,2000:2-4.

变化总是成为现代性的一部分时，思维向反思的第二现代性转移不仅改变社会结构，而且也使变化本身的体系、范畴和观念发生了变革。”①关于“未完成的现代性”，根据哈贝马斯的观点，“社会（societal）的现代化表现出了由金钱和权力（市场经济和国家行政）主导的目的性行为（purposive-action）的次级系统和自治在不断加强的特征，它们毫无节制的扩张导致了生活世界的被殖民，而文化的现代化表现为文化价值（科学、道德、艺术）领域的分化，这些文化价值由不同的有效性主张所支配，体现着不同的结构合理性（认知的—工具的、道德的—实践的、审美的—表达的）。这些分化的价值领域成了已经成为专业文化（expert cultures）范畴的职业话语（如科学理论、道德和法律理论、艺术审美批判理论）的目标。专业文化与一般人的精英化分裂以及传统的被腐蚀产生了某些被称作‘文化贫困’的文化弊病……（哈贝马斯）相信只有通过保护和扩大传播理性抵抗经济和国家系统性要求的领域，把已分化的科学的、道德的和艺术的领域及其相对应的专业文化与生活世界中的传播实践（praxis）联系起来，才能富有成效地纠正和解决现代性的问题。”并认为“要想实现这样的目标，就需要社会的现代过程转向‘另类的’非资本主义方向，需要生活世界能培育出自己的、在某种程度上被经济和行政体制的自治动力所抑制的机构。”②

随着信息社会的出现，“网络之网”不但成了新的社会组织手段，而且使基于消费之上的社会进一步符号化。“作为一种历史趋势，信息社会中的支配性功能和过程越来越围绕网络来组织。网络构成了我们社会的新形态，网络化逻辑的扩散改变了生产、体验、权力和文化过程中的运作和结果……新的信息技术范式为网络在整个社会结构中的扩张提供了物质基础……流动的力量（power）相对权力（power）的流动占据了上风。”③在居依·德波的《景观社会》（1967年）中，“所有的现代生产条件占支配地位的社会生活都显示为一种巨大的景观积累。所有一切直接被体验的东西都远遁于表象之中。”④“消费社会”的审视者博德里亚（Jean Baudrillard，1929—2007）在20世

---

① BECK U，BONSS W，LAU C. The theory of reflexive modernization：problematic，hypotheses and research programme［J］.Theory，culture & society，2003，20（2）：2.

② ENTREVES M P de，BENHABIB S. Habermas and the unfinished project of modernity［M］. Cambridge：The MIT Press，1997：3-4.

③ CASTELLS M. The rise of the network society［M］. 2nd ed. Hoboken：Wiley-Blackwell，2010：500.

④ DEBORD D. La société du spectacle［M］. 3rd ed. Paris：Gallimard，1992：9.

纪70年代认为,在西方当代社会中,社会关系已经由一个相对新颖的元素——大众消费来结构,在这里消费对个体来说不仅仅是满足的手段,更重要的是成了彼此分化的手段。"消费社会"的力量非常大,它既是破坏者又是创造者,在物质层面上被破坏的东西以虚假的信息、象征和符号的形式被重新创造:人类关系被肩负"疏通"社会关系任务而面带微笑的店主所取代,与当代社会"'生产逻辑'相交叉的是一个消费逻辑,一种符号操纵逻辑……二者彼此都依赖符号并生活在符号的庇护之下。"①于是,对现代性的反思有了新的维度。

丹尼尔·贝尔借助20世纪70年代提出的"后工业社会"概念,展示了现代西方社会的社会结构、政体和文化的变化:"社会结构的轴心原则是经济化……现代政体的轴心原则是参与……文化的轴心原则是自我实现与自我提高的欲望……过去,这三个领域通过一个共同的价值体系联系在一起。但是在我们时代,三者已经开始分离,而且距离正在不断增大。"②贝尔认为,"后工业社会的特征不再表现为劳动理论,而是价值知识理论…… 从狭义的技术意义上说,后工业社会的主要问题是培育一种适合传播网络发展的基础设施。"③他认为,资本主义发展的驱动力量不再是物理资本,而是以科学知识为形式的人力资本。④ 德鲁克把这种后工业社会又叫作"知识社会"或"后资本主义社会"。在此社会中,"基本经济资源——用经济学家的话来说,就是'生产资料'——不再是资本、自然资源(经济学家的'土地')或'劳动力'。它现在是并且将来也是知识。创造财富的中心活动将既不是把资本用于生产,也不是劳动……现在,价值由'生产力'和'技术创新'来创造,而这两者都是将知识应用于工作。知识社会的主要社会团体将是'知识工作者',即像资本家知道如何把资本应用于生产一样,他们是知道如何把知识用于生产的知识经理人员、知识专业人员、知识雇员。" ⑤于是,后资本主

① BAUDRILLARD J. La société de consommation:ses mythes, ses structures[M].Paris:Éditions Denoël, 1970:29-30.

② 贝尔. 后工业社会[M].彭强,译. 北京:科学普及出版社,1985:1

③ BELL D. The coming of post-industrial society: a venture in social forecasting[M]. New York: Basic Books, 1999:xcii-xciii.

④ GARNHAM N. From cultural to creative industries[J].International journal of cultural policy.2005,11(1):21.

⑤ 德鲁克. 后资本主义社会[M].张星岩,译. 上海:上海译文出版社,1998:8-9.

义社会的经济挑战将是知识工作者及其生产力，社会的发展具有了新模式。

在20世纪70年代，“后工业社会”概念因20世纪70年代爆发的石油危机演变成了“信息社会”（information society）概念，信息被看成社会发展的原材料，西蒙-诺拉的《社会信息化报》（1978）成了使用此概念的第一个文本。“信息社会”强调信息在社会中的作用，显示出社会某些具体组织形式的特征，在这里“信息的生产、加工和传输因出现新技术条件成了生产力和力量的重要源泉。”[①]“‘信息社会’的概念是建立在技术进步基础之上的。而‘知识社会’的概念则包含着更加广泛的社会、伦理和政治方面的内容”[②]，因此联合国教科文组织用“知识社会”（knowledge society）代替了“信息社会”，不过“信息社会”作为一种批判传播商业与技术意识形态的概念，仍旧充满着活力。总体而言，有关社会变迁的传播现代性和后现代性批判，反映了信息、知识、符号等在变迁中的地位的改变以及对社会、政治、经济所产生的影响。在传统的马克思主义视角下，这最终涉及社会生产方式的性质问题，社会变迁中的不同社会类型名称促使我们去思考“当我们现在面对跨国公司和媒介社会及其‘第三阶段’（或后工业社会）的技术的时候，在传统资本主义分析中提出来的范畴是否仍旧保持着它们的有效性和解释能力？”[③]

## 九、社会学分析的常用对子概念：大众社会与市民社会

**大众社会**。“大众社会”（mass society）概念往往与西方现代化或合理化过程联系在一起。在结构功能理论中，现代性被看成大众社会的特征，“从一种来自斐迪南·滕尼斯（Ferdinand Tonnies）、埃米尔·涂尔干和马克斯·韦伯等人思想的宽泛视角，现代化被看作大众社会出现的过程。大众社会是一个繁荣与科层制削弱传统社会联系的社会……它具有弱亲缘关系和非人情近邻的特征，使个体在社会层面上感到孤独。”[④]表述不同的大众社会理论基于这样的笼统观点：“现代世界”是一个宣布“社团”（community）解体的世界。这些表述认为昔日建立的稳定的、具有凝聚力和支持作用的社团已

① CASTELLS M. The rise of the network society[M]. 2nd ed. Hoboken：Wiley-Blackwell, 2010：21.

② 联合国教科文组织.迈向知识社会[M].巴黎：联合国教科文组织，2005：19.

③ LYOTARD J F. The postmodern condition：a report on knowledge[M]. Minneapolis：University of Minnesota Press, 1984：viii.

④ MACIONIS J J. Sociology[M]. 12th ed. London：Pearson Education, Inc，2008：640-641.

经解体,人们在现代生活在一种无根的、碎片化的、瓦解的、个体化的、隔离的、无力的世界,到处充满着焦虑。① 现代生活最显著的特征"就是机械化、非人格化的新模式侵入我们的社区","非人性的组织取代了面对面的人际交流,成了这个时代的主流形式。人对人的依赖更小了,而对非人性化的社会组织依赖更大了。社会互动的逐步扩大和强化创造出'公众',同时也加剧了非人性化社会控制,使公众无法运用自己的理性能力"②。这是工业化或现代化发展的结果。

作为工业化后果的"大众社会"与"市民社会"的社会活动主体的重要差别在于:"在重新界定个体在社会中的位置时,去中心—原子化(décentralisation-atomisation)概念与民主去中心化的概念是相反的。前者的本质特点在于把个体看作一个孤立的基本单位,个体利益通过市场与他人保持一致;后者则在集体身份框架下把个体看作可尊重的主体,以便个体参与寻找共同的解决办法。"③大众社会的社会、政治和心理特征在汉娜·阿伦特的作品中得到了很有意思的分析,一定程度上解决了大众社会和市民社会的合理性问题。阿伦特指出④,权力集中来自西方阶级社会的消失和社会成员的彻底无产与均质化,民主自由建立在法律面前公民平等的基础之上,公民只有在代表他们的群体或社会与政治等级形成体系时,民主自由才有意义并发挥自己的有机功能。集权主义运动的目的与成功均来源于作为资本主义副产品的大众的组织,而与阶级或在公共事务中拥有自己利益并对其进行评说的公民无关。大众的标准不是由自己最初所属的阶级来决定,而是由所有社会阶层共享的信念与影响的感染力来决定。如果说所有政治群体都依赖某种相对力量,那么极权运动则仅依赖数量的力量(即成员越多力量越大),大众没有共同的利益意识。存在大众的地方,就有存在极权主义的可能性。19 世纪的法国心理学家勒庞笔下的群氓(foules)与 20 世纪的大众间存在着共同之处,现代极权主义的领导者在思想、心理上与以往的群氓的引领者几乎没有差别。极权运动成功地使自己的成员丧失所有的要求

① HAMILTON R F. Mass society, pluralism, and bureaucracy: explication, assessment, and commentary [M]. Westport: Praeger Publishers, 2001: 7.

② 舒德森. 发掘新闻—美国报业的社会史[M]. 陈昌凤,常江,译. 北京:北京大学出版社,2009:118.

③ MATTELART A. L'ordinateur et le tiers monde[M]. Paris: Maspero, 1982: 189.

④ ARENDT H. Les origines du totalitarisme[M]. Paris: Gallimard, 2002: 613-632.

和抱负,成功且永久地摧毁他们的个体身份(意味着在社会、政治、经济和文化方面的个人权利与义务),大众和群氓具有了共同的特征:他们不再属于一切社会分支机构和不再具有正常的政治表达。与大众社会的结构缺失特点相比,极权运动更需要一个原子化、彼此孤立和极端个体化的大众,阶层社会的消失意味着具有公民身份和个人主义的社会个体成员的消失,社会成员的均质化似乎成为一种理想的社会状态。阿伦特的描述展示了大众社会的另类潜在倾向性,提供了有关大众社会和市民社会的另类思考逻辑。

大众社会中的"大众"指的不是数量,而是社会组织的不同类型,更确切地说,一种当工业化、城市化与现代化逐渐改变社会秩序时的社会组织的转变结果。① 在诸多有关大众社会形态特征的文献描述中,"大众社会"具有以下的现象学描述:"第一,由于劳动分工不断细化、人类群体的科层化、不同居民的混合以及消费模式的分化,社会中的社会分化现象加剧;第二,随着传统规范(norms)和价值观的衰落,非正式社会控制的有效性被削弱,异常行为的影响进一步加强;第三,随着新的人际社会的发展,正式社会控制手段(如合同、改造性法规以及犯罪裁判系统)的使用得以显现;第四,拥有不同价值观和生活习惯的人们的社会差异使各种冲突增加;第五,由于社会的分化、人的个性的丧失与心理异化造成不信任、有意义的社会联系的解体以及成员间不断增加的混乱,作为人们之间社会黏结基础的公开而轻松的交际变得更加困难。"②尽管这些现象学描述并不能给出一个精确的大众社会图景,但这些描述在理解大众社会形态方面提供了有益的基础性参照。当代的大众传播形式就是作为大众社会的一部分发展起来的。

**市民社会**(civil society):一个变迁的主题。一般地,市民社会存在着两种形式,首先市民社会是一个政治共同体,包含着还没有与国家分化开来的社会。自 17 世纪开始,自然状态与公民状态相对立,市民社会因与进步、理性与平等主题联系在一起而受到重视。在现代政治理性主义理论家霍布斯和洛克那里,社会不再被看成自然的东西,而是被看作因"所有人反对所有人"而形成的社会契约的结果。"所有人反对所有人"是自然状态下的人类

① LOWERY S, DEFLEUR M L.Milestones in mass communication research: media effects[M]. Harlow: Longman, 1983:10.

② LOWERY S, DEFLEUR M L. Milestones in mass communication research: media effects[M]. Harlow: Longman, 1983:10-11.

存在特征。在契约基础上形成的联合体被霍布斯称作"市民社会",制度机构的存在保证社会的存在。在这里,市民社会与国家没有多大区别,通过法律与建立的权力关系保证了社会的和谐。其次,市民社会被看成一个自我调节的、自我治理的、外在于国家并时常与国家相对立的存在体,它既被表述为有关社会交往——有望生产市民性(civility)、社会凝聚力和道德——的联系,又可被表述为日常交换活动中自由个体间的相关经济联系。作为一个概念,市民社会主要是18世纪欧洲的思想产品。自18世纪开始,西欧思想家才开始思考社会与国家间的关系——主要动力来自资产阶级革命(如法国大革命)带来的"政治的解放"①以及市民社会的经济属性(如在亚当·斯密看来),财富的生产需要一个自治的、彼此依赖的与自我调节的系统②——国家与市民社会的分离导致了价值观的转向:有的人看重作为秩序与公正符号的国家,认为市民社会无力解决社会内部的冲突,有的人则把市民社会与自由主题联系在一起,认为国家的存在束缚自由。

市民社会概念的发展经历诸多嬗变和断裂。关于市民社会的描述繁多,不同的学者对此有不同的认识:在霍布斯那里,市民社会与自然状态相对应;在哲学家黑格尔那里,"市民社会"是一种社会市场形式,与现代国家的机构相对应,国家有能力纠正社会的不足;法国社会学家托克维尔则把市民社会与政治社会(所谓的国家)对立起来,强调公民与政治结社在抵抗个人主义与国家集权化中的作用;马克思认为,市民社会代表着资产阶级的利益,是生产力和生产关系发生的地方,政治社会是上层建筑,社会与国家都是为资产阶级服务的;西方马克思主义者葛兰西,纠正了关于市民社会的负面作用的观点,把市民社会置于政治结构之中,强调市民社会在维持资本主义霸权中的作用,把市民社会看作解决问题的场所;新左派认为,市民社会在人们反抗国家和市场影响中发挥着重要作用,民主的意愿能够影响国家;新自由主义思想家则把市民社会看作威权政治的重要场所。英国学者哈里斯(Jose Horris)对此总结道:"市民社会思想根源复杂而非常晦涩——罗马法、中世纪基督教神学、现代早期的实证法学、古典政治经济学,以及不同的

---

① RANGEON F. Société civil: histoire d' un mot[M]//CHEVALLIER J, et al. La société civile. Paris: PUF, 1986: 11.

② ISLAMOGLU H. Concept and history of civil society[M]//SMELSER N J, BALTES P B. International encyclopedia of social & behavioral sciences. Oxford: Elsevier, 2001: 1893.

理想主义(idealism)、自由主义和马克思主义思潮……很多古典的英国和苏格兰学者(霍布斯、洛克、亚当·弗格森、亨利·缅因)把国家本身描述为市民社会的根本机构;而许多19世纪的德国学者,如黑格尔、马克思、里尔(Riehl)、埃米奥斯(Emminghaus)用该词指各种各样的与国家(state)不同的过程机构(其中如市场、职业组织、市政机构)。尽管普遍把英国看成古典市民社会的典范,但最近的评论者都常常沿用德国的用法,把市民社会用于国家之外的'非政府'团体,既包括与国家一起发生作用的(如教派学校和住房组织),也包括那些与国家相脱离,或对国家抱有敌意的团体。"[①]在这些嬗变中,市民社会由"政治共同体"的国家过渡到国家的对立物"社会",直至自治的与自我调节的"组织团体"。总之,"市民社会"概念主要体现着公民与自然的关系以及国家与社会的关系。

"市民社会"概念消失于欧美20世纪的政治话语之中,到20世纪60年代随着哈贝马斯的《公共领域的结构转型》(1962)和达伦多夫(Ralf Dahrendorf,1929—2009)的《德国的社会和民主》(1965)而得以重生,并在随后的几十年中渗透到不同语言的关于社会与政治历史的学术讨论之中。"两位作者虽然政治和哲学观点有些不同,不过都把市民社会——政府领域之外的自治的社会和经济组织——看成社会向'现代性'历史转型过程中的中心领域。在达伦多夫看来,一个繁荣的市民社会是法律的、经济的、政治的和由哈雅克(F. A. Hayek)在'自由的构成'(constitution of liberty)中界定的个人的自由的具体体现"[②],市民社会被"看成古典自由传统的组成部分,以自治型组织存在为特征,这些组织既不是国家经营的,也不来自中央政治权"[③]。而哈贝马斯则认为,市民社会是一种新的"资产阶级公共领域"出现的前提条件,该领域自17世纪晚期已逐渐取代了皇室和王室政府所扮演的创造文化、社会、规范和品位角色。在叙述中,"两者都把市民社会的演化与市场和城市的增长、'公共舆论'的产生、新的个人自由和自我意识形式的出现、大批自我产生的自由团体——扮演着'大众的'功能,但与国家领域无关——

---

① HARRIS J. Civil society in british history: ideas, identities, institutions[M]. Oxford: Oxford University Press, 2003: 5-6.

② HARRIS J. Civil society in british history: ideas, identities, institutions[M]. Oxford: Oxford University Press, 2003: 8.

③ ANHEIER H K, LIST R A. A dictionary of civil society, philanthropy and the non-profit sector[M]. London: Routledge, 2005: 54-55.

的萌芽等紧密地联系在一起”①。“市民社会由一些或多或少自发产生的社团、组织和运动组成,他们发现、接受、压缩和扩大私人生活中社会问题的声音,并把它传送到政治领域或公共空间。”②市民社会是一套机构,它们强壮得足以抗衡国家,同时并不阻止国家扮演自己维持和平的角色以及保持主要利益仲裁者的身份。不过可以通过阻止国家支配社会,防止社会原子化。③20世纪80年代以后,市民社会不仅在学术及政治思想领域,而且在大众政治、市场与大众媒介表述中流行开来。它不仅被描述为对国家(威权政府与“控制过多”的民主政府)过多权力的制衡,而且成了构建公民空间的手段。

总体上,从大部分的文献来看,目前关于市民社会概念的理解与实践,基本上遵循着德国哲学家哈贝马斯的研究路径,在这里,市民社会嬗变为在国家对公民生活干预时对自由与自治的要求,在此基础上产生的公共领域成了为抵制干预而进行舆论辩论的空间。在某种程度上,哈贝马斯是当代西方民主政治思想辩论的领军者。

## 第二节　传播的观念

### 一、“流动”概念的变迁:新闻、信息与文化

英文单词“新闻”(news)起源于拉丁语的“新的”(nova),意思为“新东西”(new things)。最初三个字母(n、e、w)表达了隐藏于所有可以配得上新闻称谓的陈述下面的新鲜感与原创性。《牛津简明英语词典》中把新闻(news)界定为新得到的、值得注意的信息(information),特别是最近的事件,这再次强调了被揭示事物的时事性。因此,简单地说,新闻就是对在某种程度上触及报纸或杂志受众生活的最近事件、事变及其发展的记录。新闻概念更多与大众传媒联系一起,是人们时常谈论的大众传播的主要传输内容。

---

① HARRIS J. Civil society in british history: ideas, identities, institutions[M]. Oxford: Oxford University Press, 2003:8.

② ANHEIER H K, LIST R A. A dictionary of civil society, philanthropy and the non-profit sector[M]. London: Routledge, 2005:54-55.

③ ANHEIER H K, LIST R A. A dictionary of civil society, philanthropy and the non-profit sector[M]. London: Routledge, 2005:54-55.

信息和文化更多与广义上的传播概念联系在一起，在这种视角下，“新闻”被整合进信息和文化之中。法国学者阿芒·马特拉曾在《全球传播的起源》中把欧美两种文化进行了区分，并认为“在两次世界大战间出现的大众传播机制开始动摇了文化和文化民主的神圣思想。纽约成为新的经济世界的中心，这突出了两种文化间的鲜明对比：一种文化与市场、工业和技术相联系，并承载着一种新的世界主义；另一种文化则是作为启蒙教育普遍性遗产，依附于民族国家边界。于是出现了方向相反的运动：利用欧洲的思想、学说和人力构建起来的一种美国显示具有自己合法性的社会和生活模型。不过这成了另一种历史的开始。”①这种开始不仅是另一种文化与历史的开始，也是一种新的传播认识论的开始：大众传播。作为现代社会制度机构一部分的大众传播研究出现了，从此，新闻、信息和文化成了传播研究的视域定位元素。

阿芒·马特拉是众多著名传播学者中对文化和信息做了充分区分的学者。他对信息和文化的深入区分研究从两个美国人那里找到了切入点：控制论创始人诺伯特·维纳（Nobert Wiener，1894—1964）和信息论创始人克劳德·香农（Claude Elwood Shannon，1916—2001）。“维纳认为，信息的潜在去集中化能力是‘第二次工业革命’的根源，这种革命有望超越公民身份。在这一点上，维纳没有对信息概念进行严格的统计学定义，他把它推广到所有‘收集、利用、存储和传输信息的方法’：广播、电影、电话、电报、邮局、书籍、新闻甚至学校系统和教会……为了找到一种能够解放信息的道德价值体系，首先必须摆脱用买卖思想来思考问题，不能为‘第五种权力’（市场）做出牺牲。”②而香农的信息概念具有严格的物理学的、量性的和统计学的特征。“这种概念没有考虑信息的词源学根源，而这种词源学根源蕴含着一种因知识片段构建而赋予知识形式的过程……这种机械形式仅对信息传输管道感兴趣，指向一种社会的表现主义概念（刺激—反应）……意义的建构在工程师的程序中不能被表现出来，传播概念与文化概念切断了联系。”③

马特拉援引文化研究专家詹姆士·凯里（James Carey）的话说，这种传播转向指向了美国社会特有的表达：“文化概念成了社会思想中的一个虚弱

① MATTELART A. L'invention de la communication[M]. Paris：La Découverte，1994：336.

② MATTELART A.Histoire de la société de l'information[M]. Paris：La Découverte，2001：38-39.

③ MATTELART A.Histoire de la société de l'information[M]. Paris：La Découverte，2001：42.

和逐渐消失的概念。”①马特拉在研究 20 世纪六七十年代的发展传播、文化依附和文化帝国主义后,就倾向于维纳对信息的看法,他在接受《文化和冲突》杂志采访时就说,“在人文主义者维纳看来,信息涵盖了较大范围的施动者的实践、内容和接收容器(通信、媒介、宗教、邮政等)。然而,‘信息社会’概念中基础的信息概念产生了原始转向,这种转向显示了通信工程师追求把信息从发出者传递给接收者的最有效编码。因为传输渠道重要,所以意义生产不再被关注,信息与文化和记忆切断了联系。这种传播过程中由数学定义支配的机械方案意味着对历史的一种看法。这种历史被看作是对进步线性和扩散性的再现。革新和现代性从高处到低处,从中心到边缘,从了解者到非了解者传播。这种概念的技术起源随着时间的流逝逐渐隐于日常语言之中。‘模糊’围绕着这个概念,并扩展到‘信息社会’概念之中。但事实是,是‘信息’特征的工具性起源现在揭示了由信息支配的社会治理问题属于联合国技术组织——国际通信联盟的管理范围的原因,也说明了为何世界贸易组织(简称世贸组织)觊觎着‘文化’,把文化看成与其他经济活动一样的‘商业服务’。”②因而,马特拉对传播的民主化与文化的多元性分析奠定了不同于传播研究传统(尤其是拉丁语和盎格鲁-撒克逊)的微观概念基础。

这种关于信息与文化区别的分析反映了美国倡导“信息自由流动”原则和法国(欧洲)提出的“文化多元性”思想的对立。在二战结束后,美国的大新闻机构(如美联社, 国际合众社)为了对抗欧洲三大新闻社(哈瓦斯、路透社、沃尔夫)自 1870 年以来的垄断地位,提出了信息自由流动原则,“(该)原则衍生于商品自由流动原则,它由美国议会批准并由美国国务院于 1944 年融进战争目标而被抬升为官方教义”③,试图使信息和商品自由流动原则在国际上合法化④,此原则后来与新自由主义思想融合在一起。新自由主义思想来源于 18 世纪和 19 世纪的自由经济思想家,如亚当·斯密和约翰·洛

① MATTELART A.Histoire de la société de l'information[M]. Paris:La Découverte,2001:42.

② MATTELART A. Société de la connaissance, société de l'information, société de contrôle. Entretien avec Armand Mattelart[J]. Cultures & Conflits,2006,4(64):167-183.

③ MATTELART A. La mondialisation de la communication[M]. Paris:PUF, 1996:55.

④ MATTELART A. Art et argent, histoire d'une soumission[J]. Le monde diplomatique, 2001(570):4-5.

克,是经济自由主义的新面孔,也是经济自由主义在国际经济层面上的扩张,这种思想不再局限于民族国家的边界,其特征表现为通过社会服务来消除运作成本,倡导自由市场、放松管制、私有化,漠视公共产品概念,往往借助国际经济组织与机构来发挥作用。① 二战以后,信息自由流动原则在马歇尔计划框架下演变成了地缘政治的工具,“要我们的美元,也能要我们的电影”“电影工业成了文化产品国际化的象征” ②。在这种思想下,法国(欧洲)为保护本国电影工业而提出限制要求。在全球化的背景下,文化多元性的拥护者们把“精神产品”排除在自由商品交换的原则之外,要求把这种产品看作同教育、卫生等公共服务一样的东西,“强调对文化产品和服务进行特殊处理,因为文化是身份、价值观和意义的载体”③。这些思想在联合国教科文组织平台上曾被激烈的辩论,但随着美国顽固坚持的“信息自由流动”教义和苏联的“传播主权论”的影响的扩大而日渐式微。不过这些辩论的影响一直存在着。如当前世贸组织谈判停滞不前,主要有三方面的原因:首先是发达国家的农业产品保护措施,其次是新兴工业国家工业产品的保护措施④,最后是各个国家的文化工业政策不一致,难于达成共识。2005 年 10 月,联合国教科文组织(UNESCO)的 191 个成员国代表参加了在巴黎举行的第三十三届大会,并通过《保护和促进文化表达多元性公约》,目的在于保护世界的文化产品,使文化产品享受不同于其他产品的待遇。法国文化部前部长德瓦布尔(Renaud Donnedieu de Vabres)说,文化多元性是一个“和平因素”,“我们在这个主题上不再是不受欢迎的人”,并且这个国际条文“使文化成了一个例外,也就是说,不是市场在支配游戏规则,而是民族国家有充分的理由来支持和鼓励自己的艺术家”⑤。虽然美国在谈判中坚持该公约只是文化公约,不能涉及贸易问题,不得影响成员国在世贸组织中的权利和义

---

① GPE J, HERNÁNDEZ V. Liberalismo, neoliberalismo, postneoliberalismo[J]. Revista mad, 2007(17):80-81.

② MATTELART A. Art et argent, histoire d'une soumission[J]. Le monde diplomatique, 2001(570):4-5.

③ MATTELART A. Bataille à l'Unesco sur la diversité culturelle[J]. Le monde diplomatique, 2005(Octobre):6-27.

④ OMC. Rapport annuel 2007[EB/OL].[2020-12-20]. http://www.wto.org/French/res_f/booksp_f/anrep_f/anrep07_f.pdf.

⑤ RFI. Une convention pour protéger les cultures[EB/OL].[2019-12-20]. http://www.rfi.fr/actufr/articles/070/article_39214.asp.

务,但法国、加拿大、中国、巴西等国希望借助本公约保护本国的文化产业。文化工业产品在遵循“信息自由流动”原则方面始终存在着困难:文化产品难以作为商品而自由流动。

## 二、受众类型学

对“受众类型”的梳理属于思想史性质的问题,存在于每个不同受众“称谓”背后的是该概念产生的一系列社会现实条件和不同的学科认知背景。总体上,我们把信息的接受者称作“接受容器”(recipient),或被动的,或主动的——随着社会人文科学认知的变化,存在着这两种不同的界定。“受众”概念有着不同的类型,如观众、读者、听众、群众或大众、公众、消费者、公民、接受者等。

传统的受众(audience)概念的起源通常被认为来自古希腊和罗马,那时人们都聚集在体育场与剧院中参与文艺和体育演出。“今天媒介受众概念的早期来源存在于公共戏剧与音乐的表演以及古代的游戏与演出之中。我们最早的受众概念是某一场所的物理性集会。一座希腊或罗马城市往往有一个剧院或广场,可能在演出前就有一些为某类事件、宗教与国家事务所做的非正式集会……作为某种一系列世俗性公共事件的观众的受众在二百多年前就已经被制度化。”①作为一个集体名词,受众或“单纯地指某传媒渠道或某内容或演出类型的读者、观众、听众;也可指大众传播研究中的某论题的一个分支或经验研究的某个领域……超越了常识用法,它为意义差异、误解和理论冲突方面提供了很大空间。围绕该概念的问题意识主要来自这样的事实:这个简单的词正越来越多地被用于多样而复杂的事实……受众既可用于18世纪早期的小说读者,也可用于20世纪晚期的卫星电视的注册用户,尽管这两种现象非常不同”②。麦奎尔认为:“受众能够通过不同和重叠的方法进行界定:地点(如地方媒体),人(如媒介能够吸引某个年龄、性别、政治信仰或收入群体的时候),所涉及媒介或渠道的特殊类型(如技术和组织联合),信息的内容(如题材、主题、风格),时间(如当我们说‘白天’或

① MCQUAIL D. McQuail's mass communication theory[M]. 4th ed. London: SAGE Publiccations, 2000:361.

② MCQUAIL D. Audience analysis[M]. London:SAGE Publications Inc., 1997:1.

'黄金时段'受众的时候)。"[①]拉斯韦尔"5W 传播模式"的元素特征成了麦奎尔大众传播受众类型的划分标准,如,作为群体或公众的受众、作为使用满足的受众,作为参与者的受众,作为内容的受众、作为媒介的受众等。詹姆斯·库兰等借鉴广播公司的主导分类方式,从商业和媒介批评的角度把受众分为四种类型:作为公众的受众、作为市场的受众、作为商品的受众和作为受害者的受众。[②] 总体而言,在印刷品出现以前,即直至 16 世纪末,我们还不能说"大众媒介受众",到了 19 世纪下半叶和 20 世纪早期,才出现了我们今天所谓的"大众媒介受众"。[③] 根据法国学者多米尼克·沃尔顿(Dominque Wolton)的说法,与"大众媒介受众"相关的"公众""民调"和"舆论"等概念于 20 世纪 30 年代才被美国学者发明,自 20 世纪六七十年代在民主国家普及开来。[④]

不过,关于传播受众的研究不能把"受众"概念局限于大众传播。作为传播过程中的活动者,传播主体有着"政治人""经济人""理性人""学术人""象征人""工具人"(Home faber)等各种属性,因此本书从多学科的角度来审视受众,标示出"受众"发展历程中的主要的学科认识坐标,以便符合从多种问题框架来审视国际传播的路径。在不同的学科背景下,信息的接收者有了不同的身份:按学科分,如接收者(receiver 信息论)、容器(信息论)、公众与群众(社会心理学)、受众(传播学)、消费者(消费社会)、公民(政治学)、商品(政治经济学)、网民(网络政治学)、生产消费者(prosumer 未来学)、生产使用者(prouser 未来学)等。其中的大众、公众、群众、群氓等观念的差别成了围绕"受众"辩论的焦点,因为这些辩论涉及作为信息接收者的社会活动者是否具有理性,是否能采取合理性的行动。

在关于受众的研究的中,勒庞的"群氓心理学"受到了普遍的关注,并成了受众研究的重要理论参照之一。在勒庞那里,位于群体中的个体在群体的影响下,其思想和感觉中的约束与文明方式突然消失,原始冲动、幼稚行为和犯罪倾向会突然爆发。"聚集成群的人,他们的感情和思想全都转到了

---

① MCQUAIL D. Audience analysis[M]. London:SAGE Publications Inc., 1997:2.

② 库兰,古尔维奇.大众媒介与社会[M].杨击,译. 北京:华夏出版社,2006:41.

③ DONSBACH W. The international encyclopedia of communication[M]. Hoboken:Blackwell Publishing Ltd, 2008:251.

④ WOLTON D. Avant-propos. audience et publics: économie, culture, politique[J]. HERMÈS, 2003(37):28.

同一个方向,他们自觉的个性消失了,形成了一种集体心理。”①“一个心理群体表现出来的最惊人的特点如下:构成这个群体的个人不管是谁,他们的生活方式、职业、性格或智力不管相同还是不同,他们变成了一个群体这个事实,使他们获得了一种集体心理,使他们的感情、思想和行为变得与他们单独一人时的感情、思想和行为颇为不同。”②产生这种现象的原因有三个:首先,形成心理群体的人敢于发泄自己的欲望;其次,存在传染现象;最后,成员易受暗示。③ 在这种情况下,我们知道,有意识的人格消失,无意识的人格得势,“思想和感情因暗示和相互传染作用而转向一个共同的方向,以及立刻把暗示的观念转化为行动的倾向,是组成群体的个人所表现出来的主要特点。他不再是他自己,他变成了一个不再受自己意志支配的玩偶”④。

塞尔日·查克亭(Serge Tchakhotine)在自己的著作《被政治宣传施暴的群氓》(1952)中,对群众(masse)和群氓(foule)进行了区分,认为“群氓总是群众,但一群个体不一定是群氓。‘群众’在地形学上通常是分散的,形成它的个体没有直接的身体接触。从心理学的观点来看,这个事实明显地把它与群氓区分开来”⑤。不过他又把他的“群众”概念与塔尔德的“公众”概念等同起来。这里存在着理解上的差异。通常,“大众(或群众)”是一个社会学概念,主要用来描述自19世纪以来,西方资本主义社会发展的后果,也可以说是“现代性的后果”或“合理化的后果”:以往的以亲情为联系纽带的“共同体”演变成了个体被“原子化”和“孤立”的“大众社会”。汉娜·阿伦特(Hannah Arendt)曾在《集权主义的起源》中写道:“社会的原子化和极端的个体化先于群众运动。群众运动要比以往传统政党的非个体的合群性成员更容易和更早地去吸引那些完全无组织的和典型的‘非参与者’。因为个体原因,这些非参与者曾经拒绝承认社会联系或义务。真实情况是这样的,群众来自高度原子化社会的碎片,原子化社会的竞争结构以及个体随之而来的孤独只能通过阶级中的成员身份得到遏制。群众人(mass man)的主要

① 勒庞.乌合之众:大众心理研究[M].冯克利,译. 北京:中央编译出版社,2004:10.
② 勒庞.乌合之众:大众心理研究[M].冯克利,译. 北京:中央编译出版社,2004:14.
③ 勒庞.乌合之众:大众心理研究[M].冯克利,译. 北京:中央编译出版社,2004:16-17.
④ 勒庞.乌合之众:大众心理研究[M].冯克利,译. 北京:中央编译出版社,2004:18.
⑤ TCHAKHOTINE S. Le viol des foules par la propagande politique[M]. Paris:Gallimard, 1952:149.

特征不是野蛮和落后,而是他的孤立和缺乏正常的社会关系。"①

法国社会学加布里埃尔·塔尔德(Gabriel Tarde,1843—1904)针对"群氓"提出了"公众"(public)概念。在他看来,"公众(public)和群氓形成了鲜明的对比,群氓是'基本上靠实在的接触而产生多种心理联系的集合体'。公众既是群氓的外延,也是其对立面……公众最好是被看成'纯精神的集体,由身体分离且分散的个体组成,其结合完全是精神的扭结'……'他们之间的纽带是同步的信念或热情,在于许多人共享同样的思想或意愿'……如果没有必要的技术条件和传播手段把公众成员凝结在一起,公众就不可能存在。为达此目的而需要的最基本的手段就是报纸……19 世纪的特征并非勒庞所谓的群氓的时代,而是公众的时代。群氓是古已有之,和集体及原始群落一样,是最古老的社会群体……公众最重要的特征也许是它造就的舆论。"②法国的心理学医生勒庞(Gustave Le Bon, 1841—1931)和意大利社会学家西皮奥·西盖勒(Scipio Sighele, 1868—1913)认为:"现代社会进入了群氓的时代,一个无责任心、非理性、梦游的、被'心理发酵'和'奇怪冲动'影响的群体(collectifs)的时代。被带领者在带领者遥控下完全失去了自治能力,不管带领者是政客、工会干部或记者。"③而塔尔德则反对这种看法,认为:"群氓是过去的社会群体,它在家庭之后是所有社会群体中最古老的。它有多种形式:或立或坐、或静或动,无力扩展半步。一旦它的带领者不进行领导或听不到他们的声音,作为群氓的群体就会消失…… 但公众具有无限的扩展性。因为随着它的扩展,它的具体生活变得更加集中,人们不能否认这就是将来的社会群体。"④这种公众概念考虑到了多元性归属以及差异性。"如同行会和宗派,人们能够同时并且事实上同时从属于多个公众群体,而非只从属于唯一的群氓。"⑤而公众形成的现实在于多元性的连续传播,"任何群体向公众的转变通过不断增长的社交性要求表现出来,这种增长使不同社会通过连续的共同激发和信息流来实现的社交团体的规律性交

---

① ARENDT H. The origins of totalitarianism[M]. Cleveland:The World Publishing Company, 1958:316-317.

② 塔尔德. 传播与社会影响[M].何道宽,译. 北京:中国人民大学出版社,2005:37-38.

③ DONSBACH W. The international encyclopedia of communication[M]. Hoboken:Blackwell Publishing Ltd, 2008:13.

④ TARDE G. L' Opinion et la foule[M]. Paris:PUF, 1989:12.

⑤ TARDE G. L' Opinion et la foule[M]. Paris:PUF, 1989:13.

流成为必要"[1]。现代意义上的公众到19世纪才产生。一个个体可以同时属于多个公众集群,但是他只能属于一个群众集群。总体而言,被群众支配的国家就不如由公众主导的国家宽容。塔尔德和勒庞的"公众"和"群氓"概念成了受众研究者的早期的典型认识。

美国社会学家查尔斯·米尔斯(Charles Wright Mills,1916—1962)也从社会学的角度也对公众(public)和大众(mass)进行了区分:"公众社会,如我们所理解的,(1)在实际中生活,尽可能多的人表达意见的机会等同于倾听意见的机会;(2)公共传播也是如此组织起来,以便能即刻、有效地回击任何在公共场合表达出来的意见,意见通过这样的讨论形成;(3)有效的行动易于找到一个宣泄口,即使反对——如果必要的话——主流权力系统;(4)官方机构不会渗透进多少自主运作、自治的公众。""在大众社会里,(1)表达意见的人要比倾听意见的人少得多,因为公众共同体变为从大众媒介接收印象的个体的抽象集合;(2)流行的传播组织形式使个体立即回击或使其奏效很难,也不可能;(3)意见的付诸实施过程由组织和掌握这类行动渠道的官方控制;(4)大众没有任何权威,相反,权威机构深入到大众中去,并尽量减少任何可能讨论过程而形成的自治。公众与大众可能更容易以他们主要的传播方式区分开来:在公众共同体里,讨论是占支配地位的交流方式,而大众媒介,如果存在的话,也完全是扩展和激励讨论,将原始的公众与其他讨论联结在一起。在大众社会里,占支配地位的传播方式是正式的媒介,公众仅仅是媒介市场(media markets):所有这些都暴露在特定的大众媒介的内容上。"[2]不过米尔斯认为,无论是"公众社会"还是"大众社会",都是表达的极端社会类型,它们虽然指出了某些现实,但它们自身只是解释,社会现实总是两者的某种混合。[3] 简而言之,公众更多与古典民主理论联系在一起,公众成了表达意见、进行辩论,并因此而对权威施加影响的自治的群体;而大众只是大众媒介接受印象的个体集合,大众没有任何权威,而且不断被权威渗入,无法通过辩论形成自己的自治性。

威廉·哈特(William H. Hutt,1899—1988)于1936年在自己的《经济学家和公众:竞争和观点研究》中提出"消费者主权"概念:"可以说每个个体根

① TARDE G. L' Opinion et la foule[M]. Paris:PUF, 1989:17.
② 米尔斯. 权力精英[M].王崑,许荣,译. 南京:南京大学出版社,2004:386.
③ 米尔斯. 权力精英[M].王崑,许荣,译. 南京:南京大学出版社,2004:384.

据自己的收入情况对自己的同类拥有一定的权力。在这层意义上,那些高收入者就拥有最多的权力。所有个体行使这种权力就构成了后面所说的'消费者主权'。"[①]奥地利的经济学家路德维希·冯·米塞斯(Ludwig von Mises,1881—1973)重新描述了"消费者主权",认为消费最终决定自由市场中的一切:"船长是消费者。决定生产什么的既不是企业家也不是农民和资本家,而是消费者。如果商人不能严格地遵从由市场价格结构传达给他的公众的命令,就会遭受损失,走向破产,就会从他显赫的领导地位被赶下去。"[②]从传播政治经济学的角度来看,媒介内容的消费者成了拥有"消费主权"的受众。于是,当信息和文化产品的消费者成了自由市场上的主权者时,商业表达自由被看成了一种新的人权,受众成了拥有商业自由表达的消费者。

美国的未来学者阿尔温·托夫勒(Alvin Toffler,1928—)1980 年曾在自己的《第三浪潮》一书中,描述了一种生产或消费结构的出现,这种活动的承担者被其称作"生产—消费者"。随着 web 2.0 的出现和社会媒体的多样化,互联网使用者正呈现出这样的特征。广义的受众正在嬗变成"生产—消费者"或"生产—使用者"。有研究者对 Web 2.0 网络媒体和传统媒体进行比较研究后,如此说:"web 2.0 已经改变了媒介产业的领地,尤其通过调整消费者在生产过程中的作用来实现……在大众媒介的模式中,消费者的作用是去消费或去观看和阅读产品;而 Web 2.0 的消费者则成了一个扮演重要角色的生产者:没有生产者兼消费者或说'生产—消费者',网站将不存在。"[③]随着信息传播技术的发展,受众的信息接受者(或接收者)身份或信息消费者身份变得模糊起来,信息消费者与生产者间的界限消失。受众的内涵有了新的不同界定。在文化学者丹尼尔·戴杨(Daniel Dayan)看来,在媒介受众与公众间也存在差别,他认为:"媒介的公众有确定的特征:合群的、具有表述行为、有意识地去形成一个公众团体且能够把自己的喜好转变成行为。受众既不表现出合群的特征也没有行动的愿望。公众具有归属一个群体的

---

① HUTT W H. Economists and the public: a study of competition and opinion [M]. Piscataway: Transaction Publishers, 1990:72.

② MISES L V. Human action: a treatise on economics[M]. Auburn: The Ludwig von Mises Institute, 1996:70.

③ COHEN N S.The Valorization of Surveillance:Towards a Political Economy of Facebook[J]. Democratic Communiqué. 2008(1):7.

情感，该群体因群生性(sociabilité)网络而得以加强。群生性网络有助于公众使用这种社会资本以提出一些诉求。具有私人和被动性质的受众可以拥有公众的一些特征。”①这些观点丰富了对“受众”概念的认识。

“受众商品论”是加拿大传播学者达拉斯·斯麦兹(Dallas Smythe，1907—1992)的观点。早在1951年，斯麦兹就提出，吸引大众传播媒介的主要产品是受众的注意力。1977年他发表了《传播：西方马克思主义的盲点》一文。“斯麦兹认为对媒介的意识形态的过分关注形成一个‘盲点’，它使人们的注意力转离商业媒介生产的现实产品：受众商品(audience commodity)。内容是吸引受众消费媒介时间的‘免费午餐’，因此它们可以被打包卖给广告商。商品受众的存在由信息商品确认，如A. C. 尼尔森(Nielsen)电视收视率。”②换句话说：“受众成了广告支持的传播媒介生产的主要商品。”③在斯麦兹那里，“受众力”(audience power)类似于马克思政治经济学中的“劳动力”，如同作为商品的“劳动力”的价格受供求关系的影响一样，“受众力”的价格也因供需不同而产生差异。“因为‘受众力’可以生产、销售、购买和消费，所以它支配着价格并成为一种商品。”④该文标志着其受众商品论的形成。在斯麦兹看来，对大众媒介而言，消息、思想、形象、娱乐、言论和信息不是它最重要的产品，媒介公司的任务是将受众集合并打包以便出售。这就揭示了商业广播电视的真正商品是受众群体。

斯麦兹在受众商品论方面提出自己的独特看法，他认为“在发达的资本主义社会，所有的时间都是劳动时间。受众不仅仅是消磨时光，他们还在工作，创造价值。这种价值，最终是通过购买商品时付出的广告附加费来实现的。其不公平处在于，受众在闲暇时间付出了劳动，为媒介创造了价值，但没有得到经济补偿，反而需要承担其经济后果。斯麦兹的分析被批评为庸俗政治经济学，批评者说他的观点将意识形态降低为经济基础，同时，将能

---

① RYFE D M. De l'audience au public des médias：le courrier des causeries du président Roosevelt[J]. Le Temps des Médias，2004(3)：95.

② MEEHAN E R. Audience commodity[M]//DONSBACH W. The international encyclopedia of communication. Hoboken：Blackwell Publishing Ltd.，2008：256.

③ BERMEJO F. Audience manufacture in historical perspective：from broadcasting to Google[J]. New Media & Society，2009，11(1&2)：136.

④ SMYTHE D W. On the audience commodity and its work[M]//DURHAM M G，KELLNER D M. Media and cultural studies：key works. Hoboken：Blackwell Publishing，2006：233.

动的人降低为无生命的被动商品,是经济决定论。一些持'积极受众'观点的学者,特别是提出'使用—满足'理论的学者,更是以大量的实证研究,竭力证实受众是主动参与媒介传播和意义创造的生产者,而不是产品。"①从斯麦兹关于受众商品论的分析来看,其使用的更多是一种类比的方法,提出"受众力"与"劳动力"的相似之处,但从马克思的商品、劳动、价值等概念出发,分析看起来有些牵强,因而被有的学者所否定。② 虽然如此,"受众商品论"反映了一种"受众"认识观念,为"受众"概念提供了另一种解读方式。

## 三、传播的新机制:爱欲与束缚

希腊人把逻各斯(Logos)视作存在的本质。"不管其本来的意义是什么,自亚里士多德的逻辑概念受推崇以来,逻各斯一词就与具有秩序化、分类和支配功能的理性概念融合在一起。这种理性观与那些易感的而非生产性的能力和态度越来越对立。这些能力更多指向满足,而不是超验,其坚定地与快乐(pleasure)原则联系在一起。它们表现得非理性和不合理,必须要被克服和遏制,以便服务于理性的进步。理性就是通过自然的实际改造和开发来发挥人的潜能。"③西方哲学发展的节点之一就在于支配逻辑和满足愿望间的斗争,"二者都坚持用自己的主张来界定现实原则。传统的本体论是受到质疑的:相对于逻各斯描述的存在概念,出现了由非逻辑的愿望和欢乐来描述的理念"④。这两种存在的方式,一方面体现为以黑格尔哲学为顶峰的西方传统,另一方面体现为由叔本华和尼采所代表的意志与快乐原则。换句话说,理性和与其相对应的情感(emotion)成了描述人"存在"(Being)的关键词。从传播学的角度来讲,这也成了传播批判的两条路径:对理性的批判(如阿多诺、霍克海默)和对情感的批判(如弗洛伊德、马尔库塞)。无论理性还是情感都形成了束缚人的"铁笼"。

在法兰克福学派的先辈那里,现代大众传播排除了所有的互动性,致使

---

① 郭镇之. 传播政治经济学理论泰斗达拉斯·斯麦兹[J].国际新闻界, 2001(3):61.

② 陈世华."受众商品论"的理论夙愿与未来方向[J].新闻知识,2012(1):4.

③ MARCUSE H. Eros and civilization: a philosophical inquiry into freud[M]. Boston: Beacon Press, 1974:111.

④ MARCUSE H. Eros and civilization: a philosophical inquiry into freud[M]. Boston: Beacon Press, 1974:124.

传播成了信息的单向流动，因此传播内容有利于领导阶层的选择与决定。与法西斯主义的强制策略不同，充斥着大众文化的北美社会则是采用了“肯定”的策略，即通过柔性的、令人安慰的策略，把大众文化呈现给民众，使他们获得满足和享受，并产生激情、欢乐和肯定，通过短暂和虚幻的满足使人们转离他们生活的现实，换句话说，通过大众文化使人们对现行社会表示肯定，从而忘却批判性——“文化工业实现的不是崇高，而是抑制”①。

作为一种制度结构，北美社会的大众媒介所承载的大众文化满足了人们的享受需求，遏制了人们改变与改善社会的愿望。因此，美国社会因大众文化传播与法西斯主义出现了相似的结果，前者通过“享受”与“激情”的策略实现了专制，而后者则是通过暴力来实现的。在法兰克福学派那里，两者都是基于“理性的工具化”的。换句话说，有助于人类自由解放的“理性”沦落为用来对自身实现专制和束缚的工具。

当法兰克福学派把批判的焦点集中于“理性的工具化”现象时，其成员马尔库塞对资本主义社会的批判则指向了人类本质的另一端点：爱欲（Eros）。受弗洛伊德和马克思的启发，马尔库塞在《爱欲与文明》中说，在现代文明中，人受到压抑的原因在于：作为生命本能或本质的爱欲受到了压制，爱欲不同于弗洛伊德的性欲，其除性欲之外还包括其他基本欲望，如饮食、消遣、娱乐等。人要想获得解放，就要解放爱欲，得到自由和消遣。解放爱欲的关键就是解放劳动，让爱欲进入劳动领域，使人摆脱异化劳动的痛苦，在劳动中得到快乐，使各种器官和技能得到自由。在他看来，现代资本主义社会不仅压抑了人的爱欲，而且把不属于人本质的东西强加给人，把人的欲望和需要纳入整个资本主义秩序当中，使人们深深地陷入异化和麻木不仁的状态。②

从马尔库塞对“爱欲”的分析来看，大众文化专制主义的“理性”与“情感”找到了契合点：一方面，大众文化提供了人们娱乐的资源；另一方面，作为情感组成部分的爱欲找到了解放自己的宣泄口。这两个方面实际上为新媒体背景下的“理性”和“情感”指出了新的结合点。在新媒体背景下，法兰克福意义上的单向大众传播模式有新的竞争者，“互动”成了后者的重要特

---

① HORKHEIMER M, ADORNO T W. Dialectic of enlightenment[M].New York:Continuum, 1989:140.

② MARCUSE H. Eros and civilization: a philosophical inquiry into freud[M]. Boston: Beacon Press, 1974:96-97.

征。从当今北美的现实政治传播——如超媒体总统奥巴马的政治选举策略,借助社会媒体使网民有意或无意地成为自己选举广告橱窗中的展品,以达到营造舆论的目的——来看,传播方式的转变并没有改变传播“理性工具化”的现实,在爱欲的促使下,人们不再是被动地去接受强加的大众文化产品,而是去主动消费信息,从而得到愉悦。互联网用户的逐年递增与社会新媒体的流行足以说明这个问题。传播形式的改变使“理性的工具化”变得更加微观和社会化,渗透于日常生活当中,随着日常活动意义的生产,被支配者成了“支配装置”的合谋者。

## 四、传播的权力

几乎所有的传播学研究者都承认,作为传播内容的信息具有战略性作用。这种战略性作用更多与“权力”观念联系在一起。对传播权力的理解基本上基于两个层面:象征层面与物理层面。象征层面主要关注作为传播内容的信息,以“知识”的身份与“权力关系”联系(或构合 articulation)在一起,从而使作为知识的信息具有了战略性作用——对“自由主体”呈现出了柔性的抑制,体现为法国思想家福柯对权力与知识关系的解读。物理层面则关注信息传播渠道,其掌握着信息的分配与流向,这时的权力更多具有传统权力观的色彩,体现为一种能力,表现为西班牙社会学家曼纽尔·卡斯特关于传播权力的观点。

**知识与权力。**后现代政治学深受福柯的权力/知识(pouvoir/savoir)概念的影响,在这里传统的、大写的、宏大的、刚性的、硬性的与抑制性的权力(power)观念被柔性的、具有抑制作用的“权力关系”所代替。以往成见使我们常常把它与弗朗西斯·培根的“知识就是力量”的名言联系在一起,这也许就是语言的不可翻译性。福柯在《知识考古学》中,用一系列排比句来试图说明什么是“SAVOIR”:“这一套通过话语实践(pratique discursive)有规律地形成的、构成一门科学所必需的元素,尽管并不必然导致一门科学的产生,但我们能称之为知识。知识,就是我们在被详细说明的话语实践中谈及的东西:这是一个可能获得不同科学地位的对象构成的领域,如 19 世纪的精神病学的知识,它不是人们认为是真实的东西的总体,而是一套人们在精神病话语中可以谈及的行为、特殊性和异常行为。知识,也是主体为能够谈论在话语中与自己有关的对象而表明立场的空间。在这层意义上,临床医学的知识,就是医学话语主体能够行使的望、问、分析、记录、决定等诸功能的整体。知识,也是陈述协调和隶属的场域:在此,概念经历着出现、界定、应用、变化等过程。在此层面上,18 世纪,自然历史的知识就不是被言说东西的总体,而是我们把所有新的陈述整合进业已言说的东西中所依据的所有方式和位置。最后,知识由话语提供的应用和挪用的可能性来界定,因此,在古典时代,政治经济学的知识不是被提交论文的不同的观点,而是一系列(或一套)与其他话语或其他非话语实践的构合点。存在着独立于科学的知识,但不存在没有明确话语实践的知识。所有的话语实践由它形成的知识来界定。"①简而言之,福柯的"知识"是从被规训主体中抽取且使用的东西,是在某个具体话语中围绕被规训主体可被谈及的东西。

对福柯而言,知识不同于认识。"在一个社会中,认识(connaissances)、哲学思想、日常观点以及机构、商业与治安实践、风俗习惯等,都指向一定的内在于这个社会的'知识'。这种'知识'与在科学书籍、哲学理论、宗教辩护等中找到的认识不同,但就是这种'知识'使一种理论、一种观点或实践成为可能。"②简而言之,"认识"指不同客体话语的构成,"知识"描述认知主体在认识中的变化过程,"知识"是动态的,不是人们认为是真实的东西的总体,也不是所提交论文的观点,而是描述主体在认识中不断修正的过程,如主体所采取的立场、不同关系的构合。

知识与权力间关系的核心在于在"知"的过程中,因主体的认识不断改变从而使自己的"主体性"不断得到修正,构成了新的"主体",主体性是权力关系的结果。在人类学的认知上,界定"主体性"身份的构建反映了相似的观点:"身份(identity)是在行动中,或者具体说,在互动中,在我们发送、接收和翻译信息直至形成一个完整的、相对连贯的意象的过程中形成的。在这些互动中,自己和群体的身份以及伙伴的身份得以形成、界定和表达。因此身份是一个动态的、过程化的、语境化的现象。"③福柯把自己的考古学方法应用于对政治"知识"的分析,就是一个简明的实用功能体现。福柯认为:"我们试图去观察,一个社会、群体或阶级的政治行为是否没有被一种确定

① FOUCAULT M. L'archéologie du savoir[M]. Paris:Gallimard, 1969:238.

② FOUCAULT M. Dits et Écrits (1954-1988):I[M].Paris:Gallimard, 1994:498.

③ MACH Z. Symbols, conflict, and identity:essays in political anthropology[M]. Albany:State University of New York Press, 1993:5.

的和可描述的话语实践所贯穿。很明显,这种实证性既不与那个时代的政治理论相吻合,也不与经济的决定因素相重叠:它界定或确定能够成为陈述对象的有关政治的东西,这种陈述可以拥有的自己的形式、发生作用的概念以及策略选择。对于这种知识(savoir),我们不在它所能导致的认识型的方向上进行分析,而是从行为、斗争、冲突、决策和战术方面入手。我们因此显示的政治知识不是理论化层面上的实践,也不是对理论的应用。因为,这种知识往往是由一种话语实践形成的,该话语实践在其他实践中被使用并与它们构合在一起。它一开始就嵌入不同的实践领域中,并在那里找到自己的规范、功能和依赖网络。这样的考察不须经过个体或集体意识来把握政治理论与实践的构合场所。"①正是在这些不同实践领域的嵌入中,在规范、功能和依赖网络的建立中,知识与权力关系才联系(或构合)在一起。知识与权力的关系不可分割,我们看到是,与权力紧密关联的是主体认识过程的变化,这是动态的,是主体认识过程的变化与修正,人的主体化和客体化是知识与权力相互关联的结果。

福柯认为:"权力不表现为一种物,不能作为一种所有权进行转让;它作为一种机器装置发挥作用。如果它的金字塔形组织真要被赋予一个'领导',这就是机器装置的整体产生了'权力',并把所有个体分配在这个永久和连续的场域之中……福柯的分析质疑了作为一个阶级属性和所有权的权力思想,并建议把权力看作一种关系的、实践的和战略的网络。代替机器思考的是一种装置的观点,这种装置是一种异质体,包括话语(说出的和没说出的),机构,建筑结构组织,规章决定、法律和行政措施,科学陈述,哲学的,道德的和慈善的主张,装置就是在所有这些成分中建立的网络。这种认识是位于宏大主体(如国家)中的、作为'中心内核'的权力概念的终结。在这里出现了权力的微观物理学概念,即一种漫射权力概念,它不再被局限于机构中的司法部门,而是存在于有关纪律的技术和手段的多重性之中。于是纪律封锁让位于纪律机制:引起消极性功能、切断交流、终止时间的众多而密集的纪律被化解为柔性的控制方法,这是一种功能装置。"②这种权力概念的变迁使传播的制度功能从传统的权力机器渗透到关系网络之中。传播关

① FOUCAULT M. L'archéologie du savoir[M]. Paris:Gallimard, 1969:254.

② MATTELART A, MATTELART M. Le carnaval des images[M]. Paris:La Documentation française/INA, 1987:117.

系扮演着“敞视机制”的制度功能,因为权力的运作正是在“结构他者可能行为的范围”①,“是一套对可能行为产生影响的行为……权力能刺激、诱使、转向、扩大或限制行为,增加和减小行为可能性、改变行为难易程度,总之,它能完全迫使或阻止行为。”②

在我们看来,其他文化霸权、意识形态、文化帝国主义理论等所提供的有关“权力”的解释不能令人信服。虽然我们知道信息的流动绝不是数学的、物理的信息的传输,但应理解这种能够影响“他者”记忆的信息是如何发生作用的,这是一个深层次的研究课题。在现实理论阐释和具体实践中,无论是文化研究(伯明翰学派),还是文化帝国主义(传播政治经济学派),无论是文化霸权(葛兰西)、话语分析(诺曼·费尔克拉夫)与传播的权力③(曼纽尔·卡斯特尔),还是以文化为核心的后现代政治学(凯特·纳什)都无法解决信息传播的权力是如何在日常生活中发挥作用的这个问题,如约翰·汤林森就不赞同多夫曼和马特拉有关唐老鸭连环画的文化意识形态作用的观念,说后者只是描述,并没有说明文化帝国主义意识形态是如何发挥作用的——“处于危险境地的不是多夫曼和马特拉阐释的文学批判价值,也不是他们的社会经济分析的正确性,关键问题是普通读者如何解读这些连环画:如果文本具有意识形态功能,那么它是如何发挥作用的”④。这种质询的关键在于这些研究更多是象征层面上的表象,没有说明其发生的过程,因为在全球化的背景下,无论微观主体(社会活动者)还是宏观主体(国家或跨国公司)首先表现为自由的主体,即自己在决定是否融入全球化过程的选择方面是自由的——既可以参与全球化过程,也可以拒绝全球化过程——跨边界的象征传播已摆脱旧殖民式的硬性强加,“集体记忆”所产生的影响通过知

① FOUCAULT M. Dits et écrits (1954-1988):IV[M].Pairs:Gallimard, 1994:237.

② FOUCAULT M. Dits et écrits (1954-1988):IV[M].Pairs:Gallimard, 1994:237.

③ 曼纽尔·卡斯特尔在自己的《传播与权力》一书认为,网络社会中有四种权力:结构网络的权力(networking power),网络权力(network power),被网络的权力(networked power)与形成网络的权力(net-working power)。实际这是一种整体论和系统论的权力观,即在网络社会中的权力。在这里权力被界定为“能够使一个社会非对称影响其他社会行动者决策能力”。权力在此与强制、支配、暴力或潜在暴力等联系在一起。FUCHS C. Some reflections on manuel castells' book “communication power”[J]. Cognition, communication, co-operation, 2009, 7(1).

④ TOMLINSON J. Cultural imperialism:a critical introduction[M]. Baltimore:The Johns Hopkins University Press, 1991:43.在此需要说明的是,约翰·汤林森所批判的“文化帝国主义”是马特拉早期的作品。信息传播的微观权力观的具体过程在马特拉的后期作品得到了体现,这种灵感主要来自福柯的权力观以及法国人类学家塞尔托的“日常发明”。

识的生产及其与权力关系的构合而实现。因此，汤林森对“文化帝国主义”的质疑显示了“权力与知识生产”间欠缺的关系，这些都可在福柯的考古学和系谱学的“权力/知”的关系中找到启发。这可能是理解所谓的后现代政治学的关键。

在传播学中，福柯的“权力/知识”思想的启发性在于，它涉及一种装置（dispositif）思想，一种能够产生权力和规训能力的装置，一种被称作权力微观物理学的装置。在此，权力是与“知识”的改变联系在一起的，个体被结构在权力/知识的关系网络上，不同的个体彼此行使权力与反权力，个体的自由成了这些个体进行选择的前提，只有自由的主体间才存在着权力关系。权力被内化到身体，个体既实现了自己的“主体化”又实现了自己的“客体化”，信息的传播完成了自己的柔性抑制与迫使作用。

**传播网络与权力。**曼纽尔·卡斯特尔（Manuel Castells，1942—）在2009年写了一本《传播的权力》（*Communication Power*）。在这本书中，作者强调了传播网络（communication networks）在社会中的权力生成作用，并认为“权力（power）是一个社会活动者能够非对称地以有利于被赋权者意愿、利益和价值观的方式来影响其他社会活动者决策的关系能力（relational capacity）。权力通过抑制与/或构建意义的方法来行使，构建意义是以话语为基础的，社会行动者借助这些话语指导着自己的行为。权力关系（power relationship）由位于社会制度机构中的支配（domination）来塑造。权力的关系能力受支配的结构能力（structural capacity）的影响，但不由其决定。制度机构可以涉入靠自己支配所形成的权力关系之中。”①显而易见，卡斯特尔的权力只不过是传统“权力”所形成的关系网络，其核心元素是“支配”与“赋权”（empower），因为通常情况下，“权力概念一般指特权的社会安排，以及获胜或在组织和制度化环境中设置获胜条件的能力。它也指支配与使用经济和文化资源的能力。权力也与非正式互动的关系联系在一起，作为权力关系，在这里利益支配着对当代或历史情境中互动的介入”②。

卡斯特尔的主要主张有两个：传播网络是任何网络权力生产的关键，如企业、金融、文化工业、技术和政治网络；单个网络的设置编排以及不同的网

---

① CASTELLS M. Communication power[M]. Oxford: Oxford University Press, 2009: 10.

② MCLUSKIE E. Power and power relations[M]//LITTLEJOHN S W, FOSS K A. Encyclopedia of communication theory. London: SAGE, 2009: 783.

络切换是权力的根本源泉。① 他采用构词法延伸出了四种网络权力形式：实施网络化的权力（networking power），决定谁和什么被包括在网络中的权力；网络权力（network power），即网络传播协议的权力；被网络化的权力（networked power），网络内某些节点（nodes）相对其他节点的权力；生成网络的权力（network-making power），指为一个网络设置和搭建程序的能力。② 同其他的媒介政治经济学派传播学者的做法一样，如文化依附、文化帝国主义学派等，卡斯特尔能做的就是显示这些权力关系或影响的存在，至于微观权力运作机制如何，始终难以找到合理的阐释。就像凡·杰克在书评中所说的那样："在结语中，卡斯特尔声称在展示一种通用权力传播理论。然而，很遗憾，它只是展现了一种'方法论途径'，并未为他人研究提出一些非常普通的假设。"③因此，传播网络中的权力仍旧是现代主义视角的"权力"观念，这种权力观仍旧建立在"支配"以及"有"/"无"的基础之上，仍旧是对一种权力秩序的塑造，而不是自由主体间的类似物理学中相互作用力式的权力—反权力关系——在这里作为宏大的权力秩序基础的"支配"被消解，个体成了权力关系的生产者。

**传播的权力与反权力。**随着全球化的发展，德国社会学家乌尔希·贝克以"新的世界政治经济学"的名义在《全球时代的权力与反权力》一书中提出全球化背景下的"权力"与"反权力"观点。实际上，这是政治经济学视角下的传播权力的重新排列与组合，是一种宏观权力安排。在全球化进行得如火如荼的背景下，贝克以反思的名义提出了一种新的全球化阅读格栅：世界主义。世界主义的方法论将代替民族主义的方法论，在他看来，"全球化意味着两个方面：即将开始一种新游戏；老游戏的规则和基本概念不灵了，尽管人们想继续保留老游戏"④。随着全球化时代的到来，民族国家已不能再为解决政治经济问题提供一种囊括所有规则的参考框架。因为"出现了一个新的活动空间和活动框架：政治变得没有边界和国际，随之而来的是，

---

① DIJK J V. Review of manuel castells (2009): communication power[J].The european journal of communication, 2010(35): 485.

② DIJK J V. Review of manuel castells (2009): communication power[J].The european journal of communication, 2010(35): 487.

③ DIJK J V. Review of manuel castells (2009): communication power[J].The european journal of communication, 2010(35): 489.

④ 贝克. 全球化时代的权力与反权力[M].蒋仁祥，胡颐，译. 桂林：广西师范大学出版社，2004：3.

出现了追加的演员（或活动者）、新的角色、新的资源、生僻的规则、新的矛盾和冲突。”①面对资本主义的新自由主义的扩张，产生了世界市民社会及其复数的代表。无论在技术标准还是在法律规范方面，大的社会群体都在陈述自己的规则，主张自己的权力，所有权力不再来自国家，绝对的权力基本上由继续存在的国家和持有经济投标权的跨国公司所分享。在国家因全球化影响而面对合法性尴尬之时，反抗国家的权力则因跨国性（transnationality）而得到发展，个体、群体（如非政府组织、恐怖组织等）也开始向国家宣战。新的世界传播格局和构型具有权力与反权力的特征。随着传播的全球化和新媒体的出现，宏观上的权力与反权力观念因知识生产的后现代化而得到补充——在这里权力因知识生产的普遍社会化和去制度化而具有反权力的特征。

## 五、传播的逻辑

基本上，对信息传播问题的批判分析主要集中于影响传播的三个逻辑：经济、技术与社会文化。传播社会中的传播问题反映了社会变迁，商业、技术等逻辑间的张力。“媒介构成了一种组织支撑，它把‘信息’和‘传播’概念整合到他们的经济逻辑（使企业运转）、技术逻辑（增加它们播出的质量和数量）和象征逻辑（为公民—民主服务）之中。”②这三种逻辑是传播研究中不可回避的逻辑，而现实中受批判最多的是传播的象征逻辑，因为这种逻辑不仅关注传播的民主化，而且关注个体或整个民族的身份问题。在世界仍旧充满不同意识形态的背景下，传播中的象征逻辑往往先于其他两种逻辑成为关注的对象。“经济逻辑和技术逻辑当然无法回避，不过在此让我们感兴趣的是象征逻辑。象征逻辑论述的是个体调整社会交换、构建支持他们实践的价值体系的表象，这就要通过生产和操纵符号实现。”③“明天的《百科全书》（*Encyclopédie*）是数据库……数据库成了后现代人的‘自然’。”④

① 贝克. 全球化时代的权力与反权力[M].蒋仁祥，胡颐，译. 桂林：广西师范大学出版社，2004：3.

② CHARAUDEAU P. Les médias et l'information：l'impossible transparence du discours[M]. Brussels：De boeck，2005：9.

③ CHARAUDEAU P. Les médias et l'information：l'impossible transparence du discours[M]. Brussels：De boeck，2005：10.

④ LYOTARD J F. Les problèmes du savoir dans les sociétés industrielles les plus développées[R]. Québec：Conseil des Universités，1980：73.

不过，理解传播，就要看到传播活动是一个多面体，它包含着政治、社会、经济、技术等维度。不过目前更强调社会、经济和技术三个逻辑，这在国际传播层面上，意味从跨边界的角度来认识传播活动在社会、经济和技术层面上的跨国构型与可能变迁。简单而言，社会维度把传播作为社会构建的一部分，主要涉及人类的解放以及对社会的治理问题，如，关注传播工具在日常生活中的使用（如为何使用、如何使用、使用方法、造成的社会影响）以及由此引起的社会关系的变化，发挥市民社会在构建现代社会中的作用与传播所形成的公共领域促使了市民社会成熟，过分关注社会维度就会忽略传播的其他属性，尤其是经济属性；经济维度遵循的主要是商业逻辑，即把文化信息及传播技术支撑看作一般商品，遵循商品自由流动规则，追求利润，忽略了文化信息的意义生产功能以及传播的公共服务形式；技术维度更多体现在传播媒介的技术决定论的批判上，即技术的发展不依赖外部因素，技术作为社会变迁的动力决定、支配着人类的精神与社会状况。在众多的研究传播的文献中，更多的辩论是围绕着“经济逻辑”和“象征逻辑”（传播的“社会维度”或“文化逻辑”或“公共服务逻辑”）进行的，原因在于经济自由主义的逻辑试图支配由社会与国家治理所引发的担忧。于是，面对“经济逻辑”的强势，出现了折中性的倡议：构建“社会经济”（économie sociale）或“团结经济”（économie solidaire），以赋予经济维度社会的性质。“社会经济”概念“包含不同的合作、互惠和结社的形式。这些首创性出现于150多年前的工人运动中，旨在阻止资本主义在三个层面上进攻：社会经济方面（必需品需求）、社会文化方面（身份需求）与社会政治方面（民主需求和社会平等）”①。在国际传播中，这种倡议试图在经济全球化背景下，用欧洲启蒙运动遗产——“普遍的民主共和国”来平衡一个启蒙运动遗产——“普遍的商业共和国”。理解传播，更重要的是看到传播的不同维度是构合在一起的，单独抽离一种逻辑来分析，就会有忽略其他维度的风险，这就是现在传播学研究中强调的社会-经济-技术（socio-economico-technology）方法思路：要思考传播活动逻辑的彼此交叉和影响。

---

① FAVREAU L, FRECHETTE L. Mondialisation, économie sociale, développement local et solidarité internationale[M]. Québec: Presses de l'Université du Québec, 2002: xx.

## 六、中介化：一个实践性传播概念

梅洛·庞蒂（Merleau-Ponty，1908—1961）在《感知现象学》中借助盲人拐杖的例子对空间感知的中介化（médiation）过程进行了思考。在庞蒂看来："盲人的拐杖对他来说不再是一个物体，它也不再被看作是物体，它的末端变成了可感知的区域，增大了触摸的半径，它类似于目光。"①这种借助拐杖来感知空间的做法又被应用到信息传播及其传播技术对现代社会（城市）生活感知的构建上："拐杖在被感知空间和主体间形成了一种中介化过程，该中介化也是一种主体对空间体验的建构。借助运动，拐杖使盲人认识到了物体间以及物体和拐杖之间的关系。当拐杖不再是一个物体时，即不再被看作物体时，它就转变成了可感知的区域（zone sensible）；它增加了主体感知行为的半径，这类似于人的视角……在这种主体感知体验的中介化过程中，感知的中介化物体（如盲人的拐杖）转变成了可感知区域，这种观念既适用于技术的不同使用形式，也适合参与信息传播技术在当代城市空间体验的中介化过程。"②就"中介化"的建构而言，我们看到的是作为中介者的拐杖或目光不仅构建着主体与客体间的关系，即主体与周围环境对象的关系，而且也构建了空间中不同物体间的简单关系，换句话说，"中介者"所实施的"中介化"过程构建了"事物的秩序"。"与以往相比，我们更像是生活在一个中介化（médiation）的环境中。在此社会里，主要的活动者不是媒体从业者，而是那些在社会实践中从事生产、传播或阐释有助于界定并实现社会方向的规范表达与知识的活动者。"③

在社会学的视角下，传播被看作一种文化政治社会现实，而不是单纯的一种媒介或某个传播过程。作为"中介化过程"的传播不仅是社会生活意义的生产过程，而且也是社会的政治、文化与经济制度的建构过程。在这些过程中，形成了作为人类存在必要条件的社会性，或团结，或依赖。在传播研究领域中谈论媒介的"中介化"，更多是对北美媒介功能主义的一种批判性反应，关注的是把媒介与社会的结构变迁联系在一起，并把媒介重新置于社

① PONTY M. Phénoménologie de la perception[M].Paris:Gallimard, 1976:167.

② JULIETA L. Mediation technologiques dans l'espace urbain contemporain[J]. Sociétés, 2011(111):116.

③ BEAUD P.La société de connivence:média, médiations et classes sociales[M].Paris:Aubier, 1984:35.

会关系之中,从而显示媒介社会决定因素的复杂性。媒介的“中介化”认识在于把媒介看成一种社会象征性机构,借助媒介社会权力具体化和自然化,从而促使构建一种有关社会及其当时目标的表达。① 从传播学的角度,具体从社会—经济—技术—文化的构合角度来看,“中介化”反映的是传播活动在社会—经济—技术—文化型构中的作用。所谓“型构”意味着应该去探讨传播及传播技术是如何被整合进社会、政治、文化的关系网络之中,并发挥制度—象征性构建作用的,如传媒在国家与社会生活“公共空间”中的舆论构建,在公共关系中形象构建,在文化交流中身份与意义的构建和再构建,在政治生活中象征秩序的构建。当然,这涉及国内、地区和国际层面等不同纬度。

**文化的中介化**。一切社会都需要中介化机构,这些机构是文明化过程的重要组成部分。“中介化”是社会生活的一种构建与管理方式,其主要功能在于构建新的社会联系。②“中介化”体现着个体与集体间的辩证关系,只有当每个成员意识到个体与集体间存在着辩证关系时,社会才能存在。中介化的意义构成了归属和社会性的文化形式,前者赋予后者一种语言或使用形式。通过这些语言、使用与形式,社会活动者挪用那些构成文化的东西——文化在此成了社会契约的政治与制度结构的基础。③ 通过文化,特殊的社会实践成了集体实践,特殊的实践位于社会性的集体表达之中,而且在这些情况下,它们实际上成了中介过程,因为它们从事的是位于社会—文化归属集体表达形式之中的特殊实践。④人们所进行的文化实践就是中介化形式,通过这些实践,社会才得以存在,活动者才得以进行日常生活,构成传播活动的“日常性”。

传统的大众媒介是文化中介化形式的组成部分,体现了社会性中个体与集体间的辩证关系,为文化表达形式提供了语言与策略。通过这些媒介,文化才能植根于社会性的历史以及行动者的活动现实之中。借助文化实践形式与语言来实现的文化中介化,其作用在于“给集体记忆和个体记忆间的构合赋予一种审美和象征性表达,以便社会性的主体植根于一种象征和连

① MIEGE B. Médias, médiations et médiateurs, continuités et mutations[J]. Réseaux, 2008(148-149):120.

② PALAU Y.La médiation sociale, une construction idéologique[J]. Études, 1996(12):613.

③ LAMIZET B. La médiation culturelle[M]. Paris:L'Harmattan, 2000:9.

④ LAMIZET B. La médiation culturelle[M]. Paris:L'Harmattan, 2000:15.

续的归属之中,继而能够使自己的社会性实践合法化,并赋予它们自己眼中的意义……文化的作用最终就是借助自己提供的审美表达和作为其构成的不同时间的辩证观使历史成为一种真正的中介化过程”①。文化中介化赋予人们的社会生活以形式与意义。在宏大叙事的背景下——甚至在利奥塔所谓的“后现代知识生产状况”下——中介化机构(如学校、博物馆、教堂等)起到了维持象征秩序再生产的作用,其生产的象征性内容成了民族身份、文化创新和意义更新的源泉。

文化的中介化不但为社会生活提供了形式与意义,而且也促使文化霸权形成。文化实践的意识形态霸权是人们表达归属的基础,而人们又是霸权的体现者。文化霸权实际上通过控制表达而表现出来的,换句话说,当意见、话语、图像等表达的合法性被控制时,我们才能谈及文化层面上的霸权。当一种支配和权力策略位于文化中介的形式之中时,就涉及一种中介化的政治逻辑,即文化中介化的参与者自己就陷入控制和权力的策略之中,并成了制度和社会生活的政治参与者。一般情况下,文化活动会受到双重控制,一方面是权力与制度实施的政治控制,另一方面是活动主体自己实施的社会控制,把规则和调节内化到自己的实践之中。②“处于支配地位的政治参与者影响着从属于复杂文化审查策略的社会控制形式的文化实践:就是通过某种形式的控制,文化中介领域成了一个结构社会公共空间的制度权力的实践领域。一旦霸权逻辑发生作用,文化中介领域就成了一个类似的其他社会领域,由政治和制度的参与者以及权力的实施和保留策略来标示和结构。在这一点上,文化活动很快成了一个自然控制策略发生作用以保证权力参与者维持文化表达霸权的领域,而这种文化表达则成了社会性参与者占用的对象。”③

实际上,文化的“中介化”是借助日常生活社会学——当然与现象学社会学联系在一起——来揭示葛兰西“文化霸权”以及布尔迪厄的“象征暴力或再生产”的日常运作过程,这表明文化的“中介化”活动成了一种实施权力与生成意义的“装置”。

**政治的中介化**。从“中介化”的角度来分析政治与文化的命题假设在

---

① LAMIZET B. La médiation culturelle[M]. Paris:L'Harmattan, 2000:114

② LAMIZET B. La médiation culturelle[M]. Paris:L'Harmattan, 2000:350.

③ LAMIZET B. La médiation culturelle[M]. Paris:L'Harmattan, 2000:348.

于:所有社会都基于一套法则和表达。在文化层面上,“中介化”基于共同的实践、社会性的共同形式以及归属的表象(或表达)。中介化和表象(或表达)进行构合的必要性在于使中介化成为位于文化形式和结构中社会化表达的对象。文化在象征性层面上构成了我们的社会归属及意义。从制度主义观点来看,“中介化指制度性活动者出现在公共空间中时所拥有的一系列形式。它描述一系列制度性的活动和实践,通过这些活动和实践,社会性的活动者使同属该空间的其他活动者认可的地位、作用和实践得以显现。实际上,表象(或表达)使人能够看到中介化,它赋予了一系列发生在社会性空间中的实践的可靠性(consistance),以便所有人都能够参与,而且在参与中表达自己的归属和社会性”①。在政治中介化视角下,“中介化”被看作产生于不同制度领域的一套实践,关系一种归属逻辑与意义的生产。政治既不是对行动者的简单组织,也不是单纯地建立制度或权力的关系,而是在社会层面上构建一种归属逻辑以及一种适于表达社会性的语言。在这种社会性中,活动者具有主体间性的特征,能彼此理解,并成为社会实践的承担者。处于社会交往中的活动者在从事实践以及使用传播与表达策略的过程中,进行着意义的生产——即意义的指称过程——以及制度现实的构建。

政治中介化视角下的信息与传播学被看作阐述政治以及归属制度形式的特殊方式,在这里,传播被用来构建一种基于意义指称过程(signification)的政治理想的合理性,通过这种中介化的传播,处于不同制度或组织中的社会性主体的行为表达身份得以构建,而且在政治与制度归属的建立过程中,主体的身份逻辑、道德逻辑、制度逻辑等相互构合在一起,形成了政治制度化的现实。于是,人们通过政治的中介化来挪用现实,并使之成为意义与表达的组成部分。政治中介化为人们的社会生活赋予了制度及功能,借助中介化中的逻辑,社会组织了自己的机构、权力关系以及法则。

无论“文化中介化”还是“政治中介化”行为,都具有结构—建构主义社会学的色彩。讲述一段英雄史诗,或举行一场宗教仪式、体育比赛、升旗仪式,或展示国旗,或唱一段国歌,或召开一次可能不受欢迎的例会(如内阁会议、选举大会等),这些象征行为就能把彼此认识,并且身份在此行为中才能显示出来的个体集合在一起,形成一种分享某种集体想象的共同体。其所

① LAMIZET B. La médiation politique[M]. Paris:L'Harmattan, 1998:261.

显示的功能主义意义在于，这些象征是一段共同历史的浓缩，使一群人成为一个民族，结构着他们的集体想象，并在该象征的使用者与那些对此陌生的人之间划出了界限。① 活动者的社会实践，或者说，活动者的中介行为，不仅生产了意义，而且设置了社会秩序，构建了社会现实。

**技术的中介化。**科学技术的秉性始终在于超越自然的或人为强加的物理的约束与限制，以实现主体在认知和行动上的延伸。技术中介化意味着社会中的活动者借助信息传播技术中介构建一个部分或全部被打上传播技术烙印的社会现实。从居伊·德波的“景观社会”到让·博德里亚的“消费社会”，从马歇尔·麦克卢汉的“地球村”到布热津斯基的“地球城”，从米歇尔·福柯的“规训社会”到阿芒·马特拉的“监视社会”，以传播技术为中介，传播活动产生了新的意义与新的秩序。在“景观社会”和“消费社会”中，人们借助大众媒介构建了一个“符号社会”，用来描述实体经济的政治经济学变成了生产、分配与消费刻画符号的“符号经济学”。在“地球村”和“地球城”中，作为中介的传播技术压缩了时空，人们的生活联系紧密得就像位于同一村落或城市一样。“规训社会”和“监视社会”则描述一个身份被标示和活动者被实际或虚拟监控的社会现实，传播技术以经济性或柔性的方式实现了对行动者的控制，甚至被整合入人体——如“芯片”或作为人体延伸的“媒介”。在这里，技术中介化更多从社会学视角展现了传播技术装置构建社会现实的过程。

人类对技术（technology）的态度，无论是技术与认识的冲突源自哲学家们对诡辩学派把逻各斯工具化的谴责——从而导致的对技术批判——②还是“与（现代）技术概念不同，古代人把诸如疾病、自然灾害以及神的发怒看作是对彻底控制技术或无限制使用技巧（téchne）的限制。在古代人看来，必然存在着一种关于所有技术知识的悲观感觉”③，所以海德格尔召唤对“技巧”原始本质的再认识。这些态度都体现着人类对现代技术发展的反思与批判：技术的发展影响和改变了人们的观察、理解、感觉、价值观等，即改变

① TOMEI S. Le pouvoir：symboles et mythes［M］. Paris：Les Éditions du Palais，2011：5.

② STIEGLER B. Technics and time：the fault of epimetheus［M］. Standford：Stanford University Press，1998：1.

③ TABACHNICK D E. Techne，technology and tragedy［J］. Techne：research in philosophy and technology，2004，7（3）：91.

了人的存在和思维方式。

对于技术的性质,存在着不同的说法:中性说、非中性说、双重性说(ambivalent)。古希腊修辞学家高尔吉亚(Gorgias,约公元前483—前375)被苏格拉底追根问底,苏格拉底让他对自己的"技艺—修辞"进行解释时,高尔吉亚认为,修辞只不过是一种技艺(techne),之所以产生不道德的后果,是因为使用者滥用了它。① 这是一种技术的中性论观点,认为技术是中性的,没有伦理学上的"善"和"恶"之分,只是它的使用者有道德上"善"与"恶"的差别。在马克思主义者那里,科学技术不是中性的,因为它们表达了资本主义的生产关系。科学也成了一种意识形态,反映着统治阶级的思想,技术成了统治阶级的统治工具,如马克思主义者马尔库塞认为,在发达工业社会中,"对现存制度来说,技术成了社会控制和社会团结的新的、更有效的、更令人愉快的形式……面对这个社会的极权主义特征,技术'中立性'的传统概念不再能够维持。技术本身不能独立于对它的使用;这种技术社会是一个统治系统,这个系统在技术的概念和结构中已经起着作用。"②。

法国哲学家雅克·埃吕尔(Jacques Ellul, 1912—1994)的技术观念体现着技术"双重性"的特点,在埃吕尔那里,我们看到了对技术概念的传统认识:"'形式'(form)与'物质'(matter)间古老而有用的区分方法使我们看到两个重要的主题:(1)作为持续集体行为的技术的形式动力,其根据自己的'运动法则'前进;(2)技术的物质内容(substantive content),包括人们应用的物、技术赋予的权力、技术开启的新目标以及因目标实现而改变的人的行动方法。第一种主题把技术看作一种抽象的运动整体;第二种则考虑到它的具体应用以及对我们世界和生活的影响。"③埃吕尔认为,"在我们的世界里,技术并不满足于成为主要的或决定性的因素,而是成了系统"④。"当我们说技术是自治的时候,我们不是说技术是中性的,而是说它包含着自己的法则和自己的意义。技术不是一个人们随心所欲使用的工具。"⑤对他来说,"技术的非中立性(non-neutralité)意味着,它不是无自动力的、没有分量的,

---

① PLATON. Gorgias-ménexène, ménon-cratyle[M]. Paris:Garnier Frères, 1967:182.

② 马尔库塞.单向度人:发达工业社会意识形态研究[M].刘继,译. 上海:上海译文出版社,1989:7.

③ JONAS H.Toward a philosophy of technology[R].Hastings Center Report.1979:34.

④ ELLUS J. Le système technicien[M]. Paris:Calmann-Lévy, 1977:7.

⑤ ELLUS J. Le système technicien[M]. Paris:Calmann-Lévy, 1977:168.

可以被某个人随便使用的东西……它自己按着一定的方向前进。但不是说，绝对无法挽回，而是要改变这种结构或把这种前进运动导向不同的方向，必须付出巨大的努力来把握人们过去常常认为是动态的和可驾驭方向的东西”①。换句话说，技术是自治的，具有双重性：一方面技术不断地引起问题，另一方面它又不断去解决问题，从而获得自己的发展。② 埃吕尔的分析是把技术看成一种社会的次级系统，如同帕森斯把文化象征系统看作社会的次级系统，古典经济学把经济系统看成次级系统，都是分析社会事实的一种手段，社会人文科学中的类比分析是研究的常用手法，因此也会带来新的认识视角。

研究者对技术与人化（hominisation）及文化的关系一般有一个共识：不是前者发明了后者，也不是后者发明了前者，而是一个彼此影响的互动过程。法国学者德布雷说出了其中的关键：“拿在手中的工具是一个技术对象，但是使用它的手则是一个文化主体，没有手来使用的工具是博物馆中的抽象东西。”③这种工具与手的协同作用就构成人们所说的“技术文化”，于是技术征服与象征意识彼此在互动中发展进步，每个技术领域的后面存在着一种文化领域，而在每个文化领域的后面同时也存在一个技术领域，技术创造了均质性，而文化则表现出了差异性倾向。技术影响着人类演化以及生活习惯、行为、价值观以及理念的变迁，换句话说，技术参与人类的演化，技术环境（technosphere）影响着人类社会的演化。人的身份界定与技术等因素关联在一起：“去自然化（de-naturalization）将是实际的、技术的和人工的毁灭——社会的、分化的客体世界的媒介（mediacy）的组成部分——中的自我外化（self-exteriorization）过程，该外化是自我依赖的异化，它异化了原始和本真。同时，这种世界又是社会与分化的主体世界，因为从此开始，自我（self）只能通过自己的客体对象来界定，因而也不再是真正的自我。”④

法国作家和哲学家雷吉斯·德布雷在1979年的《法国知识分子的权力》中提出“媒介学”（médiologie 或“中介学”）概念，该概念关注的焦点是

① ELLUS J. Le système technicien[M]. Paris：Calmann-Lévy, 1977：169.

② ELLUS J. Le Système Technicien[M]. Paris：Calmann-Lévy, 1977：301.

③ DEBRAY R. Introducción a la mediologia[M]. Buenos Aires：Paidós, 2001：79.

④ STIEGLER B. Technics and time：the fault of epimetheus[M].Standford：Stanford University Press, 1998：114.

“中介化”(mediation),而不是媒介,具体指文化借助技术支撑以及这些支撑手段后面的社会机构所进行的人类之间的“神性”传播。在他看来,信息传输技术改变了习惯、权力以及知识等的关系,并分别在三个传播技术领域进行了阐释:以书写为特征的逻各斯域(logosphere),以印刷为特征的书写域(graphosphere),以音视频为特征的图像域(videoshpere)。[①] 在第一个语境中,基督教圣经出现,它促进了单一上帝的传播,这种基督教发明改变了社会的秩序;在第二个语境中,印刷术的出现以及书籍与知识的扩散导致了学校、共和国以及世俗性的产生;在第三个语境中,在网络面前,没有了边界,没有了国家,人类未来面对的是一个未知的秩序构型。与德布雷相似,伊尼斯在《帝国与传播》中也描绘了传播与社会关系(帝国)的构型:他把帝国看作传播效果的指征,[②]因为出现的不同传播媒介改变了描述、表达、思考、记忆的存储方式,并拓宽了社会的结构及构型:如“在人口稠密的地区,活动的范围拓宽,因而需要文字记载。反过来文字记载又支持活动范围的拓宽。权力集中和拓宽之后,政治结构不稳和冲突又接踵而至。于是,超越个人经验范围的、共同语言的理想形象,就强加在分散的社区头上,并被其接受。”这就是“文字使小型社区成长为大型的国家,又使国家强化而成帝国。”[③]

在某种程度上,马歇尔·麦克卢汉的“媒介即是讯息”与传播学研究的“信息”无关。通常所谓的“传播是社会的建构”,关注的一个重点是:传播技术的改变对信息流动(生产、分配、流通、消费)的影响,作为稀缺资源的信息成了促使社会更新和重组的重要原材料。从科学哲学的角度讲,“媒介即是讯息”是关于传播科学技术知识的生产、认识和价值的论断;麦克卢汉的理论应当归属科学技术批判视角之列,属于科学哲学的范畴。他是从技术社会学角度来描述技术在人类社会中的组织、活动、规律以及技术的引入对人类社会所产生的影响,即传播技术对人与社会产生的影响,不是去探讨传播信息流动的效果。在“媒介即是讯息”一章中,麦克卢汉写道:“在像我们这样长期习惯于把事物进行切割和区分以作为控制手段的文化里,如果被提醒说‘在实际运作上,媒介是讯息’,我们有时会感到有点吃惊。‘媒介是讯

---

① DEBRAY R. Media manifestos:on the technological transmission of cultural forms[M].London:Verso,1996:26.

② 伊尼斯. 帝国与传播[M].何道宽,译. 北京:中国人民大学出版社,2003:7.

③ 伊尼斯. 帝国与传播[M].何道宽,译. 北京:中国人民大学出版社,2003:8.

息'只是说，任何媒介对人类和社会的影响效果由我们自己的每个延伸以及新技术被引入的规模决定。例如，随着自动化的引入，人类的新的组合模式倾向于减少工作。这是真实的，但是有负面结果。从积极方面来看，自动化为人们创造了新的角色，即其深度地涉入了人们的工作和联系。"[①]换句话说，自动化的出现影响着人的活动与社会的结社方式，这如同企业管理中作为现代管理制度的"泰勒制"和"福特制"，对人类社会发展产生的影响一样：这些制度不仅管理企业的生产和经营活动，而且升华为西方社会政治体制或民主制度的组成部分。"麦克卢汉在自己的《理解媒介》中写到有关钟表、电视、收音机、电影、电话，甚至道路和游戏等的技术的影响。尽管我们今天不再把有的东西划归为技术，但那时麦克卢汉对这些重要的传播中介化形式（mediated forms）的社会影响感兴趣。换句话，技术和文化间的关系是什么？"[②]"在麦克卢汉看来，电子媒介彻底改变了社会。从根本上说，他觉得社会高度地依赖中介化的技术（mediated technology），社会秩序基于社会处理这种技术的能力。"[③]因为麦克卢汉的理论集中罗列了多种类型的媒介，并把媒介本身看作一种环境，所以许多学者把麦克卢汉的作品称作媒介生态学著作，即关于媒介和传播如何影响人类的观察、感觉、情感和价值的研究。[④]麦克卢汉成了媒介生态论的理论奠基者——"在麦克卢汉的启发下，波茨曼在 1968 年引入了'媒介生态学'一词"[⑤]。

不过波茨曼用悲观主义的语调描述了技术的发展。波茨曼就技术对社会和文化的影响进行了详细的分析，并提出了"技术垄断"（technopoly）概念，描述了文化对技术的屈服。在波茨曼看来，无论是马克思的"手动织布机给您一个具有封建主的社会，蒸汽磨则给您一个工业资本主义社会"，还是被分作四个时代（石器时代、铜器时代、铁器时代、钢器时代）的人类历史，阿诺德·汤因比的"工业革命"，丹尼尔·贝尔的"后工业革命"，奥斯瓦德·

① MCLUHAN M. Understanding media: the extensions of man[M]. Cambridge: The MIT Press, 1994: 7.

② WEST R, TURNER L H. Introducing communication theory: analysis and application[M]. 4th ed. New York: McGraw-Hill Higher Education, 2010: 428.

③ WEST R, TURNER L H. Introducing communication theory: analysis and application[M]. 4th ed. New York: McGraw-Hill Higher Education, 2010: 429.

④ WEST R, TURNER L H. Introducing communication theory: analysis and application[M]. 4th ed. New York: McGraw-Hill Higher Education, 2010: 429.

⑤ STRATE L. A media ecology review[J]. Communication research trends, 2004, 23(2): 4.

斯宾格勒的“机械技术时代”，皮尔斯把 19 世纪称作“铁路时代”，麦克卢汉的“古登堡时代”等，都反映了技术对社会与文化的现实影响。不过在他看来，这些概念都不足以描述当今的变化以及社会文化发展所面临的风险，于是提出了使用三种文化概念来描述技术条件与象征表达间的联系：工具的文化，技术统治的文化（technocracies）与技术垄断（technopolies）的文化。[①]技术垄断“重新界定着我们在宗教、艺术、家庭、政治、历史、真理、隐私、智力等方面的认识，以便我们的界定适合它的新的要求。技术垄断，换句话说，就是集权主义的技术统治（totalitarian technocracy）”[②]。“技术成了一个特别危险的敌人。”[③]在《童年的消失》中，波茨曼就担心传播技术（如电视）的发展使“使童年作为一个社会结构已经难以为继，并且实际上已没有意义……不得不眼睁睁看着儿童的天真无邪、可塑性和好奇心逐渐退化，然后扭曲成为伪成人的劣等面目，这是令人痛心和尴尬的，而且（尤其）是可悲的。”[④]波茨曼的“媒介生态学”把媒介描述为环境：面对媒介技术的发展，思考我们未来的智力和情感生存状况。[⑤]

理解一种技术的成功或失败，为其写一部内在的技术史是不够的。我们必须清楚技术事实与想象对话，参与环境变迁。“它存在于集体意识之中，并从中找到自己的意义。”[⑥]充分形成的自治的主体性不会把技术仅仅作为一套现成的工具来对待。更确切地说，在多样化的人文化（humanisation）的历史与文化的发展过程中……技术参与了人类的形成和个体化过程。[⑦]因此，在斯蒂格勒看来，假肢不只是人体的延伸，而且是“人类”身体的构成部分。[⑧] 这意味着，传播技术的中介化将是一个主体化与客体化的过程。

---

① POSTMAN N. Technopoly：the surrender of culture to technology［M］. New York：Vintage Books Edition，1992：22.

② POSTMAN N. Technopoly：the surrender of culture to technology［M］. New York：Vintage Books Edition，1992：48.

③ POSTMAN N.Technopoly：the surrender of culture to technology［M］. New York：Vintage Books Edition，1992：48.

④ 波茨曼.童年的消失［M］.吴燕莛，译. 桂林：广西师范大学出版社，2004：3-4.

⑤ STRATE L.Media ecology as a scholarly activity［J］.Proceedings of the media ecology association，2002，3.

⑥ GRAS A. Grandeur et dépendance. Sociologie des macro-systèmes techniques［M］ Paris：PUF，1993：83.

⑦ SINNERBRINK R. Culture industry redux：stiegler and derrida on technics and cultural politics［J］. Transformation，2009（17）.

⑧ STIEGLER B. Technics and time：the fault of epimetheus［M］. Standford：Stanford University Press，1998：152-153.

## 七、传播批判的哲学基础:理性与合理性

理性是人的独有的特征。这种观念是古希腊哲学和基督教共享的:亚里士多德把理性看成使人类走向真理表达并指导其行动的能力,基督教认为理性为所有人拥有,理性能够控制人的情感。[①] 总体上,理性的行为有两方面的含义:首先,有意识和有计划地运用手段,对使用的经验要进行思考;其次,对目的的选择不是盲目地服从传统与激情,而是在行为中对价值、手段和形式进行思考,行为的合理化就是用有意识的理性思考取代对习惯和情感的盲目服从。

17世纪的笛卡尔说出"我思故我在",打开了近代哲学的大门。"我思故我在"的意义在于,其实现了主客体二分(或思维与存在),哲学研究从本体论开始转向了认识论。"'我思故我在'思想对自然科学的贡献不仅重建了理性精神,而且象征着主体性的觉醒,因而为近代哲学的启蒙主义奠定了基础。"[②]主体性的觉醒是欧洲中世纪(5—15世纪)以后的一系列文艺与思想运动(如文艺复兴,宗教改革,启蒙运动等)的结果,文艺复兴"将个体理性或'我思主体'(ego cogitans)从盲目的信仰中解放出来"[③]。与以朴素直观为特征的古希腊哲学相比,近代哲学的特征是反思性的,主体性原则是其基本特征;与基督教哲学相比,理性主义(rationalism)则是近代哲学的基本特征,自然、社会与人类自身是其研究对象。[④] 近代哲学的基本精神就是启蒙主义,启蒙主义不仅是18世纪法国哲学而且是整个近代哲学的基本精神,启蒙主义以"理性"为最高权威,以自由至上为理想,反对宗教迷信、封建专制和愚昧落后,推重理性,提倡科学。[⑤] 总体而言,"近代哲学的主要问题就表现为思维与存在的关系问题。由于近代哲学从笛卡尔开始通过主体与客体的分离而树立起主体性原则,注重对认识论问题的研究,这就使近代哲学在思想的深入、知识的丰富和体系的建构上取得了前所未有的成就,同时亦使它始终难以摆脱主体与客体之间的矛盾。在认识论主体客体二元框架的限制

---

① BOUDON R.La racionalidad en las ciencias sociales[M]. Buenos Aires:Nueva Vision, 2010:7.

② 张志伟.西方哲学史[M].北京:人民大学出版社,2002:43.

③ 多尔迈.主体性的黄昏[M].万俊人,朱国钧,译. 上海:上海人民出版社,1992:12.

④ 张志伟.西方哲学史[M].北京:人民大学出版社,2002:341.

⑤ 张志伟.西方哲学史[M].北京:人民大学出版社,2002:343.

下,近代哲学的问题最初表现为理性与经验的矛盾,出现了经验论和唯理论之争,继而展开为主体与客体、知识与对象、理性与经验、自由与必然等和思维与存在有关的一系列问题。"①

如果法律是立法者的成果,神话是诗人的事业,那么理性就是哲学家的作品。② 在近代哲学史上,理性的作用经历了不断的变迁。"在18世纪80年代,康德在'什么是启蒙'的问题中,把理性的使用看作人类把自己从不成熟中不断提升的能力。到了20世纪早期,马克斯·韦伯开始把对理性的理解表述成为一种理想的类型,并认为最好作为一种合理化的历史力量来对待……到了第二次世界大战结束,马克斯·霍克海默和西奥多·阿多诺宣布理性已经被剥夺了批判的力量,变成了人类的威胁,因为它指向通过生产知识来支配自然,该过程最后悲剧性地导致了一部分人对其他人的支配。因此,现代传播愈加被认为是一种宣传和娱乐形式,新的文化机构剥夺了人的批判能力。"③

在历史上,理性的主观和客观方面在一开始就存在,在长期的发展过程中前者完成了对后者的支配。④ 在霍克海默看来,"客观理性理论没有聚焦于行为和目的的协调,而是关注概念——尽管今天有些玄乎——最大的善的理念、人类的命运以及终极目标的实现方法"⑤。大的哲学体系,如柏拉图和亚里士多德,经院哲学和德国的唯心主义都是建立在理性的客观理论之上,旨在发展一种所有存在(beings)的综合系统或等级体系。⑥ 而"主观理性的结果是计算概率以及由此协调正确方法和给定一个结果的能力"⑦,主观层面上的理性与目的联系在一起,关注的不是行为,而是取得什么样的结果,达到了何种目的。⑧不过,理性却面对这样的危机:"在某个点上,思维变得或根本无力构思这样的客观性,或把客观性作为错觉来否认。这个过程逐渐地扩展到包括每个合理概念的内容。最后,没有具体事实本身看起来

---

① 张志伟.西方哲学史[M].北京:人民大学出版社,2002:342.

② BRUNSCHVICG L. La raison et la religion[M].Paris:Librairie Félix Alcan, 1939:94.

③ GREENE R W. Modernism in communication theory[M]//LITTLEJOHN S W, FOSS K A. Encyclopedia of communication theory. London:SAGE, 2009:663.

④ HORKHEIMER M. Eclipse of reason[M].London:Continuum, 2004:5.

⑤ HORKHEIMER M. Eclipse of reason[M].London:Continuum, 2004:4.

⑥ HORKHEIMER M. Eclipse of reason[M].London:Continuum, 2004:4.

⑦ HORKHEIMER M. Eclipse of reason[M].London:Continuum, 2004:4.

⑧ HORKHEIMER M. Eclipse of reason[M].London:Continuum, 2004:5.

是合理的；所有的基础概念的内容被掏空，仅仅成了形式的空壳。当理性被主观化时，它也就变得形式化了。”①

由于近代哲学家们所倡导的理性主要是一种科学理性，这就使哲学在自然科学的影响下形成了一种机械决定论的自然观。在蓬勃发展的自然科学的鼓舞下，哲学家们试图将科学方法推广到人类知识的一切领域，他们相信无论自然、社会还是人类自己统统服从于统一的法则，那就是自然的因果律，一切事物都可由此得到合理的说明。“因此，人与自然万物没有什么不同，一样服从于共同的自然法则，他不过是一架更加精密、更加复杂的机器而已。结果，启蒙主义的两大支柱——理性与自由就发生了尖锐的矛盾，当哲学家们把科学理性贯彻于人类知识的所有领域的时候，不仅自由而且人本身的价值和尊严都成了问题。”②

理性与合理性通常被看作是同义词，不过它们在用法上存在着意义上的差别。理性是一种人类的品质，一般情况下，人是有理性的，具有理解分析的能力，能够意识到无意识动机所催生的行为，因此人有了理解分析的能力和能够进行逻辑证明的合理化行为；在严格意义上，合理性属于行为理论中的概念，表明行动者的行为具有合理性。③ 哲学在理性中看到的不仅是认识的指南，而且也是行为的向导。理性有时也被写作大写的理性（REASON），这属于历史哲学问题，其把认识放在了历史的中心。进步理念常常与理性观念联系在一起，因此理性的形式之一就是科学合理性，合理性与合理化成了社会进入现代性的重要组成部分，这也正是社会学家马克斯·韦伯等人所论述的有关“合理化”与“现代性”的内容。从社会角度来看，现代性以合理性为导向，强调用理性精神来发掘社会的潜力。④ “工业化”“现代化”“进步”“进化”等构成社会变迁理论的重要组成部分，是实证主义和批判社会学理论的关键词。

## 八、传播的“启示录”：乐观主义与悲观主义

对事物的认识往往具有两面性，因此产生了关于所谓学科或理论话语

---

① HORKHEIMER M. Eclipse of Reason[M].London：Continuum, 2004：6.

② 张志伟.西方哲学史[M].北京：人民大学出版社，2002：536.

③ MARCEL F.Bourdieu, la raison et la rationalité [J]. Cités, 2015(51)：115.

④ 陈卫星. 传播的观念[M]. 北京：人民出版社，2004：446.

权的争论,彼此的批判与辩论孕育着更多审视问题的视角与切入点,也丰富了人们对事物的认识——这体现了现象学的"变更"认识方法。在传播研究的"启示录"中,基本上存在着两种倾向:乐观主义和悲观主义。

**乐观主义**。传播及传播技术的发展使国际化传播成为可能。传播技术的进步成就了传播想象中的"地球村"或"地球城"。麦克卢汉的"地球村"概念虽然被批判为有技术决定论的嫌疑,但形象地描述了技术发展呈现的现实传播景观。伊尼斯、芒福德和麦克卢汉的技术思想都具有相同的主要关注和直观感觉:传播技术是"人体的延伸",技术的变化位于文明史的中心。这种观点认为媒介本身决定着被传播东西的性质并导向一种新型的文明。杰克·伦敦(Jack London, 1876—1916)写道:"动画图像打破了阻塞接受教育之路的贫穷和环境,并以一种所有人都可理解的语言来传播知识。词语贫乏的劳动者与学者平等起来……普遍的教育就是讯息……时间和距离被神奇的电影抹去,世界人民走到一起……看那令人恐怖的战争场面,你将成为和平的辩护人……通过这种神奇的方式,处于社会极端的人们在人类处境不可避免的再平衡中彼此再靠近一步。"[①]1993 年 2 月,克林顿政府宣布建造信息高速公路,并"向'人类大家庭'展示其'网络之网'——全球资讯基础建设(Global Information Infrastructure)——的世界计划,重新启用自18 世纪以来预言家先辈们的调子。1994 年 3 月在对参加布宜诺斯艾利斯(Buenos Aires)国际通信联盟大会代表的讲话中,这位当时的美国副总统宣布:'目标在于保证一项使我们社会所有成员都可享受的普遍服务,并使愿者畅其言的全球对话成为可能……全球资讯基础建设(GII)将不仅是实现民主的隐喻,实际上它通过加大公民参与决策权的方式来支持民主制的运作。这有助于国家合作能力的发展。我于此看到在全球资讯基础建设创造的论坛中将铸造出来一个新的雅典民主时代'。作为发展和团结的工具,私人参与者开发的网络在戈尔看来应该解决缠绕世界的、重要的经济和社会不平衡问题。"[②]

在乐观主义的棱镜下,"网络民主""赛博民主""文化民主"等富有"乌托邦"色彩的概念成了描述传播大同世界中的信念和真理的词语,似乎信息

① MATTELART A. L'invention de la communication[M]. Paris:La Découverte, 1994:141.

② MATTELART A. La mondialisation de la communication[M].Paris:PUF, 2008:98-99.

的网络流动就意味着“脱盲”“消除贫困”“消除差距”“消除信息不对称”“现代化”“进步”“发达”等,传播及其技术支撑不可避免地提供了一种虚拟的社会想象与个体及社会表达。这很容易使人想起古典经济学家斯图亚特·密尔的“商业共和国”、弗朗索瓦·魁奈重农主义者的“农业共和国”以及圣西门等的“工业共和国”等——在这里,传播都被看成了文明的使者。

**悲观主义**。在悲观主义的视角下,不但社会活动者成了传播活动的被操纵者,而且传播的全球化倾向造成均质文化与超脱现实的激进符号论。漂浮的“视角暂留”景观使个体与群体的个体记忆、集体记忆与社会表达的锚固变得更加困难,活动者身份界定面临着危机。法兰克福学派的阿多诺通过对中介化的(mediated)大众文化分析,呈现了一个由大众文化形成的“铁笼”,在启蒙运动中本来被阐释为使人类获得解放的“科技理性”最终成了奴役社会活动者的工具,大众文化具有了“肯定性文化”(affirmative culture)特征——对现实社会价值体系的肯定,文化工业使人失去理性批判能力。文化不再崇高,文化工业(或体现为大众文化)通过娱乐抑制了对抗现实的所有形式。在阿尔都塞那里,“大众传媒和语言在塑造主体的过程中,扮演着重要的角色”①,“我们都是意识形态国家机器塑造的意识形态主体,这些机器使得意识形态规范变得理所当然,因而塑造了我们的世界观,也塑造了我们对自身、对认同,以及对其他人和社会关系的看法。所以,我们每个人都在意识形态的管辖之下,臣服于它。主体是社会塑造出来的,并非自然生成”②。同时,作为社会活动者身份参照的文化也因商业化而发生了质变:“如果大众传播悄无声息地、和谐地把艺术、政治、宗教、哲学等与商业混同在一起,这是大众传播把文化的这些领域带到了它们共同点之上:商业形式。心灵的音乐也是销售员的音乐。交换受到了重视,真理无关紧要。”③而且,传播技术的发展,使对现实的界定被抽象出来,变成纯粹形而上的“表象”。

在法国学者博德里亚的激进符号论中,“社会的符号化过程产生了社会、文化、经验和主体性的新形式,整个社会进入一种符号再生产状态,人们

---

① 陈卫星. 传播的观念[M]. 北京:人民出版社,2004:158.

② 陈卫星. 传播的观念[M]. 北京:人民出版社,2004:158.

③ MARCUSE H. One-dimensional man, studies in the ideology of advanced society[M]. New York:Routledge, 2002:60-61.

通过对符号的制造和使用来表达自己,符号生产者们是在生产可以被消费者理解的符号,而不是在为了消费者而生产,从而被整合进整个差异体系之中。在现代信息传播技术上衍生扩展的符号体系,瓦解了真实与非真实的界限,模拟秩序逐渐消除实在与表象、客体与符号、能指与所指、客观实在与技术干预之间的界限,事物有其形而无其实,影像本身就是虚拟的实在。"① 这种激进的符号论掩藏的正是意义生产和参照体系消失的危机。后结构主义者雅克·德里达(Jacques Derrida)对"形而上学"的批判,在传播层面上,把认识或知识的生产推向了不可知:"通过符号的再现就可以直接把握现实的观点,隐含着一种十分错误的'在场形而上学',即一种通过词语再现被规定的语言幻象的在场……没有什么东西是直接在场的,人们不可能认识任何在场的东西,除非我们有了一些关于类似那些不在场的东西的概念。"②除了主体"奴役化"与实在的"表象化",随着传播技术的发展,不仅文化臣服于技术垄断权威,人类的智力与情感也面临着危机。波茨曼的"媒介生态"成了人类失去自我的"失落的世界"的隐喻;而且文化与信息传播在自由商业逻辑的支配下,有可能造成传媒公共服务的丧失,形成文化均质性或"文化帝国主义"或"文化依附"。

---

① 陈卫星. 传播的观念[M]. 北京:人民出版社,2004:175.

② 陈卫星. 传播的观念[M]. 北京:人民出版社,2004:195.

# 第二章　国际传播的认识范式

传播起源的历史在于显示一条不同于传播在媒介形态中所标示的路径。在此，传播是在一个更大的范围内被考察，它包含各种各样的财富、人员和信息交换和流动网络。这个定义同时涵盖交通道路、远距离传输网络和象征交换的方法，例如世界博览会、高文化、宗教、语言、媒介，等等。它同时援引不同的学说和理论来帮助思考这些(传播)现象。①

——阿芒·马特拉

在某种程度上，我们对现实的已知的"描述"是我们的假定根据的函数：未来的"描述"当然可以改变我们对现实的感觉。②

——伊曼纽·沃勒斯坦

## 第一节　国际传播的认识型

### 一、何谓(国际)传播

何谓传播(communication)？对传播的界定颇多。这不禁使我们想起哲学的发展历程。在上千年的"本体论"(世界本源到底是什么?)中，概念界定就莫衷一是，有单子论、以太论、数论等，直至17世纪近代哲学，哲学的"本

① MATTELART A. L' invention de la communication[M]. Paris: La Découverte, 1994: 8.

② WALLERSTEIN I. The essential wallerstein[M]. New York: The New Press, 2000: 129.

体论”开始转向了“认识论”,哲学研究不再专心于探究“世界本源是什么”,而是转向了“如何认识世界”,即哲学的认识论问题。不过认识论倒是丰富了哲学的知识体系。虽然近代哲学并没有像黑格尔所想象的那样成为“科学之科学”,但极大地丰富了人们对世界的认识,指导人们构建知识体系,对康德与黑格尔的主体哲学的继承和批判成了诸多思想流派的渊源。传播也是如此。传播是什么?有的人说是“共享”(吕西安·斯费兹),有的人说是“共存”(多米尼克·沃尔顿),有的人说是“信息传输”(克劳德·香农)。国际传播(International Communication)又是什么?就目前的界定来看,国际传播有三个特征:以大众媒体为技术支撑;主体是民族国家或组织;关注国际传播在事关重大领域产生的影响。[①] 这些概念的界定者都是相关领域专家,各有各的道理。如果这样,那么不经过大众媒介的跨边界信息流动就不是国际传播?尤其在传播领域多元化和传播过程全球化的背景下。人文科学领域概念界定的矛盾性在于,“界定”既是一个包括行为又是一个排斥行为,因为这种界定背后是从不同视角构建的话语体系。

在研究传播时候,存在着一个公设,即心理学家保罗·瓦茨拉维克(Paul Watzlawick,1921—2007)的名言:人不可能不传播。从传播研究的角度看,无论是个体还是组织,都需要传播,需要信息的流动。正像阿芒·马特拉在《传播理论史》的前言中所说:“传播概念包括很多意思。虽然长期以来如此,但在这个把传播变成第三个千年的社会象征的时代,技术的扩散和实践的职业化又为这种多重含义增加了新的声音。位于多学科交叉点上的传播过程激起了诸多科学的兴趣,如哲学、历史、地理、心理学、社会学、人种学、经济学、政治科学、生物学、控制论或认知科学。”[②]法国的《新罗伯特法语词典》中的“传播”(communication)词条包括“传播的行为”“传播的东西”“传播的手段”等。换句话说,传播的本体论界定是多样化的,我们可以以其中的某些内容作为研究对象,同时在认识论上下功夫,呈现一种思考问题的逻辑。既然传播属于社会实在,问题的关键是,我们需要从传播的某个“实在”出发,从认识论的角度来构建传播知识体系,把握和理解不同传播理论流派所构建的思想框架、认识过程、方法及理论内涵。

---

① 郭可.国际传播学导论[M].上海:复旦大学出版社,2004:6.

② MATTELART A, MATTELART M. Histoire des théories de la communication [M]. Paris: La Découverte, 2004.

在现实的传播学研究中，实际上存在着两种传播认识：一种是所谓的"狭义的传播"，即研究更多涉及具有美国学术传统特征的"大众传播学"，报纸、广播、电视，乃至因特网等是其表象特征，在这里从"5W 模式"延伸而来的传播者研究（传者）、内容研究（信息）、媒介研究（渠道）、受众研究（受者）和效果研究（效果）等是该研究的重要内容，社会学、心理学和政治经济学是其主要学科视角，其主要目标是实现对"社会的管理"（administration & control），其研究成果往往是"开处方"。"传播学四大奠基人"（拉斯韦尔、卢因、霍夫兰、拉扎斯菲尔德）为此研究奠定了基础，"传播学诞生于美国的说法"的依据基本上来源于此。对于（大众）传播的研究，有人做过如此的总结："传播研究被描述为一种二战时期被政府资助的强制科学研究，后来通过作为效果研究主要范式的管理研究形式净化。它的概念、模型和实践从心理战的战略思考转向了 1945 年至 1960 年的国际和国内选举战，并产生了一系列有关信息流、观点传播、参照群体和动力机制等的传播研究作品。到了 20 世纪 90 年代末，随着传播不可避免地与权力和权力关系研究联系在一起，批判传播研究的历史融入社会历史当中。虽然出现了批判地和反思地把权力用于传播研究的呼吁，但效果分析传统仍旧占主导地位。"①

另一种即所谓的"广义的传播"，更多体现在欧洲传播学术研究传统中，法国学者阿芒·马特拉的《全球传播的起源》是这种传统本体论、认识论和方法论的典范之作。在该传统中，（政治的、经济的、文化的、社会的）"信息流"（flux）是传播研究的主要介质，主要研究目标在于阐释"社会的变迁、建构及其治理"。该传统从跨学科视角，哲学、社会学、人类学、政治经济学、心理学、政治学等是其主要视角学科，真正体现了科学研究的"复杂性"；其主要采用思辨逻辑推理，辅以实证方法，阐释人类社会中的传播现象，其研究成果特征常常是"具有辩论潜力的开放性议题"。这两种传统基本上反映了美国商业文化和欧洲启蒙文化的差异！

"传播学"也是一门科学，"科学就是对规则（rules）的搜寻，这些规则最大限度地、简明地总结了事物为何如此、是如何发生的。"②研究传播的"传播学"在 20 世纪因为跨学科的特征被认为不具有学科合法性，但经过几十

① MCLUSKIE E. Power and power relations[M]//LITTLEJOHN S W, FOSS K A. Encyclopedia of communication theory. London: SAGE, 2009: 784.

② WALLERSTEIN I. The essential wallerstein[M]. New York: The New Press, 2000: 147.

年的变迁，传播研究已经发生了很大的变化，传播环境也发生了变化。在“复杂”的环境下，传播学已借助其他学科的知识，构建了自己的学科，因为就传播学研究的对象而言，单独运用某个学科的知识无法分析和解决传播问题。复杂性“乍一看，是由不可分离地连接着的异质构成因素交织行动的东西（拉丁词 complexus：交织在一起的东西），它提出了一和多的悖论。看第二眼，复杂性确实是种种事件、行为、相互作用、反馈作用、决定性、随机性的交织物，它构成了我们的现象世界。复杂性因而呈现出混乱、错杂、无序、模糊、不确定性等令人不安的特点，于是对于认识产生了如下的需要：通过克服无序性和排除不确定性来整理现象”①。“复杂性思想的困难在于它应该正视纷繁（相互的—反馈的作用的无穷组合）、种种现象的相互纠结、迷雾、不确定性、矛盾。”②这就需要借助自我反思的理性主义来认识问题。实际上，传播学的合法性更多是在狭隘学科意义上的认识，专门而纯粹学科知识已无法满足现代乃至后现代知识的生产。

## 二、国际传播研究的西方学术渊源

学术上的“制度化 ”（institutionnalisation）一般涉及大学研究和研究群体两层含义。③“英语中的‘communication’概念来自拉丁语，指分享或使相同的行为。”④“传播就是共享”。⑤ 在西方，虽然各国的具体情况不同，但传播研究的制度化一般追溯到美国哥伦比亚大学、芝加哥大学和伊利诺伊斯大学所从事的开拓性研究以及普及教育，大众传播研究的先驱者如拉扎斯菲尔德（Paul F. Lazarsfeld，1901—1976）、拉斯韦尔（Harold Lasswell，1902—1978）和施拉姆（Wilbur Shramm，1907—1987）对大众传播研究的学科化与制度化作出了很大贡献。拉扎斯菲尔德于 1944 年在哥伦比亚大学创办了社会应用研究办公室（Bureau of Applied Social Research），致力于广播传播效果的研究；从 20 世纪 40 年代开始，芝加哥大学不但从事传播的研究，而且还培养了

---

① 莫兰. 复杂性思想导论［M］.陈一壮，译. 上海：华东师范大学出版社，2008：7-8.

② 莫兰. 复杂性思想导论［M］.陈一壮，译. 上海：华东师范大学出版社，2008：9.

③ AGBOBLI C, HSAB G. Communication internationale et communication interculturelle: regards épistémologique et espaces de pratique［M］. Québec：Presses de l' Université du Québec, 2011：54.

④ DONSBACH W.The international encyclopedia of communication［M］. Hoboken：Blackwell Publishing Ltd. 2008：676.

⑤ SFEZ L. La communication［M］. Paris：Presses Universitaires de France, 1991.

一些有名的传播学者,这里形成的学术团体与美国的战时信息办公室(Office of War Information)有着紧密的联系;施拉姆于 1947 年在伊利诺伊斯大学创办的传播研究所(Institute for Communications Research)是战后美国传播研究的制度化过程中的一个典范。大体上,"传播研究"的制度化研究经历了以下过程:"20 世纪 20 年代晚期,'大众传播'一词被用于由市场和国家组织的说服工业的新现实。20 世纪 40 年代,'传播研究'领域被象拉扎斯菲尔德这样的学者组织起来,并在随后的几十年中被制度化。"①"第二次世界大战后,传播研究开始被看作一个独特的学术领域,传播概念开始围绕语义学、人际关系、互动与社会影响、大众传播、信息技术等延伸出诸多含义。"②"到了 20 世纪末,几乎每个严肃的知识分子都对传播发表自己的看法。传播成了这个时代的索引。"③

尽管"消息"(news)在 15 世纪的欧洲(如威尼斯、安特卫普、纽伦堡等)就已经国际化,尽管新闻在 19 世纪的欧洲三大新闻媒体(路透社、法新社、伍尔夫等)已实现了国际化流动并完成了英法德等国在殖民地的国际电缆网络铺设工作,但对国际传播的研究却与肇始于北美的大众传播研究紧密地联系在一起。作为一个研究领域,可以说国际传播及其学科化和制度化从早期的(大众)传播中延伸出来,就具体的操作维度而言,国际传播脱胎于国际关系理论和国内—国际层面政策的结合。④ 马特拉在《传播的世界化》中说道:"就铁幕下的双方来说,阴谋和操纵理论成了信条。它们成了人们了解对手行动的依据。每一方都认为自己卷入了一场'征服人心和思想'(用'心理战士'的话说)的战斗。1953 年初,美国的媒介功能主义社会学认识到这种见解的重要性,建立了一个新的、被正式命名为'国际传播'的研究领域。"⑤因"认识论的多样性",国际传播研究有了不同的视角、主体和主题。斯麦提(Mehdi Semati)曾提到,"国际传播"面临着与"大众传播"一样的学科

① DONSBACH W.The international encyclopedia of communication[M]. Hoboken:Blackwell Publishing Ltd. 2008:691.

② DONSBACH W.The international encyclopedia of communication[M]. Hoboken:Blackwell Publishing Ltd. 2008:676-677.

③ DONSBACH W.The international encyclopedia of communication[M]. Hoboken:Blackwell Publishing Ltd. 2008:691.

④ MOWLANA H. Global information and world communication: new frontiers in international relations [M]. London:Sage Publication Ltd. 1997:5.

⑤ MATTELART A.Le monidalisation de la communication [M]. 5$^{e}$ éd. Paris:PUF, 2008:56-57.

身份危机,不过他建议将前者作为一个研究领域来组织研究。①

就国际传播研究而言,盎格鲁-撒克逊学者倾向认为,总体上:“第一次世界大战早期的宣传研究与第二次世界大战中的类似研究为国际传播研究提供了政治概念基础。发展和现代化理论流行于20世纪50年代,持续到60年代(在这十年中,国际传播研究领域在美国经历了制度化过程。)在20世纪70年代获得重视的有关帝国主义和依附的马克思主义和新马克思主义观点提供了一种有别于发展范式的视角。20世纪80年代,当英国的文化研究影响着国际传播领域中一些看法的时候,发展模式的余流形成了‘发展电信传播’(telecommunication for development)传统。在20世纪90年代,国际传播领域关心全球化的经验和理论内涵。”②这里的传播活动更多表现为以大众媒介为技术支撑的大众传播。但在法国学者阿芒·马特拉看来,随着西方工业革命、贸易和传播科技的发展,19世纪已经成了“国际的”世纪,传播的国际化随着启蒙运动而来的“普世商业共和国”与“普世民主共和国”的发展成了国际传播的思想推动力,不同载体(如大众媒体、电缆、公路、海运和陆路交通等)中的信息流动(flux)具有了战略性作用。在21世纪的头十年,国际传播中的一个明显倾向是信息的流动与地缘政治和地缘经济赌注更加紧密地结合在一起,掀起了“社会媒体”革命,这种革命跨越了民族国家边界,成了国内治理和国际博弈的重要手段,新媒体的应用成了这个时期的关键词。

一般地说,在美国大众传播研究传统的影响下,被称作“国际传播”的理论在20世纪50年代末首次被提出来,这种研究方法的目的在于用传播来实现发展中国家的现代化,这种思维基于典型的西方现代性理论之上;在此,媒介被传统地看作公共传播平台,即被看作行使民主的公共协商平台。③

## 三、界定“国际”:概念的跨边界图景

在传播的国际化过程中,出现了一系列用来描述不同国际化过程与状

---

① SEMATI M. New frontiers in international communication theory[M]. Lanham:Rowman & Littlefield Publishers, INC,2004:2.

② SEMATI M. New frontiers in international communication theory[M]. Lanham:Rowman & Littlefield Publishers, INC,2004:8.

③ VOLKMER I. Globalization theories[M]//LITTLEJOHN S W, FOSS K A. Encyclopedia of communication theory. London:SAGE, 2009:445.

态的概念，如“国际的”“国际化”“美国化”“西方化”“文化帝国主义”“国际化的多元化”等。作为权力关系的表征，这些概念展现了不同时期的国际传播图景，并且成了国际传播理论研究的铭文。

**国际的**。19 世纪是和“国际的”（international）一词紧密联系的一个世纪。“国际的”一词出现在法国大革命以前的英国，由功利主义者边沁（Jeremy Bentham，1748—1832）大约在 1780 年提出，并被看作是 19 世纪的奠基概念。[①] 虽然跨国家或民族边界的活动由来已久，但从现代学术意义上讲，“国际的”应当是西方工业革命、商业扩展和殖民活动的结果。根据马特拉观点，出现“国际的”一词，一方面由于出现了民族国家实体；另一方面源自传播系统的发展。对前者来说，用“国际的”修饰的现代跨国传播与现代国家的出现具有密切的联系，它随着现代国家主义（或民族主义）的诞生而出现，[②]“民族国家的思想和实践深深地植根于世界主要文化的精英分子的心中”[③]，而且“在 19 世纪，产生了为所有人接受的、建立在法律基础之上并连接不同新的民族国家实体的关系系统。民族国家的外部边界与内部行政区域的划分不再随意改变，并且构成了工业革命的自然背景。”[④]这为“国际的”提供了概念可能性。对后者来说，传播体系的物质基础提供了传播国际化的可能性。如贝利（C. A. Bayly）所说的“以往的‘陈旧全球化’和‘早期的现代全球化’都存在于 19 世纪的国际系统中”[⑤]。在这位著名的法国学者看来，传播体系国际化甚至经济国际化出现于 19 世纪初期，但并不否认 1492 和 1789 年间的历史对理解国际化的逻辑具有重要意义。18 世纪至 19 世纪这段时间很重要，因为这里存在着两种国际空间结构设想和意识形态：一种是启蒙思想的，被政治经济学家称作“民主共和国的理想”；另一种是亚当·斯密在 1776 年提出了“普遍商业共和国”思想。两者都旨在以各自的途径构想未来的乌托邦。就是在 19 世纪出现了许多我们用来命名国际化现象的概念：国际主义、国际主义者、世界主义。

---

① 马特拉. 世界传播与文化霸权[M].陈卫星，译. 北京：中央编译出版社，2001：285.

② MATTELART A. Le mondialisation de la communication[M]. Paris：PUF, 1996：5.

③ BAYLY C A. The birth of the modern world 1789-1914：global connections and comparisons[M].Hoboken：Blackwell Publishing, 2004：41.

④ MATTELART A. Le mondialisation de la communication[M]. Paris：PUF, 1996：5.

⑤ BAYLY C A. The birth of the modern world 1789-1914：global connections and comparisons[M].Hoboken：Blackwell Publishing, 2004：41.

**国际化**。“国际化”概念生成的一个标志是“现代传播体系的国际化的历史”,马特拉把其定位在维多利亚时期的英国。18 世纪和 19 世纪在传播的国际化方面发挥着重要作用,也就在这个世纪中出现了“国际化”现象。[①]“国际化”是一个跨越民族国家边界的过程。“传播的国际化是两种普遍主义的产物。启蒙运动和经济自由主义,这两者构建了一个没有障碍的世界空间工程(时而对立,时而交融),并且都努力使其成为现实。一方面是革命乌托邦之‘伟大的民主共和国’,另一方面是古典经济的‘普世商业共和国’。国际传播随着现代民族主义的出现而出现,现代民族主义使得领土作为主权与社区想象的基础而存在。”[②]这两种思想的流动经历着相互渗透而又相互分离的轨迹。古典经济学家的“生产,就是运动”以及圣西门(Claude-Henride Saint-Simon,1760—1825)门徒的“把世界缠绕起来”口号见证了传播国际化发展的雄心。“现代传播体系的国际化历史”被定为开始于维多利亚时期的英国[③],因为在维多利亚时期的英国,传播网络如道路、航海、铁路等的发展都有了一定水平,英国第一个提出“工业化效果”或“工业革命效果”对文化的整合发展问题。[④]如在传播方面,“在 18 世纪末,在通过跨洋航道周转的海上流动中,仅英国的船只就占流量和吨位的 60%;在电缆网络方面,英国的网络自 1870 年起就延伸到了印度和新加坡,在 1871 年到达澳大利亚和中国,3 年之后又扩展到南美,并于 19 世纪 80 年代铺设到西非……英国公司的霸权是决定性的。对网络的控制要么通过所有权进行直接控制,要么通过对网络中信息的审查来实施间接控制。1904 年,这些公司铺设了世界三分之二的海底电缆,25 家世界公司中的 22 家是他们的子公司。大多数电缆公司都把自己的地址设在伦敦”[⑤]。国际化概念经历了多次的意义沉淀,不同的历史背景棱镜折射出了不同的概念:“美国化”“西方化”“文化帝国主义”“全球化”“世界化”。就传播国际化的主要内容载体文化工业而言,在学术上,欧洲社会经历先后经历了三次沉淀:1880 年以后的揭露文化工业化危害性,指出高雅文化的退化;两次世界大战期间,欧洲对美国的“大众文

① 马特拉. 世界传播与文化霸权[M].陈卫星,译. 北京:中央编译出版社,2001:286.

② MATTELART A. La mondialisation de la communication[M].5 éd.Pairs:PUF, 2008:5.

③ 马特拉. 世界传播与文化霸权[M].陈卫星,译. 北京:中央编译出版社,2001:287.

④ 马特拉. 世界传播与文化霸权[M].陈卫星,译. 北京:中央编译出版社,2001:287.

⑤ MATTELART A. L' invention de la communication[M]. Paris:La Découverte, 1994:189-190.

化入侵"产生了反应,采取抵抗措施(如进口电影配额);第三次沉淀在于二战后美国具有"特洛伊之马"性质的马歇尔计划。三次沉淀显示,国际化问题不仅是一个建立体系的问题,也是一个适应、反抗和拒绝的国际模式问题。

**美国化**。美国化概念一开始被看成一种文化网络(如电影)和金融网络的物质主义威胁,表现为拒绝欧洲文化代表的文化类型以及对这种文化普遍性的研究。① 在第二次世界大战后期,"美国化"又和马歇尔计划的签订联系起来。通过马歇尔计划,美国对欧洲进行"思想产品"和资本的输出,而且还负责人力资源的培训,这使法国社会学家吕克·波尔坦斯基(Luc Boltanski)从社会学观点提出"法国社会的美国化"观点。② 亚历山大·斯蒂芬(Alexander Stephan)编著的《欧洲的美国化:1945 年以后的文化、外交和反美思想》一书则对西方国家受美国影响发生的变化从不角度做了分析:作为软实力的美国文化政策的作用、美国高文化(high culture)的转让和影响、商业逻辑支配的大众文化扩张以及美国文化产品受到的排斥和销售模式。③ 这反映了自 1945 年后被"美国化"的欧洲各国的变迁历程。"美国化"和"文化帝国主义"概念相似,都是动员性概念,是对外来强势文化冲击本地文化遗产所保持的一种警惕态度,不过"美国化"概念更多是出现在欧洲,而"文化帝国主义"概念则出现于 20 世纪六七十年代的第三世界。④"文化帝国主义"概念产生的思想基础之一是出现于 20 世纪 50 年代的"西方化"概念。

**西方化**。西方化实际是一种有关现代化和进步的意识形态。"西方化"概念诞生于 20 世纪 50 年代,诞生于美国的"大众传播学会"有关国外研究的领域中。西方化概念是地缘政治利益促生的一种"发展"意识形态,其重

---

① MATTELART A. Généalogie des nouveaux scénarios de la communication [C]. Colloque 25 images seconde, Valence (France), 1996.

② 马特拉. 世界传播与文化霸权[M].陈卫星,译. 北京:中央编译出版社,2001:289.

③ STEPHAN A. The Americanization of Europe: culture, diplomacy and anti-Americanism after 1945 [M]. Oxford:Berghahn Books, 2006:5-6.

④ MATTELART A. Généalogie des nouveaux scénarios de la communication [C]. Colloque 25 images seconde, Valence (France), 1996.

要对象是“第三世界国家”①。这个概念来自以美国为首的西方国家在国家和国际安全层面上对发展政策的思考。随着冷战的开始,第三世界国家成了东、西方竞争的一个筹码。西方世界不能让第三世界倒向“红色”的一边:20世纪50年代美国关注的是实行油田国有化的中东国家,在60年代美国又把注意力转向了拉丁美洲大陆。这个时期的美国社会学家开始谈论“西方化”概念,“西方化”诞生于一种相信传播可以克服“欠发达”困难的功能主义社会学之中,“发达/欠发达”是哈里·杜鲁门在第二次世界大战末在《国情咨文》中使用的词语,他借以表达使落后国家发展起来,以免它们成为共产主义滋生的温床的理念,后来此概念进入联合国文件而被传播开来。西方化和现代化在语言上是同义词。关于现代化观念的意识形态研究在20世纪60年代末才由施拉姆这样的社会学家表达出来,联合国教科文组织(UNESCO)翻译了这些文字。可以说,美国大学的研究机构创造了这种信仰,这是国际化的思想。阿根廷裔美国学者瓦尔特·米涅罗(Walter Mignolo)对西方化做了细致批判解释:“西方化有两层含义,一方面指西方文明的历史基础、出现、巩固和扩张,另一方面指殖民性以及管理、控制和支配的必要支配结构孕育的扩张过程。”②概念是全体关系构型的符号学体现,不同的认识论出发点导致不同的概念。

**文化帝国主义**。此概念是第三世界反思“西方化”现代化意识形态及因此而造成的文化、经济依附所做出的抵抗性姿态,它诞生于第三世界的抵抗性策略之中,尤其是拉美的研究者为此作出了积极的贡献。20世纪60年代,人们见证了全球意识的觉醒,开始意识到传播系统是一种结构权力的系统以及作为权力建构体系的传播系统在全球范围的重要性,1970—1973年智利阿连德政府的垮台就见证了传播体系在发达国家和弱小国家所发挥的作用。20世纪70年代在“文化帝国主义”思想的氛围中,不结盟国家从争取建立世界经济新秩序扩展到追求“传播世界”中的新的信息传播秩序。于是

① 阿尔弗雷德·索维(Alfred Sauvy)于1951年的一家巴西杂志上提出三个世界的思想。在1952年8月14日《观察家》(L'Observateur)杂志上撰文正式使用了“第三世界”(Le Tiers Monde)概念。认为“第三世界就像法国大革命前的第三等级(Le Tiers État)一样受到忽略、剥削和歧视,但它也想成为受人尊重的力量”。SAUVY A. Trois Mondes, Une Planète[J]. L'Observateur, 1952(118):14.

② MIGNOLO W D. Habitar la frontera: sentir y pensar la descolonialidad [M]. Barcelona: CIDOB, 2015:461.

文化依附和文化帝国主义概念在联合国教科文组织内部推动了建立一个国际信息传播新秩序的斗争，但这种斗争因美、英等退出联合国教科文组织以及苏联和一些第三世界国家等原因而日渐式微。

跨国公司是文化帝国主义发挥作用的前哨。随着跨国公司在全世界的扩张，在20世纪70年代末，欧洲的文化部部长们也意识到他们对高雅文化、戏剧和音乐的支持相较于跨国公司的“文化工业”的竞争表现得毫无效率，对文化工业的反思在欧洲也被提上了议事日程。另外，1973年第一次石油危机引发的西方民主管理危机把新的信息传播技术投射到发达国家关于如何摆脱危机思考的中心。民主管理危机被描述成一种“文明危机”。1978年的西蒙·诺拉与阿兰·蒙克在总统吉斯卡尔·德斯坦（Giscard d' Estaing，1974—1981）要求下提交的《社会信息化》（*L' informatisation de la société*）报告成了该主题的第一个象征性文本。萌芽于20世纪50年代的“后工业社会”理论在70年代演变成了“信息社会”理论。① 信息被看成促进社会发展的原材料，而美国则是这种主题的典范。所有这些过程阶段与全球化概念之间存在着转化过程。在这种信息产业化的背景下，“文化帝国主义”逐渐失去了“动员”色彩，对“文化差异”的强调让位于“文化融合”或“文化产业的经济贡献”。

**国际化的多元化**。从全球化社会学的角度而言，国际化是多维度或多元化的过程。国际化的多元性意味着存在复数的国际化，即国际化具有多样化的内涵，这些不同的内涵反映国际化对社会、政治、经济、文化等构型的不同认知与顺从。传统的视角则是把全球化与经济活动紧密地联系在一起，有关全球化的“问题意识”在于对一系列经济跨边界活动的分析与梳理。如果把作为国际化的全球化看作商业意识形态，那么全球化的基础是大的经济实体，尤其是作为经济全球化桥头堡的跨国公司。但国际化不再局限于此，随着技术（尤其是传播技术）的发展，意义也有了国际化的生产维度，文化与信息的国际化提出了传播过程“去地域化”与“再地域化”的辩证特征。同时，以往局限于国家边界内的社会运动也具有了全球的特征，行动主义、全球公民运动、国际非政府组织、全球公共舆论、国际舆论等则体现出了全球社会的市民化特征，社会运动具有了“国际的”或“全球的”维度。“国

① MATTELART A. Qui contrôle les concepts? [J].Le monde diplomatique，2007(641)：23.

际化”的多元性或多维度，意味着要抵抗一种全球化整合中的唯经济逻辑论，全球社会的治理需要承认“国际化”的多元维度，承认文化的多元性，承认另类全球化存在的可能性，换句话说，在世界整合的过程中，不同文化群体或不同的身份共享群体，或国家、或民族、或种族、或企业，等等，都有选择自己发展路径的可能性。

## 四、当代国际社会的出现

从19世纪到20世纪中叶是民族主义(nationalism)盛行的时期，也是作为国际活动主体的民族国家(nation-state)产生的重要时期：如欧洲的意大利(1870)，德国(1871)，塞尔维亚与黑山(1878)，罗马尼亚(1880)，保加利亚(1908)，阿尔巴尼亚(1913)；拉美先后从西班牙和葡萄牙统治中独立：海地(1804)，巴拉圭、委内瑞拉(1811)，阿根廷(1816)，智利(1810)，哥伦比亚(1810)，墨西哥(1810)，哥斯达黎加(1821)，巴西、厄瓜多尔(1822)，玻利维亚、乌拉圭(1825)等。两次世界大战的结束，又促使不少的民族国家建立，如奥斯曼帝国解体后的中东阿拉伯国家以及二战结束后的非洲诸国，民族独立运动成了两次世界大冲突后的重要事件——殖民体系的瓦解与世界力量格局的重新建立，古老殖民帝国的解体造就了民族国家的独立浪潮。

在当代国际社会的形成过程中，在法国(大革命1789—1799)和美国(独立战争1775—1783)发生的两次革命具有重要的作用。“法国大革命和美国独立革命往往被看作‘姊妹革命’，因为它们基于相同的理想：自由、平等、公正。”[①]美国和法国的革命对国际社会产生了深刻的影响。对于美国而言，这种影响主要来自它作为一个出现在20世纪全球性的超级大国。而法国大革命的影响比较直观。第一，革命者坚持主权在“国家”(nation)而不在于统治者，特别是皇室统治者，如哈布斯堡家族(Habsburgs，1282—1918)，这对国家的“自决”思想产生了关键的影响。“在19世纪和20世纪，在国家政治中民族自决逐渐处于支配地位，这威胁着那些被认为拒绝民族(nations，即用语言、种族和文化联系来界定的人群)成为主权国家权利的帝国体系。法国革命的第二个影响来自主要欧洲强国对它的反应。拿破仑战败后，处于领导地位的国家作为大国俱乐部逐渐远离小国家。这种称作‘欧洲俱乐部’

---

① BONIFACE P, LEPRI C. 50 Idées reçues sur les états-unis[M]. Paris: Hachette, 2008: 78.

(Concert of Europe)的体系一直延续到第一次世界大战。它的特征是:俱乐部定期开会,以维持欧洲力量的平衡,并在潜在的分裂性问题上达成共识……毫无疑问,这种俱乐部标志着一种由18世纪的自由参加的和高度非集中化的国际社会体系向更具管理性和等级体系的国际社会转变……第一次世界大战使欧洲俱乐部体系戛然而止。新的强国出现……小国家越来越不愿受大国俱乐部的支配……二者协商成立世界上第一个多目的、普遍的国际组织——国际联盟(League of Nations, 1919)。如果说19世纪欧洲的国际社会体现为强国俱乐部的集体霸权,那么国际联盟在两个方面明显地远离这种体系……首先,国际联盟基于一种新的集体安全原则,而不是基于力量平衡原则。这里的中心概念是所有国家联合起来对抗任何侵略行为……其次,国际联盟成员来自世界范围,而非仅仅是欧洲……不过这种国际体系仍牢固地建立于主权原则基础之上,因此仍旧依赖主要国家间的力量平衡。一战后的现实情况是:美国拒绝加入国际联盟,追求一种对欧洲关系的不介入政策。到20世纪30年代,四个主要成员国德国、意大利、日本、苏联,这些国家的政府都具有极端意识形态和扩张倾向,威胁着其他大国的利益。”①国际社会中的“力量制衡”原则一直延续到冷战的结束,甚至现在。

当代国际社会建立在国家(State)的概念之上。作为一个独立的行动者,国家享有对其他非国家行动者至高无上的权力。这种逻辑的第一个必然结果意味着所有国家在法律上是平等的,因为任何其他系统都是有等级的、霸权的或帝国的。第二个必然结果是外部力量对国家内部事务的非干预原则,因为外部干预者承认介入权利意味着自己也给其他行动者较高的权利。当代国际社会中的国际政治基本上有以下关键特征:出现了主权和非干涉原则,外交机构、权力的平衡和国际法;在拿破仑战争之后,欧洲国际社会转向了一个更具管理性和等级体系的国际社会,欧洲与世界其他地区结成了一种帝国结构关系;20世纪初的国际联盟试图为国际社会提供一个安全的组织基础:国际联盟;联合国试图成为一个更好的国际联盟,但冷战使这样的努力搁浅;去殖民运动导致了欧洲式国际社会模式(彼此承认,不干涉,外交,共同的国际法)的传播;苏联的解体和冷战的结束促使了这种过

---

① BAYLIS J, SMITH S, OWENS P. The globalization of world politics: an introduction to international relations [M]. 5th ed. Oxford: Oxford University Press, 2011: 44-45.

程的结果。① 到了20世纪80年代中期,随着作为经济领域中革命现象的跨国公司的出现与扩张,世界经济越来越被整合在一起。② 自冷战结束以来,全球化更是成了国际经济事务和政治事务最显著的特征,③"所有国家,如果它的规则和实践远离国际规范,就倾向于被边缘化,尤其是,国际投资者就会避开它;因此,国家彼此竞争以提供最有利的规则和能够整合这种要求的法律(企业法律、金融政策、社会保险等)。"④国内与国际层面上的国家、社会、市场、不同行动者的互动构成了一幅哈特意义上的"帝国"图景。

## 五、西方的发现时代和三次运动对现代国家的影响

从15世纪早期到17世纪早期,西欧人对世界进行了探索和殖民,并与其他地区建立了广泛的联系(如美洲、非洲、亚洲等),同时也展开了人类学意义上国际移民传播。这个时期在西方被称作"发现时代"。这个时代与欧洲文艺复兴相并行,并与文艺复兴(14—17世纪)、宗教改革(16—17世纪)和启蒙运动(18世纪)一起,促进了欧美社会(如市民社会)政治(如西方民主)、经济(如市场经济)和文化现代性(如普遍性基础上的普世文化)过程的启动。

15世纪以后,欧洲所经历的社会、政治、经济以及文化上的变迁使欧洲成了现代社会的典型。"从15世纪起,欧洲的走向自然、坚定而又明朗。从此时起,或先后或同时发生的五个方面的大事,使欧洲的西部完成了近代社会的发展进程,其影响也辐射到东部和大西洋彼岸。这五件大事就是:第一,地理大发现,突破了古代地理分割的观念;第二,文艺复兴,人文主义回归和大发展,取代了中世纪的神本主义;第三,宗教革命,诱发了社会的思想解放;第四,启蒙运动,确立了理性主义的宇宙观和方法论;第五,实证科学,使西欧社会的进步建立在科学发现和科学思维的基础之上。这五个方面的社会表现,一见于资产阶级的政治革命,再见于产业革命。政治革命体现了

---

① BAYLIS J, SMITH S, OWENS P. The globalization of world politics: an introduction to international relations [M]. 5th ed. Oxford: Oxford University Press, 2011: 45.

② GILPIN R. Global political economy: understanding the international economic order [M]. Princeton: Princeton University Press, 2001: 4.

③ GILPIN R. Global political economy: understanding the international economic order [M]. Princeton: Princeton University Press, 2001: 3.

④ DEFARGES P M. L'ordre monidal [M]. Paris: Armand Colin, 2008: 21.

从培根、霍布斯、洛克、孟德斯鸠、卢梭等人的政治哲学开始,尔后导向资产阶级的民主制度。产业革命则是在物质文明上体现了以科技为先导的前工业化特征,并随后把西欧推向‘发明的世纪’和工业化道路。”①尤其是欧洲的启蒙运动,在政治、经济、文化、社会等方面引发了一系列的革命。

学者萨费罗夫斯基(Milan Zafirovski)把启蒙运动对现代社会的影响进行了总结:第一,作为“文化革命”的启蒙运动“代表着西方文明中的文化或精神革命的典型范式……启蒙运动是被韦伯称作西方文化理性主义或整个文化与社会中理性化过程的东西的主要源泉”②;第二,作为科学、知识与教育革命的启蒙运动“构成了西方与其他文化在科学、技术和知识方面的典型的‘哥白尼革命’(Copernican revolution)”③;第三,作为代理政治革命的启蒙运动“是一种广义的政治革命……通过破坏旧的与创建新的政治结构实现了‘创造性的破坏’”④;第四,作为公民革命(civic revolution)的启蒙运动“构成了总体上所谓的‘哥白尼革命’,并对市民社会实施了创造性破坏……尤其,启蒙运动以在思想上史前启蒙时期市民社会,尤其是上帝之城(Civitas Dei),失去合法性形式实现了这种破坏过程”⑤;第五,作为代理经济革命的启蒙运动,“通过其革命的或革新的现代经济概念,特别是与文化、政治和公民革命相关联并彼此强化的资本主义和自由市场概念,启蒙运动也成了一种代理的经济革命”⑥。

欧洲的宗教改革、文艺复兴、启蒙运动促进了工业化的发展,引起了社会生活的“世俗化”,也就是象征性意义开始让位于物质性意义,象征性逐渐失去了中世纪前所拥有的地位。法兰克福学派对大众文化的批判不仅说明了主体的工具化和消解,也说明了实证知识(positive knowledge)把主体变成了奴隶。伴随着象征意义消解的是社会的工业化和现代化——用哲学话语说,就是“理性的合理化”过程。“在19世纪,社会开始快速地从‘襁褓’中挣脱出来,因为日常生活的意识形态和物质环境正经历着人类历史上最大和最快的变迁。在意识形态层面上,法国大革命的口号‘自由、平等和博爱’对

① 陈乐民,周弘. 欧洲文明扩张史[M].上海:东方出版中心,1999:9.
② ZAFIROVSKI M.The enlightenment and its effects on modern society[M]. Berlin:Springer, 2011:107.
③ ZAFIROVSKI M.The enlightenment and its effects on modern society[M]. Berlin:Springer, 2011:150.
④ ZAFIROVSKI M.The enlightenment and its effects on modern society[M]. Berlin:Springer, 2011:169.
⑤ ZAFIROVSKI M.The enlightenment and its effects on modern society[M]. Berlin:Springer, 2011:225.
⑥ ZAFIROVSKI M.The enlightenment and its effects on modern society[M]. Berlin:Springer, 2011:265.

欧洲秩序提出了根本性的挑战。在一千多年里,这种秩序建立在深刻的阶级间的政治、社会、文化和经济的区隔和不平等基础之上,这些区隔和不平等使'平等'和'博爱'成了不可想象的概念,它们把任何的'自由'或权利几乎毫无保留地留给皇室和贵族。"①在沃勒斯坦看来,"法国大革命是现代世界体系意识形态历史上的文化分水岭,它使人们普遍接受了这样的观念:在文字的规范和统计意义上,社会是变迁的,而不是静止的。这就提出了下面的问题,如何去调节、加速或减缓,甚至影响社会变迁或演化的正常过程"②。

传播学是舶来品,理解国际传播,必须要理解传播学产生的历史背景。从西方的宏观精神框架来看,传播学科的合法性建立在"一个文明,两种文化"基础之上。一个文明即基督教文明,两种文化即欧美的启蒙文化和商业文化。在传播学的视角下,两次世界大战成了这种文化比较和转移的分水岭。

## 六、民族(Nation)与国家(State)

一提到国际传播,我们就要面对"国际的"(international)一词,这意味着"国家间或民族间的"(between nations)。这里的"国家或民族"(nation)来自拉丁语 *nātio*, 意为出生、人群、品种或阶层。Nation 的意义颇多,广义上包括 state, country,种族等。不过,当作为"NATION"的国家与出生联系在一起时,其更多指向一个共享集体记忆和想象的共同体,这也与文化联系在一起。关于 NATION 的界定很多,但在"共享记忆"方面是一致的。如,英国伦敦经济学院著名的民族和民族主义研究学者安东尼·史密斯(Anthony D. Smith)在《民族身份》(*National Identity*, 1991)中把 nation 界定为"共享历史地域、共同神话和历史记忆的一群人,一种公共文化,一种所有成员共享的经济、法律权利和义务"③;后来他又在《什么是国家》(*When is a Nation*, 2002)中又把 nation 界定为"共享历史地域,共享神话和记忆,共享公共文化、法律和习惯的群体"④。英国的民族主义和国际关系研究学者本尼迪克

---

① GOLDSTEIN R J.The public mind: political censorship in nineteenth-century Europe[M]. Westport: PRAEGER, 2000:2.

② WALLERSTEIN I. The essential wallerstein[M].New York:The New Press, 2000:137.

③ SMITH A D. National identity[M]. London:Penguin,1991:14.

④ SMITH A D.When is a nation[J]. Geopolitics, 2002,7(2):15.

特·安德森(Benedict Anderson)在《想象的共同体》中从人类学观点出发把NATION界定为“具有内在限制和主权的想象的政治共同体”①。

作为国家的STATE来自拉丁语status,指条件(conditions)和境况(circumstances),该词又与印欧语词根sta-联系在一起,意为建立、树立、维持等。STATE和NATION一样有很多界定,没有统一的说法。但阿根廷政治学家奥唐纳(Guillermo O' Donnell,1936—2011)对二者的界定和区分极具说服力,并成功地用这两个词来解释拉美的现代性演变状况,这启发了关于其他国家(尤其发展中国家)社会变迁的阐释。在奥唐纳那里,作为State的国家意味着一套制度机构和社会关系,它们通常渗透并控制着一定的人群以及在地理位置上限制此套制度机构的地域。② 此处的State包含三个维度:国家是一套官僚机构,国家也是一套决定诸多社会关系的法律体系,国家还是所有具体国民的集体身份焦点。③ 这三个维度在不同的地区的表现可能有所差别。而NATION则是一种团结性,一种政治和意识形态建构,其假定“我们”的存在,包含了超越其他身份和利益的忠诚。④ 简而言之,STATE更关注的是一套制度机构,而NATION则涉及一套集体记忆。一般情况下,NATION并不先于STATE而存在,后者通过创造前者而被强化。

不同的地区,对NATION和STATE的关系有着不同的理解。在《现代性的路径:拉美与欧美的比较研究》中,学者费尔南多·阿尔维斯(Fernando Lopez-Alves)对拉美和欧美的NATION和STATE间的关系进行了详细的对比,从中可看到奥唐纳对拉美现代性的认知。阿尔维斯指出拉美现代性有别于欧美现代性的特征,认为拉美对现代性概念的发展做出了贡献。⑤ 首先,拉美对与欧美的“民族国家”有关的机构模式进行了重新界定。他认为,“国家”和“民族”二者之间的联系常被忽略,大部分作品的注意力都集中在

① ANDERSON B. Comunidades imaginadas. Reflexiones sobre el origen y la difusión del nacionalismo [M]. México:Fondo de Cultura Económica, 1993:23.

② AAVV. La democracia en América Latina. Hacia una democracia de ciudadanas y ciudadanos[R]. Buenos Aires:Aguilar/ PNUD, 2004:12.

③ AAVV. La democracia en América Latina. Hacia una democracia de ciudadanas y ciudadanos[R]. Buenos Aires:Aguilar/ PNUD, 2004:13.

④ AAVV. La democracia en América Latina. Hacia una democracia de ciudadanas y ciudadanos[R]. Buenos Aires:Aguilar/ PNUD, 2004:18.

⑤ ALVES F L. Los caminos de la modernidad:comparando a Europa y Estados Unidos con América Latina [J].América Latina Hoy, 2011(57):55-56.

国家（STATE）上面，忽略了“民族”（NATION）。在拉美，国家制造了民族，民族是意识安排的结果；在欧洲，民族的建构过程往往与拉美相反。其次，民族国家（nation state）自建构开始，在拉美实行的是“一国一民族”政策。拉美的民族国家来自这样的模式：试图把民族的形成寄附在国家的形成之上。与欧洲和亚洲的经验不同，每个拉美国家（state）不一定统治单一的民族（nation）或诸多民族。随着欧洲现代民族主义的扩张，拉美相信主权民族（nacion soberana）应当由一个国家（state）来代表。也就是，一个民族群体应当有一系列的被称作“国家”的机构，这些机构在理论上应当代表他们的利益，这使民族和国家之间形成一种强有力的亲密关系。最后，对民族群体进行了概念创新，试图把成员联系在一起，并借助不同的人群的均质化来生产民族身份，从上到下来创造一致性。国家（state）通过强调相同的过去来界定了民族（nation）：如西班牙传统、独立战争及其英雄。尽管如此，权力精英坚定地展望未来而不是留恋过去。民族（nation）的未来成了想象和表述民族社区的重要元素之一。现代性也涉及想象的生产和发展，这与拉美的民族（nation）紧密联系在一起。从费尔南多·阿尔维斯的分析我们可以看到，NATION 先于或后于 STATE 的情况都存在，由此产生了不同现代性体制，也因此出现不同的发展状况，如拉美的基于多民族的国家具有一定的脆弱性，而欧美国家则具有稳固的特征。

## 七、全球化与全球传播

“国际的”“跨国的”“全球的”等属于概念思想史性质的问题，这是因为在这些概念或命名背后有一套权力利益的关系与一套价值理论体系。在方法论上，“全球的”相对“国际的”更具整体论（holistic）特色。“国际的”一词出现于 19 世纪，因英国在国际社会构型中的地位，而成了描述跨国活动的话语修辞。“跨国的”一词是 20 世纪五六十年代的跨国商业活动的产物，因跨国公司的商业与文化活动而具有跨边界的维度。“全球的”一词则是跨国公司的跨边界商业管理与经营的结果，因美国经济学家西奥多·李维特的《市场的全球化》文章而被普及开来。商品的全球化与多元化销售成了全球化的真实内涵，其中的行业逻辑成了描述人类跨边界活动的内在动力。特别是，自 20 世纪 80 年代以来，随着西方资本主义国家在诸多领域放松管制的行动，全球化得到了进一步的推进。“跨国的”“国际的”等概念不足以用来描述一个日渐复杂的全球化社会。在全球化社会中,所有的政治、经济与文化活动都被整合,所有的人类活动具有了"全球的"维度,全球化成了当今社会的大写"能指",成了人类活动的"铭文"与"注脚"。

全球化的推进使研究传播和国际传播愈来愈必要。传播不仅表达而且也组织着全球化运动,"它通过网络来增加与结构的相互链接以组织全球化运动……传播'表达着运动,控制着流动于这些传播链接中的想象的意义与流向,换句话,想象在传播机器的内部被疏通和引导'。在这种语境下,传播如同沟通全球化物质硬件与填充于这些网络的象征过程的导电棒"[①]。在全球化时代,所有以往这些社会与文明中的处于孤立自治的单位的活动者都发生了永久和广泛的互动。[②] 以经济全球化为显著特征的全球化逐渐扩展到文化、社会、政治等领域,并使它们的构成元素成了关注的对象。"'冷战的终结''世界新秩序''历史的终结''后现代社会的出现''历史的转折点'等词语,表明当今世界政治处于急剧变动的过程之中。国内以及国际政治、经济、社会生活的内容与意义正在发生着变化。'跨越国界的社会、政治和经济联系,决定性地制约着生活在国家内的人们的命运'。"[③]随着全球化的展开和传播技术的发展,时间和空间被压缩,社会、政治、经济和文化的关系被更改,世界化约成"地球村"。在全球化过程中,活动主体(个体、群体、国家)面临着在经济、政治、社会、文化、伦理等方面被重新界定的风险,重新界定意味着解构与结构、排斥与认可、非法与合法、中心化与边缘化、优势与劣势、选择与放弃、转移与接收。

**谈国际传播,不能不谈全球化。**每个时代都有自己的"流行词"支配大众的想象,全球化便是当代社会的"流行词",自 20 世纪 90 年代开始,这个词得到了广泛的辩论和应用。全球化成了一个大写的"能指"(Signifier),其"所指"(signified)指向社会、政治、经济、文化等多维度的全球化。据说"'全球化'概念——因为英语是世界的主流语言,所以其他语言的相关概念暂且不论——出现在 20 世纪 30 年代的《走向教育》(*Towards New Education*)一

---

① SEMATI M. New frontiers in international communication theory[M]. Lanham: Rowman & Littlefield Publishers, INC, 2004:258.

② LECLERC G. La mondialisation culturelle: les civilisations à l'épreuve[M]. Paris: Presses Universitaires de France, 2000:322.

③ 星野昭吉. 全球政治学:全球化进程中的变动、冲突、治理与和平[M].刘小林,张胜军,译. 北京:新华出版社,2000:1.

书中，指相关教育中关于人类体验的整体论观点。在20世纪60年代，该词开始被经济学家和其他社会学家使用，在20世纪80年代进入主流媒体。"①也有人说："'全球化'出现在20世纪80年代早期，尤其是社会学家罗兰·罗宾逊（Roland Robertson）的笔下，指全球范围内关系的强化以及对世界形成一个整体的意识。随后，许多社会学家和人类学家［如安东尼·吉登斯、乌尔夫·翰纳兹（Ulf Hannerz）、乌尔希·贝克、齐格蒙特·鲍曼］通过思考不断增加的流动（flux）的重要性来进行全球范围内的社会研究，这些流动包括人员、经济与金融，尤其是信息和文化流动。这些流动使地方与全球的不平等活动成为可能。"②马尔科·姆沃特斯（Malcolm Waters）在自己的现代思想关键词的《全球化》一书中，认为"虽然'全球的'（global）一词已有400多年的历史，不过像'全球化'（globalization）、'使全球化'（globalize）和'具有全球化性'（globalizing）等概念只是在20世纪60年代才出现"③。学科中概念的起源往往是仁者见仁、智者见智，各有说辞，但问题的关键是如何从这些概念的后面找出相关话语与知识的生产逻辑，或"物之序"。

全球化的字面意思"就是'把地方现象变换成全球现象的过程……通过该过程，全球人民被联合到一个单一的社会中，并一起活动。虽然全球化概念通常聚焦于经济，如国家经济通过贸易、直接外资、资本流动、移民和技术扩散等方式被整合到国际经济当中，该过程涉及一个经济、技术、社会文化和政治力量的结合体"④。全球化是一个复杂的多层次概念和社会现象，它更多是主张一种地理事实：由于跨国资本/产品、信息/思想、人员等的流动的增加，世界上的人和地点的彼此联系变得更加广泛和紧密。⑤

为了描述全球化在历史发展过程中的继承性和某个时段的特征，有的学者把全球化的发展过程分成不同历史阶段，"公元前1200年—公元1000年的准备期""公元1000年、1500年和19世纪50年代的转折期""20世纪

---

① Wikipedia.Globalization［EB/OL］.［2012-01-07］.http://en.wikipedia.org/wiki/Globalization#cite_ref-oed_3-0.

② DUFOIX S. Les diasporas［M］.Paris:PUF, 2003:35.

③ WATERS M. Globalization［M］. 2nd ed. London:Routledge, 1995:2.

④ STEARNS P N. Globalization in world history［M］. London:Routledge, 2010:1.

⑤ KALB D. Localizing flows:power, paths, institutions, and networks［M］//KALB D, et al. The ends of globalization. Lanham:Rowman & Littlefield Publishers, INC. 2000:1.

40年代以来新全球化时期”。①不同的历史学者团体对全球化的历史都有自己不同的划分方法。约瑟夫·奈也曾指出，流行于20世纪90年代的“全球化”概念所指的现象并不是一个新的东西。用来描述彼此依赖网络状态的“全球性”（globalism）增加或减弱的“全球化”或“去全球化”（deglobalization）其实在经济、文化、军事、环境、社会和文化领域内早已有之，例如把欧亚“丝绸之路”称作“稀薄的全球化”（thin globalization），把现今的金融网络称作“厚实的全球化”（thick globalization）。② 随着当今社会全球化的发展，“全球性”也变得更加醇厚。“我们喜欢把全球性（globalism）看成一种具有古老根基的现象，把全球化看作现在或过去增加全球性（globalism）的过程。”③

当人们谈论全球化的时候，总是喜欢给全球化界定一个产生时间。实际上，以法国“认识论史学”的观点，通过对全球化过程的考古学研究，我们应当看到这是多种（政治、经济、文化、社会等）因素和条件彼此制约的相关话语产生的结果，而不是单纯地追溯到某个经济或文化因素启动全球化过程，关键是如何从认识论和方法论上，形成人类知识的积累、存贮和代谢。

**全球化的表象**。“人类活动时空的大范围压缩因运输、交通和生产成本的明显下降以及既定的组织跨边界流动的正式规则的改变而成为可能。”④如果从现象学角度分析，我们就可以看到政治、经济、社会文化等方面的现象。在经济视角下，全球范围的商业和金融流动加剧，特别是在20世纪80年代出现了大的跨国公司的国际化浪潮，这些跨国公司促进了经济领域不同行业间的结盟与融合，如电子、电信和航空等领域，同时出现了以商业自由为特征的诸多地区自由贸易协议，如“北美自由贸易协定”（ALENA）、“南美自由贸易协定”（Mercosur）、亚太经合组织（APEC）等。除此之外，因信息传播技术的发展，信息代替物质成为推进社会发展的原材料，并促进了“知识经济”或“新经济”等新的经济形式的出现与发展。在政治现象视角下，在国际层面，表现为冷战的结束以及前社会主义国家的资本主义化；在国内层

① STEARNS.P N. Globalization in world history[M]. London:Routledge, 2010:5.

② NYE J. Globalism versus globalization [EB/OL]. (2002-04-15) [2012-11-07]. http://www.theglobalist.com/printStoryId.aspx? StoryId=2392.

③ KEOHANE R O, NYE J. Globalization:what's new ? what's not? (and so what?)[J].Foreign Policy, 2000(118):108.

④ O'LOUGHLIN J, et al. Globalization and its outcomes[M].New York:The Guilford Press, 2004:3.

面,面对全球化的激烈竞争,福利国家解体,国家的性质面临修正。在社会文化视角下,由于信息传播技术的发展,卫星、互联网、有线电视等使信息的快速流动成为可能,文化的全球化表现出了一种以美国模式为蓝本的"世界文化"的特征,好莱坞电影、耐克、麦当劳、可口可乐等商标成了这种文化的注脚。

全球化深深地影响着世界范围内的人民的生活,是一系列资本、技术、人员、产品和信息在继承下来的政治边界地图上无情移动的过程。通过这些过程,基于远距离和时间不断压缩框架的社会间的相互依赖被强化。特别是,在全球化过程中"思想意识形态也穿越国界。尤其是近年来,形塑自由资本主义的思想意识形态的影响不断增强,这些意识形态规范的广泛接受对许多社会与经济政策的形式产生了影响。例如,很多社会通过放松管制、自由化和开放民族经济来减小政府在经济中的作用。尽管在 2003 年中期以前因全球经济危机使这种意识形态的回缩,但自由资本主义的核心观念仍将继续引导美国政府与其代理机构以及它所主导的国际金融机构(如世界货币基金组织 IBM 和世界银行 World Bank)的行动。在 1989 年至 1991 年共产主义遭受挫折以后,我们看到了两个明显的趋势:没有合适的不同于'华盛顿共识'的另类选择以及历届美国政府渴望向全球推行西方民主"①。全球化过程于是成了意识形态的中介化(mediation)过程。

**全球化的学理。**马尔科·姆沃特斯(Malcolm Waters)在自己的《全球化》一书中,通过对诸多有关全球化理论的分析和总结,把关于全球化的认识分成三个维度:经济维度、政治维度和文化维度。在他看来,卡尔·马克思是全球化理论经济维度的开创者,"如果我们把圣西门和孔德的具有浪漫主义特征的国际主义理想放在一边,在上边提及的所有的理论家中第一个投身于全球化理论的就是马克思。他的理论表明了全球化过程的经济维度……一种经济逻辑(资本积累、适应升级、技术必要性)推动着全球化过程,不过只是在经济系统的去地域化层面上"②。诸多思想者的理论支持这种认识,如马克思主义化的依附理论、世界体系理论以及功能主义的现代化理论与融合理论(convergence theory)。"全球化具有政治维度的发现最早出

---

① O'LOUGHLIN J, et al. Globalization and its outcomes[M].New York:The Guilford Press, 2004:10.

② WATERS M. Globalization, [M].2nd ed. London:Routledge, 1995:10-11.

现在伯尔顿(Burton,1972)、基欧汉和奈(Keohane andu Nye,1973)以及罗斯诺(Rosenau,1980)年的作品中。这些政治学家注意到,政治行为越来越不局限于民族国家的领域内,一个跨国家的联系网络正相伴而生。"[①]这些理论或强调国家主权相对全球化而逐渐削弱,或预言将产生一种全球治理系统,在这里民族国家、主权、国家性质、治理的有效性、边界、公民、民主、政治控制、国家功能等成了讨论的主题词。

在沃特斯那里,常被人们批判为传播技术决定论者的加拿大传播学者马歇尔·麦克卢汉(Marshall McLuhan,1911—1980)成了全球化文化维度的发轫者,"结构功能主义者和马克思的变迁理论对物质性问题的关注导致了对全球化文化维度的忽视。不过,文化可能是最成功的和流行的有关全球化的描述——麦克卢汉的重要的意象性陈述'地球村'——的焦点。麦克卢汉可能第一个注意到,'工业媒介'、交通和金钱正在被电子媒介所取代,电子媒介能够在全球范围内恢复氏族性(tribalism)集体文化"[②]。在全球化的背景下,文化帝国主义、依附、杂交、融合、主动解读、被动接受、异质化、均质化、麦当劳化等成了文化全球化的关键词。

**对全球化的评估**。美国经济学家西奥多·李维特(Theodore Levitt,1925—2006)在1983年发明的"全球化"概念,实际上是企业全球化发展的辩护词和倡议书。在他看来,"技术和全球化是塑造世界的两个动力。技术决定人的喜好,全球化则决定现实"[③]。"李维特提出'普遍标准',即'全球标准的同质化'。在这个大前提下,世界范围内的传播成为从中心区域向非中心区域的生产和消费的扩散和过程。跨国公司首先要突破民族—国家内部的传播制度功能,打开一个世界范围的统一市场,并在这个过程中以全球化的技术和管理对市场进行分切与分节,因此导致传播的管理模式演变为社会管理的技术。"[④]

全球化在认识论上是"去地域化"和"再地域化"的辩证过程,而且在关于此过程的价值判断上也存在着"善恶"二元论。如英国的社会学家鲍曼所描述:"全球化既联合又分化。它的分化不亚于它的联合——分化的原因与

---

① WATERS M. Globalization, [M].2nd ed. London:Routledge, 1995:12.

② WATERS M. Globalization, [M].2nd ed. London:Routledge, 1995:12.

③ LEVITT T. The Globalization of markets[J]. Harvard business review, 1983(5-6):92-102.

④ 陈卫星.以传播的名义[M].北京:北京广播学院出版,2004:221.

促进全球划一的原因相似。在出现全球范围的商务、金融、贸易和信息流动的同时,还存在一个本土化的、固定空间的过程。在它们之间,这两大紧密相连的过程将全部人口的生存状况与每一部分人口的各阶层的生存状况截然地区别开来。对某些人看上去是全球化的东西,对另一些人则意味着本土化。对某些人来说全球化标志着一种新的自由,而对许多其他人而言,它则是残酷的飞来横祸。"①全球化既是一个支配(domination)的过程,同时又是一个解放(emancipation)的过程。

**传播的全球化**。研究者的观点不同,关于传播全球化起源的认识也存在差异,这主要表现在国际传播研究中有狭义的和广义的两种认识。在狭义认识方面,传播的全球化是与大众传播媒介联系在一起的,新的传播媒介成了传播全球化的革命性动力,如约翰·汤普森(John B. Thompson)的理论;在广义的传播学观点看来,传播的全球化来自人类不同想象的跨边界空间构建,如阿芒·马特拉。在约翰·汤普森那里,传播全球化是大众媒介推动的结果,其来自三种主要的动力。② 首先是连接欧洲与世界其他地区的水下电缆使电报成了挖掘电力传播潜力的最早传播媒介。19 世纪后半期发展起来的水下电缆网络成了最早的全球传播系统,从此信息传递与耗时的交通传递脱离。其次是国际新闻社与其他全球新闻社和记者合作来收集新闻,如 19 世纪的沃尔夫、哈瓦斯、路透社等国际新闻社,实现了新闻的跨边界传播。这些早期新闻社所签署的"三边四社"协议(1870)实现对全球的新闻传播的垄断与分割。最后,电磁波技术在国际传播中发挥着极其重要的作用,使新闻能够远距离、不受地理条件限制地传播,同时还出现了管理世界频率空间的国际组织。新的传播技术与相关的国际组织一起推进了传播的全球化。而法国的传播学家阿芒·马特拉则从福柯的系谱学和考古学方法出发,认为传播的国际化是两种普遍主义——启蒙运动与经济自由主义的产物。这两种普遍主义构建了两种不同的世界空间想象:一是革命乌托邦之"伟大的民主共和国",另一个是古典经济学的"普世的商业共和国"。实际上,这两种想象成了传播学围绕并借以构建传播议题的宏大理论参照。

---

① 鲍曼.全球化:人类的后果[M].郭国良,徐建华,译. 北京:商务印书馆,2011:2.

② THOMPSON J B. The globalization of communication[M]//HELED D, McGREW A. The global transformations reader:an introduction to the globalization debate. 2nd ed.London:Polity Press, 2005:247-251.

从现代的观点来看,“传播的全球化经历了三个阶段。第一阶段与16至18世纪间的地域征服联系在一起;第二阶段位于18世纪至20世纪之间,与世界的物理开发联系在一起,这种开发的依据是假定这个世界是‘无限的’;第三个阶段就是我们正经历的阶段,它使我们面对着一个事实:世界是有限的、脆弱的,人群之间、文化之间的共存问题从此以后占据了主导地位”①。“特别是在过去的200年中,社会变动空间上全球化的扩展进程,导致了社会生活上的变动。所有社会活动,如安全、通信、生态问题、贸易、交流、意识形态,等等,日益具有全球性特征,并超越了国家的控制范围。”②到目前为止,“政治生活、经济生活、社会文化生活(包括人类关系)及生态问题等四大领域均是全球性的,同时,这些领域依次受到世界社会状况直接或间接的影响。在民族国家的框架中,政治不能再对强大的国际力量或其他遥不可及的国家和地区里发生的事件施加影响。20世纪末,我们再不能把政治现象理解为简单的地方性或国内活动了”③。绝大部分人都浸泡在信息的全球化中,与外部世界的关系直接成了所有体验的组成部分。④

文化是理解全球化传播的关键因素,是国际传播活动的“守望者”。随着社会的发展,文化与传播的意义发生了变迁。“文化总是有两个维度:与文化遗产相联系的身份,目的在于维持自己的根;与历史相联系的开放,目的在于思考当代世界。仅仅在一个世纪内,两个维度间的比例就发生了变化。今天,开放维度是这样的,它的规模是如此之大,并增值如此地快——这在重视过去无视当下的现代性意识形态中清晰可辨——以至于人们期待一种身份问题意识的回归,但很明显,它不再具有一个世纪前的意义。”⑤“全球化时代的传播特征是用消灭时间差距的传播手段把世界压缩为一个没有地方性的平面,用一个时间来代替多个时间。由于传播权力分配的不平等,掌握着世界性传播网络资源的发达国家和地区的时间成为传播当中的世界

① WOLTON D.L' autre mondialisation[M]. Paris:Flammarion, 2003:18.

② 星野昭吉.全球政治学:全球化进程中的变动、冲突、治理与和平[M].刘小林,张胜军,译.北京:新华出版社,2000:25.

③ 星野昭吉.全球政治学:全球化进程中的变动、冲突、治理与和平[M].刘小林,张胜军,译.北京:新华出版社,2000:27.

④ WOLTON D. L' autre mondialisation[M]. Paris:Flammarion, 2003:47.

⑤ WOLTON D. L' autre mondialisation[M]. Paris:Flammarion, 2003:31-32.

时间,在某种意义上也就等于取消了其他文化的存在。"①全球化意味着不能说抱歉。总体上,全球化是一个辩证的过程,排斥与吸收的过程,国际传播的发展趋势在于建立一个合理的国际传播新秩序。

传播的全球化虽不拘泥于媒介,但离不开媒介。"媒介对所有形式的全球化都至关重要,这种重要性体现在三个维度。首先,媒介构成了技术与服务的传送平台,通过该平台,国际流动才得以进行。其次,媒介工业成了推动全球扩张与整合的首要力量。最后,媒介为世界提供了内容与影响,并赋予远方所发生事件的意义。媒介成为全球化关键,部分原因在于传播技术的应用,它们使信息与意义的国际分配成为可能,同时也削弱了把民族锚固在民族国家与民族共同体之上的文化联结。"②媒介必须看作一个与生产、权力和意义等不同系统组织相关的制度。

## 八、现代性概念及其方案

在社会人文学科中,我们经常遇到一系列与"现代"有关的词语:现代的、现代化、现代性与后现代性。由于大多数的文献都以现象学方法描述,我们难于把握其中的含义。要想厘清这些概念的含义,我们必须追溯到西方史学家关于人类历史时间结构或周期性的划分。通常,西方史学家(尤其拉丁语系)把人类历史划分为四个阶段:古代、中世纪、现代和当代。我们常说的"现代性"就来自这种划分。一般地,古代指西罗马帝国灭亡(5 世纪)前的时期;中世纪指从西罗马帝国(5 世纪)灭亡到东西罗马帝国(15 世纪)灭亡这段时期,是神学占主导地位的时期;现代指从 15 世纪到 18 世纪这段时期,相伴随的是古登堡印刷机的发明(1450)、美洲的发现(1492)、《威斯特伐利亚和约》的签订(1648)、英国的资产阶级革命(1640—1689)、法国大革命(1789—1799)、美国的独立革命(1775—1783)以及工业革命,涵盖了文艺复兴、宗教改革和启蒙运动;"当代"则指从 18 世纪法国大革命或美国独立革命到当下这段时期。如果从"认识型"出发,在古代、中世纪和现代阶段的认识型中,分别有某个主题占据它们思想的主导地位:古代希腊的自然与体格;中世纪的上帝观念以及现代的人文主义。

---

① 陈卫星.以传播的名义[M].北京:北京广播学院出版,2004:223.

② FLEW P. New media:an introduction[M].Oxford:Oxford University Press, 2002:200.

现代性(modernity)概念来自形容词“现代的”(modern),其词根为拉丁语 modernus,意为“最近”或“目前”。据说,“现代的”一词自 14 世纪末开始被系统地使用,用来指一种新的笃信形式和一种新的哲理探讨形式。① 根据《牛津百科全书字典》,现代性一词在 1627 年进入英语语言,被用来表示“当下”;而法语中的现代性一词则首次于 1822 年出现在巴尔扎克的文学批判中,以表达“文学作品中的现代的东西”②。在这里,现代表示的更多是一种“被更新的”东西:“现代性既不是一个社会学概念,也不是一个政治概念,更不是一个历史概念,而是一种与传统形式相对的特有的文明形式,即反对以往所有的传统文化。”③但随着社会的发展,“解放”“进步”“自治”“启蒙”等概念与现代性联系在一起。

何为现代性?无论是盎格鲁-撒克逊的英文词典还是拉丁语系语言的词典,都把“现代性描述为‘现代化’(即使某物成为现代的操作过程)的一系列特征”,其假定了某种社会形态的断裂和一种新的思想氛围的出现。也就是说,“现代性”是作为一种历史过程出现的,这包含两个方面:作为全面发展的现代性和作为历史断裂的现代性。④

作为全面发展的现代性。整体而言,现代性是一个宏大的历史变迁的结果,也就是说,“现代性”的形成和巩固是经过几个世纪的复杂过程才完成的,是知识、技术、财富、行动及媒介积累的结果。在此过程中出现了新的阶层、意识形态和新的制度机构,并在与封建社会的对抗和斗争环境中不断巩固和发展。这个过程有别于以往的历史阶段,涉及人类社会的各个方面:社会、政治、经济、文化等因素相互交叉,彼此影响,构建了不同于封建社会的现代资本主义社会,并形成了一种崭新的政治组织形式:民族国家。

作为历史断裂的现代性。现代性意味着与以往社会阶段的断裂:前资本主义阶段是农业社会,自然经济、物品的使用价值和具体而多样的产品受到重视;这时的社会是封闭且孤立的,传播和交通工具的稀有造就了很多的文化差异,同时人与人之间的关系多是私人的和直接的,社会具有高度的等

---

① GUILLAUD F.La modernité:crise d'adolescence de l'humanité ?[J].Le Philosophoire, février 2005(25):80.

② REY A. Dictionnaire historique de la langue française[M].Paris:Dictionnaire Robert, 1995:1258.

③ BAUDRILLARD J, et al. Modernité[EB/OL].[2016-04-25]. https://www.universalis.fr/encyclopedie/modernite/

④ REVUELTAS A. Modernidad y mundialidad[J].Estudios,1990(23):120-121.

级体系特征，绝对而神性的权力是这种社会的合法性基础。随着进入现代阶段，资本主义生产方式颠覆了以往社会的存在形态：产品变成了具有交换价值的商品、自然经济逐渐让位商品经济、农业社会逐渐被工业化和城市化、宗教权威让位世俗权威、合理性成了社会—政治合法性的依据，被具体化为国家（state）的权力逐渐由制度和宪法来决定，不再具有个人特征。总体而言，向现代的过渡体现为：一切由具体走向抽象、从透明走向不透明、从直接走向间接、从差异走向均质化。

作为社会发展的智力方案，现代性更多与西方哲学的认识论结合在一起。在西方思想中，现代性体现了康德眼中的“启蒙”，即人摆脱了以往的愚昧状态而走向成熟，一种因理性能力而实现的“可完善”思想。理性是现代性的基础。[①]要认识理性，就要回归到法国哲学家勒内·笛卡尔（René Descartes，1596—1650）。他既是现代性哲学的奠基人，也是理性主义思想流派的奠基人。在笛卡尔的理性主义中，我们可以发现两个根本特征：理性的自治和新科学的出现。一方面，理性（Reason）成了构建知识的唯一且最高的原则；另一方面，数学成了建立思想秩序的典范模式。

首先，亚里士多德和经验哲学把规避错误看成获得真理的先决条件，[②]而笛卡尔的理性主义则认为人拥有认识真理的能力，也就是，理性是能把人类带向真理的唯一的东西，是普遍的、唯一的和客观的。理性的自然能力和运作足以使人认识所有可以认识的东西，理性成了认识的动力和向导，人们之间观点的差别只不过是对“理性”的不同运用。其次，借助理性主义认识论来塑造认识秩序的方法是数学模式。数学观念被挪用到日常生活、行动思维以及把我们界定为“人”并与动物区分开来的操作中。

理性主义的认识方案是对理性及其功能的正确运用，其相信人的思维能力能使人远离自己的情感，并把人导向对复杂的人及其环境的认识。理性主义的认识理论成了现代哲学的基础，也是西方思想思考政治、经济、社会、文化等现象乃至全球化的智力依据。不过随着两次世界大战的爆发，这种普遍的、唯一的、客观的和绝对的能力受到质疑，人的这种“绝对理性”论走向了“有限理性”论，随之而来的是思想认识论的转向：从现代过渡到后现

---

① REVUELTAS A. Modernidad y mundialidad[J].Estudios，1990(23)：122.

② 李建生.亚里士多德“符合”说真理观[J].新疆师范大学学报（哲学社会科学版），1996(3)：7.

代、从结构主义走向后结构主义，微观叙事取代宏大叙事，成了日常生活意义的生产模式。

## 九、国际传播中的现代性

西方思想中的现代性有两个特征：首先，现代性是全面积累的结果，即“现代性”是技术、知识、工具、阶级、意识形态、制度结构等长期发展的结果；其次，现代性具有扩张特征，这种起源于西欧的现代化过程最后以殖民主义的形式被扩展到全世界。[①] 高度凝聚“现代性”智力方案的启蒙运动，强化了欧洲文化在全球传播的权威性，把西方的科学和合理性看成是现代意识的唯一的可能路径，认为欧洲的现代社会制度与机构为人类社会创造了比以往任何时代多得多的机会。[②]

在国际传播理论中，现代性更多被看成一种制度话语而不是一种时间，其具有把现代社会制度机构与以往传统社会秩序区分开来的特征。现代性一词用来表述现代社会中不同动力间的张力，其暗含着社会不断自我更新的过程。[③] 理解国际传播需要联系人类学意义上的文化，人类学意义上文化意味着传统与价值观体系。作为现代性的后果，时空的分离与压缩体现了普遍性与特殊性间的地位转换与嬗变，普遍性因“脱地域化”和“再地域化”而具有了普遍性特征，反之亦然。国际传播中的现代性往往与欧洲中心主义、发展、现代化、社会变迁和线性化传播（更准确地说扩散）联系在一起，更多体现为作为社会组织方式和经济管理模式的资本主义在全球的扩张。

另外，现代性是一种欧洲叙事，反映了欧洲社会的变迁与价值观念和传统。现代性观念的产生基础是欧洲的文艺复兴，其借助对时间与空间的双重殖民实现了所谓的现代性：对时间的殖民体现于欧洲自身传统的产生，对空间的殖民体现于非欧洲传统的发明，这些非欧洲世界与欧洲共存在 1500 年以前的时间里。[④] 伴随着基督教神学和文艺复兴世俗人文主义的传播，18

---

① REVUELTAS A. Modernidad y mundialidad[J].Estudios, invierno, 1990(23):121.

② ASHCROFT B. et al. Post-colonial studies:the key concepts[M].London:Routledge, 2007:130.

③ DELANTY G.Modernity[M]//RITZER G. Encyclopedia of sociology. Hoboken:Blackwell Publishing Ltd., 2007:3068.

④ MIGNOLO W D. Coloniality:the darker side of modernity[M]//BREITWISSER S.Modernologies. contemporary artists researching modernity and modernism catalog of the exhibit at the museum of modern art. Barcelona, Spain. Barcelona:MACBA,2009:43.

世纪,随着英国和法国取代西班牙成了西方帝国主义/殖民扩张的领头羊,通过宗教皈依来实现救赎的观念转变成借助教化来实现的救赎。第二次世界大战以后,这种救赎呈现出了新的面孔,美国取代英国和法国成了西方世界的政治经济秩序中心,“发展与现代化”成了新的全球救赎方案的关键词,这种借助发展实现的救赎所带来的后果就是今天的“全球化和自由贸易”。①

在国际传播过程中,现代性的传播意味着借助皈依、进步、发展、现代化等实现一套价值体系的挪用或移植,实现超越社会的发展状态,从欠发达社会走向发达社会。在一定程度上,现代性成了救赎与进步的同义词,传播成了文明的使者。现代性体现了一个历史过程,在此过程中,欧洲开始了自己的霸权历程,其中资本主义是现代性概念的本质。② 资本主义的“社会组织与生活方式”随着欧洲经济的扩张被传播到世界的各个角落。在这种传播的过程中,帝国主义或殖民主义概念被提上了议事日程,其中帝国主义的殖民统治逻辑结构构成了“殖民性”的内涵,隐藏在西班牙、荷兰、英国、法国、美国等帝国对世界政治经济秩序的控制中,如16世纪和17世纪西班牙的控制,19世纪到第二次世界大战时期英国的控制,以及后来美国的控制。这种殖民的逻辑,换句话说,殖民性的逻辑在人类体验的四个层面上来进行:“第一,在经济层面上,占有土地,剥削劳动力,并实行金融控制;第二,在政治层面上,实施权力控制;第三,在社会层面上,对性别实施控制;第四,在认知层面上,对知识和主体性进行控制……它们彼此交叉:对土地的占有和对劳动力的剥削与对金融、权力、性别、知识、主体性等的控制联系在一起。”③现代性和殖民性(coloniality)逻辑携手并进,二者是一枚硬币的两个面,同帝国主义和殖民主义一样:殖民性是现代性的组成部分,不存在没有殖民性的现代性,殖民性是最悲剧的现代性后果之一。④ 后现代性和另类现代性也摆脱不了殖民性,只不过是更换一种新的面孔来加以掩饰,现代性掩盖了殖民性的

① MIGNOLO W D. Coloniality:the darker side of modernity[M]//BREITWISSER S.Modernologies. contemporary artists researching modernity and modernism catalog of the exhibit at the museum of modern art. Barcelona, Spain. Barcelona:MACBA,2009:43.

② MIGNOLO W D. La idea de América Latina[M].Barcelona:Editorial Gedisa, 2007:18.

③ MIGNOLO W D. La idea de América Latina[M].Barcelona:Editorial Gedisa, 2007:36.

④ MIGNOLO W D. Coloniality:the darker side of modernity[M]//BREITWISSER S.Modernologies. contemporary artists researching modernity and modernism catalog of the exhibit at the museum of modern art. Barcelona, Spain. Barcelona:MACBA,2009:44.

逻辑。①

现代性和殖民性成了全球化过程的两个方面，如同硬币的两面，因此随着传统社会向现代社会的过渡，社会学中“文明”“进步”“现代化”“发展”等用来描述人类从一种社会状态进入另一种社会状态的词语具有了“否定的”特征，成了批判社会理论的组成部分。在传播学理论中，“文化帝国主义”“依附理论”“发展传播”“世界体系理论”等成了这种批判的具体表象。

## 十、传播的政治、经济与象征秩序

何谓秩序？“秩序可以被界定为一揽子或多或少相关而稳定的原则、规则和实践；这些规定被内化于相关的行动者之中（如个体、各种团体、国家等），其得以遵守的最终保障是一个惩罚体系。”②秩序来源于对现实威胁的反应。当遭遇“对真实的或想象的威胁的反应，它（秩序）就生产一个社会，并组织任务的分配，规定权力结构。该秩序注意通过礼节和仪式、教育和精英来保证自己的延续性”③。“所有秩序都旨在面对需求，从根本上说是面对安全。这涉及保证一种集体生活，既要抵抗外部的入侵，又要解决内部的紊乱。同时，所有秩序都具有特殊性，它们是从繁多而矛盾的数据的涡流中构建而来：当时的技术、传播系统、时空局限、文化和政治传统、时代精神等。”④从上面的描述中我们可以看到，秩序存在于对需求的分配。冷战世界体系可以从三种互动层次上来理解：国家关系、社会经济关系和意识形态关系。⑤同样，其中发生的传播和国际传播世界秩序也可从这三个角度去勾勒，即政治秩序、经济秩序和文化秩序。

**世界政治秩序**。对于国际秩序的划分，有多种类型。如《世界经济体系与战略年度报告》（*RAMSES*，简称拉姆斯报告）的合编者、法国政治大学教授菲利浦·莫罗·德法尔日（Philippe Moreau Defarges）在自己的专著《世界秩序》中，依据有关人的观念（如理性的或非理性的）及其与世界的关系，把国

① MIGNOLO W D. La idea de América Latina[M].Barcelona:Editorial Gedisa, 2007:164.

② DEFARGES P M. L'ordre mondial[M]. Paris:Armand Colin, 2008:10.

③ DEFARGES P M. L'ordre mondial[M]. Paris:Armand Colin, 2008:10-11.

④ DEFARGES P M. L'ordre mondial[M]. Paris:Armand Colin, 2008:11.

⑤ 星野昭吉.全球政治学:全球化进程中的变动、冲突、治理与和平[M].刘小林,张胜军,译.北京:新华出版社,2000:16.

际秩序分成三种模型：帝国秩序、平衡秩序、民主秩序。与此相对应有四个时期：从古代到大发现时期为帝国时期；从大发现时期到第一次世界大战，世界由欧洲列强统治；从第一次世界大战到苏联的解体（1991），欧洲平衡演变成东西平衡；东西对峙解体后，人类进入了一个追求全球秩序的不确定时期。① 在帝国秩序中，人被看作等级整体中的一个元素，秩序的破坏来自人对自己位置的不满，而在平衡秩序中，世界遵从丛林法则，力量的平衡是维持秩序的关键因素。在所谓的民主秩序（或法秩序）中，所有的国家从根本上是相同的，他们的差异（如肤色、文化等）是历史的偶然性造成的，对他们来说共性是次要的，秩序（无论国内或国际）的任务是保证多维度的充分表达。而且，作者还认为，在现实中，这三种秩序倾向结合在一起。德法尔日的分析从“对人的看法（观念）”出发，描绘了一幅“世界秩序”的地形图。

从国际政治的观点出发，传统思想认为，世界近代国际政治秩序形成于17世纪，在第一次世界大战爆发之前出现过三种模式的世界政治秩序。第一种模式，1618—1648年的欧洲30年战争的结果是形成了威斯特伐利亚秩序。《威斯特伐利亚和约》（1648）形成了民族国家主权平等的不干涉原则、“国际法”原理以及“均势”原则等一系列处理国际关系的准则，促进了外交学的进一步发展。② 第二种是维也纳秩序，它是拿破仑战争（1799—1815）的后果，战后的欧洲格局呈现出由英、俄、奥、普四国主宰的所谓“世界秩序”。维也纳会议提出了“正统原则”“干涉主义原则”，恢复了欧洲的封建制度，同时构建了帝国时代，加速了帝国主义殖民的全球化扩张。第三种就是凡尔赛秩序。在第一次世界大战（1914—1918）结束后，同盟国和协约国在巴黎凡尔赛宫签订合约，凡尔赛和约主要涉及战胜国家分赃和重新分配对国际事务的控制权。在雅尔塔会议（1945）上产生了新的国际秩序，这是美国和苏联主宰下的秩序，“雅尔塔体系本身就是冷战框架”③。第二次世界大战的直接结果是以欧洲为中心的国际政治体系变成了以美国和苏联为首的东、西方两大集团的对峙格局。温斯顿·丘吉尔的“铁幕演说”（1946）和哈里·杜鲁门（Harry S. Truman，1884—1972）的国情咨文（1947）先后从地理框

---

① DEFARGES P M. L'ordre mondial[M]. Paris: Armand Colin, 2008: 45.

② OPELLO W C, ROSOW S J. The nation-state and global order: a historical introduction to contemporary politics[M]. Boulder: Lynne Rienner, 1999: 70.

③ 罗斯福.罗斯福见闻秘录[M].上海：新群出版社，1974：51.

架和意识形态上为东西方阵营贴上了标签：自由制度和极权体制。在军事上双方成立了“北大西洋公约组织”（1949）和“华沙条约组织”（1955）。杜鲁门的国情咨文所宣示的“杜鲁门主义”是美国公开反对苏联的开始，也标志着冷战的开始。第四种是冷战后的多极化秩序。1991 年 12 月 25 日，随着克里姆林宫旗杆上的苏联国旗的落下和俄罗斯联邦的三色旗的升起，世界形势进入到后冷战时代。就在冷战结束后的一段时期，出现了多种不同的“世界秩序”的说法。首先是由英国作家 H.G.威尔斯作品《新世界秩序》（*The New World Order*）启发出现的“国际新秩序”。在威尔斯的作品中，他试图建构一个单一的世界政府，而现实的“新世界秩序”则试图构建一个意识形态和政治单极，即美国建立的世界新秩序，美国前总统 G.W.布什，法国政治家让-弗朗索瓦·科佩（Jean-François Copé），法国的多米尼克·斯特拉斯·卡恩（Dominique Strauss-Kahn）等成了建立世界新秩序呼吁者。同一时期还有美国的国家战略学者弗兰西斯·福山和布热津斯基的“全球帝国”论。为了超越竞争对手（如中国、俄罗斯等），布热津斯基建议美国与欧洲的英国、法国和德国紧密联合，构成对欧亚的控制秩序。① 但随着美国在 2000 年后连续遭遇挫折，“新的世界秩序”或“全球帝国”的秩序畅想难以圆梦。

随着冷战的结束，在地缘政治层面上，虽然某些国家政治制度发生了变更以及国际形势的格局重新分配，如东欧剧变和欧盟东扩，同时某些地区和国家的政权在不断巩固和国际地位在不断上升；在地缘经济层面上，“形成了真正意义上的全球统一市场”。国家和国际组织间呈现出合作和竞争的局面，特别是随着新兴经济体的出现和实力增强，世界格局走向了多极化。在前中国驻法大使吴建民看来，“国际关系中出现了两个令人瞩目的变化：一是战争在国际关系中的作用在下降……伊拉克和阿富汗战争表明，战争解决不了问题……二是把人类连接起来的因素在增加。一方面，国与国之间的相互依存度在加深；另一方面，人类面临的挑战是如此之严峻，诸如气候变化、恐怖主义、跨国犯罪、流行疾病”②。单极世界或孤立主义无法应对变化了的国际形势，不过软实力代替硬实力成了国家间博弈的重要手段。

“软实力”是美国战略学家约瑟夫·奈（Joseph Nye）的概念，“权力从

① BRZEZINSKI Z. The grand chessboard：American primacy and its geostrategic imperatives［M］. New York：Basic Books，1997.

② 吴建民.苏联解体二十年的思考［N］. 人民日报（海外版），2011-12-24（1）.

‘资本基质’(capital-rich)过渡到了‘信息基质’(information-rich)”[①]。“软实力”指塑造他人偏好的能力,其资源来自文化吸引、意识形态以及国际机构的规范能力,这与命令或强制他人去做自己想要的事情的硬实力截然不同。[②] 不过到目前为止,基本上仍旧是“一个世界/多个世界”的局面:一方面是具有全球化资本主义、全球化安全动力、一个全球政治体系(对很多国家来说,围绕着一个超级大国运转)和发展并稳固一种全球伦理特征的一个世界;另一方面地区与地区层面上的实践和分析越来越稳固地被设立为全球政治秩序结构的重要元素,我们正见证国际关系中多元地区体系的出现。[③]

**世界经济秩序**。法国历史学家费尔南·布罗代尔(Fernand Braudel,1902—1985)与伊曼纽·沃勒斯坦(Immanuel Maurice Wallerstein,1930—)提出了“经济世界”和“世界体系”秩序,二者都采用“长时段”和“短时段”社会学辩证时间观念描述自己的经济秩序。在布罗代尔看来,经济世界中的秩序是由地理原因造成的。[④] 沃勒斯坦所说的秩序是在国际劳动分工的基础上建立起来的。[⑤] 在布罗代尔那里,“一个经济世界可界定为由三部分组成的事实:(1)它有一个给定的地理空间,被用来解释它的变化范围;(2)经济世界常常有一个被支配城市的极或中心……此外,在一个经济世界中可以存在两个中心……(3)整个经济世界在连续的区域中进行分配。心脏区指围绕中心的地区……随后是中间过渡区,围绕心脏区。最后是大量的边缘区,它们在作为经济世界特点的劳动分工中处于依赖和从属的地位,不只是参与者”[⑥]。沃勒斯坦从布罗代尔的《菲利普二世时期的地中海和地中海世界》中吸收了“经济世界”(économie-monde)概念。[⑦] 并提出了自己的“世界体系”概念,用此概念表述世界范围内的经济秩序。“世界体系(système-monde)不是一个包括整个地球表面的体系,而是一个系统。在可以用内在因素解释的意义上,该系统构成了一个世界。大部分时间里,它所占有的区

---

① NYE J. Bound to lead:the changing nature of American power[M].New York:Basic Books,1990:164.

② NYE J. Bound to lead:the changing nature of American power[M].New York:Basic Books,1990:166.

③ HURRELL A.On global order:power, values, and the constitution of international society[M]. Oxford:Oxford University Press, 2007:239.

④ BRAUDEL F. La dynamique du capitalisme[M].Paris:Arthaud, 1985:87.

⑤ WALLERSTEIN I.The modern world-system:v1[M].New York:Academic Press, 1980.

⑥ BRAUDEL F. La dynamique du capitalisme[M]. Paris:Arthaud, 1985:84-87.

⑦ WALLERSTEIN I. Les économies-monde et leur histoire[J]. Le Débat, 2009(154):163.

域比整个地球面积小得多……到目前为止,只有两种类型的世界体系:帝国世界(empire-monde)和经济世界。帝国世界,如罗马帝国和中国汉朝时期的帝国,是一个重要的科层体系结构,具有一个政治中心,轴向劳动分工,但有很多文化。经济世界也具有轴向劳动分工的特征,但不存在单一的政治管理中心。现代经济世界是一个资本主义经济世界……历史上,曾出现过众多的经济世界,但都或早或晚地因内部的征服变成了帝国世界或解体。只有欧洲在16世纪创立的经济世界最终确立资本主义并生存下来。"①"边缘—中间地带—中心"成了这种经济世界的传播流动模式。"事实上,技术及其网络自19世纪初以来不断地扩大人间的差距。这就是布罗代尔和沃勒斯坦在经济世界和世界体系分析中要揭示的东西。这种不平等交换和世界体系的等级性成了分析经济、社会、文化间关系的必要数据。这种排斥逻辑就是现在'传播世界'概念试图考虑的东西,这个概念又把历史推到舞台的前面。"②经济世界或世界体系模式,成了国际传播政治经济学研究信息流动的主要参照框架。

**帝国政治经济秩序**。帝国秩序是一种去中心化的政治经济秩序形式,具有后现代的特征,这是麦克尔·哈特的思考结果。"帝国正在我们的眼前出现。在过去的几十年中,当殖民制度已被舍弃,苏联对资本主义世界的市场的障碍最终坍塌,我们已经见证了经济和文化方面交流的不可抗拒、不可扭转的全球化。伴随全球化市场和生产的全球流水线的形成,全球化的秩序、一种新的规则的逻辑和结构,简单地说,一种新的主权形式正在出现。帝国是一个政治对象,它有效地控制着这些全球交流。它是统治世界的最高权力。"③"最为明显的是,第一、第二、第三等三个世界的空间划分已显得过时,我们不断地发现,第一世界在第三世界当中,反之亦然。第二世界几乎无处不在。资本似乎面对着一个流畅的世界,或者说,是一个被新的、复杂的差异、同质、非疆域化、再疆域化的体制所限定的世界……帝国主义已经过去。没有哪个国家可以以欧洲的一些国家曾经有过的方式成为世界的领袖。"④"随着民族国家边界的消失,世界市场从民族国家施加的二元对立

① WALLERSTEIN I.Les économies-monde et leur histoire[J]. Le Débat, 2009(154):165.
② MATTELART A. Histoire de l'utopie planétaire[M]. Paris:Le Découverte, 2000:369.
③ 哈特,奈格里.帝国:全球化的政治秩序[M].杨建国,范一亭,译. 南京:江苏人民出版社,2003:1.
④ 哈特,奈格里.帝国:全球化的政治秩序[M].杨建国,范一亭,译. 南京:江苏人民出版社,2003:2-3.

中解放出来,并且在这种新的自由空间中出现了许多差异。这些差异当然不是自由地在国际空间中发生作用,而是被整合进包含高度分化的、动态的全球权力网络之中。"①帝国的"新的范式既是系统,又具有等级结构;规范的集中化构建以及意义深远的合法性的生产流布于世界空间。这种新范式首先被具体化为一种横向构合且具活力和柔性的系统结构……有人把这种情形称为'没有政府的治理',以此来指明它的结构逻辑。这种逻辑虽然不易被察觉,但往往越来越有效,把所有的行动者卷入整体的秩序之中……系统的整体性在全球秩序占据支配地位……发展出一种看似线性的和自然的、对行动者的整合……全球系统的发展就像是一个台机器的发展……机器似乎提前决定了整个社会空间中的权威和行动。每个运动是固定的,只能在系统本身寻找自己被指定的、按照等级关系被赋予的位置"②。哈特等眼中的世界政治经济秩序实际上是构建于民族国家边界弱化基础上的系统论,系统论的规范性来自一个全球化的生命—政治机器,作为福柯意义上柔性抑制的"规训社会"和德勒兹的"控制社会"成了哈特描述帝国中权力运作程序的理论参照:福柯的"监狱"装置演变成了后者的全球机器装置——"权力已伸展到社会结构的每一个神经末梢,伸展到社会发展的过程……权力已表现为一种控制,它伸展到民众的意识和肉体的最深处,同时也跨越社会关系的全部"③。不管是何种秩序,在以资本主义为核心和内容的全球化或现代性的内部,存在的是国际传播中作为"现代性"另一面的"殖民性"特征,只不过这种殖民性是对以往的现代性面孔下的殖民性的修正、重组、提升和超越,"后殖民性成了网络社会中殖民性的新形式"④。

**世界文化秩序**。文化秩序反映在关于文化(或文明)及其相互关系的认知中。在传统认识中,存在文明上的西方中心主义或欧洲中心主义,并由此延伸出了传播或发展上的线性单向模式。全球化的"文化秩序"更多体现于美国的政治学家塞缪尔·亨廷顿提出的"文明冲突论"。在亨廷顿那里,"人类的历史是文明的历史,不可能用其他任何思路来思考人类的发展……文

---

① HARDT M, NEGRI A. Empire[M]. Cambridge:Harvard University Press, 2000:150.

② HARDT M, NEGRI A. Empire[M]. Cambridge:Harvard University Press, 2000:13-14.

③ 哈特,奈格里.帝国:全球化的政治秩序[M].杨建国,范一亭,译.南京:江苏人民出版社,2003:25.

④ MIGNOLO W.Capitalismo y geopolitica del conocimiento:El eurocentrismo y la filosofia de la liberación en el debate intellectual contemporáneo[M]. Buenos Aires:Ediciones del Signo, 2001:16.

明和文化都涉及一个民族全面的生活方式,文明史放大了文化。它们都包括‘价值、规则、体制和在一个既定社会中历代人赋予了头等重要性的思维模式’”①。

在《文明的冲突》中,亨廷顿勾勒出了一幅以文明为分割参照的“文化地缘政治”地形图。亨廷顿预言:在很大程度上,世界未来将由七八个文明间的互动来形塑。这几个文明包括:西方文明、儒家文明、日本文明、伊斯兰文明、印度文明、斯拉夫—东正教文明、拉美文明,可能还有非洲文明。也就是说,冷战后的世界秩序由这七八个文明来重塑。亨廷顿的思想体现了国际传播,尤其是国际政治中的“认同政治”(poliltics of identity),文化(或文明)成了地缘政治的根源与目标。在全球化的背景下,“认同政治”来源于:“每个社会因有一套涉及其个体与集体成员生活方面的信仰与实践而与众不同。”②尤其随着新媒体的出现,在新政治学观念得到强化的背景下,情形更是如此。“传统政治社会学所设想的理论前提正在消失。在后工业社会里,经济、政治和文化的全球化以及由此而来的民族—国家的权力和独立性的削弱,传媒、通信与文化生产的扩张,各种国际组织的建立等,都侵蚀了原来民族国家的主权和文化特异性……这些新变化使得原本习以为常的‘社会认同’,如性别、种族、环境主义者等非阶级身份的认同具有了政治性,进入了‘政治的’范畴。”③换句话,新政治社会学关心的是文化元素内核,以及由此而来的社会认同和社会结构的变迁。

在这位美国政治学家看来,“在冷战后的世界中,全球政治在历史上第一次成为多极的和多文化的……20 世纪 80 年代末……冷战的国际体系成为历史。在后冷战的世界中,人民之间最重要的区别不是意识形态的、政治的或经济的,而是文化的区别……在这个新的世界里,最普遍的、重要的和危险的冲突不是社会阶级之间、富人和穷人之间,或其他以经济来划分的集团之间的冲突,而是属于不同文化实体的人民之间的冲突……在冷战后的世界里,文化既是分裂的力量,又是统一的力量。人民被意识形态所分离,却又被文化统一在一起……冷战后时代的世界是一个包含了七八个文明的

① 亨廷顿.文明的冲突与世界秩序的重建[M].周琪,刘绯,张立平,等译. 北京:新华出版社,1998:24-25.

② PAREKH B. A new politics of identity: political principles for an interdependent world[M]. London: Palgrave, 2008:31.

③ 刘欣. 新政治社会学:范式转型还是理论补充?[J].社会学研究, 2009,(1):221.

世界。文化的共性和差异影响了国家的利益、对抗和联合”①。“由于现代化的激励,全球政治正沿着文化的界线重构。文化相似的民族和国家(正)走到一起,文化不同的民族和国家(正)分道扬镳。以意识形态和超级大国关系确定的结盟让位于以文化和文明确定的结盟,重新划分的政治界线越来越与种族、宗教、文明等文化的界线趋于一致,文化共同体正在取代冷战阵营,文明间的断层线(界线)正在成为全球政治冲突的中心线。”②文化(或文明)成了“我们”与“他们”或“我”与“他者”的区分标签,而且也是彼此冲突的根源。“实力上的差异以及为军事、经济和制度权力而斗争成了西方与其他文明间冲突的一个根源。基本价值观和信仰的文化上的差异是冲突的第二个根源……西方的个人主义、自由主义、宪政、自由市场、教会与国家的分离等思想在伊斯兰、儒家、日本、印度、佛教和东正教文化中往往鲜有共鸣。”③文化(或文明)成了借以构建世界文明秩序,换句话,划分“敌我”的参照系。这种“我”与“他者”的关系要么通过同化、要么通过边缘化、要么通过对抗来解决,未来世界政治的主线可能是“西方与其他国家”的冲突以及非西方文明对西方权力和价值观的反应。在亨廷顿那里,这体现于一种形式或三种形式的组合:首先是采用孤立主义,与世隔绝,不参与西方主导的国际社会,以免被西方腐蚀;其次,“搭便车”(band-wagoning),试图加入西方国家,接受其价值观和制度机构;最后,通过发展经济和军事力量并与其他非西方社会合作来制衡西方,以维护自己的价值观和制度,实现自己的现代化,而非西方化。④

亨廷顿分析了全球范围内的文化(或文明)政治并指出:“在正在形成的全球政治中,主要文明的核心国家正在取代冷战期间的两个超级大国,成为吸引和排斥其他国家的几个基本的极。这些变化在西方文明、东正教文明和中华文化文明方面表现得最为清晰可见。在这些情况下,文明的机关正在形成,它包括核心国家、成员国、毗邻国家中文化上相似的少数民族人口,以及较有争议的核心国家因安全考虑而希望控制的邻国中其他文化的民

① 亨廷顿.文明的冲突与世界秩序的重建[M].周琪,刘绯,张立平,等译. 北京:新华出版社,1998:5-8.
② 亨廷顿.文明的冲突与世界秩序的重建[M].周琪,刘绯,张立平,等译. 北京:新华出版社,1998:129.
③ HUNTINGTON S P. The clash of civilizations?: the debate [M]. 2nd ed. Congers: Foreign Affairs, 2012:22.
④ HUNTINGTON S P. The clash of civilizations?: the debate [M]. 2nd ed. Congers: Foreign Affairs, 2012:23.

族。这些文明集团中的国家往往围绕着一个核心国家或几个核心国家分散在同心圆中，反映了与那种文明的认同程度以及融入那种文明集团的程度……国家都倾向于追随文化相似的国家，抵制与它们没有文化共性的国家。”①“核心国家起领导作用或支配作用的世界是一个势力范围的世界，但它同时也是一个核心国家发挥的影响被与其拥有共同文化的文明成员国家减轻或缓和的世界。文化的共性使核心国家对成员国及外部国家和机构的领导和强加秩序的作用合法化……核心国家能够行使维持秩序功能，是因为成员国把它看作文化亲族……如果没有那种亲缘关系，一个更为强大的国家解决其区域冲突并把秩序强加到该区域的能力就会受到限制……当文明缺少核心国家时，在文明内部建立或者在文明之间通过谈判建立秩序的问题就变得更加棘手。”②显而易见，随着冷战两极格局的消失，世界的秩序碎化为不同的、具有不同文化或文明核心的“岛屿”，两极格局变为以文化为区分标准的多极格局，冲突就发生在这些岛屿之间。这就是亨廷顿在“文明的冲突”中的假设：“不同文明间的差异是存在的和重要的；文明意识在增加；文明冲突将代替意识形态及其他冲突形式成为占支配地位的全球冲突形式；历史上，作为西方文明游戏的国际关系将逐渐被去西方化，成为非西方文明参与的游戏，非西方文明不再仅仅是对象……与同文明群体的冲突相比，不同文明群体间的冲突将更加频繁、更加持久、更加剧烈……世界政治的最重要的主线是‘西方与其他文明’间的关系……在不远的将来，冲突的中心将位于西方和几个伊斯兰—儒家文明国家之间。”③

亨廷顿的“世界象征秩序”显然是“西方中心”“欧洲中心主义”或“欧美中心主义”的变种，其站在基督教文明的影子下面来解析作为潜在对手的“他者”文明。就从现实的国际政治经济形势而言，亨廷顿的观点具有一定的见底和启发性。这在某种程度上说明，我们仍旧生活在一个充满各种意识形态的世界中，所谓“全球民主社会”或“世界主义”仍旧是一个梦想。自 1991 年海湾战争到 2010 年的阿拉伯世界的“茉莉花革命”（如突尼斯政权变

---

① 亨廷顿. 文明的冲突与世界秩序的重建［M］.周琪，刘绯，张立平，等译. 北京：新华出版社，1998：167.

② 亨廷顿.文明的冲突与世界秩序的重建［M］.周琪，刘绯，张立平，等译. 北京：新华出版社，1998：168-169.

③ HUNTINGTON S P. The clash of civilizations?: the debate [M]. 2nd ed. Congers: Foreign Affairs, 2012:30-31.

更、利比亚领导人卡扎菲被打死等),直至当前的欧美(犹太—基督教文明)不停地联合中东阿拉伯盟友进行大规模的军事演习,对伊朗制裁和施压,逼迫叙利亚领导人下台等,似乎文明冲突论中的“西方和几个伊斯兰—儒家文明国家之间”的对抗演变为“犹太—基督教文明与几个伊斯兰文明国家联合对抗另外的伊斯兰国家”的现实,而且是否存在文明冲突背后的现实宗教与金钱政治根源(如犹太—伊斯兰文化,又如,谁在“真正”掌控和筹划着世界秩序?)也是应当思考的问题。在“国家理性”(Raison d' État)面前,文明、人权、民主等所谓的西方普世价值在某种程度上演变成了进行“现实政治”干预的借口。

## 十一、从“国际政治经济学”到“全球政治经济学”

从“国际政治经济学”到“全球政治经济学”体现着一种思考状态和参考体系的转变。随着全球化的程度增强,用以描述民族国家关系的“国际的”概念已不足以描述世界社会、政治和经济关系的复杂性,因为这些关系不再局限于作为行动者的民族国家,其涉及的范围更广和更深入,涉及世界范围内的民族国家以及非国家行动者的、被称作跨国行动者的跨国公司、恐怖组织、国际组织(如联合国及其下属部门)和群体、非政府组织,等等。如当前,“在世界体系内存在五种主要类型的政治活动者:大约 200 个政府,包括联合国 192 个部门;821,000 个跨国公司(TNGs),如埃克森美孚公司、荷兰皇家壳牌集团(Shell)、沃尔玛(Wal-Mart)、日本三菱公司(Mitsubishi)、大众汽车公司(Volkswagen)、通用电器(Gereral Electric)、惠普公司(Hewlett-Packard)、安赛乐米塔尔钢铁公司(Arcelor-Mittal)、英国沃达丰电信公司(Vodaphone)、微软公司(Microsoft)、雀巢公司(Nestlé),这些母公司有 804,400 个海外子公司;大约有 9500 个单一国家的非政府组织,如英国的人口观察(Population Concern)和美国的环保组织塞拉俱乐部(Sierra Club),他们都从事着举足轻重的国际活动;240 个政府间组织(IGOs),如联合国、北大西洋公约组织(NATO)、欧盟、国际咖啡组织以及 2500 个定期自治的会议与条约审查机构;7600 个国际非政府组织,如世界浸信会联盟(Baptist World Alliance)、国际航运协会以及类似数量的不太制度化的国际会议和非政府组织网络。”①

“国际行动者”转向“全球行动者”。在世界政治经济活动中,如金融经济的流动、三边贸易、国际上的调解仲裁、跨国公司的地缘外化、国内的放松管制和国际层面上的再管制、跨国犯罪、跨国恐怖活动、跨国解放运动(如非洲和南美)等跨国家边界活动,民族国家都面对着主权流失问题以及国家性质和功能的转变与重构问题,任何一个地方的活动都可能产生全球效果,即所谓的“蝴蝶效应”。世界政治和经济的全球化体现着“全球地方化”的辩证构合的合理化能力,传播活动不可避免地成了这种构合的润滑剂。随着冷战的结束和全球化过程的展开,国际社会出现了诸多问题:“首先,随着无数‘虚拟社区’的出现以及世界金融市场对国家控制自己经济政策的限制,全球化促使传统社会身份消解……其次,后冷战秩序产生了越来越多的破产、失败或分裂的国家,尤其是非洲国家。主权平等意味着一种能力:不仅在国际上平等参与,而且在国家内能够维持有秩序的政府。再次,美国的军事力量超过了其他十多个强国联合起来的总力量……在国际发展史上出现了一个史无前例的阶段:‘单极时期’;从次,早期的欧洲国际社会因共享文化和价值观而得到巩固……新兴的国家不愿让人权优先于经济和政治利益;最后,环境问题和严重的贫困问题的重要性增加。”②

现代国际社会的关键之一是:“基于主权原则基础之上的国际社会是否能继续下去?”③对于这个关键问题的回答,国际政治和经济理论研究中出现了不同的说法。如,无论是国家中心主义的现实主义,还是系统现实主义(systemic realism)、结构现实主义或新现实主义,所有的现实主义者都承认国际体系的无政府性质,强调国家(state)在国际事务中的至高权力。④ “新自由制度主义虽然像现实主义一样接受民族国家在国际事务中的继续存在及其重要性,但一般认为,国家是美国意义上的一个自由的、由市场引导的

① BAYLIS J, SMITH S, OWENS P. The globalization of world politics:an introduction to international relations [M]. 5th ed. Oxford:Oxford University Press, 2011:328.

② BAYLIS J, SMITH S, OWENS P. The globalization of world politics:an introduction to international relations [M]. 5th ed. Oxford:Oxford University Press, 2011:47.

③ BAYLIS J, SMITH S, OWENS P. The globalization of world politics:an introduction to international relations [M]. 5th ed. Oxford:Oxford University Press, 2011:47.

④ GILPIN R.Global political economy:understanding the international economic order[M]. Princeton:Princeton University Press, 2001:16.

国家,与围绕相对利益的冲突相比,对合作和绝对的所得感兴趣。新自由制度主义者认为,国际机构已经强大得足以对付全球化国际经济的挑战。”①国际政治和经济学中“中世纪主义”(New medievialism)就认为民族国家主权趋向于终结。“新中世纪主义认为,世界正经历着国家主权的终结,它含蓄地反对基于主权国家合作基础上自由的国际经济秩序。肇始于《威斯特伐利亚和约》(1648)的主权学说宣称,政府享有对其法律框架内领土和人员的完全控制权。新中世纪主义者相信,350年来指导国家运作的国家主权概念因国家的内外发展而正在解体;国家因种族和地区冲突正分解成小国家,同时被兴起的非国家和超国家(superstate)行动者所遮蔽,如跨国公司、国际组织,尤其是非政府组织。”②“跨政府主义(Transgovermentalism)与自由国际主义相似,接受国家的继续存在。不过,在它看来,国家的性质不同于以国家为中心的自由国家主义和政治现实主义。像新中世纪主义一样,它认为国家的治理功能可以被分开,并委托给处理具体政策问题的国家间的机构或网络。”③国际政治和经济现状的复杂性成就了不同的阐释理论,也丰富了阐释国际传播的视角。

## 十二、国际传播与国际关系—政治理论

国际传播涉及的主要是跨国家边界的传播活动。就国际传播而言,从国际关系层面上,国际关系与政治理论为国际传播提供了丰富的理论参照。国际关系和政治理论具有丰富的认知和见解,可以从不同的视角来展示国际行为的来源、功能、意义与影响。常见的国际政治与关系理论有现实主义、自由主义、马克思主义、社会建构主义、后结构主义、后殖民主义等。实际上,在某种程度上讲,国际传播的研究是借助国际关系与国际政治理论来进行的,因为这些理论为跨边界的传播活动提供了参照,也说明了国际传播活动主体在交往过程中的关系的性质以及彼此交流的手段、目的、技巧与

① GILPIN R.Global political economy:understanding the international economic order[M]. Princeton:Princeton University Press, 2001:379.

② GILPIN R.Global political economy:understanding the international economic order[M]. Princeton:Princeton University Press, 2001:391.

③ GILPIN R.Global political economy:understanding the international economic order[M]. Princeton:Princeton University Press, 2001:398.

策略。

在国际关系和国际政治的“现实主义”传统中，古典现实主义——如古希腊历史学家修昔底德斯的《伯罗奔尼撒战争史》、马基雅维利的《君主论》(1532)、摩根索的《国家间的政治》(1948)——从人的本性出发，认为“国际政治是由无休止的植根于人本性中的权(力)斗所驱动。正义、法律和社会或没有位置，或受到限制”；“原则(priciples)要服从于政治，国家领导人的最终技巧是接受和适应国际政治的构型”；“政治是由人本性创造出来的规则所支配的。我们用来理解国际政治的机制是权力界定的利益观念”①。结构现实主义者的思想则来自一种国际体系：卢梭的《战争》(1750)、华尔兹的《国际政治理论》(1979)和米尔斯海默的《大国政治的悲剧》(2001)，此体系认为“不是人的本性，而是无政府体系促使了恐惧、嫉妒、怀疑和不安全感的产生”；“非政府状态导致了国家自助逻辑的产生，并使自己的安全性最大化。系统中最稳定的权力形态是两极格局”；“无政府的和自助的系统促使国家来保证自己权力优势的最大化”。② 新古典现实主义则认为：“结构现实主义的论述不够充分，需要对单位层次(unit-level)的变量进行分析，如权力是如何被观察的，领导行为是如何实行的。”③无论从哪种现实主义——本性论、无政府论、微观权力论——看，都存在一个共同的特征：对抗性或世界处于战争状态。在这种现实主义理论下，传播表现出了自己的功能主义特征，在某种程度上成了博弈的工具。

如果现实主义被看作国际关系中的主流理论，那么自由主义则是一种较强的另类诉求。④ 自由主义更多强调国际关系中的相互依赖、合作、自由和秩序的可能性，构想一种去中心化的、多文化的国际体系，尽管在自由主义的内部存在着两种不同态度：强化国际机构与干预政策倾向；容忍和非干预倾向。在自由主义视角下，传播成了构建这种国际体系的润滑剂，体现为

---

① BAYLIS J, SMITH S, OWENS P. The globalization of world politics: an introduction to international relations[M]. 5th ed.Oxford: Oxford University Press, 2011: 90.

② BAYLIS J, SMITH S, OWENS P. The globalization of world politics: an introduction to international relations[M].5th ed. Oxford: Oxford University Press, 2011: 90.

③ BAYLIS J, SMITH S, OWENS P. The globalization of world politics: an introduction to international relations [M]. 5th ed. Oxford: Oxford University Press, 2011: 90.

④ BAYLIS J, SMITH S, OWENS P. The globalization of world politics: an introduction to international relations [M]. 5th ed. Oxford: Oxford University Press, 2011: 103.

各个领域的互动与合作，如贸易、旅游、学术交流、跨文化传播等。

国际关系与国际政治中的马克思主义理论，与现实主义与自由主义不同，更多是一种结构主义传统，认为世界政治（如战争、条约、国际援助等）都发生在一定的结构内，发生在一个全球化的资本主义体系内，该结构和体系对国际事件产生了巨大影响，对国际政治的理解必须在全球资本主义体系内进行，[①]像霍克海默与阿多诺的“文化工业”批判，葛兰西的“文化霸权”等都可成为阐释传播的理论工具，全球化的经济整合、全球市民社会运动、发展传播等都可成为研究的主题。

“社会建构主义”（social constructivism）的启发来自社会学理论，关注人类的意识，把观念（ideas）看作结构因素，把观念与物质力（material forces）间的动态关系看成人们阐释物质现实的结果，对结构和行动者之间的彼此构建感兴趣，权力不仅是一种施加权威，而且与身份、兴趣和意义的生产相关联。国际关系与政治中的建构主义试图解释世界是如何组织起来的，思考形成国际政治现实的各种因素，为另类世界政治提供了可能性。当从建构主义的观点来考察，另类国际传播、另类世界化、新的国际政治新秩序等为人类社会的发展提供了新的契机。

国际关系中的后结构主义（post structuralism）启发来自哲学观念，对国际政治和关系持一种批判态度，其主要关注本体论（世界上存在着什么）和认识论（我们如何来研究世界），颠覆了以往对世界政治的传统看法（如现实主义、自由主义、马克思主义等），结构背景下的宏大叙事被解构，国家主义、主权、民族身份、国家身份、国际机构等面临弱化趋势，权力、话语、身份等被重新理解与重构，如法国思想家米歇尔·福柯的“权力观”（权力不再是一种钳制性约束，而是关系，这种权力关系是一种互动）受到推崇。国际政治与关系的后结构主义观点为理解全媒体（如新媒体）背景下的国际传播提供了新的思路，它提示我们由于媒介的发展和全球化，信息传播受到重视，信息具有战略作用，传统的国家间的政治模式受到挑战，如“互联网外交”已改变了传统的外交方式。

“后殖民主义”（post-colonialism）理论主要对被殖民地人民的日常生活

---

① BAYLIS J, SMITH S, OWENS P. The globalization of world politics: an introduction to international relations[M]. 5th ed. Oxford: Oxford University Press, 2011: 132.

与体验的表述(如文学作品等)和分析,试图揭示在欧洲中心主义或在西方中心主义观念指导下的世界政治构建:殖民地的身份、观念、价值、体制、制度等与殖民者或具有西方中心主义特征的世界秩序间的关联,或者,殖民地知识的生产与宗主国间的联系,如法农(Frantz Fanon)的《黑皮肤,白面具》(1952)与爱德华·萨义德的《东方主义》或《东方学》(1978)是理解这种“后殖民主义”理论的典范。在这种视角下,国际传播的日常生活以及身份的构建不再是“地方的”事情,而是“全球的”事情,更是“殖民化”的事情。

除这些主要的理论之外,还存在着其他理论,如功能理论、社团理论、世界体系理论、依附理论等。实际上,所有这些理论都被融合入具有跨学科特征的传播学理论当中,丰富了国际传播学的认识。

## 第二节 国际传播的认识范式

### 一、本体论、认识论和方法论

在哲学上,本体论往往与形而上学(metaphysics)联系在一起,是对存在与现实、存在的基本范畴(或类型)及其相互关系的哲学研究。“本体论(ontology)涉及的是存在(being)自身的根本特征,探究诸如下面的问题:‘是什么或存在着什么?’‘首先存在的是什么?’‘不同的存在是如何彼此相关联?’”[①]也可以说本体论研究的是“现实(reality)的性质,什么是可以知道的”[②]。例如,在传播的本体论上,传播既可以被看作信息的流动,也可被看作文化的流动;可以被看作以大众媒介(如报纸、广播、电视)为传播渠道的流动,又可被看作以不同真实或虚拟传播网络(如航空、铁路、陆路、水路、电缆、互联网、金融网络等)为渠道的流动。对传播本体的不同认识,反映着处于不同文化背景中的研究者对传播的不同认识,如在以商业文化为基础的北美,传播更多与大众媒介联系在一起,属于狭义传播的范畴,“舆论”“意见”“效果”“宣传”“产业化”等是关键词,控制研究、内容研究、媒介研究、受

① BUNNIN N, YU J Y. The Blackwell dictionary of western philosophy[M]. Hoboken:Blackwell Publishing, 2004:491.

② BARAN S J, DAVIS D K. Mass communication theory:foundations, ferment, and future[M]. 6th ed. Boston:Wadsworth Cengage Learning, 2012:12.

众研究、效果研究等是重要组成部分，而以在启蒙文化为基础的法欧，传播更多与广义的传播联系在一起，传播研究与人类社会的政治、经济、文化、技术变迁与转型联系在一起。

认识论是哲学的一个分支，“其考察人类知识的性质、范围和界限……认识论者要探究的问题是知识是否或在多大程度上建立在现象的存在和/或人的观察之上。他们的目的就是提供一个能够保证知识可能性的普遍基础……对于人类传播理论而言，每一种理论都包含着有关知识性质和人类如何获得知识的假想”①。认识论被看作“科学的科学”（science des sciences）或“科学的哲学”（philosophie des sciences），这种分析或批判性研究集中于被我们看作现实的科学的有效性，它是对现实研究的研究或是对认识的认识。② 认识论“是对有效知识构成的研究。其主要关心的问题是：认识是什么？知识是如何构思出来的？它的价值是什么？”③经验主义（empiricism）和理性主义是认识论中经常遇到的两种“知识生产”的认识模式。“理性主义把分析理解和理性看作所有科学认识的基础……在很多情况下，经验主义借助体验，尤其是试验，把科学结论的有效性建立在对假设的证实基础之上。通过归纳，该方法可以实现从特殊案例向一个普遍性规则的过渡。”④这两种“主义”在某种程度上照应了后来的人文社会科学的批判性与实证性研究。“认识论通常开始于对怀疑主义进行驳斥的尝试，来为‘知识是可能的’主张辩护，并进一步去阐明知识的性质和范围……认识论的另一个主要问题是知识的起源，评估感觉和理性在知识获得过程中的作用。针对此问题，哲学家可分为两类：以柏拉图、笛卡尔和莱布尼茨为代表的理性主义，把理性作为知识的根源；而以洛克和休谟为代表的经验主义认为经验是真理的源泉。康德试图融合两方，认为只有把我们先验的知觉和理解力与表象等概念结合起来，知识才有可能。当代认识论由英美哲学所主导，基本上是经验主义的。”⑤根据本体论和认识论的不同，有的研究者把传播理论

---

① ARNESON P. Epistemology[M]//LITTLEJOHN S W, FOSS K A. Encyclopedia of communication theory. London:SAGE, 2009:349.

② DEPELTEAU F.La Démarche d'une recherche en sciences humaines[M]. Brussels:De Boeck, 2000:12.

③ PERRET M L G, et al. Méthodologie de la recherche[M]. London:Pearson Education, 2008:7.

④ PERRET M L G, et al. Méthodologie de la recherche[M]. London:Pearson Education, 2008:10.

⑤ BUNNIN N, YU J Y. The Blackwell dictionary of western philosophy[M]. Hoboken:Blackwell Publishing, 2004:218.

主要分成四种类型：后实证主义理论（postpositivism）、阐释论、批判理论、规范理论。[1] 马特拉的《传播理论简史》则将传播理论分为“社会有机体”“经验主义”“信息理论”“文化工业、意识形态和权力”“政治经济学”“日常生活的回归”等。[2] 国际传播研究理论则划分为：“宣传模式论”“现代化理论”“传媒依附理论”“文化帝国主义理论”“文化批判理论和文化研究理论”“公共领域理论”等。[3]

方法论是对可能构成认识的方法的研究。[4] 从广义上说，“方法论是支撑一种研究类型的哲学立场和世界观……方法论是方法的哲学。它首先包括一个认识论，即保证结论有效性的‘真理规则’，其次包含一个本体论，即建立有关问题能够被有效提出并可以得出结论的‘对象’”[5]。在狭义上，方法论是一个研究者进行研究和处理一个特殊问题的方法。[6] “方法论是对研究的原则、程序以及实践的管理……方法论应当包括进行研究的整个过程，即对研究的计划和执行、结论的得出以及发现的传播。”[7]在社会科学的研究中，一般存在着三种方法论的选择：个体主义（individualism）、整体主义（holism）和多元主义（pluralism）。[8] 通常，整体主义认为不能通过部分的简单加和来理解整体性，部分的发展要与总体的必要性保持一致，有时又称作集体主义；个体主义则偏重从个体角度来解释社会现象；多元主义则涉及整体主义和个体主义，它们被分别用来阐释个体或整体的因素。

简单地说，本体论、认识论和方法论可分别简述为“是什么”“如何认识”“认识的方法”。

---

① BARAN S J, DAVIS D K. Mass communication theory: foundations, ferment, and future[M]. 6th ed. Boston: Wadsworth Cengage Learning, 2012: 12.

② MATTELART A, MATTELART M. Histoire des théories de la communication [M]. Paris: La Découverte, 1995.

③ 郭可.国际传播学导论[M]. 上海：复旦大学出版社，2004：70-80.

④ ERRET M L G, et al. Méthodologie de la recherche[M]. London: Pearson Education, 2008: 7.

⑤ JUPP V.The SAGE dictionary of social research methods[M]. London: Sage Publications, 2006: 175.

⑥ JONKER J, PENNINK B.The essence of research methodology[M]. Berlin: Springer, 2010: 17.

⑦ MARCZYK G, DEMATTEO D, FESTINGER D. Essentials of research design and methodology[M]. Hoboken: John Wiley & Sons, Inc., 2005: 22.

⑧ BRADIE M. Individualism and holism in the social sciences[J].Analyse & Kritik, 2002(24): 88.

## 二、知识社会学理论

认识国际传播，意味着要认识有关国际传播理论与知识的生产过程。这将涉及知识社会学理论。知识社会学在于描述知识是如何生产的，因卡尔·曼海姆(Karl Mannheim，1893—1947)的论述而成为一种学术传统。传统的知识社会学主要集中于正规的观念(ideas)体系，特别是知识分子的世界观与政治策略。旧式的知识社会学在于探究个人或群体的社会位置如何形塑他们的知识。新的知识社会学则把正规的观念体系链接到更广泛的、被人称作社会意识的文化类型上，不但关注知识专家提出的观念，而且关注形塑常人思维的知识或意识结构。换句话说，新的知识社会学关注不同种类的社会组织如何使知识整体排序成为可能，而不是集中于不同的社会位置以及个体与群体的兴趣对知识生产所产生的影响；不但关注作为观念体系的政治或宗教意识形态，而且也关注日常生活、文化与组织的话语，以及正规与非正规的知识类型，从对知识内容的考察扩展到对知(knowing)的形式与实践的探究。[①] 总的来说，从结构主义的知识社会学理论扩展到建构主义的知识社会学，从宏观的结构决定转向了日常生活的微观构建。

社会研究往往包含着对权力关系以及个体、群体或机构的利益和策略的反思，这最终意味着社会科学不能是中性的、孤立的或非政治的。[②] 社会团体的特性在于其生产话语来为自己的行为辩护，尽管这些话语并不一定展现真实的象征内容。[③] 从知识社会学理论得知，知识的生产不仅受个体或群体的不同社会定位和兴趣的影响，而且不同的社会组织又安排着知识的可能秩序，简单的日常社会生活以及行动话语具有制度化的作用。知识的生产与生产的制度结构有密切的联系：权威的形式影响知识的氛围、普遍性和权威性，组织中的权威模式(patterns of authority)影响知识的结构和内容，换句话说，社会权力，特别是具体化于制度的实践形塑着知识，反过来，知识

① SWIDLER A, ARDITI J. The new sociology of knowledge[J]. Annu. Rev. sociol. annual reviews Inc., 1994(20):305-311.

② ROTHFUSS E. Intersubjectivity, intercultural hermeneutics and the recognition of the other[J]. Erdkunge, 2009, 63(2):178.

③ CHARAUDEAU P. Les médias et l'information:l'impossible transparence du discours[M]. De boeck, 2005:11.

巩固着社会等级体系。[①]“知识的权威性(authoritativeness of knowledge)奠基于社会权威(social authority)的模式。拥有权威的知识就是拥有一个能够解决争论和确定真理的机构、群体和个人……放弃权威的选择性学派不得不放弃以对或错回答智力问题的权利。”[②]社会权威中的知识权威在现实中表现为对秩序的安排。“所有的秩序都基于一种有关人类的隐含的或明显的看法,合法性机制、制度、实践都指向这种看法。”[③]这在福柯的思想上,表现为“知识与权力”的耦合关系,知识的生产不仅是意义和秩序的表达,更是权力关系生成与分布的表象。知识生产中的不同叙事、不同题材、不同体裁等在反映知识发生过程的同时,也展示了社会、政治、经济与文化构型的变迁。知识的生产成了理解社会变迁或转型的一个阅读格栅。

**概念的复数化**。概念的复数化是拉丁语系(尤其法国)社会人文科学的一个显著特征。所谓概念就是“指定和界定某个现象的一个或一系列词语”[④]。“概念是对现实的抽象构建,是研究者理性的产物,其存在于理论预测之中,用来界定研究中的经验现象。”[⑤]概念“不是现象本身,而是一种抽象,一种思想,一种认识方法”[⑥]。因此,“概念”的转换或转变是认识论、本体论,甚至方法论的转换或转变的结果,这种转换或转变的背后既存在着历史过程的冲突,又存在着观念的冲突,更是权力的博弈。概念的单复数意味着认识过程的复杂程度,即复数包含着对某一对象的多元化认识描述;单数则包含着对某一对象的单一的、普遍的认识描述。概念的单复数描述多出现在法国的人文社会科学中。

对概念的认识不是简单地从语言学角度出发,给出一个纯粹的包含主语项与谓语项的语言学表述,而是一个包含各种学科认识考量的认识论问题。例如,要谈“中立”概念,首先要从发生学的角度来观察“中立”概念是如何产生的,“中立”概念参考的标准是什么?又是如何被定义的?受“中立”

---

① SWIDLER A, ARDITI J.The new sociology of knowledge[J]. Annu. Rev. sociol. annual reviews Inc., 1994(20):307.

② SWIDLER A, ARDITI J.The new sociology of knowledge[J]. Annu. Rev. sociol. annual reviews Inc., 1994(20):311.

③ DEFARGES P M. L'ordre monidal[M].Paris:Armand Colin, 2008:23..

④ DEPELTEAU F.La démarche d'une recherche en sciences humaines[M]. Brussels:De Boeck, 2000:175.

⑤ DEPELTEAU F.La démarche d'une recherche en sciences humaines[M]. Brussels:De Boeck, 2000:176.

⑥ GRAWITZ M. Méthodes des sciences sociales[M].Paris:Dalloz, 1990:22.

定义的对象是什么？重要的是把“中立”概念的生成过程揭示出来，然后再谈何谓“中立”。“概念”是权力博弈关系的表述，是一个社会学或政治社会学的过程，因此，“中立”概念本身就是不同权力博弈下产生的兼顾双方态度的立场性表述，当“中立”被用来进行立场性表述时，“中立”本身就是一个立场态度问题，换句话说，对“中立”立场持什么样的态度，也是一种修辞问题。

概念背后存在一揽子权力关系和不同的观念认识，这表现在很多概念的变化上，如由大写的单数历史（History）到小写的复数历史（histories），由大写的单数文化（Culture）到小写的复数文化（cultures），由大写的单数社会（Society）到小写的复数社会（societies），由大写的单数理性（Reason）到小写的复数理性（reasons），由大写的单数主体（Subject）到小写的单数主体（subjects）。这种嬗变既体现了世界多元性的社会和文化共存，又体现了意识主体的回归，传统的宏大叙事和理论不能作为统一的参考标准。伴随着这些概念变迁的是社会形态的嬗变：传统社会、前工业社会、工业社会和后工业社会，还有哲学与社会科学认识论的演变，现代性走向了后现代性，宏大叙事的爆裂与微观叙事的普遍化。主体与结构的相对自治成了社会、政治、经济、文化表达的后现代表象现状，制度秩序的意义、影响和现实发生了嬗变。大写的单数向小写的复数的回归意味着传统宏大叙事的解体与新环境下社会科学认识论的视角转移，关于传播学的研究也因此呈现出多元化理论支撑。

## 三、西方社会科学认识论的变迁

西方政治社会模式基于“契约论”，无论霍布斯的“人性本恶”还是卢梭的“人性本善”，都需要一个社会契约来维持社会的运作，维持管理者和被管理间的契约关系：让渡部分权利与管理公共生活以及提供公共服务。不管承认与否，这里实际涉及或暗含两个问题：人的理性和契约精神。前者是自柏拉图以来西方世界对人在哲学层面上的“信心”，随着基督教的“国教”地位的确立和传播，这种人的理性同时被表述为“神的理性”，“哲学成了神学的侍女”（托马斯·阿奎那语），人成了上帝在人间的代理人。在哲学层面上，从 17 世纪哲学“认识论转向”（如笛卡尔的主客体二分法为此做出了贡献）开始到 19 世纪末的“语言学转向”，人一直是在“天赋观念”的假设下借助语言来反映世界。无论是单数大写的理念、逻各斯，还是大写的理性、大写的能指与所指、大写的话语以及黑格尔的“绝对精神”，都是戴着不同面具的“上帝”，这就是为何海德格尔称西方的主体哲学为“神学”（在线性存在中设置一个最高的存在）。[①] 当海德格尔称西方主体哲学为“神学”时，告诉我们在启蒙运动所强调的人的“充分理性”及其“理性能力”背后存在着“上帝”的影子。19 世纪，随着德国哲学家尼采的“上帝死了”断言，失去上帝庇护的人才自治地走进现实“生活世界”，借助意义的生产来实现社会凝聚、发展以及自己主体性的构建（如存在主义）。“上帝之死”不仅是米歇尔·福柯的“人文科学的起源”，也是（西方）社会科学认识论转向的潜在动力，因为人成了“能说、能工作和能生活”的主体，成了社会“建构—被建构”过程的承担者。

在上帝成为“绝对精神”的年代里，上帝创造了一切，除了人还包括人生活其中的“宏大结构”和借助“反映论”来实现的意义的生产。在此背景下，西方社会科学更多体现为“结构主义”的认识论特征，结构支配着人及其物质性和象征性行为。但随着尼采的“疯话”（如鲁迅称其为“疯子”），认识论就发生了转向，宏大结构以及体现为“反映论”的认识论已式微，原来由上帝创造的、宏大的、普世的、本质主义的认识模式逐渐让位于以“人”为主体的自觉“构建模式”。于是，以往以“单数大写”为特征的认识论概念逐渐让位于“复数小写”。这些转换不仅是语言学表达形式的转换，还是哲学认识论观念的转变，体现着上帝“大写理性”并作为上帝“代理人”的具有普遍本质的“人”让位于以“形式”存在于鲜活现实中的、仅拥有“有限理性的”社会活动者，人成了从事社会活动并能生产意义的“主体”。这种转变成了社会科学中“现代”向“后现代”、“结构”向“后结构”、“真理”向“后真理” 、“结构”到“建构”等思潮转变的认识论基础。

与这种认识论基础相伴随的重要物质条件是两次世界大战。两次世界大战（1914—1945）颠覆了由“充分理性”的人所搭建的世界社会秩序，西方的“理性化”逻辑导致了人类的自相残杀。作为西方现代性（或理性化）产物的“世界大战”在现实层面上否定了人的“充分理性”观念，于是人被视作“有限理性的动物”。从“充分理性”到“有限理性”的转换体现了“工具—合目的性”向“反思性”的转变，人有了反思社会现实和创造意义的能力。西方

① HEIDEGGER M. Identity and difference[M]. New York:Harper & Row Publishers, 1969:15.

社会科学的认识论产生了根本的转向，一系列“后-”(post-)概念是其学术语言标签，于是“宏大叙事”让位于“微观叙事”、“宏大理论”让位于“微观专业技术知识”(expertise)、“普遍性”让位于“特殊性”、“一致性”让位于“碎化”、“本质”让位于“形式”(如博德里亚的激进符号论)等，我们进入了学术思潮的“后-”时代。

## 四、西方社会科学的方法论传统

17 世纪至 19 世纪的社会理论家和哲学家开始思考与人类和社会研究相关联的本体论、认识论和方法问题。① 社会科学是现代世界中的一项研究，对社会科学的哲学反思是因为这些学科被构建为特殊的知识领域，其植根于自 16 世纪发展起来的、与我们现代世界建构不可分割的、培养一种世俗认识体系的尝试。

“科学”(scientia)意味着认识，其被界定为对存在于所有时空中的普遍法则的寻找；所谓科学的传统视角有两个前提条件：第一个前提是牛顿模式，存在着过去与未来的对称关系，过去与未来共存于永恒的当下，我们像上帝一样具有神性特征，能够获得确定性；第二个前提是笛卡尔的二元论，其认为自然与人、物质与思维、物质世界和社会/精神世界存在着差别。② 这种前提意味着人可以获得有关客观现实的确定性，即可以认识自然的普遍法则。

发生在西欧的“科学革命”催生了人们对物质世界和人类社会探索。“科学革命”一般指发生在现代的早期并贯穿 18 世纪的标志现代科学产生的一系列事件。在法国历史学家亚历山大·柯瓦雷(Alexandre Koyré)1939 年使用“科学革命”之前，很少有人提及。“科学革命”被认为是“‘古希腊以来人类思想所经历的最深刻的革命’……‘是现代世界和现代意识的真正起源’，是有关自然思维方法的根本重构。”③被称作“科学革命”的思想运动出现在 15 世纪至 17 世纪的欧洲，其目的在于用科学的原则来重构社会，开始

---

① RODRIGUEZ A G. Filosofia y metodologia de las ciencias sociales[M].Mardid：Alian/a Editorial，2005：15

② WALLERSTEIN I，et al. Abrir las ciencias sociales[M]. Mexico：Siglo XXI editors，2004：4.

③ SHAPIN S.The scientific revolution[M].Chicago and London：The University of Chicago Press，1996：1-2.

于哥白尼(1476—1543)、克普勒(1571—1630)、伽利略(1564—1642)和笛卡尔等,“科学革命”思想随着牛顿(1642—1727)的贡献而得到强化。在科学研究领域内部出现了两个宏大传统,这两个宏大传统规定了科学研究的认识论和方法论叙事:英国经验主义和欧陆的理性主义。①

在经验主义那里,头脑中的观念和内涵来自对事物感知所传递的意义,经验主义构成了实证主义的基础。培根(1561—1626)、牛顿(1643—1727)和洛克(1632—1704)开创的英国经验主义传统以物理机械论为基础发展出观察与归纳的实验科学。英国的经验科学传统反对普遍的自然法则,认为道德哲学必定是实验科学,而政治学和法学及其历史研究应以经济科学为基础,采用经验归纳与因果推论的方法,建立以政治经济学为主的社会科学。

在欧陆的理性主义的视角下,法国的笛卡尔提出了理性主义或理性主义的机械主义模式,理性成了获取科学知识的工具。笛卡尔用普遍数学化的直观演绎寻找理性本质的客观真理。法国的理性科学传统力图在社会政治和历史领域寻找普遍一致的理性精神与法则,要求用统一的数学方法和概念来分析社会政治结构。18 世纪末是社会科学发展的关键时期,在物理学和生物学主导的自然科学之下建立了“社会科学”,于是社会科学一产生,就充满了关于其性质的数学、物理学、机械论和有机论辩论。这种传统延续至 19 世纪前期,孔德(1798—1857)开启了作为这种方案的实证主义传统:试图通过整合物理学的静力学(秩序)与生物学的动力学(进步)调和经验科学与理性科学、保守派与激进派之间的争论。

实证主义巩固了西方社会科学的地位。在实证主义视角下,必须利用科学方法生产,在此观察和收集数据客观受到重视,从中抽取规律性,以解释想象产生的原因;在这种范式中,为了获取认识,有必要采用科学方法,即构建一系列程序以便提出研究问题、提出假设、建立研究方法,根据经验证明获取数据并加以解释,验证结果的有效性。② 实证主义强化了对社会科学的研究。

---

① 郭台辉. 西方社会科学方法论的历史之维[J].中国社会科学,2019(8):46.

② RUIZ H M, DAVILA G G. Introduccion a las ciencias sociales[M]. Boston: Cengage Learning Editores, 2009:62.

## 五、作为人文社会科学研究方法的现象学

“日常生活社会学”是法国思想家论述较多的社会学概念，其新颖性在于：把“日常性”中的“实践行为”看成“纪律化”或“反抗”（“建构”或“解构”）的过程；日常生活中的行为不仅具有建构性，同时也具有解构性。无论是常人方法学、符号互动论、日常生活社会学，还是现象学社会学——都是关注日常生活中实践行为的“意义”建构或赋予——都与埃德蒙·胡塞尔的“现象学”是分不开的。胡塞尔现象学中的“悬置”“意向性”“变更”“主体间性”“体验”等概念深刻体现在这些社会学思辨性之中，尤其是在“日常生活社会学”中。

西方哲学的主流问题之一在于试图打通特殊性与普遍性间的关系。胡塞尔的现象学就超越这种传统的二元对立模式，在一定程度上抹去了特殊性与普遍性的界限，使二者在直观中相互渗透。在胡塞尔那里，要通过具体情景中的现象“直观”到事物本质，我们的任何意向活动都指向意向对象。在意向性的直观过程中，要“悬置”（epoché/suspension），要终止“属于自然态度的本质的一般设定，我们将那种设定所包含的关于存在物的一切东西放在括号里”①——即搁置一边——还原到纯粹的意识本身，先验的自我借助“变更”去把握意识的本质。“本质直观的本义就是在个别中直接地看到普遍，在现象中直接捉到本质。”②本质是“指最关键的、最独特的那个东西，不能够还原为现成实在的对象；它是当场构成的，又是非常关键的、具有普遍意义的……任何认识都离不开情景，因为情景所生的东西是无法替代的，本质的东西永远是浸透在现象里、活在现象里的”③。不能把“它抽象出来成为一个概念，又用这个概念来构建体系，像柏拉图设想的那种辩证法，从理念到理念，从理性到理性，达到‘第一原则’，那都不是现象学……现象学是一种工作哲学，它只是从底层做具体分析，不去构建思想体系”④。与实证科学不同，“现象学并不对事实的存在感兴趣，而只对世界和世界中的东西在行

---

① HUSSERL E. General introduction to a pure phenomenology[M]. Leiden: Martinus Nijhoff Publishers, 1982: 61.

② 张祥龙.朝着事情本身：现象学导论七讲[M].北京：团结出版社，2003：16.

③ 张祥龙.朝着事情本身：现象学导论七讲[M].北京：团结出版社，2003：19.

④ 张祥龙.朝着事情本身：现象学导论七讲[M].北京：团结出版社，2003：19.

为与对象的关系中作为现象显现的方式感兴趣。它研究先验意识,但这种先验意识不是康德意义上的先验主体性,而是原始的意向对象和意义给予的领域,它研究生活世界,但‘世界’在这里不是个别实体或个体的综合,而是‘视界’”①。在直观中,“通过悬置,世界成了为我的世界,成为现象。这是由实际的和可能的世界经验变为先验的和可能的先验经验的第一步”②。经过了悬置和还原之后,认识从“自然状态过渡到了现象学状态。意向对象,即被感知事物本身,不再是一个自然的存在物,而是知觉的意义。意义内在于种种不同的知觉体验(判断、喜爱、记忆等)中,当我们纯粹地探寻这个体验本身时,即现象学地研究它们时,给予我们的不是自在的客体,而是意义。有意义或‘在意义中有’某种东西是一切意识的基本特性,因此意识不只是一般体验,而不如说是有意义的‘体验’,‘意向作用的’体验。但我们对对象有种种不同的体验方式,而意向对象的意义在各种各样的体验中是不同的。”③这为“变更”(variation)开辟了不同的可能性。“变更”是获得本质的途径。被体验的或被想象的对象具有引导性的、且对创造力开放无限“变项”(variant)的“前图像”特征,在通过作为主观的自由体验方式的变更所得“后图像”的多样性中,贯穿着一个统一的原始图像,存在着一个绝对同一的内涵,使所有“变项”得以一致的东西,这就是一般本质;自由的“变更”是走向本质的基础。④

现象学关心的是现象,即事物对我们显现的方式,或它们被给予的方式。现象学思维就是要“回到事物本身,就是回到这种现象……现象学的知识只是直观,只是看。现象学决不概念地、思辨地阐明它的对象——现象,因为现象总是在体验中出现,体验是一个不断的流变……本质还原过程中的自由现象步骤就为本质直观提供了方法论条件。既然现象学学者只能通过直观来把握其研究对象,那么相应地他的方法也只能是描述的方法”⑤。“现象学的描述是对先天意向性的分析描述。意识总是对什么东西的意识。意向性即我朝向某物的方式,或事物在意识中给予的方式。”⑥由于“意向对

① 张汝伦. 德国哲学十论[M]. 上海:复旦大学出版社,2004:120.
② 张汝伦. 德国哲学十论[M]. 上海:复旦大学出版社,2004:121.
③ 张汝伦. 德国哲学十论[M]. 上海:复旦大学出版社,2004:133.
④ 胡塞尔,黑尔德.现象学的方法[M].倪梁康,译. 上海:上海译文出版社,1994:216-217.
⑤ 张汝伦. 德国哲学十论[M]. 上海:复旦大学出版社,2004:128-129.
⑥ 张汝伦. 德国哲学十论[M]. 上海:复旦大学出版社,2004:132.

象的意义在各种各样的体验中是不同的""体验是一个不断的流变",因此"对于现象学的意向性分析的任务来说,描述方法也必然是唯一合适的方法",不过现象学的描述并非事实陈述或再现,而是在本质直观的基础上发生的,它实际上采取的是在内在本质分析中如实呈现本质数据。①

人文社会科学从胡塞尔的现象学那里获得了启发。实际上,人文社会科学的研究都离不开作为现象的数据(库)。在对数据库的分析中,它们构建出自己的理论或范式。现象社会学家舒茨,从胡塞尔的"主体间性""悬置"等概念出发,发展出自己的生活世界的现象学。法国学者阿勒克斯·穆谢礼(Alex Mucchielli)写了一本《人文科学中的现象学结构分析》,其主要的现象学依据来自胡塞尔。"胡塞尔的现象学是超验的现象学。它强调主体性和对体验本质的发现,并为知识的衍生提供一种系统的训练方法。胡塞尔的方法被称作'现象学',是因为它只运用意识可利用的数据——物体的表象。它被称作是'超验的',是因为它支持通过对主观行为及其客观相关物的反思发现东西。它是一种'科学',是因为'它提供了知识,该知识有效地拥有能够使其被把握变得'偶然'的元素。它的主张具有逻辑性:我们唯一确定的东西是出现在我们面前及意识里的东西,这个事实就是其客观性的保证。"②

穆谢礼把人文科学中的现象学结构分析定位于社会活动者所经历的人类的问题,认为其是介于表面和无意识之间的层面。对于现象学在人文科学(如人类学、语言学、心理分析等)方面的应用基于两种哲学原则,并提出三种方法论规则。在原则方面,"第一,在人文科学中,重要的是意义,因为人是一个情景存在(être-en-situation);第二,这种意义指向一些本质,我们能够触及这些作为人类现象依据的普遍的超验形式"。在方法论规则方面,"第一,不必去努力解释,而必须努力去理解,这种理解应当通过综合把握目前所有给定语境来实现;第二,为了达到人类现象中的本质,我们必须进行'现象学化约',也就是说,把自己所有的知识放置一旁,不要借助'认出'(reconnaissance)来寻求解释;第三,为了达到现象的本质,我们必须使用这

① 张汝伦. 德国哲学十论[M]. 上海:复旦大学出版社,2004:134. 详见 HUSSERL E.Ideas pertaining to a pure phenomenology and to a phenomenological philosophy[M].Tha Hague:Martinus Nijhoff Publishers, 1982:212.

② MOUSTAKAS C E. Phenomenological research[M].London:Sage Publications, Inc. 1994:45.

种本质引发直觉的变更方法"①。"现象学方法应当允许人去发现意义构建与意义组织的原则。它应当揭示产生与组织意义的普遍而本质的超验形式。"②在这部作品中,作者试图在表象与无意识之间找出一种结构来解释日常生活中意义的生成原因,与其说这是结构,不如说是一种解释的"机制"(mechanism)或"装置"(dispositif)或"框架"。在人文社会科学方面,就研究的视角而言,胡塞尔现象学中的"变更"概念可提供启发。通过对研究对象采用不同的"变更"角度,来实现关于给定主题的研究多元性,这就是传播研究视角的多样性问题,或可以说,传播对象的确定,就具有了引导性的,且对创造力开放无限"变项"的传播"前图像"特征,不同的理论或范式的"后图像"构成传播研究的总体知识体系。

现象学既是认识论,又是方法论。"十分具体地直观、分析和描述这些特殊现象可以看作是所有认为自己是现象学运动成员的人的共同纲领。"③我们从现象学那里获得的启发应当是研究的方法,通过"变更"来"看"出对象的本质。④ 胡塞尔说:"与黑格尔主义及其后继者以及一切'形而上学构造'相反,现象学并不'创造',而是'发现'。"⑤现象学分析成了形塑社会科学理论或范式的重要学科工具,如从施特劳斯的"解构主义人类学"到索绪尔的"符号学",再到罗兰·巴特的"现代神话理论"和乔姆斯基的语言的"深层与表层解构";从福柯的"装置"概念到布罗代尔的"经济世界",再到沃勒斯坦的"世界体系";从本尼迪克特的"文化模式"到"文化—媒介帝国主义",再到帕洛·阿尔托学派的"交际分析";从诸如"子弹论""沉默螺旋""二级传播"等大众传播模式到阿芒·马特拉的"传播世界";等等。从这些机制和结构中都可看到现象学分析的影子,并体会到它的魅力,正是通过对"生活世界"的现象的分析,才"创新"出了不同的用以描述和阐释不同人文与社会学科的理论或范式。

---

① MUCCHIELLI A.L'analyse phénoménologique et structurale en sciences humaines[M]. Paris:PUF, 1983:19.

② MUCCHIELLI A.L'analyse phénoménologique et structurale en sciences humaines[M]. Paris:PUF, 1983:18.

③ 施皮格伯格.现象学运动[M].王炳文,张金言,译. 北京:商务印书馆,1995:938.

④ 张汝伦. 德国哲学十论[M]. 上海:复旦大学出版社,2004:134.

⑤ 张汝伦. 德国哲学十论[M]. 上海:复旦大学出版社,2004:139.

## 六、实证主义与反思性

**实证主义**。实证主义与反思性是对理性基础上的合理化过程与现象的辩证思维反应。通常认为,“人文科学(sciences humaines)是自然科学的女儿,因此前者要受到后者重要原则的影响。为了更好地了解人文科学的方法论,必须理解自然科学的重要法则。这些原则就是我们所说的现代科学”①。现代科学的任务只有一个:去发现真理。根据现代科学认识论的重要原则,科学真理是经验体验在一个决定论世界中的科学发现,这种决定论逻辑就来自英国物理学家牛顿(Issac Newton, 1642—1727)的机械力学:世界中的任何现象都存在着因果关系,如同一个机器或钟表。因此现代科学只解决我们能感觉的东西,不牵扯形而上学(意味着思辨)的原因;每个人都可根据别人的经验或体验来验证结果的有效性和客观性,从而实现对世界现象过程的预见和更好的控制,即“知就是预见;预见就是权力”(Savoir, c' est prévoir,et prévoir, c' est pouvoir)。② 受自然科学发现自然规律的影响,人文社会科学就把自己的研究对象看作自然实在,于是出现了所谓的是实证主义思想的社会学家,如法国的社会学家奥古斯特·孔德和德国的马克斯·韦伯。

实证主义的重要奠基人是奥古斯特·孔德。在他看来,“人类精神(或人类的思想)的发展经过三个阶段,这三个阶段分别对应三种世界的认识方式:神学、形而上学和实证。在神学阶段,现象被看作超自然力量的行为结果;在形而上学阶段,超自然的力量被抽象的力量所代替(如理性改造历史);在实证阶段,人类的思想基于实证的科学之上。在孔德的概念框架中,实证科学与现代科学的出现相一致,在这里,借助理解与观察的组合运用,人类试图来发现支配着研究对象的有效法则——被称作科学法则。”③实证主义更多属于人文社会科学中的方法论问题,它往往与思辨逻辑推理形成对比。“科学不是自然与人文现象的唯一认识方式。生活和宗教同样也是我们对周围事物的认识方式……如果科学不是认识的唯一方式,那么它与

---

① DEPELTEAU F. La démarche d' une recherche en sciences humaines[M]. Brussels:De Boeck, 2000:32.

② DEPELTEAU F. La démarche d' une recherche en sciences humaines[M]. Brussels:De Boeck, 2000:51.

③ DEPELTEAU F. La démarche d' une recherche en sciences humaines[M]. Brussels:De Boeck, 2000:9.

其他方式如何区分？通常，科学通过自己使用的产生结果的方法与其他方式区分。因此，自13世纪（大约1265年）以后，'科学'一词就具有了与其现代意义靠近的意思：指一系列具有确定对象和合适方法的认识。鉴于此，如果一种认识来自一种科学方法的应用，换句话，如果它的生产过程是在遵从某些科学的规则和程序中实现的，那么它就是科学的……因此我们可以说，科学的方法指向科学的认识。"①

在实证主义者看来，"人文科学应当建立在'实证'科学的认识论原则之上。实证科学首先在比较简单的科学中发展起来，如物理、数学……实证主义承载着一种科学模式，即实证科学的模式。这种模式源自自然科学，尤其是物理学。在人文科学中，实证主义者就是一个崇尚和采用实证科学模式的人……实证主义是19世纪的一种思想，在自然科学和现代科学中成果显著……新实证主义（neo-positivisme）在20世纪仍很活跃，特别是在盎格鲁-撒克逊世界……在新实证主义看来，自然科学应当作为人文科学的样板。如果不遵守这种模式，人文科学永远只是具有形而上学特征的伪科学"②。

从反思人文社会科学的角度来看，实证主义具有把人文社会科学变成"统治和管理"工具的风险，如大众传播的"舆论操纵"和"宣传"。

**反思性**。如果反思（reflexion）是在某种情景中表现为一种对观察进行合理化的认知过程，那么思考（reflechissement）则是对这些观察的主观表达，用词语表现其中的情感、认识和社会张力。③ 讲到社会科学研究的反思性，我们提得最多的，而且影响也比较大的是对现代性（或现代化）后果的反思，代表人物如鲍曼（Zygmunt Bauman）、吉登斯、贝克（Ulrich Beck）、拉什（Scott Lash）等社会学家，以及对社会科学认识论进行反思的法国社会学家皮埃尔·布尔迪厄。

贝克因提出"风险社会"的概念而在社会科学界闻名遐迩。贝克在《全球风险社会》中把"风险社会"描述为："现代社会的一个发展阶段，在此阶段中，因创新动力而造成的社会的、政治的、经济的、个人的风险避开了工业社

① DEPELTEAU F. La démarche d'une recherche en sciences humaines[M]. Brussels:De Boeck, 2000:5.

② DEPELTEAU F. La démarche d'une recherche en sciences humaines[M]. Brussels:De Boeck, 2000:10-11.

③ Yann Vacher.La pratique réflexive:un concept et des mises en oeuvre à définir[J]. Recherche et formation, (66), 2011:68.

会的控制和保护机构。"[①]在贝克的合作者拉什看来："风险社会有两个相互关联的论题。其一涉及反思性现代化，其二涉及风险问题。"[②]贝克认为，随着社会从前工业社会（传统社会）经过工业社会（第一现代性）进入风险社会（第二现代性），"危机"的构成也由传统社会中的、与外力相联系的自然风险，如旱、涝和疾病等，过渡到现代化过程造成的"被生产的风险"，如环境污染，核污染，生化技术可能造成的危机等。"'反思性现代化'意味着一个时代（即工业社会时代）创造性地（自我）解构的可能性。这种创造性解构的'主题'不是革命，也不是危机，而是西方现代化的胜利。"[③]反思性现代化（reflexive modernization）意味着工业社会的自我转变，意味着对工业社会中的二分法及其确定性进行"取出"与"再嵌入"——属于人类学的问题——也就是，通过工业社会的现代化来改变工业社会现代化的社会基础。[④] 在社会现代化的过程中，作为理性的和自治的主体所具有的"反思性"被排除在技术专家与社会群体的社会与政治互动之外；"反思性现代化"就是呼唤这种"反思性"的回归，追求更多的是"理性的"发展，而不是"目的—合理性"的"手段—目标"式的利益实现。社会科学研究的反思性传统始终还是以启蒙运动中"人的理性"为前提，无论是乌托邦也好，还是对以往传统社会的留恋也好，"反思性"都成了社会科学研究的一种态度。

"反思性"（reflexivity）表现为对现实如何"静观"（gaze）。上述对社会现实的反思主要是在道德和哲学层面上来进行，这如同法兰克福学派对流行文化的批判，在一定程度上掩盖了"反思性"在研究过程中的批判作用，因此需要实现"反思性"在认识论和方法论上的提升。[⑤] 布尔迪厄的"反思性"概念完成了这种提升。在布尔迪厄那里，"反思性"包含的是：对未思考的思想范畴的系统性探索，这些范畴界定可想象的范围并预定了思想，并指导社会

① BECK U.World risk society[M]. London: Polity Press, 1999: 75.

② LASH S, WYNNE B. Introduction[M]// BECK U. Risk society. London: SAGE Publications Ltd, 1992: 1.

③ BECK U, GIDDENS A, LASH S. Reflexive modernization: politics, tradition and aesthetics in the modern social order[M]. Stanford: Stanford University Press, 1994: 2.

④ BECK U.The reinvention of politics: rethinking modernity in the global social order[M]. London: Polity Press, 1997: 15.

⑤ COLLYER F. Reflexivity and the sociology of science and technology: the invention of "eryc" the antibiotic[J]. The qualitative report, 2011, 16(2): 317.

研究实践的展开。[①] 在布尔迪厄看来,“反思性”概念的范围很广,如从布卢尔(David Bloor)的等同于科学性的自我指涉(self-reference),到伯杰(Bennett Berger)的自我意识(self-awareness),再到常人方法论社会学家加芬克(Harold Garfinkel)的叙述或文本构成要素间的循环关系,直至吉登斯的“有关社会生活条件的知识的习惯性应用”[②]的反思性三分法:作为有能力放弃和监视自己行为的“概念动物”,主体生产的知识被“注回”自己所描述的现实中;社会因发展出控制和规划自己的发展能力而具有了反思性。不过,“所有这些概念所缺乏的是一种作为社会学工作要求与形式的反思性观念,换句话说,也就是作为社会科学上行动的认识论方案的反思性观念,以及因此作为知识分子——作为支配的被支配形式的使用者——理论行动方案的反思性观念”[③]。“反思性主要不是一种理论的‘效果’,而是公共实践理性的一个成分。”[④]

布尔迪厄看到,研究的偏好影响着社会学的“静观”。“因为社会科学家依靠它来认识自己的偏好。在这方面,反思是生产更好社会科学的方法论工具。”[⑤]根据布尔迪厄,批判的反思性来自两种信念并被经验所确认:首先,人类学思想中最严重的错误和幻觉原则,特别是把活动者(或研究者)看成有意识的、理性的、无条件的个体(或主体),存在于人类学话语生产的社会条件中;其次,存在着有关思想社会条件的思想,这些条件为思考提供了相关的真实自由。[⑥] “进行反思性实践意味着,去质询被人为地排斥在客观化努力之外的认知‘主体’的特权。意味着努力去用科学‘主体’——尤其把他放置在社会时空的某个确定的点上——构建的客观性来描述科学实践的经验‘主体’,并因此获得更深刻的意识以及对科学‘主体’产生影响的约束进行更好把握。这些约束性通过捆绑科学主体与经验主体、自我兴趣、动力、

① BOURDIEU P, WACQUANT L J. An invitation to reflexive sociology[M]. London:Polity Press, 1992:40.

② PEDERSEN M F. Mobility in daily life. between freedom and unfreedom[M]. London: Routledge, 2016:24.

③ BOURDIEU P, WACQUANT L J. An invitation to reflexive sociology[M]. London:Polity Press, 1992:38.

④ BOHMAN J. Practical reason and cultural constraint: agency in bourdieu's theory of practice[M]//SHUSTERMAN R. A Critical Reader. Hoboken: Blackwell Publishers, 1999:136.

⑤ ABOULAFIA M. A (neo) American in Paris: boudieu, mead, and pragmatism[M]//SHUSTERMAN R. A critical reader. Hoboken: Blackwell Publishers, 1999:160.

⑥ BOURDIEU P. Pascalian meditations[M].Stanford:Stanford University Press, 2000:118.

前提等而得以实现;为了形成自己,科学主体必须打破这些约束。”①与其他的反思科学研究者相比,布尔迪厄更关心社会学理论的认识论的“反思性”,关注这些理论生产的“语境化”特征。

实证主义和反思性在传播学认识论中往往与两种知识生产方法的模式联系在一起:一种是与建构社会现实相关的实证主义、功能主义和经验主义方法;另一种则在理解社会和传播现象时采用的辩证和批判方法。在颇具批判性的拉美传播学者看来,在实证主义方法中,社会科学家不构成变迁的因素,仅是一个客观的观察者,并从外部来分析支配传播现象的原因和法则,其方法策略基于系统的经验方法,旨在把科学知识与主体情感分离开,一般采用量化技术;而起源于欧洲的批判理论方法,被用来分析不同制度中的经济、社会、教育、权力和霸权条件,质询传播在维持现实制度中的作用和信息在主流意识形态扩散中所扮演的角色。在这种方法中,社会科学家被看成社会变现的伦理和社会因素,根据批判与辨证的方法,批判的理论方法通常是质化的,社会科学家把对传播过程的研究置于广阔的社会环境中,不是去孤立地分析,而是把传播过程作为致力社会意义生产和分配的组织来分析,这些社会意义与社会、文化、现代性和全球性紧密地联系在一起。②

## 七、国际传播的问题框架

**理论的界定。**何谓理论?巴兰和戴维斯在第六版《大众传播理论:基础、争鸣与未来》中认为不同的研究目的、本体论、认识论和价值论(axiology)影响着理论的定义。就传播理论而言,两位学者综合了斯蒂芬·小约翰(Stephen Littlejohn)的“(理论)被界定为人类体验的某些方面的任何一套概念、解释和原则”和埃默里·格里芬(Emory Griffin)的“理论被描述为解释一个事件或行为的观念”,把理论界定为“有关人类某方面经验的概念、解释和原则”。③ 在《社会科学质化研究方法》一书中,理论又“被界定为一套普遍的、或多说少具有综合性的、用来描述某些现象的不同方面的陈述或命题。

① BOURDIEU P. Pascalian meditations[M].Stanford:Stanford University Press, 2000:119-120.

② DUARTE L. Teorías e Investigación de la Comunicación en América Latina Situación Actual[J]. ÁMBITOS, 2001-2002(7-8):24-25.

③ BARAN S J, DAVIS D K. Mass communication theory:foundations, ferment, and future[M]. 6th ed. Boston:Wadsworth Cengage Learning, 2012:11.

在应用语境中,理论可理解为有关不同模式、概念、过程、关系或事件等的彼此关联的观念"①。理论的界定众多,不过大多数的社会学家和科学家认为:"理论是一套逻辑上相关的明确的、抽象的、普遍的陈述,用来解释自然世界中的现象。理论建构就是把理论元素组合成连贯的整体的过程,或根据逻辑的、语义的和经验的分析,进行理论修正和扩展的过程。"②

在科学的演化结构上,在托马斯·库恩(Thomas Kuhn,1922—1996)看来,科学发展的动力不仅仅是认知的问题,而且还要考虑社会因素。科学的发展方式是非连续的、断裂的,而不是累积式的。这种断裂被称作"科学的革命",类似于格式塔转换(gestal switch)的东西——在格式塔心理学看来,观察与表达过程自然地把现象作为被结构的整体来处理,而不是单纯的元素加和。库恩把共享下面两个特征的工作成就称作"范式":"它们的成就史无前例地吸引一个稳固的支持群体脱离科学活动的其他竞争方式。同时,它足够开放,为这个重新界定的实践群体留下各种各样的需要解决的问题。"③这样的范式"在一段时间里为实践提供典型的问题和解答"④。"以共同范式为基础进行研究的人,都承诺同样的规则和标准从事科学研究。"⑤"理论要作为一种范式被接受,它必须优于它的竞争对手,但它不需要,而且事实上也绝不可能解释它所面临的所有事实。"⑥"新范式暗示着某个领域有了一个新的、更严格的定义。"⑦

在既定的时刻与既定的社会信仰状态下,科学家对世界有着特殊的理论表述,该表述随着观点的变化而发生变化。"常规科学"和"科学革命"构成"范式"的基本概念:前者指基于某个范式的经验的、具有生产和预测性的科学活动,后者则指结构某个既定学科的范式在反复失败时,一种新的概念框架就开始被催生,新的范式就取代旧的科学研究条件,从而形成一个科学革命。库恩这种"范式"观念更适合于研究自然科学,对于社会人文科学(尤

① BERG B L. Qualitive research methods for the social sciences[M].Boston:Allyn and Bacon, 2001:15.

② RITZER G.The Blackwell encyclopedia of sociology[M]. Hoboken:Blackwell Publishing Ltd., 2007:4995.

③ KUHN T S.The strucutres of scientifc revolusions [M]. 3rd ed. Chicago:The University of Chicago Press, 1996:10.

④ 库恩.科学革命的结构[M].金吾伦,胡新和,译. 北京:北京大学出版社,2003:4.

⑤ 库恩.科学革命的结构[M].金吾伦,胡新和,译. 北京:北京大学出版社,2003:11.

⑥ 库恩.科学革命的结构[M].金吾伦,胡新和,译. 北京:北京大学出版社,2003:118.

⑦ 库恩.科学革命的结构[M].金吾伦,胡新和,译. 北京:北京大学出版社,2003:19.

其是传播学)的跨学科性难免有些尴尬。特别是随着传播学研究的发展,传播学的学科合法性问题不会一如既往地遭受质疑,因为社会人文学科发展的"复杂性"特征已消解了传播学的单一学科性,任何一门学科都无法来单独解释传播现象。对国际传播研究而言,当下出现的主要倾向是,更多研究者围绕问题意识中的"问题"来组织研究,形成某一"问题类型"。

**问题框架**。国际传播作为一个研究领域,涉及的主题繁多,不但其在理论上与其他学科相交叉,而且在现实中,地区的、国内的和国际的问题交叉在一起,呈现出复杂性。美国北卡罗来纳州大学新闻与传播学教授罗伯特·斯蒂文斯曾如此说,"难于界定(国际传播),当你看到时就知道了"[①]。在他看来,国际传播关注的焦点已经超越了美国的边界,既无"实质"又无"方法",剩下的只有"地理"概念。因此,在国际传播研究领域,鲜有像大众传播学那样的理论研究成果,对国际传播理论的研究散布于不同的人文社会学科之中,如国际政治、国际关系、发展理论、跨文化研究、文化工业(或产业)、跨国公司的国际化、经济的全球化、新闻与媒体等,在理论视角上表现为"全球"与"地方"的构合。鉴于国际传播研究的处境,学者麦迪·斯麦提在"国际传播理论前沿"研究中,把国际传播研究作为一种研究的组织方式的"领域"[②],用"问题"(problematic 或 problématique)来构建国际传播研究的领域,[③]以此为主线,把不同的研究文章串联起来形成一种国际传播研究的"系谱学",以勾勒国际传播研究的大致轮廓。这种以"问题"为"母题"来组织研究领域的方法,避免了不必要的争论和辩论,具有积极的意义。

就当前的国际传播研究而言,因跨学科和现实复杂呈现出了多元化趋势。不同切入点造就了研究视角的多元性,涉及民族、国家、社会、文化帝国主义、进步、媒介帝国主义、公民、主权、人权、身份、宣传、国际关系、国际政治、跨国公司、信息流动、数字鸿沟、市民运动、公共服务、文化产品、国际组织、全球化、世界化、消费、制度、政策、信息流动等主题。一般地,这些主题主要分布于以下框架:发展与进步、文化与信息产业、传播技术、媒介近用、

① STEVENSON R. Defining international communication as a field[J]. Journalism quarterly, 1992,69(3):543.

② SEMATI M. New frontiers in international communication theory[M]. Lanham:Rowman & Littlefield Publishers, INC, 2004:11.

③ SEMATI M. New frontiers in international communication theory[M]. Lanham:Rowman & Littlefield Publishers, INC, 2004:1.

制度的全球化、传播地缘政治与经济等。这样的认识划分虽是主观的，但让主题的阐释与分析变得更加清晰和容易。当然，关于国际传播理论的研究也可有其他分类标准，如“国际传播理论可划分为五种范式：国际主义理论（Theories of internationalism）、国际传播马克思主义范式（Marxist paradigm of international communication）、表达理论（Theories of representation）、接受理论（Reception theories）和身份理论（Theories of identity）”①。国际主义理论范式是一种技术决定论的范式，认为国际体系越多通过新技术彼此连接，世界将越多和平和民主；马克思主义的中心命题是，国际体系的传播方法发挥着经济生产方式的功能；表达理论是阐释（或解释）图式，为国际传播中不平等国际关系的理解提供工具，主要从地缘政治和意识形态入手；接受理论认为国际媒介流动的不平衡源自文本，与文化帝国主义无关，因此与表达理论中文本分析有某些共同的关注点。这类框架分析，没有关注到当前国际传播研究的细化与理论和实践的核心议题特征，比较笼统。本书探讨的具体主题框架具体如下。

作为文明使者的传播：进步与发展。社会进步意识形态、功能主义的技术创新与扩散、现代化等主题受到了关注。发展是其核心关键词，被看成一种普遍的现代化过程。在进步与发展的框架下，传播与交通网络（如陆路、水路）、社会进步意识形态、功能主义的技术创新与扩散、基本与现代化、发达与欠发达等主题受到了关注。这些主题实际上涉及19世纪后半叶以后的地区国家、地缘政治和发展中国的发展策略问题，是20世纪40年代至70年代的“发展意识形态”的衍生表象。就“发展传播”学科概念而言，在1945—1965年在北美大学中构思出来的、以发展概念为核心的现代化理论综合了殖民人类学、功能主义和新韦伯主义的思想，试图总结出一种由传统社会到发达社会的线性发展理论。这种发展模式倡导的只不过是美国社会发展的典范作用，但其在作为发展理论试验地的拉美地区并没达到预期的目标，不过却为依附理论的产生准备了条件。涉及传播的发展理论没有回答如何使现代化的成分代替不发达国家中的传统因素的问题。发展意识形态和功能主义的扩散论宣扬了一种线性的发展观，这更多体现国家或国际上的一种

① ALLEYNE M D. International communication theories[M]//LITTLEJOHN S W, FOSS K A. Encyclopedia of communication theory. London: SAGE, 2009: 538.

地缘政治策略，尤其体现在美国在二战后在拉美和第三世界国家所做的试验上。

作为新闻媒介的国际传播。在此框架下，国际传播的注意力集中于国际媒体，主要遵循大众媒介的新闻传播策略与功能。国际新闻史及媒介史（尤其在中国）、新闻内容的意识形态功能（如框架理论、话语分析）、媒介体制、传播内容的编码与解码、公共舆论、国际舆论以及国际公共运动的非政府组织对公共舆论的影响、媒介伦理等成了研究关注的对象。这种框架下的研究更多遵循源自大众传播研究领域（如内容研究、媒介研究、效果研究等）的认识与研究方法，新闻传播仍被视作一种“获取人心和思想”或“宣传”的策略，在一定程度上，这是大众传播活动在国际层面上的类比性扩展。这种研究框架在中国大陆比较流行，在教育招生（研究生招生）和学科设置（如新闻学为一级学科）的推动下，“国际新闻史”成了一门显学。

文化、信息工业与传播的近用（access）。在此框架下，文化工业、文化产业、创意产业、跨国流动、信息自由流动原则、文化帝国主义、依附理论、商业逻辑、文化多元性、流动挪用、后现代知识生产等概念成了关注的对象。这些思考与当前的研究趋势紧密地融合在一起，在一定程度上说，此框架呈现出了一个问题意识地形图：20 世纪 40 年代的哲学批判意义上的文化工业，20 世纪 70 年代的产业意义上的文化工业，20 世纪 80 年代的新自由主义商业逻辑支配下的文化产业，20 世纪 90 年代以降随着互联网出现的网络之网的传播挪用，数字网络技术和产业化成了文化传播的主要形式。文化、信息与跨边界传播的结合使“集体记忆”“象征框架”“集体意识”变得前途未卜。文化、信息传播的属性和支配逻辑以及如何认识文化、信息工业的变迁和网络之网中的知识生产状况，成了此框架关注的主题。

管理与操纵：跨边界的意识形态。在此框架下，传播是文化、信息的流动过程，承载的是“集体意识”“社会意识”“象征表达”“象征框架”。这些文化、信息的“中介化”确立或重新构建了制度、象征秩序。传播的效果研究显示，信息的传播不仅影响着个人的知识、态度、意见和行为，而且也影响着作为个体活动背景的宏观社会系统。在此框架下，“宣传”“心理战”“控制”“监视”“意识形态”“文化帝国主义”“操纵与管理”“公共外交”，甚至国家的“合法性确认”等成了研究的概念或主题。在这里，传播成了一种向别人施加影响的方法。

历史的运用:殖民主义和去殖民话语。在此框架下,研究者主要思考记忆、知识和权力的关系,展示自15世纪开始的西方现代性的全球扩张及社会批判理论对其反思的结果。展现西方现代性的全球化及其殖民性是互不分离的:西方中心主义的现代性扩展的历史是发达国家对落后国家的殖民史。存在的殖民性、知识的殖民性和权力殖民性是这种殖民性的内在机制;殖民主义、后殖民主义、去殖民性研究等是当代的学术反应。研究者借此批判来展现一种另类传播秩序想象的可能性。

作为制度全球化的国际传播。制度全球化框架下的研究,一方面集中于区域型组织,探讨如何通过制度层面的博弈形成国际性或地区性的、政治的、经济的、社会的共同体,如欧盟、世贸组织、联合国及其相关机构以及跨国企业经营管理体制的全球化等;另一方面关注民族国家的全球化融入。这更多涉及国际传播中跨国企业管理的"去再地域化",主权国家的内外政策、体制问题及其与国界相关制度的接轨。在这里,"西方化""欧盟化""泰勒制""福特制"等成了制度全球化的注脚。跨国政治、经济乃至军事组织的产生、跨国公司国际化运作甚至文化工业的全球化发展,都体现了制度全球化的现行运作。全球化也意味着民族国家或地区或企业组织制度和规则的国际化,同时包含着国际游戏规则的国内化。国家、社会、企业等与国际的接轨使这种研究成为必要。

国际传播地缘政治经济学。地缘政治经济和传播的结合形成一种新的认识框架,这里的主权、民族国家、宣传、公共外交、网络外交、软实力、巧实力等成了常用的关键词,国际政治与国际关系成了重要的理论参照。地缘政治经济传播框架是全球化背景下国家间政治的有效阐释模式和实践参照。从二战时期的宣传战直至网络外交、软实力、巧实力概念,反映了在全球化背景下传播在国际关系中的政治经济效能以及外交手段的演变。在国际关系中,传播与国际政治经济的结合成了理解和掌握国家博弈的有效手段,美国历届政府外交策略的演变就深刻地说明了这一点:美国战略思想家布热津斯基的"网络外交"是电子网络化传播的结果,约瑟夫·奈的"软实力"又是网络外交的衍生物,苏珊·诺赛尔(Suzanne Nossel)提出的"巧实力"①概念,在奈的扩展下又成了对软实力的修正,它把"硬实力"和"软实

---

① NOSSEL S. Smart power[J]. Foreign affairs,2004,83(2).

力”结合在一起形成一种新的“赢”战略,①这些概念构成美国外交的重要内涵。文化和信息成了战略性工具,发挥着地缘政治和经济作用。

作为跨文化交流的国际传播。在此框架下,人被看作是能够进行象征表述的动物,符号成了表达的工具,所指与能指之间的指称过程,需要通过话语实践来构合。跨文化传播意味着文化和社会多元性的存在,即文化(或文明)与社会都是复数形式,不存在激进的单一文化或文明。在此框架中,跨文化传播不仅仅是从语言学角度上的日常跨语言交际,还存在着文化产品与活动的跨边界流动(如文化工业产品跨边界消费)以及企业的跨文化经营与管理。在传播全球化的语境下,文化(或文明)的差异不应当成为文明冲突的依据,文化人类学研究显示不同文化的“杂交”和“克里奥化”特征,不同文化间的协商和共存成了跨文化传播的重要特征。

国际传播中的另类全球化传播。非政府组织、媒介帝国主义、信息传播新秩序、民主化、数字鸿沟、国际市民社会及其动员(如全球社会论坛、欧洲市民社会论坛、无边界记者组织)、全球化治理等则是研究国际传播的常见主题。该框架不仅分析了国际范围内媒介近用的不平等和第三世界对民主化的全球传播新秩序的诉求,而且显示了国际治理和民族国家所受的压力集团的显著影响。国际传播中另类全球化,使我们看到国家的发展已与世界紧密地结合在一起,不但任何忽视国际或国内市民社会力量的做法存在着风险,而且这也不利于国家的发展与民主政治的建设。

国际传播与阴谋论。在战略上有“阳谋”与“阴谋”之分。简而言之,“阴谋”就是不为人所知的“谋略”,它帮助实现目的。“阴谋论”往往具有贬义特征,但它仍是对事物过程的一种认识方式。“阴谋论”意味着并不是所有事件的发生原因都可以用实证主义的论据加以论证,同时又不是所有已知证据能证明事情的发生不是这样,正是在事实与未知的事实的界面上产生了“阴谋论”。在“阴谋论”的框架下,国际信息的流动、国际舆论的生成、“真理”的产生、国际公共关系、不同政府间的游说、跨国公司战略、国际贸易争执等,不再是“中性的”的传播过程,“阴谋论”成了国际传播研究的组成部分。

国际传播研究的本土化与挪用。“本土化”意味着国际中的“传播理论

① NYE J. In Mideast, the goal is “smart power”[N].The Boston Globe, 2006-08-19(A15).

与实践”需要与地方的实际情况相结合,体现的是“协商精神”。因为存在着“文化”与“社会”的多元性,因此不同传播者(如国家、组织、机构、群体、个人等)拥有不同的行动或战略“资本”。在全球化的语境下,面对立体交叉的政治的、经济的、文化的国际传播体系,传播者要借助不同性质的“资本”转换,来把握传播者在国际社会秩序中的位置。强调“本土化”,就要注重“历史性”(historicity),即将当地的社会运动与变迁联系起来,实现一种内外理论在实践层面上的“构合”。

# 第三章　作为文明使者的传播:发展传播

> “弥赛亚”就隐含在传播的想象之中,控制时间和空间的每一次飞跃都会见证对一种新社会的承诺:相互依赖的、透明的、自由的、平等的和繁荣的。①
>
> ——阿芒·马特拉

“进步”(progress)观念是西方现代性理念的理论假设之一,有时甚至被看作是真正的“西方文明宗教”。据说,弗兰西斯·培根(Francis Bacon)是第一个在时间意义上使用“进步”概念的人。“进步”往往被表述为一种累积过程,在此过程中新近的东西常常被认为优于以往的东西,即明天要比今天更好。不过对古希腊人而言,真实的东西是不变的,处于循环运动状态,相同的东西在经过一系列的循环之后能够永久返回。随着“圣经”的出现,历史变成了可认识的现象,成了一种指向更好世界的动态过程,人的任务在于“控制地球”。由此产生了“进步”研究进路的三个共享观念:(1)线性时间概念,认为历史具有一个指向未来的意义;(2)人性的根本一致性观念,所有的人都注定沿着相同的方向进化;(3)世界能够而且必须发生改变,这意味着人把自己宣示为自然的至高无上的主人。② 不过随着自然科学在19世纪的兴起,这些观点又以世俗的形式被重新描述,“未来”取代了“死后”,“幸福”代替了“救赎”,随之产生了不同的现代历史主义。

科学技术的兴起为无限的与可能的改进开辟了道路,技术具有扩大使用性的能力,生产出更多有用的东西。随着圣·奥古斯丁(Saint Augustine)

---

① MATTELART A. Jeter les bases d' une information éthique[J].Le monde diplomatique, 2003(12):32.

② BENOIST A DE. A brief history of the idea of progress[J]. The occidental quartely, 2008, 8(1):7-8.

把人类看成一种拥有“童年”和“成年”的有机存在，牛顿和伽利略式的机械唯物主义隐喻让位于有机主义，后者又产生了富含无限成长意义的“发展”观念。从“进步”和“发展”视角看，人被构思为一个可无限完善的存在。人类要实现自己的发展就需要征服自然，把自己从自然中解放出来，因此一切阻碍自己发展的障碍应当被消除，如偏见、迷信、历史负担等。随着社会科学的发展，这种内在于发展观念中的乐观主义被扩展到社会的各个方面。“在19世纪，进步理论在西方发展到了高潮。在不同的领域中被重新表述，如工业现代化、科学实证主义、进化论以及宏大的历史主义理论。”①于是，现代化、进步和发展成了同义词。尤其是“发展”，这个本来被用来描述社会和人类进步的概念，随着殖民主义的扩张和两次世界大战的爆发，演变成了一个地缘政治概念：“发展是而且很大程度上继续是一种从上到下的种族中心主义的技术官僚方法，它把人和文化当成抽象的概念，在‘进步’图表中可上下挪动的统计数据……发展成了一种以人类利益的名义来破坏第三世界文化的力量。”②现代化、进步和发展成了阿芒·马特拉传播符号学中的流行“能指”概念。

## 第一节　进步与传播

一般情况下，关于大众传播的研究主要集中于宣传、消费与政治竞选。这些研究往往关注这些现象与受众之间建立的联系，但没有去分析这种新的传播方法对社会整个系统的影响，因为大众媒介也传输集体表达、对世界和社会的态度、新的价值观以及新的象征符号。这意味着人们借助传播可以构建一种新的思想与文明。关于发展传播的问题意识主要来自传播学的功能主义社会学与建构主义社会学观点，信息与传播成了促进社会政治经济构型变迁的重要因素。随着认识的加深，关于传播的理解不再局限于大众传播媒介，有关信息流动的活动都被看作传播活动的组成部分，并且传播活动也不是单纯地从信息的发出者流向消费者：这既是一个意义的生产过程，更重要的，又是一个中介化过程。“中介化”过程为“进步”与“发展”创

---

① BENOIST A. DE B. A brief history of the idea of progress[J]. The occidental quartely, 2008, 8(1):13.

② ESCOBAR A. The invention of development[J]. Current history, 1999, 98(631):382.

造了一个话语空间，在此空间中，只有特定的有关“进步”的事物可以被言说和想象。

一般地，“进步”与“发展”概念常常被用来描述社会由低级向高级阶段或从“欠发达”向“发达”状态的转型，这是从跨学科角度来描绘社会在不同维度上（如政治、经济、社会）构型的变迁或转换：如在政治层面上，从极权主义转型到所谓的西方式民主；在经济层面上，由原始的农业经济过渡到了资本主义的自由市场经济；在社会层面上，由以亲情为基础的“社区”过渡到为民主奠定基础的“现代市民社会”。在功能主义社会学的观点看来，进步与发展有多种的实现手段，其中之一便是“传播”手段。换句话，谈论进步发展与传播的关系，更多的是从一种功能主义的观点来审视：认为传播活动对人类社会的发展有促进作用。“人们使媒介依次担当起创世神、救星和替罪羊的角色，对它的单义分析常常忽略我们社会不断增长的文化复杂性。”①一方面，传播网络的发展成了空间和实践重新组织的手段：“铁路时代的新时间（temporalité）成了一种新时间本身的出发点，这种‘铁路时间’开始了一致化过程，该过程在19世纪结束之前导向了‘全球时间’。”②“随着传播技术的发展，从陆路和水上交通网络到铁路交通网络、从电话电报网络到计算机技术网络，每一种传播网络的出现都是对时间和空间管理的一种修正。”③另一方面，传播网络的发展又和国家的发展程度联系在一起，“传播”成了社会发展程度的隐喻和标尺：“传播后来成了度量一个民族实力、社会福利、繁荣、文明和国民政治自由程度的尺度：‘在现代，最自由、最文明的国家（即法国、英国、比利时、荷兰、德国和美国）也是拥有最好交通道路的国家。西班牙的旧殖民地在获得独立以后没有成功地实现自由和发展自己的文明。’”④

20世纪的下半叶，产生了一种观照第三世界发展的被称作“发展传播”的传播研究传统，发展话语操控着亚、非、拉地区的民族身份与表达政治。发展作为一种话语，不仅是对第二次世界大战后出现的贫困问题化现象的回应，而且更是二战东西双方（资本主义与共产主义）两个阵营的战略语言修辞，旨在实现“铁幕”的挪移。此时，发展理论的明显指标是脱文盲程度、

---

① MATTELART A.L’invention de la communication[M].Paris:La Découverte, 1994:12.

② MATTELART A. L’invention de la communication[M].Paris:La Découverte, 1994:69.

③ 朱振明.传播世界观的思想者[M].上海:上海交通大学出版社,2011:115.

④ MATTELART A. L’invention de la communication[M].Paris:La Découverte, 1994:70.

农业技术扩散程度、工业化程度、医学干预程度（如计划生育）、管理体制的民主性等。当进步与传播联系在一起的时候，被思考的更多是传播技术在社会变迁中的信息扩散作用。在国际传播理论方面，就进步、发展和传播的关系而言，被讨论较多的主要是二战后国际地域政治格局变化而导致的发展传播，发展被看作一种地缘政治思维所带来后果。二战后，在联合国框架下发起的多种社会发展方案就是基于这样的思想：信息传播技术能够把先进民族的信息扩散到落后的社会中，使这些社会实现现代化。[①] 在这种观念的引导下，"发展"概念被专业化与制度化。这意味着"将第三世界引入专家知识和西方科学所组成的政治领域。这一过程是通过一套技术、策略和学科实践来完成的，其目的是产生、确认和传播发展知识，包括专业、研究和教学方法、专业标准以及多种专业实践，通过这些机制的作用，一套真理政治得以创造和维持；也是通过这些机制，某些特定的知识形式被冠上了'真理'的名号"[②]。在这种"名号"下，各种意识形态被掩盖，传播技术被赋予"中性"特征，似乎作为信息扩散中心的富裕国家所具有的金融和技术能力能够确保这个世界的发展与和平。这种思想体现于诸多作品之中：罗杰斯的《创新与扩散》（1962）、施拉姆的《大众传媒和国家发展》（1964）和《教育与发展中的卫星传播——印度案例》（1968）等。这些作品以西方中心主义的方式勾勒了一幅不发达社会借助信息传播技术实现进一步发展的蓝图。

自 20 世纪 80 年代以来，传播业成为社会发展和经济增长的重要组成部分。文化信息和媒介产业成了发达国家与发展中国家（如中国）的主要经济增长点。尤其是随着 20 世纪 70 年代"石油危机"的爆发，信息被看成了发展经济的原材料和对社会进行治理的新的手段。"文化民主化""数字化民主""网络公共空间""参与民主"等具有明显未来学特征的术语成了翻译与挖掘信息传播技术巨大潜力的象征工具。阿兰·孟克的报告《社会的信息化》（1978）、亨廷顿等的报告《民主危机》（1975）、克林顿和戈尔的报道《美国的经济增长：构建经济实力的一个新方向》（1993）、班格曼的报告《欧洲与全球信息社会》（1994）、泰利的报告《信息社会》（1994），提纳·詹姆士报告

---

① ALLEYNE M D.International communication theories[M]//LITTLEJOHN S W, FOSS K A. Encyclopedia of communication theory. London:SAGE, 2009:538.

② 埃斯科瓦尔. 遭遇发展：第三世界的形成与瓦解[M].汪淳玉，吴惠，潘璐，等译. 北京：社会科学文献出版社，2011：49-50.

《非洲发展中的信息传播技术》(2005)、凯瑟琳 L.曼的报告《加速美国的全球化:信息技术的作用》(2006),这些作品基本上都成了这种技术乐观主义的注脚,在这里“数字鸿沟”及信息流动的不对称或不平等消解在技术乐观主义的狂欢之中。

在定义和方法上,发展本身经历诸多变迁,从外部援助到自我依靠(self-reliance),从资本密集型经济活动到劳动力密集型经济活动,从根除传统到从地方(indigenous)文化着手。连接所有这些变化的主线的思想是:发展是一些国家所达到的状态,其他国家也必须达到;作为主要能指,发展建立了一种规范,其力求避免把位于自己视界外的社会看作是具有相同合法性和行得通的社会系统。[①] “发展”概念包含着诸多维度,如实践、制度、规则等;从学科的角度来说也是多元的,如经济的、社会的、政治的、心理学,等等。“发展话语因此已经成了一种对世界进行描绘、分类和认识的主要方法……发展成了‘一种世界得以构建的阐释格栅’。”[②]关于发展与传播的思考,基本上有两种思路:其一是一种主流范式,认为社会问题来自信息的缺乏,认为发展中国家的问题由传统社会的价值观造成,缺乏有关现代化的信息,是一种单向的、由中心向边缘的传播模式;其二从参与(participatory)观点出发,把问题看作是权力结构不平衡的结果,其试图强化与社会成员的合作,并为他们赋权(empower),使他们有能力来控制影响自己的问题,而不是从外部干预和强加,是一种双向的传播图景。[③] 不过随着社会的发展,这两种思路不再孤立,而是走向融合。

传播不仅是地缘政治的问题,也是社会治理的问题,同时也是国民经济的问题。为了国民经济的发展,合适的传播政策成了国家发展规划的关注点,在这里,传播政策不仅涉及文化与媒介产业政策,更涉及疏导社会、政治、经济信息流动,以及促使社会发展(或社会转型)的策略规则。

---

① SEMATI M. New frontiers in international communication theory[M]. Lanham:Rowman & Littlefield Publishers, INC, 2004:38.

② SEMATI M. New frontiers in international communication theory[M]. Lanham:Rowman & Littlefield Publishers, INC, 2004:9.

③ VOLKMER I.Globalization theories[M]//LITTLEJOHN S W, FOSS K A. Encyclopedia of communication theory. London:SAGE, 2009:543.

# 第二节　发展传播

传播与发展的关系早已见诸很多学者的论述之中,如阿芒·马特拉在《全球传播的起源》中关于文明与传播的阐述,“大约在1860年,传播被赋予‘文明使者’地位。它的普遍性就是英国维多利亚帝国的普遍性。从铁路网络、电报、海下电缆以及苏伊士运河和蒸汽航运把世界表达成一个‘巨大的有机体’,其中所有的成分都相互依赖……这种早期网络是新的‘有机团结’的物理表达方式,这种实证主义概念与以往作为道德义务的‘相互依赖’形成了鲜明的对比。最早的调节传播流动的国际组织就采用了这种有机依赖形式”①。现今的“发展传播”概念往往被追溯到二战结束。

## 一、发展传播的渊源

据说,“发展传播”(development communication)概念最早由诺拉·C·科布拉尔(Nora C. Quebral)于1972年杜撰出来,并把其界定为:“与有计划的社会变迁联系在一起的人类传播的艺术和科学。这种变迁使一个社会从贫困状态过渡到经济增长有力的状态,并产生更多的平等,更能展示个人的潜力。”②但也有人说,1953年以后在麻省理工学院(MIT)教书的美国经济学家丹尼尔·勒纳(Daniel Lerner)面对传媒在西方现代化发展中的作用撰造了“发展传播”一词,用来描述“最早把媒介作为‘传统’社会(即发展中国家)转型驱动器来战略性使用的‘现代’方法。”③不过总体上,“发展传播”成了20世纪50年代以来的社会科学,尤其是传播学的关键词。一般地讲,第二次世界大战被看作“发展传播”方案的加速点,它是“重点援助、介入、现代化计划开始的重要时刻。”④“尽管发展传播可追溯到20世纪40年代在世界各地为发展所进行的各种努力,但是该词的普及源自第二次世界大战所引

---

① MATTELART A. Les nouveaux scénarios de la communication mondiale [J]. Le monde diplomatique, AOUT 1995:24-25

② QUEBRAL N C. What do we mean by “development communication” [J].International development review,1973, 15(2):25-28.

③ VOLKMER I. Globalization theories[M] //LITTLEJOHN S W, FOSS K A. Encyclopedia of communication theory. London:SAGE, 2009:445.

④ MCPHAIL T L. Reframing the role of the media[M]. Hoboken:Wiley-Blackwell,2009:2.

起的问题。传播学在20世纪50年代的兴起见证了一个学科被承认的过程，丹尼尔·勒纳、威尔伯·施拉姆(Wilbur Schramm)、埃弗雷特·罗杰斯(Everette Rogers)等都是早期的倡导者。"[①]"当时流行的看法是，发展中国家的传统实践应该被取代，或至少通过从外部输入近来已'取得的'进步来加以补充。大众传媒被认为具有导致这种变化的主要潜力，可以'通过把现代化的春风吹进孤立的传统社会中，用西方社会的生活、价值和行为结构来取代后者。大众媒介被看成把新思想和实践从发达国家带入发展中国家、从城市带到农村的理想工具。决策者们坚信，通过大众媒介(在这里，信息呈线性传输，基本上从上到下、从点到面)的传播能够改变人们的观点和态度。"[②]大众媒介不仅被看作社会变化的指数，而且也被看作社会化的因素。[③]

美国总统哈里·杜鲁门的"第四点方案"成了现今"发展传播"理论主要的直接推动力。在1949年1月20日的讲话中，杜鲁门把发达(development)和欠发达(underdevelopment)做了区分。[④] 杜鲁门在他的《国情咨文》提出了"第四点方案"，涉及"欠发达/发达"这组概念，该概念后来进入联合国宪章第55条。杜鲁门对美国人说："第四点，我们必须发起一个新的大胆计划，用我们的技术优势和科学成就来改善和促进欠发达地区的增长。这个世界一半以上的人生活在贫困之中。他们缺乏食物，受到疾病的折磨。他们的经济生活是原始的，死气沉沉的。他们的贫困对他们自己和发达地区既是一个障碍，也是一个威胁……就是靠帮助弱势成员来使人类大家庭过上体面和自足的生活。只有民主才能提供一种活跃力量，它动员大家采取一种行动，使他们不仅战胜压迫者而且战胜他们长期的敌人：饥饿、贫困和绝望。"[⑤]在第四点方案中，现代技术与资本被看作是促进发展的两个重要力量，但对技术的依赖远超过资本，因为决策者们相信技术会以较低的成本带

---

① PANNU P, TOMAR Y A. ICT4D: information communication technology for development[M].Delhi: I K International Publishing House Pvt. Ltd, 2010:50.

② United Nations. Communication for development: strengthening the effectiveness of the United Nations [R]. United Nations Development Programme, 2011:2.

③ SEMATI M. New frontiers in international communication theory[M]. Lanham: Rowman & Littlefield Publishers, INC, 2004:8.

④ SEMATI M. New frontiers in international communication theory[M]. Lanham: Rowman & Littlefield Publishers, INC, 2004:47.

⑤ TRUMAN H S. First inaugural address [EB/OL].[2015-09-12].http://teachingamericanhistory.org/library/index.asp? document=1188.

动社会的发展。

“发展”被看成一种普遍的现代化过程,一种实现社会变迁的发展方案,该理论主要于1945—1965年在北美的一些重点大学中被构思出来,并被专业化与制度化。“这种理论把社会发展看作阶梯式的线性发展模式:欠发达状态过渡到发达状态。根据这种信仰,社会创新由中心向边缘地区扩散。因此,这里没有特殊文化的位置,人们怀疑它们的创造能力,这些‘他者’被认为没有历史,没有文化。创新的愿望只能从高向低、从发达地区向落后地区扩散。这些文化被打上了传统的烙印,并且被社会工程学家看作是通向欧美现代性典范的一个障碍。”①“(这种)社会政治理论把殖民人类学的理论遗产和20世纪30年代的功能主义分析概念以及西方历史的新韦伯主义解读结合起来,试图生产一种从传统社会到现代社会过渡的普遍理论,即从欠发达到发达的过渡……现代化话语是美国发展模式的自我合法化,认为自己应该把这种范式扩散到全世界,使全世界人民享受‘美国梦带来的好处’…… 问题的关键在于如何使现代化的成分代替不发达国家中的传统因素。”②这个理论的作用是不能被轻视的,可以说它与当时美国建立自己霸权的政策是分不开的,而且成为发展意识形态的依据。随此理论而来的是二战后拉美学者对文化帝国主义和媒介帝国主义思想的阐释,以及对由此产生的社会、政治、经济乃至文化依附现象的反思。“文化帝国主义”“媒介帝国主义”“依附理论”成了当时社会科学解读发达国家与第三世界关系的主要理解格栅,而且也成了社会科学批判学派的理论动员工具。

我们从众多的文献中可以看到,“发展传播”研究等多起源于借助信息传播或扩散来促进第三世界或落后国家(试验场地主要包括亚、非、拉地区)的农业发展的理念:“发展传播产生于农业传播。该词语不仅包含农业而且涵盖人口、饮食、卫生、教育、住房、就业等”③。随后该概念又被用于国家、地区与世界的发展战略。传播不再局限于现代化信息的单向传输,而且成了双向互动的、为普通民众赋权、促进社会参与和政治、经济发展的战略工具。

---

① 朱振明. 传播世界观的思想者[M]. 上海:上海交通大学出版社,2011:191.

② PEEMANS J P. Le rôle de la modernisation dans les rapports entre impérialisme, capitalisme et développement[J].Cahiers Marxistes, 2007(236):50.

③ PANNU P, TOMAR Y A. ICT4d information communication technology for development[M].Delhi:IK International Publishing House Pvt. Ltd, 2010:50.

## 二、发展传播的定义

"发展传播"的定义繁多,有的是研究者的定义,有的是国际机构的定义。每一种定义实际上都括定了传播所关注的学科和实践范围。

> 发展传播是这样一个过程,它借助媒介(印刷、广播、电话、视频、互联网等)或教育(培训、扫盲、上学等)系统地、战略性地使社会发生良性变化。这种变化可能是经济的、个人的、也可能是精神的、社会的、文化的和政治的。①
>
> ——托马斯·麦克菲尔

> 发展传播指传播被用于进一步发展。这种应用或旨在广义的进一步发展,如增加大众媒介在一个国家民众中的曝光水平以便为发展创造一个好的氛围,或支持一个具体的发展项目。这种形式的发展传播常常被称作发展支撑传播(Development Support Communication)。②
>
> ——埃弗雷特·罗杰斯

> (发展传播)强调需要支持对话的双向传播系统,让不同社区发言,表达自己的愿望和关注,参与事关自己发展的决策。③
>
> ——联合国

> 发展传播是一个基于采用广泛工具和方法进行对话的社会过程。它寻求不同层次上的变化,如倾听、建立信任、分享知识和技

① MCPHAIL T L.Reframing the role of the media[M]. Hoboken:Wiley-Blackwell,2009:3.

② PANNU P, TOMAR Y A. ICT4D information communication technology for development[M].Delhi:IK International Publishing House Pvt. Ltd, 2010:50.

③ UNESCO. UN Agencies and Communication for Development[EB/OL].(2009-03-26)[2020-10-22]. http://portal.unesco.org/ci/en/ev.php-URL_ID=21370&URL_DO=DO_TOPIC&URL_SECTION=201.html.

术、制定政策、为稳定的意义变迁辩论。它不是公共关系或商业传播。①

——2007 年发展传播世界大会

发展传播是一个采用丰富多样工具和方法进行对话的社会过程。它寻求不同层次上的变化，如倾听、建立信任、分享知识和技术、制定政策、为稳定的意义变迁辩论。它不是公共关系或商业传播。发展传播超越了便于积极参与和对话的信息传播。它强调增强意识的重要性，强调发展、地方知识、体验学习和信息共享的重要性，农村人群及其他利益攸关者在政策制定中的参与。②

——联合国粮农组织（FAO）

发展传播是项目发展中的战略传播整合。战略传播是一个有力的工具，它能够提高发展项目的成功机会。它努力使行为改变，不仅仅是扩散信息、发展教育和增强意识。③

——世界银行

虽然“发展传播”有不同的定义，但这些定义基本上都有一个相似的意图：就是用传播来促进社会的发展和现状的改变。在这种发展和转变中，虽然“发展传播”可用来指“研究营销和舆论以便开发有效的传播”，但论述较多的是“用传播来促进社会的发展”④。前者关注量化调查的结果和心理行为的技术分析，后者则注重系统地利用传播的过程、策略、原则、工具和手段使社会积极地发生变化，即试图生产一种从传统社会到现代社会过渡的普

① The Communication Initiative & Food and Agriculture Organization of the United Nations & World Bank. World Congress on Communication for Development：Lessons, Challenges, and the Way Forward[R]. The World Bank：World Bank Publictions. 2007：xxxiii.

② FAO. Communication for development[EB/OL].[2016-10-21].http：//www.fao.org/oek/oek-what-we-do/communication-for-development/en/.

③ World Bank. What is development communication[EB/OL].[2016-10-21]. http：//web.worldbank.org/WBSITE/EXTERNAL/TOPICS/EXTDEVCOMMENG/0,,contentMDK：20240303～menuPK：34000167～pagePK：34000187～piPK：34000160～theSitePK：423815,00.html.

④ Development communication[EB/OL].[2016-10-21]. http：//en.wikipedia.org/wiki/Development_communication#cite_ref-0.

遍理论,即从欠发达过渡到发达。后者的传播作用被法国学者阿芒·马特拉描述为“文明的使者”。

随着发展传播的扩展,关注点已不仅仅是早期的借助媒介来实现社会的变迁,尤其是第二次世界大战后北美媒介功能主义在第三世界国家所进行的技术扩散试验,而且扩展到了人口、饮食、卫生、教育、住房、就业方面等。于是发展传播的常用方法关键词涉及:信息的扩散与教育,行为的改变,社会营销,社会动员,媒体倡导呼吁,社会变迁传播,参与性发展传播,等等。如联合国在2011年就把传播发展实践的主要趋势划分为四种:“(1)旨在改变行为的传播;(2)旨在改变社会的传播;(3)推销某些思想的呼吁传播;(4)旨在支持和强化良好媒介传播环境的传播。”①改变行为的传播被认为是一个互动过程,利用不同的传播渠道来鼓励和维持积极与合适的行为,如20世纪50年代的英国BBC有关健康的节目,以及目前的印度借助低成本的现代传播手段(如手机)向农民传输农业经验与提供产品销售与种子信息。

自20世纪90年代以后,随着认识的深入,个人行为被看成社会、政治、经济和文化背景的一部分,教育、社会营销、公共政策、媒体呼吁、公共关系等策略都被吸收进来。社会变迁传播强调“对话”概念,把对话看成发展的中心,以方便穷人的参与和赋权。强调水平对话的重要性,看重人在社会变迁中的作用,看重协商技巧和伙伴关系。呼吁传播影响政治气候、制定政策和纲领、规范社会、决定资助并就有关具体问题进行支持和赋权,目的在于获取治理、权力关系、社会关系、态度和机构功能中的变化。改变传播环境的传播强调传播的力量,包括职业和机构基础设施,强调有必要实现一个为公共服务的自由、独立和多元的媒体,实现对不同传媒渠道以及社会电台的近用,实现没有歧视的广播行业的制度环境以及媒介责任制度,追求所有群体能够发声并参与辩论和制定政策。从这些关于发展传播的不同方法和认识中,我们可以看到,发展传播只是人类社会发展的某个方面的问题与局部的认识,充满了现象学的解释特征,需要从综合的角度来审视。

---

① United Nations. Communication for development: strengthening the effectiveness of the United Nations [R]. United Nations Development Programme, 2011: 7.

## 三、发展传播的流派

发展传播研究的流派有着不同的划分标准:有的参照地域,有的参照研究的路径,等等。如菲律宾的罗托尔(Abe V. Rotor)博士就做了很有意义的总结,在不同地区存在着不同的发展传播学派,从经验实证的角度分为:(1)布雷顿森林学派;(2)拉美学派;(3)印度学派;(4)非洲学派;(5)菲律宾罗斯巴诺斯(Los Baños)学派;(6)控制论学派;(7)参与学派。① 布雷顿森林学派主要与二战后的国际政治经济形势联系在一起,随着布雷顿森林体系、世界银行(WB)和世界货币基金组织(IMF)的建立,西方资本主义国家的现代化模式被看作解决发展中国家落后现状的手段,主要在拉美地区被推行,这种传播更多与联合国、联合国粮农组织(FAO)、洛克菲勒基金、福特基金等组织(1944)联系在一起,其中的理论思想家来自北美大学中的传播功能主义学派,如罗杰斯、施拉姆等。罗杰斯就常常被称作"发展传播之父",他的《创新与扩散》(1962)被看作经典之作。北美在拉美的媒介功能主义思想常常与对文化帝国主义的批判联系在一起。拉美学派的历史超越布雷顿森林学派,可追溯到 20 世纪 40 年代的哥伦比亚 Sutatenza 和玻利维亚 Minera 电台早期所做的努力;他们采用参与和传播农村教育方式来增强被边缘化地区的能力,并成了世界参与广播的早期模式。拉美学派常常容易被忽略的是自由神学(Liberation theology)所产生的影响,与天主教相联系的自由神学成了拉美发展传播意识形态的重要组成部分,而且也构成了拉美社会活动的心理意识背景。自由神学基本上有三个延续的发展阶段:"第一阶段开始于 1891 年,与其相伴随的是《新通谕》(*Rerum Novarum*)的发布(影响着教友公会及社团主义的产生)。该《新通谕》号召社会公正和结束对工人的剥削。第二个阶段开始于 20 世纪 50 年代,其主要集中在拉美要求改革和社会公正的神职人员当中。第三个阶段开始于 20 世纪 80 年代,其扩展到其他宗教,尤其是清教徒(在此时期,教会成员被告知时代贫穷不是上帝的意愿,经济上服务和自足成了新的宗教伦理)。"②思考拉美发展传播,不能忽略自由神

---

① ROTOR A V. Development communication - catalyst of socio-economic change[EB/OL].(2010-11-10)[2011-11-21].http://avrotor.blogspot.com/2010/11/development-communication-catalyst-of.html.

② MCPHAIL T L. Reframing the role of the media[M]. Hoboken:Wiley-Blackwell,2009:11.

学。印度学派也可追溯到20世纪40年代早期的农村广播,在联合国的帮助下,大学和研究机构通过广播网络传播信息来促进发展。非洲学派产生于20世纪六七十年代的脱殖民时期,非洲英语区国家尝试用广播来实现教育、健康和农业状况的改善。罗斯巴诺斯学派随着科布拉尔(Nora C. Quebral)20世纪70年代有关发展传播的著作扩展开来,科布拉尔既被看作"发展传播"(1972)一词的撰造者,又被看作"发展传播之母"。该学派广泛地关注教育、科学、策略、健康等方面的传播。控制论模式涉及信息科学,认为社会崩溃是一种熵,如果信息对熵(entropy)产生影响,那么就必须存在阻止社会崩溃的具体信息;这种信息的交换——不管是个体层面,还是群体和社会层面——就被称作发展传播。参与学派主要涉及社团的参与发展,涉及发达国家和发展中国家传播组织和机构间的合作。

发展传播理论的分类是多种多样的。玻利瓦尔学者阿尔冯斯·达格隆(Alfonso Gumucio-Dagron)简单地把发展传播理论划归为两类:一类是受现代化理论、美国二战信息传播策略和广告工业启发而来的发展传播,另一类重视第三世界反殖民和反独裁的传播,其理论是依附理论。① 美国学者托马斯·麦克菲尔(Thomas L. Mcphail)则从理论分析的角度把发展传播理论划分为文化帝国主义理论、参与传播、娱乐教育。② 在他看来,文化帝国主义理论更多与赫伯特·席勒(Herber Schiller,1919—2000)的作品联系在一起,其质疑发达国家发展模式推广的模式与动机,这属于传播政治经济学派的问题,考量信息流动的占有、挪用和权力的关系。参与传播反对传播的线性模式,提倡草根组织的参与,其中文化被看作应该被坚守的东西。娱乐教育学派试图结合媒介,尤其广播与电视剧本以促进社会的积极变化,如CBC的"农场广播论坛"(Farm Radio Forum)和BBC的"射手"(The Archers)等栏目。又如,"发展新闻(development journalism)一词被创造于1968年,它与当时的经济报道培训项目联系在一起"③。另一位美国学者斯里尼瓦斯·梅克特(Srinivas R.Melkote)对发展传播学进行了相对详细的划分,在他的发展

---

① DAGRON A G. Comunicacion para el cambio social:clave del desarrollo participativo[J]. Signo y Pensamiento, 2011,30(58):28.

② SEMATI M. New frontiers in international communication theory[M]. Lanham:Rowman & Littlefield Publishers, INC, 2004:47

③ SEMATI M. New frontiers in international communication theory[M]. Lanham:Rowman & Littlefield Publishers, INC, 2004:41.

传播学视角下，传播、现代化、发展、参与和赋权成了关键词。关于发展传播的研究基本存在以下四种视角：（1）现代化视角，该视角以新古典经济学理论为基础，集中于资本主义经济发展理论，美国的功能主义传播学对此做出了贡献；（2）批判视角，往往与帝国主义的文化与经济扩张联系在一起，常将文化帝国主义和经济帝国主义概念联系在一起，更多体现于对传播批判政治经济学派的研究；（3）自由（liberation）或神学视角，这种视角主要来自拉美，与神学自由理论联系在一起，在这里，个人和社区的解放成了作为发展目标的自我依赖的关键；（4）赋权视角，该视角主要出现在20世纪90年代的传播学著作中，赋权（empowerment）与控制被引入与发展有关的理论与实践中。①

在这些视角下，发展传播的理论被划归在两个理论范式之下：作为主流的现代化范式和另类范式。另类范式是相对于规范性的、从上到下模式而言的不同理论范式。总体而言，现代化范式包括传播与现代化理论、创新扩散理论、受商业营销策略启发旨在扩散观念的社会营销方法以及借助大众媒介娱乐进行教育的娱乐教育策略；另类范式则含有参与行为研究模式和赋权，更多与寻求社会变革的传播的民主化和另类传播联系在一起。②中国的研究者也梳理了发展传播理论变迁，其成果代表了传播学教学与研究领域的普遍看法，认为："发展传播学大致经历了三个阶段，即（20世纪）50年代的现代化理论、60年代的依附理论、70年代以后的世界体系理论。"③这种划分参照系更多反映政治经济学的视角，而且从埃尔文·索（Alvin Y. So）《社会变迁和发展》那里获得启发，在1990年出版的这部著作中，社会发展研究被框定在四个阶段："在20世纪50年代，发展领域由现代化流派所支配。在20世纪60年代晚期，这个流派受到激进的依附理论的挑战。在20世纪70年代晚期，世界体系理论提供了一种另类的视角。在20世纪80年代后期，这三个流派逐渐走向了融合。"④

---

① MELKOTE S R.Theories of development communication[M]//MODY B.International and development communication：a 21st-century perspective. London：SAGE Publications, Inc, 2003：105-106.

② MELKOTE S R.Theories of development communication[M]//MODY B.International and development communication：a 21st-century perspective. London：SAGE Publications, Inc, 2003：109.

③ 夏文蓉.发展传播学视野中的媒介理论变迁[J].扬州大学学报（人文社会科学版），2007(3)：79.

④ SO A Y.Social change and development：modernization, dependency, and world-system theories[M]. London：SAGE Publications, Inc., 1990：12.

到了20世纪的八九十年代,随着传播文化信息的商业化和全球化,“发展话语开始聚焦于国家、市场和社会间关系的重新界定,寻找超越国家(如苏联模式的社会主义)和市场(如自由市场或放任自流的资本主义)的另类选择。这种工作很好地体现在安东尼·吉登斯(Anthony Giddens)提出的‘第三条道路’或社会责任资本主义思想中。这种思想把市民社会、公民参与和负责任的商业整合到国家的合伙关系中,以取得资本主义市场上的一种平衡。与此同时,受到东欧国家以外的社会力量的积极影响,拉美和撒哈拉南部地区的发展中国家都把市民社会看成一种引导社会变迁的力量”①。传播不仅是信息的扩散,作为跨学科的学科,传播学还被整合进社会的现代化方案之中。

## 第三节 发展传播与现代化

发展观念来自社会实践,随着社会人文科学的发展被提炼。“发展(development)概念来自某些历史事件,如欧洲和美国的工业革命,拉美、非洲和亚洲的殖民体验,北美社会科学的量化经验主义,以及资本主义政治、经济哲学。实际上,没有一个主导范式的定义,在20世纪五六十年代也没有简明的描述。”②现代化是同样用来描述社会政治、经济、社会发展的另一个概念。发展的目的也就在于实现现代化,用一种由“功能组织”的社会模式代替另一种靠“阶层”(caste)或“荣誉”(prestige)组织的社会模式。具体地说,“一个传统的社会是根据阶级或阶层等级区分在纵向上组织起来。而一个现代社会是根据功能在水平方向进行组织,重要的功能由规范的社会体系来承担。这些重要的社会体系包括政治体制、公共管理(公民服务)、武装力量、法律体系、经济、宗教、教育、健康服务和大众媒介”③。借助传播及其技术来发展是选择路径,现代化是发展的目的。现代化所表现出的社会的现代性需要通过一系列社会的政治经济制度、体制、规范与价值观表现出来,在西方社会表现为城市化、多党政治、三权分立与权力制衡、市场经济体制、充分

---

① TAI Zixue.The Internet in China:cyberspace and civil society[M].London:Routledge, 2006:48.

② MELKOTE S R, EVERETT M. Rogers and his contribution to the field of communication and social change in developing countries[J]. Journal of creative communications,2006,1(1):111.

③ CHARLTON B, ANDRAS P.The modernization imperative[M]. Devon:Imprint Academic, 2003:3.

发展的市民社会等。

现代化范式不仅来自社会学理论也来自经济学理论,作为社会学隐喻的达尔文的有机体进化思想成了解释社会发展与变迁的参照,社会演化要从低级向高级阶段过渡。① 人类社会发展的现代化范式,主要在于描述,现代化是一种社会、政治、经济等构型向另一种所谓“高级的”构型的转变或过渡,是一种社会、政治、经济文化向另一种类型文化的转变,如封建或领主的文化向市民或公民文化的转变,从小农(或垄断)经济向现代市场经济文化的转变,从极权政治文化向现代民主政治文化的转变。总体而言,传统社会被描述为“从上到下的、金字塔式的”、纵向的权力结构,而现代社会则是一个靠“相互依赖而结成的、马赛克式的”、横向的社会形态。② 现代化是一个综合的过程,不过被有的学者细化为“一种社会模式”“社会演化”“个体的变化”以及“话语”,③但我们要清楚地认识到,这几方面是现代化现象的现象学描述中的几个视角“变更”。随着社会的发展与变迁,必须用“复杂”的观点和跨学科的知识来审视发展,形成认识与辩论。“现代化视角把世界分成‘传统的’和‘发达的’社会。在这种视角下,发展的目的就是方便一个社会从传统向发达状态的转型,这是一个单向的、不可逆转的运动。” ④ 按照这种观点,现代化就是从“传统的”向“现代的”社会状态的过渡过程。若从西方中心主义观点来看,现代化意味着发展中国家或第三世界国家要遵循西方的发展模式,以批判传统价值观和接受西方价值观。

“现代的”开端可以追溯到12世纪的文艺复兴的早期,更直接的根源则可以追溯到17世纪的科学革命。⑤有关“现代化”的理论主要可追溯到19世纪晚期欧洲的社会思想家那里,如涂尔干、马克思、滕尼斯、韦伯等。这些思想家从英国和美国的早期现代化经验那里获得灵感,他们的著作为现代化理论提供了一系列用来描述人类从农业社会向工业社会变迁过程的标志性

---

① MELKOTE S R.Theories of development communication[M]//MODY B.International and development communication:a 21st-century perspective. London:SAGE Publications, Inc, 2003:107.

② CHARLTON B, ANDRAS P.The modernization imperative[M]. Devon:Imprint Academic, 2003:3.

③ MELKOTE S R, STEEVES H.L. Communication for development in the third world:theory and practice for empowerment[M]. 2nd ed. London:Sage Publications, 2001:100.

④ SEMATI M. New frontiers in international communication theory[M]. Lanham:Rowman & Littlefield Publishers, INC, 2004:8.

⑤ 布莱克.比较现代化[M].杨豫,陈祖洲,译. 上海:上海译文出版社,1998:11.

概念：地位/契约（status/contract）、机械的/有机的团结（solidarity）、社区/社会、魅力的/官僚理性的权威（charismatic/bureautic-rational）、合理化（rationalization）等。这些概念体现了这种转变过程中的社会规范与社会关系所经历的变化。

"现代化"概念包含着与人类社会发展有关的一系列解释。一般认为现代化是传统社会向现代社会的转变过程，是多层面的转变过程，使传统社会转变得具有现代性的特征，如经济的工业化与市场化，政治的民主宪政，发达的市民社会。"从历史角度来看，世界的现代化进程无疑首先发生在西欧，然后再传播到欧洲其他地区和北美，从本世纪（20 世纪）开始，亚洲、非洲和拉丁美洲的所有国家也都先后开始了现代化进程。正因为这个原因，最初的现代化理论家都把现代化定义为'西欧和北美产生的制度和价值观从 17 世纪以后向欧洲其他地区的传播过程，18 世纪至 20 世纪向全世界其他地区的传播过程。'把现代化进程看作是西方文明向全世界传播的过程，实质上是把现代化简单地理解为西方化。"①

由于国际环境和意识形态背景不断变化，如主要的民族独立浪潮和东西阵营的对抗，美国政府不断地调整自己的外交政策，在调整政策的过程中，美国的学者（社会科学家）成了现代化理论构建的重要贡献者。为了实现发展和现代化，他们从不同角度对通过发展实现的现代化过程进行了研究。例如，在经济方面，罗斯托（Walt W. Rostow, 1916—2003）在 1959 年发表了《经济发展的阶段》（*The Stages of Economic Growth*），他从英国的工业发展历史出发，描述了从传统社会到大规模消费社会所经历的阶段，为那些不发达地区指出了走向现代化的路径。在技术方面，威尔伯·施拉姆（Wilbur Schramm，1907—1987）的《大众传媒和国家发展》（*Mass Media and National Development*，1964）认为传播技术能促进社会的现代化发展。技术在现代化理论中起着重要的作用，因为人们相信技术能够促使不发达地区加快发展。"在拉丁美洲传播研究和培训中影响最大的就是施拉姆和他的学生。"②在思想观念方面，罗杰斯认为"经济的增长与科学价值观构成解决不发达问题的

---

① 杨豫.译者前言[M]//布莱克.比较现代化.上海：上海译文出版社，1998：1.

② MATTELART A. Communication and class struggle：v.1[M].Amsterdam：International General，1979：31.

关键主题"①。在社会学方面，帕森斯（Talcott Parsons，1902—1979）则从文化的角度把社会分成不同发展阶段：原始、过渡、现代，并对社会的发展做了结构性比较分析，描述了不同社会类型的结构和功能，②这为发展理论提供了社会学方面的概念参照。

在指向现代化的发展传播文献中，关于传播与现代化关系的论述，主要是从二战后地缘政治的视角来进行的。"大众传播媒介被认为是社会发展的首要动力。这种观点在20世纪五六十年代非常流行，当时的关注点被集中到重要的大众媒介之上，忽视了人际间、组织网络以及地方的传播网络。像报纸和广播这些大众媒介被赋予传播信息的重要任务。政府当局、问题专家以及推广代理往往在广播电台或走家串户，去讲解怎样才能拥有一个较小的家庭、增加农业收入，如何才能过上健康的日子。传播流动具有等级体系，是单向的、从上到下的。这种情形在20世纪70年代开始发生变化。"③与这种情形相伴随的是传播主体性的回归，即传播受众的接受主体性以及作为宏大主体的国家的主体性回归。按照线性传播模式单向的、由中心到地方的信息传播或技术扩散已不足以解释这个问题：借助大众媒介来进行的发展传播为何达不到预想的目标（如农业改革、计划生育政策、远距离教育）。美国式的功能主义传播社会学（如勒纳、施拉姆、罗杰斯等）受到了质疑。"作为北美扩散主义先驱之一的埃弗雷特·罗杰斯（Everett Rogers）在1976年不得不坦白承认由扩散主义启发的理论和实践方法是行不通的，并注意到由'自我依赖'思想引起的新的发展模式：线性扩散的'说服式'传播模式失去了吸引力，新传播模式的关键概念成了对话传播、参与传播。"④

总之，普遍的现代化理论的基本思路在于：首先，西方国家是发达国家，其他是欠发达国家；其次，发展要经历传统社会到发达社会的过程；最后，欠发达国家由不发达状态过渡到发达状态。在作为中心的"发达"与作为边缘的"欠发达"之间，"互动的内容也产生了变化：思想救赎、投资救赎、传播救

① MELKOTE S R，EVERETT M. Rogers and his contribution to the field of communication and social change in developing countries[J]. Journal of creative communications，2006，1(1)：112.

② RITZER G，GOODMAN D J. Classical sociological theory[M]. Beijing：Beijing University Press，2004：450.

③ MELKOTE S R，STEEVES H.L. Communication for development in the third world：theory and practice for empowerment[M]. 2nd ed. London：Sage Publications，2001：249.

④ MATTELART A. Penser les medias[M]. Paris：La Découverte，1986：237.

赎、经济整合救赎等。这就是说,边缘地区向中心地区的过渡是通过发达地区向欠发达地区输出思想、投资、传播技术来实现的,或把后者的经济整合到全球化过程中来达到发展的目的。”①这种借助传播来实现的传播模式更多是一种西方中心主义观点,一种线性发展传播过程,信息或技术由发达地区(或中心)向不发达地区(或边缘地区)扩散,其传播学灵感来自美国早期香农的数学线性传播模式,常说的“欧洲中心主义”就是其中的发展传播思路的见证。欧洲中心主义(eurocentrism)是一种现代现象,一种到19世纪才盛行的现象,是一种种族中心主义,其与“地方的记忆”联系在一起。“它是一种反普遍主义(anti-univeralist),因为它对寻找人类发展普遍原则并不感兴趣,它主张所有民族对西方模式的模仿是面对时代挑战的唯一解决办法。”②

不过这种以西方为中心的现代化或发展逻辑(实际上是一种线性发展模式)受到了批判,因为其“忽视了对各类正在现代化的社会内部文化传统的研究……对于任何一个社会来说,现代化作为社会变化的一种进程,不可避免地要同传统文化发生互动……与其说现代化是与传统文化的决裂,还不说它在实质上是传统的制度和观念在科学和技术基本的条件下对现代社会变化需要所作的功能上的适应。因此现代化理论的首要任务是从各种社会内部的文化传统本身出发,加强对文化传统的研究,以确定在新的时代和条件下应当保留哪些有利于现代化的因素,抛弃哪些阻碍现代化的因素。”③换句话说,现代化理论的构建与文化的多元性分不开,现代化过程并不是技术与观念线性地从中心向地方扩散过程,发展传播除了与信息的扩散与传播相关,还与地方或局部的人类学(尤其文化人类学)以及地理学等因素联系在一起,与复数社会与复数文化概念联系在一起,世界是一个社会与文化多元化的世界。

在全球化加剧的过程中,民族主义成了这种趋势的平衡器,与全球化相伴随的是向“地方的”回归。作为“想象的共同体”,国家的发展与现代化是与不同民族、文化与社会的具体情况相联系的。随着这种回归,传播在现代化中发挥的作用逐渐与具体情景结合起来,“多元性的统一”展现了世界多

---

① 朱振明.传播世界观的思想者[M]. 上海:上海交通大学出版社,2011:100.

② AMIN S. Eurocentrism[M].London:Zed Books, 1989:vii.

③ 杨豫.译者前言[M]//布莱克.比较现代化.上海:上海译文出版社,1998:4-6.

元文化与社会共存的意象。文化人类学视角下的传播与现代化成了"传播建构社会"的重要途径。在这种视角下，"传播是一切社会交往的实质"①"信息与传播成为嬗变中的生产体制的行为主体"②。先进的信息处理手段与信息传播系统已介入社会政治经济的制度与体制的建构与解构之中。"媒介通过媒介化的表象成为一种社会关系的组织方式。"③日常传播行为，如商品消费（物品或内容）、报纸、广播、电视、互联网、社会媒体及随之而来的博客、微博、论坛发帖、跟帖、网络辩论等，成了最直接的制度性传播行为，传播技术促进并加速了现代化话语与舆论的形成，具有了设置议题和影响公共决策或政府决策的潜力。

## 第四节　传播与发展的前景

从杰克·伦敦（Jack London，1876—1919）在1915年赞扬"电影图像采用都能理解的语言来传播知识"到拉丁美洲的20世纪五六十年代的传播发展战略，从马歇尔·麦克卢汉的"地球村"到兹比格纽·布热津斯基的"地球城"，从"信息社会"到"全球信息社会"再到"知识社会"，传播成了社会"进步"的隐喻。随着传播技术的发展，从陆路和水上交通网络到铁路交通网络、从电话电报网络到计算机技术网络，每一种传播网络的出现都是对时间和空间管理的一种修正。"'弥赛亚'就隐含在传播的想象之中，对时间和空间控制的每一次飞跃都会见证对一种新社会的承诺：相互依赖的、透明的、自由的、平等的和繁荣的。"④如丹尼尔·贝尔在1980年英文版《社会信息化》的导言中所说，"明显的是，这个词（电脑通信技术）表现了一种新的事实，一种创新，它像19世纪的铁路和电力那样改变着社会"⑤。马特拉认为，自19世纪开始，传播救世的意识形态就埋下了根基，传播被赋予了"文明使者"的身份。从20世纪五六十年代的媒介功能主义发展论（大众传播成了"期望增长革命"的注脚）到西方70年代利用信息技术摆脱"管理性"危机，

---

① 陈卫星. 以传播的名义[M].北京：北京广播学院出版，2004：3.

② 陈卫星. 以传播的名义[M]. 北京：北京广播学院出版，2004：40.

③ 陈卫星. 以传播的名义[M]. 北京：北京广播学院出版，2004：70.

④ MATTELART A. Jeter les bases d'une information éthique [J].Le Monde Diplomatique, 2003(12):32.

⑤ NORA S, MINC A. The computerization of society[M].Cambridge:The MIT Press, 1980:vii.

信息被看成原材料，被看成新形式的能量，传播因素成了不发达或危机社会走出困境的工具。到了 20 世纪 80 年代，随着电子和信息技术的飞跃式发展，传播不但成了进步和信息社会技术网络发展的同义词，而且也成了衡量增长和民主的标杆。在 20 世纪 90 年代，美国前副总统阿尔伯特·戈尔提出了旨在建立一个新的"雅典民主时代"的信息高速公路，并把私人开发的网络看作解决社会经济不平衡发展和团结的工具。历史在重现，"两个多世纪以前，传播概念通过'道路'进入现代性之中，而以非物质网络和不可触摸流动为特点的后现代时代又在高速公路网络的隐喻下来临"①。信息社会和信息传播似乎成了人类社会进步的阅读格栅。

在传播与发展的关系中，我们要避免把"发展"仅局限于社会与经济领域。应当把"发展"看成"一个社会正确选择的自己预定目标及最有效的手段"。"发展因此意味着参与和合理性。参与意味着，选择目标必须正确，不能把该选择留给一个特权群体；合理性在于，手段的选择过程应当成为一种科学层面上的算计，旨在使效率最大化。"②在有的学者看来，发展意味着世界观的转变：用通过社会内部成分互动实现自决的观念（或集体表达）来替代小群体行为掌握社会发展方向的观念（或集体表达）。③ 前者体现一种能够自觉选择自己价值观并有意识地去分享一个社会或群体价值观的开放的人格；后者则表现为无力面对自然，被动地接受某些个体或集体权威态度的封闭性人格，更多体现前工业社会（或前技术社会）的特征。从社会学的角度来看，发展作为一种有效的社会自决能力，需要两个条件：首先在文化层面上，必须存在围绕"参与""合理性"等社会价值观组织起来的集体表达和象征符号；其次，社会中必须存在大量的开放性人格。④ 而传播活动为实现这两个条件奠定了基础。

随着冷战的结束，世界两极化的终结，世界格局朝向多元化发展，宗教、宗族、民族主义以及不断增长的跨国化、信息流动的加速、被边缘化群体意

---

① MATTELART A. Le mondialisation de la communication[M]. Paris:PUF, 1996:95-96.

② GERALD F. La planification des mass media en vue du développement[J]. Communications, 1969(14):130.

③ GERALD F. La planification des mass media en vue du développement[J]. Communications, 1969(14):131.

④ GERALD F. La planification des mass media en vue du développement[J]. Communications, 1969(14):131.

识的觉醒、自然资源的锐减和环境问题，都成了可持续发展的新挑战，它们不断地改变问题以及发展议题。自 20 世纪 60 年代以来，“发展传播”议题已经历半个多世纪的学术认识与辩论，伴随这些辩论的是批判社会学家与北美功能主义范式的分道扬镳。随着全球化多维度的推进以及新媒体的迅速发展，“发展传播”中的单纯的“功能主义观点”与“批判观点”的二元认识已不足以解释社会发展中的信息与传播的作用。传播向“主体性”“日常社会生活”“地方的”“历史的”等的回归，意味着进步与发展需要与不同民族和国家的具体情况结合起来，并在日常生活中进行思考。

进入 21 世纪以来，世界的社会发展格局出现了新的变化：发达的西方资本主义国家的经济增长乏力，新兴国家与第三世界的一些国家展现了经济增长的势头。社会运动、传统的高福利制度、失业、分配、国债危机、不公等问题成了西方发达国家必须面对的问题。另外，新兴经济体（如金砖国家）崛起，不仅是经济层面上的崛起，而且也关系到社会的深刻转型问题。2011 年发生在美国的“占领华尔街”运动，成了一个促使人们反思西方政治经济体制的典型的案例，该运动最初由位于加拿大的“广告克星媒体基金会”发起，提议通过举行和平集会来抗议美国在解决 2000 年后期全球金融危机爆发以来的不作为，该运动波及美国的诸多城市以及加拿大、英国、日本、澳洲等国。抗议者提出口号：“建立一个美好的社会，我们不需要华尔街，我们不需要政治家。”中国社会科学院世界经济与政治研究所国际战略研究室主任沈骥如在分析世界政治经济形势后写道：“‘占领华尔街’运动不但蔓延到全美国，也蔓延到英国等欧盟国家，其规模之大，口号之尖锐，表明美国和主要西方国家多年积累起来的社会矛盾的爆发。过去美国和其他发达国家可通过跨国公司在全球汇回的盈利来提供社会福利资金和维持国内高工资。随着发展中国家特别是新兴经济体的崛起，海外利润越来越难以支持发达国家不断提高的工资和高福利标准了，于是西方国家政府越来越依靠债务来维持国内的表面安定。但是，这次金融危机和主权债务危机表明，这种向全世界借债来维持国内太平的做法是不可持续的。‘占领华尔街’运动对收入分配不公平的抨击、对金融大鳄贪婪的揭露、对失业率居高不下和政府无所作为的强烈不满表明，这些国家的民众要求变革现行制度的愿望已经难以压制，必将对 2012 年及之后一个时期的西方国家的生活方式、分配方式、财政制度和国内政治产生深远的影响。"[①]显而易见,传播与发展的问题不再局限于以往的狭义上的发展传播,信息传播被看作修正和构建新兴社会的政治经济秩序的工具,如何借助信息传播来修正与完善经济的增长与社会及国家的治理,成了传播学研究的关键。

另外在国际层面上,自冷战结束以来,世界两极国际政治秩序终结,出现了政经格局的多极化趋势。美欧发达国家虽然在国际政治和经济上仍处于优势地位,但相对新兴经济体国家(如,中国、俄罗斯、巴西、印度、南非)的崛起,它们的地位有所下降。同时,伴随这些新兴国家崛起局部地区出现了动荡(如阿拉伯世界的"茉莉花革命")或地缘政治和地域经济利益操纵下的政权更迭。这既说明国际社会中不同国家政治、社会、经济等构成及发展路径的多样性,又表现出了全球利益格局的复杂性。在这种多极化中,产生了新的有关社会、政治、经济等关系的构合和配置。不同的发展路径意味着与发展相关联的社会、政治、经济乃至文化产业等的逻辑,而传播的功能就在于,在这些不同的逻辑中及逻辑间发挥具有一定特性的"中介化"的作用:或沟通、或抑制、或促进、或阻止。传播始终是一种战略性活动。"现代民族国家的经济和社会结构不能独立于和世界保持一种积极的关系,该结构依赖于融入世界经济的具体和进展方式。"[②]传播与发展的关系将随着新情况的出现而产生新的传播学术话语:发展不是去抄袭,而是要找到适合自己现实情况的路径。

新的信息传播技术启发出了众多新的、精心设计的有关传播技术权力、议程设置、说服、社会化、教育、满足受众需求、促进社会民主化等方面观点。[③] 在广义的传播与发展关系上,发展传播不只是借助大众传媒或大众传播或当下的新媒体来实现经济的增长、社会的合理化(或理性化)、教育程度的提高以及西方民主意义上的文化多元化,更是借助全球化背景下的传播或跨边界传播的信息流动来构建一种合理的国际传播新秩序,实现一种文化多样性共存以及在此基础上的不同文化的相对融合或杂交,建构一种可以为全球化背景下不同社会(或复数社会)共存的参考框架,以"以人为本"

---

① 沈骥如.动荡冲突不断的一年[N].人民日报(海外版),2012-01-03(6).

② JACKY F. D'une mondialisation à l'autre[J]. Revue de l'OFCE, 1999, (69):164.

③ MELKOTE S R, STEEVES H L. Communication for development in the third world: theory and practice for empowerment[M]. 2nd ed. London: Sage Publications, 2001:31.

的逻辑来平衡一种以经济逻辑为人类社会组织与治理的唯一参照的意向或倾向。欧洲启蒙运动所倡导的人类的“自由、发展与解放”理念始终是传播与发展的最高目标。

# 第四章　作为新闻媒介的国际传播

新闻并不是社会责任或愿望的一种产物，而是需要的一种产物……“新闻媒介的责任”只是那些掌权者为了控制他们的环境和掩饰其赤裸裸的权力而涂上的一层智力美容膏……新闻就是力量，或者更明确一点，为了取得权力、维护权力，就必须控制新闻传播工具。①

——赫伯特·阿特休尔

事实上，印刷媒介的社会效果要依赖叙述者的社会立场，并涉及制度语言和官方话语等合法化因素。作为合法的表达工具，媒介在信息与指示之间参与了制度权威的塑造。②

——陈卫星

现代新闻事业(journalism)开始于作为15世纪大发现以来的“航海记录”的“日记”(journals)。伴随着西欧资本主义生产方式的全球化，记录航海途中风土人情的日记具有“新闻”(news)的特征，并被集中化和商业化。随着产业新贵资产阶级的崛起及其革命的胜利，这种被用来传递周期性“新的消息”的媒介具有了“中介化”(mediation)特征，成了哈贝马斯公共领域中被用来生成“公共舆论”的工具。新闻及其媒介不再仅仅是一种传递和运载信息的手段，更是意义的生产工具或装置。不同的观点、意见和辩论借助新闻媒介的中介化达成共识，新闻媒介成了构建政治、社会和文化秩序不可缺少的参与者以及公共权力的组成部分，即欧美(尤其是法国)所谓的“第四等

① 阿特休尔.媒介的权力：新闻媒介在人类事务中的作用[M].黄煜，裘志康，译.北京：华夏出版社，1989：6.

② 陈卫星.传播的观念[M].北京：人民出版社，2004：333.

级”。当然除了欧美主导的这种“现代新闻事业”的起源模式之外，在其他地区有着不同的模式。不过，不得不承认欧美“新闻事业”的起源及其发展成了当下理解新闻及其国际传播的主要参照。在现代新闻事业的发展和成熟过程中，特别是，当新闻传播活动跨越国家边界时，新闻及其媒介作为一种意义生产装置和话语　权力装置又与民族国家的利益缠绕在一起，跨边界的国际新闻传播嬗变成了一种地缘政治游戏。意义、政治、伦理和道德被投射在新闻话语权的博弈之中。

## 第一节　新闻事业的起源

在中国，无论在教学或科研上，当人们谈论传播，重点涉及新闻媒体、新闻、大众媒介、受众和传播效果等方面，这符合一般大众传播学的研究程式，也可能与我们师承美国的经验传播学有关。作为新闻媒介的国际传播主要体现国际新闻事业的发展。把新闻媒介看作国际传播的问题意识主要来自以大众媒介（如 BBC、CNN、VOA 等）为载体的跨边界信息流动，对事件进行现象学描述的新闻成了阅读和阐释世界现实的格栅。

就新闻事业的发展而言，我们不得不承认现代新闻事业起源于西方，具体地说，起源于欧洲。从新史学的观点来看，新闻事业的产生不仅是经济与社会问题，而且也是技术问题。在新史学那里，历史研究与经济学、社会学、地理学、人类学以及心理学等学科联系在一起，强调历史进程中各种学科视角下的历史构成因素，而不是单纯的编年史或决定论。在新史学那里，人们看到多学科对话的图景。新史学更多被看作一种方法论被接受，而不是历史的本体论：“新史学之所以能够被人们广泛接受，其关键就在于它的目标不是为了推行某种新教条或新哲学，而是追求一种新态度和新方法。”[①]在这种方法视角下，我们不仅要看到世界新闻事业的起源是以媒介为基础的信息传播，更要看到的是，这种传播活动是不同的社会、军事、宗教与技术等相关因素协同作用的结果。

就新闻传播而言，新闻事业作为现代社会机构——“现代的”常用来描述欧洲中世纪（5—15 世纪）结束后的时期——的组成部分，随着西方现代资

---

① 巴勒克拉夫.当代史学的主要趋势[M].杨豫，译.上海：上海译文出版社，1987：63.

本主义社会的发展而逐渐成熟起来。之后随着西方(特别是西欧)世界化的经济、殖民和传教活动,新闻事业被传播到其他地区,并成为一种产业。法国传播学者阿芒·马特拉在《全球传播的起源》中说道:“商业、军事和传道是殖民占领的经典三部曲。”①这不仅是对殖民占领的经典总结,而且也是对国际传播活动的相关联元素的准确描述。从非洲到拉美,再到阿拉伯世界,新闻传播事业的发展无不与这三部曲紧密地联系在一起,尤其是宗教传道和军事入侵。

就新闻传播事业的起源而言,虽然中国(《邸报》,6 世纪)和古罗马帝国(《每日纪闻》*Acta Diurna*,公元前 59 年)基本上被认为是最早的报刊使用者,但现代报刊概念还是来自现代印刷术的发展和人类的脱盲,特别是人们识字能力的提高,这就是为何大多数史学家把 17 世纪看作现代报刊的起始点。欧洲最先发明活字印刷的德国人古登堡(Johannes Gutenberg,1400—1468)于 1450 年发明了现代意义上的印刷机,并于 1451 年印刷了一首德国的诗文,从此开启了现代印刷时代。虽然中国宋人毕昇较早发明了活字印刷,但这并没有成为现代新闻事业的重要推动力量。“在 15 世纪末和 16 世纪,印刷术的扩散撕裂了西欧的社会生活结构,并用新的方式将它重新组合,从而形成了近现代模式的雏形。印刷材料的使用促成了社会、文化、家庭和工业的变革,从而推动了文艺复兴、宗教改革和科学革命……随着报纸开始发展出提供新闻和娱乐的功能,它就成了印刷机影响社会和政治变革的主要催化剂。”②“威廉卡·克斯顿(William Caxton)在 1476 年将第一台印刷机引入英格兰;而到了 1490 年,每座欧洲大城市至少在使用一台印刷机。”③除了作为传播技术的印刷术,体现于社会变迁表象的观念与思想的变迁也促进了新闻事业的发展。这不仅体现于发达国家,也体现于发展中国家。

欧美发达国家的新闻业的起源和发展动力主要来自社会本身,而发展中国家(大多有过被殖民的经历)的新闻事业发展更多与西方文明和社会发展的刺激分不开。在西方(主要是西欧),15—17 世纪的“发现时代”、13—16 世纪的文艺复兴、16—17 世纪的宗教改革、18 世纪的启蒙运动、17—20 世

---

① MATTELART A.L'invention de la communication[M]. Paris:La Découverte, 1994:204.

② 埃默里 M,埃默里 A.新闻史:大众传播媒介解释史[M].展江,殷文,译. 北京:新华出版社,2001:4.

③ 埃默里 M,埃默里 A.新闻史:大众传播媒介解释史[M].展江,殷文,译. 北京:新华出版社,2001:4.

纪早期的西方工业革命等，这些运动推动了社会的“合理化”发展与人对自我与世界的认识。在这里，不但“人”被确立为有“理性”的存在，而且也产生了一套适合西方社会生存的哲学理论、政治经济纲领和社会改革与治理方案，建立了一个以“理性”为基础的社会。在这种背景下，新闻及其传播媒介被看作社会机构的组成部分，被赋予了政治的、社会的、经济的功能，其表象结构体现在从“党报”“观点报”，到“商业报刊”，直至“大众报刊”的传播媒介的变迁。已知最早并保存至今的一种有名称的和定期出版的报纸，是1609年在德意志地区出版的，尽管现存的份数没有标明印刷者和印刷地址。“1610年至1661年，有名称的报纸在今天的瑞士、英格兰、西班牙、奥地利、比利时、荷兰、瑞典、意大利、波兰等国境内出现。”①发展中国家新闻事业的起源比较典型与普遍，更多与发达国家的殖民、经济与宗教活动联系在一起，发达国家的现代新闻传播业主要借助宗教、军事、政治、经济等带动了被殖民地区新闻事业的发展，最典型地表现在阿拉伯世界的新闻事业，由于阿拉伯的文化意蕴、基督教在黎巴嫩的传播、印刷机的植入、拿破仑的军事入侵、法国大革命等主要因素，阿拉伯世界的新闻起源与发展呈现出了“三个中心”（埃及、伊斯坦布尔和欧洲）和“一个摇篮”（黎巴嫩）的传播格局。② 其他的发展中国家，如非洲和拉美的新闻事业的发展都主要遵循其中的某个或几个因素逻辑。③ 从非洲到阿拉伯世界再到南美，种族、意识形态以及地缘上的联系，使这些地区与具有两千多年连续儒家文明的中国有着明显的区别——中国的新闻事业更多是在封建社会（清朝）结束后，借助西方表达形式来探讨国家建设方案的结果。

## 第二节　新闻与舆论

谈及“新闻与舆论”，就必须回溯到西方社会的政治组织原则：社会契约。“社会契约”是西方社会政治生活赖以存在的基础。无论是霍布斯的“人性恶”还是卢梭的“人性善”，二者都在主张社会让渡一部分权力给国家或政府来管理公共事务。在这种社会契约的背景下，位于政治领域（政府）

---

① 埃默里 M，埃默里 A.新闻史：大众传播媒介解释史[M].展江，殷文，译. 北京：新华出版社，2001：8.

② 朱振明.阿拉伯世界新闻事业的发展逻辑[J].银山学刊，2014(5).

③ 朱振明.非洲新闻传播事业的发展逻辑[J].国际新闻界，2011(3).

和社会领域(市民社会)间的公共领域则为西方社会的民主运作提供了条件,即借助大众媒体在公共领域中形成公共舆论,社会借此影响政府的决策,进而实现权力来自民而民又可影响政府的互动机制。这是西方社会进入现代,尤其进入17世纪以后随着资产阶级革命的兴起而逐渐出现的现象。于是“新闻”成了公众利益的“看门狗”,时刻监控政府以免政府滥用公权来损害公众的利益。

伴随现代新闻事业发展的是传播思想的扩散。在现代新闻传播研究方面,我们不得不承认这项人类活动及与其相伴随的社会政治思想来自西方社会(尤其是欧美),进而言之,我们人文社会科学研究中的认识论与方法论也无不受启发于西方的相应学科。新闻媒介作为人类社会系统的组成部分,它的发展与整个社会的政治、经济、文化等的发展联系在一起,就新闻传播而言,我们只能从浩瀚的西方政治思想史中标出几个直接与新闻传播紧密相关的文献。如约翰·弥尔顿(John Milton,1608—1674)的《论出版自由》、法国大革命的《人权宣言》(1789)以及美国反联邦派总统托马斯·杰斐逊(Thomas Jefferson,1743—1826)推动的美国《第一宪法修正案》。

新闻事业的发展为公共辩论和协商提供了具体而便捷的信息传输中介,在此意义上,不同时期的媒介构成了不同的、促使民主协商的、哈贝马斯意义上的“公共领域”。与公共领域相对应的是四种传播模式:18世纪的观点报纸;出现在19世纪末的大众商业报刊;出现在20世纪下半叶的大众音视频媒介(特别是综合节目电视,现在仍处于支配地位,不过在倾向性方面要比80年代有所减小);被普及化的公共关系,这体现了社会行动者在无约束的传播技术框架中进行更多的传播的倾向。[①] “公共领域”随着新闻传播技术的发展而不断进行着嬗变。除了传播思想方面的文献,在实际操作中,美国在1996年通过的《1996年美国电信法》(*Telecommunications Act of 1996*)也成了经典文献,该法案的重要意义在于消除了垄断,开放了本地市场,促进了传播领域中的兼并浪潮,从此信息流动和商业逻辑更紧密地结合一起,影响着整个世界的信息流动秩序,有碍于公共服务逻辑的信息的商业自由表达被看成了新的“人权”。新闻传播的商业逻辑与公共服务逻辑成了关于新闻传播业及其产业化辩论的基本议题。

---

① MIEGE B. La société conquise par la communication: Ⅰ, logiques sociales[M]. Grenoble:PUG, 1996.

## 一、从国内走向国际舆论

从国内舆论走向国际舆论反映了市民社会向全球市民社会的转变，局部的市民社会想象以普世主义的方式被西方知识分子强加到全球化的文化多元性之上，这显示出一种乐观主义的传播趋向。实际上，“传播话语是对世界进行勾勒和分类的阐释格栅”①。新闻传播始终是权力关系斗争的场所，与其相伴随的便是有关“民主”“市民社会”“人权”等的普世主义修辞。

传播不仅构建社会，更构建权力关系。一个现实的建构既见证了其建构社会的过程，又见证了权力关系的形成与发挥作用的过程。形成现实的传播元素构成了一个“权力关系装置”，在此装置中，不同的元素根据各自习惯或制度规则，或被惩罚，或被褒奖，或被置于中心，或被边缘化。就大众传播而言，传播活动形成了一个“传播装置”，更具体地说，形成了一种“权力关系”装置，这种装置的重要功能之一是形成公共舆论，乃至国际舆论，从而像“口号”一样发挥着动员作用，使传播沦落为从事国际政治活动的工具。

公共舆论是现代议会民主制的一个发明，历史上，它曾与绝对权力的消失联系在一起，这可以追溯到古希腊；到了 18 世纪公共舆论才有一个明确的含义，其涉及所有政治秩序问题的主动辩论的开明表达。② 现代政治传播意义上的公共舆论在 19 世纪末一出现在美国，就成了公众判断政府行为合法性的主要原则。③ 我们知道，大众传播研究中的公共舆论主要来源于西方的社会契约，达成公共舆论则需要大众媒介收集与扩散信息，这样有利于辩论和协商。因此展示“公共舆论”往往与媒介受众和效果调查联系在一起。与公共舆论紧密相关的民意调查与两次世界大战时的环境是分不开的，这是安置数据统计工作者和社会心理学家的结果。它因三种语境而成为可能：首先是在美国总统选举中（1936 年）首次展现实力的代表方法（methode représentative）被肯定，美国著名的大学机构（如普林斯顿、哥伦比亚等）不仅接受这种方法，而且使之变得更具操作性，同时报刊也积极介入民意调查的评论和运作之中；其次是对“态度测量”效用的认识，在此，民意调查与态度

① SEMATI M. New frontiers in international communication theory[M]. Lanham: Rowman & Littlefield Publishers, INC, 2004:39.

② LAZAR J. L'opinion publique[M]. Paris: Dalloz, 1995:9-10.

③ RIUTORT P. Sociologie de la communication politique[M]. Paris: La Découverte, 2007:28.

不可分割地联系在一起,这成了捕捉民众态度和看法的有效手段;最后是研究市场的必要性,民意调查显示了市场营销所需要的消费者的习惯、爱好、性别、年龄等心理学和生物学特征。尤其在政治传播领域,民意调查显示公共舆论受到热烈的吹捧,以至于出现了"舆论民主"或"公共舆论治理"概念,似乎对西方社会的治理可以超越议会和其他代表机构,直接在政府与公民大众间建立直接和永久的联系。①

虽然公共舆论和民意调查在日常社会生活中受到重视,但是否拥有合法性引起诸多辩论。对这种利用数据来推断公众舆论的方法的质疑体现在:公众是否能有合理的意见?所有公众是否能有一种意见?所有的意见是否具有同样的价值?给公众提供同一个问题是否意味着对所有被提出的问题都存在一个共识?综合这些问题,基本上主要集中于两点:第一,作为有限理性的公众,特别是一般民众,是否具有能力来提供合理的意见,群氓、大众(mass)、公众(public)等经常混淆不清;第二,多元化的公众与多元化的观点认识是否能实现真正的"多对一共识"。第一点认为通过民意调查来确认公众的态度是高估了公众的真实能力,②质疑被调查者具有判断和自我批判的能力,甚至认为"大部分人发出的只是噪音,他们的确不知道在某个主题上的想法以及自己将要做些什么"③。第二点主要来自建构主义社会学批判,在芝加哥学派看来,测量观点不能离开具体的语境,"公共舆论只能是群体互动的结果,它来自不同观点的对抗"④;在布尔迪厄看来,公共舆论有三个假设:(1)所有人只能有一个意见;(2)所有意见具有同等价值;(3)对于值得提出的问题存在着共识。⑤ 他反对这些假设,认为公共舆论只是一种幻觉,它的功能是掩盖舆论状态在给定时刻是一个力量系统(système de forces)的事实;公共舆论并不像与其利益攸关的人所赋予的形式那样存在。一方面存在着围绕利益系统(système d'intérêts)形成的压力集团的明确的观点,另一方面,安排(dispositions)不能成为观点;公共舆论就是要求人们在已描述好的观点面前做选择。⑥ 似乎用公共舆论来表达合法性的逻辑就是:用

① RIUTORT P.Sociologie de la communication politique[M].Paris:La Découverte, 2007:28-31.
② RIUTORT P.Sociologie de la communication politique[M].Paris:La Découverte, 2007:33.
③ LAZAR J. L'opinion publique[M]. Paris:Dalloz,1995:122.
④ LAZAR J. L'opinion publique[M]. Paris:Dalloz,1995:123.
⑤ BOUDIEU P. Questions de Sociologie[M]. Paris:Les Éditions de Minuit, 1984:222.
⑥ BOUDIEU P. Questions de Sociologie[M]. Paris:Les Éditions de Minuit, 1984:235.

科学方法来生产数据，然后再用数据来证实结果的科学性。

尽管公共舆论受到批判，但从功能主义者的视角上看，民意调查成了我们日常社会生活的组成部分，一种重要的社会科学研究方法，并且因社会调查方法的完善而更具操作性和效率。民意调查成了一种实现民主的技术与逻辑，更成了一种民主意识形态的组成部分。这里显示出了数字的力量。“舆论调查所提供的信息传递着公众在不同主题上的精神状态和倾向。在这层意义上，它们起着护栏（garde-fous）的作用：引导掌权者。因为与局限于单个政治领域中的投票不同，采用民意调查旨在获得各种信息。它涉及个人和所有人的日常生活。它的功能是了解和观察。”①在了解与观察后，采用合适的应对措施。

从上面的正反两方面的分析来看，我们至少可以看到中立的观点：在公共舆论形成的过程中，可能存在着民意调查上的非理性或偏见，甚至是故意或人为的操纵，但在现实生活中，这种了解社会活动者意愿的手段越来越受到重视，因为“这种技术在了解大众意见方面是必须的”②。“媒体从来没有停止参与并一次次地印刷民意调查，特别是在政治选举和重大危机的时候……政治家和新闻从业人员都没有对这种公共舆论产生过怀疑。”③公共舆论是一个多维度建构，它不仅涉及民调中态度的分布情况，而且反映或被反映一种有关意见、期待、公共话语和政治行为的环境，涉及个体价值、信仰和态度的聚合；公共舆论可沿着不同的路径发展，信息环境的性质成了选择路径的一个重要因素。④

## 二、国际舆论

国际舆论是公共舆论在国际社会层面上的一种表达。“媒介空间（espace médiatique）被认为在形成表达，特别是在促进意见方面发挥着积极的作用，尤其在直接涉及的行动者之间：私人和公共‘决策者’、艺术与思想

---

① LAZAR J. L’opinion publique[M]. Paris：Dalloz，1995：128.

② LAZAR J. L’opinion publique[M]. Paris：Dalloz，1995：127.

③ CHAMPAGEN P. Faire l’opinion：le nouveau jeu politique[M]. Paris：Éditions de Minuit, 1990：1.

④ SHAMIR J, SHAMIR M. The anatomy of public opinion[M]. Ann Arbor：University of Michigan Press, 2000.

的生产者、中介者(médiateurs)、产品销售代理,甚至市场的目标对象。”① “20世纪已经看到政治竞技场变得更加国际化,因为媒介已经在地理和时间上伸展它们的触角。在21世纪,媒介受众不仅是国内信息政治传播的目标,而且也是国际信息的目标。外国政府、商业组织,甚至恐怖分子集团,都利用全球信息系统来达到自己的政治目的。传统的人际间国际外交依然存在,但现代战争、解放斗争和领土纠纷越来越多的在媒体上进行,国际舆论成了奖赏。”②“有几种因素促使意见的国际化和全球化:大规模地压缩时间和空间的技术手段,有关一个全球化团结的模糊不清的意识,特别是自20世纪60年代以来为跨国问题进行斗争的非政府组织(如成立于1971年关注环境的绿色和平组织等)的增多,可能促使跨国合法性根源的国际机构的增长。”③“对所有政府来说,国内和国际舆论成了制定和实施外交政策的关键因素,‘反恐战’尤其如此。”④从20世纪六七十年代的越南战争,到前南斯拉夫战争,再到海湾战争直至反恐战争,莫不如此。

随着全球化过程的进一步展开,公共舆论不只是民族国家内部的政治与社会治理工具的组成部分,而且也被用到国际政治与关系中,展示国际社会对某些重大国际问题或对某个国家的看法和态度,如全球化与贸易、气候变化、联合国的未来、中国的崛起等。国际民调一方面促使形成国际舆论,另一方面又帮助民族国家在国际上做出决策,于是在发达国家出现了从事国际业务的国际民意调查中心,如美国的皮尤研究中心(Pew Research Center)以及法国的索福瑞(TNS Sofres)。芝加哥全球事务委员会(The Chicago Council on Global Affairs)也于2007年发布第一份全球舆论报告。这些舆论研究与调查中心构成了大国战略的组成部分,因为只有后者才有能力构筑强大的信息传播网络。

## 三、国际非政府组织与国际舆论

随着传播与市民社会运动的国际化,营造国际舆论成了国际公民运动的重要组成部分。

---

① MORISET C, MIEGE B.Les industries du contenu sur la scène médiatique[J]. Réseaux,2005(131):148.

② MCNAIR B. An introduction to political communication [M]. 3rd ed. London:Routledge, 2003:14-15.

③ DEFARGES P M. L' ordre monidal[M]. Paris:Armand Colin, 2008:23..

④ MCNAIR B. An introduction to political communication [M]. 3rd ed. London:Routledge, 2003:188.

国际非政府组织(INGO)有三种制造国际舆论的方法。“首先他们在最近发生的跨国动员中发挥重要作用;通过发动‘全球化的运动’,促进跨国团结的培育。其次,通过呼吁对某种‘观点’或对‘国际市民社会’的支持,自我变现为这些观点或组织的发言人,生产出具有把动员构建为‘国际舆论’性质的话语。最后,作为抗议的活动者,利用这种自己促成的舆论来向动员抗议的对象施压:国家,国际金融机构,跨国企业。”①一些国际非政府组织不但营造着自己的舆论,而且还有可能成为左右国际话语的工具。“认为非政府组织只承担着不同运动间的简单协调功能的想法是天真的。他们的作用超出了对已存在观点的集合。在他们构建一个‘国际舆论’的努力中,这些组织铸造并篡夺不同来源的抗议者的话语,努力把自己确立为某种集体声音的代表。职业化的国际非政府组织具有运作的所有手段……他们的成员属于一个与政府和外交圈而不是与活动分子比较亲近的国际性精英群体。这个群体掌握着干预国际辩论的必要编码,在政治陈述和以自封的代表性名义进行议程构建过程中,能够保持自己的准垄断性。无论在国际和国内层面上,所有的观点并不具有相同的价值。”②例如美国的人权运动不仅和政府而且与市场保持着密切的关系。③

国际非政府组织(或机构)在国际舆论的导向方面具有重要作用。维基解密(wikileaks)这个最初由所谓的“异议人士”和来自五大洲的“感兴趣者”于 2006 年发起的、专门解密国际政治背后“暗箱操作”的网站——一个无法审查的、不留痕迹的海量文献解密系统,因解密美国等国家不为人所知的“文件”,其主编、创办人兼发言人朱利安·阿桑奇(Julian Assange)于 2010 年被瑞典斯德哥尔摩(Stockholm)法院以强奸、骚扰和非法拘禁的嫌疑发起国际通缉,同时美国的军事分析员布莱德雷·曼宁(Bradley Manning)因涉嫌向“维基解密”(2009 年 9 月至 2010 年 5 月)透露有关伊拉克和阿富汗战争的美国军事文献,可能被判处死刑,网站资金被冻结,暂停秘密文件公布,运作举步艰难,只得在自己的网站上呼吁捐赠。在美欧于 2012 年 7 月 6 日发起的旨在制裁并推翻叙利亚总统阿萨德政权的“叙利亚之友”国际会议召开

---

① MARIELLE D, ALICE G. Les ONG et la fabrique de l'[J]. Raisons politiques, 2005(19):66.

② MARIELLE D, ALICE G. Les ONG et la fabrique de l'[J]. Raisons politiques, 2005(19):76-77.

③ DEZALAY Y, GARTH B. Droits de l' homme et philanthropie hégémonique[J].Actes de la recherche en sciences sociales, 1998(3):24,121-122.

与营造国际舆论之际,该网站于2012年7月5日称:“维基解密已开始公开‘叙利亚文件’(Syria files)——从2006年8月到2012年3月200多万封涉及叙利亚政治人物、部长、相关公司的文件……当前,叙利亚正经历着内部暴力冲突,在过去的18个月里有6000至15,000人丧生。这些叙利亚文件将揭示叙利亚政府及其经济的内部运作过程,不过也会揭露西方及其公司的‘说一套’和‘做一套’。”阿桑奇宣称:“叙利亚文件将会使叙利亚以及叙利亚外部的反对者们感到尴尬……这些文献不仅使我们对当事双方进行面对面的批评,而且还可以让我们理解他们的利益、行为和策略。只有充分理解该冲突才有望使其终止。”[①]这位“维基解密”的创始人到底如何把握公布内容的尺度,可能对“叙利亚问题”国际舆论产生微妙的影响。

我们要看到,在“国际舆论”生产多元化和后现代知识生产碎片化——人人都可成为知识的生产者——的背景下,尤其是具有国际影响力的非政府组织,受运转资金的困扰,可能有意或无意地沦为国家情报或宣传机构猎取的对象,如以捍卫“记者权力”著称的法国“无疆界记者”非政府组织,因接受美国中央情报局资助,颠倒是非,违背职业伦理而臭名昭著。又如,体现着后现代知识生产特征的“自由维基”,是一个知识共享与生产的网络平台,一部用不同语言写成的、为全人类提供自由的百科全书——“网络百科全书”,但该平台也面临运转资金匮乏的窘境,不断地号召人们“捐赠”,以维持网站的运转。当地缘政治开始与网络连接的时候,任何具有生产意义功能的符号都可能面临“被政治工具化”的风险。

## 第三节 新闻研究:话语与框架

新闻是一种意义生产系统,也是一种对现实的现象学解读方式。就当前的研究而言,关于作为新闻媒介的国际传播研究主要涉及以下几个方面:国际舆论;新闻内容传播研究,如作为话语的新闻及其框架;新闻媒介和媒体的研究;新闻媒介体制(media system)的研究。

在20世纪60年代末70年代初出现了围绕“话语”(discourse)展开的

① Syrie:Wikileaks publie des Syria files d'Assad et de l'opposition[N]. TF1 NEWS, 2012-07-05[2012-07-07].http://lci.tf1.fr/monde/amerique/la-taupe-de-wikileaks-risque-la-peine-de-mort-7201093.html.

"话语分析"。"话语"有两种理解方法：首先是存在于语言学和微观社会学话语分析方面的语用学理解，其把话语看成一种使文本语境化的实践、语言使用、言语行为的情景化生产或一种语轮（turn-taking）实践；其次是宏观社会学理解所崇尚的社会、历史层面上的理解，其兴趣在于话语的权力功能，"话语"在这里被看成大的社会共同体的言语或非言语实践。[①] 话语分析是不同学科和方法汇合的结果，具有明显的跨学科特征。如果说20世纪初在西方的哲学和社会科学中出现了"语言学"转向，那么随着"话语分析"的出现，在20世纪60年代以后出现了与大众文化及媒介文化相伴随的"话语转向"（discursive turn）：话语分析从单纯的语言学文本过渡到图片、影像，直至社会实践。作为跨学科产物，话语分析更多被看作一个被不断建构的学术和实践领域。在话语分析或话语研究方面，虽然存在不同的认识论和方法论，却存在一个共同的特征：意义是社会实践的产物。[②] 与内容分析和阐释学不同，在话语研究那里，意义不是简单地通过文本的表面阅读和理解被重构起来，而是与意识形态和权力关系结合在一起，是话语实践与非话语实践的结果，换句话说，结合非话语实践，话语实践不仅生产了意义，而且构建了社会现实。话语研究往往由两个部分组成：话语理论和话语分析。[③] 话语理论的理论元素来自心理分析、马克思主义、后结构主义、分析哲学、话语行为理论、语用学、常人方法论以及象征互动论，其关注权力、知识和主体性间的关系；在分析方法上，话语来自三个元素间的互动：语言、实践和语境——因此话语分析至少要涉及这三个元素（见图4-1）。

## 一、话语的意向性

在跨边界的国际传播中，新闻话语更多体现为一种意义构建和权力关系之间博弈的工具，"自由"与"责任"是国际社会用来掩盖意识形态冲突与争夺道德制高点的话语语言修辞。"既想要有自由的新闻界，又想要负责任

---

① ANGERMULLER J, et al. The discourse studies reader: main currents in theory and analysis[M]. Amsterdam/Philadelphia: John Benjamins Publishing Company, 2014: 2.

② ANGERMULLER J, et al. The discourse studies reader: main currents in theory and analysis[M]. Amsterdam/Philadelphia: John Benjamins Publishing Company, 2014: 3.

③ ANGERMULLER J, et al. The discourse studies reader: main currents in theory and analysis[M]. Amsterdam/Philadelphia: John Benjamins Publishing Company, 2014: 6.

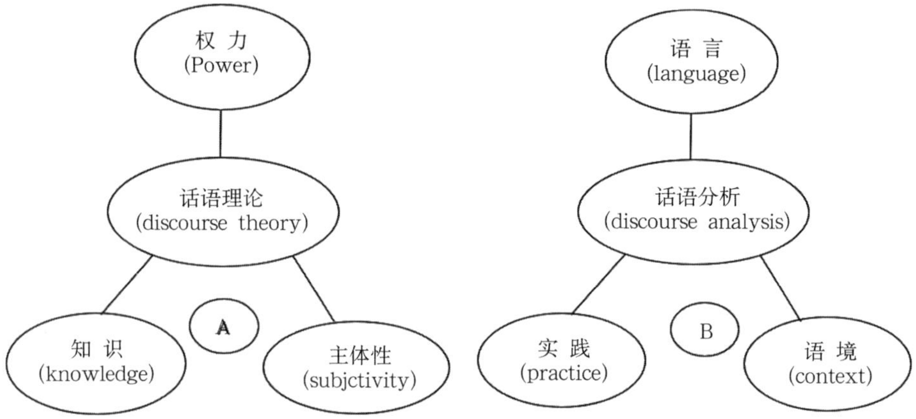


**图 4-1 话语理论元素与话语分析图**

的新闻界,是痴心妄想。"①因为新闻话语的生成不只是语言学过程,更重要的是知识与话语生产的过程。正如"日常生活社会学"中所蕴含的,"话语不仅反映和描述社会实体与社会关系,话语还建造或'构成'社会实体与社会关系;不同的话语以不同的方式构建各种至关重要的实体,并以不同的方式将人们置于社会主体的地位"②。"作为一种政治实践的话语,其不仅仅是权力斗争的场所,而且也是权力斗争的一个至关重要的方面:话语实践利用那些孕育了特殊权力关系和意识形态的习俗,而这些习俗本身,及它们得到表达的方式是斗争的焦点。"③话语实践又意味着意识形态的建构、传播与扩散。意识形态往往被"理解为现实(物理世界,社会关系,社会身份)的意义/建构,这被建构到话语实践的形式/意义的各种向度之中,它也致力于统治关系的生产、再生产或改变"④。意识形态被置于两种东西之内来发挥作用,"意识形态既位于构建过去事件的结果和当下事件的条件的结构中,又位于再生产和改变自己结构条件的事件中"⑤。意识形态借助这种话语活动实现了自己的传播。

① 戴比尔,等.全球新闻事业:重大议题与传媒体制[M].郭之恩,译. 北京:华夏出版社,2010:11.
② 费尔克拉夫.话语与社会变迁[M].殷晓荣,译. 北京:华夏出版社,2003:3.
③ 费尔克拉夫.话语与社会变迁[M].殷晓荣,译. 北京:华夏出版社,2003:63.
④ 费尔克拉夫.话语与社会变迁[M].殷晓荣,译. 北京:华夏出版社,2003:81.
⑤ FAIRCLOUGH N. Discourse and social change[M].Cambridge:Polity Press,2006:89.

凡·迪克把新闻看作一种话语分析对象，虽然强调话语和新闻都是社会活动的产物，认为新闻话语表现为意识形态话语，与表达和确认其制作者的社会和政治态度有关，并且要从跨学科的视角来研究话语，但实际操作基本上属于语言学范畴，新闻被看作语言文本，分析涉及语言、语法、主题、新闻图式、风格结构和修辞等，同时再现了新闻话语的社会学特征，即作为社会事实的新闻话语通过何种机制（mechanism）或装置（dispositif）被生产出来。“话语分析的主要目的是我们称为话语的这种语言运用单位进行清晰的、系统的描写。这种描写有两个主要视角，我们简单地称之为文本视角和语境视角。文本视角是描述各个层次上的话语结构。语境视角则把对这些结构的描述与语境的各种特征如认知过程、再现、社会文化因素等联系起来加以考察。”①

这种新闻话语分析的优点在于提供一种新闻文本的语言学认知结构和生产过程，但把新闻传播中何种议题及哪些方面受到关注的讨论留给了“把关人”（gate-keeping）概念和“议程设置”（agenda-setting）理论。

从“把关人”到“议程设置”再到“框架理论”（framing），体现着意义生产的可操控性。美国的心理学家库特·卢因（Kurt Lewin）首先使用“把关”概念“来描述一些人的购物习惯影响社会的变迁的现象……用‘把关人’来指那些运输、购买和准备食物者，因为他们就像‘门’一样发生作用，允许某些产品通过，同时阻挡另一些”②，此概念后被几个社会学家应用到新闻业中。③“把关人”隐喻不但“把一个官僚制现象个体化，暗中把组织偏见（bias）转变成个体的主体性”④；而且又可能把个体的观点官僚化，把主体性上升为官僚制的集体意识。“把关人需要一些标准来选择哪些信息可通过，哪些不能通过。但是这低估了形势的复杂性；新闻事件不仅仅是被选择，而且还是被构建的。”⑤“把关人”观点的理论依据在于“平均人”不能使人相信他们能依据这些简单化的图片做出合理的选择，他们不得不被保护，重要的决策必须由技术专家来决定，并使用更好的模式来指导他们的行动。因此，现代议程设

---

① 迪克.作为话语的新闻[M].曾庆香，译.北京：华夏出版社，2003：27.

② WANTA W. Gatekeeping[M]//DONSBACH W. The international encyclopedia of communication. Hoboken：Blackwell Publishing Ltd.，2008：1921.

③ SCHUDSON M.The sociology of news production[J]. Media，Culture and Society，1989，11：264.

④ SCHUDSON M.The Sociology of news production[J]. Media，Culture and Society，1989，11：265.

⑤ SCHUDSON M.The Sociology of news production[J]. Media，Culture and Society，1989，11：265.

置概念多少直接来自这种大众社会观点。

尽管没有具体使用“议程设置”，人们普遍认为伯纳德·科恩（Bernard Cohen）把李普曼的思想完善为议程设置理论，其认为“新闻报刊远不只是一种信息和观点的传送器。它可能并不成功地去告诉人们如何想，但它在告诉人们想什么方面却成功得令人惊奇。这源自这样的事实：对不同的人来说，世界是不同的。他们不仅依靠自己的个人兴趣，还要依赖作家、编辑和他们所阅读报纸的出版商为他们提供的地形图”①。马克斯威尔·麦肯姆斯（Maxwell E. McCombs）和唐纳德·肖（Donald Shaw）进一步表述了前者的观点：“通过选择和展示新闻，编辑、新闻编辑部人员以及播送者在塑造社会现实方面发挥着重要作用。读者不仅了解一个给定的议题（issue），而且也了解到该议题在信息上游所赋予的重要性……大众媒体可以很好地来确定重要议题，也就是，媒体能够为竞选设置‘议程’。”②库特·朗（Kurt Lang）和格拉迪斯·朗（Gladys Lang）又为这种单向的“议程设置”赋予了一种具有互动特征的建构主义概念，其称为议程构建（agenda-building）：“一种媒体、政府和公民在公共政策中彼此影响的过程。”③二人对议程设置与凸显（或显化 priming）概念进行了区分：“议程设置反映了新闻报道对国内议题（issues）所产生的重要影响；凸显指的是新闻报道对政治判断中具体议题的权值所产生的影响。”④换句话说，“在议程设置过程中，媒体把注意力吸引到政治生活的某些方面而不是其他方面”⑤。无论是议程设置还是议程构建以及凸显，这些概念的兴趣主要集中于宏观或微观层面上对社会政治生活议题或具体议题某些方面的强调，忽略了对具体议题的构建和阐释，即引起关注的是对具体议题描述的某种方式而不是另外一种方式。这涉及“框架”概念。对于新闻的理解实际上表现为象征层面上的意义构建：“任何一个微事件都是一

---

① BARAN S J, DAVIS D K. Mass communication theory: foundations, ferment, and future[M]. 6th ed. Boston: Wadsworth Cengage Learning, 2012: 294.

② BARAN S J, DAVIS D K. Mass communication theory: foundations, ferment, and future[M]. 6th ed. Boston: Wadsworth Cengage Learning, 2012: 295.

③ BARAN S J, DAVIS D K. Mass communication theory: foundations, ferment, and future[M]. 6th ed. Boston: Wadsworth Cengage Learning, 2012: 296.

④ BARAN S J, DAVIS D K. Mass communication theory: foundations, ferment, and future[M]. 6th ed. Boston: Wadsworth Cengage Learning, 2012: 296.

⑤ BARAN S J, DAVIS D K. Mass communication theory: foundations, ferment, and future[M]. 6th ed. Boston: Wadsworth Cengage Learning, 2012: 295.

个象征装置产生的时刻，该装置构成了对某声明的空间的、戏剧的和时间的解读。”[①]换句话说，任何事件的发生，都有一个象征层面上的理解框架来阐释这种事件的叙事。“框架”是“观念”（idea）的组织装置。

## 二、新闻框架分析

丹尼尔·麦奎尔（Daniel McQuail）曾说，媒介效果理论的历史大致上可分为四个阶段：第一阶段从19世纪与20世纪之交延续到20世纪30年代晚期；第二阶段从20世纪30年代早期到60年代早期；第三阶段从20世纪70年代早期到80年代早期；第四阶段开始于20世纪80年代早期。在第一阶段中，发展充分的媒介被赋予形塑观点和信仰的巨大力量，它们改变着人们的生活和习惯，或多或少根据媒介及其内容操纵者的意愿来形塑着人们的行为；第二阶段修正了全能的媒介效果模式，认识到媒介是预先存在的社会关系结构，在给定的文化和社会语境中发挥作用，这些文化和社会因素在形塑受众的选择、注意力和反应中发挥着重要的作用；第三阶段修正了以往在给定媒介内容中暴露程度和态度（或观点）改变的“短时段”直接相互关系，把注意力转向长时段变化、认知（而非态度和影响）、语境、动机、心情等变量所发挥的作用以及意见环境、信仰结构、意识形态、文化范式，甚至制度形式；[②]在第四阶段中，“社会建构主义”占据了主导地位，这种视角通过有限效果和强大效果中理论元素的结合，来阐释媒介和受众间的关系，“媒介话语成了个体构建意义的过程的一部分，公共舆论也成了记者……在公共话语中发展意义并使之明确化过程的一部分……媒介框架（media frame）被界定为一连串展开实践、提供意义的、关键的、起组织作用的观点或故事线索……框架意味着争论什么，问题的本质是什么”[③]。实际上，作为媒介效果的理论的建构主义反映了传播主体地位的回归，日常话语系统成为日常生活意义建构的组成部分，现象学社会学成了框架理论的学科参照。

“框架分析”概念首先由社会学家欧文·戈夫曼（Erving Goffman，

---

① MONS A.La métaphore sociale：images, territoire, communication[M]. Paris：PUF, 1992：50.

② MCQUAIL D. Mass communication theory：an introduction[M]. London：SAGE Publications, 1983：176-177.

③ SCHEUFELE D A.Framing as a theory of media effects[J]. Journal of communication, 1999, 49(1)：103-106.

1922—1982)提出,主要是一种研究"组织经验"(organizaiton of experience)的方法。20 世纪 80 年代后此概念主要用于研究社会运动,但也逐渐运用到对叙事、话语分析以及传播的研究中。在社会理论中,"框架分析是对框架或者是对根本阐释模式的研究。处于社会情境中的人们就是借助这些框架和模式连贯地把握情境中发生的事情。框架分析理论认为,社会事件和个人经验可以被社会活动者用不同的方法来理解,不过这些理解都有自己能够系统描绘的结构和连贯性"①。框架理论是议程设置理论概念的延伸:它不满足于测量媒体如何把一个公共问题强加给受众,而是去努力思考媒体借助何种阐释框架来界定事件。② 就框架理论而言,美国的学者作出了很大的贡献,如麦肯姆斯(Maxwell E. McCombs)、甘姆森(W.A. Gamson)等。

潘忠党从现象学社会学、认知心理学、语言学等跨学科的角度对"构架理论"进行了梳理总结并提出自己的看法,并把"framing"译做"架构",兼有动词和名词双重特征——这有点类似我们所说的"信息"(information),实际上,它既有作为结果的"信息"的意思,又有作为过程的"告知"的意思。虽然文章涉及不同学科,谈及不同"架构",如主题框架、片段式框架、策略框架、议题框架、隐喻构架等,但总体上表现为由"现象社会学"启发而来的社会学建构主义传统(如舒茨、加芬克尔、布尔迪厄、吉登斯等),"架构分析的核心命题即为公共生活中的意义建构"③。借助他的总结我们可以看到,"在任何情况下,我们都有可能同时使用多个不同的框架(对现实的不同组织,或不同经验),或采取不同的视角。但是,在任何一个行动的具体情景下,总是有某一个框架位于'前台',将符合它的现象凸显在行动者的视野内。框架的选择是行动的内容之一,发生在行动者的意识范围之内。行动者选择某一框架,也就是排除其他框架,突出了所面临情景的一些特征,为之提供了基本的定义,并因此限制了可选择的行动类型"④。"人们采用不同的认知框架体验现实,并据此而行动,建构出特定的现实……只要被试者有机会反思他们自己的偏好、思考不同选择之间的因果关联、试图运用不同的框架分析所

---

① RITZER G. Encyclopedia of social theory:Vol.1[M]. London:Sage Publicatons, 2005:289.
② RIUTORT P. Sociologie de la communication politique[M]. Paris:La Découverte, 2007:41.
③ 潘忠党.架构分析:一个亟需理论澄清的领域[J].传播与社会学刊, 2006(1):35.
④ 潘忠党.架构分析:一个亟需理论澄清的领域[J].传播与社会学刊, 2006(1):23.

呈现的资讯等,'得'与'失'的架构效应就可能会消失、降低或改变原来的方向。"[①]因为"架构效应产生的一个必要条件是不确定性(指外在资讯环境)或模棱两可(指内在的心理状态,如对有争议议题持可能相互矛盾的看法,或应用不同的原则/价值观导致相互冲突的推理效果)"[②]。

对新闻传播而言,虽然架构分析可遵循三种轨迹:第一是甘姆森分析"话语包"的理论逻辑;第二是分析新闻价值的作用;第三是考察构架效应在话语范畴的呈现。[③] 但我们可以看到,最明显的和最关键的莫过于通过架构操作使新闻报道因语言学等方面的差异而产生"架构效应"(简而言之,就是"朝四暮三"与"朝三暮四"的问题),这其中隐含的是有关国际地缘政治与地缘经济进行博弈的策略,除此之外便是"国际社会公民运动议题"以及"公共社会生活议题"的建构,架构成了一种在社会、政治、经济与文化层面上的斗争和参与的策略。架构效应的关键理论价值在于:"架构效应并非仅仅表现为认知内容与结构的差异与变化,还体现在公共生活中话语表达(包括内容、词语、结构)的差异与变化。"[④]

## 三、仪式与媒介事件

仪式(ritual)是一种类型化的、重复的社会活动,其运用象征主义(具体地,象征符号)来表达与界定社会关系,仪式活动出现在社会关系不清晰或充满冲突的社会环境中,举行仪式就是要解决这种问题。[⑤] 在诸多有关"仪式"的陈述中,虽然对仪式的界定不同,但基本上都赞同"仪式通过符号来进行并具有制度化功能"。虽然"一般人类学家认为典礼是宗教性的,而仪式则是一种世俗的象征活动,但二者往往可以互用"[⑥],在广义上,二者都成了"仪式景观",即一种制度化装置。实际上,在戴杨和卡茨看来,惯例性的事件都具有"仪式"的功能——"如同仪式场合一样,很多惯例性的事件能够唤

① 潘忠党.架构分析:一个亟需理论澄清的领域[J].传播与社会学刊, 2006(1):25.
② 潘忠党.架构分析:一个亟需理论澄清的领域[J].传播与社会学刊, 2006(1):33.
③ 潘忠党.架构分析:一个亟需理论澄清的领域[J].传播与社会学刊, 2006(1):34-36.
④ 潘忠党.架构分析:一个亟需理论澄清的领域[J].传播与社会学刊, 2006(1):36.
⑤ LANE C.The rites of rulers[M]. Cambridge:Cambridge University Press, 1981:11.
⑥ LANE C.The rites of rulers[M]. Cambridge:Cambridge University Press, 1981:14.

醒并重申社会的价值观,并提供一种共享的关注焦点,至少是替代性参与"[①]。

在人类学中,"信仰、仪式和传统的生产需要通过符号系统、权力结构以及权力流布其中的制度来进行,这体现于作为文化的某些形式。这些信仰、传统和仪式不仅是生产,而且是通过权力搭建的符号系统进行的再生产、再创造、理解、概括、阐释、再阐释和再符号化"[②]。也就是说,仪式成了一种通过使用象征符号和权力生产、再生产来实现制度化的过程,仪式能强化社会共识与价值观共享,也能巩固现存的社会与政治秩序。在谈到仪式的"制度化"功能时,法国社会家皮埃尔·布尔迪厄指出:"所有的仪式都倾向于认可一种人为的界限并使之合法化,即,或判其武断得不到承认,或认为其合法与自然而被大众接受;或同样以合法的、不同寻常的方式违反社会不惜一切代价所保护的、社会秩序和思想秩序的构成边界。"[③]制度化甚至有一种能够无中生有地创造差异的社会魔力。[④] 在这社会学意义上,制度化是一种特殊的传播行为,"它能为某人赋予身份,不仅向其表达身份而且通过在众人面前展示来向其强加身份,借助权威向其表明它是什么、应当是什么"[⑤]。借助界定身份使社会关系差别更为牢固和强化,这也是美国人类学家特伦斯·特纳(Terence Turner)所说的:"仪式是可控制且具有秩序的行为模式,其构成一种有效的操纵机制,使与仪式界定相关的模糊形态恢复秩序。"[⑥]仪式是一种结构与维持权力关系的重要手段。[⑦]

我们说仪式是通过象征主义来进行的,但这种象征性的意义不在于它显而易见的意义,而在于它代表并以之为参考来进行阐释的超验原则——

---

① DAYAN D, KATZ E. Media events:the live broadcasting of history[M].Cambridge:Harvard University Press, 1994:28.

② RIZO M, ROMEU V.Cultura y comunicacion intercultural[J]. Revista da associacao naciona dos programas de pos-graduacao em comunicacao,2006(7):8.

③ PIERRE B.Les rites comme actes d'institution[J]. Actes de la recherche en sciences sociales,1982,43(6):59.

④ PIERRE B.Les rites comme actes d'institution[J]. Actes de la recherche en sciences sociales,1982,43(6):59.

⑤ PIERRE B.Les rites comme actes d'institution[J]. Actes de la recherche en sciences sociales,1982,43(6):60.

⑥ LANE C. The rites of rulers[M]. Cambridge:Cambridge University Press, 1981:12.

⑦ LANE C.The rites of rulers[M]. Cambridge:Cambridge University Press, 1981:3.

该原则由位于意义等级体系顶端的信仰和价值观组成，它们结构并为底层的价值观建立秩序。[①] 换句话说，仪式的象征意义不在于它的意义，而在于它代表一种结构社会不同价值观并为其设立秩序的原则。鉴于仪式具有这种制度化结构功能，(尤其越是)社会关系不明确或充满冲突的社会，就越需要仪式的力量，因为在社会关系不明确的地方，仪式有利于区分与强化不同的社会关系；在充满冲突的社会语境中，仪式有利于获得和强化价值观方面的共识。[②] 于是在政治权力充分渗透的社会中，政治精英对价值观共识的要求越强烈，建立仪式模式的愿望也就越强烈，以便延续政治现状，如在苏联的日常政治生活中。不过仪式的制度化功能是隐蔽的，因为这种功能"能够赋予看似自然特征的属性；在逻辑上，倾向于把社会中对立的关系转变成自然关系的组成部分"[③]。换句话说，在受众的无意识中，仪式已具有了秩序的生产与强化功能，自然逻辑代替了历史逻辑，具有了巴特意义上的"现代神话"特征。

仪式不是自然展开的，而是由专门的人来组织的。"任何社会活动都会因仪式专家的任性而变成仪式。""仪式化意味着一种高度完善的、以仪式形式来演示社会关系的倾向。这种倾向要求仪式专家来进行。他们发明新的或改造旧的仪式，以便控制他们对社会关系的界定。"[④]如果从传播学角度出发，作为特殊传播的仪式就会经历从信源到信宿的传播过程，这要借助大众传播工具来进行，形成富有影响的"媒介事件"观念。

大众媒介不时地通过"仪式"来实现对社会秩序的生产与再生产。关于此观点最有影响的是戴杨和卡茨的《媒介事件：历史的现场直播》一书。在此书中，作者并没有具体地界定何为"媒介事件"，而是把"媒介事件"看成某种电视媒介体裁，把其看作"中介化传播整合"的仪式。并指出这种体裁通过八个过程点形成：第一，媒介事件是对受众日常生活和播出惯例的中断；第二，它们垄断了不同媒介频道的报道；第三，具有直播特征；第四，它们是由媒介之外的力量组织的；第五，媒介事件是预先计划的产品；第六，它们通

---

① LANE C. The rites of rulers[M]. Cambridge：Cambridge University Press, 1981：11.

② LANE C. The rites of rulers[M]. Cambridge：Cambridge University Press, 1981：12..

③ PIERRE B. Les rites comme actes d'institution[J]. Actes de la recherche en sciences sociales, 1982, 43(6)：59.

④ LANE C. The rites of rulers[M]. Cambridge：Cambridge University Press, 1981：14.

过崇敬的仪式被展现出来;第七,媒介事件报道称颂和解(reconciliation);第八,媒介事件能使广泛的受众(或一国家,或全世界)激动起来。作为仪式,“媒介事件”具有确认某个社会或民族的社会规则与价值观念体系的功能,戴杨和卡茨借助三种类型(竞赛、征服、加冕)的媒介事件来说明这种集体意识的强化功能。“媒介事件”的积极的符号学意义在于,它把人们日常生活中的意义生成和秩序建构与大众媒介的中介化功能联系在一起,提供一种借助“仪式”来解释社会现实(如身份或团结)建构的方法。不过“媒介事件”三种类型的说法因过于狭隘而受到批评。批评者们认为,应该把大众媒介的媒介化事件扩展到更为广泛的媒介化仪式中,不能把媒介事件精确地局限于一种清晰的媒介体裁。① “媒介事件”批判者的观点使我们看到,作为“仪式”的媒介事件是广泛存在的,一种重复的传播活动都具有“仪式”的结构功能。这种传播活动的重要价值不是向受众展示意义,而是在结构或强化一种关系或秩序——尤其是社会政治秩序。因此在政治传播(如国际会议、政治选举等)中,体验“仪式”的重要性要大于过程本身所拥有的含义,即使参与者对过程的含义一无所知,只要参与就为现存秩序的强化与社会关系的确认提供了条件。

## 第四节 新闻研究:媒介体制

从新闻媒介的发展轨迹来看,新闻研究分为历时研究和共时研究。前者主要体现于,在研究过程中把新闻媒介的发展分成几个阶段:官报(Official Press);政论报刊(Political Essays);党报(Partisan Press);商业报刊(Commercial Press)。② 官报主要出现在西欧(尤其是英国)资产阶级革命前的专制王朝早期;政论报刊主要出现在西欧(尤其是英国、法国)资产阶级革命时期;党报主要出现在欧美资产阶级革命成功到19世纪中叶;商业报刊,主要出现在19世纪中期以后的报刊商业化,如1831年的《太阳报》(*The Sun*)成了纽约的第一份“便士报”,并首次开辟了报刊的大众市场,到了20

① HEPP A, KROTZ F. Media events, globalization and cultural change:an introduction to the special issue[J]. Communications, 2008,33(3):266-267.

② 李彬.全球新闻传播史,1500—2000[M].北京:清华大学出版社,2005:206.

世纪初成为大众报刊。[①] 总体上，“到了 18 世纪，英国、美国和（在一定程度上）法国的新闻都成功地摆脱了政府的干涉，实现了表达自由，并随着读者的增加，变成了一种产业。于是新闻业逐渐成了传播广告的工具。反过来，广告成了新闻业的支撑。”[②]

在 19 世纪和 20 世纪之交，随着西方资本主义社会工业革命的完成、资本原始积累的进一步加强以及西方国家的殖民浪潮的展开，信息的收集与传播成了日常社会活动的必要组成部分。报业的发展出现了以此为经营目标的新闻社，尤其是国际新闻社，如，法国的夏尔·哈瓦斯（Charles-Louis Havas，1783—1858）于 1835 年成立了哈瓦斯新闻社（Agence Havas）；路透（Paul Julius Baron von Reuter，1816—1899）于 1851 年成立了伦敦路透电报公司（Reuter Telegram Company of London），简称为路透社（Reuters）；沃尔夫（Bernhard Wolff，1811—1879）于 1849 年成立了柏林大陆电报公司（Continental Telegraphen Compagnie of Berlin），简称为沃尔夫新闻社（Wolff Agency）。这三家新闻社于 1870 年缔结和约（Agency Treaties），在世界地形图上划分各自的势力范围：“路透社负责整个大英帝国、荷兰及其殖民地、澳大利亚、东印度和远东地区；哈瓦斯新闻社负责法国、意大利、西班牙、葡萄牙、地中海东部地区、印度支那和拉丁美洲；沃尔夫新闻社则集中于中北欧地区。”[③]但第一次世界大战以后，沃尔夫新闻社因德国战败被剥夺了势力范围。1830 年以后，美国的重要新闻社，如美联社（1848）和合众社（1907），开始在国际新闻市场上打破哈瓦斯及路透社等欧洲新闻社的国际垄断局面。随着两次世界大冲突的开始和结束，不仅出现了新的新闻社，如美国的国际合众社（United Press International，1907），苏联于 1918 年把电报通讯社和政府的新闻办公室整合为罗斯塔（Rosta）并于 1925 年改名为塔斯社（TASS）。除了这些具有重要影响的国际新闻社，还涌现出了具体的媒体机构，如英国 1922 年成立了 BBC 广播公司，美国分别于 1926 年与 1941 年成立了全国广播公司（National Broadcasting Company）与美国之音（VOA），日本于 1926 年成了日本广播协会（NHK），等等。在 21 世纪的新时期，路透社、美联社和哈

---

① 李彬．全球新闻传播史，1500—2000［M］．北京：清华大学出版社，2005：164．

② AYALON A. The press in the arab middle east：a history［M］. Oxford：Oxford University Press，1995：6.

③ MATTELART A. Le mondialisation de la communication［M］.Paris：PUF，1996：27-28.

瓦斯社的继承者法新社(AFP)成了主要的世界级别的通讯社。[①] 这些新闻传播机构随着1962年第一个跨大西洋电视节目传输的通信卫星 Telstar I 的升空和1965年的第一个国际商业通信卫星“晨鸟”(Early Bird)的发射,新闻传播以及与此相伴随的跨边界文化产业浪潮,把世界推向了“文化民主化”的辩论的舞台,“信息流动的不平衡”“文化帝国主义”“文化依附”等成了有关世界信息流动的主要辩论修辞。

在媒介研究方面,从历时角度看,人类的传播历程大体上经历了口头传播、手写传播、印刷传播、电子传播四个阶段。共时研究主要体现于新闻媒介体制的研究中,即对不同的媒介体制进行的比较研究。何谓“媒介体制”(media system)?“总体而言,媒介体制包含所有被组织于给定社会与政治体系(往往是一个国家)中的大众媒体……在二战后,当国家开始调节国内的广播服务时,‘媒介体制’概念就被广泛地使用开来。在历史上,‘媒介体制’概念被用来指在国家层面上组织起来的重要大众媒体,即印刷媒体(主要是报纸)、广播媒体(主要是广播和电视),在某些情况下也包括电影以及媒介与工业的联合,如广告……媒介体制概念通常被用来描述媒介系统的特征,以便进一步分析和探讨它们是如何彼此关联以及如何与其他系统发生联系的。”[②]

对媒介体制研究做出重要理论贡献的当属威尔伯·施拉姆等人所著的《报刊的四种理论》(1956)。我们应该知道“虽然报刊的发明不在美国,但现代新闻业可以合法地描述成为盎格鲁-美国人的一项发明,它拥有自己的技巧(如作为新闻形式的采访和报道)与专业技术(如自19世纪末,美国的著名大学就创立了新闻学院,如哥伦比亚和哈佛大学)”[③]。该书的观点在于“报刊总是带有它运作其中的社会和政治结构的形式和特色。特别是,它反映一种个体和机构关系在其中得以调节的社会控制体系。我们相信对这些社会方面的理解是对报刊任何系统理解的基础”[④]。该书的作者以国际视野,更具体地说,从地缘政治的视角把当时世界的新闻报刊媒介体制分成四

---

① 戴比尔,等.全球新闻事业:重大议题与传媒体制[M].郭之恩,译. 北京:华夏出版社,2010:38.

② HARDY J. Western media systems[M].London:Routledge, 2008:5-6.

③ RIUTORT P. Sociologie de la communication politique[M]. Paris:La Découverte, 2007:28.

④ SIEBERT F S, PETERSON T, SCHRAMM W. Four theories of the press, the authoritarian, libertarian, social responsibility and soviet communist concepts of what the press should be and go[M]. Champaign:University of Illinois Press, 1963:1-2.

个类别：报刊的集权主义理论（Authoritarian）；报刊的自由主义理论（Libertarian）；报刊的社会责任理论（Social responsibility）；报刊的苏联共产主义理论（Soviet communist）。不过，施拉姆等人指出："自从大众传播开始以来，在文艺复兴时期，只有两种或说四种基本的报刊理论，说两种或四种，这要看我们怎么考虑……但我们努力弄清楚，后两种理论只是前两种理论的发展或修正。"①可以看出，这种分类主要是在西方中心主义的立场上进行的。

在这四种理论中，集权主义理论出现于文艺复兴晚期的集权主义环境中，而且当时印刷机也已发明出来；报刊被统治者用来告知民众应该知道的统治者所思考的东西，告知警察他们应该支持的统治者的想法；统治者与媒体间是协约关系，前者给后者以垄断，后者给前者以支持，不过前者有决定权。自由主义理论出现在 17 世纪晚期，形成于 18 世纪，繁荣于 19 世纪；报刊不再是统治的工具，而成了提供证据和实施辩论的设施，民众在此基础上来监督政府，在政策方面自己拿主意；报刊脱离对政府的依附，民众有同等的接近媒体的权利，形成一种思想和信息"自由市场"，例如在英美的二百年中，这种报刊被鼓励承担"第四等级"（Fourth Estate）的作用。社会责任理论的出现往往与哈钦斯委员会（Hutchins Commission）的出现联系在一起，它发展的基础是报刊的所有者和经理决定着公众应得到何种内容，媒体近乎垄断的权力使它们自己有对社会负责的义务。自由主义理论与共产主义理论则是对东西方媒介体制的偏向性划分，体现了作者的地缘政治心态。

《报刊的四种理论》不但被公认"开了比较新闻学之先河"②，而且为后来诸多媒介性质和功能划分提供了建议性的参照。美国学者威廉·哈克坦（William Hachten）在 1981 年的《世界新闻多棱镜》中，把新闻的媒介体制分成五种理念：（1）集权主义理念；（2）西方理念；（3）共产主义理念；（4）革命理念；（5）发展理念。作者对《报刊的四种理论》进行了整合与延伸，总结出五种理念，但这五种理念依然深深地打着冷战意识形态的烙印。其中的西方理念包括《报刊的四种理论》中的自由主义和社会责任理论，集权主义和

---

① SIEBERT F S, PETERSON T, SCHRAMM W. Four theories of the press, the authoritarian, libertarian, social responsibility and soviet communist concepts of what the press should be and go[M]. Champaign: University of Illinois Press, 1963: 2.

② 展江.媒介理论：关键词·语境·汉译：对"报刊的四种理论"的再认识[EB/OL].[2012-02-16]. http://academic.mediachina.net/article.php? id=3575.

共产主义理念是对报刊四种理论的继承。革命理念主要发生在第三世界国家，报刊和媒体往往被用来推翻政府或从敌对的统治者手中夺取政权，具有颠覆性；发展理念主要是与媒介功能主义联系在一起，媒介成了发展意识形态的组成部分。① 随着冷战的结束，冷战意识形态有所消退。1997 年芬兰学者卡尔·诺登斯特伦（Kaarle Nordenstreng）提出了媒介研究的“五种范式”：自由—多元主义范式（liberal-pluralist）、社会责任范式（social-responsibility）、批判范式（critical）、行政管理范式（administrative）和文化协商范式（cultural negotiation）。② 对于这些新闻媒介体制的分类，如同哈克坦沿袭报刊四种理论的划分一样，在新闻媒介体制的深入研究方面几乎没有什么新意，因为我们知道，哈克坦的发展理论和革命理论是 20 世纪六七十年代盛行于拉美和非洲脱殖民运动的大众传播功能主义理论的注脚；诺登斯特伦的五种范式中的批判范式、行政管理范式和文化协商范式则分别是关于传播学的传统分类（批判学派和管理学派）以及文化研究的变相称谓。卡伦与朴明珍在 2000 年编著的《去西方化媒介研究》中，把“报刊的四种理论”划归为西方视角下的地缘政治做派，把编辑的论文根据数轴区间（横轴：Neo-liberal——Regulated；纵轴：Democratic——Authoritarian）（见图 4-2）划归在五个标题框架下以展示自己的“去西方化的理论模式”。③

（1）转型与混合社会理论（Transitional and mixed societies）；（2）权威/新自由主义社会理论（Authoritarian neo-liberal societies）；（3）权威/管制社会理论（Authoritarian regulated societies）；（4）民主/新自由社会理论（Democratic neo-liberal societies）；（5）民主/管制社会理论（Democratic regulated societies）。④ 这种按数轴区间的对子概念（couplet concepts）辩证划分方法已经成为新闻媒介体制类型划分的简便和快速切入法，并不断地被其他学者使用，如诺登斯特伦和麦奎尔。诺登斯特伦在《四种报刊理论的再思考》一文中，以媒介的自治性（media autonomy）——媒介的依附性（media dependency）为横轴，以制度权力（institutional power）——人民的权力（people's power）为纵

① HACHTEN W A, SCOTTONWORLD J F. News prism, the: global information in a satellite age[M]. 7th ed. Hoboken: Blackwell Publishing Ltd, 2006: 16.

② PLOOY G M. Media studies: institutions, theories and issues[M]. Cape Town: Juta Academic, 2007: 275-276.

③ CURRAN J, PARK M-J. De-westernizing media studies[M]. London: Routledge, 2000: 13.

④ CURRAN J, PARK M-J. De-westernizing media studies[M]. London: Routledge, 2000: 11-12.

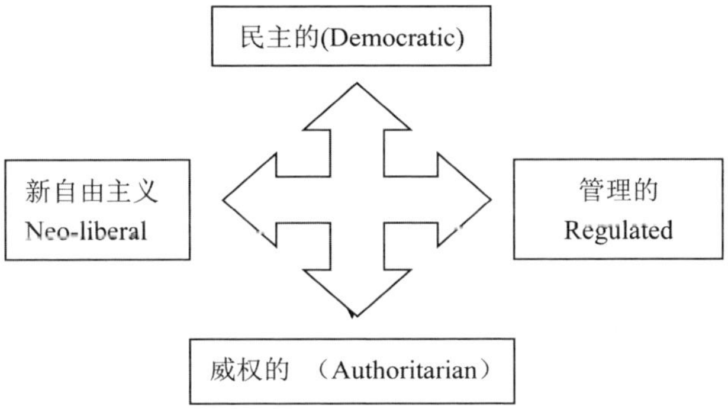


**图 4-2 媒介体制性质区间图**

轴,将新闻的四种作用:监控(monitorial)、释义(facilitative)、合作(collaborative)和激进(radical)[①]分别放在四个区间中。麦奎尔在划分媒介理论时,认为存在着四种方法,分别用数轴的四个区间标示:横轴为文化主义(culturalist)——物质主义(materialist);纵轴为媒介中心(media-centric)——社会中心(society-centric)。四个区间反映出了四种视角:媒介文化主义视角(media-culturalist)重视内容分析和接受;媒介物质主义(media-materialist)强调媒介组织、金融和技术;社会文化主义(social-culturalist)重视社会影响因素和媒介功能;社会物质主义(social-materialist)关注把媒介和内容看作是社会政治经济物质力量的反映。[②]

2004 年哈林和曼希尼的《媒介体制比较》一书从方法、视野、比较参数选择、参与相互关系上进行比较,给人以新的启发。《媒介体制比较》一开始也参照《报刊的四种理论》引入自己的问题,“简而言之,这本书(即《报刊的四种理论》)后面的问题是,报刊为何是这样?为何服务于不同的目的并且因国家不同而存在着广泛的差异?为何(如苏联)的报刊与我们的不同,阿根廷又与英国的差异很大?半个世纪过去了,在这个问题的解决上,进步有限。特别自 20 世纪 70 年代以来,人们试图沿着比较分析的方向来推进该研究,不过该研究还处在初级阶段。我们在本书中尝试回答施

① CARPENTIER N,et al. Researching media, democracy and participation[M]. Tartu:Tartu University Press, 2006:38.

② MCQUAIL D. McQuail's mass communication theory[M]. London:SAGE,2005:13-14.

拉姆等人提出的问题"[①],并按着施拉姆等人所涉及的分析议程,[②]以西欧和北美的发达资本主义国家的媒介体制为研究对象,聚焦于媒介体制与政治体制(political system)间的关系,通过对新闻业、新媒体、媒介政策的分析,他们从四个维度(市场的发展程度、媒体与政治相关性、新闻专业主义、国家的角色)来描述一个国家的媒介体制,并划分出三种模式:(1)地中海/极化的多元主义模式(The Mediterranean/Polarized Pluralist Media Model):媒介组织被整合进政党政治中,媒介的商业性比较弱,国家在媒介组织中角色强大,如:法国、意大利、西班牙、葡萄牙、希腊;(2)北欧/民主统合模式(The Northern European/Democratic Corporatist model):商业媒介与联系性团体的历史性共存,国家的角色相对来说是活跃的,但在法律上是有限制的,如德国、奥地利、瑞典、荷兰、卢森堡、挪威、丹麦;(3) 北美/自由模式(The North Atlantic/Liberal Media Model ):市场机制与商业媒介处于主导地位,相对而言,国家在媒介组织中所扮演的角色比较弱,如美国、加拿大、英国、爱尔兰。[③]

这些研究基本上呈现了地缘政治和媒介体制比较的两个重要特点,反映了作为新闻媒介的国际传播的媒介体制的基本特征。

## 第五节 国际新闻传播中的伦理

伦理学的发展总是处在普遍主义、相对主义和现实主义认识的纠缠之中。是否存在着对所有社会都具有效性的伦理原则或规范?是否因社会与文化的多元性而存在着不同的伦理规范?还是存在以现实主义原则为基础的日常社会构建出来的伦理规范?这些问题形成了现实生活中的霸权与对抗、渗透与反渗透、帝国主义与民族自决等的现象学争论和辩论。特别是在国际传播中,这种争论意味着具有干涉与反干涉、同一与差异、中心主义与多元化等特征的传播秩序,因为在国际传播中,新闻信息或预设意义的传递

---

① HALLIN D C, MANCINI P. Comparing media systems:three models of media and politics[M]. Cambridge:Cambridge University Press, 2004:1.

② HALLIN D C, MANCINI P. Comparing media systems:three models of media and politics[M]. Cambridge:Cambridge University Press, 2004:8.

③ HALLIN D C, MANCINI P. Comparing media systems:three models of media and politics[M]. Cambridge:Cambridge University Press, 2004:67-68.

与国家理性(或国家利益)及其战略意图交织在一起,作为新闻信息主要传播者的更多是制度化的主体,更多体现为国家利益的代理人,“层层把关人都是带着一定的意识倾向、审美口味或刻板成见来处理消息的”,同时,“新闻信息发布要服从于建构社会关系或公共关系的需求,这类关系当中,既有来自公共机构或公共机构的个人的‘关照’和‘打招呼’,也有通过广告及广告客户对媒介的财政状况施加压力的经济权力和媒介本身的反权力之争,还有媒介影响力指数所代表的受众信息需求”①。实际上,新闻报道、评论及辩论的传播不仅依靠信息的传播机制,而且在更多情况下,这种传播机制更形成了一种具有“权力”特征的“传播装置”:去吸引、去感召、去抵制。新闻报道涉及的是对所发生事实如何叙述的问题:报道的内容是事实,报道的关键是如何用语言或镜头视角把这些事实表达出来;报道因报道者的观点、身份、思想、价值观、叙事方式的不同或镜头的取景差异会产生不同的报道效果,或消极、或积极、或中性。总体上,上述的框架理论可为此提供一种解释的视角。

伦理学研究通常被分为三个部分:“元伦理学、规范伦理学和描述性伦理学。”②元伦理学所谈论的问题涉及规范理论,从哲学层面上来观察事物中的“善”和“正确”的性质、“恶”的问题以及伦理学理论的有效性。规范伦理学把现实的道德观念与伦理学原则结合起来,把焦点集中在社会和制度是否公正上面,关注从业人员如何进行更好的职业生活,让伦理原则得到发扬,更多体现在“理论”层面上。规范伦理学力求建立规范和指导纲领,这不仅包括细节的描述,而且涉及抽象思维。描述性伦理学则关注特定人和群体的道德行为表现,研究伦理决策实际运作的方法,例如在新闻传播学方面,它要描述新闻事件中的成功与失败,确定问题的位置,指出媒介从业人员面对的问题,更多体现在“实践”层面上。其中,规范伦理学是因涉及日常职业实践中伦理规范而受媒介伦理关注最多的伦理学,如涉及社会正义、真理、人的尊严、隐私等。

但面对所谓国家的利益与安全,传播伦理,尤其是规范伦理学与描述伦理学处于尴尬的境地。常被人们奉为“西方民主典范的美国”,总被推上传

---

① 陈卫星.新闻伦理的可能性[J].中国图书评论,2009(7).

② CHRISTIANS C G. Primordial issues in communication ethics[M]//FORTNER R S, FACKLER P M. The handbook of global communication and media ethics. 1st ed. Hoboken:Blackwell Publishing Ltd., 2011:1.

播伦理的被告席。在1999—2008年的科索沃、伊拉克和中东战争中,媒介仍没有摆脱赫斯特的"黄色新闻"的特征并成为美国新保守主义(neo-conservatism)的战争工具,从推销战争到对所谓的恐怖分子嫌疑人的"虐囚"行为,退休的军方官员被广播电视网络(如CNN、FOX等)包装成"分析和评论专家",从大众媒体的内部来塑造恐怖主义报道或发动战争存在着合理理由,以此来掩盖真相。① 在海湾战争中,因半岛电视台的相对客观报道妨碍了美国的军事行动和国际舆论,当时的美国总统试图下令轰炸半岛电视台国际总部。② 2011年3月21日法国右翼人民阵线的前领导人让-玛丽·勒庞(Jean-Marie Le Pen)作为BFM电视台露丝·艾尔克列芙(Ruth Elkrief)的邀请嘉宾时,把利比亚战争描述为"我发现,这次全球主义的十字东征军闻到了满鼻子的石油味";"我不是说卡扎菲该受到尊重……不过我看到,相对卡扎菲先生,人们没有用同样的眼光来看待巴林或也门。我认为,卡扎菲对某些石油巨头没有足够的顺从,人们想迫使他就范,甚至想抢夺他的石油"。这与利比亚战争中西方媒体铺天盖地的以"民主""人权""人道灾难"等为标题的新闻报道形成了鲜明的对比,而这种新闻传播手段正不停地在其他地区重演,如叙利亚。以"萨达姆拥有大规模杀伤武器"为打击依据的宣传,始终没能找到合理的证据;以"卡扎菲用飞机轰炸自己人民而犯下反人类罪"为打击理由的新闻,最终来自一个不知真正来历的人的一线电话,而且没有充分的证据。比利时的独立记者米歇尔·克伦(Michel Collon)在2011年12月3日的法国电视三台(France3)上,在谈及利比亚战争时就认为"每次战争之前是一场媒介谎言",并出版了一系列有关伊拉克、海湾、叙利亚战争"媒介谎言"的专著。在"9·11"纽约恐怖袭击事件之后,美国颁布了《爱国法案》(*USA PATRIOT Act*),该法案名称实际是《通过使用合适手段拦截和阻止恐怖主义行为以团结和巩固美国法案》(*Uniting and Strengthening America by Providing Appropriate Tools Required to Intercept and Obstruct Terrorism Act*)的词首字母缩写。其中受批判较多的是第二条"强化监控程

---

① BARSTOW D. Behind TV analysts, pentagon's hidden hand[N/OL].The New York Times, 2008-04-20[2012-06-10]. http://www.nytimes.com/2008/04/20/us/20generals.html?_r=1&ex=1366344000&en=196b27df83cc255c&ei=5090&partner=rssuserland&emc=rss&pagewanted=all.

② SCAHILL J. The war on Al Jazeera[N/OL].The Nation, 2005-12-01[2012-06-10]. http://www.thenation.com/article/war-al-jazeera.

序”下面的 201、202、206、207、215 等节，这些条文明确规定涉及涉嫌恐怖主义或计算机诈骗的有线、口头和电子传播信息要被拦截，并对传播信息实行流动监控，而且联邦调查局以国家安全的名义接触美国或非美国用户的记录和信息。

另外，在目前，描述性的伦理学主要关注关于媒介使用和社会价值的描述。①作为技术的传播媒介及其体系构成了社会机构的组成部分。传播媒介的跨边界使用始终与制度、价值观、文化、意识形态等联系在一起，20 世纪六七十年代的文化帝国主义以及联合国教科文组织中有关传播秩序的辩论，反映了国际传播过程不只是信息的自由流动，更多是与国家主权、民族身份、国家利益、殖民依附等问题联系在一起。更何况，在 21 世纪的头十年，发达国家通过或试图借助新的信息传播技术（如社会媒体）来实现发展中或落后国家（如突尼斯、埃及、伊朗）政权变更的做法，使传播媒介进一步沦为国际政治博弈的工具，国际传播伦理的理论化和实践具有了不确定因素。不断在国际新闻界以捍卫新闻职业伦理与权利而频频出镜的著名法国“无疆界记者”（RSF）非政府组织，这个名义上的非政府组织却与美国的国务院和中央情报局（CIA）等的资助有着密切联系，在 2008 年到 2012 年的四年之内，两次因缺乏职业伦理道德被联合国教科文组织从与联合国教科文组织相关的非政府组织名单上拿掉。② 新闻传播的“中立性”或服务于公众的说法始终是一理想或理念（或权力），与传播总是形影相随。如，在理解新闻传播的“中立性”时，首先要看“中立”概念是如何产生的，参考的标准是什么，又是如何定义的，受“中立”概念定义的对象是什么。重要的是把“中立”概念的生成机制揭示出来，然后再谈“中立”。“概念”是权力博弈关系的表述，是一个社会学或政治社会学的过程，因此，“中立”概念本身就是不同权力博弈下产生的看顾双方态度的立场性表述，当其变成立场性表述时，概念本身就是一个立场态度问题，也是一种修辞问题。学者贝内特（W. Lance Bennett）认为，虽然人们认为民主的责任引导着信息收集与传播，但研究表

---

① CHRISTIANS C G. Primordial issues in communication ethics[M]//FORTNER R S, FACKLER P M. The handbook of global communication and media ethics. 1st ed. Hoboken: Blackwell Publishing Ltd., 2011: 15.

② ALLARD J G. L'UNESCO prend ses distances avec reporters sans frontières[EB/OL].(2012-04-10)[2012-06-11]. http://www.michelcollon.info/L-UNESCO-prend-ses-distances-avec.html.

明,利益驱动与市场力量产生了越来越多的影响,他借助罗伯特·麦切斯尼(Robert McChesney,1913—2008)的研究指出:“商业新闻系统几乎不含公共服务和责任的内在基础……如果揭去新闻自由的面纱,我们会看到企业的利益,这些利益更多是为了使自己免于为公共利益服务,而不是去促生宪法第一修正案来保护具有风险或挑战性的信息的传播自由。”①

在这种环境下,所谓传播伦理中的关键问题,如正义、客观性、隐私等,在国际传播现实中无法解决,关于媒介从业者、媒介统治(médiacratie)、记者丑闻、歪曲信息、误导信息等的一系列媒介批判成了传播伦理难以实现的注脚。在国家及其联盟战略利益的驱使下,国际传播意义上的新闻只能沦落为想象和杜撰。无论如何,研究者们总是在国际传播的现实与伦理之间努力地编制一个超越具体时空背景的伦理乌托邦,以求从逻辑上接近作为人的道德发展终极目标的“至善”。另外,在新闻传播的框架中,作为传播者,更具体地说,中介者(BBC、CNN、WATO、IMF、WB 等)实际上结构了世界上的信息流动秩序,其中并非中性的信息流动成为日常生活社会学意义上的构建活动,一种规则、习惯或制度性的东西由此而生。

---

① BENNETT W L. News:the politics of illusion [M]. 5th ed. London:Longman, 2003:91.

# 第五章 文化、信息工业与传播的近用

在文化领域，技术生产着大众文化，大众文化使个体习惯于和主流行为思想保持一致，因而提供了强大的社会控制工具。①

——道格拉斯·凯尔纳

文化商品生产机器和跨国信息包含的不仅是文化方案，而且包含着一种新的权力组织系统。②

——朱振明

“文化、信息工业与传播的近用”主要涉及文化与信息工业以及消费主体如何借助这种工业化来实现文化本身的使命：身份建构、意义更新与传播的民主化。文化概念是欧洲学者（尤其法国）坚持的观点，信息是盎格鲁-撒克逊人的钟爱：因为在旧大陆文化不能被视作信息，文化产品应具有例外性。文化和信息工业反映了大西洋两岸在资本主义全球化背景下就“文化和信息”观念所进行的协商和妥协：一方面是作为启蒙文化遗产继承者的欧洲；另一方面则属于新兴商业文化的北美。在“信息社会”背景下，“文化和信息社会”成了一种政治、商业和技术意识形态，是经济增长和集体想象所汲取的主要资源，数字化和商业化成了文化和信息传播的基本形式和手段。当商业化文化和信息成为消费者构建自我与群体想象的无意识时，批判性反思让位于情感体验，否定性被肯定性所取代，微观专家叙事相对宏大叙事

① KELLNER D. The frankfurt school and british studies: the missed articulation[M]//NEALON J T, IRR C. Rethinking the frankfurt school: alternative legacies of culture critique. Albany: State University of New York Press, 2002: 32.

② 朱振明.传播世界观的思想者[M]. 上海：上海交通大学出版社，2011：112.

占据优势,传播话语便迎来了自己的后真理时代。

## 第一节 信息的新界定

在传播学领域,文化、信息、知识、话语等概念成了传播内容的多义词。"信息本质上是语言(language)问题,语言一点也不透明,它表现出自己的非透明性,信息借此构建一种看法,一种世界的特殊意义。"①不过随着"信息社会""知识社会""网络社会"所描述的后现代社会形态的出现,信息不再仅仅是语言,而且是具有不同学科特征的"文化"(文化研究)、"信息"(信息—系统论)、"知识"(社会学)与"话语"(语言学)等称谓。"网络社会"的倡导者曼纽尔·卡斯特尔认为:"我们在人类不同活动和体验领域内进行的社会结构探索使我们得出了这样的结论:信息时代的支配性功能和过程越来越被组织成了网络。网络成了我们社会的一种新的社会形态,网络逻辑的扩散很大程度上决定着生产、体验、权力和文化的过程…… 现在新颖的地方在于,信息技术的新范式为整个社会结构提供了扩张的物质基础。而且,流动的权力相对权力的流动占据了上风。网络的在场或缺席以及每个网络相对其他网络的动力(在社会形态相对社会行为占据优势的层面上)是网络社会中支配和变化的主要源泉。"②在卡斯特尔的"网络社会"中,信息成了知识,信息在宽泛意义上是知识的传播,③"信息是被组织和传播的数据,知识是一套有关事实或观念的被组织起来的陈述,表达一种理性化的判断或实验结果,并以某种系统的形式通过传播媒介传递给他人"④。甚至,"信息是纯粹的陈述。它构成了知识,像所有知识一样,这种知识依赖于其涉及的认识领域、融入的陈述情景及其发生其中的装置"⑤。

在媒介话语分析中,"话语不是语言,尽管人们通过语言来制作话语,而话语反过来又修正语言。语言指向自己表现为不同系统的组织,这些系统

① CHARAUDEAU P. Les médias et l' information:l' impossible transparence du discours[M]. Brussels: De boeck, 2005:11.

② CASTELLS M. La société en réseau[M]. Paris:Fayard, 2001:575.

③ CASTELLS M. The rise of the network society[M].2nd ed. Oxford:Wiley-Blackwell, 2010:500.

④ CASTELLS M.The rise of the network society[M].2nd ed. Oxford:Wiley-Blackwell, 2010:17.

⑤ CHARAUDEAU P. Les médias et l' information:l' impossible transparence du discours[M]. Brussels: De boeck, 2005:26.

标明了形式(词法)、结合(句法)及或多或少稳固的和原型意义间的关系类型,这些形式根据不同的关系网络(词义)而具有了载体性质。描述语言,往往是用这种或那种方法来描述在语法和字典中可以编制索引的一致性法则。相反,话语往往指向纯语言应用规则以外的东西,来自我们说写(说话者和接收者的身份,联系他们的意向性以及交换的物理条件)状况和说的方法的结合。因此,话语外条件和话语内现实混合产生意义。描述话语的意义,往往是去使这两个方面产生关联"①。在这里,话语因有产生的外部条件而与语言区分开来,意义的产生与语言学结构以外的环境联系也在一起,"信息"被社会化与权力化。在利奥塔的后现代知识状况中,知识成了话语,"科学知识(knowledge)是一种话语(discourse)"②。在后现代社会中,"知识以生产力不可或缺的信息商品的形式已经并将继续成为世界范围内围绕权力竞争的主要赌注。可以想见,民族国家有一天就像曾经围绕领土、控制原材料开发和廉价劳动力的争斗一样,将围绕信息的控制而进行斗争"③。而且,知识性质的变迁可能对现存的公共权力产生影响,迫使它们重新考虑它们在理论和实践上与大的公司(更普遍地)以及与市民社会的关系。④

在传播学中,法国的传播学者对关于传播信息本体论的分析做出了重要的贡献。因为在他们那里,信息不再是电讯号,而是与传播过程与传播环境联系在一起的符号(signe)流动过程,明确地赋予了信息象征维度,使其具有了物理和象征双层维度,从此信息的流动与身份、意义、创新等联系在一起,具有了明晰的传播批判价值。法国传播学家马特拉对传播分析的重要贡献之一,就是在传播领域内把信息与文化区分开来。他认为,"传播"概念的意义和应用只有在文化的语境中才能得到考虑。不能无区别地把文化作为信息,进行"当下崇拜""信息崇拜"。"信息崇拜是对文化和记忆的嘲弄。(其认为)只有传输通道重要,意义的生产不在工程师的议事日程之上。"⑤这

---

① CHARAUDEAU P. Les médias et l'information:l'impossible transparence du discours[M]. Brussels:De boeck, 2005:30.

② LYOTARD J F. The postmodern condition:a report on knowledge[M]. Minneapolis:University of Minnesota Press, 1984:3.

③ LYOTARD J F. The postmodern condition:a report on knowledge[M]. Minneapolis:University of Minnesota Press, 1984:5.

④ LYOTARD J F. The postmodern condition:a report on knowledge[M]. Minneapolis:University of Minnesota Press, 1984:6.

⑤ MATTELART A. Diversité culturelle et mondialisation[M]. Paris:La Découverte, 2005:106.

忽略了文化是意义的生产及其特殊性,文化独特性是“身份、意义、尊严和社会革新的根源”①。

在作为北美传播学发展奠基框架的香农的数学传播模式那里,信息概念具有严格的物理学、量化与统计学的特征。“这种概念没有考虑信息的词源学根源,而这种词源学根源蕴含着一种因知识片段构建而赋予知识形式的过程……这种机械形式仅对信息传输管道感兴趣,其指向一种社会的表现主义概念(刺激—反应)……意义的建构在工程师的程序中不能被表现出来,传播概念与文化概念切断了联系。”②法国学者贝尔纳·米涅(Bernard Miège,1941—)借鉴了梅亚(Jean Meyriat 1921—2010,法国信息理论家)的看法。梅亚把信息(information)界定为传播的认识层面,也就是说,不传播的信息不是信息,是认识和知识。信息是必然被生产和传播的,为传播而生产,这暗含着一个传播策略。这就是米涅关注“信息—传播”(information-communication)这个语义段的原因。③ Information 是动词 inform(告知)的名词化,“名词化将过程和行为转化为状态和对象,并将具体转化为抽象”④。因此我们经常所说的“信息”用抽象掩盖了具体的传播过程,米涅的理解颇具启发意义。就信息与文化而言,米涅认为法国人甚至欧洲人成了某些价值体系的奴隶,这些价值观来自启蒙运动以及康德,使人们认为信息、传播和文化领域包含着彼此没有关系的概念。在北美,信息和文化交织在一起。米涅在处理文化工业时越来越把信息也包括在内。现代信息传播技术正在使这些概念走到一起。

## 第二节　传播政治经济学

**政治经济学**。反思政治经济学和经济学往往要追溯到英国的古典经济学家亚当·斯密。政治经济思想产生的原因在于回应当时出现商业主义以及后来长足发展的资本主义,并试图理解和开发这个新社会秩序的潜力。古典政治经济学在关注经济维度的同时,也更关注道德方面的问题。“面对

① MATTELART A. Diversité culturelle et mondialisation[M]. Paris:La Découverte, 2005:55.

② MATTELART A. Histoire de la société de l'information[M]. Pairs:La Découverte,2001:42.

③ MIEGE B. L'information-communication, objet de connaissance[M]. Brussels:De Boeck, 2004.

④ 费尔克拉夫.话语与社会变迁[M].殷晓荣,译. 北京:华夏出版社,2003:170.

市场和国家的增长,个体与社会秩序关系方面出现了无法解决的问题。因此政治经济的出现伴随着对历史和道德哲学的关注。"[①]亚当·斯密在受到法国重农主义思想影响之后写出了政治经济学的畅销书《国富论》(1776),此书主要关注的是自身利益和天生自由的保护和发展。斯密的思想虽然在20世纪成了自由市场原则提倡者的理论依据,但有的学者认为,不考虑道德维度的解读是对斯密思想的狭隘解读。总而言之,亚当·斯密在自己著作中提出的思想成了政治经济学发展的基础。[②]

政治经济学存在着不同思考角度。就亚当·斯密等的古典政治经济学而言,有的人把重点放在作为基本分析单位的个体及作为主要结构的市场之上,二者交汇于一个中心过程,即个体在市场上采取决定,来表达自己的需求。渐渐地,这种看法消除了关于历史、社会整体性、道德哲学和实践的古典看法,把政治经济学看作基于市场行为调查的、以数学为语言的经济科学。这种思路被广泛地理解为新古典经济学或因具有统治地位被简单地看作正统的经济学,它把劳工化约为一种生产要素,劳工与土地和资本一起,因其具有生产能力得到重视。另外一些人,反对这种看法,坚持对历史、社会整体性、道德哲学和实践的传统关注,尽管这意味着放弃创立一种实证科学的目的。这种看法构成了政治经济学的不同研究思路。[③]

由政治经济学延伸而来的传播政治经济学,其方法主要强调扩散技术,主要的经济和调节辩论被看作是在技术变迁条件下有关传播近用的斗争,没关注这种变迁对被销售产品性质以及对受众关系的影响。[④]

**传播政治经济学**。人们之所以谈论文化和信息工业,是因为在传播全球化的背景下,文化和信息工业成了社会、政治、经济等的重要代理者。对信息传播的政治经济学研究的重视开始于20世纪90年代末,随着发展中国家和发达国家在联合国教科文组织围绕建立新的信息传播新秩序的辩论的深入,传播的政治经济学研究得到了推进:"实际上,经济研究使人们有可能

---

① GOLDING P, MURDOCK G. The political economy of the media, Vol.1 [M]. Cheltenham:Edward Elgar Publishing Limited, 1997:xiii-xiv.

② GOLDING P, MURDOCK G.The political economy of the media, Vol.1 [M]. Cheltenham:Edward Elgar Publishing Limited, 1997:xiv.

③ MOSCO V. The political economy of communication[M].London:Sage Publications, 1996:17-18.

④ GARNHAM N.From cultural to creative industries[J]. International Journal of Cultural Policy, 2005, 11(1):20.

阐明在世界范围内国际流动的交换和扩散，显示当时三个世界（发达的资本主义世界、'现实的社会主义'世界和第三世界）的交换特征在结构上不平等。"①"文化工业""内容工业""文化与媒介工业（或产业）""文化与信息工业（或产业）""文化产业（或复数文化工业）""文化创意产业"等往往是传播政治经济学研究涉及的具有"同义词"性质的"内容"概念。"现在，文化与信息工业发生了深刻的变化，这与三个重要现象联系在一起：数字技术的成熟和互联网的发展、不同传播领域的放松管制和自由化、文化与信息领域的金融控制增强。于是，文化产品仅是流动与网络或终端（手机、电视、互联网等）的信息，信息产品比以往任何时候更直接依赖于大的传播集团的战略决策。"②

关于文化和信息工业的研究，基本上呈现出两种势态：其一是把文化与信息传播看作是"意义"的传送，往往涉及"权力关系""权力结构""意识形态""文化多样性""公共空间""数字鸿沟""媒介近用""等级体系""传播秩序""去中心化""民主化""文化产品""公共物品"等概念，在文化产品的生产、分配、消费的现象之后看到的是"权力博弈"与"意识形态"；其二是文化与信息传播作为一种产业活动，具有符合市场逻辑的特征，是经济全球化的一部分，文化与信息产业的发展、更新和升级通常涉及"节目""节目编排""文化创意""知识产权""节目版式""内容的传输""内容工业（或产业）"等概念，与传播业界现实关系比较密切。

用以解说两种势态的学科视角是"传播政治经济学"，这在法国当代传播学奠基人贝尔纳·米涅的文化工业（复数）思想中可以清楚地看到。在他看来，随着信息传播技术的发展，对文化与信息产业化的关注不能仅局限于传统的"文化与信息工业"，应扩展到"内容工业"，简单地说，从关注文化与信息产业的金融逻辑、放松管制以及技术逻辑的奴役转向研究产业本身运转规则和条件。"在诸多研究者看来，事情是这样的：专业公司的出版自治性以及文化信息工业的所有其他具体特征，从此属于文化和信息的历史；内容半机械地从（新的）技术的、法律—政治的、特别是金融的逻辑中推导出来，这些逻辑不仅在被思考的工业中发挥着作用，而且已经无保留地施加自

---

① MIEGE B. Les industries culturelles et médiatiques：une approche socio-économique[J].Matrizes，2007(1)：43.

② MORISET C，MIÈGE B. Les industries du contenu sur la scène médiatique[J]. Réseaux，2005(131)：147.

己的权力。向内容工业的过渡早已在进行之中,已不像两个多世纪——特别是从19世纪末到20世纪末——那样,内容工业自现在开始与文化和信息工业关系不大。不过,这些往往被现实所证明的观察似乎没有考虑实际嬗变中的所有复杂性。可能人们仅突出了金融逻辑的发展(这些逻辑在书籍、报刊或音乐录制的历史上已不断地被指出来和被揭示)、对管制与公共政策的放弃、因传播信息发展导致的奴役,而把具有同样决定性作用的、有关工业(复数)本身运转的规则和条件的演化放置一边,因此也无视借助艺术和智力劳动的现实条件——而这在工业化的过程中要涉及。"①不过我们所接触的传播政治经济学大多关注第一种势态。

一般地说,经济学出身的传播学者除了关注文化信息工业传播对政治、社会、文化造成的影响,还关注作为产业活动本身的经济逻辑,如米涅对文化信息工业的本身运作形式以及"公共空间"嬗变的分析,斯麦兹与默多克有关受众在大众媒介环境中商品化的"受众商品论"。非经济学出身的主要关注文化信息工业对政治、文化和社会造成的冲击,如阿芒·马特拉对"传播世界""依附理论""国际传播新秩序"等的分析;赫伯特·席勒对美国"军工联合体"与传播业相互渗透并在美国社会中建立霸权的分析和对"文化帝国主义"的分析;罗伯特·麦克切斯尼对"富媒体与穷民主"中"媒介近用"的分析;加汉姆倾向于互换"传播政治经济学"(political economy of communication)和"传播与文化政治经济学"(political economy of communiation and culture)这两个词语,把注意力放在文化传播上,考察我们认为属于文化的问题在当今世界中受媒介影响的程度;默多克和戈尔丁主张传播政治经济学应围绕三大核心任务开展研究:(1)关注文化产品的生产,生产意义就是在行使权力;(2)分析文本,以显示媒介产品中的表征是与其生产和消费的物质现实相关的;(3)评估文化消费,以显示物质与文化不平等之间的关系;②阿芒·马特拉在国际传播层面上的研究因具有特殊的"第三世界"和"第一世界"背景,对国际传播中流动对政治、社会、经济影响的分析尤为透彻,尼古拉·加汉姆也认同这个原因:马特拉拥有发展中国家与发达国家的双重

---

① MORISET C, MIÈGE B. Les industries du contenu sur la scène médiatique[J]. Réseaux, 2005(131): 147-148.

② 赵月枝,邢国欣.传播政治经济学[M]//刘曙明,洪浚浩.传播学.北京:中国人民大学出版社,2007.

视觉,并没有局限于第三世界主义论。①

格雷厄姆·默多克和皮特·戈尔丁认为:首先,政治经济学采用整体视觉来看待问题,把社会关系和经济或政治关系结合在一起,并在社会和文化动力的相互关系中考察问题;其次,政治经济学持历史观点,这不仅意味着历时过程,而且表明需要在资本主义和全球的背景中来理解传播的过程和作用;最后,政治经济学采取现实主义/唯物主义观点。② 他们还认为批判政治经济学需注意另外两个基本问题:首先,古典政治经济学中的道德哲学,在于强调"应该是什么";其次,沿袭古典政治经济学,应分析传播过程和机构的资本主义分配结果,即分析市场对文化分配模式以及不同意义形式和结构的有效性模式的影响。实际上,在对传播的现实分析操作中,这两种视觉的界限已经模糊,"传播政治经济学"成了通用说法。在法国学者那里,传播政治经济学不仅仅是媒体,而且涉及不同的文化产业,如法国学者贝尔纳·米涅对复数文化工业的模式分类成了研究文化工业的产业框架参照;而北美的传播学者更集中于媒体和电信,如罗伯特·麦克切斯尼(Robert McChesney)和丹·席勒(Dan Schiller)。③ 在麦克切斯尼与席勒那里,"传播政治经济学'分析媒介和传播系统与社会结构的关系,亦即媒介与传播系统及内容如何强化、挑战或影响的阶级与其他社会关系,并强调经济因素对政治和社会关系的关键作用。审视所有权、支持机制(如广告)和政府政策对媒体行为与内容的影响,强调结构性因素与劳动过程对传播的生产、流通和消费的影响'。更进一步说,传播政治经济学主要关注两个相互关联的问题:一是分析政治经济压力与限制对传播与文化实践的影响,以及在资本主义制度下资本是如何左右传播的内容与形式的;二是研究传播产业在信息化全球资本主义资本积累过程中上升的地位"④。莫斯可也在自己的《传播政治经济学》中讲道:"两种政治经济学的界定结构着这门学科的研究方法。

---

① MATTELART A, et al. International image markets:in search of an alternative perspective[M]. London:Comedia Publishing Group, 1984.

② GOLDING P, MURDOCK G.The political economy of the media:Vol.1[M]. Cheltenham:Edward Elgar Publishing Limited, 1997:xiv.

③ MCCHESNEY R W, SCHILLER D. The political economy of international communications[M]. Geneva:UNRISD, 2003:1-33.

④ 曹晋,赵月枝.传播政治经济学的学术脉络与人文关怀[J].南开学报(哲学社会科学版),2008(5):34.

狭义上，政治经济学是对构成资源生产、分配和消费——包括传播资源——的社会关系，特别是权力关系的研究。这种表述有一定的实践价值，因为它注意到传播业是如何运作的……政治经济学的一个比较普遍和富有雄心的界定是对社会生活中的控制和生存的研究。控制具体指一个社会如何组织自己，如何管理自己的事物以及适应和不能适应所有面对的必然变化。生存的意思是人们如何生产自己需要再生产的东西，保持自己社会继续运转……该概念的优势在于使政治经济学的范围（至少）包括人类所有的活动、所有的生活过程。”[①]不过他的政治经济学观点更多倾向于把“传播”作为“意义”的建构，而不是遵循商业逻辑的产业活动：“为了探讨传播政治经济学，把传播（communication）看作是意义（meaning）的社会交换——其结果是对社会关系的度量或标示。从这种观点出发，传播不只是数据或信息的传送，而且还是构成某种关系的意义的社会生产。”[②]

**政治经济学的发展前景。**以《传播政治经济学》一书而闻名的加拿大传播学者文森特·莫斯可总结了传播政治经济学的发展前景。在他看来，传播政治经济学未来有五个主要方向：该领域的全球化；历史研究视角的持续；另类研究视角的增加，如女权主义和劳工视角；研究重点从旧媒体向新媒体的转移；与政治经济学传统相关联的行动主义的增加。[③]

首先是该研究领域的全球化与国际化。莫斯可采用现象学的方法，描述了众多传播政治经济学研究全球化的事例，展现了该学科在发展中国家的崛起和在发达国家的延续，以及新人辈出的喜人场景。研究内容的重点从全球政治经济的整合及媒介体制转向了跨地区、国家以及阶层的整合；从跨国公司的权力转向了世界范围内的跨边界经济的崛起，如印度传媒系统向西方社会的整合；从借助国内社会阶层（或阶级）划分进行政治经济学分析转向了对跨国社会阶层的关注——因为其结构着跨国权力网络；企业、政府与社会阶层的全球整合一直是传播政治经济学研究的对象。

其次，历史的方法意味着传播政治经济学的研究不只观照涉及资本家与政府的媒介体制，而且事关工会、公民组织等。这些元素与媒介的发展史

① MOSCO V. The political economy of communication[M]. 2nd ed. London：SAGE，2009：2-3.

② MOSCO V. The political economy of communication [M]. 2 nd ed.London：SAGE，2009：6.

③ MOSCO V. Current trends in the political economy of communication[J].Global Media Journal，2008，1(1)：45-63.

融合在一起,成了认识论层面上的切入点。

再次,在另类研究方法方面,传播政治经济学开始了另类研究视角,如女性主义视角等。在这里,研究关注的不只是往日传统议题的传播支配权,而且开始强调抵抗,如媒介工业的全球化与女性在媒介产业领域的就业紧密地联系在一起。抵抗成了思考的一个重要元素。

从次,研究重点从旧媒体转向新媒体。这种转换强化了旧媒体的商业化倾向并扩充了更多的元素。媒介集中、商业化以及拥有丰富信息的国家对世界经济的控制等情形,不但继续存在而且得到进一步加强,"数字资本主义"(digital capitalism)成了这种新情形的经济特征。也可以说,信息传播技术的发展,不仅服务和强化了资本主义,而且打断了资本主义活动秩序——这是一种认识论上的断裂——形成了后现代的另类资本主义模式或另类全球化模式,一种去中心化的政治—经济世界,体现为哈特与内格里意义上的"帝国"。

最后,在媒介领域的行动主义层面上,传播政治经济学的研究者也是行动主义者,他们介入媒介民主化、发展传播、独立媒体、劳工、女性主义等运动之中,成了媒介社会运动的组成部分。

总体上,这几种所谓的研究发展前景都是基于传播政治经济学现存的研究议题,实际上,更多是以往研究的深化与继续,其特征主要表现为:私人领域与公共领域的整合、信息的支配与权力、社会运动与抵抗、历史主义方法。这主要是北美政治经济学派的研究特征。就传播政治经济学的新趋势而言,其明显的趋势之一是:研究角度从宏观向微观分析过渡。换句话说,日常生活社会学成了分析传播与传播媒体的重要学科。对传播的社会—经济—技术的综合视角成了新媒体背景下的一种研究新思路。这主要体现为具有深厚社会学传统的法国传播学传统。法国当代传播学奠基人贝尔纳·米涅在 2012 年 9 月 26 日接受本书作者的采访时说道:"欧洲(特别是法国)传播学研究与北美传播学研究的重要差别是:法国传统不仅关注媒介产业,即商业视角,更关注媒体(新媒体)的日常社会应用。"①

---

① MIEGE B. Sciences de la communication et l' information et sa future [A]. Interview par ZHU Zhenming à l' Institut de la communication de l' Universite Stendhal-Grenoble 3, 2012-09-26.

## 第三节　文化工业或产业

“文化工业”是人类“想象”(imaginary)工业化的结果。从现有的英语文献与拉丁语系文献来看，文化工业有时被表述为“复数的文化工业”(cultural industries)，有时又被撰写为“单数的文化工业”(法兰克福学派的cultural industry或司各特·拉什的culture industry)。为契合中国的国情，中国的学者有时又把“复数的文化工业”翻译为“文化产业”。一般情况下，“复数的文化工业”是从政治经济学的角度来思考文化的工业化及其逻辑；而“单数的文化工业”则从哲学认识论的角度来探讨文化的被工业化(或产业化)，更多是在哲学层面上对文化工业合理化现象的反思，如阿多诺对大众文化的批判以及拉什对全球化文化工业发展的现象学描述。

文化的工业化是随着西欧的资本主义发展而开始出现的，特别是19世纪西方资本主义快速发展而使其加速发展。“19世纪创造了新闻和信息的即时性思想。1830—1850年间出现了规模庞大的通讯社。从1875年起，新闻集团开始组建。大众文化早期的文字题材显露出来。甚至在第一次世界大战之前，电影与音乐工业已表现出了出口的潜力。”①在传播学家马特拉看来，在文化的工业化发源过程中存在几个非常重要的因素。首先是19世纪后半叶的欧美在新闻采编播方面的地缘政治划分(如路透社、法新社、沃尔夫等新闻社的利益范围划分)以及由此实现的信息的工业化，如《纽约信报》(*New York Herald*)于1887年10月在巴黎开始发行欧洲版；其次是出现了欧美的文学创作的商业化形式，如“若欧洲赋予工业化文化的是情节剧体裁，那么美国则贡献了连环漫画”②——情节剧体裁的“工业文学”从19世纪三四十年代形成于法国，并成了“感情国际化”的运载工具，连环画在1895年左右也开始形成了传统。再次是承载声音和图像的装置被发明，爱迪生的留声机(1997)、卢米埃尔(Lumières)兄弟的第一场电影(1895)，为音像工业奠定了基础，并产生了世界性的影响，并带来了音像工业的繁荣，“自1898年起，百代(Pathé)兄弟投资音乐工业。英国的留声机公司(The Gramophone

① MATTELART A. La mondialisation de la communication[M]. Paris:PUF, 2008:28.
② MATTELART A. La mondialisation de la communication[M]. Paris:PUF, 2008:32.

Co.)和德国唱机公司(Deutsche Gramophone)在1898年成立。美国的胜利唱片公司(Victor Talking Machine)出现于1901年……电影的扩散非常迅速,以至于许多亚洲和拉丁美洲国家几乎与欧美国家在同一时期懂得了这项技术"①。最后是出现了作为消费者的公众,心理学家勒庞和社会学家塔尔德的"群氓"和"公众"之争,开启了对"受众"性质的界定,为后来受众分析增添了丰富的内容。在美国国际电报和电话(ITT)公司于20世纪30年代取代英国垄断南美远距离通信的位置之时,在1919年欧洲的放映厅里播放着90%的美国电影之时,在1927年的金融危机迫使德国的电影业与美国的大公司妥协之时,在汽车制造商通用汽车公司于1927年邀请了汤普森(J. Walter Thompson)在世界上到处做广告之时,在法国赫礼欧(Herriot)法令于1928年规定120部美国电影的法国年配额之时,在美联社和合众国际社于1930年以"自由接触信息"的国际化策略终结欧洲卡特尔组织的束缚之时,欧洲知识分子对美国文化工业入侵的批判性反应伴随而来:开始出现了"美国化"概念。"美国化"概念被看成一种文化网络(如电影)和金融网络的物质主义威胁,表现为拒绝欧洲文化代表的文化类型以及对这种文化普遍性的研究。② 随之而来的"西方化""文化帝国主义""依附"等国际传播概念见证了文化工业的扩张过程。

尤其是自20世纪80年代后,随着"放松管制"运动在世界范围内展开,美国在二战后提出的"信息自由流动原则"、信息社会意识形态、新自由主义思想整合在一起,文化与信息的差别被模糊,文化产品被看成与其他产品和商业服务一样的存在。在此背景下,"文化产品"的特殊性被提上了议事日程,并导致了《联合国文化多元性公约》于2005年诞生。在此过程中,新自由主义思想起着重要的作用,从中衍生出的"新自由主义政策与20世纪80年代的凯恩斯主义分析有着鲜明的反差。由经济学家约翰·梅纳德·凯恩斯(John Maynard Keynes,1883—1946)名字而来的凯恩斯主义者相信,为了保证增长和公正,政府应当在经济中发挥积极的干预作用。相反,新自由主义试图压缩国家,减少政府的作用,把经济中有关分配、生产、销售的决策留给市场。到了20世纪80年代晚期,'华盛顿共识'(Washingtong consensus)

① MATTELART A. La mondialisation de la communication[M]. Paris:PUF, 2008:34.

② MATTELART A. Généalogie des nouveaux scénarios de la communication [C]. Colloque 25 images seconde, Valence (France), 1996.

一词被采用,这意味着这些政策主要反映美国的利益"①。伴随着美国商业文化利益的驱动,文化产业成了世界市场的主要组成部分。有的学者就把1992年以后文化工业领域中的融合和国家化称作"第四次市场浪潮"②。

促使"第四次市场浪潮"形成的因素很多,但主要有三个。首先,是文化产业和传播技术的进一步融合,如"从20世纪80年代开始,政策制定者和分析家已经提出了未来发展的一个前景,即电信、计算机和媒介之间日益融合和汇聚。届时,人们将通过某种电脑和电视机的混合体来享受信息和娱乐,并通过电缆、卫星、电话线以及无线电波进行传播——无线电波也可能代替前三者"③。这种技术规划随着20世纪90年代以来电脑数字技术的成熟变成现实,新媒体技术成了重要的技术支撑。其次是产业政策的促进因素,如,美国在1996年通过的《美国电信法案》(*US Telecommunications Act*)为后来媒体的跨行业兼并和规模经济的发展奠定了基础。最后是国际政策机构的支持,"这些机构在市场化的名义下日益趋向于'支持融合政策'" ④,如欧盟(EU)、北美自由贸易联盟(NAFTA)、南方共同市场(MERCOSUR)、东南亚国家联盟(ASEAN,简称东盟)、世界贸易组织(WTO)、国际电信联盟(ITU)等。随着全球化过程的展开和经济增长方式的转变,文化工业(复数)不仅被看成战略因素,而且也被看作新的经济增长点。

## 第四节　文化工业(或产业)的理论坐标

思考"文化、信息工业与传播近用"的问题意识来自信息与文化的工业化以及对社会、政治、经济与文化生活造成的冲击。"文化工业"概念基本上都源自德国哲学家阿多诺和霍克海默对大众文化(或流行文化)的批判。此处的"单数文化工业"成了后来批判或分析"复数文化工业"的参照系。"文化工业"的研究出现了一系列观点或思想的变化,这些变化主要来自信息传播技术的多元化、传播学的跨学科特征以及研究学者们学术背景的差异。

---

① BAYLIS J, SMITH S, OWENS P. The globalization of world politics: an introduction to international relations [M]. 5th ed. Oxford: Oxford University Press, 2011: 251.

② 赫斯蒙德夫.文化产业[M].张菲娜,译. 北京:中国人民大学出版社,2007:148.

③ 赫斯蒙德夫.文化产业[M].张菲娜,译. 北京:中国人民大学出版社,2007:149.

④ 赫斯蒙德夫.文化产业[M].张菲娜,译. 北京:中国人民大学出版社,2007:150.

传播技术的发展促进了媒介与文化表述形式的多元化，跨学科特征使工业具有丰富的现象学描述和阐释。对文化工业的研究主要遵循以下几个学科视角：哲学视角、经济—社会视角、文化—社会视角、政治—社会视角、政治经济学视角、批判政治经济学视角、现象学视角。

**哲学视角**。文化工业的哲学思考逻辑来自西奥多·阿多诺（Theodor W. Adorno，1903—1969）与马克斯·霍克海默（Max Horkheimer，1895—1973）从启蒙运动角度对文化工业所进行的反思。法兰克福学派的这两位开创者也是传统主体哲学的继承者。他们对文化工业的批判分析来自启蒙运动的后果，这就是"启蒙运动自身包含着一个矛盾的逻辑：一个自己的核心价值转变成了自己对立物的逻辑。对霍克海默和阿多诺来说，启蒙运动成了一个新的黑暗神话——品质转换成了数量，自由变成了必须，自治变成了决定性，自由变成了新的枷锁"①。在阿多诺和霍克海默看来，文化工业（culture industry）是启蒙运动的矛盾逻辑主要表现领域之一，以往相对自治的文化随着资本主义的发展受制于产业逻辑，于是文化这个曾经的自由领域逐渐为工具理性所支配，这个人类曾经的潜力构建源泉成了一种控制机器，文化堕落为资本主义经济中的一般商品。

阿多诺和霍克海默对文化工业的批判体现于对具有批判性的启蒙运动文化（或人文主义文化）的怀念。"阿多诺与霍克海默与其他19和20世纪的'文化'概念的使用者一样，把理想状态中的文化等同于艺术，等同于人类创造性（creativity）的特殊的、与众不同的形式。对他们及其遵循的黑格尔传统来说，艺术能够作为对生活其他部分的批判形式而发挥作用，能够提供一种可能的美好生活的乌托邦图景。然而因为被商品化，文化几乎完全失去这种作为乌托邦批判的能力。"②随着文化的工业化，"批判和尊重消失在文化工业之中：前者成了机械专业知识，后者则是对带头人物的空洞崇拜"③。于是，文化行为向价值的转变消除了文化的批判力量，消解了真实体验的痕迹，把文化作为商品来生产的全球化运动导致文化的破产。

单数的"文化工业"概念首次出现在阿多诺和霍克海默的《启蒙辩证法》

① LASH S，LURY C. Global culture industry：the mediation of things［M］. London：Polity Press，2007：2.
② MCGUIGAN J.Culture and the public sphere［M］. London：Routledge，1996：16.
③ HORKHEIMER M，ADORNO T W.Dialectic of enlightenment［M］. London：Verso，1979：61.

(1947)一书中。[①] 实际上,两位哲学家要讨论的是“大众文化”,因要避开令“大众文化”辩护者高兴的阐释——认为“大众文化”是在大众中自然生成的东西,是大众艺术的实际形式——于是就用单数的“文化工业”概念来代替。[②]

作为一种福柯意义上的“权力装置”,“文化工业给人们提供的补偿在于唤醒令人舒服的情感……文化工业的总体效果是一种反去神秘化(démysitification)和反启蒙(Aufklärung);在文化工业中,去神秘化或启蒙,即渐进的技术统治嬗变成大众欺骗,也就是说通过束缚意识来进行。它阻止自治的、独立的、能够判断和自觉决定的个体的形成。不过这些个体是一个民主社会的前提条件。民主社会只有通过不受束缚的人才能被捍卫和繁荣。我们在上面错误地称其为‘大众’,文化工业把‘大众’化约为这种连自己都轻视的‘大众’状态,并阻止他们摆脱束缚。这就是为何人们就像当时的生产力使他们变得醉醺醺的一样”[③]。“在阿多诺与霍克海默看来,‘启蒙’通过‘文化工业’(单数)诡计把‘启蒙’变成了‘大众欺骗’。”[④]与阿多诺和霍克海默的悲观态度不同,“本雅明提出了现代传播媒介的民主化性质,这种媒介就是阿多诺和霍克海默后来所说的‘文化工业’”[⑤]。不过,就这种工业化的艺术品复制而言,政治实践成了参照。

**经济—社会视角**。社会—经济逻辑往往是法国文化工业研究的一个特征,甚至在一定程度上对文化工业社会逻辑的关注程度比经济逻辑更强。这种逻辑不赞成法兰克福学派奠基人阿多诺和霍克海默对文化工业的哲学性批判,其关注的重点在于文化工业化的经济逻辑和社会逻辑如何有机地结合在一起,还关注复数的文化工业向社会领域的融入。欧洲“复数文化工业”的早期奠基人之一、法国司汤达大学教授贝尔纳·米涅是这种研究的代表,米涅以研究文化工业而著称,被称作欧洲复数文化工业研究的发起者,“复数文化工业”概念因之被传播开来。[⑥] 陈卫星教授曾评价米涅的复数文化工业的学术贡献:阿多诺和霍克海默没有揭示出单数文化工业内部的复

---

① ADORNO T W. L'industrie culturelle[J]. Communications, 1964(3):12.

② ADORNO T W. L'industrie culturelle[J]. Communications, 1964(3):12.

③ ADORNO T W. L'industrie culturelle[J]. Communications, 1964(3):18.

④ MCGUIGAN J.Culture and the public sphere[M]. London:Routledge, 1996:76.

⑤ MCGUIGAN J.Culture and the public sphere[M]. London:Routledge, 1996:79.

⑥ HESMONDHALG D.The cultural industries[M]. London:SAGE Publications,2007:35.

杂性和分化,从"文化工业"到"文化产业"的概念转型是一种学科视野的拓展,继续强化而不是弱化传播政治经济学在西方资本主义国家的学术使命。[①] 尽管其研究主题涉及文化与信息产业、信息传播技术的社会植入、传播与社会、传播思想(信息传播学认识论),内容丰富而广泛,但社会—经济逻辑是其对文化工业研究的贡献之一。

米涅在《文化生产的资本化》中对阿多诺和霍克海默的"文化工业"(单数)论题进行了批判:"这种批判反对由德国传统的'悲观主义'与'乐观主义'间张力所勾勒出来的对文化工业与技术的赞成—反对二元见解。米涅指出了原始文化工业理论的三个重要局限。首先,最明显的是依恋'一个有限的、僵化的艺术创造观念',其源自对'技术和艺术革新'的不信任。其次,'对单数文化工业的参照误导人认为,我们面对一种统一化的领域,在那里,不同的元素在单一的过程中运转'。最后,在米涅看来,阿多诺和霍克海默'相对工业,矛盾地对市场表现出了更大的兴趣。米涅认为'文化生产的资本化是一个复杂的、多面的,甚至矛盾的过程'。"[②]"阿多诺和霍克海默没能解开'文化工业'内部的差异与复杂性。米涅没有单指'文化工业',而是指'文化与信息工业'概念,并提出了资本主义文化与信息工业生产的三种具有竞争性的逻辑:出版逻辑(modèle éditorial),主要体现为广播特征的流动逻辑(modèle de flot)和印刷(modèle de l' information écrite)逻辑。"[③]米涅阐述了三种与以上划分相关联的文化与信息商品化类型。十年后,文化产业模式被分为五类:文化商品的编辑;涉及信息、娱乐和文化的流产品;写作信息;包括管理程序、家用软件和大众音像服务的计算机化节目产品;现场表演转播。[④] 米涅认为,文化和信息工业并不是由信息传播技术造成的,文化工业的主要目标是(尤其)保证文化商品的增值和资本积累,不过对这种文化商品的需求无法预测,至少难于预测。作为经济学家和人文科学专家的米涅,并没有把全部注意力集中于文化信息工业的资本化与增值,他也关注

① 陈卫星.从"文化工业"到"文化产业":关于传播政治经济学的一种概念转型[J].国际新闻界,2009(8):9.

② MCGUIGAN J. Culture and the public sphere[M]. London:Routledge, 1996:80.

③ MIEGE B. Les industriels de la culture et de l'information à l'ère des nouveaux médias et des réseaux de diffusion[J].Sociologie de la communication, 1997, 1(1):82.

④ 陈卫星.从"文化工业"到"文化产业":关于传播政治经济学的一种概念转型[J].国际新闻界,2009(8):8.

了文化信息工业化传播对社会所产生的互动性影响，技术创新的社会挪用使得技术使用者本身在社会运动中同时扮演结构者和被结构者的角色。

在米涅看来，传播不能化约为对信息传播技术的大范围运用，它也表现于企业、教育、国民政治生活、管理、文化机构中，以及不同组织中领导力量对组织、管理、信息流动、建立关系和群体“功能”激发等方面技术的运用。他要做的就是，试图展示这两者是相互依赖和相互补充的、展示信息传播技术和社会管理技术的构合。他认为，传播研究要避免把过多的注意力集中于漫无边际的演化以及与技术相联系的迅速嬗变上，技术使人产生一种无休止断裂的幻觉，要尊重历史的厚度，即长时段、稳定化逻辑、连续性、结构变迁等研究元素，因为它们影响和制约着文化和社会实践。米涅超越了把传播化约为意识形态的做法，从传播社会—经济学的观点出发，通过对传播技术的消费、企业运作和辅助教育等方面的分析，认为传播及其技术创新已影响到社会的各个领域和机构，直接涉及社会关系的构建，传播成了当代社会与文化变迁的强力“活化剂”；并指出传播技术的社会融入体现着一定的社会逻辑（logiques sociales），社会逻辑是一些运动，不同社会者、参与媒介化传播的横向运动以及不同的相互交叉的运动在此展开活动和碰撞，这些逻辑是复数的，彼此也可能相互冲突或矛盾。如除了上面所说的出版、流动和印刷逻辑，米涅还指出了其他的另类的网络化逻辑：连接网络（réseaux de connection）和播送网络（réseaux de diffusion）。在前者中，经营者拥有不同的组织、数据传输技术，围绕中央数据库来形成网络，在寻求自己利益最大化的时候感受到来自网络运营商的压力；在后者中，开发商较关注节目的编排和播送乃至生产，多渠道电缆网络能从中受益，节目的生产和编辑要服从节目的编排和播送。[①] 换句话，从社会学想象的层面，这些逻辑分析还是延续社会学的分析精神，关注社会活动者（不管是支配者还是被支配者）的策略（stratégies）或战术（tactiques）是如何围绕传播组织和发展起来的：在此，文化和信息实践、支配现象、象征性、新技术的挪用、新技术的使用结构以及“长时段”中的文化实践变化等都成了要思考的元素。[②]

总而言之，文化与信息传播的过程也是技术、经济、社会、文化的构合过

---

① MIEGE B. L' information-communication, objet de connaissance[M]. Brussels: De Boeck, 2004: 196.

② MIEGE B. L' information-communication, objet de connaissance[M]. Brussels: De Boeck, 2004: 125.

程。传播涉及超越博德里亚"模拟"的文化和社会的变迁,因为传播技术不仅是社会变化的"活化剂"或"文化激发器",而且对传播的理解必须在社会的多元性中来进行。一方面,传播发生在现存的社会关系之中,它伴随着不同社会活动者的行为,而这些行为又遵循着不同的甚至彼此矛盾的"部分逻辑";另一方面,期待的结果是复杂和多样化的,因为通过传播来实现的过程包含着各种各样的实践,这些多样性不是暂时的,而是长期的。

在米涅那里,传播学的研究重点已经从将近半个世纪前的大众传播效果研究转向了现在的新媒体文化产业的商业化研究;在文化产业方面,新媒体的使用和商业化进一步受到关注,欧洲(具体法国)的社会—经济学方法始终有别于北美(美国)的经济学方法。①

**文化—社会学视角**。埃德加·莫兰(Edgar Morin,1921—)是法国的社会学家,其从文化社会学的角度来审视文化工业。莫兰对文化工业的分析体现在他的《时代精神》一书中。莫兰的文化工业概念有着自己的界定范围,其指出,自己的文化工业概念是指"所有东西方国营或私人体系所共有的产业特征",用"大众文化"来表示在西方社会占支配地位的"文化工业"。② 也就是说,莫兰讨论更多的是西方社会中的大众文化现象,属于"大众文化社会学"范畴。③ 在对文化工业的分析中,莫兰采用了自我批判和整体论的方法,在他看来"整体论本身也包含着自我批判的方法,因为前者不仅在彼此联系中来考察一种现象,而且也把观察者本身放在一定的关系系统中。自我批判的方法避开了道德主义的障碍,自然地导向了整体论"④。莫兰认为,自20世纪初开始,工业化的力量扩展到全球,并出现了第二次工业化,这也是一种对灵魂(alma)的殖民化,一种以影像和梦想为关键词的"精神的工业化",其开始于集市和廉价影院中,力求战胜的不再是物质性,而是象征性。这种事关"智能域"(noosfera)的现象成了20世纪中期出现的、莫兰所说的"第三问题"(Terceros Problemas)的组成部分。于是,继"第三世界"、"第三次工业革命"(电子和核能)和"第三权力"(官僚、技术和管

① MIEGE B. Sciences de la communication et l' information et sa future [A]. Interview par ZHU Zhenming à l' Institut de la communication de l' Universite Stendhal-Grenoble 3, 2012-09-26.

② MORIN E. El Espiritu del Tiempo[M].Madrid:Taurus Ediciones, 1966:32.

③ MORIN E. El Espiritu del Tiempo[M].Madrid:Taurus Ediciones, 1966:227.

④ MORIN E. El Espiritu del Tiempo[M].Madrid:Taurus Ediciones, 1966:28.

理)之后出现了诞生于报刊、电影、广播和电视中的“第三文化”(Tercera Cultura),即美国社会学所说的“大众文化”。所谓“大众文化”,也就是根据工业生产的规范生产的、通过大众传播技术传播的、以大众社会的大众为目标的文化,这种文化已超越了以往的精英文化,成了大众社会成员的活动(身份、意义等)参照。

鉴于莫兰对“文化工业”概念的认识,他对文化工业的分析也就体现在两个方面:以“文化产业”为特征的文化工业和以“大众文化”为特征的文化工业。前者从政治经济学的角度来分析;后者则采用文化社会学的视角,是《时代精神》的研究重点。

在以经济活动为特征的文化产业中,存在着私人和国有两种体系,二者都试图吸引尽可能多的受众,前者以营利为目的,旨在讨好消费者,后者则是为了教化和说服受众,发挥着宣传意识形态功能。文化工业这种超级轻工业采用了集中化的模式,在私人框架下表现为大的媒介集团,在国有框架下,由国家担保。无论何种体系,“文化权力”(poder cultural)都处在官僚体制和技术权力的夹缝之中。在莫兰看来,文化工业必须处理好官僚结构标准化与产品创新间的根本矛盾,文化工业的运作来自对两组现实的把握:官僚制与发明,标准化与个体性。文化工业并没有完全被整合在工业生产系统中,要把握集中化—去集中化或集中—竞争间的平衡,就是要把握产业—官僚体制—垄断—集中化—标准化“逻辑”与个体化—发明—竞争—自治—创新“反逻辑”的关系,其中任何一个方面的修正都会影响到整个复杂系统。

在“大众文化社会学”视角下的文化工业中,学者对大众社会中常常出现的“大众”“艺术”“高雅文化裂变”“休闲文化”“移情与欢乐结局”“传播渠道”“作为奥林匹斯诸神的媒介名流”“好莱坞影片中的左轮手枪”“大众文化中的幸福感”“日常生活中的情欲”“爱情”“女性价值的提升”“青年人”“全球文化”等文化现象进行了社会学分析。作为文化工业的大众文化,如同所有产业系统一样,就是要寻找最大可能的消费者,因此在内容和受众方面,除了在多元的信息或想象中寻找折中性以外,还需要寻找具有折中性或普遍性的受众,同时需要考虑传播内容对受众的传播效果,即关照受众参照内容象征想象所做的主体性建构。在埃德加·莫兰看来,大众文化是在资本主义和传播技术发展背景下出现的一种新文化,传统的印刷文化和民间文化在20世纪通过自我嬗变汇流到大众文化之中。高雅文化借助大众传播工具实现了民主化传播，文化工业在生产的过程中，不仅借技术实现了批量生产，而且也借助简单化、善恶论、现代化和现实化手段改变了高雅文化的内容，实现了大众化传播。在大众文化中，不同层次文化间的边界被废除，在这种新的文化内部，出现了新的社会分层。尽管处在资本主义经济、消费民主化、工薪阶层和某些价值体系所构成的、复杂的社会学联合体中，但文化工业成了不同社会阶层间唯一的沟通场所。文化工业的均质化和世界主义趋势弱化了民族文化间的差异，地方主题被文化工业所吸收，并提升为全球普遍主题，均质化与综合—折中成了其发展趋势，与这种趋势相对应的是受众具有了“平均人”的特征，大众文化成了一种“折中的”艺术，为大众的想象提供了一种具体形式。

伴随大众文化发展的一个重要机会来自劳工的解放以及与此相伴随的现代休闲。休闲成了个人生活网络的组成部分，以及个人宣示自己私人主体地位的媒介。文化工业又成了一种休闲伦理，而大众文化成了填充现代休闲的内容，尤其是演出和游戏。大众文化于是在空间中进一步发展了自己的公共想象领域，并依据新的个体需要，实现自己的构建过程。在莫兰那里，大众文化并不纯粹是一种逃避，同时更是一种整合空间。大众文化孕育着一种新的令人获得救赎的人间宗教，是一种新的地球神话，一种新的个体神话，现代人借助大众文化实现了人与人的沟通。通过大众文化，人们在实现大部分沟通的同时，也形成了自己的个体意识与自己的人格，并通过想象维持想象与现实间的补偿关系。在消费大众文化的同时，人们不仅经历着欲望的投射和身份的认同，而且也实现了欲望的象征性满足，并促进了新的价值规范的形成。于是“欢乐的结局”“作为奥林匹斯诸神的媒介名流”“持枪的英雄”“日常情欲”“幸福”“爱情”“女性价值观”，以至于“全球化”等，都成了理解这种想象构建、欲望投射、身份认同和象征性满足的文本注脚。

作为大众传播技术产品的文化产业或大众文化，与传播技术存在辩证关系：人本身经历着客体化的过程，但同时又实现了自己生活的主体化和个体化；客体成为物和工具，同时充满了主观的、情感的、审美的价值观。① 这种认识与雷吉斯·德布雷的“技术文化”和米歇尔·福柯的“主体化”观念遥相呼应。以经济与技术为依靠的大众文化在继传统的、古典的想象之后，为

---

① MORIN E. El Espiritu del Tiempo[M].Madrid：Taurus Ediciones, 1966：212.

作为消费者的大众提供了一种具有折中性或平均化的生活想象。传播技术的发展将为人类开拓更广的视野,也将导致更多的内部或外部变迁,复杂性成了未来人类社会发展以及传播多元研究的“标签”。

**传播政治经济学视角。** 传播政治经济学的方法是一种伴随文化研究产生的学术反应,其既反对实证主义社会科学,又反对保守正统的文化分析。[①]在此意义上,基本上所有有关传播物质性和象征性的生产、流通、交换、消费的活动都可被囊括其中,且根据对传播流动的道德评判,出现了传播政治经济学和批判的传播经济学。就传播政治经济学而言,一方面是对传播政治经济学的非价值判断分析,认为世界传播秩序是国际劳动分工的结果,不存在“阴谋论”的嫌疑,这主要体现法国传播学家阿芒·马特拉的思想;另一方面体现于传播政治经济学现代面目的经济学,在这里,文化被资本化或商业化,文化工业就要遵循经济逻辑,以最大可能地获得收益。

阿芒·马特拉具有法学和社会学学术背景,是复数文化工业(或称作文化产业)的分析者。马特拉对文化工业的态度体现在阿多诺和霍克海默对单数文化工业的态度。相对于后者对大众文化(或流行文化)的哲学批判态度和对艺术批判的哲学力量,马特拉认为,大众文化不仅是工业产品,而且也是政治的组成部分。[②] 马特拉对法兰克福学派单数“文化工业”概念进行了批判,认为它只不过是摆设,并没有探讨文化的工业化过程以及国际化过程。马特拉认为,被阿多诺等人批判的“大众文化是自由民主的结果,是通过市场实现物质财富民主化的结果,大众文化直接被民主游戏规则的重新部署所关注……作为国内和国际层面上群体和阶层间共识的生产者,它被要求参与思想的重构和促使产生一种新的全球意识,一种新的、超越根深蒂固的文化以及传统宗教等的文化……就是在这种语境中,跨国扩张逻辑在重塑社会控制方法中贡献了自己的力量(跨国化是一种重塑社会控制方法的模式)”[③]。认识文化工业的运行逻辑旨在揭示了不同阶段的生产和商业化过程。

马特拉在影像工业的发展方面既反对斯大林式的中央集权化规划,也

---

① GOLDING P, MURDOCK G.The political economy of the media:Vol.1[M]. Cheltenham:Edward Elgar Publishing Limited, 1997:xvi.

② MATTELART A,et al. La culture contre la démocratie[M]. Paris:La Découverte, 1984:52.

③ MATTELART A,et al. La culture contre la démocratie[M]. Paris:La Découverte, 1984:56-57.

不赞成福利国家的社会民主化的官僚体制。因此对于美国文化工业对欧洲的入侵,马特拉认为这是由于一种文化工业生产方式在欧洲找到了一个合适的环境。于是马特拉摆脱了流行的"第三世界主义"的善、恶二元论思想,不赞同文化的盲目反美国化思想,以便能认识和理解美国的电视节目为何非常流行,否则可能会回到文化精英主义和地方观念中去。从文化工业角度来说,马特拉不赞成民族国家对公共服务广播文化现状的单纯保护、机械地反对美国化的选择,而是强调对国内外文化调节形式的民主化运作。基于对社会力量的多元性和国际市场的现实性的认识,他推荐了一种摆脱公共服务和市场间缺乏独创性的对立观点,为传播工业的发展提供一个新的视角。欧洲文化工业的变迁为地方文化工业与国际商业空间的结合提供了有益的借鉴,"它们使从简单的工业与文化对立过渡到对文化、国家和工业的力量关系的考察成为可能"①。

文化工业拥有二重性特征。在传播全球化的语境下,文化的传播是与文化工业分不开的,文化的传播主要靠文化工业来进行,对文化工业进行的社会经济反思显示,全球化语境下媒介产业以及经济、金融集中成了文化与信息传播中的主要内容。在文化性方面,"文化活动与文化服务有着经济和文化双重性质,因为它们是身份、价值和意义的载体,不能只按其商业价值来处理"②。尤其在国际层面,文化工业具有了地缘政治的性质。在经济性方面,马特拉认为,20 世纪 70 年代出现的文化工业(复数)是指通过具有国际特征的市场来实现的文化民主化载体的多元性范畴,如书籍、出版、光盘、广播、电视、电影、视频新产品和新支撑、摄影、艺术生产、广告等。③ 这种文化工业遵循着经济学的游戏规则。马特拉对文化工业分析的积极意义在于,从价值中立的角度对文化产业进行了辩证的认识。一方面,在政治经济学现代面目的经济学层面上,文化工业的文化产品被看成一般商品和服务,文化产业拥有自己设计、生产和销售产品的结构,在这里商业逻辑成了支配逻辑;另一方面,由于商业唯一支配逻辑和对文化的强调,马特拉在认同文化工业发展的同时,强调了一种公共服务逻辑的回归,因为商业唯一逻辑不

---

① MATTELART A, et al. La culture contre la démocratie[M]. Paris: La Découverte, 1984:53.

② UNESCO. Convention Sur La Protection Et La Promotion De La Diversité Des Expressions Culturelles [R]. Paris: UNESCO, 2005-10-20.

③ MATTELART A, et al. La culture contre la démocratie[M]. Paris: La Découverte, 1984:57.

仅阻遏了人类作为象征动物的再生产，而且也阻碍了传播的民主化。

**批判政治经济学视角。**（批判）政治经济学视角是文化工业研究的重要视角。加拿大学者文森特·莫斯可在1996年出版了《传播政治经济学》一书，在书中为世界上的传播政治经济学研究勾画了一个地形图，并在学术界产生了不小的影响，该书也被奉为经典之作。莫斯可主要关注的是人们所谓的“批判政治经济学”，特别强调马克思的唯物主义观点，他的著作突出了经济学中的政治维度，不赞同当代经济学宣扬的价值中立性，忽视古典政治经济学中的道德哲学。文森特·莫斯可在自己的《传播政治经济学》中给出了一张传播政治经济学的地形图：北美洲、欧洲和第三世界。[①] 在北美洲，达拉斯·斯密塞（Dallas Symthe，1907—1992）和赫伯特·席勒（Herbert Schiller，1919—2000）成了奠基性人物，他们不像欧洲学者那样提供一种传播理论陈述，而是受到一种正义感的驱动，因为传播工业成了一种具有剥削性和非民主法人秩序的构成部分。在欧洲（与其说在欧洲，倒不如说在英国），该地区的著作虽然与争取社会变革的运动，尤其是媒介公共服务的主张联系在一起，但更多是把传播研究和新马克思理论传统结合起来。莫斯可的语言障碍使其没能充分理解欧洲（尤其法国）的传播政治经济学研究状况，不过总体上倒可以说“北美更多强调资本对当代传播实践的相对权力以及传播工业在‘信息化资本主义’中地位的上升；欧洲则对象征与物质实践间的复杂关系给予了更多关注”[②]。第三世界的研究则兴趣广泛，主要的研究方向是对起源于西方的现代化（或发展）模式的反应，这种模式试图把传播融合进与主流知识分子和政治利益相类似的解释范式之中。莫斯可的结论虽然不完全准确，但对英语区和第三世界的总结还是合适的（尤其是在赫伯特·席勒那里）。在批判传播政治经济学那里，文化、资本、市场、商业化、不平等秩序、文化帝国主义、媒介帝国主义、依附等成了重要关键词。

赫伯特·席勒有经济学的背景。作为传播批判政治经济学的代表，席勒认为，媒介是政治与经济权力的延伸，大众媒介已经失去了自己在民主体制中应有的功能，如批判、多元表达、平衡社会等。具体而言，这涉及两个主题：在国内表现为私人经济活动对公共领域及其公共机构的殖民化；在国外

① MOSCO V.The political economy of communication[M]. London：Sage Publications，1996：19-20.

② CHAKRAVARTTY P，ZHAO Y Z. Global communications：towards a transcultural political economy [M]. Lanham：Rowman & Littlefield Publishers，INC，2008：11.

表现为美国跨国商业活动对发展中国家的文化支配。在席勒看来,政治和经济权力一起在媒介议程中发挥着决定性作用,私人产业在公共领域中的渗透以及文化服务的退化是其话语的常见主题,大众媒介成了经济和政治系统的调节杠杆,尤其是经济系统。在席勒这里,文化工业是传播政治经济学的主要组成部分。席勒的"文化工业"的概念既涵盖大众传媒(如出版、新闻、电影、广播、电视、广告、体育等)以及被称作"第二等级"的文化艺术活动(如博物馆、艺术馆、娱乐公园,甚至一些大卖场和企业"公共空间"),还包括"信息工业"。席勒文化工业观念主要有两点:一方面,商业逻辑对文化(或象征)和信息生产的渗透与支配;另一方面,大型跨国公司借助文化和信息工业传播和流动所带来的国际层面上的"文化帝国主义"以及发展中国家对发达国家的"依附",就美国而言,就是借助军工联合体制在国际层面上实现对其他国家大众传播的控制,如席勒就把"文化帝国主义"界定为"一个社会被引入现代世界体系的一套过程以及该社会领导层通过吸引、施压、武力或贿赂来引领改变社会制度以便与世界体系支配中心的价值体系和结构保持一致的方法"①,以描述作为占传播优势的美国与发展中国家(尤其拉美)的传播互动关系,指出这个向外施加自己意识形态体系的中心就是美国。② 批判传播政治经济学倾向对传播所造成的现状进行道德层面上的批判,但往往难以给出一个相对行得通的另类传播方案。英语的语言霸权优势,使得北美的批判传播政治经济学概念成了人们理解传播政治经济学的主要参照,在中国学术界尤为如此。

**现象学视角**。现象学视角是文化工业研究中的非主流视角。在诸多的相对著名的有关文化工业的作品中,美国学者斯考特·拉什(Scott Lash,1945—)写了一本名叫《全球化文化工业:物的中介化》的书。具有启发意义的是,拉什在讨论全球文化工业时,没有采用研究文化工业的传统学科视角——(批判)传播政治经济学,而是采用了现象学的视角。拉什说自己的研究对象不是文化工业,而是全球文化工业。作者在本研究的方法视角上多次强调自己并没有采用现象学的视角,原因是现象学属于主体哲学,其沿

① SCHILLER.H. Communication and cultural domination[M].New York:International Arts and Sciences Press, Inc, 1976:9.

② SEGOVIA A I.Treinta años de economía política de la comunicación:Las aportaciones de Herbert I. Schiller CIC[J]. Cuadernos de información y comunicación,2000(5):243,

袭的仍是自笛卡尔以来的主/客体、精神/物质、象征性/物质性等的二元对立，而自己摒弃了这种做法，认为“我们的对象不仅包含着关系的世界，而且也观察着关系世界。因此研究人员、主体和客体都深入彼此的观察与知觉的关系中。这三种活动者都以自己的方法理解、反应、或多或少传播、拥有彼此的关系”①。现象学意味着在思考方面的主体性特征，现象学的认识意味着一种超验的行动，认识是研究者对研究对象的一种主观性构建，是一种对研究对象本体结构的主观性把握，而自己学科视角涉及“对象社会学”、物质文化人类学、物体传记与地图学，在方法上采用紧跟每一个“研究对象”的方法，呈现出不同的“物”(things)的中介化地形图，并勾勒出了全球工业背景下的中介化特征，尤其是，这里的“物”已不再是单纯孤立的物理存在，而是成了一种涉及中和象征性与物质性的多种形式体验的“事件—物”(object-event)。这里的“事件”概念更多来自吉尔斯·德勒兹(Gilles Deleuze)的哲学启发：“毫无疑问，事件由不可分离部分的变化(variations)所组成，不能把它与自己具体化或发生其中的事情、人体和所经历的现实分离开来。”②即事件是不同象征和物质体验的集合体。实际上，拉什并没有摆脱现象学视角的影响，而且这种视角非常明显，因为现象学方法所强调的“描述法”“视角变更”“透过现象实现的本体论建构”等都非常明显地出现在他的表述中。

斯考特·拉什的问题意识的起源来自阿多诺和霍克海默的古典文化工业，研究的对象是全球文化工业，分析全球文化工业的哲学基础来自依照牛顿机械原理来工作的“原子”(atom)和莱布尼兹(Leibniz)“单子”(monads)性质的对立。③ “原子”性质意味着简单、一致性、彼此没有联系、封闭、机械性、无机性等；“单子”则包含着复杂性、差异性、彼此联系、开放性、反思性、有机性等。原子化是古典文化工业(阿多诺与霍克海默)的现象学特征，而单子化则是全球文化工业的现象学特征。

拉什不赞成阿多诺和霍克海默的古典文化工业观，不是因为他们的认识存在错误，而是因为文化工业在继续发展，出现了新的现象。他赞同法兰克福学派与文化理论的抵制和抵抗观点，但从 20 世纪 70 年代开始，情况发

---

① LASH S.The global culture industry:the mediation of things[M]. London:Polity Press, 2007:30.

② DELEUZE G, GUATTARI F. What is philosophy? [M]. New York:Columbia University Press, 1994:159.

③ LASH S. The global culture industry:the mediation of things[M]. London:Polity Press, 2007:15.

生了变化。在古典时期(1945—1970年),文化属于上层建筑,通过意识形态、符号、表征来实现支配与抵抗,在全球文化工业时代,文化从上层建筑中渗透出来,渗入并接管了经济技术本身,换句话,象征性与物质性具有互动关系,表征和物的中介化成了新的意义形成方式。简而言之,在全球文化工业背景下,在古典时代表现为表征的文化被物化(thing-fied),并支配着经济和人们的日常生活,换句话,在古典文化工业时代,中介化是靠表征来进行的,但到了全球文化工业时代,中介化主要是靠物(things)来实现的,“表征的中介化”和“物的中介化”成了全球文化工业的文化运作逻辑。

在把(全球)文化工业作为研究对象的意义上,拉什的研究实际呈现的是媒介的物化和物的中介化的现象学描述和勾勒,其试图展现的是全球化文化工业背景下的“表征的物化”与“物的中介化”的辩证本体论结构及其特征,即处于辩证中的媒介(或表征)的物化与物的中介化,在此基础上,拉什展现了从传统文化工业向全球文化工业转换中的现象学特征:“从同一到差异”“从商品到品牌”“从表征到物”“从象征到真实”“物获得生命:生命权力”“从外延物到内涵物”“虚拟的兴起”。

在“从同一到差异”方面,传统文化产业的设想是,文化产品已经作为同一的商品进行流动,发挥着资本积累的作用,社会活动者(或受众)被拖进资本主义的再生产过程中,隶属于商品方法—目的理性的文化(产品)被物化或商品化,全球文化工业则表现出后福特式的差异性生产,这种差异性属于一个资本成功积累的方式问题,而不是抵抗问题。在“从商品到品牌”方面,传统文化产业运作依赖的是文化的物质性商品,全球文化产业依赖的则是品牌。虽然二者都是支配与权力的源泉,但前者靠的是一致性逻辑,后者靠的则是差异逻辑,体现了从无机性向有机性的转变,从无生命特征向有生命特征的过渡。在“从表征到物”方面,在全球文化产业时代,隶属于商品方法—目的理性的文化(产品)被物化或商品化,被物质化的文化实体在全球文化产业背景下,又成了一种新的意义的重组介质,这时的实体不再是单纯物体,而是构成了事件—物体或事件—实体。所谓事件—物体,是指该物体不单纯是物理的存在,而是一种拥有具体时空维度的情景化叙事。例如,当商标变成商标环境时,它就掌控了机场空间,并重新结构百货商店、道路广告牌,城市中心;当卡通人物变成收藏品和服装时,当音乐在电梯里播放时,构成了移动声音景观的组成部分。这种意义不再是阐释或解释性的,而是操作性的。在“从象征到真实”方面,象征空间中意义的生产过程靠生产意义的结构,即通过阐释来实现,具有结构主义特征,现实空间中意义的生产过程靠力量与直接性来实现,是实践性的,如由物体—事件所构建的意义,具有建构主义特征。传统文化产业占据的是象征空间,而全球文化工业占据的则是真实空间,从象征到真实实际上是一种意义生产过程转换。在“物获得生命”方面,拉什在此挪用了福柯的“生命权力”概念,认为全球产业具有自我组成,并产生差异性的能力,是生产性的,这不同于拥有再生产或可复制性以及机械权力的传统文化产业。在“从外延物到内涵物”方面,从笛卡尔的自然物(res extensa)和思维物(res cogitans)出发,传统文化产业生产归属自然物,而全球文化工业生产则属于思维物。这里的“物”在传统文化产业中表现为自然物,在全球文化产业中表现为知识或智力的物(或称作知识产权)。在这种情况下,主体遭遇到的不是意义指称结构或所指的物质性,而是被物化的所指或意义,即物化的表征。在“虚拟的兴起”方面,全球文化产业中的媒介景观具有了思维物的特征(即具有了反思性,不是机械的再生产或复制产物),是一个多节点的体验空间,该空间具体地被表现为事件而不是物,全球文化产业就成了一种事件—物的东西,传统文化产业意义上的产品或商品嬗变为一种联系不同体验的载体:事件—物体,于是物具有了中介化的作用。因此在全球文化产业背景下,文化工业系统具有了开放性特征,其开放性在于被物化的表征本身又成了不同关系与活动得以形成的中介。

不管采用何种视角,这都试图给文化工业传播现象一个现象学的解释或描述。20 世纪 60 年代,加拿大教授马歇尔·麦克卢汉(Marshall McLuhan)预言媒介将创立一个“时间停止,空间消失的”地球村。“麦克卢汉的预言变成了现实,但是他没有预测存在于媒介传播中的技术融合与全球化程度。自 20 世纪 60 年代以后,全球媒体和跨国媒体公司的崛起极大地影响着人们的思维互动以及获取和传播信息的方式。”①学界对文化和信息工业的全球流动,基本上有两种态度:一种是末世论,主要体现为对媒介帝国主义和文化帝国主义的批判;另一种是乐观论,主要体现为对全球文化民

① SCHEMENT J R. Encyclopedia of communication and information:V.II[M]. New York:Macmillan Reference USA, 2002:363.

主场景的预测。无论是末世论还是乐观论，都充满着对全球性文化—信息流动的辩证看法。“在20世纪80年代地缘经济、地缘金融化的庇护下产生的……全球化是在商业实用主义的指导下进行的，它脱离社会科学思考和地缘政治的支配。”①传播领域的斗争已不再局限于所谓的“传播学奠基人物”的心理战，传播网络也不再局限于无边界的“电视或电波”，信息社会网络、世界社会运动网络、文化产品分配网络、世界经济网络等都成了不同国家、民族、利益群体间日常活动的载体。如果说肇始于两次世界大战的大众传播研究从早期关注“大众媒介对受众做了什么”过渡到后来的“受众利用媒介做了什么”，那么我们同样可以说文化与信息传播的研究也体现着从早期的对“文化与信息存在和传播形式与逻辑”（如复数的文化工业）的关注过渡到对“人们利用文化与信息做了什么”的关注，即信息具有战略性作用，成了一种战略资源。

随着经济全球化的加强以及“放松管制”运动，传播的地缘政治模式转向了地缘经济模式。文化工业和数字化成了文化传播的主要形式：电影和音乐工业、电视娱乐、媒体、出版、商业演出、主题公园、电子游戏、漫画、旅游等，内容与数字技术结合在一起，借助电子商务网络、因特网（如社会媒体、搜索引擎、网络音视频）、移动终端（如手机、随身听）等技术迅速传播。文化产业活动运作不再局限于某个地区，在市场机制的调节和资源配置下，被扩展到世界范围，如曾出品《怪物史莱克》《功夫熊猫》《马达加斯加》等热卖电影的好莱坞工作室梦工厂动画电影公司（Dream Works Animation SKG）于2012年8月表示，将与中国的合作伙伴一起投资31亿美元在上海打造一个文化娱乐区，另外更有遍布世界各地的迪士尼主题公园，特殊的文化元素成功地实现了“去地域化”。这些文化产业活动成了后现代国际政治背景下提高国家软实力的新宠：它们一方面迎合了试图融入全球化过程的中央政府的文化产业政策，如大力发展文化产业，提高所谓的软实力；另一方面迎合了现代大都市彰显自己的文化地位和身份的要求。这些以文化产业活动跨边界化为特征的信息流动，实现了“象征形式”“集体想象”“社会想象”“集体记忆”等国际化，伴随而来的是国家间物理边界被洞穿以及现实与虚拟界

① MATTELART A. Généalogie des nouveaux scénarios de la communication [C]. Colloque 25 images seconde, Valence (France), 1996.

限的模糊。随着传播的国际化,文化产品被数字化,文化的跨边界活动成了全球化的组成部分。

对文化工业多元性的反思主要出现在欧洲的学术研究中,因为在这里,文化产业问题从哲学层面上的探讨延伸到政治经济、文化研究和社会学层面的探讨,它不仅仅是一个现代经济学意义上的问题。在某种程度上,文化工业问题不仅是一个学术问题,而且还是一个社会动员问题,是一个具有动员性的学术概念,因为对文化工业的研究来自大众文化中商业—技术逻辑对人类自由发展理念的束缚以及由此引发的"想象的工业化"。这种束缚始终是作为欧洲启蒙运动遗产的文化对技术与传播工具性的一种批判,是学术界的一种反思性的动员。

## 第五节　文化—信息社会

### 一、信息社会的技术中坚

在第二次世界大战以后,美国与苏联在各个方面展开了竞争,二者的竞争为传播技术的发展提供了基础。1957 年,苏联发射了第一颗人造地球卫星(Spoutnik),地球上第一次收到了来自人造卫星的电波。这不仅标志着航天时代的开始,也意味着一个利用卫星进行通信的时代即将到来。苏联卫星的发射也为东西对抗开辟了一个新的战场:太空竞赛。为了迎接挑战,美国在 1958 年成立了国家航空和航天局(NASA),其首要目的是征服月球,其次要建立一个全球联络系统。1959 年,第一台晶体管计算机在五角大楼的不断投资中研制成功。这些投资对建成最早的洲际网络也起了决定性的作用。而这些网络就是在军工联合体紧密协作的框架中被构思出来的。20 世纪 50 年代,在美国空军的要求下诞生了大陆防御系统(SAGE)。这种系统包括多台计算机和一个记录飞行轨迹的雷达单元,并利用电话把所有的计算机联系起来,它开创了遥控信息论的先河,实时传送数据。1958 年,美国国防部研究中心开始尝试与计算机对接。1969 年,美国国防部开始启动具有抗核打击性的计算机网络开发计划"阿帕网络"(ARPANET),这是首个数据传输网络,它不但把大学中的计算机中心联系起来,而且利用卫星把这些中心和伦敦、太平洋地区的网络等联系起来。这些系统设置的思想是:数据能在不同的通道上进行,一个或多个计算机的毁坏不会使整体网络遭受太大的影响。该网络在20世纪90年代成了国际互联网的主要参照对象。在全球网络连接方面,1962年,贝尔实验室建造并成功推出全球第一个轨道式通信卫星Telstar-I,这一技术可以使电话呼叫横跨大洋和环绕地球,从而把欧洲和美国联系起来。1963年,美国国家航空和航天局发射了"同步2号"(Syncom II)通信卫星,在非洲、欧洲和美国之间进行电话、电报、传真通信。1964年,成立了以美国通信卫星有限公司为首的"国际通信卫星财团",次年更名为"国际通信卫星组织"(INTELSAT)。1965年,"国际卫星通信组织"发射了世界上第一颗实用型商业通信卫星"晨鸟"(Early Bird),又称为"国际通信卫星-Ⅰ"(Intelsat 1),它为北美和欧洲之间提供通信服务,从而开创了卫星商用通信的新时代。"晨鸟"标志着卫星通信从试验阶段转入实用阶段,同步卫星通信时代由此开始。自1964年以后,美国航空和航天局和美国航空工业把它推荐给"自由世界国家",以求他们能联合开发一种国际传播系统。"美国对国际卫星网络的控制最初是绝对的,一方面,它是由一种特殊形式的私人卫星传播公司(COMSAT)管理经营,其中美国电话电报公司(ATT)、国际电报和电话公司(ITT)、美国广播公司(RCA)和通用电话和电气公司(GTE)等四大公司分割了其中45%的股份;另一部分在许多小股东以及美国传播业的其他163家公司中进行分配。在其理事会中,除了股东代理以外,还有白宫的三位代表。另一方面,美国是国际通信卫星组织(INTELSAT)60%股份的持有者,该配额是由各国实际利用情况来决定的。英国、法国和德国占20%;剩余部分在其他15个工业国间进行分配。在该组织合伙人中,没有一个是来自第三世界国家。"①不过国际通信卫星组织为所有的发展中国家提供少量免费服务。在冷战期间,与苏联(军事技术没有转向民用)不同的是,美国除了在军事方面进行投资外,美国国家航空和航天局的大部分预算也开始投向有关通信、天文观察、自然资源观测以及海空导航方面的卫星发射。1972年7月,美国国家航空和航天局发射了第一颗用于地球观测的民用卫星——地球资源卫星ERTS-1,后更名为Landsat-1。随着越南战争(1961—1975)的结束为第一阶段的空间扩张画上了句号,美国大的电子和航空公司着手使先进战争技术"民用化"。就在这种技术为"人

---

① MATTELART A. La mondialisation de la communication[M]. Paris:La Decouverte, 1996:58-59.

类的服务”过程中，开始了市民社会的信息化。马特拉的《计算机和第三世界》就反映了拉美的微电子革命的过程。高新技术使美国在国际博弈中具有了优势，它们构成推行美国全球战略的组成部分。

美国的太空技术在国际市场上的传播使国家和跨国公司为了各自的利益最大化顺利地走到了一起，直至这种政府和企业的关系被制度化。在创立美国通信卫星公司（COMSAT）的过程中，美国国会建议该公司注意向欠发达的国家和地区提供服务。于是该公司就具有了双重身份：Intelsat 的管理者和美国的外交政策执行组织。美国通信卫星公司在许多国家开展活动以执行国会赋予的使命，在获得这种传播技术意愿不明显的国家，刺激这种需求。北美政府和跨国公司在拉美的合作就是一个典范。随着美国通信卫星公司和工业的发展，在北美出现了教育基金和美国高等教育机器。1967 年 7 月，斯坦福大学以“高级传播与教育体系”（ASCEND）的名义提出了一份研究报告，该报告包含一个在拉美地区利用卫星来实现电视教育的计划。虽然这引起了拉美民族主义政府的反对，但这次会议的组织者无视这些抵制，认为无须征得这些政府同意，因为卫星直播已成为可能，可以从美国直接把节目送到南美的每一个家庭。1969 年 4 月，通用电气、休斯飞机公司、美国通信卫星公司和美国大学的一些代表在福特基金的资助下，在智利的圣地亚哥举行了一次私人会议，会上建议卫星教育项目由 14 所美国大学来推进。于是在哥伦比亚成立了一个国际卫星视听中心（CAVISAT）来研究这种项目的可行性。14 所拉美大学和 10 所美国大学参与了项目的研究，项目涉及各个层面的教育，从扫盲运动到大学课程，以及技术培训和人力培训等；并对拉美地区学习这些新课程的学员所得的学位给予承认。这种“厚颜无耻的行为”（马特拉语）导致了大多数拉美国家在 1969 年要求自己的文化自决权，反对美国通信卫星公司—跨国公司—大学联盟，如拉努塞（Lanusse）将军的阿根廷、奥万多（Ovando）将军所在的玻利维亚、基督教民主党卡尔德拉（Caldera）所在的委内瑞拉、终身独裁者斯特罗斯纳（Stroessner）所在的巴拉圭、弗雷所在的智利。美国通信卫星公司成了非社会主义国家的媒介和发展的顾问，在 1974 至 1975 年间，实施了几个大项目，如在沙特阿拉伯、巴西、阿尔及利亚等。① 利用技术促进发展的明显例子在巴西和印度。

1969 年,美国国家航空和航天局(NASA)和印度核能部(IAED)签订合同。根据该合同,印度于 1975 年开始通过 NASA 发射的 ATS-6 在全国范围内播放电视教育节目。对这项计划,美国的目的是很明确的:就是把印度作为落后国家采用太空技术的一个示范国,印度的科学家和工程师被送到美国的大学里接受培训,福特基金会的社会学家和人类学家走街串巷去为新技术的推广做心理学疏导。② 在巴西与美国的武装警察项目中,在 1969 至 1972 年间,10 万多名警察在美国接受培训,523 位警官接受美国警察学校授课,其中包括通信技术培训,以便快速连接每个州和圣保罗的联系。于是,技术成了组织全球社会的手段,欠发达国家和发达国家都被结构在全球的技术体系当中。桑凯尔就北美对拉美的援助谈道:在金融方面采用公共和私人贷款,证券投资,外国资本家侨居或设立由外国人控制的跨国公司分支;在人力方面,外国派遣技术人员应聘地方专家、在当地或国外培训;在技术转让方面,要么通过外国公司分支,采用许可证、专利、商品、技术合同等方法,要么在当地设立实验室来培育国外技术。③ 这些东西的引入造成的结果是,经济上与国际的整合以及国内社会、经济、文化的分解。因此,媒介政治经济批判的先驱赫伯特·席勒认为:现在,技术的中立性虽然仍在提倡,但已难于维持:科学技术在政治—军事—经济方面的制度化自第二次世界大战以来被着重表现出来。④

## 二、对文化工业造成的社会、政治、文化问题的分析

文化和信息工业传播与社会相互渗透,导致了公共空间的变迁,即公共空间的演变是传播社会逻辑嬗变的一个结果。公共空间的变迁是贝尔纳·米涅对社会与传播技术互动的另一贡献。米涅深化了哈贝马斯的"公共空间"概念,把它与传播技术的社会融合结合在一起,在因传播装置的扩大(在

① MATTELART A. Multinational corporations and the control of culture: the ideological apparatuses of imperialism[M]. Brighton: Harvester Press, 1979: 84.

② MATTELART A. Multinational corporations and the control of culture: the ideological apparatuses of imperialism[M]. Brighton: Harvester Press, 1979: 102.

③ SUNKEL O. Intégration capitaliste transnationale et désintégration nationale en Amérique latine[J]. Politique étrangère, 1970, 35(6): 649.

④ SCHILLER H. Information and the crisis economy[M]. Oxford: Oxford University Press, 1986: 79.

哈贝马斯看来)有可能出现公共领域“再封建化”的情境中,米涅却看到碎化或重叠的复数公共空间的诞生。在米涅看来，随着传播技术的发展，在历史上先后出现了18世纪的观点报纸、19世纪末的大众商业报刊、20世纪下半叶的大众音视频媒介与20世纪80年代被普及的公共关系。现在我们又面对着第五种传播行为模式:即人们所揣测的“社会的”(以往的被称作“政治的”),多极的,“网络的”模式,不再汇聚于“我—我”关系,而是一种“我—我们”的关系。这种模式具有明显的传播技术倾向,且具有以下特征:信息和传播实践的个体化,是媒介化的延伸,隶属于新的领域,具有社会选择性。① 现在重要的是致力于这“第五种元素”的研究,该元素并不取代以往出现的模式。以上每一个模式的出现,都不能取代以往的模式,更多是对前者的补充和重组。这就是说,大众电视并不能取代大众报刊和观点报刊。在每个阶段,公共空间和私人空间的关系发生着深刻的变化:(1)公共空间在私人空间中占据越来越多的位置;(2)书写或口语不再是唯一的传播媒介;(3)媒介成了辩论和交换意见的促进因素,在意见的形成过程中发挥着越来越重要的作用;(4)综合媒介在这个领域中处于支配地位。② 米涅的思考见证了文化工业及其相关的传播技术发展在社会“表达装置”变迁中的促进作用。作为政治合法性基础的“同意”及作为其结果的“共识”,随着公共空间的变迁具有了新的表达形式与途径。民主表达被进一步社会化,公共领域不再仅仅是哈贝马斯意义上的“资产阶级的公共领域”,而是具有了他所说的另一个公共空间——“平民公共领域”的特征。特别是,随着新媒体工业的出现,细化的、多元的、互动的、移动的协商与讨论促进了(尤其是)威权主义体制下的民主化进程:如,在这里手机、网站、跟帖、社会媒体等多种手段已经成了公共协商与辩论的网络空间。

在政治层面上,文化产业的内容(即信息—文化)不只是对“集体想象”或“集体记忆”的描述,而是具有政治性。“所有文化问题都可能变成政治问题。”③法国的记者兼研究员弗雷德里克·马特尔(Frédéric Martel)历时5年在30个国家采访1200多人后,于2010年写了一部有关“文化产业”的书

---

① MIEGE B. Médias, médiations et médiateurs, continuités et mutations[J]. Réseaux, 2008(148-149):135.

② MIEGE B. La société conquise par la communication ? Oui, mais selon quelles modalités ? [C].Actes du colloque.Ecole nationales supérieur des télécommunications Paris, 2003:112-113.

③ WOLTON D. L' autre mondialisation[M].Paris:Flammarion, 2003:51.

《主流:对整个世界喜爱的这种文化的调查》。作者在历经对不同国家的文化产业的相关人员的采访叙事后,在结论中写道:“内容的世界战争已开始。这是一场通过媒体来控制信息的战役。它进行于电视之中,目的在于控制视频的版式(formats)、连续剧和谈话秀;它进行于文化之中,目的在于通过电影、音乐和书籍控制新的市场;最终,这是一场互联网上的有关内容交换的国际战役。这种争夺软实力的战争使非常不平衡的力量得以显现。首先是处于支配地位的国家间的位置之争,这些国家虽少,但涉及大部分的国际交换;其次是处于支配地位的国家与新兴国家间的争夺,目的在于确保对被支配国家的影像和民众想象的控制,这些被支配国家很少或几乎不生产文化产品和服务;最后,这同样也是地区间的战斗,目的在于通过文化和信息获取一种新的影响。”[①]随着传播的全球化,文化变成了一种政治资源。[②]“复数的文化工业与其他工业不同。当然这是些复数的文化工业,但它们的对象——信息、传播、文化——赋予它们超越经济逻辑的特殊地位……信息和传播更多表现为重构资本主义的手段,即在通过煤炭、钢铁、石油和能源获取利润之后被发掘的新的获利手段。信息与传播贯穿于所有经济和社会活动之中,成了正在构建的新的世界经济的‘神经系统’……在这个时代,我们很少人大声提出需要急迫地去思考新媒体——尤其相对传统媒体——和躲避技术意识形态,提出广义上的文化以及身份、文化与传播间联系的政治维度……首先要进行的‘精神革命’(revolution mentale)是反思传播的地缘政治问题,从信息系统意识形态过渡到传播的问题性;是承认在此领域中,主要的问题不是连续增长的不同性质的信息的生产和扩散,而是要最终认识到这些复数工业经营世界的面孔。”[③]文化工业具有了重组世界结构的潜力。

在文化层面上,文化工业的传播,尤其是跨边界传播,加速了“集体想象”或“集体记忆”的外化——既是记忆从人体里的外化,又是地方记忆超越国家或民族边界的外化。这如同被产业化的旅游或观看电视的国际频道,旅游者身体、心灵的移动或运动意味着“象征形式”的位移与交换。“旅游如同电视一样,是一种变迁和敏感化因素。借助电视,我们可以游走,不过是

---

① MARTEL F. MAINSTREAM:Enquête sur cette culture qui plaît à tout le monde[M]. Paris:Flammarion, 2010:418.

② WOLTON D. L'autre mondialisation[M].Paris:Flammarion, 2003:52.

③ WOLTON D. L'autre mondialisation[M].Paris:Flammarion, 2003:34-35.

坐在家里;通过旅游,我们可以走动,不过是短时间的。"①旅游是一种与外部发生关系的象征性活动。在现实世界中,对于国家或群体来说,无论是合作,还是竞争与对抗,作为文化重要传播渠道的文化工业成了"软实力"博弈的重要资源。"今天,人们不再否认国际恐怖组织主要是因拒绝西方模式发展起来的。而且从网络开始,恐怖分子使用着与西方国家相同的信息系统,不过这是另一种完全不同的用途。这就证明了,主要问题不在于技术层面,而在于信息以及它所负载的文化模式。"②尽管这种说法轻视了科学技术被制度化的特征,但显示了文化—信息内容的重要性。

在现实生活中,不同地区或国家的文化传播能力是不平衡的,不过是动态的不平衡。如,"在国际内容的流动中,美国有大约 50%的世界出口能力。如果加上加拿大和墨西哥,北美就毫无竞争对手地支配着将近 60%的世界出口。随后而来的是潜在的竞争者,不过可能在衰落:27 个成员国的欧盟,占三分之一的出口能力。十多个国家紧随这些国家之后,不过在出口能力上有很远的距离,目前在内容的国际交换方面还没有明显的影响,如作为挑战领头羊的日本以及中国、韩国、俄罗斯、澳大利亚等。当下,巴西、印度、埃及、南非、海湾国家还没明显地表现为内容出口国,尽管他们努力地增加进口,发展国内的创意产业"③。动态的不平衡意味着传播秩序改变的可能性,也意味着因文化传播而导致国际政治与社会构型的嬗变可能性。这为围绕文化传播的政治、社会与经济维度产生的辩论提供了更多的想象空间。"全球化的大众文化与因特网,这两种现象要被平行看待,因为二者的界限已模糊。21 世纪初最新颖的东西是这两种现象的结合。在多少个世纪里,文化产品通过道路、港口和机场来转运,为了扩散出去,需要时间、关税、零售。从今以后,文化通过信息高速公路来转送,而信息高速公路业已是陈旧的表述方法。一切都在加速,一切与以往不再相同。"④

---

① WOLTON D. L'autre mondialisation[M].Paris:Flammarion, 2003:116.

② WOLTON D. L'autre mondialisation[M].Paris:Flammarion, 2003:36.

③ MARTEL F. MAINSTREAM:Enquête sur cette culture qui plaît à tout le monde[M]. Paris:Flammarion, 2010:418.

④ MARTEL F. MAINSTREAM:Enquête sur cette culture qui plaît à tout le monde[M]. Paris:Flammarion, 2010:440.

## 三、信息社会:一种政治—经济意识形态

随着信息技术、电信和视听技术的融合以及计算机技术的出现,“出现了‘信息工业’一词……它涵盖了基础信息(各种数据库,金融、商业、科学技术信息)以及所谓的文化信息(电影、连续剧、书籍、报纸、杂志、电讯等),也可说,涵盖所有的专业技术,如专利、专业技术、咨询、管理等。问题不再仅仅是圈定工业活动的一方面,或标出一种学科的边界,而是指明一种新的、继‘工业社会’之后的社会,即信息社会”①。在信息社会条件下,信息传播和文化传播被整合在一起,信息概念成了统一的指称概念。信息传播“不仅被看作我们这个社会摆脱危机的经济出路——被看成‘基础资源’因素——而且被看作是摆脱危机的政治出路,这就是人们并不是毫无理由地谈论‘信息社会’”②。“在15世纪中叶,印刷术的发明敲响了中世纪体制的丧钟,开启了现代纪元。5个世纪以后,信息传播技术产生了无可比拟的作用:使大众传播随时随地都可进行。”③于是“一种不言自明的新意识形态被自然化,并被提升为主要的变化模式。信息社会概念负载的信仰引发了自动和他动的象征力量。这些象征力量规定着国家和超国家机构研究和行为的表述方向”④。信息社会成了意识形态概念。意识形态最初是指对人的观念的科学研究;不过很快用来指观念体系。⑤ 于是,当我们说信息社会是一套“政治—经济意识形态”的时候,这就意味着信息社会是一个新的政治—经济建设方案。

在信息社会中,“信息自由流动”原则反映了信息社会的商业化过程。1984—1985年是放松管制和私有化运动开始启动的重要时期。一方面,金融领域的放松管制毫无限制地把世界空间向资本运动开放,使人们既看到了全球经济网络最早的权威形象,又看到了因缺乏超国家的调解机制而出现的危机倾向。另一方面,美国电话电报公司(ATT)的拆解在世界范围内引

① MATTELART A, et al. La culture contre la démocratie[M]. Paris:La Découverte, 1984:54.

② MATTELART A, et al.La culture contre la démocratie[M]. Paris:La Découverte, 1984:56.

③ CURIEN N, MUET P A. La société de l'information[M]. Paris:La Documentation française, 2004:10.

④ MATTELART A. Histoire de la société de l'information[M]. Paris:La Découvert, 2001:3.

⑤ VAQUERA M L C. En los orginenes del concepto ‘ideologia’. De la Filosofia a la Linguistica, del individuo a la sociedad[J]. Boletín Hispánico Helvético, 2014(23):109.

发了冲击波，加速了基于技术交换的电信的放松管制运动。① 放松管制和私有化运动导致了大规模传播集团的诞生。放松管制运动在 1998 年达到高峰：世贸组织把国家电信公共服务也向自由竞争开放。② 于是放松管制得到了世界贸易组织的正式承认，并被看作一种新型经济和一种新型社会的原则。放松管制运动对经济、战略、政治和社会政策产生了深远的影响。随着柏林墙的倒塌（1989），在布热津斯基提出的"网络外交代替炮舰外交"10 多年后，约瑟夫·奈等又提出了"软实力"学说，认为现代传播网络（如互联网）能够产生和平民主的团体，创造一个安全、自由和繁荣的世界。布热津斯基因此评价后者的"软实力"是"美国一流国际政治学者贡献给深刻理解国际政治与智慧外交的一个重要的透彻概念"③。从此"信息时代"和"全球时代"结合在一起。

"信息社会"实际是一种社会发展与治理方案的转换，同时成了一种新的工业要求。在 20 世纪 70 年代，"后工业社会"演变成了"信息社会"。这是由 1973—1974 年的石油危机所引发的，但也是经济合作与发展组织（OECD）和联合国及世贸组织共同努力的结果。中东第一次石油危机是由中东战争引起的、涉及主要西方国家的能源危机。这刺激了西方国家对资本积累方式以及民主管理形式的反思，并从此把信息技术投射到摆脱危机战略的反思之中。"要掌握命运就要控制网络。"④诺拉-蒙克呈交给吉斯卡尔·德斯坦总统的"社会信息化"报告（1978）是该主题的第一个象征性文本。面对总统提出的"影响我们日常生活的电脑技术如何才能为民主和人类的成长服务"，诺拉与蒙克指出，"如果法国不能有效地回应自己面对的挑战，她内部的张力将使她失去掌握自己命运的能力……最清楚和最紧迫的问题在于进口能源价格的飞涨将影响我们经济和社会的稳定……然而，如果不与过去决裂，回应这种发展问题是不现实的……这种危机是由传统价值观和工业化及城市化所造成的问题间的冲突造成的"⑤。不断增强的电脑

① MATTELART A. Histoire de la soicété de l' information[M]. Paris：La Découverte, 2001：83.

② MATTELART A. Genèse de la notion de la société de l' information[EB/OL].(2005-01-02)[2014-10-20].www.societe-de-strategie.asso.fr/pdf.

③ NYE J. Soft Power：The means to success in world politics[M]. New York：Public Affairs, 2004：Front Flap.

④ MATTELART A. Histoire de l' utopie planétaire[M]. Paris：La Decouverte, 2000：335.

⑤ NORA S, MINC A. The computerization of society[M]. Cambridge：The MIT Press, 1980：1.

和远距离通信技术间的结合(电脑通信技术)为摆脱危机开阔了新的视野。①

在布热津斯基的领导下,西欧、日本和北美组成的三边委员会(Trilateral Commission,1973)于1975年就西方的民主治理问题提出了《民主危机》报告,报告指出"信息爆炸使保持传统的治理距离变得更加困难……由于即时信息传播模式和缺乏自我调节的子系统,任何一个小问题都会变成一个治理问题"②。"必须采取措施来调节新的工业权力中心,来界定它与其他社会组成部分的关系……但是也需要保证政府从源头上拥有信息的权力和能力。"③三边委员会(1975)以及诺拉-蒙克的报告研究了西方世界和国民经济当时的运作方式以及作为它们框架的政治模型的发展模式,并传递出"新技术能够建立政治共识及解决经济危机"的思想,这两份报告是对西方社会持续发展的反思,把信息与传播提升到新原材料和新能源的地位。在20世纪70年代后半叶,信息社会主题在国际层面上,尤其在欧盟和经济合作与发展组织中,成了衡量不同国家是否走向一种新现代化的参数和审视世界等级体系的阅读格栅。1984年,美国共和党总统里根完成了前任民主党总统吉米·卡特的电信放松管制运动,动摇了美国电话电报公司的垄断地位。这揭开了重要资本主义国家的传播放松管制运动的序幕。于是这种放松管制运动,或被自由主义吹捧者宣扬为万灵药或被技术"专制"强加为一种必要方法,实际上成了一个由优势经济(美国)推动和使其他发达国家遭受损失的运动。④ 信息流动具有地缘政治与经济的特征。

## 四、媒介的近用与知识生产:知识的新状况

法国哲学家弗朗索瓦·利奥塔(François Lyotard)的《后现代状况》成了描述后工业社会象征表达嬗变的经典著作。利奥塔的这部著作主要针对的是西方发达社会,它借助知识从"现代性"向"后现代性"状况的转变,描述了这种嬗变的过程。按照利奥塔的说法,"现代的"用来指一切以宏大叙事(如

---

① NORA S, MINC A.The computerization of society[M]. Cambridge:The MIT Press, 1980:5.

② CROZIER M, HUNTINGTON S P, WATANUKI J. The crisis of democracy[M]. New York:New York University Press, 1975:13.

③ CROZIER M, HUNTINGTON S P, WATANUKI J. The crisis of democracy[M]. New York:New York University Press, 1975:182.

④ BARREAU J, MOULINE A.La déréglementation américaine des télécommunications et l'Europe:les exemples français et britanniques [J].Revue d'économie industrielle, 1987,39(1):170.

精神辩证法、意义阐释学、理性主体的解放、启蒙叙事、马克思主义等）的元话语为参照使自己拥有合法性的科学特征，“后现代的”被界定为对宏大元叙事的怀疑，这种不信任无疑是科学技术（尤其是计算机）进步的结果；与合法化的元叙事机器相对应的是形而上学哲学的危机，宏大话语的叙事功能消解在不同的维根斯坦意义上的“语言游戏”中，这些“语言游戏”有着自己的合法化规则，不同的陈述范畴可通过不同的移动规则来界定，如同象棋游戏规则一样。[①] 在利奥塔那里，宏大叙事的可信性逐渐走向终结，正在失去其功能元素，如伟大的英雄、巨大的危险、壮观的游历以及宏大的目标。在这种语境下，曾经构成关注中心的民族国家、政党、公开主张、制度和历史传统正在失去它们的吸引力，对伟大名字、当下历史英雄的认同变得越来越困难。[②] 从利奥塔对后现代知识状况的分析中，我们可以看到，西方传统意义上的宏大的、理性的、自治的“主体”已不存在，它不能再去书写宏大的历史叙事或为事物的发展设置一个所谓“理性框架”，如写千篇一律的“编年史”或“传统”，以及涉及民族和文化起源的“英雄”和“神话”。换句话，在后现代知识状况下，在几个世纪里作为被世俗化与被解放社会的基础而得到肯定的东西受到了怀疑，后现代性表现为其对起合法化作用的叙事不再信任，对理性产生怀疑，时至如今作为合法性界定参照的理性也失去自己的合法性。[③]

在后现代情境下，知识的生产状态被碎化，即知识的创造者不再是这个代表传统和反映“绝对精神”的理性的主体（Suject），而是位于现实日常生活情境中的“主体”（subjects），其身份不再与特定的时空维度联系在一起，而是在某种程度上呈现出“时空分离”的漂浮特征，历史不再是特定逻辑的结果，而是日常生活中的构建物。后现代知识的生产者不再是官方指定所谓合法机构，如大学、研究院所、出版社、新闻媒体、电影制片厂等，而是除此之外，日常生活中的个体，如私人博客、草根新闻、自由维基、网络明星、民间化电影等，知识的生产和传播不再需要借助指定的官方机构，借助发达的传播

① LYOTARD J F. The postmodern condition：a report on knowledge［M］.Minneapolis：University of Minnesota Press， 1984：xxiv.

② MATTELART A， MATTELART M. Histoire des théories de la communication ［M］. Paris：La Decouverte， 2004：96.

③ ÁRON K V. Le récit postmoderne［J］.Littérature，1990（77）：4.

技术网络,生产者和消费者融合成"生产—消费者",教育和娱乐融合为"教育—娱乐"等,如在互联网时代,"'每个人都是生活的导演。'网络的普及给网络视频的发展提供了广阔的空间。视频制作的低成本、短周期,发布的低门槛以及传播的高速度,使电影在经过100年的发展之后,得以贴近大众,成为人人都有可能参与、随时都可以分享的'草根艺术'"①。

实际上,知识的新状况来自新旧社会存在状态的比较,其中社会状态的变迁体现着人文与社会科学对社会现实反思的演变,后现代知识状况只是这种变迁的一个方面,体现着知识生产的多样化、碎化以及合法化标准的非唯一性,各有各的游戏规则。利奥塔并不是这种"现代"向"后现代"变迁论的唯一思想者,他和尼采、福柯、德里达等构成了解构主义学派的成员,但不同地区的学者有着不同的思想倾向,"有趣的是,从黑格尔到哈贝马斯,现代性的思想家几乎都是德国人,这可能因为浪漫主义使然!而'后现代主义者'往往出现在法国学界,如福柯、德里达、利奥塔,还有他们的美国的解构主义跟随者"②。

在传播全球化与新媒体的背景下,知识的生产因媒介的近用而逐渐失去了制度与规范性,实现了大众化,知识的生产不再是实现支配与控制的中介,而是具有了反制度与反纪律的功能,与社会行动者的日常消费活动一样,不仅是社会行动者展示自己思想和身份的工具,而且也成了市民社会结构的重要组成部分与参与政治辩论的手段。

## 五、从媒介学到系谱学:后真理时代的传播

从媒介学到系谱学,显示了后现代知识生产由宏大叙事向微观叙事、普遍理性化向局部理性化的转变。媒介学(Médiologie)是法国学者德布雷于1979年在《法国知识分子的权力》中提出的概念,旨在描述人类技术与文化的关系;系谱学是福柯采用的方法,是一种思考知识、话语、对象领域等构建的历史形式。③ 媒介学聚焦的是象征性(文化)与技术性(媒介)间的互动关系,系谱学则关注话语性与非话语性(或权力关系)间的互动关系。

---

① 王燕,赵慧丽.当电影遇上互联网[N].人民日报(海外版),2012-06-13(07).

② ÁRON K V. Le récit postmoderne[J].Littérature,1990(77):4.

③ FOUCAULT M. Obras esenciales, volumen ii, estrategias de poder[M]. Buenos Aires:Paidos, 1999:47.

媒介学和系谱学都是一种西方社会合理化的历史视角，体现了不同的侧重点。德布雷聚焦于作为技术策略的媒介（包括大众媒介），描述宏大叙事（如基督教）通过媒介建构的过程，是关于人的社会经验的组织方式，通常被看作是对“信仰技术”（宗教信仰如何借助技术得以传递）的分析。在媒介学那里，人经过技术中介化而得以存在，其日常体验是技术性的，于是媒介扮演着极化作用，组织着人们的日常生活现实。① “真理的普遍性能使任何有理智的人折服”②。福柯则关注对主体具有规训功能的监视技术，描述具体话语借助力量关系的形成过程，也是努力从不同的决定性元素出发来恢复某个特殊性出现条件的东西。③ 福柯系谱学中知识话语与权力的互动过程演变成了德布雷媒介学中的中介化过程，具有人类学的特征。无论是媒介学还是系谱学，更多表现为一种认识和分析方法，而不是一门学科——尽管媒介学被德布雷称作一门学科。德布雷认为人类历史包含人与人的关系史和人与物的关系史，前者构成文化史，后者构成技术史；而媒介学就是去发现技术和文化的互动结构。④ 德布雷的媒介学关注更多的是基于技术生态上的宏大想象（如基督教）的“传递”过程，而非大众传播学中的“传播”，它与20世纪六七十年代兴起的“大众媒介学”没有任何关系。媒介学中的媒介是指“具有技术和社会决定性的一套符号传递和流动手段。这套手段先于并大于当代的印刷与电子媒介领域，被看作大规模扩散的手段，如报刊、广播、电视、电影、广告等”⑤。换而言之，“媒介学中的媒介不是指媒介，而是中介化（mediations），即位于符号生产和事件生产之间的作为中介的程序和机构的动态结合”⑥。

在德布雷看来，媒介学首先关注的是“高级社会职能”（宗教、意识形态、艺术、政治）与媒介以及传输环境间的关系。这种思考的关键点是对这些职能、媒介和环境进行分离。在此领域中，一方面存在着技术—文化互动，或

① DOMINGUES J A. O paradigma mediológico. Debray depois de Mcluhan[M]. Covilhã：LabCom, 2010：2.

② 德布雷.普通媒介学教程[M].陈卫星，王杨，译. 北京：清华大学出版社，2015：362.

③ FOUCAULT M. Qu'est ce que la critique[J]. Bulletin de La Societe francaise de Philosophie, 1990, 84(2)：51.

④ DEBRAY R. Cours de mediologie generale[M].Paris：Gallimard, 1991：39.

⑤ DEBRAY R. Cours de mediologie generale[M].Paris：Gallimard, 1991：15.

⑥ DEBRAY R.Media manifestos：on the technological transmission of cultural forms[M]. London：Verso, 1996：17.

我们记忆技术、传递和挪移间的界面,另一方面也存在着我们的思维和信仰模式。① 媒介学研究的展开要么通过技术的象征效果,要么通过象征的技术条件。② 媒介学感兴趣的是技术创新(书写、印刷、计算机、电报、自行车或照相)的文化建构效果或某种文化现象(科学、宗教和思想运动)的技术支撑。③如对国家观念的研究,只有当引入它与公路和铁路网络,以及邮政、电报和电力网络等联系时,我们才说这种研究是"媒介学的";只有在图片、照相、电影、电视等的效果背景下来探讨对"长生不老"的向往如何变成集体的想象时,我们才可以说对"长生不老"的研究是"媒介学的"。作为一种话语,媒介学阶段性地把我们由结果引向过程,由条件的结果引向条件的作用过程。④例如,基督的形象是在三个世纪中(从耶稣的故乡拿撒勒开始)由基督教组织借助一系列具有结构功能的文化模式(matrices)建构出来的,不是一开始就存在;历史主义的幻觉把信仰的最终形式归于某种起源(如耶稣、马克思、弗洛伊德等)。简而言之,耶稣基督的形象话语不是一开始就有的,而是有关基督教的知识和权力关系互动的结果,即中介化的结果。

德布雷的媒介学是在"后现代知识生产"背景下,依旧以宗教宏大叙事的建构为参照,对宏大叙事逻辑的展现。对作为宏大叙事的话语的展现(基督教),与福柯、德勒兹、利奥塔以及尼采的传统相反。⑤ 当福柯的系谱学在解构宏大历史叙事,从偶然性中来建立微观历史叙事时,德布雷则努力从以往宗教宏大叙事中找出该叙事的形成逻辑。但面对记忆技术的多元化(全媒体的出现),面对传播商业逻辑(制度机构)的支配地位,德布雷的媒介学在解释新的历史叙事时显得有些吃力。从媒介域转换给宏大叙事带来的冲击中,我们可以看到德布雷所表现出的担忧:"一旦印刷媒体因为视听媒体的冲击而不断衰退,知识分子的社会批判和社会主义的政治理想一同褪色。'从印刷媒体向视听媒体的过渡,通过同时瓦解政党环境的技术载体和学说后勤服务(不同于学说的更换:学说是基础)。规模性的剧变效果会影响到舆论生产的重型手段(媒介)。'新闻一旦成为产业就

① DEBRAY R.Que es la mediologia[J]. Le Monde Diplomatique, Agosto de 1999.

② DEBRAY R. Introduccion a la mediologia[M].Buenos Aires:Paidos, 2001:103.

③ DEBRAY R.Que es la mediologia[J]. Le Monde Diplomatique, Agosto de 1999.

④ DEBRAY R. Introduccion a la mediologia[M].Buenos Aires:Paidos, 2001:181.

⑤ SILVA J M da. Régis Debray:as tecnologias da crença[J]. Revista FAMECOS, Porto Alegre, 1998(9):9

开始逐步远离知识分子的思考，一旦宏大叙事的理想祛魅，政党不再有政见。”[①]更重要的是，媒介技术多元化（特别是数字域）造成的是集体身份的弱化和历史的消失！[②] 福柯的系谱学就是不相信宏大的线性历史，而是从偶然性中来寻求一种微观历史，借助话语实践和非话语实践的关系来展示个体身份建构或主体化过程。

在“后现代知识状况”下，宏大叙事、宏大历史、超验主体、普遍真理等与西方传统哲学紧密相连的概念无力解释“后现代社会”中的新现象，于是出现了另类的、解构这些宏大概念的观点——其中发生在世纪之交的两次世界大战产生了重要的推动作用——这些观点与学说倡导者常被称作“后结构主义者”（20 世纪六七十年代）或“后现代主义者”。这些“主义者”的思想特征在于不再相信大写的叙事、历史、主体以及普遍性，而是从微观理性化角度出发来展现作为功能—形式的主体与自身环境的局部互动，这同时也就成了解释后现代社会传播的重要认知基线。也就是在此背景下，传播中的“后真理”现象成了关注的对象，特别是事关公共舆论的形成过程：真理不再是主客观的符合，而是话语与非话语技术策略的结果。

西方传统哲学真理观的根本特点之一是主客体间的一致或符合，是符合论，表现为命题的对错。这种真理观到德国哲学家马丁 · 海德格尔（1889—1976）时，由认识论转向了存在论，从此由对命题的正确与错误判断转向了对人（此在）本然状态的呈现。传统的真理观要说明真理是什么，表现为对命题的判断，而海德格尔则要说明真理如何成为真理，即真理成为真理的方式与过程，通过作为此在的人来呈现。在海德格尔那里，真理是一种关于此在在世（在世界之中存在）存在的真理，发现真理就是对存在的展现和澄明，就是对存在的揭示，对存在者存在的意义的阐释，就是去掉遮蔽（或去蔽），去呈现此在的本然状态。同时，传统哲学中的超验主体到海德格尔那里成了功能主体。作为此在的人成了“存在的看护者”，是对存在者存在领悟中体现出来的存在。如何追问存在？通过语言，“存在在思维中形成语言，语言是存在的家”。语言就是在思之中，即把思的存在说出来，于是语言

---

① 德布雷.普通媒介学教程［M］.陈卫星，王杨，译. 北京：清华大学出版社，2015：23.

② 陈卫星，德布雷. 媒介学：观念与命题 ——关于媒介学的学术对谈［J］.南京社会科学，2015（4）.

不是人的工具,而人则成了语言的工具。① 从此作为语言的话语不再是对真理的反映,而是建构的工具,语言建构了真理(或真实)。一旦真理不是永恒的存在,就与使用语言的技术与策略联系在一起,成了局部理性化的特征,而不是普遍理性化的结果,这具体表现为法国思想家福柯所描述的作为真理话语的生成机制。

在后现代的知识生产背景下,真理遭遇了危机。真理不再与传播的内容,而更多与传播的形式联系在一起。在系谱学的真理观中,福柯认为话语不是去反映现实,而是构建现实,因此其试图理解话语的系谱学语境和环境。具体而言,福柯认为"(作为话语的)真理不外在于权力,也不缺乏权力。真理来自这个世界,在这个世界中因诸多强加的东西而被生产,并生产被调节的权力效果。每个社会都有自己的真理体制,自己的'普通真理政治学':即界定它所保护并作为'真理'来运行的话语类型;使真实与错误陈述得以区分的机制和机构,惩罚某人或他者的方法;为获取真理而被重视的技术与程序。在我们这样的社会中,真理的'政治经济学'具有以下五个重要历史特征:'真理'集中于科学话语的形式以及生产它的机构;这种形式服从于连续的政治与政治刺激(对经济生产和政治权力都具有真理必要性);是某种扩散和消费的对象(流动于教育或信息机构之中,广泛地存在于社会躯体之中,尽管有些限制);在某些重要政治或经济机器(大学、军队、书写、传播媒介)的控制中被生产与传输;最终,它构成了所有政治辩论与社会对抗(意识形态斗争)的核心"②。在这层意义上,福柯寻找的不是命题的真假,而是使话语成为真理的、与语境和结构相关的"真理体制"。他不相信西方主体哲学所谓的永恒的"真理",而是用"真理"来指一套程序,该程序能够在每时每刻让每个人发表被看作是"真实"的东西。③ 福柯的真理体制成了阐释"后真理"传播的重要依据与理论工具。"后真理"概念与大众媒介公信力的丧失联系在一起。

在21世纪,随着数字媒体的出现,新闻的责任转向了数字媒体,这种转向不仅是一个技术问题,而且也是事关真理的生产以及以"社会契约论"为

---

① 刘放桐. 新编现代西方哲学[M]. 北京:人民出版社,2003:355.

② FOUCAULT M. Obras esenciales, volumen ii, estrategias de poder[M]. Buenos Aires:Paidos 1999:53-54.

③ FOUCAULT M. Dits et écrits (1976-1979):III[M]. Paris:Gallimard, 1994:407.

基础的西方社会中公共舆论的生产问题。但不幸的是，随着媒体技术的发展（尤其是社会媒体）的出现，被作为公共领域辩论内涵的真理退居次要地位，天然的事实让位于人为的事实，传统哲学符合论意义上的真理让位于借助话语策略建构的真理。与这种转换相伴随的是职业伦理的丧失、谎言和流言的传播。根据牛津词典，"后真理"首次由剧作家和小说家、塞尔维亚裔美国人史蒂夫·特西奇（Steve Tesich）在左派杂志 *The Nation*（1992）的一篇文章中使用，以描述伊朗门丑闻和第一次海湾战争。特西奇感叹美国人自愿生活在后真理中，生活在一个真理不再重要的世界里。随着互联网的广泛使用，特别是，社交媒体的使用，"后真理"概念被用来描述政治和媒介之间的互动关系的变迁，"后真理政治"（post-truth 或 post-reality）则指向一种政治文化：在这里，政治领导人在选举中，为达竞选目的无视事实以及为之辩论的必要性，而且借助语言把辩论导向情感，获取公共舆论的支持。"后真理"概念使处于后现代时期的公共舆论的描述有了新的解释框架，它使我们看到，随着作为"后真理"防卫机制的"新闻中介者"（intermedia ción periodística）的消失[①]——尤其社交媒体的繁荣——客观事实相对情感和个人信仰不再拥有更大的影响力，也就是说，我们对某事的感知比实际情况更重要，追求的是"雄辩胜于事实"，而不是"事实胜于雄辩"。因此，后真理时代传播的重要任务就是"核实"。

这就是说，"后真理"中的"后"，如同"后结构""后现代""后工业"等概念中的"后"字，被用来描述继现代和工业社会之后的另一种社会景观以及知识生产状况。"后真理"时代是相对"真理"时代而言。传统意义上的"真理"是从认识论的视角出发，来判断主观和客观是否相符合，所做的判断是否正确，而"后真理"时代的"真理"是从方法论角度出发的，是指某种"做"的方法使某种"观点"成为正确或真实的东西。鉴于"后真理"概念频繁出现在关于英国脱欧公投（2016）以及特朗普（2016）在美国总统选举中的胜出的评析中，牛津词典就把"后真理"看作是 2016 年的年度关键词，用来指"某些情景，其中情感和个人观点在公共舆论的形成过程中比客观事实更重要"，因为在很多专家看来，上述政治事件的成功在理性层面上是不合理的。英

---

① ZARZALEJOS J A.Comunicación, Periodismo y "fact-checking" La Era de La Posverdad: Realidad vs. Percepción[J]. UNO, 2017(27): 13.

国的“脱欧公投”和美国总统竞选中“特朗普”的胜出之所以成了典型的案例,是因为二者在理性上是不可能的,尤其特朗普的胜出更是占足了社会媒体的便宜。由此,对某些学者而言,传播活动中的“后真理”不仅是政治正确的撒谎、欺骗,也是公共关系中的花言巧语,成了舆论操纵的工具,甚至成了“阴谋论”的组成部分。

# 第六章　管理与操纵:跨边界的意识形态

大众文化的普世主义相对启蒙运动遗留下来的古典文化的世界主义方案占据了上风。在从一种方案向另一种方案变迁的过程,文化关系嬗变成了一种地缘政治的工具。①

——阿芒·马特拉

传播(communiquer)往往是一种向别人施加影响的方法。②

——米歇尔·福柯

个体被重新构建。新人只通过自己与意识形态的关系来界定。异化不是商业而是精神方面的……思考的自治性转移给了领导者。③

——法布里斯·阿尔梅达

国际传播研究中的"管理与操纵"的问题意识主要来自跨边界信息传播的"感召力"与"说服"功用,这是大众传播最基本的、也是常用的功能。管理与操纵的传播问题,主要来源于20世纪20年代后北美大众传播在社会心理学、政治学和社会学启发下所作的研究,关注"大众媒介对受众做了什么",以及大众媒介在北美的军事、选举和商品营销中对信息受众产生的影响,研究方法呈现出实证主义特征,传统认为的北美传播学奠基人拉斯韦尔、拉扎斯菲尔德、霍夫兰、卢因等是其杰出的代表,这些代表又被法国学者阿芒·马特拉称作"心理学战士"。在"心理学战士"看来,传播的效果在于改变信

① MATTELART A. Diversité culturelle et mondilisation[M]. Paris:La Découverte, 2007:22.

② FOUCAULT M. Dits et écrits (1954-1988):IV [M]. Paris:Gallimard, 1994:233.

③ ALMEIDA F d'. La Manipulation[M]. Paris:Presses Universitaires de France, 2011:83.

息接收者的意见、看法与观点，实现“说服”，无论是战争还是政治与经济营销。从散发传单、墙上涂鸦，到高音喇叭喊话，再到大众传播媒介(书籍、报纸、广播、电视等)，直至现在的新媒体(如互联网与移动终端的整合)，争取人心或思想的说服活动由直接(面对面)到间接，由现实到虚拟，用来说服的信息流动构成了一张整合实体与虚拟元素的权力关系网络。在这里，所谓的“权力”“权力关系”“意识形态”“软实力或感召力”时刻在发挥作用，进行着日常生活社会学意义上的构建：或身份的、或制度的、或习惯的、或道德的。传播信息流动具有了政治与经济层面上的战略作用，信息沦落为战略工具。

传播的立场，实际上就是社会的立场。“应该看到，利用被传播的象征符号来操纵人的自我意识和社会意识，是一个随时都要有所警觉的问题。”①

## 第一节　宣传动力学

在物理学中，“动力学”是用来描述力和运动之间关系的科学。在传播学领域，不同利益的博弈成了驱动传播活动的动力。“宣传在第一次世界大战中首次作为大众意见管理技术和对国外政府施压的手段而得到重视。”②第一次世界大战“是政治、经济和意识形态上的冲突，它超出了严格的军事行动范畴，在全球范围内扩展开来。交战双方成了从事宣传和审查的官方机构”③。宣传的目的就是为了操纵，所谓操纵，就是“把某人变成自己想要的那样”④：消除“我们”(wedom)与“他们”(theydom)、“自己”(self)与“他者”(other)间的差别，达到认知上的一致性与同一性。就“宣传”概念的发展来看，它更多与“象征的”(如宗教、争取人心)或“物质的”利益联系在一起，宣传的目的就在于实现这些利益。

---

① 陈卫星. 传播的观念[M]. 北京：人民出版社，2004：451.

② MATTELART A. La communication-monde: histoire des idées et des stratégies [M]. Paris: La Découverte, 1992: 57.

③ MATTELART A.Le mondialisation de la communication[M]. Paris: PUF, 1996: 40.

④ ALMEIDA F d'. La Manipulation[M]. Paris: PUF, 2002: 3.

## 一、西方想象中的“宣传”概念

“宣传”(propagande)因天主教“传信部”于1622年成立而流行开来,意为“信仰的传播、扩散”。这个起源于西方宗教传播的概念,经过时间和意义的变迁与沉淀,特别是经过第二次世界大战中“心理战”的修正,在西方嬗变成了一个富有贬义的表达。这是因为,“一方面,新诞生的社会心理学肯定了领导大众规则的存在,这些大众没有别的选择……宣传无关好好地讲和教育,而是要适应人类群体的情感。另一方面,在20世纪初,选民成了主权的持有者。民主化和普选权的获得迫使党派在投票实践中吸引选民的注意力……宣传改变了意义,意味着在公民没有意识到的情况下对其施加影响……目标是对行为进行无法挽回的修正:一个新人……个体被重新构造。新人单纯由其与意识形态的关系来界定。异化不再是商品性质的,而是精神层面上的。销售的不再是劳动,而是思考的自治性被转移到领导人手中。”①

美国大众传播学奠基人拉斯韦尔认为:“所谓宣传,其实就是思想对思想的战争。”②传播活动就在于实现一种意向性的社会建构,传播技术被看成实现这种构建的技术支撑。在本体论的层面上,宣传就是信息的跨地区或跨边界的流动。“宣传”活动的前提在于存在着利益或身份的差异,其公设在于可以通过信息传播活动来减小这种差异。该差异既可是群体内、国家内的,也可是跨边界的。宣传具有三个重要特征:“第一,宣传是意向性传播,旨在改变目标受众的态度;第二,为了进一步推进与受众面对面的说服者事业,宣传是便利的手段(这说明了为何广告、公共关系与政治竞选游说是宣传形式);第三,相对双向的与互动的教育来说,宣传是单向的信息流动,即表现为大众传媒活动。”③

就国际传播而言,通过以往与现实的诸多例证,我们可以看到,宣传的修辞特征更多在于:用扭曲、夸张或错误传递信息的手法,呈现一种貌似合理的“虚拟现实”——或令人向往或令人厌恶——以影响公共舆论或争取受

---

① ALMEIDA F d'. La Manipulation[M]. Paris:PUF, 2002:81-83.

② 拉斯韦尔.世界大战中的宣传技巧[M].张洁,田青,译.北京:中国人民大学出版社,2003:23.

③ SNOW N. Propaganda, Inc.:selling America's culture to the world[M]. New York:Seven Stories Press, 2002:40.

众人心或思想,从而达到操纵的目的:操纵基于真实,因此依赖支持错误阐释的一揽子事实。[①] 传播信息流动的不对称造成福柯意义上的权力关系失衡,在自由选择的基础上,意向性(intentionality)成了信息流动中介者(mediator)的中介化特征。本来,国际宣传的意义就在于形成一种具有"软实力"内涵的想象,用感召力来呼唤一种期待的或意向性结果。在认识论的层面上,无论是从结构主义视角还是从后结构主义视角(如赫伯特·马尔库塞,米歇尔·福柯),"现代社会都类似一个巨大的机器,其通过理性的方法与程序支配着它的构成元素。"[②]这里的"理性化"始终是现代社会发展的重要特征,作为传播活动的宣传,也不例外。宣传是在日常生活中静悄悄地进行的,"大声向敌人宣告一名'对敌宣传总监'已被任命,则是一个糟糕的战略"[③]。

在国际政治与国际关系层面上,宣传的发生来自国家利益的差异与冲突,利益的冲突致使宣传成了赢得"人心与思想"的工具。"国家利益跨越了国界。如果说有哪个国家的公民和政府不想染指其能力所及之事物的话,那纯粹是幻想。"[④]"不计其数的官方或非官方的宣传试图煽动革命,脱离种族的、文化的、地域的及宗教的团结。它们通常由下面这些词语来暗示:爱尔兰独立、泛伊斯兰教、泛斯拉夫、泛美、泛欧及国际联盟。"[⑤]宣传不仅是思想的传播,而且是一种直接战术手段。1910 年具有社会主义倾向的《汉堡回声报》(*Hamburger Echo*)写道:"发起我们的战争,我不是去扔炸弹,而是把我们的报纸投到工人大众之间……为何要允许言论自由和报刊自由?……观念(ideas)远比枪炮要致命。"[⑥]

美国学者弗兰·克科尔曼在美国驻华使馆工作多年,对中国社会及军事有深入了解,回国后供职于国防情报局。在为美国智库斯坦利基金会写的一份秘密研究报告中,他指出:"为了影响中国的国家战略和军事战略,我

---

① ALMEIDA F d'. La manipulation[M]. Paris:PUF, 2002:92.

② FEENBERG A.Transforming technology: a critical theory revisited[M]. New York: Oxford University Press, 2002:38.

③ 拉斯韦尔.世界大战中的宣传技巧[M].张洁,田青,译. 北京:中国人民大学出版社,2003:26.

④ 拉斯韦尔.世界大战中的宣传技巧[M].张洁,田青,译. 北京:中国人民大学出版社,2003:20.

⑤ 拉斯韦尔.世界大战中的宣传技巧[M].张洁,田青,译. 北京:中国人民大学出版社,2003:21.

⑥ GOLDSTEIN R J.The war for the public mind: political censorship in nineteenth-century europe[M]. Westport:PRAEGER, 2000:1.

们必须确保能够让中国最出色的智库停止思考。”①这实际上也是美国中情局“猎鹰”计划的重要内容，通过媒体宣传，或栽赃、抹黑、妖魔化、散播黑材料等手段（用中国的话来说叫“反间计”）来阻止了解美国对华战略的中国智囊人物在政府的决策中发挥作用，使其边缘化。于是美国的一位战略学者总结经验时说：“我们与中国的战争，既不是海上战争，也不是空中战争，而是现代的网络战。我们只需要用极低的成本，就可以让中国军队在发展竞赛中不能成功。”②

在一些研究“宣传”的学者看来，宣传符合经济学的原理，它比暴力、收买及其他同类管理技术都要经济得多，其用较低的成本换来了不菲的收益。“通过宣传意味着不通过改变客观条件……来控制人们的精神状态……它（宣传）仅仅指通过重要的符号，或者更具体但是不那么准确地说，就是通过故事、谣言、报道、图片以及社会传播形式，来控制意见。宣传关注的是通过直接操纵社会暗示，而不是通过改变环境中或有机体中的其他条件，来控制公众舆论和态度……宣传是反对一个交战敌人的行动中的三大工具之一，这三大工具是：军事压力（陆、海、空军的强制力）、经济压力（在获取物质资源、市场、劳资权利上的冲突）和宣传（对暗示的直接运用）……宣传最有效力的作用是动员社会成员仇恨敌人，维持与中立国及盟国之间的友好关系，促使中立国转而反对敌国，以及粉碎敌人坚不可摧的抵抗。”③简而言之，正是宣传在战争中对国际态度的重要影响使其具有了特殊的重要性。

## 二、西方“宣传”观念的嬗变

梵蒂冈在17世纪发明“传播”一词来描述自己“保卫真理”的组织活动，以迎接新教改革所带来的挑战，但两次世界大战，特别是争斗双方的宣传战使其开始含有贬义，而纳粹德国和苏联的心理宣传使这种贬义更甚。从现代信息传播的观点来看，“宣传”一词仍然有着负面含义：宣传迫使我们按照那些我们自己可能不会选择的方法去思考和行动，宣传成了独立思考的敌人，成了人类在寻求和平与真理中信息和观念自由流动的操纵者，它意味着

① 邱风.中情局的“猎鹰”计划[N].人民日报（海外版），2012-08-31（10）.

② 邱风.中情局的“猎鹰”计划[N].人民日报（海外版），2012-08-31（10）.

③ 拉斯韦尔.世界大战中的宣传技巧[M].张洁，田青，译.北京：中国人民大学出版社，2003：22.

情感战胜理性，成了“隐藏的操纵者”的“肮脏的伎俩”。[①] 实际上，20 世纪早期的两种主要心理学理论——行为主义和心理分析——以及与此相关的分析见证了宣传的嬗变：受众反应由条件反射到理性公民再到受众的认知选择，宣传也由以往的信息轰炸过渡到说服，说服的技巧也渗透到社会、政治经济生活的各个方面，演变为社会的、政治的和经济的营销。在这种演变过程中，20 世纪 50 年代的万斯·派尼克（Vance Packard）从广告角度对营销进行了富有启发性的分析，并成为分析宣传变迁的有力参照。在《无形的兜售者》（*The Hidden Persuaders*）中，作者指出，在广告者那里，人类头脑中存在不同的意识层：“第一层，理性意识。人们知道周围发生的一切，并能讲明原因。第二层，也就是较低（或较深的）那层，被称为前意识或潜意识。这使得人们可能从自己的感觉、情感和态度模模糊糊地察觉到周围发生的事情但却不愿说明这一切。这层意识充满偏见、臆想、恐惧和失去理智的言行。最后，在第三层意识，我们不仅不晓得自己的真实态度和感情，而且即使我们能够也不会去谈论这一切。”[②]成功的广告开始关注人们处于第二层、第三层意识时对商品的态度，并因此形成了“动机分析研究”这门新科学。宣传从简单的条件反射式的魔弹论过渡到了“我们的工作就是打动人们心弦”的广告营销的心理学分析。在国际传播方面，具有管理和操纵意义的传播，更多与国家间的政治和经济结合在一起，具有了战略性质。以往僵硬而刻板的由专门官方系统或机构进行的说教逐渐演变为彼此间的交流与协商，其中表现之一就是“宣传”向“公共外交”的转变。

“宣传”因包含“心理操纵”意思而被“公共外交”（public diplomacy）所代替。“公共外交”概念的首次采用可追溯到 1856 年 1 月的伦敦《泰晤士报》，在那里此概念作为“civility”（礼貌的行为）被用来批判美国总统富兰克林·皮尔斯（Franklin Pierce）的消极姿态，而现代意义上的“公共外交”由美国外交官埃德蒙·吉勇（Edmund Guillon）于 1965 年首次采用，涉及在外交政策的制定和执行中对公众态度的影响。[③] 新的意义下的“公共外交”，“在

---

① TAYLOR P M. Munitions of the mind: a history of propaganda from the ancient world to the present day [M]. Manchester: Manchester University Press, 2003: 1.

② 万斯派·尼克.无形的兜售者[M].西安：陕西人民出版社，1990：25-26.

③ SNOW N, TAYOR P M. Routledge handbook of public diplomacy[M]. New York: Routledge, 2009: 19.

美国被用来描述跨国文化宣传和新闻管理活动。在 1997 年被美国国务院界定为'试图通过理解、鼓舞和影响外国受众来促进美国的利益'……该词在一定程度上就是宣传,但是美国希望回避'宣传'的负面含义来描述美国新闻署和美国之音的活动"[①]。简而言之,公共外交运作要遵循的原则是:分析(analyze)、告知(inform)和影响(Influence),即通过分析,然后提供所需要的信息来影响他人。[②]

公共外交的目的之一在于使他国民众态度发生转变,因此是以人民(people)为中心的。"公共外交也被称作文化外交(cultural diplomacy)、媒介外交(media diplomacy)、公共信息(public information)、内外广播和印刷媒介,跨国新闻以及政治影响(political influence)。逐渐地,公共外交媒介也包含快速穿越文化、国家和地域边界的互联网、网址、聊天室、博客。"[③]于是,"政府资助的项目通过出版、电影、文化交流、广播、电视、互联网、艺术、音乐、戏剧、体育以及公共展出来告知或影响其他国家的公民。在这层意义上,公共外交成了外交官与其他国家的公民间或不同国家的公民间的一种双向对话交流。"[④]国际战略学者乔良在《超限战》中认为,由于现代技术的介入与全球化的影响,军人和平民间界限变得模糊,二者都受到战争的威胁,非军事战争行动更让战争超越了原有的界限和限度,将触觉延伸到社会的每个角落。手段的组合或超组合成了超限战的特征。同样,在国际传播层面上,由于全球化和传播技术的发展(如网络新媒体),外交已超越了传统外交形式,普通人和外交官的界限消失,跨边界活动变得频繁,他们成了日常国际外交活动的参与者和"软实力"的传播者,信息传播及传播技术则成了"非对称"博弈的重要组合手段。

实际上,公共外交不只是把"宣传"变成了西方社会可接受的概念,并且是传播世界化过程中公共外交对传统外交的进一步深化,是在互联网时代

① CULL N J, et al. Propaganda and mass persuasion:a historical encyclopedia, 1500 to the present[M]. Santa Bárbara:ABC-Clio Inc, 2003:327.

② GARCIA de A Z C. Diplomacia pública, propaganda y poder blando[M]. Revista Mexicana de Política Exterior, 2008(85):222.

③ PROSSER M H.Media diplomacy [M] //LITTLEJOHN S W, FOSS K A. Encyclopedia of communication theory. London:SAGE, 2009:631.

④ PROSSER M H.Media diplomacy [M] //LITTLEJOHN S W, FOSS K A. Encyclopedia of communication theory. London:SAGE, 2009:631.

与“媒体外交”和“新媒体外交”结合,其核心是增强国家的软实力,增强国家政治、文化与经济对“他者”的吸引力和感召力。从马克·康沃尔(Mark Cornwall)的《瓦解奥匈帝国:为人心和思想的战斗》(2000)到亚历山大·勒农(Alexander T.J. Lenon)的《为人心和思想的战斗:用软实力瓦解恐怖主义网络》(2003),争取人心的思想逐渐从使用八种语言的“前线宣传”(Front propaganda)转向了美国政治学者约瑟夫·奈(Joseph Nye)的软实力,其中博弈的实质是“思想的战争”,而且是英国前首相托尼·布莱尔(Tony Blair)的全球“思想战争”(battles of ideas):“当我被要求界定今天世界的特征时,我会说:它是变化的速度。我们要么调整(adjust)要么被清除……您用思想来和思想作战,(参与)的不仅是学生,而且还有政治、金融、国际外交中的世界领导者以及普通公众。”①总之,“不仅政府意识到在何种思想(ideas)被提倡方面存在着一个全球竞争的场所,而且行动组织也得出了相同结论:在和平和战争时期,通过思想来影响公众是一件非做不可的事情。”②不过随着国际竞争的加剧,出现了新的“信息竞争”形式。在美国学者克里斯托弗·沃克和杰西卡·路德维格看来,随着所谓的“政治—经济威权主义”(如俄罗斯)势力的上升,除“软实力”外,出现了另一种被称作“锐实力”(sharp power)的信息战范式,认为威权主义要借助“锐实力”进入西方所谓的“民主国家”。前者强调借助控制文化和价值观的方向来巩固国家的力量,而且后者不只是借助媒介、文化、智囊机构和学术交流等来赢得“人心与思想”,而是“要渗透到目标国家的政治和信息环境中”,通过“把国家领导的项目装扮成商业媒介或草根组织的活动”来实施“宣传与操纵”。③

随着传播技术的发展,国家间的政治博弈扩展到虚拟的网络空间。在西方学者看来,被实践了500多年的“现实政治”(realpolitik)在传播技术的冲击下,在某种程度上嬗变为所谓的“媒介政治”(mediapolitik)或“网络政治”(cyberpolitik)或“心灵政治”(noopolitik)。④ 在现实政治中,外交人员与

---

① COUGHLAN S.Tony Blair's global “battle of ideas”[EB/OL].(2011-03-07)[2011-12-11]. https://www.bbc.com/news/business-12597817.

② PHARES W. The war of ideas, jihadism against democracy[M]. London:Palgrave, 2007:xi.

③ WALKER C, LUDWIG J. Sharp power:rising authoritarian influence[R]. The National Endowment for Democracy, 2017:6.

④ BOLLIER D. International politics and diplomacy:a report of the eleventh annual aspen institute roundtable on information technology[R].The Aspen Institue, 2003:vi-viii.

民族国家玩弄着政治游戏，试图采用“连横合纵”的手法来获取利益或战略平衡。媒介政治意味着，大众媒介与世界政治，政府、公共舆论与媒介的合作深深地影响着外交活动的展开，媒介在国际政治中扮演着重要的角色。网络政治是现实政治的新时代变体，这里的主体不再仅仅是国家；同时，硬实力可用信息的力量来平衡或加强，信息具有了战略作用，其实现着民族国家的地缘政治和经济利益。心灵政治是一种治理国家的艺术，可成为国家主体与社会主体采用的工具，主要在于强调思想与价值观借助媒介所产生的影响，它整合了大众媒体与互联网的优点，从软实力的角度来强化民族国家在国际上的影响。这些思考国际政治的方法并非相互独立，而是相互接合或重叠。就现实而言，国家的现实政治仍发挥着重要作用，但总体上反映了互联网时代国际政治显现出了“软实力”倾向。

随着传播工具的发展和信息的全球化，以普遍受众为对象特征的“公共外交”又转向了以小众为对象特征的“新公共外交”：“粗略地说，新公共外交从向外国人传播兜售信息和牵制外国媒体转向与外国受众的接合”，[①]即所谓的“利基外交”(niche diplomacy)，也就是公共外交的专业化，其意味着“把资源集中在具体的领域以便能产生值得的回报，而不是试图涵盖所有的领域”[②]。在“利基外交”中，“旨趣相投”(like-minded)成了核心关键词，不同的主体——无论是微观或宏大主体，如国际、NGO、行动主义者等——借助相同的旨趣来实现自己的外交目的。[③] 以传播学理论为特征的外交理念成了全球化背景下的新思潮。

无论是“宣传”还是“公共外交”，其主要内涵在于产生感召力与赢得人心，瓦解他者存在的合法性。合法性基本上可以用两种方法来理解。“一种是‘规范的’(normative)方法：它认为一个活动者、一个机构或一种政治秩序要想具有合法性，必须满足一些标准。这些标准可以包括人民的毫不含糊的同意(一般通过民主选举)或者对公正和平等原则的肯定。实际上，这些标准来自道德上的考量，这些考量往往基于人的根本权利。另一种是‘经验

---

① MELISSEN J.The new public diplomacy：soft power in the international relations[M]. New York：Palgrave, 2005：13.

② MELISSEN J.The new public diplomacy：soft power in the international relations[M]. New York：Palgrave, 2005：67.

③ MELISSEN J.The new public diplomacy：soft power in the international relations[M]. New York：Palgrave, 2005：76.

的'方法:它不指向标准规范本身,而是指向下列问题:知道人们是否、怎样、为何接受(或拒绝)一个活动者或一个机构。在这种情况下,注意力要集中在人们共享的信仰与感知之上。被统治者认为具有合法性的权力或控制被界定为'权威'。不符合某些规范标准的国家往往获益于一种事实(de facto)上的、被被统治者看作'合法'的合法性。"①作为"规范"与"经验"基础的"集体想象"成了社会活动的行为参照体系,嬗变为一种战略工具,"心智""思想""人心"成了争取的对象。"我们现代的政治家很清楚,与采用绝对的物理力量相比,想象的力量更容易鼓动大批群众。"②

在"宣传"与"公共外交"那里,"国家不再是冷冰冰的怪物,而是成为诱惑者、保护者和组织者。即使在战斗,甚至进行军事干预来恢复和平的时候,国家也主张赢得人心。就是在和平的时候,它也一直进行着影像战和信息战。以往单向的与铁板一块的、花里胡哨的与高调的、劝说的与指令的宣传方法不再适用一种柔化的配置。影响成了影响他人的传统方式(如武力、规范和捐赠)的补充和竞争者……对国家来说,影响是一种武器。它使妖魔化、颠覆和孤立对手成为可能"③。

## 三、国际传播中的"宣传"动力学

国际传播中"宣传"的直接动力来自远距离信息传播技术与"对大众意见的管理"。"最早的跨边界广播形式大约在20世纪20年代后随着短波广播电台的建立而出现,如1922年建立的俄罗斯之声、1932年建立的BBC World Service以及1952年建立的美国之音。这些及其他诸家的具有明确目标受众的短波电台成了国际传播的最早形式,构成了真实意义上的国家间的传播。除了这些早期的跨边界信号传递形式,国家的播送信号有意或无意地穿过边界进入邻国,如从美国到加拿大和墨西哥。"④远距离传播在两次世界大战后(如铁幕冷战)的获取"人心"方面发挥着尤其重要的作用。

---

① BELLINA S, et al. L'État en quête de légitimité[M]. Paris:Éditions Charles Leopold Mayer, 2010:21.

② CASSIRER E.The myth of the state[M]. New Haven:Yale University Press, 1946:289.

③ HUYGHE F B. Maîtres du faire croire[M]. Paris:Vuibert, 2008:76.

④ VOLKMER I. Globalization theories[M] //LITTLEJOHN S W, FOSS K A. Encyclopedia of communication theory. London:SAGE, 2009:445.

获取“人心”是“大众意见管理”的目标,从传道新闻到大众新闻的跨边界传播以及电报、电话、电影、广播等传播技术的国际化,这些都与某种地缘政治或地缘经济利益联系在一起,目的是征服受众的人心和思想。“这种公共外交实际上利用传播研究和相关的跨学科领域来对国外受众进行控制,以使自己(美国)的外交政策或应用这种技术的国家使人羡慕,或至少被接受和容忍。”①

第一次世界大战“是政治、经济和意识形态上的冲突,它超出了严格的军事行动范畴,在全球范围内扩展开来。交战双方成了从事宣传和审查的官方机构”②。“美国政府在第一次世界大战中吸取的教训是战略上的”③,宣传被看作促使战争胜利的一个重要因素。在第二次世界大战中,大量的社会科学专家被动员走上战场,并把战场变成传播研究的实验室。④ 战略情报处(OSS)和战时新闻处(OWI)雇用了大量心理专家,如著名的斯坦福大学传播学创始人威尔伯·施拉姆就是其中的一位,他曾随着美国军队转战朝鲜(1950—1957)。由纳粹政权发明的“心理战”概念在二战后被美国的“心理战士”发挥得淋漓尽致,无论是大众管理(企业管理)还是意识形态对抗,抑或是遏制地方性抵抗运动。“宣传在第一次世界大战中首次作为大众意见管理技术和对国外政府施压的手段而得到重视。”⑤哈罗德·拉斯韦尔从第一次世界大战中吸取经验,写成了自己的博士论文《世界大战中的宣传技巧》。他对战争中的宣传技巧做了分析,认为“对宣传‘技术’的关注在某种程度上是对长期以来的国际态度思辨模式的一种反映”⑥。在拉斯韦尔那里,“宣传成了刺激群众凝聚力的唯一工具,而且它比暴力、收买及其他同类管理技术都要经济得多。这种简单的工具就像‘水泵的曲柄’一样无所谓道德与非道德。它既可用于好目的,也可用于坏目的。这种工具论认可了对

---

① SCHILLER H. Communication and cultural domination[M]. New York:International Arts and Sciences Press, Inc., 1976:20.

② MATTELART A. Le mondialisation de la communication[M].Paris:PUF, 1996:40.

③ MATTELART A. La communication-monde: histoire des idées et des stratégies [M]. Paris: La Découverte,1992:69.

④ MATTELART A. Histoire de l' utopie planetaire[M]. Pairs:La Découverte, 2000:290.

⑤ MATTELART A. La communication-monde: histoire des idées et des stratégies [M]. Paris: La Découverte,1992:57.

⑥ LASSWELL H D.Propaganda technique in World War I[M]. Cambridge:M.I.T. Press, 1971:xi.

媒介万能的表述:认为媒介是'象征符号的传输'工具。"[①]"要让平民团结起来,不能靠人身控制,也不能靠重复运动,而只能依赖重复理念。平民的思想是经过新闻报道,而不是军事训练,才能统一起来的。宣传正是帮助和支持这一过程的方法。"[②]

在西方人眼中,"毫无疑问,新闻工作者所具有的品质是最适合宣传工作的"[③]——拉斯韦尔如是说。在传播全球化和公共外交已成为宣传常态的背景下,官方机构、民间组织、个体的博客与微博都成了传播渠道。持不同观点者的日常谈话或采访、母语传播(国外的"中文网站")、非正式的所谓"透风"和"知情人"、网络意见领袖等,具有不亚于新闻工作者的品质,在某种程度上,他们可被看作"民间的"或"草根"等非官方的新闻工作者。他们所发出的消息同样极具影响力和煽动性,特别是对于信息或消息饥渴的受众来说,更具冲击力。"'宣传'在广义上可描述为'对颠覆性、可争论的或纯粹新颖的态度的散布'。它可通过官方或非官方机构来传播,它是国家组织或私人个体的工作。近年来,'非正式'维度越来越被文化历史学家研究,试图把宣传解释为对战时大众的所有形式的说服。国家发起的宣传因此只是这种思想竞争现象中的一个元素……官方宣传有着不同的描述,如对国内人民的说服和动员,思想在中立者和盟友间传播,为打击和防御敌人而发起的运动。"[④]如在 2011 年,新媒体促动下的"茉莉花革命"涉及被西方(尤其美国)仇视的利比亚。在利比亚的内部冲突中,为了打击卡扎菲,西方媒体把他描绘成屠杀利比亚平民的"刽子手"。"卡扎菲屠杀示威者"主要由国际人权组织、路透社、半岛电视台(Al-Jazeera)等报道形成,然后西方媒体 BBC、CNN、France24 反复添油加醋报道,这些报道常用的术语多是"某某人说,怎么,怎么",而不是直接的现场报道。卡扎菲政权的驻联合国大使以及叛逃也门的飞行员都被推出来做证说他屠杀示威者。半岛电视台还在电视台播送一段由平民提供的电话录音,说利比亚国家的战斗机在的黎波里到处扔炸弹,雇佣军到处开枪、杀人,并且该报道由路透社转播。于是,无论西方媒

① MATTELART A, MATTELART M. Histoire des théories de la communication[M]. Paris: La Découverte, 1995:19.

② 拉斯韦尔.世界大战中的宣传技巧[M].张洁,田青,译.北京:中国人民大学出版社,2003:23.

③ 拉斯韦尔.世界大战中的宣传技巧[M].张洁,田青,译.北京:中国人民大学出版社,2003:36.

④ CORNWALL M. The undermining of Austria-Hungary: the battle for hearts and minds[M]. New York: Palgrave, 2000:2-3.

体还是其他国家的媒体(尤其是网民)都把卡扎菲看成“杀人魔王”。这种宣传手法使人不难想起被想象拥有大规模杀伤武器的“萨达姆·侯赛因”。然而,在这些国家的前领导人被武力惩处以后,鲜有西方媒体再去关注这些国家的战后重建。

# 第二节 意识形态传播

## 一、西方想象中的“意识形态”

从词源学角度出发,英文 ideology 由 ideo-(观念)和-logy(logos 话语)组成,意味着有关观念的话语。因此,从最原始的意义出发,“意识形态”指的是一套观念及其研究。传统上,意识形态是社会学与政治科学研究的对象。Ideology 一词于 1796 年由法国人安东尼·特拉西(Antoine Destutt de Tracy)提出,被描述为“观念的科学”。在词源学意义上,观念、价值观和争论方面的陈述都是“意识形态”的组成部分。[①] 虽然“意识形态”有不同的界定,但我们更愿意与法国思想家保罗·利科(Paul Ricoeur,1913—2005)一样把它看成一种文化或社会想象,而不是感性地认为某个思想潮流就是科学的意识形态。[②] “想象是按照范型来进行结构的:存在某些人类精神的模型和某些被结构的需求。所有文化都由某些‘模型’构成,它们决定着梦想和习惯。”[③]在联系未来期待、传统继承和现在主动性的过程中,意识形态(和乌托邦)这种根本现象在我们如何定位自己方面发挥着决定性作用。我们就是通过个体或集体想象的方法,来运作这种意识,不过这种文化或社会想象具有两面性:它要么在意识形态下,要么在乌托邦形式下发挥作用。[④] 在研究过韦伯、马克思、曼海姆、阿尔都塞、哈贝马斯、格尔茨等人在意识形态方面的研究贡献之后,利科认为,社会行为的结构不可避免地是象征性的:就是

---

① STEGER M B, JAMES P. Levels of subjective globalization: ideologies, imaginaries, ontologies[J]. Perspectives on global development and technology, 2013, 12(1-2): 25.

② 汤家玉.意识形态研究综述[J].安徽电气工程职业学院学报,2006(6).

③ EDGAR M. L'industrie culturelle[J]. Communications, 1961(1): 41-42.

④ RICOEUR P. Du texte à l' action: Essais d' Herméneutique[M]. Paris: Éditions du Seuil, 1986: 379-380.

在这个象征性中介基础上,我们才能充分地理解和定位意识形态的性质及功能,换句话说,所有社会行为都是象征性中介化的,在社会场域中,意识形态发挥中介化的作用,作为象征性中介化(médiation)的意识形态是社会存在的组成部分。[①] 利科还分析了意识形态的不同层面上的用途:当作为表象(représentations)的意识形态在谋求自治时——在这里,表象指人们对自己的看法,即根据上帝的表象来确定彼此间的关系——就体现出了扭曲特征,真实的生活过程被掩盖,如在马克思那里;当被统治者对统治者的合法性置信度超过统治者对合法性的要求时,换句话说,统治者对合法性要求出现了"增值"(plus-value)时,意识形态就体现出了合法性功能,如在韦伯那里;当维持社会身份时,意识形态具有了整合功能。[②]

在国际传播中,文化-信息的跨边界流动正体现着"集体想象"的移动。"在对物质与精神的全球化的分析中,跨国公司往往成为关注点。"[③]对这种移动的分析往往与跨国公司的传播联系在一起。"在研究全球化和地区化的互动分析时,企业常常是一个好的出发点。"[④]因为全球化公司成了国家对外意识形态传播的桥头堡。尤其是在美国,跨国公司成了美国国际公共外交的执行者。"'美国跨国公司的增长现象在改善美国全球政治、军事和经济力量方面起着重要的作用'。为了保护美帝国的安全,必须把军事和民用秘密地结合起来以便保证国家的安全。这项研究高度评价了意识形态斗争的重要性,认为维护和保持北美的价值观和生活方式是十分重要的:'在我们如此小的星球上,所有的社会、所有的文化都在为生存和主导地位进行不可避免的竞争。将来领导我们世界潮流的将是那些能够使自己的形象占据支配地位和产生长远影响的国家……如果想让我们的价值观和生活方式立于不败之地,我们就必须进入与其他文化和权力中心竞争的行动当中。为此,跨国公司能够提供巨大的杠杆作用。它是具有国外基地的商业兵工厂,一天 24 小时不间断地运转。这是一种渗透事实,它传递和移植的不仅是企业管理方法、金融技术和北美的商业关系,还是我们的法律体系和概念、我

① RICOEUR P. L' idéologie et l' utopie[M]. Paris:Éditions du Seuil, 1997:8-9.

② RICOEUR P. L' idéologie et l' utopie[M]. Paris:Éditions du Seuil, 1997:17-38.

③ ADAM G.Les firmes multinationales dans les années 70[J].Revue économique, 1972, 32(4):592.

④ COWLES M G, et al. L'européanisation de l'action politique des multinationales [J]. Politique étrangère, 1997, 62(2):309.

们的政治思想、传播方式、机动性思想以及合乎我们文明的文学艺术。'"①

跨国公司之所以在意识形态宣传方面有着重要作用,关键是因为长期以来,跨国公司成了国家对外活动的代理人与共谋者。"长期以来,跨国公司成了一种独特的现象。大的石油公司是这些准国家而又游离在国家之外的庞大私人组织的原型。这些公司如同殖民公司一样,它们毫不犹豫地求助国家机构的权威和力量,不过这种对管理过程的干预局限于自己利益受到威胁的领域。"②这就是跨国公司在一定程度上与国家捆绑在一起。跨国公司有时通过国家来实现自己的目的,这是因为,跨国公司的商业活动在一定程度上影响着东道国和资本来源国的政策。如社会学家伊夫斯·德扎雷(Yves Dezalay)所说,"私人企业的投资选择塑造着世界经济的结构,而这种结构则构成了政治决策的框架。私人企业影响着政治选择,因为这些结构对国家利益以及政治家的活动余地具有决定性作用。"③所以,跨国公司的利益也代表着国家的利益。"1974年,在对有关国际经济新秩序的经济权利和义务宪章投票时,六个发达国家(美国、联邦德国、英国、丹麦、比利时、卢森堡)公开反对120个国家。同样,联合国工业发展组织(ONUDI)在1975年关于限制'跨国公司不可接受行为'的投票中,80个国家赞成,美国反对,其他工业国家弃权。"④这在某种程度上说明了跨国公司和宗主国的共谋关系。

跨国公司的扩张除了商业经济因素外,主要还有科学技术因素。科学技术为跨国公司的迅速发展提供了便利的条件,"一方面,现代科学技术的发展促进了一系列新兴工业部门的出现和发展……另一方面,由于战后科学技术革命的发展,从20世纪50年代起,资本主义的物质生产、交通运输、电讯服务等方面都发生了深刻的变化,电子技术的采用扩大了跨国公司活动的范围"⑤。

---

① MATTELART A. Multinational corporations and the control of culture: the ideological apparatuses of imperialism[M]. Brighton: Harvester Press, 1979: 294-295.

② DEZALAY Y. Multinationales de l'expertise et "dépérissement de l'État"[J]. Actes de la recherche en sciences sociales, 1993, 96(1): 5.

③ JUNNE G. Multinational enterprises as actors[M]//CARLSNAES W, SMITH S. European foreign policy: the EC and changing perspectives in Europe. London: Sage, 1994: 84-102.

④ CAIRE G. Codes de conduite: multinationales et acteurs sociaux[J]. Revue d'économie industrielle, 1982, 22(1): 16.

⑤ 隋启炎.当代西方跨国公司[M].北京:经济日报出版社,1992:96.

## 二、意识形态装置——后现代政治的“权力的眼睛”

“装置”(dispositif)一词来源于法语,该术语的社会学应用因思想家米歇尔·福柯在20世纪50年代的使用而流行开来。在福柯那里,“装置”被指定为一种“网络”,用来描述“包括话语,机构,建筑物布置,法规决定,法律,行政措施,科学陈述,哲学、道德和慈善命题等一组绝对异质元素的整体”①。福柯的分析在于,通过“装置”概念来指出异质网络在知识、权力关系、主体性与客体性等生产中的必要作用,其往往被描述成一个社会整体方案的技术写入场所,由强制所支配,旨在控制肉体与精神。② 自福柯以来,“装置”概念逐渐被应用于不同的社会科学领域,如“我们发现其被应用于围绕新(管理软件、互联网服务)—旧(销售与交通网络)技术建立起来的网络之中……被描述的‘装置’围绕大量的研究对象组织起来:工具、技术元素、计算规则、指标、信息系统、包装、合同、劳动组织规则、建筑物,等等”③。福柯对“装置”的使用体现出一种社会学精神,细致地分析与描绘了知识与权力的关系,体现了无论是象征层面还是物质层面上的“监视-控制装置”,应当成为研究跨国传播所造成意识形态的标杆性理论依据——福柯的知识/权力观成了后现代政治思想的重要理论来源。

在传播全球化和数字化的背景下,一方面,“想象”或“记忆”被外化,文化工业(具体地说文化产业)成了文化、集体想象、集体意识、集体记忆、集体表达等传播的重要形式;另一方面,知识的生产呈现了社会化与跨边界化的特征。被描述为知识及规则生产的“信息流动”被整合进由柔性“限制”或“抑制”所支配的社会整体方案之中。

由文化工业、科学技术与规范以及日常生活知识生产等中介化过程所形成的意识形态移动具有“装置”的特征。著名的好莱坞电影生产便是一个典型。“美国的电影粉碎了文化多元性。它的唯一目标就是收益和对新市场的征服。美国希望把自由交换规则应用于视听和电影行业。两次世界大战肯定了电影作为大众媒体的重要性;纳粹德国和第二次世界大战把它变

① SAMUEL B J, ASHVEEN P. Histoires de dispositifs[J]. Terrains & travaux, 2006(11):5.

② SAMUEL B J, ASHVEEN P. Histoires de dispositifs[J]. Terrains & travaux, 2006(11):5.

③ SAMUEL B J, ASHVEEN P. Histoires de dispositifs[J]. Terrains & travaux, 2006(11):3.

成了一个理想的宣传工具。在1940年底，当一个两极世界开始出现时，第七种艺术的作用得到了强化。因为冷战首先是一种意识形态战争与一种'不大可能的战争'，其更多属于想象领域。在两个阵营的政治中，电影占据着战略位置：它是意识形态的一种载体，因为它对集体想象产生作用，同时作为工业，它又是一种技术实力载体，作为经济，又是经济实力的载体。对美国人来说，电影是一种重要的信息与娱乐来源：信息和影像的自由流动让全世界得以认识美国的生活方式及其价值观，这似乎构成了与共产主义斗争的本质成分。这就是为何，在第二次世界大战结束后，美国通过布鲁姆-拜尼斯（Blum-Byrnes）协定来为其电影打开市场，以此参与欧洲的重建。美国对自己的电影往往有一种战略观点：在二战时，好莱坞被用来抗击纳粹；现在又被用来打击恐怖主义。"①

即使在文学创作方面，艺术创作仍旧是一种象征暴力装置的再生产。"帝国的文本暗示了这样一种情况，即一个建立在数百万生命代价之上的世界体系，是如何凭借着神话形象使自己合法化的，而同时又把其中所包含的苦难掩盖起来。所以关于殖民活动的文字有着特别的重要性，它揭示了那个世界体系如何把其他民族的沦落视为当然，视为该民族与生俱来的堕落和野蛮状态的一部分。但由于一切都归于僵化的类型定势，对于本土人的描述往往就掩盖了他们的动因、多样性，他们的抵制、想法和声音。这种文字所形成的殖民话语既包含了文本编码的指涉面，又涵盖了惯例的隐性含义，它形成了某种文字的文化语境或框架，使人们只能在这一语境或框架之中不断重复特指的精神生产，即采纳欧洲的方式理解整个外部世界和自身的现实，因而它具备了意识形态特有的控制功能。换言之，这种控制的直接结果并非完全是一种对有形世界的控制，而是使一个本就处于封闭状态的殖民世界或弱势文化区域在精神层面贫困化并使其更具有文化依附性。这种书写文字的文化功能是难以忽略的。"②文化工业、科学技术、语言、广告、旅游、文学等都形成了静悄悄的，具有象征抑制作用的"意识形态装置"。作为"装置"，意味着其影响着社会自由行动者的选择可能性。

---

① BONIFACE P, LEPRI C. 50 Idées Reçues Sur Les États-Unis[M].Paris:Hachette, 2008:200.

② 程锡麟，王晓路.当代美国小说理论[M].北京：外语教学与研究出版社，2001:245.

## 三、传播及其技术意识形态——静悄悄的控制

当对人类理性的合目的性进行批判的时候,我们就进入了对西方现代性的“批判”领域。在批判学派(尤其马克思主义)看来,大众传播的作用之一在于维持和强化现有秩序,尤其是北美功能主义社会学视角下的传播。大众传播构成了一个全球层面上不可思议的神经网络,第二次工业化是对精神的工业化,是涉及灵魂的第二次殖民化。① 私人媒介系统首先是要讨消费者喜欢,因此尽力在审查的范围内去逗乐和娱乐,而国有媒介系统则要去说服和教育。② 无论国家层面还是国际层面,传播及其技术意识形态的目的旨在培育和塑造作为其“共谋”的适合现实政治制度需求的政治或经济维度上的“顺民”。在实现传播的“静悄悄的控制”中,传播出现了以下特征:传播拜物教控制、传播技术意识形态控制、阶级意识形态的进攻。

当我们进入大众传播时代,首先出现了传播拜物教。在法国学者阿芒·马特拉看来,传播拜物教掩盖了传播支配性技术权力的抑制和操纵特征,把这种权力看成是解放和幸福力量,并在这种外表下呈现给被统治阶级。③ 这种拜物现象具体表现在两个方面:第一是传播工具拜物教④,即传播工具表现为具有自治性和超越社会现实的实体,传播在资本主义社会中成了自治的系统,把上层建筑和经济基础分裂开来,实现了对受众的“原子化”过程;第二是系统神话,这种神话在于被传播讯息的意识形态特征。“意识形态是一个阶级实施支配理性的符号仓库,这种符号是规定的,因为它在自己掩盖了基础的体制中发挥作用……统治阶级的意识形态担负着一种功能:使体制具有一定的连贯性和一定的统一性。”⑤但统治阶级采用神话的方法,使传播讯息呈现为中性的、自然的东西。罗兰·巴特意义上的神话排空了社会现象的事实,排空了社会现象的历史意义并使这些现象自然化。现

---

① EDGAR M. L'industrie culturelle[J]. Communications, 1961(1):38.

② EDGAR M. L'industrie culturelle[J]. Communications, 1961(1):44.

③ MATTELART A.Mass media, idéologie et mouvement révolutionnaire, Chili 1970-1973[M].Paris:Anthropos, 1973:29.

④ MATTELART A.Mass media, idéologie et mouvement révolutionnaire, Chili 1970-1973[M].Paris:Anthropos, 1973:30.

⑤ MATTELART A.Mass media, idéologie et mouvement révolutionnaire, Chili 1970-1973[M].Paris:Anthropos, 1973:34.

代神话在于驯服事实，使其成为一种“虚假事实”。

其次产生了传播技术统治意识形态。“技术统治意识形态的根本特征在于支持对自己认同的社会方案的去政治化思想，这种去政治化由该社会借以实现的工具的中立性所保证，这种工具即是科学技术。”①“这种技术统治意识形态倾向于普及社会统治的基础，并且成为日常生活意识形态，使被统治者整天生活在由拉丁美洲社会特有的意识形态综合征（如民族主义、民粹主义、发展主义等）中。”②这种传播技术统治意识形态主要体现于传播产品、传播技术支撑、上层建筑等方面。

第一，在产品方面，大众文化是意识形态斗争的重要角色。尤其在进入文化工业时代后，文化传播的主要载体是大众文化，其形式为数字化。这些大众文化借助新的传播网络（尤其社交媒体移动终端），被扩散到最细微的社会间隙中，触及以往因传统媒体被边缘化或忽略的群体。传播拜物教的实现过程“使我们陷入另一个圈套之中，把我们紧闭在大众文化之中。大众文化同样采用了对现实的化约机制”③。它欣赏非政治思想，采用现代神话机制，排空内容的社会文化因素。大众文化（或流行文化）最大的意识形态魅力在于，以其柔弱的情感力量使受众承认并维持现有的秩序——这也是美国功能主义大众传播学“维持现状与一致性”的特征④——使消费者失去对社会非正常现象的批判能力。大众文化（或流行文化）同时拥有“肯定的”和“否定的”力量，肯定现存的促变因素，否定批判的力量。法兰克福学派对大众文化消费的心理分析表明，大众文化是一种专制策略，它给消费者塞满次要的享受满足，以便遏制消费者改变和改善社会的愿望。与法西斯主义的强硬和致命策略（恐怖、种族清洗等，这些策略注定要把个体与社会的形成联系起来）相对应的是“肯定社会”的柔性的、令人安慰的策略。它给消费者塞满了满足和消费，“肯定社会”得到了消费者的赞同。⑤大众文化实行的

---

① MATTELART A. Mass media, idéologie et mouvement révolutionnaire, Chili 1970-1973[M].Paris: Anthropos, 1973:49.

② MATTELART A. Mass media, idéologie et mouvement révolutionnaire, Chili 1970-1973[M].Paris: Anthropos, 1973:49.

③ MATTELART A. Mass media, idéologie et mouvement révolutionnaire, Chili 1970-1973[M].Paris: Anthropos, 1973:40.

④ SUNKEL G, CATALÁN C. Comunicación y política en América Latina[J].Historia crítica, 1993(7):5.

⑤ ATTALLAH P. Théories de la communication: Sens, sujets, savoirs[M]. Québec: Télé-université, 1994:201.

是“柔性的、令人安慰的策略,从身体和思想上培养着消费者”①,使消费者失去了批判的能力,消除了人们的积极性和寻求改变的主动性,使人变得孤立和具有操纵性。我们从社会批判理论的变迁中看到,马克斯·韦伯对工具理性的“铁笼”中的“对物的工具化”的批判,在大众社会的文化工业新景观中变成了对“个体的工具化”②批判,借助文化工业的新形式传播,人成了维持现实的工具。

第二,在传播技术支撑方面,规训的“敞视装置”得到了普遍利用。在新的传播技术背景下,官僚技术精英代替了传统生产工具的所有者,他们的技术使自己有可能操纵生产工具,指导生产过程。统治阶级强化巩固自己的统治思想,并在技术统治主义的帮助下,开始走入绝对的决定论思想。“技术统治主义思想的漫射性特征使得统治阶级意识形态传播到社会的各个领域。”③特别是在世界新媒体融合的环境中,整个社会成了福柯意义上的“敞视装置”,其借助虚拟与物理视觉(如监控器、cookies、大数据处理、人体生理识别技术等)把受众置于具有“上帝之眼”的监视与规训网络中,把个体的日常活动清晰地投射在电子监控屏幕上。借此来调节民族国家边界内外的民众的活动,如政治党派的金钱竞选、中东地区的“Twitter 革命”等。尤其是,借助移动终端所进行的传播,利用廉价的情感煽动内容,使消费者沉溺于“骚动的幻觉”中,制造了“非传播”,促成了社会的“再原子化”(或“再大众化”)。西方社会发达国家的经济威权主义以及西方第三世界转型国家中的政治威权主义,把这种不同于西欧工业革命造成的“大众化”的“再大众化”与民粹主义整合在一起,铸造了全球新媒体融合时代的“数字霸权”,对域内外的“平民”(populace)实现“静悄悄的控制”。

第三,在上层建筑方面,以“自由和参与”的名义而“强加”。在传播技术的物的世界中,媒介及其产品掩盖了一个社会分层及其对立的神话,公民的政治表达自由转向了商业表达自由。阶级或阶层消失,意识形态也已终结,消费主义和技术决定论搭建起一个纯朴而美妙的日常世界。借助现代传播

---

① ATTALLAH P. Théories de la communication:Sens, sujets, savoirs[M]. Québec:Télé-université, 1994:201.

② MATTELART A, MATTELART M. Histoire des théories de la communication[M].Paris:PUF, 2004:44.

③ MATTELART A. Mass media, idéologie et mouvement révolutionnaire, Chili 1970-1973[M].Paris:Anthropos, 1973:52.

技术,集体表达不再是来自经济基础,“统治者及其追随者能够使超越真实社会基础的‘意识’大规模地得到发展”①。特别是在文化帝国主义的传播中,帝国所控制的传播工具是按照否认经济基础和上层建筑间的关系的方法来结构的,把愿望、集体表达以及依附社会中流动的价值和影像推广到该社会的现实之外。“帝国主义的错误意识把自己的支配意图和人类的解放联合在一起,甚至用‘共产主义’和‘参与’的概念来描述。”②大众传播就成了帝国主义及其依附社会中的统治阶级构建自己圈子的工具,“并使其成为一个‘地球村’。这种由上游强加的、通过所有人参与共同上层建筑获得的‘团体’只是中央(相对边缘)地区强加的团体。这就造成‘经历别人的历史,没有时间来关心自己的历史,从而间接地与所有非自己东西保持一致,总之把历史时间转换成任何一种消费品’”③。“获得了信息,就是参与”——这是技术主义的观点,全世界人都生活在无差别的“技术民主广场”之中。

最后是阶级意识形态进攻。统治阶级的支配理性在没有受到攻击的时候,其传播讯息不会反映自己的纲领性路线,即自己的阶级斗争策略,而是满足于传播一些虚假普遍性以及阶级理性的隐含性准则。但在阶级斗争或冲突加剧的时期,看似自由的大众传播工具就会否认这种自由主义,它不再把传播作为隐蔽和颠倒客观事实的社会关系体系,而是明显地行动起来,通过大众传播工具来动员自己的群众阵线,争取一切力量来巩固自己处于危险中的社会秩序。简单地说,在和平时期采用“原子化”策略,大众传播(大众文化)通过使群众分散为孤立的个体,其利益通过市场消费与他人保持一致;在危机来临之时,则动用大众传播工具煽动群众,把个体动员起来形成自己的群众阵线。“话语意识形态领域让位于宣传领域。”④因此,任何革命性的派别在斗争中,都要通过大众传播工具来构建自己的集体表达上层建

① MATTELART A. Mass media, idéologie et mouvement révolutionnaire, Chili 1970-1973[M].Paris:Anthropos, 1973:42-43.

② MATTELART A. Mass media, idéologie et mouvement révolutionnaire, Chili 1970-1973[M].Paris:Anthropos, 1973:43.

③ MATTELART A. Mass media, idéologie et mouvement révolutionnaire, Chili 1970-1973[M].Paris:Anthropos, 1973:44.

④ MATTELART A. Mass media, idéologie et mouvement révolutionnaire, Chili 1970-1973[M].Paris:Anthropos, 1973:57.

筑——这既是20世纪二战后处于独立浪潮中国家的历史经验,也是当下置身转型之中国家的传播经验。

## 四、合作与交流的意识形态——广告、大众文化产品、语言的全球化

拉美著名学者奥萨瓦尔·桑凯尔(Oswaldo Sunkel)就北美对拉美的援助谈道:在金融方面,采用公共和私人贷款,证券投资、外国资本家侨居或设立由外国人控制的跨国公司分支;在人力方面,外国派遣技术人员、应聘地方专家、在当地或国外培训;在技术转让方面,要么通过外国公司分支,采用许可证、专利、商品、技术合同等方法,要么把当地作为实验室来培育国外技术。[①] 这些东西的引入造成的结果是,经济上与国际的整合和国内社会、经济、文化的分解。因此,媒介政治经济批判的先驱赫伯特·席勒认为:现在,技术的中立性虽然仍在提倡,但已难于维持:科学技术在政治-军事-经济方面的制度化自第二次世界大战以来被着重表现出来。[②] 新的科学技术为全球传播提供了可能性,以技术为中介的跨国公司成了新的传道者和教育者,成了北美思想输出的得力助手。

在纪念美国独立战争200年之际,历史学家丹尼尔·布尔斯廷(Daniel Boorstin)在题为"民主的修辞"(The Rhetoric of Democracy)的文章中说,"在像我们这样存在消费团体并特别关注国民生产总值和增长系数的国家里,广告成了大众文化的中心,甚至它的原型。美国的广告创造了其他社会的大部分大众文化特征:重复性、单纯性、夸张和幻想、大众诗词和大众音乐……这些大众文化不再来自土地、村庄、农场或郊区和城市,它们主要来自这些庞大的集中化的创造组织,来自广告公司以及新闻、广播和电视频道……仅被看成'销售方法现代化技术'的广告在第二次世界大战末随着美国的国旗登陆欧洲……广告的网络之网不纯粹是工业产品促销的新回路,而且是堂而皇之的文化和政治影响网络。"[③]广告的影响领域非常开阔,它形成的社会网络联系着媒介、经济、文化、政治和市民社会、国际关系。"人们可以说,广告和营销位于国家的官方外交之外。与国防部驻外使节相比,它

① SUNKEL O. Intégration capitaliste transnationale et désintégration nationale en Amérique latine[J].Politique étrangère, 1970, 35(6):649.

② SCHILLER H. Information and the crisis economy[M]. Oxford:Oxford University Press, 1986:79.

③ BOORSTIN D J. Hidden history:exploring our secret past[M].New York:Random House, Inc.,1987:136.

们更强烈地以现实主义的方法表现着我们国家的生活方式。美国的广告和营销在国际上的巨大影响使我们看到广告外交(adplomacy)一词的出现。”①

语言是支配的工具。② 统治阶层总是把自己的语言规定为一种参照(官方语言),并因此成为权力游戏的组成部分。于是语言不再属于纯粹的语言学的范畴,而是具有政治学乃至经济学的特性。能否掌握标准官方语言有意或无意地被作为社会阶层或范畴的参照,如法语时态以及日语敬语的运用显示着讲话者的修养以及社会地位。语言学结构变成了一种权力装置,成了合法性以及资源分配的规定者。在传播技术网络的庇护下,文化和信息被整合在一起。在整个世界上,英语倾向成为信息技术的惯用语言。③ 1977 年《广告时代》的一篇文章是这样描述的:“高技术中所采用的语言都是英语。在地球上,所有的专家都在研究美国的手册和经典。”④美国的信息科学协会第 25 任会长认为,“国际网络的建设需要认识英语……人们逐渐把英语作为国际语言是信息网络国际化的关键一步”⑤。马特拉曾在《计算机和第三世界》中借鉴一位法国科学工作者的研究,认为这有三方面的原因:首先,过多国家使用英语;其次,非流行语言国家的研究人员倾向用英语直接发表论文;最后,美国在一些信息上处于垄断地位。⑥

就拉丁美洲而言,这里的研究者认为,在用英语编辑的杂志上发表文章有“被承认”的感觉。在墨西哥和巴西,人们常常看到用双语或直接用英语印刷的科技杂志,这更加强化了拉美研究界崇尚英语的风气。借助英语常常是拉美决策者听取意见的必要手段。对研究人员来说,“尽管外语是理解研究成果的障碍,但这是吸引决策者注意力的一张王牌,因为外语使研究者工作被合法化并得到承认。用外语或在国外发表自己的研究成果要比用葡萄牙语或在国内(巴西)发表研究成果更具合法性。如果偶然地,用双语发表同一项研究,获得的决策者注意力就会增加,外语为本地语(巴西)提供了

① LYNCH K.Adplomacy faux-pas can ruin sales[J].Advertising age international,1979(1):64.

② SCHILLER H. Communication and cultural domination[M]. New York:International Arts and Sciences Press, Inc., 1976:88.

③ MATTELART A. L' ordinateur et le tiers monde[M].Paris:Maspero, 1982:166.

④ CUDABACK D. French language law beginning to worry foreign marketers[J].Advertising age, 1997(3).

⑤ CACALY S. L'information scientifique et technique aux États-Unis:impact politique et économique du système d'information[J].Documentaliste - sciences de l'information, 1997, 14(2):17-24.

⑥ MATTELART A. L' ordinateur et le tiers monde[M].Paris:Maspero, 1982:167.

保障"①。这就是说英语产生了拜物教的作用,具有了分封其他语言的能力。这种情况不仅是在过去,在进入21世纪以后更是如此,学术论文与科技成果的国际知名度和影响力来自"英语"语言的赋权。布尔迪厄在他的《言说意味着什么:语言交换经济学》中说道:"我们必须记住,特别是语言交换的传播关系也是象征权力关系,在这里不同的对话者和他们群体的力量关系被表现出来。"②因此语言的交流是权力关系的互动。广告、大众文化和语言在跨国关系中的互动是在业已形成的权力关系中进行的,并且同时又增强了这种现存的或支配或依附的关系。

## 第三节 意识形态跨边界传播的后果

从众多的研究文献看来,意识形态跨边界传播导致的主要后果是文化帝国主义与媒介帝国主义。

文化帝国主义是跨边界传播结果的最重要的辩论议题,与跨边界的意识形态传播或"想象"的"去地域化"与"再地域化"联系在一起。文化帝国主义主要与发达国家(尤其是美国)和发展中国家的非平衡传播联系在一起,特别是在20世纪资本主义与共产主义进行着激烈的意识形态斗争的时候。"在20世纪六七十年代,文化和媒介帝国主义概念和意识形态以及美国媒介的霸权问题成了资本主义和共产主义为建立新的世界秩序斗争的组成部分。"③一般地,"文化帝国主义有别于媒介帝国主义,它出现在20世纪60年代的社会政治运动高涨时期。文化帝国主义观点的持有者们在国际文化与传播领域提出了各种各样的观点:媒介被看作多国公司的意识形态武器,促进和扩展了社会经济组织的资本主义形式;西方媒介散布着西方的文化价值观;传播技术在跨国公司的集中威胁着发展中国家的文化主权;跨国文化媒介促使了民族文化和身份的同质化"④。"媒介帝国主义的证据存在

---

① MATTELART A. L' ordinateur et le tiers monde[M]. Paris:Maspero, 1982:168.

② BOURDIEU P. Ce que parler veut dire:l' ecnomie des échanges linguistiques[M]. Paris:Fayard, 1982:13-14.

③ GARDE R. Americanization of media[M] //LITTLEJOHN S W, FOSS K A. Encyclopedia of communication theory. London:SAGE, 2009:35.

④ SEMATI M. New frontiers in international communication theory[M]. Lanham:Rowman & Littlefield Publishers, INC, 2004:9.

于新的传播和信息技术工业中,世界退回到帝国主义和主流媒体共生的状态。”[①]“有关媒介帝国主义(media imperialism)的辩论是新殖民主义(neocolonialism)的一个变种:强势国家不再直接依靠军事和政治控制从弱势国家攫取资源。”[②]换句话,文化帝国主义与媒介帝国主义的关注点稍有不同,前者关注作为意识形态的内容,后者关注作为传播中介的媒介。无论如何,在一些社会科学批判学者看来,“文化和媒介帝国主义理论认为,文化、语言、商业运作方式、生活方式以及从外国进口的媒介硬件和软件等,使后殖民社会的经济依赖变得很自然”[③]。两种“主义”以协同合作的方式实现了意识形态的转移与发展道路的依附。

总体而言,文化帝国主义或被看作是一种种族中心主义的意识形态,表现为从属群体的救赎之路(朗特纳利),或被看作是一种诱骗、吸引或强制的文化适应过程(席勒),或被看作是一种象征暴力,它把特殊性变成了普遍性(布尔迪厄)。其实质过程是,“世界上尚存的最重要的动力不是各种独特的习俗、文化和信仰,而是西方的组织和技术成就。其直接后果就是融化了所有独特的习俗、文化和信仰”[④]。即西方的象征层面上的知识生产消解了作为特殊性与多样性的地方文化,西方文化的特殊性被看作全球的普遍性。

在历经人类学家韦托里奥·朗特纳利、传播政治经济学先驱赫伯特·席勒以及社会学家皮埃尔·布尔迪厄的文化帝国主义思想后,马特拉对文化帝国主义做了如下描述:“文化帝国主义首先事关一个权力系统的力量机制,这种机制是一种由世界霸权造成的不平等关系的啮合。因此,有必要回到作为象征结构中介文化的物质—象征思想上来。世界秩序的表述、参照系和组织模式的普及,似乎表现为唯一的可能性、唯一的合理性。这些‘唯一’把特殊社会直接嫁接到现代性的唯一模式流动之上,这种模式触及社会的所有领域:技术、语言、经济、政治、司法、教育和宗教。文化帝国主义并不因此归结为媒介和大众文化领域内权力关系的唯一表现,即使这些装置在

---

① BARRETT O B. Flow and contra-flow[M]//LITTLEJOHN S W, FOSS K A. Encyclopedia of communication theory. London:SAGE, 2009:406.

② SHANAHAN J. Cultural indicators[M]//LITTLEJOHN S W, FOSS K A. Encyclopedia of communication theory. London:SAGE, 2009:264.

③ BARRETT O B. Flow and contra-flow[M]//LITTLEJOHN S W, FOSS K A. Encyclopedia of communication theory. London:SAGE, 2009:405.

④ 里斯曼.孤独的人群[M].王崑,朱虹,译. 南京:南京大学出版社,2002:15.

与'他者'构形新殖民主义关系时占有愈来愈重要的战略地位……另外,还有支配国际关系的法律(就像引入据美国司法思想裁剪的合同法所显示的那样)和权威语言(lingua franca)。根据地区和社会施动者在面对作为普遍存在的参照系时的可渗透程度,不平等关系的操作方式可分为差别、非同步与非对称。这与阴谋理论和目的心理学没有任何关系,尽管在这种象征暴力形式中存在着意识和意愿的成分。"①这就是说,文化帝国主义只是批判理论的一个组成部分,并不是文化领域内权力关系机制的唯一表现形式。不过,它为我们对国际文化不平等交流的认识提供了一个视角。

美国是文化帝国主义批判理论的主要参照。跨边界意识形态的传播是否注定了具有单向传播特征的文化帝国主义?真实情况远非如此,随着全球化过程的展开,发展中国家和发达国家都成了全球化进程的利益攸关方,随着不同地区与地方文化的崛起,也存在着传播的另外可能性。法国学者马特尔在综合研究世界上 30 多个国家后写道:"美国文化帝国主义理论的假设前提是,文化全球化是一个'超级大国'向'被支配'国家单边传输的美国化。但现实既有差异又更加复杂:同质化和异质化同时存在。正在发生的情况是:世界主流娱乐文化的实力上升(主要是美国的),同时地区团队(bloc)也在形成……即使存在着'另一种'参照对象或参照文化,也更多是美国文化。最后,一切在加速,一切缠绕在一起:美国的娱乐往往由欧洲、日本或印度的跨国公司生产,而地方的文化越来越由好莱坞来协同制作。至于新兴国家,他们希望在这些交换中存在,并与'帝国'进行竞争。该文化战争因此有着众多参与者。全球化和因特网重组所有的交换,改变着现存的力量。实际上,他们在重新洗牌。"②

## 第四节 监视的全球化

### 一、监视的全球化

"监视"(surveillance)作为一个跨学科的研究主题似乎在欧洲大陆(特

① MATTELART A.Diversité culturelle et mondilisation[M]. Paris:La Découverte, 2005:52-54.

② MARTEL F. MAINSTREAM: Enquête sur cette culture qui plaît à tout le monde[M]. Paris: Flammarion, 2010:419.

别是法国）更受到重视，原因在于，实施作为信息传播技术的“监视”，意味着公民权利与自由的丧失，构成了对合理化批判的组成部分，思辨性批判是欧洲大陆社会人文科学的一个显著特点。监视作为一种身体控制与安全措施形式，是与社会管理艺术分不开的。监视社会也不是一种新现象，而是有着悠久历史渊源的。对社会控制机制或装置的社会学分析，是法国社会学家的特长。法国学者阿芒·马特拉认为，监视的全球化开始于18世纪末，随着早期的个体测量技术进入社会管理之中。从描写“群众肖像的”阿道夫·凯特勒（Adolphe Quételet, 1796—1874）的风险社会中的平均人、阿尔方斯·贝蒂荣（Alphonse Bertillon, 1853—1914）的人体测量术、胡安·乌策提齐（Juan Vucetich, 1850—1925）的指纹鉴定卡片、犯罪人类学的“天生犯罪人”，直至居斯塔夫·勒庞（Gustave Le Bon, 1841—1931）的“群众心理学”和塔尔德（Gabriel Tarde, 1843—1904）的“公众”；从描述“人类动力节奏”的艾蒂安·马雷（Étienne-Jules Marey, 1830—1904）的记录机器、连续摄影术、电影到泰勒的工厂管理术，“测量理性”成了对社会个体或群体实施监控的合理性参照。随着第一、二次世界大战这种世界范围内的冲突的爆发，以往福柯意义上的规训装置扩展到战争中、为争取地缘政治和地缘经济利益而进行对抗的集团间的通讯监听（如美国中央情报局的所作所为）和反起义宣传，直至当前技术全球化时代的、为打击毒品走私和恐怖主义而建立的立体传播网络技术（或所谓的数据监控）及基因技术设施。规训和监视行动也从国内扩大到全球范围，涉及政治、经济、军事、文化等各个领域，安全的国内秩序和世界秩序都成了监视的目的所在，监视充斥于私人和公共空间之间，实现了全球化。

法国传播学家阿芒·马特拉是“监视全球化”的主要分析者。这种分析主要基于两种认识论基础：首先是其传播史学方法——福柯意义上的考古学—系谱学；其次是西方共和思想。这种方法及思想成了有关此类研究的典范。

首先，马特拉对监视全球化（或监视社会）的深入解读是对米歇尔·福柯和吉尔·德勒兹（Gilles Deleuze，1925—1995）的社会类型概念的发展。“在德勒兹于1990年提出‘控制社会’概念之时，流行于20世纪70年代的社会政治构型早已发生了变化。在20世纪70年代，福柯正在思考自己的来自自由社会的‘安全社会’（société de sécurité）考古学；在新千年到来之际，这种社会构型再次发生重要嬗变。安全早已嬗变成一种强迫观念。由于掺和在所有的个体和集体生活空间中,全球社会已使它显露出了全球性的面目。根据管理方式结合起来的'控制社会'仍然在运转,并因金融资本的存在而得到加强……最近十年发生的变化表现在,这些控制社会同时又成了怀疑社会(société de suspicion),这是些系统地提防'反叛者'的社会。"①于是,在这些提防过程中,"监视社会"的社会政治构型进一步得到加强。

从福柯的"王权社会"(société de souveraintée)和"规训社会"(société de discipline)到德勒兹的"控制社会"(société de contrôle),对身体的控制模式逐渐由肉体的摧残(如砍头、肢解等)过渡到比较经济的纪律性控制(如监狱、学校等),直至以"信息自由流动"为特征的、借助信息设备和计算来实施的、分散的、连续的控制。如果"王权社会"的功能表现为"征收而非组织生产,决定生死而非管理生活";如果"规训社会"通过"标示个体身份的印记和注册簿号码来决定个体在大众中的位置;那么"控制社会"则通过"数字语言"来支配社会运转——在这里,个体变成了"碎片化的个体",大众变成了样本、数据、市场或"数据库"。② 福柯"规训社会"的历史被定位于18世纪和19世纪,在20世纪达到顶峰。"规训社会"随着工业资本主义的发展而完善起来,这种资本主义被德勒兹界定为一种"为了生产和财富的集中资本主义,发生在作为禁闭场所的工厂中",而德勒兹则从"规训社会"概念中引申出了自己的"控制社会",其中的资本主义是弥散的资本主义,目的在于营销。如果前者靠的是限制和身体的集中,那么自由流动则是后者发挥作用的必要条件。③ 这种随政治、经济和社会技术条件而变化的社会政治构型成了西方社会发展与管理的不同阶段的铭文。王权社会、规训社会、控制社会等概念构成了西方"监视社会"(société de surveillance)话语的内容。

如果说福柯和德勒兹的"社会类型"分别是从微观政治学和经济学的角度出发来分析"规训社会"和"控制社会",马特拉的"监视社会"则以传播学的名义,从传播技术出发,述写在防止"干扰力量"来确保社会安全秩序过程中,相关监视概念和原则随着不同紧急事态规制的发展而进行构建的事实,

---

① MATTELART A. La Globalisation de la surveillance[M]. Paris:La Découverte, 2007:234.

② DELEUZE G. Post-scriptum sur les sociétés de contrôle[J]. L 'autre journal,1990(1).

③ PIRONT O. GILLES DELEUZE (1925-1995), Le théoricien des sociétés de contrôle [J]. Le Monde Diplomatique, 2007(96):15.

并认为在保护民主的外衣下，所谓的有关国家安全的实践和原则的国际化渗透着不同地缘政治、地缘经济中心和权力关系的分配，来源于警察和军事方面的监视技术不断地增强质询个体和集体自由的社会技术系统的能力，作为共和思想主要构成部分的自由成了西方现代民主正在追求的社会安全的人质。这种认识在展现促使监视社会产生政治、经济、科学等条件的同时，也体现了监视装置的发生在国内和国际层面上与权力关系存在啮合的事实。

其次，马特拉认为监视与西方社会管理艺术的形成是分不开的，“这并不是任何社会都可发生的事情，这涉及的是实施自由民主的社会，是在18世纪末古典政治经济学开始对其进行理论化的社会。在这种社会里，安全的绝对必要性站在了人员、财富和信息自由流动权力的对立面。没有拦阻就没有流动，没有国家理性和商业理性的要求就无所谓自由流动。自由与安全间的张力于是就进入事物的本质之中，以至于与政治现代性混合在一起”①。在此意义上，监视作为现代性的组成部分，成了西方社会合理化过程的重要特征。

在西方民主社会的共和思想传统中，作为构成内容的个人自由和团体利益之间的张力一直都是公共辩论的话题。特别是自第一次世界大战以来，随着战争宣传的进行、东西两大阵营的冷战对抗、经济全球化的展开、信息传播技术的迅猛发展、生物转基因技术的进步、不同文明间的对抗以及因此引发的恐怖主义的蔓延，对西方民主国家来说，公民权利和集体安全间的张力进一步被凸现出来。在公民权利得到宣扬的同时，为集体安全而采取的措施，如电子身份信息卡片、指纹、DNA鉴定、电子眼监控和跟踪等不同技术，又以对付“新威胁”和防范“恐怖主义”的名义入侵人们的日常生活。因此，随着监视技术的进步、全球化动力的增强和国家干预的增加，人的自由领域反而逐渐在丧失，换句话说，伴随现代个体自由诉求发展的是监视的进一步强化。对于这种自由和公共安全间的张力，马特拉持一种批判的态度，因为国家利益和商业理性以公共安全的名义介入公民的日常生活之中，“敌人”（如天生罪犯、现代野人、群氓、起义者、颠覆者、抗议者、外国人、恐怖分

---

① BERNARD J B. Armand Mattelart：face à la globalisation de la surveillance，“la résistance est le devoir de tout citoyen”［EB/OL］.（2009-01-20）［2012-07-08］. http：//www.article11.info/spip/spip.php?article266.

子等)的概念或“干扰力量”的界定变得模糊不清,民主社会的宽容门槛随着监视的加强而逐渐降低。面对这种自由与安全间的张力,马特拉提出自己的建设性解决方案:一方面,政府要注意新的社会公民行动者的出现,扩大负责维持信息技术发展和私人生活自由间张力平衡的机构的组成,为公共协调(médiation)提供方法和手段;另一方面,面对监控装置对日常生活的介入,要进行市民社会的抵抗,“抵抗是所有公民的义务”①。特别是随着后工业和信息社会的出现以及全球化过程的加剧,面对监视,人们只有两个选择:要么在社会管理的公民参与方面有一个质的飞跃发展,要么走向威权的进一步强化和公民权利的进一步削弱。②

面对20世纪60年代以来的新的传播现实,特别是“9·11”之后,军事和民用、肉体控制和心灵控制的结合变得更加明显,我们又看到了阿尔都塞在20世纪70年代使用“国家机器意识形态”概念时所说的“国家的另一面是压迫机器”。③ 马特拉认为,有三重(形势)评定使得对监视装置保持民主警惕具有了意义:首先,以商业开发为目的的后工业资本主义(或非物质资本主义)为文化、社会和经济博弈开辟了一个新的战场。其次,在看待问题的方法上必须把握批判链条的两端:日常/结构,地方/全球——对安全秩序的批判只有在反对新的信息秩序霸权图谋的教义中才能明白易懂。最后,把“安全文化”问题从警察的统计框架下抽离出来的方法之一,就是要把安全权利整合进使其得以实现的诸多社会权利之中:如工作权利、教育权利、住房权利、健康权利、传播权利——如果没有这些权利,也就不可能存在人的尊严。④ 这三重评定不仅是马特拉思考当下“监视社会”的路径,也是思考“信息社会”的进路。

## 二、监视社会的合法性

无论是打固定电话还是使用手机、在家上网冲浪、进入公共场所、使用

---

① BERNARD J B. Armand Mattelart:face à la globalisation de la surveillance, “la résistance est le devoir de tout citoyen”[EB/OL].(2009-01-20)[2012-07-08]. http://www.article11.info/spip/spip.php?article266.

② MATTELART A. La Globalisation de la surveillance[M]. Paris:La Découverte, 2007:237-238.

③ MATTELART A, SENECAL M. Dans l'oeil de la communication -monde[J]. Médiamorphoses, 2008(24).

④ MATTELART A. La Globalisation de la surveillance[M]. Paris:La Découverte, 2007:238.

银行卡支付、在饭店吃饭等,现代社会的人的日常生活无时无刻不处在“监视”之中。“监控社会”往往被描绘成“信息社会”的负面形象,从19世纪西方“人体测量学”中头骨和眼睛虹膜的记录、指纹卡片到DNA检验数据库直至生物技术芯片,从环形监狱到摄像监控、无线定位直至大数据算法时代的“数字面包屑”(data crumbs),“监控”这只无所不看的、青睐于透明意识形态的“绝对眼睛”或“具有无限视力的电子上帝”[①],以国家或个人安全以及维护社会秩序的名义对整个社会进行着全方位的立体透视监控。

在面对人权和所谓的国家安全与社会公共卫生安全的选择时,“监视”行为被合法化,允许相关的情报机构和安全机构占有公民私人信息。如,美国于2001年通过《国家安全法》,并在2003年通过一个修正案,允许联邦调查局(FBI)要求互联网服务提供商为他们提供网民的个人信息。无线频率识别(RFID)芯片于1997年开始实现人体植入。2004年10月,美国的“食品与药物管理局”(FDA)就允许在人体中植入这种芯片,目的在于实施医院中的医学跟踪。法国于1995年使“视频监控”的做法合法化,本来仅限于银行和某些公共场所的规定,很快渗透生活的各个领域。法国又在2008年通过法令,把人的生物特征数据整合进护照之中,如面部照片、手印等。特别是在“9·11”恐怖袭击之后,无论是国际关系中的国家安全问题,还是国内的社会秩序问题,“恐惧”成了“监控社会”合法化的基础。“的确,在‘9·11’后的美国,恐惧被娱乐化并指导着大众文化与新闻的制作、生产着利润,使政治决策者能够通过宣传来控制受众。这种压制性的意识形态结构不仅是狭义上的表达策略的功能,更是具有综合性的政治-经济控制。”[②]在科雷·罗宾(Corey Robin)那里,“恐惧”成了一种政治理念。虽然恐惧并不是一个难以解释的非理性现象,但它是一种权力需要与强化的情感,被用作统治手段,执行可能引起民众激烈反抗的措施,[③]这就是所谓的“恐惧政治”:以安全的名义来强化管理。[④] 尤其2020年初在世界暴发并流行开来的“新型冠状病毒”,不仅改变世界了世界秩序,而且因对该病毒的“恐惧”,民主国家和威

① WAJCMAN G. L' oeil absolu[M]. Paris:Editions Denoël, 2001.

② SCHILLER D.The militarization of US communications[M]//WASKO J, et al. Handbook of the political economy of communications. Hoboken:Blackwell Publishing Ltd., 2011:278-279.

③ ROBIN C. Fear:the history of a political idea[M]. New York:Oxford University Press, 2004:249-252.

④ QUADRUPPANI S. La politique de la peur[M].Paris:Seuil, 2011:7-26.

权国家都强化了对民众的监控：或借助电子眼与人脸识别，或借助医学的DNA鉴定等，进一步深化了对整个社会的监视。换句话，以“安全”的名义，“恐惧”成了实现社会治理的工具或手段。

从便衣警察到泰勒制的生产控制、数字视频监控，全球定位（如GPS）、互联网监控（如屏蔽、过滤）直至无线电芯片的人体植入，监控技术被内化于身体并虚拟化，监控成了一种（全球）社会管理的整体性方案。一切社会的运动和重构都试图放在玻璃箱中来进行，并以技术程序加以控制和干预，监控装置成了社会躯体的“X透视仪”，并以“安全”名义被赋予了合法性——以法律的形式加以保证。

# 第七章　历史的运用:殖民主义与殖民性批判

现代性/殖民性是一枚硬币的两个面。殖民性是现代性的构成部分;没有殖民性——不可能有——就不存在现代性。①

——瓦尔特·米涅罗

任何历史都是以当下的视角写成的。历史的书写有助于纠正被征服者的记忆可能转化为神话的行为,也有助于揭示征服者试图伪造或掩盖真实的做法。一般地,自哥伦布于1492年踏上美洲大陆,人类历史就翻开了新的一页,开启了全球化的新模式。尽管在太平洋上,根据西班牙人胡安·莫拉雷斯(Juan José Morales)和美国人皮特·戈登(Peter Gordon)的描述,随着西班牙探险家和僧侣安德烈·乌达内塔(Andrés de Urdaneta)于1565年由菲律宾的马尼拉到达墨西哥的阿卡普尔卡(Acapulco),又开启了另一条最早的全球化路线——“白银之路”②,但在19世纪随着西班牙和中国的衰落,尤其墨西哥的独立(1815),该航路被中断,并随着盎格鲁·撒克逊英语叙事的国际化而被人遗忘。随着欧洲中心主义的全球化模式的展开,西方的现代性在全球的扩散,与之相伴随的殖民性成了全球化最基本的传播结构。对现代性和殖民性历史的考察有助于反思过去,并结构一种新的、具有反思性的全球历史整合视角,以构建新的多元文化共存的国际传播秩序。

---

① MIGNOLO W. La colonialidad:la cara oculta de la modrnidad[M]//BREITWISSER S. Catalog of museum exhibit:Modernologies. Museo de Arte Moderno de Barcelona, 2009:43.

② GORDON P, MORALES J J.The silver way:China, Spanish America and the birth of globalisation 1565-1815[M].London:Penguin Books,2017.

## 第一节 术语的界定

“殖民主义”与“帝国主义”概念的提出为后殖民批判提供了历史和概念背景。殖民主义是对欧洲在过去400年扩张中的文化剥削形式的界定，是欧洲殖民者对被殖民者实施政治统治的物质条件。① 尽管很多早期的文明都有自己的殖民地，尽管他们把自己与殖民地的关系看成中心帝国与边缘野蛮地区的关系，但自文艺复兴之后的帝国主义实践又吸收了很多重要元素。按照帝国主义的二元逻辑，西方的思想往往从二元对立角度来描述世界不同文化或民族间的关系，如中心/边缘、殖民者/被殖民者、大城市/帝国、文明/原始等。这种对立是构建帝国主义意识形态的重要元素，是帝国主义意识形态意义生产的参照。帝国主义就基于这种具有暴力特征的等级体系，并努力使其维持下去。②

爱德华·萨义德(Edward Saïd, 1935—2003)对帝国主义和殖民主义进行了区分：帝国主义指占统治地位的城市中心对边缘地区实施统治的实践、理论以及态度；殖民主义往往是帝国主义的结果，指移居到遥远的地区。萨义德用“帝国主义”指意识形态力量，用“殖民主义”来指帝国主义实践。尽管这种区分非常有用，但欧洲在后文艺复兴世界中的殖民主义是一种特殊的、具体的帝国扩张形式，足以为其普及使用进行辩护。③

反殖民运动指向被殖民者反对具体殖民主义意识形态与实践的政治斗争，不同的反抗力量构合在一起，反抗政治、经济、文化等领域中的殖民。其强调摒弃殖民权力，恢复地方统治，不过反殖民主义者常常采用殖民主义的认识与制度形式来表达自己。反殖民主义者因“陈述”地点不同，采用不同的形式，如西非的民族主义者的思想与种族解放意识形态联系在一起；印度的国民大会则要求承认广泛战线上的不同文化群体，以联合不同的宗教或宗主群体，形成一个单一的独立运动。④

---

① OMAR S M. Los estudios post-coloniales：Una introduccion critica[M]. Castelló：Publicacions de la Universitat Jaume I. 2008：43.

② ASHCROFT B, et al. Post-colonial studies：the key concepts[M]. London：Routledge, 2007：19.

③ ASHCROFT B, et al. Post-colonial studies：the key concepts[M].London：Routledge, 2007：40.

④ ASHCROFT B, et al. Post-colonial studies：the key concepts[M]. London：Routledge, 2007：12.

在罗伯特·杨看来，帝国主义是作为国家政策来运作的，其受到来自国家边界内外力量的推动。帝国主义也可以表现为一种意识形态与一种经济支配体系，它通过直接的征服或政治经济影响来实施，具有权力运作特征。[①]帝国主义有着自己的发展历程。现代工业国家自 1880 年以后所采取的扩张政策被描述为"古典帝国主义"；欧洲国家在 1885 年举行的瓜分非洲的柏林会议被看作是古典帝国主义的开始。在 18 世纪和 19 世纪之交，欧美的评论家热情地倡导帝国主义政策，将扩张解读为改善"野蛮国家"的命运。帝国主义最明显的特征是被用来描述 19 世纪的欧洲扩张政策，尽管它的起源要追溯到古罗马。从帝国主义的形成角度来看，帝国主义与世界的欧洲化紧密地联系在一起，主要体现于三个时期：15—16 世纪的大发现阶段；17—18 世纪的伴随工业革命的商业阶段；19—20 世纪早期的帝国主义阶段。[②] 在这些阶段中，帝国主义扩张中或此或彼的不同元素受到重视，如列宁继承了哈布森（J. A. Hobson）的"帝国主义"观点，把帝国主义看成了资本主义的最高阶段，因为帝国主义扩张与西方资本主义的发展紧密地结合在一起。到了 1914 年，"古典帝国主义"走到了终点，帝国主义展现出了不同的性质，适应新的世界格局发展动力，发展成为世界主义。[③]

后殖民主义涉及的是对文化和社会的殖民效应。很多当代的后殖民理论试图打破殖民理论和帝国主义理论分析中的概念的二元对立，强调不同文化间的互动性和辩证效果。帝国主义与殖民主义中的二元对立总是描述一种单向运动，一种从殖民者向被殖民者、剥削者向被剥削者、考察者向被考察者的运动；后殖民理论体现出的是跨文化特征，揭示对立双方之间文化信息的流动，这种流动成了理解自我构成的重要元素。[④] 后殖民主义不是一种只采取一种观点的单一理论，而是一种多元性的理论话语，涉及"冲突性的文化互动"。后殖民理论的出现源自"欧洲理论"无力应对后殖民现实的复杂性以及文化多元性：欧洲的理论更多源自种族中心主义"普遍性"的欧

---

① OMAR S M. Los estudios post-coloniales：Una introduccion critica[C].Publicacions de la Universitat Jaume I，2008：43.

② ASHCROFT B，et al. Post-colonial studies：the key concepts[M]. London：Routledge，2007：112.

③ ASHCROFT B，et al. Post-colonial studies：the key concepts[M]. London：Routledge，2007：115.

④ ASHCROFT B，et al. Post-colonial studies：the key concepts[M]. London：Routledge，2007：21.

洲的特殊文化传统。[①] 在后殖民史观中,历史不只是局部事实的生产,而是一种"认识暴力过程",是一种对某对象确定性表达的功利性建构,该对象的构建可能除表达之外,毫无根据。[②]

后殖民是一个辩证概念,它既指出了被殖民者通过去殖民化获得国家主权的历史事实,也揭示了被殖民者面对的一个新的、帝国主义的经济与政治语境。后殖民主义指向了一种"变迁的历史情境"以及对殖民政策语境变化产生反应的文化结构。"后殖民"有不同的界定,但作为被殖民国家独立后时期的同义词来使用,其意义远小于成为文化中的反殖民或后殖民话语的介入标签;在此后的殖民文化中,权力已镶嵌在他者的空间与身体中,成为一种隐含在新殖民主义国际关系中的习惯与传统,继续发挥作用。[③] 后殖民主义不能被从字面理解为殖民主义终结以后,而应当理解为对殖民控制与殖民主义遗产的质询。[④] 在这种阐释视角下,殖民主义的研究更多从文化角度关注杂交、碎片化、多元性等,在"后殖民背景下"探讨"后殖民主体"(身份、种族)、"后殖民身体"(权力)或"后殖民妇女"(女性主义)。

## 第二节 殖民主义与殖民性

殖民主义和殖民性在意义上存在着差别。在诸多的殖民化批判话语中,拉美学者对此进行了较为详细的区分,这种区分体现于拉美的"现代性/殖民性"团体的著作中。在拉美的"现代性/殖民性方案"中,"殖民主义表示一种政治和经济关系,其中一个民族的主权位于另一民族或国家的权力之中,这使得后者成为一个帝国。与该观念不同,殖民性指一种权力模式,其作为现代殖民主义的结果而出现,不过它并不局限于两个民族或国家,更多指劳动、认识、权威与主体间关系通过世界市场和种族观念彼此相联系的形

① OMAR S M. Los estudios post-coloniales: Una introduccion critica[M]. Castelló: Publicacions de la Universitat Jaume I, 2008: 32.

② OMAR S M. Los estudios post-coloniales: Una introduccion critica[M]. Castelló: Publicacions de la Universitat Jaume I, 2008: 144.

③ OMAR S M. Los estudios post-coloniales: Una introduccion critica[M]. Castelló: Publicacions de la Universitat Jaume I, 2008: 46.

④ OMAR S M. Los estudios post-coloniales: Una introduccion critica[M]. Castelló: Publicacions de la Universitat Jaume I, 2008: 52.

式。因此,尽管殖民主义先于殖民性,但殖民性在殖民主义消失后还继续存在。殖民性继续活跃于学习手册、好的学术标准、文化、民族的自我影像、主体的向往以及我们的其他现代体验之中。在某种意义上,现代性每天都显示出殖民性……殖民性不能简单地被看成任何殖民关系的结果或沉淀形式。殖民性出现于一定的社会历史语境中,尤其是对拉美的发现与征服中。就是在人类历史上的最野心勃勃的大规模殖民行动中,资本主义和支配与约束的形式结合在一起,这些形式成了维持拉美殖民控制并为其辩护的关键。"①换句话,殖民主义是一种政治管理形式,与其相对的是制度机构,如宗主国与殖民地;殖民性则指更为深刻的、具有综合性的全球权力关系模式,当殖民过程结束后,殖民性依旧作为思维模式与行为框架继续发挥作用,使不同社会、主体和知识间的差异合法化。② 如果说去殖民化是一种战胜殖民主义的过程(常常在具体国家的框架下与反殖民斗争联系在一起),那么去殖民性则指寻求历史超越殖民性,被表达为一种在殖民主义结束后用来颠覆世界殖民权力模式的智力方案,从跨学科的角度(或无学科的角度)探讨自现代以来与现代性相伴随的殖民性的知识、权力以及民族主体性的形成逻辑。

在殖民主义造成的殖民性的批判中,明显出现了两种潮流,一种是来自盎格鲁-撒克逊的传统后殖民主义批判,这些学者主要来自英属殖民地,观点主要聚焦于对西方现代性的批判,主要代表为被罗伯特·杨称作"神圣的三位一体"的殖民主义理论家:以"东方主义"著称的巴勒斯坦裔爱德华·萨义德、印度裔霍米·巴巴和南亚庶民研究代表人物佳亚特里·斯皮瓦克;另一种来自拉丁文化的拉美知识分子的批判,观点主要聚焦于西方现代性的阴暗面(殖民性),主要代表为拉美等的"现代性/殖民性"方案。萨义德的"东方主义"借助福柯的话语理论展现了发展中国家(尤其亚洲、北非和中东地区)的认识与知识生产以及实践皆以西方为参照的现实,具有东方主义特征的作品成了殖民权力的工具。霍米·巴巴则以一系列新概念而闻名,如

① TORRES N M. Sobre la colonialidad del ser:contribuciones al desarrollo de un concepto[M]//GÓMEZ S C, GROSFOGUEL R. El giro decolonial:Reflexiones para una diversidad epistémica más allá del capitalismo global. Bogotá:Siglo del Hombre Editores,2007:131.

② RESTREPO E, ROJAS A. Inflexion decolonial:fuente, conceptos y cuestionamientos[M]. Popayán:Editorial Universidad del Cauca, 2010:16.

杂交性、差异、模仿、双重性价值观等,这些概念被用来描述被殖民者对殖民权力的抵抗。斯皮瓦克主要以其文章《庶民可以讲话吗?》而闻名,从而成了在"全球化世界中反对知识殖民主义、为人类讲话的理论家"。但这些殖民主义批判都是以欧洲中心主义现代性(即杜塞的"第二现代性")为参照框架,借此来展现被殖民者的被殖民与反抗实践。拉美的"现代性/殖民性"方案,则力求通过跨现代性与跨本体的视角来探究殖民的逻辑。

自尼采、海德格尔与胡塞尔等人之后,在知识话语的生产上出现了与以往不同的"认识型",即某种使知识话语出现的可能条件。传统哲学认识论视角下的精神与现实之间通过语言的再现关系,被阐释与构建关系所替代,普遍的超验主体被构建主体所替代,而且宏大历史与叙事被微观的(如种族历史)历史与叙事所代替(如弗朗索瓦·利奥塔),宏大合理性被微观的合理性所代替,伦理不再是借助"善与恶"来探讨"应该怎么做",而是成了一种构建主体性的实践(如米歇尔·福柯)。语言与意义成了构建社会现实及其行动者主体性的工具。与这种转变相伴随的是各种"转向"学术话语:"后结构主义转向""语言学转向""文化转向""后现代主义转向",等等。所有这些转向不只是一种思想潮流,更是一套有差别的认识论和方法论,如后现代主义是对启蒙哲学基础规则的批判,尤其是对合理性、客观性与普适性观念的批判,它拒绝客观性与中立性概念,拒绝先验主体,主体是通过话语来建构的;在后结构主义那里,能指不再拥有本质性的唯一所指,指称过程需要通过语言来进行,语言的再现功能被构建与阐释功能所取代。① 虽然我们不能在这些"转向"间画等号,但在社会主体及与其相关的历史观方面具有鲜明的特征:微观历史代替宏大历史、微观叙事代替宏大叙事、地方性代替普遍性、语用学代替语法,主体不再是超验的存在,主体性与现实间的关系需要通过语言来构建,呈现反人文主义(即作为主体的人不具有本质)的特征。

殖民主义以及后殖民主义批判就是在这种"认识型转变"背景下出现的知识话语,其旨在分析殖民主义(甚至帝国主义)世界秩序中民族身份及殖民权力关系的结构与再生产过程。

---

① LOPEZ A E. Construccion de sujetos (des)empoderados a traves del/de los discurs(s) de derechos humanos[J].Norteamérica,2010(1):297-296.

## 一、殖民话语批判

在罗伯特·杨看来,殖民主义分析一种旨在重新定位欧洲知识体系的方案,来展示其作为"殖民者一面"运作的历史;这种方案随着弗朗茨·法农的《地球上受苦受难的人们》于1961年的出版而开始出现,该书成了"去殖民运动的革命宣言,因此成了分析殖民主义的奠基之作",就是在这种对西方知识结构及其在殖民历史中的介入中成了后殖民主义者(如萨义德、斯皮瓦克与巴巴)批判的对象。[①] 在第二次世界大战后,历史学家们开始使用"后殖民国家"这样的概念,该概念有着清晰的时间顺序上的含义,指二战后第三世界获得独立后的时期。自20世纪70年代,该词被文艺批判用来讨论各种各样的文化殖民效应。虽然有关被殖民社会中表达权力的研究在20世纪70年代晚期已出现在萨义德的"东方主义"作品中,并诱发了殖民主义话语理论的产生,但"后殖民"概念的产生要等到20世纪90年代的佳亚特里·斯皮瓦克的《后殖民批判》(*The Post-Colonial Critics*)。在罗伯特·杨看来,后殖民理论是一种"政治话语",主要来自亚非拉为争取自由摆脱压迫的斗争体验;后殖民主义批判主要集中运行于当代世界中的压迫和支配。[②]

巴特·摩尔-吉尔伯特在方法论上把后殖民理论界定为受法国"高理论"(如雅克·德里达的解构、雅克·拉康的镜像自我与米歇尔·福柯的知识—权力)影响的作品,如爱德华·萨义德、佳亚特里·斯皮瓦克与霍米·巴巴的作品。这三位学者被罗伯特·杨在《殖民欲望》(1995)中称作"三位一体"的后殖民理论家。[③] 他们借助"殖民话语分析"——"殖民话语"的出现和萨义德的《东方主义》联系在一起——对国家、文化与种族划分间的关系进行了重新论述。殖民话语分析可以理解为一种新的思想批判形式,其集中研究促使殖民主义的形成、延续与解体的、文化的、思想的、经济的与政治的过程。[④] 总体而言,在对欧洲的殖民扩张及其相关话语的构建中,后殖

---

① OMAR S M. Los estudios post-coloniales: Una introduccion critica[M]. Castelló: Publicacions de la Universitat Jaume I, 2008:40.

② YOUNG R J C. Post-colonialism: an historical introduction[M]. London: Blackwell, 2001.

③ GILBERT B M. Postcolonial theory: contexts, practices, politics[M]. London: Verso, 2000:1.

④ OMAR S M. Los estudios post-coloniales: Una introduccion critica[M]. Castelló: Publicacions de la Universitat Jaume I, 2008:116.

民理论往往强调认识生产的重要性，即殖民者有关被殖民者的话语生产，通过这些话语生产形成了殖民统治的权力装置，因此又被称作“认识论暴力”。[①]

“东方主义”因爱德华·萨义德的著作《东方主义》(1978)而流行开来。萨义德从两个层面上来分析“东方主义”：一方面，欧洲发明了东方话语，把它构建为一种表达；另一方面，这种表达与建构它的学术知识一道构成了服务殖民权力的工具。[②] “东方主义”的意义在于，作为一种了知“他者”的方法，它不仅体现为一种构建方式而且也是一种权力形式；“东方主义”不是一种死气沉沉的自然现实，而是一些知识分子、艺术家、评论者、作家、政治家等构建起来的一种现象。[③] 福柯对现代文化秩序诞生的分析为萨义德带来了启发，萨义德努力通过展示西方借助话语生产来实现对东方的控制。[④] 在认识论和方法论上，萨义德的“东方主义”是一种福柯意义上的话语，在那里知识与权力关系紧密地联系在一起：知识是权力形式的工具；权力是知识产生的可能条件。萨义德在《东方主义》中考察了“东方”在欧洲思维中的构建方法，其基于“东方与西方”“本体论与认识论的差别之上”。在萨义德那里，东方主义是一种与东方打交道的方法，体现于东方在西方体验中的特殊位置，或东方主义是支配、结构或对东方行使权力的西方模式。这种权力是一种系统教育的结果，欧洲文化借助这种教育得以在后启蒙时期构建和管理东方。[⑤] 在萨义德看来，知识分子的任务在于呈现那些被遗忘或在思想上被认为无足轻重的人们，成为抵抗所有侵犯自由和人类尊严的见证者，同时揭露东方主义与殖民话语的非人性属性，为积极地借助文化差异与多元性提供新的形式。[⑥]

巴巴认为萨义德的“东方主义”开启了后殖民领域；斯皮瓦克也把“东方

① OMAR S M. Los estudios post-coloniales: Una introduccion critica[M]. Castelló: Publicacions de la Universitat Jaume I, 2008: 144.

② OMAR S M. Los estudios post-coloniales: Una introduccion critica[M]. Castelló: Publicacions de la Universitat Jaume I, 2008: 118.

③ ASHCROFT B, et al. Post-colonial Studies: The Key Concepts[M]. London: Routledge, 2007: 153.

④ MELLINO M. La Crítica Poscolonial. Descolonización, capitalismo y cosmopolotismo en los estudios poscoloniales[M]. Buenos Aires: PAIDÓS, 2008: 45.

⑤ ASHCROFT B, et al. Post-colonial Studies: The Key Concepts[M]. London: Routledge, 2007: 85.

⑥ OMAR S M. Los estudios post-coloniales: Una introduccion critica[M]. Castelló: Publicacions de la Universitat Jaume I, 2008: 157.

主义”看成后殖民研究的奠基之作。[1] 萨义德发明的被称作“殖民话语”的分析对象，成了其最富成果和意义的研究领域之一；殖民话语概念已经扩展到其他的研究范畴（如“少数派话语”），越来越多地被用来描述西方等级体系中的权力结构，尤其是少数人与占支配地位群体（如女权主义中的有色妇女问题）间的关系。[2] 罗伯特·杨在自己的《白色神话：写作史与西方》（1990）中引入“殖民话语分析”概念，殖民话语分析伴随着爱德华·萨义德的《东方主义》的出版而出现，是西方批判理论和反殖民理论家活动的结果；在这里，萨义德不仅把殖民主义看成一个军事领域，而且也把其看成一种导致认识论暴力的殖民话语，把文化与政治、历史看成彼此紧密相关的领域。殖民话语分析被解释为一种新的思想形式，其集中于对殖民主义的形成、延续以及解体在文化、思想、经济、政治等层面上的分析。在此意义上，殖民话语分析试图根据知识—权力（或观念与机构间的关系）来扩大对殖民主义的研究。[3]

佳亚特里·斯皮瓦克更关注当代学术领域中对新殖民主义形式的批判，而不是对殖民主义的萎缩与再阐释过程，即关注更多的是帝国主义而不是狭隘的殖民主义形式。[4] 在后殖民问题上主要使用西方的“高”理论；在主体的构建上，斯皮瓦克更多与后结构主义思想家的观点联系在一起，认为主体的本质不是固定的，而是通过话语来构成的。在（后）殖民体系中存在着“认识论暴力”（epistemolgical violence），这种暴力是指使他者失去可见性，剥夺其自我表达的可能性，[5]源自殖民等级体系中认识生产以及使其成为可能的权力关系。斯皮瓦克关注的重点在于（新）殖民主义通过“认识论暴力”构建主体身份时发挥的作用，这种视角有利于我们理解主体的身份构建与位置，例如，女性在帝国主义和父权统治下的主体身份构建。[6]

在佳亚特里·斯皮瓦克那里，这样的“认识论暴力”指出了他者难以发

---

① OMAR S M. Los estudios post-coloniales：Una introduccion critica［M］. Castelló：Publicacions de la Universitat Jaume I, 2008：115.

② YOUNG R J C.White mythologies：writing history and the West［M］. London：Routledge, 2004：216.

③ OMAR S M. Los estudios post-coloniales：Una introduccion critica［M］. Castelló：Publicacions de la Universitat Jaume I, 2008：116.

④ YOUNG R J C. White mythologies：writing history and the West［M］. London：Routledge, 2004：200.

⑤ SPIVAK G C.Can the subaltern speak?［M］// NELSON C, GROSSBERG L. Marxism and the interpretation of culture. London：Macmillan, 1988：24-28.

⑥ OMAR S M. Los estudios post-coloniales：Una introduccion critica［M］. Castelló：Publicacions de la Universitat Jaume I, 2008：158.

声的危险倾向，让被压迫的力量说话但认识不到他们的本质主体性仍受制于其从属性生产其中的话语；其在《从属者能发声吗？》提醒在研究中要避免这样的观点：从属者在本质上从来没有与使其发生的话语与制度实践隔离开来。① 尽管从属者已经发声，但社会学者总是不愿意去听，帝国主义或殖民主义的认识—权力关系所造成的象征暴力使从属者发声变得无足轻重。斯皮瓦克的重要贡献在于把后殖民理论引入了女性主体的构建过程，这在萨义德、巴巴、法农以及西塞尔的作品中鲜有提及。斯皮瓦克集中研究（新）殖民主义通过"认识论暴力"在主体身份构建中的作用，并提供了一个有益的理解过程。②斯皮瓦克在《从属者能发声吗？》中探讨了主体的构建过程以及"认识论暴力"问题。安东尼·葛兰西用该词来表示一个社会中那些服从统治阶级霸权的群体。她从安东尼·葛兰西那里借鉴了"从属"概念，并把该概念推广至处于低级阶层的社会群体以及处于体系中的第三世界。这种"从属观念"指出民族意识是一种殖民管理者政策与文化的精英主义结果，也是印度精英主义制度和观念的结果，因此对印度民族意识的书写是精英主义的产物，资产阶级没能为整个民族发声，从属群体在政治与文化变迁研究中被忽略（被压迫者或被边缘化群体无法发出自己的抵抗声音，他们只有一种必须听从的占支配地位的语言），印度史学研究的核心问题就是探究这种"发声无能"，并采用一种反本质主义视角，从基层来描述印度的史学。③

霍米·巴巴对后殖民批判的贡献在于其超越了"东方主义"以及法农在《地球上受苦受难的人们》中对二元对立（殖民与被殖民）的殖民关系的分析，其旨在研究后殖民关系中的双重性、杂交性、模仿等概念，把其看成瓦解霸权话语和显示可能抵抗空间的策略，显示殖民话语从来不能在被殖民者那里取得彻底的胜利，最终只会因模仿行为产生一些具有双重价值观的主体，它们对殖民统治具有颠覆作用。④ 这尤其体现在巴巴的杂交性概念中。斯皮瓦克和巴巴都认为帝国主义不仅是地域与经济问题，也是主体建构问

① ASHCROFT B, et al. Post-colonial studies: the key concepts[M]. London: Routledge, 2007: 74.

② OMAR S M. Los estudios post-coloniales: Una introduccion critica[M]. Castelló: Publicacions de la Universitat Jaume I, 2008: 158.

③ ASHCROFT B, et al. Post-colonial studies: the key concepts[M]. London: Routledge, 2007: 199-201.

④ OMAR S M. Los estudios post-coloniales: Una introduccion critica[M]. Castelló: Publicacions de la Universitat Jaume I, 2008: 131-132.

题。[①] 该词是后殖民理论中饱受争议的词语之一，通常指殖民接触空间中的一种新的跨文化形式。在巴巴的殖民主义关系分析中，杂交性强调殖民与被殖民主体间的互动、相互构建和依赖，他认为所有的文化陈述和系统都在一个"第三陈述空间"中被构建起来，文化身份常常出现在这种矛盾的空间中，对这种矛盾空间的承认有助于我们克服文化多元性之中的异国情调，确定一种不同文化运作其中的杂交性，就是这种"位于中间"（in-between）承载着文化的要点及其意义。[②] 霍米·巴巴与佳亚特里·斯皮瓦克一样，不仅把帝国主义看成一种经济与地域变换过程，而且也把其看成一种主体构建方案。对巴巴与斯皮瓦克而言，后殖民批判的特殊性在于，试图把主体性在政治、经济和话语方面归还给那些被殖民主义剥夺的他者。[③] 综上所述，就"三位一体"批判家的观点来看，重要的是他们都在试图提出文化批判和自由实践的新形式，建构性地来推动不同文化间的互动与变迁，以及在后独立时代不同民族身份建构的新可能性。

自20世纪60年代，随着结构主义向后结构主义、现代主义向后现代主义、工业社会向后工业社会等的过渡，"社会科学也转向了新的理论路径。其中最重要的就是从物质结构向对文化、主体性及其表达研究的转变。这种过渡有着不同的形式。根据巴西社会学家艾米利亚·维奥蒂·达科斯塔（Emília Viotti da Costa）的说法，我们可以把其界定为从必然性向自由的转向。也就是说，从对'客观的'历史力量的关注转向对主体性、创造性和活动者的强调；从对存在的物质条件的关注转向对感知、象征符号及其意义的强调；从对具有下层基础特征的东西的关注转向对上层建筑的强调"[④]。这种转变实际体现一种社会人文科学研究中自然科学经验思想重要性的下降，一种主体性的回归，一种在对社会想象的解释中主体认知能力及其后果的强调，在这里主体行为具有积极和反思特征，其行为不再被仅看成外部不可控或莫名力量作用的结果。文化转向有利于人类学观点和历史观点间的交流与会合。这种转向也意味着对政治意义上的国家（STATE）的关注转向了

---

① YOUNG R J C. White mythologies: writing history and the West[M]. London: Routledge, 2004: 201.

② ASHCROFT B, et al. Post-colonial studies: the key concepts[M]. London: Routledge, 2007: 109.

③ MELLINO M. La Crítica Poscolonial. Descolonización, capitalismo y cosmopolotismo en los estudios poscoloniales[M]. Buenos Aires: PAIDÓS, 2008: 114.

④ SANDOVAL P. Repensando la subalternidad: Miradas críticas desde/sobre América Latina[M]. Lima: Instituto de Estudios Peruanos, 2010: 8.

对文化意义上的国家(NATION)的关注,文化成了理解国家关系和国内治理的核心元素或战略元素。对全球化的理解也不再局限于一个中心到边缘的结构,而是关注不同地区偶然性和差异的多元化世界性的变迁。

## 二、拉美的现代性/殖民性方案

"现代性/殖民性"方案是由拉美学术团体提出的、对体现为"现代性"的国际社会构型及其变迁进行反思的方案,旨在通过拉美案例对自15世纪"大发现时代"以来的全球化逻辑进行分析。"现代性/殖民性"方案的研究群体具有批判性和跨学科性特征,其成员主要是拉美及拉美裔学者,他们来自不同的学科领域,把研究植根于拉美。其中重要成员有:秘鲁社会学家阿尼瓦尔·奇哈诺、阿根廷裔墨西哥哲学家昂立克·杜塞、委内瑞拉社会学家艾达尔多·兰德、哥伦比亚人类学家阿图罗·埃斯科瓦尔、厄瓜多尔教育学家凯瑟琳·沃尔什、波多黎各哲学家尼尔森·马尔多纳多·托雷斯、阿根廷符号学家苏尔马·帕雷默、哥伦比亚哲学家圣地亚哥·卡斯特罗·戈梅斯、委内瑞拉人类学家费尔南多·克罗尼尔、阿根廷裔美国符号学家瓦尔特·米涅罗等。当然,"现代性/殖民性"方案的传播观念并非凭空产生,在知识系谱上表现为自第二次世界大战后拉美当地思想和国际思潮相互融合的结果。阿图罗·埃斯科瓦尔(Arturo Escobar)从本地和国际层面上总结了"方案"传播研究的思想来源①:在本地层面上,20世纪60年代到70年代的解放神学,解放哲学与自治社会科学中的辩论(如昂立克·杜塞、鲁道夫·库什、奥兰多·弗尔斯·波达、巴勃罗·冈萨雷斯·卡萨诺瓦、达西·里贝罗);50年代至70年代对"发展"观念做出反应的依附理论;拉美20世纪80年代的现代性和后现代性辩论;20世纪90年代人类学、传播学和文化研究中的有关"杂交性"的辩论;以及美国的拉美庶民研究团体的贡献。在国际层面上,其认为,"方案"的研究者从欧洲和北美的现代性和后现代性的批判理论、出现在20世纪80年代的南亚的庶民研究、旅居美国的墨西哥(CHICANA)女权主义理论、后现代理论以及非洲哲学中获取灵感。埃斯科瓦尔指出,如果说依附理论、解放神学和参与行为研究是拉美批判思想在20世纪对人类知

① ESCOBAR A.Mundos y conocimientos de otro modo. El programa de investigación de modernidad/colonialidad latinoamericano[J].Tabula rasa, 2003(1):53.

识的贡献，那么“方案”就是这种传统的继承者与发展者。[①]

“现代性”与“殖民性”构成全球化过程的实质与内容。在现代性框架下，全球化过程不仅表现为西方对人类社会及其不同方面的认识论及实践的跨边界扩展，而且也表现为该认识论及实践在全球传播过程中的抵抗—协商；在此背景下，进步、发展、文明、现代化等成了全球化过程中现代文明的使者，西方“现代性”成了全球化话语及批判的参照。另外，该背景下的批判话语主要由欧洲及其殖民地的知识分子来运作，批判发生在西方认识论的内部。在殖民性框架下，全球化被看成一种侵略性的殖民行为，是某些社会与文化对“他者”社会与文化的侵略与殖民，无论在理论还是实践上，后者与前者都不是对等的存在，“前者”在消除“后者”的过程中发现自己存在的意义；在这里，“现代性”与“殖民性”成了全球化过程中两个不可分割的方面，是一枚硬币的两面，换句话，“如果没有殖民主义的冲击，自文艺复兴以来的欧洲思想是不可想象的，同样不考虑欧洲化的效果，就无法思考自文艺复兴以来的世界历史”。[②] 在此背景下的批判话语主要由拉美及拉美裔知识分子来操作，从“跨现代性”的角度出发，从西方世界殖民体系的拉美边缘地区出发来构建认识框架，旨在解释现代性发展中的欧洲中心主义动力以及对其实施超越的意图，从跨本体论的角度来显示欧美现代性的局限性，以及其所倡导的普遍性的枯竭。[③] 拉美学者米涅罗指出，诸多殖民批判理论在谈及“现代性”时指的是对“同一性”（MISMA）的世俗构建：这里的现代性可追溯到 18 世纪，随着英国和法国这些殖民帝国的出现而出现，其殖民扩张指向印度、中东和非洲；但这只是现代性的一部分，现代性的起源应当追溯到 16 世纪，开始于西班牙和葡萄牙对拉美的征服。20 世纪所兴起的后殖民理论多是对 18 世纪以后历史体验的批判，对这种殖民扩张的批判，其忽略了西班牙和葡萄牙对拉美两百多年的国际殖民历史，萨义德的“东方主义”忽略了十六七世纪美洲被发现的后果，其“东方主义殖民权力模式”只是对 18 世纪

① ESCOBAR A. Mundos y conocimientos de otro modo. El programa de investigación de modernidad/colonialidad latinoamericano[J]. Tabula Rasa, 2003(1):53.

② OMAR S M. Los estudios post-coloniales: Una introduccion critica[M]. Castelló: Publicacions de la Universitat Jaume I, 2008:39.

③ ESCOBAR A. Mundos y conocimientos de otro modo. El programa de investigación de modernidad/colonialidad latinoamericano[J]. Tabula Rasa, 2003(1):68.

以后世界秩序的权力和知识变迁的一个反应。①

瓦尔特·米涅罗在“去殖民性思想的宣言”中辩证地把此过程描述为一个“一头三面”的怪物:现代性、殖民性、去殖民性。② 在米涅罗看来,在“现代性”的实现过程中,人们更多仅重视现代性的救世话语修辞,忽略了它的消极面与阴暗面,即殖民性:把殖民看作是与现代性相分离的东西。在批判层面上,少有人去质询现代性意识形态,只关注组成现代性造成的不幸后果,同时对恐怖主义的分析与谴责、对地方起义及社会运动抗议的理解从来也没有暗示殖民性的存在。殖民性被掩盖在现代性的下面,人们看不到殖民性逻辑所引发的被羞辱、被谩骂、被边缘化人群的顽强力量。于是,“去殖民性”将化解由殖民性逻辑所操控的力量,不再使人们相信现代性修辞所书写的神话传奇,相反去揭示由现代合理性所掩盖的、被圈画在现代欧洲帝国语言(作为文艺复兴语言的意大利语、西班牙语、葡萄牙语与作为启蒙语言的法语、英语、德语)中的知识、权力与存在观念的再生产。实际上,现代性与殖民性更多是本体论认识,去殖民性更多是属于认识论范畴。“现代性/殖民性”方案的出现主要源自对以往的国际社会批判理论缺乏信心,谋求一种不同于欧洲中心主义的“他者认识论范式”。

“殖民性”与“去殖民性”更多在于反思西方“现代性”的全球化(或以暴力形式或以和平方式)的过程与后果。按照拉美的“现代性/殖民性”方案观点,把“现代性”与“殖民性”看成一个过程的不可分割的“两个方面”。对“殖民性”与“去殖民性”反思的意义在于:在理论认识和实践上通过对“殖民性”与“去殖民性”形成和运作机制的研讨,资以构建一个更为合理与公正的人类社会。“殖民性”与“去殖民性”往往与帝国主义、殖民主义、后殖民主义等概念联系在一起,其与沃勒斯坦的“现代世界体系”肇始的全球化过程的展开联系在一起,这些概念不仅是知识元素,更是一种反思性权力装置。

## 第三节 殖民性的逻辑

“现代性/殖民性”研究作为一种去殖民方案,是拉美批判思想的“他者

① MIGNOLO W D. La Idea de América Latina [M]. Barcelona:Editorial Gedisa, 2007:64.

② GÓMEZ S C, GROSFOGUEL R. El giro decolonial:Reflexiones para una diversidad epistémica más allá del capitalismo global[M]. Bogotá:Siglo del Hombre Editores,2007:26-27.

范式”,揭示了作为现代性组成部分及阴暗面的殖民性。“从殖民性发挥作用的不同层面出发,去殖民方案提出重拾边缘地区社会实践和思想中的被否定的范畴:权力(政治的、经济的)、知识(认识论的、哲学的、科学的、审美话语的)与存在(主体性以及差异性的构建)。这些否定因某种单一思想的历史地位的上升而得以实现,这种单一思想在巩固过程中,把自己的理解与政治兴趣之外已被确立的东西化约为沉默、过去、传统、恶魔、被超越的东西、不能维持的东西、不存在的东西。”①使“他者”的思维与行为“变得不可见”和“销声匿迹”是现代性话语霸权的重要表现。

在米涅罗那里,“方案”的殖民性逻辑或殖民权力模式运作在人类体验的经济、政治、社会、认识等四个领域之内,具体表现为:“(1)基于土地(以及自然资源)的掠夺、劳动控制以及对债务国实施金融控制的经济控制;(2)权力控制,在建立殖民地时设立帝国机构或采用军事手段迫使被控制国家的领导人辞职,或用技术手段对市民社会实施监控;(3)性别和性的控制,把基督教与资产阶级家庭当作人类异性性关系的典型标准模式,把异性爱看成是上帝(从16世纪到18世纪)和自然(从19世纪到现在)建立的普世模式;(4)对知识和主体性的控制,在文艺复兴以后采用知识的神学基础,在启蒙运动以后采用自我中心说的基础,并形成一个首先依赖基督教上帝和随之依赖自我主权、理性和个体性的现代西方主体概念。”②这四个方面主要通过拉美学者的三种“殖民性”维度体现出来:存在殖民性、认识殖民性和权力殖民性。这些维度维持着殖民差异以及被殖民者的从属化过程。

## 一、存在殖民性

“存在殖民性”要说明的是,从欧洲中心主义的哲学认识论和本体论出发,在沃勒斯坦所说的“世界体系”的中心与边缘关系中,存在的是“本体论差异”与“殖民本体论差异”(或次级本体论差异),而不是“跨—本体论差异”,换句话,不存在对等的本体,存在的只是有差异的“本体”或“低等的本

---

① GARCIA A P P. El proyecto des-colonial en Enrique Dussel y Walter Mignolo:Hacia una epistemologia otra de las Ciencias Sociales en America Latina[J]. Epistemologia y desconlonizacion, 2011:71.

② MIGNOLO W D. Preamble:the historical foundation of modernity/coloniality and the emergence of de-colonial thinking[M]//KLAREN S C. A companion to Latin American literature and culture. Oxford:Blackwell Publishing Ltd.,2008:15.

体”,而且一种本体的存在是在与其他本体的战争中获得并反映出自己的“真实性”,于是笛卡尔的一个具有反思能力的“我思的自我”变成了一个以征服他者来表达自己存在意义的“征服的自我”。这在现实中体现为作为西方现代性主体的“征服的自我”借助对边缘地区的殖民入侵实现了自我的“真实性”。在杜塞那里,笛卡尔的“我思的自我”不仅演变成了“征服的自我”,而且后者表现为“男性自我”。[①]西方现代哲学把“征服的自我”的征服方案变成了所谓现代的东西的主要组成部分,从而使殖民性成了现代性不可分割的组成部分。[②]

波多黎各哲学家托雷斯是“存在殖民性”的主要论述者。在他看来,这种认识的主要理论启发来自笛卡尔的认识论和海德格尔的本体论转向。笛卡尔的“我思故我在”意味着“不会思就不存在”:“我思”意味着还存在其他“不思”或不能充分思考者,“我在”意味着其他的不存在,不具备“存在”,不应该存在或可以忽略。[③] 在这种认识论背景下,“存在”是一种属于欧洲人及其(拉美)后裔的特性,同时被殖民者具有了“非存在”特征。另外,海德格尔把以往的西方形而上学称作“本体—神学”,认为其用“神性”来对自己进行构思。海德格尔强调不能再用上帝作为本体论基础,认为讨论人的存在才有意义,而这种意义及其真实性只有通过作为主体活动的“死亡”才能实现。海德格尔的主体存在的意义与真实性需要通过“对死亡的猜想和焦虑才能实现”,这使我们感受到了萨特的“主体构建自我”的“存在主义”的痕迹以及对主体哲学先验主体的否定,体现着对主体性日常构建观念的回归。

笛卡尔的认识论和海德格尔的本体论转向(人的存在主要通过个体对未来的选择来理解)使我们看到了“理性的缺失和知识殖民性和存在殖民性

① TORRES N M.Sobre la colonialidad del ser:contribuciones al desarrollo de un concepto[M].//GÓMEZ S C, GROSFOGUEL R. El giro decolonial:Reflexiones para una diversidad epistémica más allá del capitalismo global. Bogotá:Siglo del Hombre Editores,2007:138.

② TORRES N M.Sobre la colonialidad del ser:contribuciones al desarrollo de un concepto[M].//GÓMEZ S C, GROSFOGUEL R. El giro decolonial:Reflexiones para una diversidad epistémica más allá del capitalismo global. Bogotá:Siglo del Hombre Editores,2007:144.

③ TORRES N M.Sobre la colonialidad del ser:contribuciones al desarrollo de un concepto[M].//GÓMEZ S C, GROSFOGUEL R. El giro decolonial:Reflexiones para una diversidad epistémica más allá del capitalismo global. Bogotá:Siglo del Hombre Editores,2007:144.

联系在一起,这些缺失造成了对他者在本体上的排斥”①。当以这种认识论和本体论为内容的西方中心主义哲学占据知识的生产中心的时候,“本体论差异”与“殖民本体论差异”就被自然化,“他者”就不再具有同等的认识论和本体论地位,并因此成了被发明和编造的对象。确切地说,西方近代哲学把“征服自我”(Ego conquiro)的征服方案变成了所谓的“现代东西”(或现代性)的组成部分。“存在”是欧洲人及其在美洲杂交后裔的特性,“非存在”是殖民地人民的特征,其不是正常的人类世界,这些“非存在”不只是被简单地杀死,而是使他们成为适合现代化方案的存在形式。实际上,性别、阶层、种族和性可能是产生人类差别的四种形式,它们常常是违反我与他者关系重要性的形式,它们消除了具体文明世界中的跨本体的维度,因此也是殖民差异的延伸。②

## 二、知识殖民性

“知识殖民性”与“存在殖民性”“权力殖民性”紧密地联系在一起。实际上,三者关系体现了拉美学者理解“殖民性”的哲学思路:首先,“存在殖民性”属于本体论范畴,关注的是作为欧洲主体的“存在”与“他者”的“非存在”的区分;其次,“知识殖民性”体现着欧洲认识论向“他者”的强加和扩散,因为“他者”的“非存在”特征,不具理性能力的“他者”应当受到“西方认识论”的培训和同化,地方的“认识型”受到排斥乃至人为的消灭;最后,“权力殖民性”主要体现在实践层面上的方法论范畴:资本主义是“方案”研究者构建自己理论的重要物质基础,伴随资本主义的发展,作为“非存在”的“他者”通过种族化权力策略被整合进资本主义的宏大生产“装置”中,重要的是,该装置不仅是生产装置,更是“权力装置”,西方现代性借助该装置实现了不同层面(微观、中观、宏观)上的权力殖民。

“知识殖民性”主要表现对认识和主体性的再生产控制,(欧洲的)地方

① TORRES N M.Sobre la colonialidad del ser:contribuciones al desarrollo de un concepto[M].//GÓMEZ S C, GROSFOGUEL R. El giro decolonial:Reflexiones para una diversidad epistémica más allá del capitalismo global. Bogotá:Siglo del Hombre Editores,2007:145.

② TORRES N M.Sobre la colonialidad del ser:contribuciones al desarrollo de un concepto[M].//GÓMEZ S C, GROSFOGUEL R. El giro decolonial:Reflexiones para una diversidad epistémica más allá del capitalismo global. Bogotá:Siglo del Hombre Editores,2007:144.

的或特殊的知识具有了“普遍性特征”。它把“欧洲中心主义”视为知识生产的唯一出发点，同时完全抛弃本土的智力生产和思维方式。“欧洲中心主义”意味着欧洲的特殊历史以及主体性的形成过程被视为普遍的历史模式，被殖民者(或他者)应该接受并皈依这种模式，同时该模式具有宗教激进主义特征，在自己的扩张过程中，不允许其他的或非欧洲的认识模式存在。[①]这就是沃尔什所说的“知识殖民性，(应当)理解为对其他认识生产形式(非白人的、非欧洲的、非‘科学的’)的压制，强化认识的欧洲中心主义观点，否认土著和黑人的智力和思想遗产，并从基本的和自然的范畴出发，把他们归类于原始人”[②]。知识殖民性设想了一种“认识的傲慢”；对于这些设想者而言，他们自认为是“现代的”，是获取真理(无论是神性的或是世俗的)手段的拥有者，因此他们可根据自己的兴趣来控制自然和社会。[③] 兰德简洁地指出，随着对美洲的殖民，伊比利亚人(西班牙和葡萄牙)不仅开始了对世界的殖民组织过程，同时也开始了对知识、语言、记忆和想象的殖民构建；这种结束于18和19世纪的过程首次把人类的空间和时间(即所有的文化、民族、土地、现在和过去)组成为一个具有普遍特征的宏大历史。[④] 在这种背景下，产生这样知识殖民的霸权的特征：所有被认为“有效的”知识首先产生在当时的世界体系权力的中心，从此开始，被不均匀地向边缘地区分配，这些边远地区只是被看成接收者而不是生产者。[⑤]米涅罗把这种欧洲中心主义和现代性主导下的知识生产及其资本主义与政治扩张方案的扩散现象称作“知识的地缘政治”，因此“去殖民性”方案不是一个国家的方案，而是全球新兴社会的一揽子政治方案，其意味着在所有维度上要脱离全球权力殖民模式。[⑥]

---

① RESTREPO E, ROJAS A. Inflexion decolonial: fuented, conceptos y cuestionamientos[M]. Popayán: Editorial Universidad del Cauca, 2010: 136-137.

② WALSH C. Pensamiento critico y matriz colonial[M]. Quito: UASB-Abya Yala, 2005: 19.

③ RESTREPO E, ROJAS A. Inflexion decolonial: fuented, conceptos y cuestionamientos[M]. Popayán: Editorial Universidad del Cauca, 2010: 137.

④ LANDER E. La colonialidad del saber: eurocentrismo y ciencias sociales. Perspectivas latinoamericanas [M]. Buenos Aires: CLACSO, 2000: 14.

⑤ SAGOT R M. Dependencia, Subdesarrollo y Colonialidad En La ‘Patria Del Criollo’: Las Ciencias Sociales En Centroamérica A Fin E Inicios De Siglo[J]. Anuario de Estudios Centroamericanos. Universidad de Costa Rica, 2014(40): 174.

⑥ MIGNOLO W D. Geopolitica de la sensibilidad y del conocimiento. Sobre (de) colonialidad, pensamiento fronterizo y desobediencia epistémica[J]. Revista de Filosofía, 2013(74): 7-8.

## 三、权力殖民性

"权力殖民性"主要是秘鲁社会学家奇哈诺为描述自16世纪以来伴随欧洲殖民主义产生的现代资本主义世界体系的全球支配模式而采用的概念。① 该概念从生物学的人种划分策略与资本主义的生产关系入手构建了"权力殖民性"图景，这是一种把种族、劳动控制、国家、知识生产等联系在一起的现代权力模式。这种"权力殖民性"在拉美建立起了一种把白人置于社会分层顶部而把印第安人和黑人置于底部的社会分层体系。在奇哈诺看来，"发现美洲"对一种新的世界权力模式的形成具有决定性作用，这种权力模式具有以下特征：首先，用种族观念来表述差异，这使欧洲与非欧洲间的殖民支配关系自然化；其次，根据这种与世界市场和资本勾结起来的国际模式构建起一套劳动、资源和产品的历史形式；再次，欧洲中心主义实现了对认知视角的殖民化，即一种特殊的认识视角或观点具有了霸权地位，并凌驾于其他所有的主体性、文化、认识等形式之上；最后，借助地缘文化身份的分类，殖民统治被强加给其他地区和人民。② 按照这种说法，"权力殖民性"理论的新颖之处就在于："种族和种族主义观点转变成了世界体系的各种等级体系的结构性原则"；"殖民性是资本主义世界权力模式的具体构成元素，它的建立依赖于把对世界人民的种族分类看成这种权力模式的基石，其运作于各个平面、领域、物质与主体维度、日常社会存在。"③

哥伦比亚哲学家戈梅斯从福柯的"权力观"出发，深化了奇哈诺对拉美"权力殖民"的理解。不同于人们对福柯权力观的纯"微观权力"地位的认识，戈梅斯指出福柯的"权力观"应该包括三个层面：首先是有关纪律和主体生成技术运作其上的微观物理学层面，这种"自我技术"寻求主体性的自治生产；其次是现代国家及其借助"生命政治"对民众实施控制的"中观层面"；最后是超国家安全装置存在其中的宏观物理学层面，这些装置促进霸权国

---

① ALPIZAR J S. Colonialidad/decolonialidad del Poder Saber：Miradas desde el Sur[M]. Valdivia：Ediciones Universidad Austral de Chile, 2012：81.

② VALERO A. Reseña de "La colonialidad del saber：eurocentrismo y ciencias sociales. Perspectivas latinoamericanas" de Edgardo Lander[J]. Boletín Antropológico, 2003, 21(57)：84.

③ HUGUET M G. El analisis del poder：Foucault y la teoria decolonia[J]. Tabula Rasa. Bogotá - Colombia, 2012(16)：63.

家在自然和人力资源方面的"自由竞争"。[①] 并指出在这三个层面中的任何一个维度上,资本主义和权力殖民性的表现形式不同;而不同权力技术间的网络关系借助不同的技术工具运作在不同的维度上,这是其他后殖民批判者(如爱德华·萨义德、霍米·巴巴和斯皮瓦克)所不了解的东西——"殖民性"的福柯意义上的"微观权力物理学"。因此"权力殖民性"是一个复杂的、全球性的、涉及不同层面的权力网络体系,不仅仅是以"种族"划分为基础的、与资本主义发展逻辑相结合的权力运作模式,还把"权力殖民性"的性质看成"差异体系"而不是传统的"等级体系"。[②] "权力殖民性"的"差异体系"意味着:"殖民性不能被化约为世界体系中的霸权国家对边缘地区实施的政治-经济控制,而是殖民性从根本上就与运作在管理层面上的规范和管理装置(被称作殖民遗产)联系在一起,也与微观层面上的抵抗和去殖民化技术联系在一起。"[③]

## 第四节　殖民性批判的历史启示

从现代的国际传播的认识论地形图来看,基本存在两种传播秩序以及认识基础(北方认识论和南方认识论)。第一种传播秩序是二战后发起的、并围绕其发生诸多辩论的秩序,其以西方的现代性传播为主题,以西方普世主义的理性化为基础,其阐释依据是北方认识论,主要理论贡献者是西方实证主义思想,强调普世主义、进步、发展、现代化等;第二种传播秩序是自二战后随着独立运动的兴起以及第三世界国家发展经验(尤其拉美对其)及对殖民性反思,以区域组织(如拉美合作组织、非洲合作组织等),尤其新兴国家组织(如上合组织、中拉论坛、中非论坛等)或由其推动的全球发展方案(如中国的"一带一路""海上丝绸之路"等)为代表的另类传播秩序,其以多元的、去殖民化(如知识的去殖民化)的"和谐共存"传播为主题,以基于文化

① GÓMEZ S C. Michel Foucault y la colonialidad del poder[J]. Tabula Rasa. Bogotá-Colombia, 2007(6):162.

② GÓMEZ S C. Michel Foucault y la colonialidad del poder[J]. Tabula Rasa. Bogotá-Colombia, 2007(6):164.

③ GÓMEZ S C. Michel Foucault y la colonialidad del poder[J]. Tabula Rasa. Bogotá-Colombia, 2007(6):167-168.

多元主义的理性化为基础，其阐释依据是南方认识论[①]，主要理论贡献者是来自第三世界的现代性反思理论家，伊比利亚思想家桑托斯（Boaventura de Sousa Santos）是这种认识论的明确描述者。对传播秩序的批判反思主要由西方国家左翼思想家和第三世界国家左翼思想家来进行，不过在批判中存在着参考框架差别：西方左翼思想家以及大多数发展中国家批判学者是从西方中心主义框架出发来进行批判的，无论在认识论还是实践方面，这些批判者把不发达地区看成西方世界的组成部分，在西方中心主义的框架下批判传播秩序的不合理，通过“现代化”理论实现不发达国家从“传统”向“现代”的过渡（从殖民主义批判、后殖民主义批判、庶民研究、文化帝国主义、依附理论等）；部分发展中国家左翼学者，则从本体论和认识论出发，认为西方和不发达地区存在着对等的主体和文化，认为西方中心主义的传播观忽略对等的“他者”及“文化的存在”（如拉美“现代性/殖民性团体”等），要求以自己的本土文化为基础，并在此基础上与西方文化展开对话，在文化多元性的背景下解决传播秩序不平等问题，该思潮在拉美地区尤为突出。这两种国际传播秩序及其认识论构成了殖民化话语和对其批判的背景。

无论是盎格鲁-撒克逊的殖民话语批判，还是“现代性/殖民性”方案，都试图构建一个解释国际社会历史的现实思路，尤其在拉美学者那里，努力展示在现代性发展过程中欧洲中心主义展开的动力，同时提供了一种从“去殖民性”角度来理解和实践的“他者”范式。在盎格鲁-撒克逊的殖民话语批判那里，它把欧洲中心主义的现代性作为自己的批判参考框架，从现代性出发来分析，伴随着帝国主义与殖民主义的扩张，“权力关系在多大程度上内在于现实的社会与制度实践中”[②]。在罗伯特·杨看来，后殖民理论是一种来自亚非拉被殖民者压迫而为自由而斗争的经验，后殖民主义的批判聚焦于存在于当代世界中的压迫与强制统治，后殖民主义斗争集中于新殖民主义及其在新独立国家中政治的、经济的、社会的代理人。[③] 盎格鲁-撒克逊的殖民话语批判主要从文化角度对西方现代性的全球化负面现象进行解析，没有构建一种“他者”认识论范式的雄心。

---

① SANTOS B de S, MENESES M P. Epistemologias del sur persepctivas[M]. Madrid: Ediciones Akal, 2014.

② YOUNG R. White methodologies: writing history and the west[M]. London: Routledge, 2004: 218.

③ RUKUNDWA L S, ARDE A G. The formation of postcolonial theory[J]. HTS, 2007, 63(3): 1175.

而"现代性/殖民性"方案试图从打有殖民性烙印的历史和经验出发,并把这种思想的批判形式与拉美和世界其他地方的现实结合起来,通过否认现代性方案的抽象的普遍性指向不同的思维、存在和行动方式。① 方案作为一种去殖民性实践,旨在构建一种不同于现代性范式的"他者范式",用凯瑟琳·沃尔什的话说:"去殖民性的理性存在于从'本身'、他者逻辑与他者思维出发对非人化、种族主义、种族化以及否定和摧毁他者的知识场域行为进行反抗的力量中。因此其目的不是整合或抵抗,而是对人类、权力和知识实施彻底重构,也就是说创造与现存知识、权力和知识彻底不同的条件,以构建不同的社会。"②拉美学者的"现代性/殖民性"方案是从现代性所谓的受益者(换句话,现代世界体系的受压迫边缘群体)的视角而不是从西方中心主义现代性内部的认识观点来揭示现代性的阴暗面,是以拉美为出发点来进行思考的方案。"从拉美出发来思考"意味着什么? 意味着从"跨现代性"和"后西方性"的角度进行思考③,试图用"解放"的方案来取代"支配""殖民""排斥"的方案,实现"单一性话语"向"多元话语"的转变,"开辟一个从被殖民世界观点定位的阐释和观察空间",把拉美描述为一个具有自己历史和认识图式的空间,"一个借助殖民差异和由现代性强加或加工的知识地缘政治建构的空间"④。

"现代性/殖民性"方案实际展现拉美学者这样的愿望:驳斥认识论以及知识生产中的西方中心主义——认为知识的生产应当基于由欧洲科学主义建立的规则以及范式——指出社会科学能够并可以从多元性的视角被重新思考,以实现对知识的重组,希望被整合进地方历史中的思考在全球设计的非整合知识中找到位置,尤其要考虑世界体系的边缘地区的知识生产,并与

---

① WALSH C. (Re) pensamiento crítico y (de) colonialidad[M]//WALSH C. Pensamiento crítico y matriz (de) colonial. Reflexiones latinoamericanas. Quito: Universidad Andina Simón Bolívar-Abya-Yala, 2005:21.

② WALSH C. (Re) pensamiento crítico y (de) colonialidad[M]//WALSH C. Pensamiento crítico y matriz (de) colonial. Reflexiones latinoamericanas. Quito: Universidad Andina Simón Bolívar-Abya-Yala, 2005:24.

③ SEGALES J J B. ¿Qué significa pensar desde América Latina? Hacia una racionalidad transmoderna y postoccidental[M]. Madrid: AKAL, 2014:12.

④ WALSH C. (Re) pensamiento crítico y (de) colonialidad[M]//WALSH C. Pensamiento crítico y matriz (de) colonial. Reflexiones latinoamericanas. Quito: Universidad Andina Simón Bolívar-Abya-Yala, 2005:16.

之保持对话。换句话,“现代性/殖民性”方案致力于在新自由主义主导的全球化日益加剧的环境下呼唤一种多元的世界,呼唤一种与全球化相对的突出地方历史多元性、质疑新自由主义全球设计的世界化,即一种相对普世性的多元性的普遍方案,该方案意味着所有的人和社区(或社会)拥有差异的权利,因为“我们”都是平等的。

殖民主义与殖民性批判至少在本体论、认识论与方法论上给我们以启发。在本体论层面上,我们看到,位于全球化过程与全球社会中的活动者不再是超验的主体,而是人际、群体与民族间力量关系或权力关系互动的结果,这些活动者只是承担某种功能的存在形式。在认识论层面上,认识与知识的生产是与力量关系结合在一起的,国际社会中的知识、话语、权力、真理等形成了多元性的权力装置;话语不是单纯的意识形态语言学表达,而是各种力量关系得以运作的、具有一定功能的象征媒介,社会主体就是这种力量关系(或权力关系)运作的结果。在方法论层面上,首先我们可以看到,某种话语的产生是有条件的,不同时代的条件决定着不同话语出现的可能性,其次,某种话语的产生与不同的力量关系(或权力关系)策略联系在一起,力量关系是话语-知识产生的条件,话语-知识是力量关系发挥作用的工具。这些启发使我们看到,在国际传播中,从国家治理到全球治理、从个体身份到民族身份构建、从文化冲突到文化融合、从传统外交到公共外交、从刻板形象到国家形象建构,等等,这一系列转变不是单向的强加,而是彼此借助“权力装置”/“话语装置”互动的结果。在此意义上,我们说全球传播活动的展开是一个不断重新界定的过程,重新界定意味着解构与结构、排斥与认可、非法与合法、中心化与边缘化、优势与劣势、选择与放弃、转移与接收。

# 第八章　作为制度全球化的国际传播

全球制度机构在数量和功能上的扩张已明显成为全球化的一个重要特征，总体上反映了传播上的新框架，并且把跨国交换推到前所未有的层次。①

——彼得·斯特恩斯

国家的发展与全球企业和多边制度机构的兴起一同进行，这些当代全球网络与民族国家的内部结构紧密地缠绕在一起。当国家网络发展了，这些跨国网络也发展。②

——琳达·维斯

如果加油站、iPod、电子游戏全球都一样，为何政治制度不能这样？这个观点低估了世界的复杂性。③

——英国《卫报》

制度的全球化是国际传播的重要组成部分。制度的国际或全球传播意味着“规范”的跨边界传播。作为规范，制度的全球化意味着规则或规范不再是一个民族国家或企业内部的配置，这种具有地方特色并与某个民族或群体相联系的规范将历经一个全球—地方化过程。随着西欧进入现代时期和在世界上的殖民扩张，无论是国际无线电报联盟的“先到、先用”原则，还是国联或冷战结束前的联合国，都体现着局部规则的普世化路径。尽管国际社会必须由某些规范捆绑而成的说法有些绝对，但必然存在着一些全球

① STEARNS P N. Globalization in world history[M].London:Routledge, 2010:145.

② WEISS L.The state-augmenting effects of globalization[J].New Political Economy, 2005,10(2):346.

③ HOBSBAWM E.The dangers of exporting democracy[N].The Guardian, 2005-01-22[2012-07-09].http://www.guardian.co.uk/world/2005/jan/22/usa.comment.

治理和人类发展所遵循的规范。不过这些规范不能化约为发达国家的游戏规则，并且无视弱势群体的诉求。尽管在殖民性和去殖民性的学理研究中，存在着爱德华·萨义德“东方主义”意义上的话语和知识生成逻辑，同时也有反制度化的认识操作，但制度传播的种族中心主义始终是不同文明互动绕不过去的“暗礁”。制度的民主化及全球地方化始终是全球传播所面对的一个挑战。

## 第一节　制度与传播

何谓制度？“制度是典型化和习惯化的结果。”①当我们谈论制度与传播时，这涉及日常生活活动、习惯与规范等关系问题。该认识更多与日常生活社会学与制度经济学联系在一起。从上面的分析中我们可以看到，日常生活社会学更多把社会学与现象学相结合，旨在观察日常生活意义的生产与使用。在制度与传播的关系中，传播的意义就在于日常生活传播活动构建了象征层面上的制度规则。

在社会学认识层面上，“人们是通过传播完成社会化的，也就是说，人们是通过传播变成社会成员的。反过来，正是在这个社会化的过程中，人们无意识地学习价值观念、思维模式、社会规范，并培养着自己的传播能力”②。人的日常活动、社会化、价值观的形成以及制度的形成与传播活动紧密地联系在一起。“传播是社会存在的要素，社会空间的建构是由信息流动和传播交换的情景来决定的。”③制度与规则构成了社会空间的象征表象。何谓制度？在制度经济学那里，“制度是社会博弈规则，并且会提供特定的激励框架，从而形成各种经济、政治、社会组织。制度又由正式规则（法律、宪法、准则）、非正式规则（习惯、道德、行为准则）及实施效果构成”④。在制度作为规则的意义上，制度拥有一个等级化的结构，分为以下四部分规则：管理人们日常互动的“运作规则”（operational rules）；用来选择运作规则的规则，被称作“集体选择规则”（collective-choice rules）；“制度规则”是被用来选择“集

---

① 伯格，卢克曼.现实的社会构建[M].汪涌，译. 北京：北京大学出版社，2009：47.

② 陈卫星.传播的观念[M].北京：人民出版社，2004：306.

③ 陈卫星.传播的观念[M].北京：人民出版社，2004：382.

④ 诺斯.绪论[M]//德勒巴克.新制度经济学前沿.张宇燕，译. 北京：经济科学出版社，2003：14.

体选择规则”的规则;最后是“元制度规则”(meta constitutional rules),其指导着对制度规则的选择。[①]无论何种层面上的规则,都意味着一种权力或元权力。“制度是已有社会惯例、结构的储存,通过这种储存我们使集体记忆、表述、价值、标准等外部化,以便它们比我们人类更持久。”[②]“制度只能在所有有关人员可以理解的共同设想或世界观的基础上建立起来,它不是政体内自发产生的,而是在共同的象征被逐步清楚表达的基础上产生的,而这种象征本身也是通过积累慢慢确定的。”[③]也就是说,制度的产生是一个构建过程,其与传播活动是分不开的。“只要存在一个被某类型活动者习惯行为的标准化,就会出现制度化,换句话,任何这样的标准化就是制度。构成制度的被习惯行为的标准化往往是共享的。”[④] 制度既是一种文化秩序——因为“它(文化秩序)是一种含蓄的结构,它已经被我们所内在化,并无意识地指导我们对交易和管理的态度”[⑤]——又是一种社会秩序,因为“它是人的(活动)产物,更具体地,是一个不断进行的人类的生产,是人在不断外化过程中生产出来的”[⑥]。正是“制度”这些本体论和认识论特征,使我们看到,随着全球化或国际化的发展,制度有了全球的或国际的维度。

法国学者图拉尔(Hélène Tourard)在法学层面上对“国际化”进行界定,认为国际化是一种由国内支配的法律关系开始受国际法支配的现象:首先,其主要适用于像冲突这样的情景,几个相关国家涉入其中;其次,国际化指一个国际机构干涉一个国家的内部事务——当这些事务具有国际影响的时候。[⑦] 不过,随着全球化过程的展开,对国际化的理解有了多样性的维度,其

---

① GREIF A, KINGSTON C.Institutions:rules or equilibria? [M]//SCHOFIELD N, CABALLERO G.Political economy of institutions, democracy and voting[M]. London:Springer-Verlag Berlin Heidelberg, 2011:15.

② 布瓦索.信息空间:认识组织、制度和文化的一种框架[M].王寅通,译. 上海:上海译文出版社, 2000:390.

③ 布瓦索.信息空间:认识组织、制度和文化的一种框架[M].王寅通,译. 上海:上海译文出版社, 2000:189.

④ BERGER P L, LUCKMANN T. The social construction of reality:a treatise in the sociology of knowledge[M]. London:Penguin Books, 1966:72.

⑤ 布瓦索.信息空间:认识组织、制度和文化的一种框架[M].王寅通,译. 上海:上海译文出版社, 2000:472.

⑥ BERGER P L, LUCKMANN T. The social construction of reality:a treatise in the sociology of knowledge[M]. London:Penguin Books, 1966:69-70.

⑦ TOURARD H. L'internationalization des constitutions nationales[M].Paris:L.G.D.J,2000:1.

中比较明显的就是作为社会逻辑组成部分的制度的国际化。

制度全球化的问题意识来源于全球化整合过程中群体或社会制度规范的移植或全球地方化,换句话,来自实现全球发展过程中的对不同社会群体行为规范和规则的整合。社会、文化和企业群体的整合/融合成了"地球村"情景中的存在反应。作为制度的全球化,主要体现于两个方面:一方面是全球化过程中的全球化主体——跨国企业,如CNN、时代华纳、福特基金、洛克菲勒基金等;另一方面是全球化过程中的国际组织结构,如联合国、联合国教科文组织、国际邮政联盟、世贸组织、世界货币基金组织(IMF)、世界银行等。前者主要体现于局部制度文化跨边界活动;后者则体现于最初由少数成员发起的组织最后成为世界各国行动的参照系。全球化意味着普遍性与特殊性、整体与局部、国际与国内、普遍与多元等辩证内涵的互动与融合。从地区政治、经济和军事组织到国际政治、经济和军事的联合或联盟,从国内的制度框架到国际上的组织规范,都显示了制度不再是某个民族国家内部的设置,随着全球化过程的展开,制度也在遵循着全球—地方化的逻辑。例如,《帝国》的作者哈特等认为"通过改变当代的超国家法律,帝国的构成过程趋于直接或间接地渗透、重构民族国家的内部法律,因此超国家法律有效地支配了国内法"①。

## 第二节　制度的国际化:全球化的后果

全球化所造成的后果是多方面的,并引起了诸多争论,如全球化所造成的文化的同质化或异质化、极化或杂交、标准化或多样化。作为全球化的组成部分,在制度全球化的研究领域同样产生不同的辩论和话语,不过在此处,制度全球化分析的重点放在"制度"的全球性共享,制度机构不再是局限于民族边界的局部产物,其构成的规范网络不再是"局域网",而是国际"互联网";其指示的规则也不再是局部的行动参考标准,而是不同(地方的、国家的、国际的)行动者的交易框架,进一步说,传播互动框架。制度具有了全球化的特征,实现了"去地域化"与"再地域化"。"组织和结构政治形式的国际化,如同国家间跨国依赖必然性的出现一样,使人们有必要去思考国家

① 哈特,奈格里.帝国:全球化的政治秩序[M].杨建国,范一亭,译.南京:江苏人民出版社,2003:14.

间彼此依赖的民族性表达与政治策略发挥作用的国际形势间的辩证方法。”①

实际上，制度的跨边界过程，是“制度装置”（dispositif institutionnel）的“去地域化”与“再地域化”过程。从制度化的历史来看，此过程存在着以下几种特征：第一，殖民式的制度全球化（如德国的美国化）；第二，地区整合的制度化（如欧盟化）；第三，企业文化的全球化（如丰田文化）；第四、国际组织的全球化（世界邮政联盟等）。殖民式的制度化源自宗主国对殖民地的改造，利用宗主国的制度设置与经验来实现殖民地制度的变迁，如英法对非洲的殖民，二战后美国对德日的改造。地域整合的制度化源自地区组织在经济或政治上的一体化，欧盟是其中的典范。为推进欧洲的一体化进程，欧洲拥有欧洲央行以及欧洲议会来处理欧盟的金融与政治事务。企业的国际化是全球化背景下的重要经济现象，企业文化的国际化是跨国经营与管理的必然结果。国际组织的全球化是实现全球社会治理的重要方式，伴随着不同国家间的协约或协议的签订，国际组织的准则与规范成了参与各国国际行动的参照；在这里，如欧洲启蒙运动思想家的“社会契约”一样，不同参与国家或多或少地让渡自己的某些主权，以换取所有国家对规则与规范的尊重。

## 一、欧盟化构建

制度全球化的典型事例之一是欧盟的整合，尤其是自冷战结束（1989年）和东欧剧变后出现的欧洲化（Européanisation）。自20世纪80年代的东欧剧变之后，在东欧及苏联独立的加盟共和国中出现了欧洲化浪潮。暂不论欧盟和北约的地缘政治意图，但就欧洲化而言，最重要的特征之一就是“欧洲化表现为公共政策的转移过程”②，因此，“欧洲化概念便在论述欧盟不同规则的政治社会学中占据了重要的位置，不管是在共同体的制度层面还是在民族国家层面”③。关于欧洲的一体化过程有诸多论述欧洲化的著作，

① LAMIZET B. La médiation politique[M]. Paris:L'Harmattan, 1998:279.

② SAURUGGER S, SUREL Y. L' européanisation comme processus de transfert de politique publique[J]. Revue Internationale de Politique Comparée, 20016,13(2):179.

③ BAFOIL F.L' européanisation:héritages, résistances, mobilisations collectives et cohésion[J]. Critique internationale,2008(41):159.

这些研究涉及老和新成员国，其中两种研究视角受到重视。其一是从利益、制度和观念（idées）综合层面来看待欧洲化。在此处欧洲化被描述为“正式与非正式规则、程序、政治范式、风格（styles）、‘做事情的方法’以及被分享的规范与信仰等的构建、传播和制度化的过程。这些过程在欧洲政策制定过程内部被界定和巩固，并被吸收到国内（国家或次国家层面）的话语逻辑、政治结构和公共政策之中”①。其二是从有关的行动者与国内制度结构的影响出发，考虑规则采取形式的多样性。该视角显示，一个国家越是有能力使自己的资源（制度的、立法的、被组织的行动者）受到重视，就越能抵抗要求接受欧盟规则的压力，在欧盟与国内层面上的冲突风险就越大。相反，一个国家可利用的资源越少，就越容易采用外部的规则。②

在欧洲化学理研究上是如此分析，但在现实中加入就需要满足欧盟提出的条件。欧盟在 1993 年 6 月举行的欧盟哥本哈根首脑会议上确定了三项基本的成员国标准：1）拥有捍卫民主稳定的机构、法治、人权、尊重和保护少数民族；2）拥有行之有效的市场经济，以及应对欧盟内部竞争压力和市场力量的能力；3）履行成员国职责的能力，包括恪守政治、经济和货币联盟的宗旨。克罗地亚时任总统约西波维奇曾在 2011 年 4 月 7 日与到访的欧盟委员会主席巴罗佐会晤后说，克罗地亚将满足所有加入欧盟的条件，不会寻求“打折扣”。这就是说，加入欧盟就是要“不打折扣地”接受欧盟的制度游戏规则。

## 二、美国化改造

美国化不仅是欧洲国家与第三世界国家对美国政治、经济与文化意识形态霸权的反映，而且也在国际化的层面上体现了制度的全球化或跨边界扩张。美国化比较集中的时间是在第二次世界大战后，如美国对西欧实行的马歇尔计划（1948—1952）以及对德国和日本的制度改造。美国对盟国的支持主要是物质方面的援助。1955 年随着北大西洋公约组织（NATO）的成立，美国为防止共产主义扩散而对西欧提供的军事援助，这更促进了西欧经

---

① BAFOIL F.L' européanisation：héritages，résistances，mobilisations collectives et cohésion[J]. Critique internationale，2008(41)：159.

② BAFOIL F.L' européanisation：héritages，résistances，mobilisations collectives et cohésion[J]. Critique internationale，2008，(41)：160.

济的恢复和发展。与马歇尔计划相伴而行的是负载美国价值观的文化产品的输出。“在战后,尽管马歇尔计划使遭到重创的欧洲重新回到发展的道路上,但它同时也是使欧洲社会美国化的特洛伊木马。它为相关国家工业机器的现代化开辟了道路,并且成了社会重新规划布置的背景……通过这个突破口,在美国经受考验的价值观、社会技术和优秀的模型都涌了进来。”①

美国对欧洲的美国化尤其表现在德国和奥地利。德国战败后,直到1955年才成为一个主权国家,在1948—1949年甚至没有中央政府,东西两德各由占领者按自己的意图来行事。“美国对德国政策的中心思想是改变德国社会的一些基础结构,用美国设计的制度机构来代替它们。”②美国按照自己的经济组织模式来改造德国的组织,创立彼此可以竞争的寡头独占(oligopoly),而不是垄断(monopoly),以形成经济权力的制衡。如德国与奥地利的中央银行就被改造成完全独立于政府的机构,由州银行投票来决定中央银行的决策。“这种设置使德国的传统银行和传统金融失去了连续性。不过最终证明这对国家货币的实力是非常重要的。德国的新货币(德国马克)在1948年的引入也是美国占领机构的单方面决定,德国人几乎就不知道。”③

在日本,美国占领当局根据《战后初期美国对日政策》颁布了一系列旨在促进日本政治民主化的命令:下达了关于言论和新闻自由的命令;取消一切通信自由的限制,并鼓励日本人民批评政府的政策;废除了日本所有限制基本人权的法律和法案(后称“人权法案”);废除对政治、民权及信仰自由的限制;释放了全部在押政治犯,等等。政治上,1946年天皇发布《关于建设新日本的诏书》(或称作“人权宣言”),否定了天皇拥有神权和日本民族负有统治全世界使命的神话;并颁布了战后日本的新“和平宪法”。教育上,1946年,美国占领军总部发出了《关于教育根本改革的备忘录》,提出了关于改造日本教育的具体意见和实施要点,其中包括:宗教(特别是神道教)同教育分离;为清除日本教育中央集权式管理影响而把教育权移交给地方政府,实施九年制义务教育等。经济上,“盟国的领导者把德国和日本的扩张外交政策归咎于其非民主政府,并相信自己国家未来的安全利益只需要这两个国家

---

① MATTELART A.Le mondialisation de la communication[M].Paris:PUF, 2008:68.

② SCHRÖTER H G. Americanization of the European economy[M]. Berlin:Springer, 2005:55.

③ SCHRÖTER H G.Americanization of the European economy[M]. Berlin:Springer, 2005:55.

的社会重构……除了民主没有什么是最基本的社会重构，它具有和平性，将可以扎根……德国与日本的民主化计划是相似的。在两种情况下，他们需要一部新的宪法、新的领导者，并且要改变经济结构。经济的改变是出于政治原因。盟国相信，如果没有关键的压力群体来支持它的意识形态，一部民主宪法是没有意义的。在德国与日本，集中的商业被看作是最强力的压力团体之一。但两国的商业被认为不利于民主，而利于寡头政治，因此是占领当局改革的一个目标。”①

## 三、企业文化的全球化

当我们使用“学习”“借鉴”“吸收”等词语描述对外部经验和理论的反映时，这意味着什么？这意味着对外来知识的分析、采用与内化。就企业经营管理而言，西方有着不同的理论，从 19 世纪末到 20 世纪初形成的所谓的“探讨经济管理”的“古典管理理论”，如美国泰勒的以提高劳动生产率为目的的科学管理论（或称泰勒制），法国法约尔的以大企业整体为研究对象的“工业管理与一般管理”分析，德国韦伯的行政组织体系理论；到 20 世纪 20 年代开始的西方管理理论中的“人际关系”—“行为科学”理论，如美国梅奥与罗特利斯伯格的“社会人”“非正式组织”“职工满足度”等概念弥补了古典惯例理论的不足，有利于解决劳资之间乃至“工业文明社会”的矛盾与冲突，提高劳动生产率；再到第二次世界大战后出现的当代西方管理理论，如社会系统理论、决策理论、系统管理理论、管理科学理论，等等。② 这些不同阶段的理论涉及不同时期西方社会对企业经济管理的内容与分析，展现出企业经济管理的宏观与微观文化，经济、社会与技术想象，也构成了企业与经济全球化的重要内容。

在全球化的背景下，作为全球化主要载体的跨国公司努力开展“去地域化”“再地域化”“全球地方化”过程，虽然全球营销策略中的“文化多元化”成了跨国公司扩展的主题词和表明自己对世界存在形态态度的“口号”。“每个国家都有自己的传统，有自己界定每个人权利和义务的方法，以及命

---

① HERRIGEL G. Manufacturing possibilities: creative action and industrial recomposition in the United States, Germany, and Japan[M]. New York: Oxford University Press, 2010: 47-48.

② 大内. Z 理论：美国企业界怎样迎接日本的挑战[M]. 北京：中国社会科学出版社，1984：2-13.

令、遵从、合作和对抗的方式。我们对荣誉吹毛求疵的崇拜以及尊贵(noble)与卑贱(vil)间的无止境的区分,使我们生活在一个不同于大西洋彼岸的世界,在那里进行对抗的是对盈利的贪婪和对诚实的热情。同时,这也使我们产生不同于导致荷兰人自愿行事的谨慎态度。”而且“人们让文化靠近的价值观,不是其他什么东西,而是集体行为所同意的并以之为基础的东西。这些价值观是这种行为的结果并由其所构建”①。“在一个企业中,一种观点被研究,一种权威商标被接受,一种存在方法引起信任、厌恶和愤怒,这往往不是因为它们的物质方面出了问题,而是因为它们意味着什么。”②从发生论的角度而言,一个群体的文化可以界定为“一个群体在解决自己的外部适应和内部整合问题时所学习到的基础共享假设的模式,这种模式的作用发挥得很好,被认为是有效的,可以作为正确地观察、思考和感觉问题的方法教给新的成员”③。换句话,文化发生于一个群体解决外部适应问题和内部团结问题的过程中。

企业文化是指一套由整个企业共享的复杂思想体系、象征符号和核心价值观,它们影响着企业的经营。④“企业文化是对一个组织价值观或价值体系的感知和阐释,组织成员拥有这种价值观以便能够理解、学习和采取行动。”⑤“文化是企业的特征,它把一个企业从外表上与其他企业区分开来,特别是在应付企业生活的现实状况、应对市场、界定效率标准或处理人事问题方法上与其他企业区分开来。”⑥在企业的全球化过程中,企业文化不仅维护着企业的团结,把职工团结在自己的品牌、产品、服务、企业形象等周围,形成企业发展的动力,而且吸收、同化新来的雇员,使每个职工都有一个共同的参照,从而减小企业内部的张力。除此之外,作为企业身份的文化还构成了企业进行科学技术和经营管理创新的源泉,赋予企业行为或行动与众不同的意义。在全球化的过程中,无论是企业管理经验的“全球地方化”还是

---

① IRIBARNE P d'. La logique de l'honneur:Gestion des entreprises et traditions nationales[M]. Paris:Éditions du Seuil, 1989:XIV.

② IRIBARNE P d'. La logique de l'honneur:gestion des entreprises et traditions nationales[M]. Paris:Éditions du Seuil, 1989:XXIII.

③ SCHEIN E H. Organizational culture and leadership[M]. Hoboken:John Wiley & Sons, Inc., 2004:19.

④ HITT M A, et al. Strategic management concepts and cases:competitivness and globalization[M]. 8th ed. Stamford:South -Western Cengage Learning, 2009:23.

⑤ BERTRAND Y. Culture organisationnelle[M]. Québec:Presses Universitaires du Québec,1991:7.

⑥ THEVENET M. La culture d'entreprise[M]. Paris:PUF, 1993:3.

技术的“再地域化”，都意味着“制度”和“意识形态”的国际化——霍克海默(Max Horkheimer)就曾说过：“不仅形而上学，而且还有它所批判的科学本身，皆为意识形态的‘东西’；科学之所以是意识形态，是因为它保留着一种阻碍人们发现社会危机真正原因的形式……所有掩盖以对立面为基础的社会真实本质的人的行为方式，皆为意识形态的‘东西’。”[①]我们经常说的学习外国先进的管理经验就是这种制度化的实践过程。

在企业文化的传播过程中，“福特制”和“丰田制”成了企业文化的典范。亨利·福特(Henry Ford，1863—1947)是美国著名的企业家，也是第一个采取“量”策略的汽车生产商。他在1908年末策划了一款标准化的汽车模型——Fort T，并于1915年普及了“流水线作业”，在扩大生产的同时，还增加了工人的工资。同时，他撰写《我的生活与工作》(*My Life and Work*，1922)和《今天与明天》(*Today and Tomorrow*，1926)来阐述自己的“有必要增加工资来扩大需求”的思想。福特对生产模式的理性化贡献巨大，致使“企业家谈论‘福特体制’(système Ford)或‘福特化’(fordisation)，知识分子和政治家很快在20世纪30年代开始用‘福特制’来指称‘福特学说’”[②]。于是，“福特制”不再局限于“一种位于确定制度系统内的资本积累动力的具体框架模式”，而是扩展为“一系列旨在减缓经济循环周期和实施充分就业的制度”，以及“一种可以理解为把私权领域扩展到政治与社会权力的具体民主模型”。[③] 时至今日，“福特制”中的流水生产线运转在全世界的工厂中，而且扩展至文化的生产以及教育模式，换句话说，商业模式渗入了社会文化领域。在美国19世纪末以“优化劳动时间”为特征的泰勒制(taylorism)以及20世纪初的以“流水线生产”为特征的“福特制”(fordism)成为企业的生产管理模式之后，20世纪80年代日元经济横扫全球之际，日本企业获得广泛的赞誉。日本人丰田英二吸取西方科层制组织形式和泰勒制的管理经验，结合东方的文化特点，鼓励职工加强联系，培养职工的集体荣誉感，强调人与人的合作，人与机器优化组合，强调利润共享，以调动职工的积极性和责任心，形成了一套“以人为中心”与以“压力管理”为特征的日本现代管理方

---

① 哈贝马斯. 作为“意识形态”的技术与科学[M].李黎，郭官义，译. 上海：学林出版社，1999：3.

② BOYER R, FREYSSENET M.Les modèles productifs[M].Paris：Éditions La Découverte, 2000：51.

③ RENAULT E.Du fordisme au post-fordisme：dépassement ou retour de l'aliénation ?[J].Actuel Marx, 2006，1(39)：91.

式，这种以“压力管理”为特征的丰田主义(totyotism)在20世纪后半叶于欧美世界中被推广，另外，它的终身雇佣制和集体主义成了国际企业的样板。

企业的全球化意味着，“经理必须培育出一种全球性心态，要有能力为那些不依赖单个国家、文化或语境条件的人员与业务运作培育出解释标准，有能力把这些标准合理地应用于不同的国家、文化与语境。这是心智的全球化：‘真正的挑战是把组织的精神全球化……在您没有把心智全球化之前，您还没有真正实现公司的全球化’”①。而跨国公司是全球化过程的活跃载体，直接涉及人员、形象、资本、产品和技术在地区、国家、城市、郊区、农村、种族、语言及其他框架下的流动。跨国公司的经营不仅是经济问题，更是社会—技术问题，换句话说，跨国精英不仅是按经济学规律来追求利润，而且还是一个不同心智(如文化、价值观、宗教等)状态或意识形态与技术维度上的整合过程。

## 四、国际机构制度化

作为制度全球化最明显的例子是全球化过程中的“现代化”或“发展意识形态”。这种制度和规范的全球化不只发生在二战以后——或因深层次的地缘政治和经济利益赌注，或因浅层次的“心理战”或“意识形态斗争”——而且体现于落后国家在西方中心主义框架下对西方发展模式的有意识或无意识的参照。从19世纪末日本在“尊王攘夷”“和魂洋才”的口号下进行的明治维新，到中国清朝末、民国时期，直至现在的“现代化”发展模式探索，从“中体西用”“西化”“中西互补”等浪漫思考，到现在实事求是地进行“改革开放”，积极地参与经济全球化进程，融入国家社会，其内容无不体现着“我”与“他者”游戏规则和规范的彼此协商和妥协，制度和规范被推向了民族国家的地理边界。最切身的例子就是中国加入世界贸易组织，“加入世贸组织，要求我们必须按世贸组织的协议和我们做出的承诺办事。一方面，世界贸易组织在诞生前后形成的、要求加入世贸组织的成员所必须接受的一揽子经贸协定和协议，已经成为世界各国开展经贸合作与竞争的游戏规则，它是世界上大多数国家所共同接受的国际贸易的惯例与规范，也已

① LANE H W, et al. The Blackwell handbook of global management: a guide to managing complexity[M]. Oxford: Blackwell Publishing Ltd., 2004: 19.

经成为国际经济贸易法律体系的核心部分”[①]。加入这个国际性的商业组织，成员国就要协调自己的规范制度与国际游戏规则接合，游戏规则不再是某个国家的规则，而是为实现国际化，单个民族国家必须遵循的国际公共规则。

公元1000年以前，塑造人类生活和社会机构的最重要因素是分离的，接触只是在地区性的不同冲突中发挥边缘性的作用。相反，在公元1000年后，社会作为接触、交际甚至故意模仿的结果来发挥作用，因此世界历史更多成了融合的叙事而不是分离的故事。[②]“国际社会是一个国家联合体，它不能依赖超国家机构去制定和执行法律，但是它要求各国接受它们自上而下的宪法性限制。从这个意义上说，从国家无政府社会向一个共同联合体的世界转变，要求这个联合体成员国承担国际法律义务，并按照法治要求治理国内活动。”[③]例如，中国在加入世界贸易组织之后，就需要对自己企业进行改革，建立现代企业制度，以适应世贸组织的游戏规则以及制度化的规则。要建立完善的企业制度，就需要改变以往计划经济下的“政企不分”“大锅饭”等状况，确立产权制度、法人治理结构、组织结构、内部管理制度、契约制度等。

随着世界博览会的召开，国际会议与国际组织受到了有力的推动。“时至1878年，这些(借助世博会举行的大型)国际会议还是非正式的……在19世纪70年代，国际会议的数量有所增加。在当时的国际环境下，跨边界的联系增多……历史学家维尔纳·桑巴特(Werner Sombart, 1863—1941)在世纪之交就国际组织协议的出现节奏所做的统计很具说服力：1850年之前，只有7种；在随后的20年中，创立了17种；1870年至1880年为20种；1880年至1890年为31种。在随后10年内，这个数字增加了一倍。”[④]国际会议增多导致的一个结果是国际组织和调节机构的成立。例如，1865年在拿破仑三世的召集下，20多个国家齐聚巴黎，成立了“国际电报联盟”，该联盟是现代第一个国家间的国际组织，后于1934年更名为“国际电信联盟”(ITU)，是联合

① 王利明.加入世贸组织与我国法制建设[J].中国工商管理研究，2000(7).

② STEARNS P N. Globalization in World History[M]. London：Routledge, 2010：29.

③ 赫斯特，等.质疑全球化：国际经济与治理的可能性[M].张文成，许宝友，贺和风，译. 北京：社会科学文献出版社，2002：357.

④ MATTELART A. L' invention de la communication[M].Paris：La Découverte, 1994：144.

国主管世界信息通信技术的机构。在普鲁士邮政部长海因利希·冯·斯特凡(Heinrich von Stephan)的倡议下,根据在瑞士签订的《伯尔尼条约》(*Treaty of Berne*)于 1874 年"邮政总联盟"(General Postal Union)成立,并于 1878 年更名为"万国邮政联盟"(Universal Postal Union),现如今成了联合国的组成部分。该联盟原则规定:所有国家同意对国际邮件维持一个标准费率,不管目的地是哪里;同意尊重来自信件来源国的邮票,由来源国保留收入。从此国际邮件传播拥有了被所有成员国遵守的制度性规则。1864 年签署的《日内瓦公约》(*Geneva Conventions*)为伤员、战犯等的处理提供了世界各国应当共同遵守的标准。自第二次世界大战后成立的国际组织更是支配着当今的国际政治、经济、文化、传播与社会等领域的生活,如 1945 年成立的"联合国";1945 年成立的"国际货币基金组织";1945 年成立的"世界银行";1994 年成立的"世贸组织",等等。

2008 年始于美国的次贷危机引发了近百年来前所未有的全球金融风暴,并演变成了一场自 20 世纪 30 年代以来的全球性金融危机。在对此次金融危机的反思中,有的经济学者就指出,制度性全球化推进较由私人部门利益和市场力量推动的功能性全球化发展落后;随着过去十几年全球化的爆发式发展,在许多国家和区域之间产生了诸多双边协定和多边协议,二战以后成立的国际货币体系与金融监管已不能适应新的形势,世贸组织和国际货币基金组织这类国际机构,已经落后于全球化的步伐,需要建立新的、公平、公正的国际金融体制和机制来保证全球化的稳步推进,换句话,制度改革已经跟不上全球化的实际发展步伐,需要建立合理的国际金融和经济新秩序,实现制度的国际化和全球化创新。① 如现行的世界经济的制度和框架植根于第二次世界大战后期的新经济秩序的规划。1944 年,世界经济的决策者聚集在美国的布雷顿森林(Bretton Woods)考虑如何解决两个严重的问题:首先,他们需要保证 20 世纪 30 年代的大萧条(Great Depression)不再发生;其次,他们需要重建被战争摧毁的欧洲经济。这些决策者在布雷顿森林规划出了三个机构,试图构建一个新的世界经济秩序:国际货币基金组织(IMF)、国际重建与发展银行(后称世界银行)、关税与贸易总协定(GATT)。国际货币基金组织主要用来保证汇率的稳定以及给予处于支付危机中的国

① 田春生.国际金融危机:理论与现实的警示[M].北京:中国人民大学出版社,2010:115.

家帮助;国际重建与发展银行,用来方便私人投资和欧洲的重建;关税与贸易总协定签订于1947年,是贸易自由化的协商论坛。在西方(特别是美国)主导下所建立的三个世界机构,“在20世纪50年代开始发挥作用的时候,它们明显是严重依赖美国的西方组织”①。直至现在,这些机构仍是世界各国在进行国际活动时的参考框架。当然,在社会批判理论的学者那里,这些机构成了美国与西方构建世界霸权的工具。

## 第三节 国际传播的制度化作用

传播的制度化建构作用来源于上面所提及的日常传播活动的制度化作用,这是一种日常社会学与人类学的视角。它所关注的焦点在于,日常传播活动成了一种“结构—被结构”的积量循环,简单地说,表现为一种“习惯与制度”关系。不但传播活动具有制度化作用,而且从传播政治经济学的观点来看,作为一种系统,传播技术也是一种等级体系装置的黏合剂。“现代信息技术的出现肯定是技术史上最重要的一场革命。其革命性意义不仅仅在于它本身是一项全新的技术,更在于它是一种能轻松穿透技术间的重重壁垒,把看似毫不相关的各种技术联结在一起的黏合剂。”②“我们能够注意到,在所有传播系统中,技术的制度化模型起着黏合作用,使整体具有相对的一致性。信息技术的这种整合性质,越来越表现为一种新的动力,牵引着系统的其他成分。这种性质意味着相信一种新的等级体系,意味着该传播系统所有部分的重新配合以及各部分在生产共议中各个部分功能的重新界定。”③

1901年,马可尼通过从康沃尔(Cornouaille)向纽芬兰(Terre-Neuve)发送字母“S”展示了无线电报的用处。“英国海军部成了马可尼无线传播实验的最早受益者——1897年实现了第一次无线联络,4年之后又实现了首次穿越北大西洋的传输。这种技术的使用者主要是海军,他们借助无线传输来实现舰船间及舰船与本土间的传输。这些海上强国除了英国之外,还有德国、法国、美国和俄罗斯。作为主要的使用者,这些国家都在无线频率波段使用

① BAYLIS J, SMITH S, OWENS P. The globalization of world politics: an introduction to international relations [M]. 5th ed. Oxford: Oxford University Press, 2011: 248-249.

② 乔良,王湘穗.超限战[M].北京:中国社会出版社,2005:48.

③ MATTELART A. L' ordinateur et le tiers monde[M].Paris: Maspero, 1982: 71.

规则的起草过程中努力增加自己的影响。1906年,28个国家在柏林成立了国际无线电报联盟(URI),通过了具有帝国主义性质的'先到,先用'的游戏规则。一个国家只要通知该联盟自己想使用某某波长就可成为其使用者,实际上,该原则使得国际无线发射频谱在半个世纪后被工业大国所垄断。"①法国学者德布雷在《媒介学导论》中指出:"很明显,技术的规范化不是中性的。它包含着经济和政治力量,它把具有明显政治性质的国际组织作为自己的表演舞台(如国际标准化组织ISO,其规范着书籍、光盘以及视听产品的标准)。今天的政治斗争是规范(normas)上的斗争,其在暗中进行,不为公众关心。谁成功地施加了自己的规范,谁就把'地方的'(local)提升到'国际的'(universal)。对世界的支配和规范因此被书写于微小而有决定性的字母简写之中(如与动画相关的MPEG2规范以及图片的JPEG规范)。"②实际上,围绕规范的斗争体现着不同活动者围绕"元权力"(meta-power)的博弈,所谓元权力就是"改变游戏规则的能力"③,在这里权力不再是微观的、可以施加或让渡的实体,而是一种改变约束彼此的游戏规则或规范的能力。再如现在国际货币基金组织的决策是靠投票权来决定的,即贡献份额大的成员国,就拥有更多的投票权,也就是说,说话就有权威性。这反映在全球性的制度层面上,也就是哪个国家更有能力把自己的特殊意志或决策作为普遍的意志或决策来加以推行。

制度机构是"根据其功能作用来界定的单位,这种作用在于促使不同行动者行动的协调,这种协调自然遭受不同'故障'的威胁。这些制度机构旨在弱化内在于具有不同利益的行动者当中的冲突,或只是努力把与相同环境相关的行动者的期望集中到一起。制度机构可以具有一个纯粹的概念形式,仅借助行动者所赋予的表达而存在,其具体化一种有机形式,并从此成为体制的补充因素。在较普遍的层面上,制度机构行动者被赋予的功能、行动者进行选择的决定因素或他们付诸实施的决策过程,这赋予这些行动者一种'确定的合理性'"④。特别是在一个充满意识形态斗争的世界中,这种

① MATTELART A. L' invention de la communication[M]. Paris:La Découverte, 1994:191.

② DEBRAY R. Introducción a la mediologia[M].Buenos Aires:Paidós, 2001:85.

③ HORNBORG A, et al. Ecology and power. struggles over land and material resources in the past, present, and future[M]. Now York, Routledge, 2012:120.

④ BERTHELOT J M.Epistemologie des sciences sociales[M].Paris:PUF, 2001:122.

“故障”成了某种霸权意识形态的隐喻。美国参议员阿尔伯特·贝弗里奇(Albert J. Beveridge,1862—1927)曾在演说中说道:“‘上帝的代理人们,我们不会放弃我们在教化世界任务中的角色。我们将推进我们的工作,不会像肩负重担的奴隶一样牢骚满腹,而是满怀感激来接受这个值得我们努力的任务,感谢全能的神为了人类的再生而把我们指定为选民’……这种政策是神灵启示的结果,是命中注定的。”①

在全球化发展的过程中,一方面存在着为支配国际(或世界)传播秩序的博弈——因为传播具有制度化的作用——各种权力及其意识形态,另一方面,为了发展,民族国家必须融入世界体系当中,这又面临着与国际制度和体制对接的风险。“在柏林墙倒塌之后,出现了一种普遍的政治和经济共识,不仅是在西方,很大程度上是出现在全世界,认为市场和民主的携手并进将给世界带来转变,使其成为一个现代的、爱好和平的多国社区。在此过程中,种族仇恨、极端宗教激进主义和其他不发达的‘落后’现象将被一扫而空。”②但现实情况是,因文明、宗教和体制差别所引发的冲突或局部战争每天都在发生,种族中心主义始终是不同文明交流过程中的“暗礁”,市场经济规则所欣赏的国际自由贸易规则因各国政治和经济战略不同滋生众多的变相“保护措施”,如反倾销调查、高科技禁售等。这就是制度的全球化面对的,与其说是困境,倒不如说是一种挑战。

---

① MATTELART A. L' invention de la communication[M]. Paris:La Découverte, 1994:242.

② 蔡爱眉.起火的世界:输出自由市场民主酿成种族仇恨和全球动荡[M].北京:中国大百科全书出版社,2003:131.

# 第九章 国际传播地缘政治经济学

从马匹到火车,从有机快速到机械快速,在这种转化中出现了一种新的决定社会组织方式的移动方式。①

——阿芒·马特拉

地缘政治的标注不再仅是在地形图上的勾列,同时也是虚拟的“链接”。②

——索尔维·古德拉克

全球化长期以来被看作一种由硅谷技术、好莱坞电影和华尔街金钱驱动的“美国制造”现象。但是突然,以往位于世界事件边远地区的国家似乎摆起架子,来挑战美国在全球整合时代的主导地位。③

——戴维·林奇

地缘政治经济学主要描述空间和政治经济活动之间的关系。在“地缘政治经济”视角下,地理空间不仅仅是一个物理空间,而且具有政治经济属性,即地理空间不仅是生命体赖以存在的空间,同时也是一个政治、经济和文化的空间。作为“传播动物”的人借助传播活动不仅构建了自己生存其中的现实地理空间,也构建了象征活动集中的虚拟空间(或元宇宙)。现实中的政治、经济、文化等活动被投射到虚拟的空间中:现实和虚拟活动因循不同的逻辑,同时彼此又互为镜像。当客观世界的“物质本体”过渡到“关系本体”、当认识论由“现实主义的反映论”让位于“建构主义的认识论”时,我们

① MATTELART A. L' invention de la communication[M]. Paris:La Découverte, 1994:66.

② GODELUCK S.La géopolitique d' Internet[M]. Paris:La Découverte, 2002:8.

③ LYNCH D J. Developing nations poised to challenge USA as king of the hill[EB/OL].(2007-08-02)[2012-07-03]. http://www.usatoday.com/money/world/2007-02-07-emerging-markets-usat_x.htm.

就生活在一个现实和虚拟彼此交叉和充满“复杂性”的世界中。从此，不同群体的利益边界勾勒不再仅仅体现为物理坐标，虚拟的链接、地址和浏览痕迹超越纯粹的情感娱乐和伦理道德，成了不同群体博弈的工具。“人类的历史是由文化群体之间的战争组成的……外敌的存在总是维持内部凝聚力的一种有效方式。”①国际传播研究中“传播地缘政治学”问题意识，主要来自信息传播与地缘政治的结合，信息嬗变成了地缘政治经济工具。

## 第一节　超越现实政治与经济

### 一、传播变动中的地缘政治与经济

政治、经济与文化的地形图总是处在一种“变成”(becoming)的状态，在一定程度上，总是处于“新”(new)的状态。传播技术成了地缘政治与地缘经济重新构型的技术支撑。随着传播技术的发展，跨国活动重新勾勒政治与经济活动的地形图，实现了政治和经济活动从物理层面上的国家向地区、跨边界、国际化直至全球化的扩张，而且也从物理空间走向网络虚拟空间，呈现出新的地缘政治与地缘经济构型。

传播方式发展意味着社会组织方式的改变。“从马匹到火车，从有机快速到机械快速，在这种转化中出现了一种新的决定社会组织方式的移动方式。”②“第一次世界大战之后，在美国海军的背后操纵下，英国的马可尼(Marconi)公司在美国的分公司于1919年被美国的传播集团所夺取，如通用电气公司(General Electric)、美国电话电报公司(ATT)、西屋公司(Westinghouse)等。这导致了一个无线电通信专业技术公司的诞生——美国无线电公司(RCA)。在20世纪30年代初，美国国际电报和电话公司(ITT)把英国公司从垄断南美远距离通信的位置上驱赶下去，这象征着美国在世界远距离通信网络中实力上升。”③同时这样也意味着，美国开始在拉美后院构建自己的地缘政治和经济圈子。无论是移动方式的转换还是无线电网络的垄

① 霍夫斯泰德 G，霍夫斯泰德 G J.文化与组织：心理软件的力量[M].李源，孙健，译. 北京：中国人民大学出版社，2010：338-339.

② MATTELART A. L' invention de la communication[M]. Paris：La Découverte，1994：66.

③ 朱振明.传播世界观的思想者[M].上海：上海交通大学出版社，2011：141.

断，这些传播方式的转换也意味着政治和经济行为组织方式的转变。同样，以诞生于美国的“互联网”为基础的网络虚拟空间的出现，意味着国家或国际层面上政治与经济活动被投射到一个新的运作空间中。

在经济层面上，经济活动（如人员、财物和信息的流动等）地形图的构建过程可从经济活动的国际化和全球化的过程上表现出来：“国际化过程涉及经济活动单纯的跨国家边界扩张。根本上，它是一个量化过程，导向一个更广泛的经济活动的地理模式。全球化过程在性质上不同于国际化过程。它涉及的不仅是经济活动在地理上的扩张，而且更重要的是，涉及这些国际上分散活动的功能整合。”[①]例如，一战后国际经济中心从伦敦转移到纽约；尤其二战后，经济的发展不再是单个国家的事情，除了跨国公司的经营活动外，地区经济联盟成了这种情形的重要特征，通过经济手段为地区活动制定出活动框架或秩序。同样，随着传播技术（如铁路、航空、电缆、互联网等）的发展，地缘政治也由以往的国家间的政治演变为全球的政治，政治活动不仅是两个国家间的事物，更是全球性的事物，国家间政治博弈的结果影响着地区的、国际的甚至全球的政治—经济集团的重构与分布，如国际政治秩序从西欧“威斯特伐利亚和约秩序”到第一次世界大战后的“凡尔赛秩序”，再到第二次世界大战后的“雅尔塔秩序”，直至现在“冷战后的多极秩序”。到了20世纪80年代，随着西方国家在各个领域实行“放松管制”运动和全球化，传播的地缘政治与地缘经济活动的边界变得模糊起来，信息成了地缘政治—经济活动的主要战略载体。

## 二、网络地缘政治—经济的表象

“国家利益”或“国家理性”总是国家政治和经济活动的主要目标。无论是政治的、经济的或文化的手段都可以作为国家间博弈的资本或工具，这些活动不再局限于以往传统的以自然地理空间为特征的活动，而是超越了国家和地区的现实边界，具有了全球化和虚拟的特征，于是随着这种变化，地缘政治和地缘经济的内容也不断发生嬗变，呈现出不同的、描述这种变迁与构型的地缘政治—经济概念。全球化本身就是一种商业意识形态，其概念

---

① DICKEN P. A new geo-economy [M] // 2nd ed. HELD D, MCGREW A. The global transformations reader: an introduction to the globalization debate. London: Polity, 2003: 303.

诞生于经济—商业活动的跨边界推动。商业逻辑是全球化运动的根本逻辑,其支配着商品的跨边界生产、分配和消费,而且更为严重的是,这种商业逻辑正在或试图代替文化逻辑实现对社会与国家的组织和管理。全球化展开过程本身实际上就是一种地缘经济的构建,因为其借助"网络社会"中的人们的日常生活或消费活动来实现跨国公司或国家资本主义的地区或全球经济战略。

许多有关全球化的作品往往讨论"地理学的终结""距离的死亡",谈论的原因在于交通和传播技术的发展使资本变得具有"高度流动性"(hypermobile),摆脱了"地域"的控制。虽然卡斯特尔认为全球化的力量使"地理空间"(space of places)被"流动空间"(space of flows)所代替,交通和传播技术发生了巨大的变化,不过"地点"(places)仍旧很重要,是根本性的,因为经济活动依旧植根于具体的场所。[①] 换句话,虽然传播流动超越了国家间的物理边界,形成了不断变化的"地缘政治"和"地缘经济"地形图,但人不能根除"政治活动"与"经济活动"的"地理学"特征,即其植根于具体的"地理场所",我们仍旧生活在一个充满不同意识形态的环境中。虽然新的传播技术的出现,促进或加速了政治与经济地缘空间的重新勾勒,甚至改变了权力关系的运作方式,但并没有消除国家间政治与经济关系的根本性质,即"国家理性",或"国家利益",始终是政治和经济活动的根本出发点。

在新的传播技术环境下,现实的日常政治和经济生活被"虚拟化"与"网络化"。"虚拟化"的特征在于,减少了活动或流动的成本,但增加了不确定性和投机的机会;"网络化"的意义在于为人类个体的社会化提供了毛细通道和漫射性技术支撑,身份的生成、意义的生产、欲望的激发与满足、对自由与限制的选择都被内化到主体的身体之中,成了后现代政治学的微观运作基础,致使日常生活社会学代替宏观结构主义社会学,成为日常意义生产的基础阐释学科。实际上,"虚拟化"本身是一把双刃剑,始终具有"正面"与"负面"两个辩证面,任何微观或宏观主体都可借这种"虚拟化"为自己的目标采取行动,例如,新闻门户网站、社交网站、论坛、音频谈话(交流)等在为网民提供资讯、娱乐、辩论、对话方面的便利,并成就富有回报的媒介或互联

① DICKEN P. A new geo-economy[M]//2nd ed. HELD D, MCGREW A. The global transformations reader: an introduction to the globalization debate. London: Polity, 2003: 308.

网产业的同时,也在被一系列虚拟空间中的“眼睛”(如软件)所监视,并形成了一系列附带的、非正当的产业,如专门从事“发帖”或“删帖”的网络公关公司,甚至违法的活动,如音视频对话遭窃听导致的诈骗。当网民在自己的小屋子上网聊天的时候,觉得自己非常隐蔽,实际上他不知被网络空间(或虚拟空间)中的多少双“眼睛”所注视,换句话,隐秘的私人空间实际就是虚拟的公共空间的一隅,被暴露在数字的阳光下。数字化时代的信息是不安全的,其体现在个人身份证号、银行账号、电话号码、年龄、性别被泄露,更重要的是个人的一举一动无时无刻不被网络上“眼睛”所监视:合法的或非法的、合理的或不合理的。由于网络的虚拟性以及网络传播的隐蔽性,信息的流动才更具“现实政治”上的战略性作用。随着现实政治、经济、社会乃至军事活动的虚拟化,网络空间成了一个超越现实政治与经济的以自然地理为特征的博弈空间,并嬗变为国家间政治与经济活动的战略平台。

## 第二节　地缘政治—经济学的“调色板”

### 一、何谓地缘政治—经济学

“地缘政治”(géopolitique)概念在19世纪末由瑞典政治学教授鲁道夫·契伦(Rudolf Kjellen, 1864—1922)提出。“地缘政治”意味着地理空间具有了政治属性。法国地缘政治学教授亚历山大·德菲(Alexandre Defay)对“地缘政治”进行了专题分析,指出在概念的界定上,地缘政治旨在研究地理空间与来自此空间的权力对手间的互动关系,这种空间具有物理的、象征性的特征,二者都成了博弈双方要使用的元素。① 在他看来,空间的影响通过地点强加给权力对手的局限或提供的机会被反映出来。这些局限或机会是可变的,其依赖于当时对手所拥有的技术能力以及人力或经济手段。现今,如果对手在技术上可行并且具有政治愿望,这种昔日用来保护和隔离的角力就会被轻易地超越。随着国家的产生,空间具有了长久地缘政治的维度,它不仅仅被自然环境与人群的多元性塑造和分隔,而且作为竞争对手的国家的主权的行使也成了关键因素。对于处于竞争地位的主权来说,空间成了

① DEFAY A. La géopolitique[M]. Paris:PUF, 2005:4-5.

对手们博弈的场所:为了增加物理或象征实力,彼此不断地围绕控制权进行博弈。从地缘政治视角来看,空间成了权力发挥作用的游戏和场所:所谓游戏博弈,权力不仅试图去控制战略道路与重要资源,而且还去夺取象征性的领域和场所,空间成了地方、地区及世界力量(puissance)的演练场所。地缘政治空间既是物质的领域,又是"想象的"空间,权力的拥有者通过空间中的表达或表象来获取自己的战略目标,"地缘政治"是关注与地缘相关的意识形态的政治地理学的一部分。

地缘政治是对资源中心和交通线路在地理上的分配,"它依据战略重要性程度为不同地点赋予不同的价值观。地缘政治情景是被宽泛界定的技术与地理布局互动的结果,它改变了不同地点在经济、政治与战略层面上的重要性"[①]。这就意味着,不同的技术手段——无论何种性质的手段,如政治的、经济的、文化的、狭义的技术——都有可能改变不同地点的战略重要性,因此"地缘战略"(geostrategy)就是国家因为地缘政治利益、意识形态(如不同文明间的冲突)原因、利益群体或单纯的领导者的愿望把传统的权力投射到某个地点。[②]

与"地缘政治"紧密联系在一起的"地缘经济","地缘经济"往往被看作"地缘政治"的一个分支,是利用经济手段来实现权力投射的战略。据说,"地缘经济"(géoéconomie)概念是由美国学者爱德华·鲁图瓦克(Edward N. Luttwark)提出来的,并被界定为"表现在商业基本原理中的冲突逻辑",其认为,在原子弹出现后的大国之间的军事对抗中,经济武器很大程度上代替了军事武器,成为国家建立自己力量的基础。[③] 欧盟就是典型的例子,这个本来基于大国制衡理念建立的跨国共同体最终成了政治与经济,乃至文化意识形态意义上的联盟,并作为一个整体在国际政治和国际关系中对外发声。实际上,"地缘政治"与"地缘经济"无法分离开来,原因在于"政治经济学"本身涉及的就是物质与象征层面上的生产、分配和消费,以及位于这些表象下的政治—经济支配逻辑:谁拥有了生产资料,又是谁掌握产品的生产和消

---

① GRYGIEL J J. Great powers and geopolitical change[M]. Baltimore:The Johns Hopkins University Press, 2006:22.

② GRYGIEL J J. Great powers and geopolitical change[M]. Baltimore:The Johns Hopkins University Press, 2006:22.

③ GAUCHON P, HUISSOUD J M. Les 100 mots de la géopolitique[M]. Paris:PUF, 2010:12-13.

费，这种不平等的地位如何影响着传统权力或后现代权力关系的运作。我们甚至可以用“地缘政治经济学”的名义描述国家或国际政治—经济权力与空间之间的关系。

从“石油地缘政治”(géopolitique du pétrole)到“旅游地缘政治”“气候地缘政治”“体育地缘政治”，直至现在的因新的传播技术(NICTS)手段而出现的“网络地缘政治”，国际地缘政治如同社会生活的网络化一样正从“实在”向“虚拟”变迁。

## 二、地缘政治—经济的系谱

在国际政治与国际关系中，不同的技术手段都可用作资以实现目标的手段，因而也诞生出了不同性质的地缘政治学概念。在这些地缘政治的大量研究文献中，常见的有“石油地缘政治—经济”“气候地缘政治—经济”“旅游地缘政治—经济”“体育地缘政治—经济”等。

首先是“石油地缘政治—经济”。随着西方工业化与工业技术革命的发展，石油成了推进社会发展的重要能源；随着 1973 年与 1979 年的世界能源危机的爆发，石油又被看作是有限的、不可再生的战略资源。在现实中，石油的生产地并不能与石油消费国的自然地理位置相吻合，而且石油又是大国实现发展必不可少的基础战略资源，于是在国家利益(或国家理性)的驱使下，石油资源成了地区与国际紧张局势的根源。国家，尤其国际大国——往往又是军事强国——为了获取这种具有高度战略性的资源，常常采用军事或经济高压手段，因此石油也就常常与地区或国际层面上的冲突或对抗联系在一起，石油的勘探、开采、输油管道的铺设作为广义上的技术手段成了地缘政治的组成部分，控制石油意味着在国际博弈中的胜出。在石油地缘政治上，美国总是走在世界其他国家的前面，盛产石油的中东地区①成了美国外交政策关注的重点：“自 20 世纪初以来，美国的外交政治仅靠石油来主导……为保证自己的能源供应而实施的政策成了美国最重要的事情之一。这就是美国自 1945 年以来的作为：美国总统罗斯福与沙特国王在美国的一艘军舰上签订了《昆西条约》(*Pacte Qunicy*)，美国保证沙特的安全并支

① 中东的五大产油国(沙特、科威特、伊拉克、伊朗和阿联酋)均在海湾地区；世界 20 个特大的油田，11 个在海湾地区。

持皇室，换来的是廉价且丰富的石油。1953年，美国和英国推翻了试图把石油国有化并赶走外国石油公司的伊朗总理萨摩台……1979年，卡特政府成了独立于所有军事联盟的快速反应部队(RDF)，当美国在波斯湾的利益受到威胁的时候，这些部队随时进行干预……中东地区成了美国历届政府关注的焦点，并且每次行动都是以获取石油为动机。"①自20世纪90年代以来中东地区的战争莫不与美国有关，如海湾战争(1991年)。

在这种"石油地缘政治—经济"背景下，国家内政与国际政治联系在一起。一方面，国家的内政与主权的合法性和强大的消费国政策相关联；另一方面，世界权力的地形图也因石油开发而被重新勾勒。随着冷战的结束、国际政治经济格局的多元化，以及新兴世界经济体(如所谓"金砖五国"：中国、俄罗斯、印度、巴西、南非)的诞生，各国攫取能源的情形变得愈加复杂，竞争也变得更加激烈。

其次是"气候地缘政治—经济"。在1979年日内瓦举行的首届有关气候的国际大会上，科学家们意识到了"气候的变迁"，人类的活动尤其是温室气体的排放使气候越来越不具有确定性，这种推测在20世纪末变成了现实。这些变迁意味着全球温度不断升高、干旱、洪涝、疾病、海平面上升、生物多样性的消失等，于是1997年通过的《联合国气候变化框架公约的京都议定书》，是第一个协调不同国家的温室气体排放的国际协议，目的是"将大气中的温室气体含量稳定在一个适当的水平，进而防止剧烈的变化对人类造成危害"。单就排放原则以及限额等问题，各国争吵不休，尤其是温室气体排放最多的美国，在克林顿政府时期签订该协议，在小布什上台后，于2001年又退出该议定书，并以各种借口和理由来逃避批准该协议，目的就是不能因为气候因素限制美国经济的发展，使美国比其他国家遭受更多的损失。换句话说，"气候"作为一种技术手段被用来约束、延缓或促进国家(尤其经济)的发展，成了国家间维护和调节自身与他国间利益的杠杆。但就美国而言，自己的孤立主义并不是万全之策："美国占世界4%的人口，却消费世界能源的25%……美国的一个悖论在于，联邦政府拒绝所有的有关气候的规章，但工业公司和地方权力机关却对环境方面的创新表现出了很大的兴趣。"②主

---

① BONIFACE P, LEPRI C. 50 Idées Reçues Sur Les États-Unis[M].Paris:Hachette, 2008:99-101.

② BONIFACE P, LEPRI C. 50 Idées Reçues Sur Les États-Unis[M].Paris:Hachette, 2008:193-194.

要原因在于,经济的全球—地方化使美国的跨国公司面对挑战,不得不在地方化过程中采取措施来保护环境。

再次是"旅游地缘政治—经济"。与人们自由时间和娱乐消遣相联系的"旅游"也是地缘政治的组成部分,世界上成千上万的国际旅游者在被光顾的土地上生产着具有等级体系性质的关系。以旅游为载体的传播实际上构建了一种向心的交流模式,不发达国家的富裕或中产阶层与发达国家的统治阶层一道成就了象征层面上的依附和皈依关系,萨义德的"东方主义"则是这种关系的有力注脚。在法国的学者看来,旅游是国家的政治工具,法国实行了殖民地旅游,以颂扬法国的杰作和诱惑殖民地的移民。"在 19 世纪末,法国等殖民国家就用旅游来达到宣传目的:让人们发现法国的文明和保护使命,强调可能被土著居民忽略的文化与自然元素……1922 年,殖民部长给帝国所有的领导人发送了规定殖民地旅游的目标:'国家的最高利益要求我们的殖民地要被参观,因为今天的旅游者可能成为明天的殖民地移民,这些例子不少。'"①在商业意识形态主导的全球化的背景下,作为文化产业的旅游主要表现出两层含义:一方面,在经济层面上,"旅游甚至已经超过石油和汽车工业,成为世界第一大产业"②,旅游经济把权力投射进不同的地区,甚至不同的领域,旅游拥有了分配权力(power)的能力;另一方面,在政治层面上,旅游成了国家间博弈的战略工具,与其他经济手段一样,作为经济杠杆,被用来促使对方转变决策或政治态度。

最后是"体育地缘政治—经济"。全球化背景下的体育赛事(如奥林匹克运动会)不仅"为人类的和谐发展服务,以提高人类尊严;以友谊、团结和公平竞赛的精神,促进青年之间的相互理解,从而有助于建立一个更加美好的和平世界",而且成了一种地缘政治和经济符号,体现了世界范围内不同地缘政治与经济团体的实力的消长。路透社从"2012 年伦敦奥运"中看到:在 21 世纪的多极世界中,奖牌榜反映着世界大国的变迁。并且法广(法国国际广播电台)从中看到"在 20 世纪冷战期间,两大强权——美国与苏联——经常通过金牌、银牌以及铜牌的数量相互较量。但在过去两届夏季奥运会上,却演变成了美国与中国的金牌榜首之争。美国在 2004 年雅典奥

---

① COUSIN S, RÉAU B. Sociologie du tourisme[M].Paris:La Découverte, 2009:75.

② 邵琪伟.旅游业目标:战略性支柱产业[N].人民日报(海外版),2012-08-30(2).

运会上胜过了中国，而四年后中国在自家门口反攻成功……中美在金牌榜上位置的变化，刚好表现出美国影响力的逐渐下降以及中国经济影响力的日益增长"。[①] 从运动员入场到代表宣誓和庄严的点火仪式，直至裁判执行规则以及运动员获奖后（甚至怪异）的举动，无不体现着缘于健身的体育运动已与政治、经济、文化结合在一起，成了一种象征符号，一种突出个体、群体或国家身份或利益的标签。"奥运会发展到如今，已成为混杂着商业化、职业化、资本主义和民族主义的大熔炉。"[②]运动员的角逐不只是体育精神、技术和力量的角逐，更是经济利益和民族精神（民族主义）的博弈。参与个人或团队项目时，运动员穿着各国国旗颜色的运动服，不再是代表自己的个体，而是成了团队（如体育代表团及其所代表的国家）的一员，他或他们所竞技的目标不再只是获取奖牌，而是国家与民族的荣誉，"金牌有助于国家团结，（我们）仍要用金牌来提升社会士气，人民需要奖牌，运动员也愿意用他们的青春来博取一个更加灿烂的明天"[③]。

为了实现奖牌的象征与物质意义，运动员成了利益团体甚至国家在体育赛事中的"筹码"，他们的身体和精神健康都被整合在利益链条之中，一切都是为了集团的最终目标和利益。运动员或服用兴奋剂，或采用"冷冻仓"（伦敦奥运会），或采用"远程缺血性预处理"（美国和加拿大）技术。脱离经济和科学技术甚至政治的力量，体育赛事是不可想象的，也正因此，体育活动与政治—经济利益掺和在一起。在利益的驱使下，体育逻辑嬗变成了政治—经济逻辑，体育文化活动被装进了政治和经济的"牢笼"，体育竞技的友谊、团结和理解精神让位于民族主义、爱国主义以及超越国界的企业利益——体育竞技场成了政治和商业意识形态战场，体育上的经济与博弈成了政治和经济博弈的表象。

在传播的全球化和网络化时代，"赛博空间（cyberspace）已经作为一个战斗的空间出现，它不同于陆地、海洋和天空……保护赛博空间安全的国家策略把赛博空间描述为我们国家的神经系统，因此对我们的经济和国家安

---

① 小妍. 奥运会金牌榜的起落 V.S.国际政治角力的变化［EB/OL］.（2012-08-05）［2012-08-07］. http：//www.chinese.rfi.fr//国际/20120805-奥运会金牌榜的起落 vs 国际政治角力的变化.

② RHODEN W C. 奥运开幕式的民族主义情结［N/OL］.纽约时报（中文版），2012-07-28［2012-08-07］. http：//cn.nytimes.com/article/olympics/2012/07/28/c28opening/.

③ JACOBS A.沉重的奥运金牌［N/OL］.纽约时报（中文版），2012-08-09［2012-08-09］. http：//cn.nytimes.com/article/olympics/2012/08/09/c09olympics/.

全至关重要。它对所有的联邦部门、机构、州与地方政府、私人企业组织以及每个美国人在提高赛博安全中的作用进行了描述……这种方法的根本目的在于，通过整个军事行动整合赛博空间的能力……战略司令部负责国防部（DoD）内的规划和指导赛博防御，并通过实施赛博攻击支持确定的任务……历史教会我们，单纯的防御有很大的危险性；如果没有侵略性的离岸战略，'马其诺防线'式的防御最终会失败……如果我们把战争的原则用到赛博领域，就像在海、陆、空领域，我们会意识到，当有必要阻止危害我们利益的行动时，我们与对手战斗的能力能更好地服务于国家的防御"①。在美国人看来，虽然苏联解体，但危险仍然存在，潜在的对手仍然存在，如中国与俄罗斯。"为了把分散的行动统一起来，美国已经建造并重构了跨越全球的命令、控制、通信和情报等传播系统。"②在这种背景下，网络（具体指互联网）又成了政治、经济与文化（文明）博弈的新的技术手段。

地缘政治与经济的博弈被一些学者简单地描述为"以硬实力和金融"特征的过去"霸权"、以"信息"为特征的现在"霸权"和以"绿色"为特征的未来霸权。过去霸权体现于金融霸权，金融霸权取代硬实力（如军事）霸权实现了从"硬实力"到"软实力"的转换；当下，"信息霸权"成了霸权的制高点，其依靠"控制评价体系""控制信息的传输""控制信息的司法裁决"来实现；现在随着"绿色"势力的崛起，"环境保护"问题成了实现霸权博弈的手段。③实际上，所谓的过去、未来、现在的霸权形式分析是"简单化"的做法，但反映了国际传播中的某些特征。在现实的国际传播中，发挥作用的不仅是金融，也不仅是单纯的信息，而是涉及国际主体互动的诸多信息与非信息因素，霸权是各种传播与中介活动协同作用的结果，体现了"地缘政治与经济"博弈的"复杂性"。在国际政治学中，不同外交手段形成了不同类型的外交，而这诸多外交形式构成了国际传播的重要流动途径，如文化外交、公共外交、人权外交、能源外交、人道主义外交、援助外交，等等。所有这些外交策略与不同性质的地缘政治—经济一起形成了"超限战"的重要组合。

---

① SCHILLER D.The militarization of US communications[M]//WASKO J, et al. Handbook of the political economy of communications. Hoboken:Blackwell Publishing Ltd., 2011:272.

② SCHILLER D.The militarization of US communications[M]//WASKO J, et al. Handbook of the political economy of communications. Hoboken:Blackwell Publishing Ltd., 2011:276.

③ 张捷.霸权博弈:独立视角透视全球幕后体系[M]. 太原:山西人民出版社,2010.

## 第三节 传播地缘政治与经济

主权国家在权力、军事力量、价值观、人口、领土、公共舆论、技术能力、经济发展等方面的地位具有一种非对称性质。各国在要求、实现和发展其主权方面具有不同的能力,即有权实现、维持和扩大本国利益与价值的能力。[①]在国际政治和国际关系中,主权原则和平等原则间有矛盾:“要保证主权独立就必然冲击主权平等,而要主权平等就难以保证主权独立。”[②]于是互联网成了国家间或组织间进行政治和经济博弈的工具。

媒介的全球化所包含的东西远超过大媒介集团的渗透性活动以及它们所生产信息对世界意识的支配程度。“全球媒介市场的内涵远不止于为电影和电视节目贸易所设立的论坛。媒介的全球化既是一个形塑共同叙事的正式/非正式规则发展与应用的场所,又是一个思想意识形态彼此竞争和铸造忠诚的空间——该忠诚最终将决定政府和国家自身的存在——也是一个影像成为武力补充甚至代替武力的舞台。”[③]“国家系统成了国际基础设施的重要组成部分。”[④]“30 年前,闭路电视引发了变迁;20 年前通信卫星演绎着相同的故事。在过去的 10 年中,互联网以及新技术的融合促使大规模的传播重组。在这些丰富的试验中,各种各样的游戏参与者和观察者都在寻找变化的词语和一套为自己提供合法性、后续权力或从技术优势中获得机会的法律和制度。”[⑤]

传播技术网络对民族政治、经济空间的整合起了重要的作用,弗里德里希·李斯特(Friedrich List, 1789—1864)就铁路网络对民族经济空间的建构进行的分析就是一例。在李斯特看来,德国的铁路网络建设不仅促进了经济的发展,更对国家起到了整合作用。弗里德里希·拉策尔(Friedrich

---

① 星野昭吉.全球政治学:全球化进程中的变动、冲突、治理与和平[M].李小林,张胜军,译.北京:新华出版社,2000:85.

② 赵可金,倪世雄.主权制度的历史考察及其未来演变[J].教学与研究,2005(10):43.

③ PRICE M E. Media and sovereignty:the global information revolution and its challenge to state power [M]. Cambridge:The MIT Press, 2002:3.

④ PRICE M E. Media and sovereignty:the global information revolution and its challenge to state power [M]. Cambridge:The MIT Press, 2002:4.

⑤ PRICE M E. Media and sovereignty:the global information revolution and its challenge to state power [M]. Cambridge:The MIT Press, 2002:4.

Ratzel,1844—1904)的《政治地理学》专论为“空间科学”(网络科学的开端)奠定了基础,网络使疆土增添了活力。在20世纪80年代,这种地缘政治空间随着全球化过程的进展嬗变为地缘经济空间。这涉及全球化背景下另一种传播话语的知识形态,即20世纪80年代以后起源于地缘经济—金融空间中的传播,新的传播环境条件构成新的传播起源。曼纽尔·卡斯特尔认为,“我们在人类不同活动和体验领域内进行的社会结构探索使我们得出了这样的结论:信息时代的支配性功能和过程逐渐形成了网络。网络成了一种新的社会形态,网络逻辑的扩散很大程度上决定着生产、体验、权力以及文化的过程……现在新颖的地方在于,信息技术的新范式为整个社会结构提供了扩张的物质基础。而且流动的权力相对权力的流动占据了上风。网络的在场或缺席以及每个网络相对其他网络的动力(在社会形态相对社会行为占据优势的层面上)是网络社会中支配和变化的主要源泉”①。

在传播网络化的背景下,国家的合法性已不再由国家边界内的力量来单独决定,边界外的力量也成了主要的参与者。“国家形成的过程意味着自荐为一个领土上的最高的政治权威,能够在整个社会制定和实施具有强制性的决策。”②“当今,无论在国内或国际层面上,国家都面临着合法性要求。一方面,人们期待它们以符合国民愿望和期待的方法来行动;另一方面,它们还要面对一系列的外部(如来自其他国家、国际组织、捐赠者等)要求。许多处于脆弱状态的国家面临着进退维谷的境地:它们公民的期待与牵扯进来的外部活动者的期待不一致。”③实际上,这处于一种类似心理学中的“两难理论”(schizophrénique)的精神分裂状态。“不管外部活动者的动机如何,它们都有可能削弱或增强处于脆弱状态的国家的合法性。”④

## 一、传播网络与地缘政治

“互联网地缘政治”(Géopolitique d’Internet)既是法国记者索尔维·歌

① CASTELLS M. La Société en Réseau[M]. Paris:Librairie Arthème Fayard, 2001:575.

② BELLINA S, et al. L’État en quête de légitimité[M]. Chavannes:Éditions Charles Leopold Mayer, 2010:25.

③ BELLINA S, et al. L’État en quête de légitimité[M]. Chavannes:Éditions Charles Leopold Mayer, 2010:79.

④ BELLINA S, et al. L’État en quête de légitimité[M]. Chavannes:Éditions Charles Leopold Mayer, 2010:81.

德吕克(Solveig Godeluck)的著作名称,也是其分析的问题。互联网的快速发展所带来的变化已不能仅仅被看作一个单纯的乌托邦或普通的商业行为,如新经济,也不能仅仅被看作现实社会的网络化,如虚拟社区,更重要的是网络空间成了地缘政治与地缘经济博弈的空间:"深深塑造我们文明的权力斗争已不再仅仅发生在国家或民族的真实地域中,它们也出现在虚拟以及精妙的'表达'(représentations)之中。"①面对这种新颖的权力分析视角,法国学者皮埃尔·穆尼埃(Pierre Mounier)在网络杂志《数字人》(Homo Numericus)中写道:"互联网或第六大陆——赛博空间徒然成为一种虚拟空间,如同所有真实地域一样,它同样位于利用自己策略来实施控制的不同的活动者(acteurs)间的重要冲突中心,这些冲突与发生在物理空间中的冲突并无两样。"②地缘政治扩展到互联网的"链接"。这意味着传统的知识生产方式及手段,如书籍、印刷、报刊、电视节目等,不再是制度化的知识生产和扩散的权威手段。公共的、开放的、私人的、大众的参与平台和终端成了网络时代知识生产的新出发点,如博客、公民或草根新闻、自由维基,甚至微博、Twitter、Facebook、跟帖(posts)等。地缘政治有了新的运作维度。

技术信息范式成了一种地缘政治方案的中心,这种方案的功能在于保证在一个单极的世界中围绕市场民主对地缘经济进行重整。③ 从布热津斯基的"网络外交"到约瑟夫·奈的"软实力",传播技术手段的改变使地缘政治赌注方面的竞争变得更加具有灵活性、隐蔽性。这就是说,"重塑我们文明的权力斗争不只是在民族国家真实的地域内发生作用:它们也表现在虚拟之中"④。明显具有法兰西"文化多元性"传统的诺拉-蒙克的《社会的信息化》报告对信息传播的地缘政治功能做了启发性的分析。他们认为,网络系统的出现引起了数据库的发展,而数据库常常是国际性的,传输技术的发展使得人们随地交流成为可能——这诱使许多国家不构建自己的数据库而采用美国的——"信息与它的组织和存储方式是联系在一起的……让美国的数据库来组织这种'集体记忆'并自我满足于从中获得数据,这就等于一

---

① GODELUCK S. La géopolitique d'Internet[M]. Paris:La Découverte, 2002:6.

② MOUNIER P. La géopolitique d'internet[EB/OL].(2002-09-21)[2012-11-09]. http://www.homo-numericus.net/article182.html.

③ MATTELART A. Histore de la société de l'information[M]. Paris:La Découvert, 2001:92.

④ GODELUCK S. La géopolitique d'Internet[M]. Paris:La Découverte, 2002:6.

种文化异化。建立数据库是国家主权的需要"①。"电脑数据库成了我们用来描述个体和集体文化记忆的新的隐喻。"②特别是在文化工业语境中,"文化的普及是通过文化工业来进行的"③。文化产品作为商品在全球化语境下借助现代传播网络的数字化工具进行无边界的流动,这就是哲学家贝尔纳·斯蒂格勒(Bernard Stiegler)所说的"记忆外化的全球过程"。"文化产品中的服务最终是提供(包括生产和流通)真理……个体一旦接受了其中的讯息和真理,就要'皈依'。"④信息与文化讯息成了地缘政治和经济博弈的工具。约瑟夫·奈认为,"作为美国外交力量的扩大器,信息的优势很重要,这包括'软实力'——美国的民主和自由市场的吸引力…… 信息时代不仅使军事而且使软实力工具发生了革命性的变化,并为它们提供了用场……如同旧时代的核力量的作用一样,信息时代对信息的控制成了关键。"⑤

从联合国教科文组织到"关税暨贸易总协定"(1995 年 1 月 1 日更名为"世界贸易组织"),围绕信息传播秩序的辩论体现了发展中国家与发达国家间以及发达国家间(如视听产品的谈判)就传播地缘政治(与经济)关系的博弈。柏林墙的倒塌确认了新的基于信息控制的军事与外交原则,这是制造战争与和平以及输出市场民主模式等新手段的基础。于是"全球信息高速公路"被提上了议事日程,"全球信息社会"成了"新的信息传播秩序的基础"。通过对网络结构的霸权式控制,全球整合在悄悄地进行。⑥ 以坚船利炮为特征的"现实政治"呈现出向"虚拟政治"(virtualpolitik)过渡的特征,赛博空间成为一种新的政治斗争领域。在"9·11"之后,以跟踪和打击恐怖主义为借口,美国成了监管全球传播流动(金融、航海、航空、信息)的警察。于是,在 2005 年信息社会的世界峰会上,"因特网治理改革"被拒绝。世界网络实际上由"互联网名称与数字地址分配机构"(ICANN)来管理,唯有这个机构有权控制普通人和民族国家接入世界信息传播网络。事实上,它最终属于美国商务部。这就是:在柏林墙倒塌后,美国成了世界上唯一的超级大

---

① NORA S, MINC A. The computerization of society[M]. Cambridge:The MIT Press, 1980:80.

② MANOVICH L. The language of new media[M]. Cambridge:The MIT Press, 2001:214.

③ MATTELART A, et al. La culture contre la démocratie[M]. Paris:La Découverte, 1984:55.

④ LECLERC G. La mondialisation culturelle:les civilisations à l'épreuve[M]. Paris:PUF, 2000:2.

⑤ NYE J, OWENS W. America's information edge[J].Foreign Affairs,1996, 75(2):20.

⑥ MATTELART A. Société de la connaissance, société de l'information, société de contrôle. Entretien avec Armand Mattelart[J]. Cultures & Conflits,2006, 4(64):167-183.

国，控制信息网络成了新霸权主义教义的原则，作为社会摆脱危机格言的"要掌握命运就要控制网络"嬗变为"要控制世界就要控制网络"。在战争与和平时代都控制信息传播网络成了新的霸权学说原则。

在国际地缘政治的研究中，美国始终是地缘政治与地缘经济传播的首要研究对象。无论在"物理"环境还是在"虚拟"环境中，美国都走在他国的前面。19 世纪 80 年代，（美国）国会授权建造美国首批战舰——当时的全球化移动打击力量。美国的国际传播同样也开始投射到太平洋和加勒比海。在 1899 年递交给国会的信件中，美国总统麦金利（William McKinley，1843—1901）强调了国际传播在美国夺取土地中的战略意义，如在著名的西班牙-美国帝国主义掠夺战中："美国将占领太平洋远海岸的菲律宾群岛。夏威夷群岛和关岛正在成为美国的领土，并形成方便的海上跳板，美国与这些太平洋岛屿间的电缆传播已经变得绝对必要。无论在战时还是和平时期，这样的传播必须控制在美国手中。从麦金利以后，美国的领导人都努力搭建一个独立的、综合的美国海外传播系统。"[①]就简单的大众媒介而言，为了构建自己的地缘政治空间，美国于 1994 年整合政府旗下所有的国际广播服务，设立广播理事会（BBG），负责美国政府的国际广播服务。国际广播理事会由共和党与民主党的成员组成，九名成员中除指定担任的现任国务卿之外，其他人都由美国总统提名后由参议院承认。该理事会总共以 65 种语言向全世界广播，其中有美国之音、对阿拉伯世界进行卫星广播的 Alhurra 电视台、为阿拉伯世界年轻听众设立的 Radio Sawa、为伊朗听众设立的 Radio Farda、自由欧洲电台、对古巴广播的马蒂电台和电视台（Radio Marti and TV Marti）等。这些传播工具在二战、冷战时期直至现在在"征服人心和思想"方面发挥着重要作用。进入网络时代，互联网成了地缘政治的新起点。中国人民解放军前副总参谋长、空军上将、中国国际战略学会会长马晓天在《人民日报》的海外版中写道："当前，网络空间已被视为继陆、海、空、天之后的'第五空间'。世界在深得网络发展之利的同时，也深受网络攻击之害。网络空间安全问题已成为困扰世界的严峻挑战。以中国为例，仅 2011 年的抽样检测就发现，境外有近 4.7 万个 IP 地址作为'木马'或'僵尸'网络控制服务器，参

---

① SCHILLER D.The militarization of US communications[M]//WASKO J, et al. Handbook of the political economy of communications. Hoboken: Blackwell Publishing Ltd., 2011: 266.

与控制中国境内近 890 万台主机，境外有近 1.2 万个 IP 地址通过‘植入后门’手段，对中国境内 1 万余个网站实施远程监控。”①

互联网网络不仅是“软实力”发挥作用的平台，而且也成了“硬实力”的组成部分。“在历史上，新技术使战争发生了革命性的变化，有时是突然的，有时是缓慢的，如战车、火药、飞机、雷达和核裂变。信息技术也是如此。电脑和互联网已经改变了经济，并且在军事上给西方诸多优势，如把远程无人机送去收集情报、打击目标。但是数字技术的蔓延是有成本的：它把军队和社会置于数字攻击之下。威胁是复杂的、多面的、具有很多潜在危险性。现代社会更依赖与因特网相连接的电脑系统，这造成更多的攻击渠道。如果电厂、提炼厂、银行、航空控制系统出了问题，人们将失去自己的生命。”②美国前总统奥巴马（Barack Obama）已经宣布美国的数字基础设施为一项“国家战略资源”，并任命微软（Microsoft）的安全部前负责人霍华德·施密特（Howard Schmidt）为自己的空间安全沙皇。③

鉴于互联网网络的重要性，诸多国家都组建或试图组建自己的“网络部队”，尤其是美国，更是走在最前面：“美国网络司令部”（USCC，2009），其旨在：“策划、协调、整合，配合并参与行动；指导国防部信息网络的行动和防护；做好准备，并在指示下，执行全面的军事网络行动，以使所领导的行动能够展开，并保证美国与盟友在网络空间中的自由行动，阻止对手的相同行动。”④中国国家互联网应急中心（CNCERT）发布的《2011 年中国互联网网络安全态势报告》称：“2011 年，CNCERT 抽样检测发现，境外有近 4.7 万个 IP 地址作为木马或僵尸网络控制服务器参与控制我国境内主机，虽然其数量较 2010 年的 22.1 万大幅降低，但其控制的境内主机数量却由 2010 年的近 500 万增加至近 890 万，呈现大规模化趋势。其中位于日本（22.8%）、美国（20.4%）和韩国（7.1%）的控制服务器 IP 数量居前三位，美国继 2009 年和 2010 年两度位居榜首后，2011 年其控制服务器 IP 数量下降至第二，以 9528

---

① 马晓天.网络安全离不开国际合作[N].人民日报(海外版),2012-05-30(1).

② The Economist. The threat from the internet: Cyberwar [EB/OL].(2010-07-01)[2012-07-06]. http://www.economist.com/node/16481504? story_id=16481504&source=features_box1.

③ The Economist. War in the fifth domain [EB/OL].(2010-07-01)[2012-07-06]. http://www.economist.com/node/16478792.

④ U.S. department of defense. Cyber command fact sheet[EB/OL].(2010-05-21)[2012-07-06]. http://www.stratcom.mil/factsheets/Cyber_Command/.

个 IP 控制着我国境内近 885 万台主机,控制我国境内主机数仍然高居榜首。”[①]境外攻击来源美国居首位。

传播技术网络在国际交换方面呈现出向心形态,整个世界表现为等级化体系,如大英盛世(Pax Britannica)时期的电缆网络。“从搜索引擎到系统开发,互联网属于美国人。再者,美国人是互联网工具的最早开发者……美国人对互联网的影响随处可见。美国的大学(洛杉矶的加利福尼亚大学 UCLA、波士顿的麻省理工学院 MIT 及互联网先驱万尼瓦尔·布什)最早考虑在电脑间实施远距离信息连通,尽管互联网最早由法国人保罗·奥特莱(Paul Otlet)所设想……今天,大部分被销售的电脑都有一个微软(Microsoft)或苹果的 Mac OS X 操作系统。要网上冲浪,需要的浏览器是微软的 Explorer、苹果的 Safari 或 Mozilla 的火狐(Firefox),这些都是美国的产品。要搜寻一条信息,搜寻引擎是 Google、Yahoo! 或 MSN。要交换电子邮件,网民用的是 Yahoo!、MSN、AOL(美国在线)或 Google 的 Gmail。网上销售的老大是 eBay,尽管其最初由法国人创造出来,但今天成了美国的东西。要看视频,必须去找美国的 Youtube……美国人是博客的最早使用者。加利福尼亚的硅谷聚集了最大的技术尖端的企业。总之,大部分与互联网相关的产品都来自美国。这种支配地位还存在于不太看得见的地方,并且是战略性的。要上网,就需要一个 IP 地址……负责提供的是美国商务部领头成立的互联网名称与数字地址分配机构……美国政府长期拒绝基于国际合作的互联网管理的可能性……2006 年 9 月,美国虽然软化了对互联网名称与数字地址分配机构的控制,但美国商务部仍拥有否决权。”[②]虚拟空间中的 IP 地址与社交媒体在虚拟空间中留下的浏览痕迹取代现实空间中的“界碑”或“铁丝网”,成了勾勒地缘政治的标桩。

## 二、传播网络与海外散居区

自 20 世纪 80 年代开始,“新出现于社会科学词汇表的三个词语使海外民族散居地(diaspora)概念视域扩大,即‘后现代性’(postmodernité)、‘全球

---

① 国家互联网应急中心.2011 年我国互联网网络安全态势报告[R/OL].(2012-03-19)[2012-06-20].https://www.cert.org.cn/UserFiles/File/201203192011annualreport(1).pdf.

② BONIFACE P, LEPRI C. 50 Idées Reçues Sur Les États-Unis[M].Paris:Hachette, 2008:212-215.

化'和'跨国主义'(transnationlalisme)。"①"跨国主义被界定为一揽子过程，移民通过这些过程来构建连接自己来源地和定居地的社会领域。这些'跨国移民'(transmigrants)与自己的来源地维持和发展各种性质的关系——家庭的、宗教的、经济的、政治的——因此奠定了非地域国家的基础。"②

直至20世纪五六十年代，"diaspora"一词除了宗教上的意义外还没有别的意思。随着1931年《社会科学百科全书》的出版，作为词条"diaspora"书写者的历史学家西蒙·杜布诺夫(Simon Dubnov，1860—1941)把该词的含义扩大到犹太史与宗教史的范畴之外，认为因经济危机、商人海外定居或其他原因都可能促使散居区(diaspora)的形成；直至20世纪80年代中期，"diaspora"只是沿着两个独立的方向来使用：或指生活在参照地域之外的人，或指非洲商人网络。③ 主要特征体现为：散居在国外，具有网络结构，并且与来源国保持着各种关系，如经济、文化、宗教等。于是犹太人、来自非洲的人、巴勒斯坦人、中国人等在国外的散居区成了指称对象。随着社会科学发展，在后现代主义看来，对聚居区的概念内容的关注由以往的一个出发点与维持一种身份，转向对身份矛盾、非中心与早教的反思。④

在描述全球化的过程中，有的学者把全球化表述为"来自上部的全球化"与"来自下部的全球化"。前者反映了国家(states)和主要资本代理间的合作关系，散布的是消费主义的混乱，它把跨国商业(包括重要的媒介跨国公司)和政治精英都纳入自己的领域；后者则包含一种涉及环境保护、人权、基于文化多元性上的统一等意义的跨国社会力量，其倾向于一种世界性社团构建。⑤ 在前者中，除了联合国、世界贸易组织、国际电信联盟、国际知识产权保护组织外，还有大的媒介跨国公司，如新闻社、广告公司，电信公司及其从事跨国信息流动的公司；后者主要由与政府和大公司没有太多联系的传播网络来形成，如学术职业组织、宗教组织、国外散居区等具有市民社会

---

① DUFOIX S. Les diasporas[M]. Paris:PUF, 2003:34-35.

② DUFOIX S. Les diasporas[M]. Paris:PUF, 2003:36.

③ DUFOIX S. Les diasporas[M]. Paris:PUF, 2003:20-21.

④ DUFOIX S. Les diasporas[M]. Paris:PUF, 2003:27.

⑤ FALK R. The making of global citizenship[M]//BRECHER J, BROWN J, CUTLER J. Global visions:beyond the new world order. Boston:South End Press, 1993:39.

特征的团体。[①] 这样的划分把海外散居区看作寻求另类全球化社会新秩序的一种动力，是一种全球化商业逻辑与文化逻辑的变异体，只不过它体现了传播网络与世界空间秩序的高相关性。实际上，散居区不仅借助"来自下部的全球化"中的传播网络，而且也借助"来自上部的全球化"的传播网络，以形成一种能够共享某种"想象"的共同体，从而使海外散居区具有地缘政治和经济的性质。

海外散居区往往也被描绘为安德森（Benedict Anderson）意义上的"想象的共同体"或"去地域化的国家"；海外散居区的形成多来自前几个世纪的殖民、移民和商业联系，交通运输的发展进步加快了这些过程。[②] 海外散居区与其他同类散居区或母国的联系不仅存在于经济、社会和象征层面，而且更重要的是，甚至也存在于政治层面。由于宗教、种族、经济、家庭等多重联系以及由此形成的传播网络，海外散居区成了"另类世界空间"或"传播空间"的制造者。而且这种网络还具有战略作用，亨廷顿在《文明的冲突和世界秩序的再造》中指出，交通与传播媒介在现代世界中的扩展使彼此间的联系变得更加容易，能产生"宗亲国家综合征"的现象："移民在其他文明的内部建立散居区，现代传播技术方便了冲突双方去寻求帮助，并使亲近群体迅速了解他们的命运。借助这种方法，世界的普遍缩小使亲近群体能够为冲突参与者提供道德、外交、资金以及物质上的支持，而且不能不这么做。"[③]新的传播技术成了海外散居区和跨国社团发展有效传播网络能力的重要元素。[④] 随着传播技术，特别是互联网的发展，出现了虚拟的聚居区："移民或移民群体为参与网上国际互动而采用赛博空间。这种虚拟互动不仅可以与居住在同一外国的群体成员，而且也可以与国内的个体或群体以及其他国家的成员进行互动。在扩展意义上，虚拟聚居区是真实聚居区的扩展，如果没有真

---

① KARIM K H. Diapsoras and their communication networks：exploring the broader context of transnational narrowcasting[EB/OL].（2002-04-25）[2012-11-26]. http：// www. nautilus. org/virtual-diasporas/paper/Karim.html.

② KARIM K H. Diapsoras and their communication networks：exploring the broader context of transnational narrowcasting[EB/OL].（2002-04-25）[2012-11-26]. http：// www. nautilus. org/virtual-diasporas/paper/Karim.html.

③ HUNTINGTON S P. The clash of civilizations and the remaking of world order[M].New York：Simon & Schuster，1996：254.

④ VERHULST S. Diasporic and transnational communication：technologies，politices and regulation[J]. The public，1999，6(1)：29.

实生活中的聚居区,虚拟聚居区就不会存在;在这层意义上,它不是一个孤立的单位,更多是一种延续。"[①]当下的海外散居区的进一步发展模糊了依附理论以及用"中心"与"边缘"来描述的"世界体系"所具有的传统标记(repères traditionnels),国家或民族被全球化。[②] 不管是现实的还是虚拟的,聚居区在地缘政治和地缘经济的介入方面发挥着重要的作用。聚居区的网络结构注定要扮演商业和金融方面的中介角色,如印度努力运作自己外国同胞的资本,以色列也不断地求助于国外团体的慷慨。[③]

## 三、传播网络与地缘经济

美国的未来学家托夫勒的"社会浪潮"理论描绘了一幅继第一次浪潮(农业社会)与第二次浪潮(工业社会)之后的第三次浪潮——"信息社会"(information society)——图景。贝尔与德鲁克又分别把这种社会描述为"后工业社会"(post-industrial society)和"后资本主义社会"(post-capitalist society)。这种社会的经济特征在于:信息成了社会发展的基础、原材料与重要原动力。

大英盛世是传播帝国,英国成了世界的地缘政治与地缘经济中心。"世界就像单一的工厂和市场,相互依赖的国家依据不同的国际劳动分工分布开来,在地球的开发中形成相互联系的人类,等等。所有这些对世界的表述都逃脱不了对帝国时代传播流动地形图的分析。技术网络有一种向心构型。虽然它们的出发点不同,但终点都汇聚于少数国家。这个系统的中心就是维多利亚帝国的首都。在周边地区,铁路和远距离传播网络的结构依据英帝国经济世界的需求来安排。"[④]"在水下,缠绕地球的传播网络的第一环随着第一根跨英吉利海峡海底电缆的铺设于1851年开始形成。最后一环于1902年随着跨大西洋电缆的竣工而完成。该电缆显示了该时期不同技术网络的融合,它从温哥华出发,通过斐济联结英属哥伦比亚和澳大利亚及新西兰。温哥华是跨加拿大铁路和电报的终结点……在大西洋北部获得突破

---

① ALONSO A, OIARZABAL P J. Diasporas in the new media age: Identity, Politics, and Community [M]. Reno: University of Nevada Press, 2010: 49.

② ROSITA F, BAPTISTE M J. Introduction. Le lien plus que l'essence[J]. Autrepart, 2002, 2(22): 18.

③ GAUCHON P, HUISSOUD J M. Les 100 mots de la géopolitique[M]. Paris: PUF, 2008: 46.

④ MATTELART A. L'invention de la communication[M]. Paris: La Découverte, 1994: 185.

以后,英国的网络 1870 年开始延伸到印度和新加坡,在 1871 年到达澳大利亚和中国,3 年之后又扩展到南美,并于 19 世纪 80 年代铺设到西非。"[①]"英国公司的霸权是决定性的。对网络的控制要么通过所有权进行直接控制,要么通过对网络中信息的审查来实施间接控制。1904 年,这些公司铺设了世界海底电缆 2/3 的网络,25 家世界公司中的 22 家是他们的子公司。大多数电缆公司都把自己的地址设在伦敦。巴黎和纽约分别只有 3 家;柏林、哥本哈根和布宜诺斯艾利斯各有一家。"[②]这些缠绕世界的网络成了英国对世界经济和政治施加影响的工具,成了地缘政治与地缘经济的组织手段。就是在这样的背景下,出现了"帝国主义"等描述世界等级体系的具有批判性和动员性的概念。

美国借助传播工具构建了"美洲地中海"的新的地形图。"自 1867 年以后,电缆和电报就把形成中的美国对热带产品的垄断与安第斯山脉的产糖区联系在一起。火车的使用一普及,就被用来服务于制糖厂,如 1873 年的古巴。在 1884—1899 年间,哥斯达黎加的自由主义者把合同交给铁路(与电报)公司的做法成了当时该地区其他政府的榜样,这些铁路公司同时也是香蕉公司,自 1899 年以来一直由美国的联合果品公司(United Fruit)所控制。这些合同在'香蕉共和国'概念的形成过程中起着重要的作用。这个概念也只能根据该地区——被华盛顿界定为'美洲地中海',其中的巴拿马运河事件仅仅是一个表现——整个传播的地缘政治来理解。"[③]无论是在拉美建造铁路(如 19 世纪 80 年代美国在墨西哥的铁路建设,许多规矩都不一致,但都与美国的铁路网络联系在一起),还是开凿巴拿马运河,美国在拉美的传播旨在通过地区间的联系来建立"系统",把商业中心和自然资源产地结合起来,进一步说,无论在地缘政治上还是地缘经济上把拉美变成自己的"后院"。

因地缘经济而构建的世贸组织、国际货币基金组织、世界银行、中国—东盟自由贸易区(CAFTA)、上海合作组织(SCO)等国际组织不仅影响了国际社会生活的日常建构、制度化和纪律化,还构建了经济、金融、政治、文化等信息在世界范围内的传播流动秩序,借助传播流动巩固和生成新的地缘

---

① MATTELART A. L'invention de la communication[M]. Paris:La Découverte, 1994:189.

② MATTELART A. L'invention de la communication[M]. Paris:La Découverte, 1994:190.

③ MATTELART A. L'invention de la communication[M]. Paris:La Découverte, 1994:195-196.

经济地形图。当看到"联合国贸易和发展会议"(UNCTAD)的有关"航海运输的年度报告"时,我们会发现,描绘不同国家和地区造船和运输能力的曲线图不仅是能力的反映,更是每个国家或地区在国际地缘经济和社会秩序中位置的变更情况的反映。在2010年的年度报告中,作者写道:"传统上,几个工业国家往往被看成'海运国家',因为他们有自己的造船场,他们的船只挂着自己的国旗来与其他国家进行贸易。然而在整个20世纪,发展中国家,特别在亚洲,获得航海业的市场份额……尤其是中国,成了海运活动的关键参与者;2009年它已超过德国成为第三个船东国。它已经超过日本成为具有第二大造船业的国家,超过印度成了轮船再生利用的领头羊。同样还是中国,它建造最多数量的集装箱和港口起重机。中国造的船只越来越多,它们属于中国的船东,打着中国的旗帜,运输着越来越多的中国制造的产品……亚洲国家成了世界商品交换的领头羊,为海运与相关服务做出了贡献。"①从这些报告内容可以看出,中国已不再是世界经济活动的旁观者,而是举足轻重的参与者,并推动了地区经济的快速发展。法国友人曾对前驻法大使吴建民说"全世界都在谈论中国,大家有些害怕"。这位前大使分析指出:"中国崛起是13亿人在崛起。人类历史上,还没有13亿人口的国家崛起的先例。块头这么大,中国的崛起必定会打破现存的利益格局,当然会使人产生各种复杂的感情。"②

## 四、传播地缘政治与经济的权力基础

随着计算机网络在美国的诞生以及互联网名称与数字地址分配机构——美国商务部控制着全部的IP地址与域名分配——的成立,互联网地缘政治使得互联网像以往的传播技术(如电缆、无线电频率等)一样又成了网络时代地缘政治与经济链接的终端。作为全球互联网之"根"的"域名"解析系统,既是"'完全去中心化的互联网的另一集中点',也是'负责互联网运作的等级制分配的顶端'"③。虽然国家是合法政治一切权力的源泉,④但在社会的网络化和传播全球化的背景下,面对国外权力的入侵,传播与交流

① UNITED NATIONS. Étude sur les Transports Maritimes 2010[R]. United Nations, 2010:175.
② 吴建民.偏见妨碍认识真实中国[N].人民日报(海外版),2012-06-26(1).
③ 查德威克.互联网政治学:国家、公民与新传播技术[M].任孟山,译.北京:华夏出版社,2010:313.
④ SENARCLENS P de. La mondialisation, enjeux et débats[M]. Paris:Armand Colin, 2001:10.

的虚拟化使国家行使主权的边界具有了通透性。“国家合法性”危机的重要原因之一就是全球化背景下跨边界的、无法阻挡的文化—信息传播。在《文化与无政府》这本书的结尾之处，阿诺德明确定义“无论由谁管理国家，国家的框架和外部秩序都是神圣不可侵犯的；而文化正是无政府最坚定的敌人。文化理应是法律和秩序的代言人”①。全球化背景下文化—信息因素成了后现代地缘政治的重要组成部分。

在当代政治社会学的阐释者凯特·纳什（Kate Nash）看来，当代政治社会学具有以下四种重要的实践力量来源：首先是米歇尔·福柯的“权力关系”，其有助于理解当今政治是如何运作的——换句话，这种“微观权力物理观”具有阐释后现代社会国家或国际的政治过程；其次，是20世纪70年代以来参与社会运动的思想家们的著作，如女性主义和反种族主义，这些著作有助于对“权力”运作的反思；再次，出现了“反纪律化”（anti-disciplinary）的文化研究学科，在这里，社会生活中的“象征意义”受到社会学家的关注，当代政治社会学与“文化转向”（cultural turn）紧密地联系在一起；最后，鉴于国家在全球化的过程中受到了质询，研究此问题的社会学家也开始重新思考“权力”与“政治”。② 在全球化和以“信息流动”为特征的后现代社会中，国际或全球政治的过程也发生了变化，具有了后现代特征，即权力不再是“从上向下”施加或“让与”的东西，而是在“互动背景”下让自由行动拥有“自由选择”可能性的柔性的“（权力）关系”，“意义”成了后现代政治的重要活动载体或工具；在跨国政治中，意义、身份、权力关系、不同社会活动者（如国家、非政府组织、跨国企业等）、社会运动等成了国家或国际政治运转的动力学元素。另外，随着文化工业或文化产业的发展，文化—信息的“文化属性”和“经济属性”被展现无遗。文化—信息的跨边界流动不仅是地缘政治的问题，同时也属于地缘经济的问题。

自20世纪20年代以来的一系列“美国化”“西方化”等描述外来商业与文化的入侵性概念正是这种双重属性问题的见证。在现实的文化—信息产品的跨国政经谈判中，美国与其他国家在世界贸易中对文化产品的政策态度是这种地缘政治与经济的最好注脚。“美国生产了全球三分之二的传媒声

---

① 杰姆逊.全球化的文化[M].马丁，译. 南京：南京大学出版社，2002：208.

② NASH K. Contemporary political sociology：globalization, politics, and power [M]. 2nd ed. Oxford：Wilkey-Blackwell, 2010：30.

像制品,它的传媒文化是构成全球文化、全球权力与全球经济必不可少的一部分。也正因如此,在关贸总协定乌拉圭回合的谈判中,美国使尽浑身解数迫使别国减少对本国传媒产品的补贴,降低传媒产品的进口关税。"①

国际政治传播,由20世纪二战后通过"宣传""误导""歪曲信息"等手段左右国际舆论从而影响国家外交政策的做法,随着20世纪90年代以后互联网技术的成熟,逐渐过渡到利用信息网络实施具有非强制特征的"网络煽动""网络颠覆""和平演变""软实力""网络战""信息战""键盘统一战线"(如"帝吧"出征)等后现代战争手段。国际经济也由17世纪以来的实体经济转变到了20世纪60年代以后的"知识经济""数字资本主义"(丹·席勒语)、"无摩擦的资本主义"(比尔·盖茨语),文化—信息成了经济—金融战略的重要工具。无论是"知识经济""数字资本主义",还是"无摩擦的资本主义",这里都在描述一种另类的、不同以往经济运转和增长模式的经济类型。在"知识经济"那里,对作为信息的知识的把握成了实现经济增长的关键。"无摩擦的资本主义"是微软总裁比尔·盖茨(Bill Gates)的未来学术语表达,旨在描述计算机网络高度发展后的资本主义不存在"物理中介"的交易效果的情形,资本主义的交易活动将在另一个虚拟的空间中来进行:"信息高速公路将扩大电子市场,并且使之成为最终媒介,一个无所不包的中介场所。"②传播政治经济学者丹·席勒在批评盖茨技术乐观主义的"无摩擦资本主义"的基础上,提出了"数字资本主义"观念。在"数字资本主义"那里,赛博网络空间不仅扩展了市场的广度,而且增加了市场的深度。网络构建了一个全球化的市场体系,那些长期以来被排除在商业规则之外的东西(如教育和家庭娱乐)都受到了商业逻辑的支配,网络正在使资本主义经济活动渗透到社会与文化范围之中。③

无论何种类型的资本主义模式,都存在着一个共同的假设:信息与传播网络成了另类经济运作模式的重要载体,世界变成一个超级链接的世界,进而言之,信息和传播网络成了对社会实施组织与管理、促进经济增长的重要手段。在这里,除了先进的传播技术被使用在现实战场上之外,更重要的

---

① 杰姆逊. 全球化的文化[M].马丁,译. 南京:南京大学出版社,2002:232.

② 盖茨.未来之路[M].辜正坤,译. 北京:北京大学出版社,1996:199.

③ SCHILLER D. Digital capitalism: networking the global market system[M]. Cambridge: The MIT Press, 2000: xiv.

是,以地缘政治和经济利益为目的的现实角逐被虚拟在互联网之中。有关国家利益的博弈从物理空间进入虚拟空间,这可能是国际政治与经济传播变迁的重要特征。

随着信息流动的地缘政治性质转向地缘经济性质,文化和信息流动向商品自由流动逻辑加速靠拢。“事关国家和民族身份的‘精神产品’自然成了民族国家实现政治、经济和文化目标的赌注。”[①]虽然在有的学者看来(如马特拉),自20世纪80年代信息流动从地缘政治向地缘经济转变,但就整个国际社会现实来看,信息传播的地缘政治与地缘经济活动,实际上融合在一起,二者彼此促进、彼此转换,成了国际政治及权力互动的重要特征,而如何构建世界以及国家间的传播秩序是思考地缘政治—经济议题的关键。

## 第四节　传播地缘政治与数字外交

随着传播技术、互联网、新媒体技术的出现和发展,国家之间的、国际的关系现实被改变。我们生活在一个相互连接和超媒介化的世界里,跨边界的传播流动有利于缓解“他者的他者化”(othering of others)[②]。随着传播的全球化,“出现了国际关系中的‘传播转向’(communicative turn),修正了传统的国家、国际组织、外交官、政治家、官员等的运作方法。全球传播成了一种揭示国际关系(IR)的学科、传播立场的方法。国际关系理论中的‘传播转向’意味着指导国际关系理论化的问题,它不再聚焦关于国际秩序的获取与维持,不再关注合作在无政府环境中的如何达成,而是传播可以认识到自己属于一种不同的、关于‘国际的’社会秩序,这不再是去围绕‘活动者’或‘结构’的本体论地位的解决,主要分析的问题是什么样的机制能保证把传播作为一种社会秩序加以接受,并围绕这种秩序的存在来结构某种预期。”[③]实际上,这是一种建构主义,不过是一种预期建构。在现实世界中,传播或被剥夺传播走到了一起。换句话说,国际传播是一个辩证的过程,是接受与排斥

---

① 朱振明.传播世界观的思想者[M].上海:上海交通大学出版社,2011:213.

② RENGGER N, et al. Special issue:cultures and politics of global communication[J].Review of international studies, 2008,34(1):5.

③ RENGGER N, et al. Special issue:cultures and politics of global communication[J].Review of international studies, 2008,34(1):66.

的过程。

在现实的国际环境中,信息的流动意味着解构与结构、排斥与认可、非法与合法、中心化与边缘化、优势与劣势、选择与放弃、转移与接收等一系列对立活动范畴,也就是说信息流动具有了战略性质,信息嬗变为实现战略目标的工具,传播技术的拥有与否则成了维持或破坏力量平衡的关键。

作为权力和政治活动的重要组成部分,外交的主要目的在于使国家确保实现其外交政策的目标。每次新传播技术的出现,都会引起外交手段的更新。纵观以美国为代表的数字外交的演变过程,我们可以发现以下特征。

第一,技术设备向内容的转变。在数字外交的演变过程中,以往的传播技术——电缆外交(利用电缆技术优势达到外交的目标)——逐渐让位于"宣传"和"公共外交"信息的流动。信息,尤其是文化信息成了国家思想价值观的最好体现。软实力论先驱兹比格纽·布热津斯基在信息中看到了"技术电子社会"的到来,认为该社会的形式在文化、心理、社会和经济层面上由技术和电子技术的影响来决定,特别是在计算机和传播领域内,[①]其在1969年发表的有关"电子技术革命"的著作中,坚持认为"炮舰外交"将让位于"网络外交"[②]。

第二,外交对象的转变。这是外交传播理念演变的又一重要特征。"军事"和"宣传"外交都有明确的外交对象:或是针对国家的官方机构,或是针对敌对国的民众和被占领国家的起义者,具有双边关系特征;而"公共外交"则针对世界上其他任何国家的公民,谋求在多边关系中对外国民众产生吸引力,具有多边性特征。

第三,外交渠道的转变。现实政治下的外交渠道在于(主要)通过民族国家双方的官方机构来收集信息和进行有关问题的协商,以求达到既定的外交政策目标,在以公共外交为特征的网络时代,除了官方渠道外,外交还通过非官方的网络或市民渠道来进行,外国民众也都成了外交渠道的组成部分,如通过非政府组织来施加压力,西方国家经常借助世界人权组织来干涉中国的内政。

第四,外交主体的转变。随着传播和经济全球化过程的展开,外交传播

① MATTELART A, et al. La culture contre la démocratie[M]. Paris:La Découverte, 1984:55.

② MATTELART A. La mondialisation de la communication[M].Paris:PUF, 1996:79.

主体呈现多元化趋势。承担外交任务的不仅仅是职业外交官以及设在国外的大使馆和领事馆等专门机构,还涉及各个领域(如政治、经济、社会、文化等)的个体、群体、组织团体等,也就是说,传播具有了公共性和市民性,即传统外交转向了公共外交或市民外交(civil diplomacy)。

第五,外交目的的转变。虽然从宏观上看,都是为了国家的利益,但从微观目标来看,“军事”或“宣传”是通过技术设备来阻止对方以达到自己的外交目标或利用宣传改变对方的观点,“公共外交”则使自己的文化、价值观和经济制度对外国受众产生感召力。

网络空间不同于其他类型的政治空间,这存在着三方面的原因:“第一,具有动员使用者的能力,特别是‘局外人’(outsiders),包括那些使用传统手段而不易被包括在政治体制内的人;第二,具有迅速提供大量不确定或混乱信息的能力;第三,具有缩减使用者间距的能力,在某种意义上,使传统的自然地理变得不再相关。”①

数字外交之所以出现这些特征,这主要有两方面的原因:传播的网络化与国际政治的网络化嬗变。

首先,传播的网络化。随着电报、广播、电视和互联网的依次出现,传播表现出了新的基本特征,如流动性、无边界性、实时性、透明性、互动性、市民性、融合性等。这些特征意味着民族国家要修正传统的政治和社会安排以适应不断进步的传播技术。传播的流动性不仅在于媒介的便携特征,更表现在移动媒体与互联网的接合,形成绕过信息审查的强大的、立体的、即时流动的传播能力。新的传播技术不但增强了传播信息的洞穿能力,使民族国家的稳定性边界变得更具通透性,信息借助数字化的传播网络被即时传输到世界各地,传统的以地理学为基础的“地缘政治”观倾向于嬗变成网络时代的以想象为基础的“地缘政治”概念,即“想象的地缘政治”——政治借助文化、信仰、情感的地理分布来发挥作用,而且互联网传播的实时性使公众快速地接触到当下发生的新闻事件,能够不受时间和地点限制进行即时的交流与传播。网络化传播体现了各种传播形态并存的状况,它将人际传播、群体传播、组织传播、大众传播、分众传播等形态汇聚于一身,这为个体、

---

① MANJIKIAN M M. From global village to virtual battlespace: the colonizing of the internet and the extension of realpolitik[J]. International studies quarterly, 2010(54): 381.

群体等的社会化和认知提供镜像支持,并促使着社会或集体共识的形成。

自20世纪60年代以来,随着全球化的展开,市民社会被看作一种反权力存在形式。这种具有批判性的社会群体不仅质询人权、世界跨国公司战略和环境保护中的非理性,而且为网络舆论的发展提供了社会氛围,为公共外交提供了网络支持。同时,由于网络时代“社会媒体”的存在,网民得以交流观点,分享体验,形成相应的微观公共舆论,这种透明性使采用“宣传”技巧来谋求某种传播效果的做法的效果出现了不确定性,甚至有可能走向反面,还使得任何隐性操作将在数字化网络的投射下变得具有可见性。另外,互联网传播是一个辩证的过程,在社会化的同时还存在着传播的集中化趋势。在网络化过程中,电脑技术、通信技术和媒介信息领域结合在一起。这些整合导致的结果是,大量的信息数据库集中在操控传播技术平台和推广能量大的集团手中,处于技术弱势的群体有可能嬗变为信息的纯粹消费者。

总之,随着传播的网络化和全球化趋势的发展,控制、内容、媒介和受众内涵等发生了嬗变,以往以大众传媒(广播、电视、报纸)为主要信息载体、以消费者或公民为受众的传播过程因网络的社会化呈现出民主化趋势,传播的过程元素呈现多元化态势。“大众媒体”转变成了“大众的媒体”,“大众传播”转变成了“大众的传播”。传播不再是由信源到信宿的单向传播,而是社会媒体下主体间平等的互动传播,并被打上个性化的烙印。传播主体不再局限于记者、编辑、新闻社、企业,政治团体,甚至政府,而是扩展到社会个体与非政府组织。信源和信宿、信息生产者和消费者间的边界逐渐模糊,新闻不再是媒体或政治团体授意下的产品,草根新闻或公民新闻借助网络成了信息的发布者,社会个体也具有了信息评估者和舆论制造者的身份。

其次,国际政治的网络化嬗变。全球信息传播以及先进的信息传播技术使传统的外交行为发生了根本性的改变,把国际关系中的权力分散到不同的领域,尤其是市民社会领域。在美国学者埃文·波特(Evan H. Potter)看来,我们正处在一个信息革命的关键阶段,几乎对管制具有免疫作用的电子传播成了当下传播的主要形式:“等级让位于网络,开放涌现出秘密,思想与资本敏捷地、毫无障碍地流动于政府、企业和非政府组织的全球网络之中。”[①]数字化传播产生的冲击是巨大的，以至于尼古拉·居彦和皮埃尔-阿兰·米埃在2004年提交给法国经济分析委员会的报告《信息社会》中，把数字革命看成继铁路和电力之后的“第三次工业革命”，他们认为，“数字革命的后果实际上远远超出了经济范畴。因为它改变了人类最根本的特征之一，即传播。数字革命出现在人类活动的所有领域之中：经济、教育、文化实践、社会关系、卫生等。在15世纪中叶，印刷术的发明敲响了中世纪体制的丧钟，开启了现代纪元。5个世纪以后，信息传播技术产生了无可比拟的作用：使大众对大众的传播可以随时随地进行。”[②]就国际现实而言，现实政治虽然仍发挥着重要作用，但总体上出现了从现实政治向心灵政治的转向，这为思考国际关系和国际理论提供了新的视角。

## 第五节　国际传播与国家主权

全球化背景下的国家主权。“作为以民族自我利益为取向的行为体，主权国家是国际社会的组成部分。”[③]“现代国家主权具有两面性，即对内主权和对外主权。主权国家对外享有自治、独立权和对内至高无上的统治权。”[④]除此之外，主权有时也被理解为“政治共同体所有的至高无上的权威”[⑤]。在关于主权制度的研究中，无论主权被理解为“某一政治共同体所拥有的至高无上的权威”，还是所谓的“对内最高、对外独立的权力”，其中都存在一个相同的理论内核：自治的权威。

在全球化的背景下，民族国家与世界体系处于这样的关系之中：“民族国家对生活中的大问题来说太小，但对生活中的小问题来说又太大。”[⑥]换句话，现实生活中的传播现象已无法在民族国家的边界内或在国际层面上被单独解读，而是需要参考彼此来进行。“在民族国家领土上发生的事情只有

---

① POTTER E H. Cyber-diplomacy：managing foreign policy in the twenty-first century[M]. Montreal：McGill-Queen's University Press，2003：3.

② CURIEN N，MUET P A.La société de l'information[M]. Paris：La Documentation française，2004：10.

③ 星野昭吉.全球政治学：全球化进程中的变动、冲突、治理与和平[M].李小林，张胜军，译. 北京：新华出版社，2000：9.

④ 星野昭吉.全球政治学：全球化进程中的变动、冲突、治理与和平[M].李小林，张胜军，译. 北京：新华出版社，2000：89.

⑤ 赵可金，倪世雄.主权制度的历史考察及其未来演变[J].教学与研究，2005(10)：42.

⑥ BELL D.The world and the United States in 2013[J]. Daedalus，1987，116(3)：1-32.

在与超越民族边界的倾向相联系时才能被解读，作为民族国家明显特征的价值观、世界的表达方式、国家和国际层面联结的具体方式等所诱发的机构和规则，已不能满足新的资本实现方式的全球化逻辑，重要的决策领域已不再是民族国家机构的权限，民族国家成了解构自己功能的同谋。这就要求根据超国家活动者的压力和要求重新界定国家，但这是以往囿于国家意识形态的讨论中没有提及的问题。在这种重新构型中，信息传播技术作为结构机制起到了决定性的作用。”①尤其是在狭义的传播中，这多被理解为民族国家通过调节信息（如广播、电视、卫星通信、互联网等）的流动来实现内外部意义的衔接：“这是一种从单纯的国家控制的内部形式向外向的、地区的或者多边方法的转变，从法律与调节向协商与协定的转变。”②

全球化越来越成为对现代社会进行现象学描述的流行词。全球化意味着信息、人员、技术资本等跨边界传播流动，同时也意味着社会—政治—经济格局的改变、局部制度的延伸与扩展，以及在这种扩展过程中产生的内容构型与安排的变更。正是这种“地方的”与“全球的”互动、“部分的”与“整体的”互动促成了民族国家主权制度的变迁。

在国际政治与国际关系意义上，随着全球化的展开，国家主权制度遭受了越来越多的严峻挑战。挑战产生的原因在于：首先，国家主权制度因其赖以存在的领土和人民基础而动摇，全球化的发展特别是全球公共问题的增多，使得国家主权不得不面对合作做出相应的行动安排；其次，作为非国家行为体的非政府或国际非政府组织等的日益活跃逐渐形成了与民族国家争夺权力的组织力量；再次，新科技革命，如微电子技术、信息技术和计算机革命以及电话、电视、光缆、卫星和新型的航空运载技术带来的全球交流速度加快，使国家主权制度变得漏洞百出；最后，国际关系的日益制度化，不断挤压国家主权的制度空间，迫使民族国家不得不让渡某些治理权力。③ 这些因素导致了“民族国家独享主权时代的终结。在未来相当长的一段时期，国家之间共享主权以及非国家行为体分享主权越来越成为一种不可阻挡的历史

---

① 朱振明.传播世界观的思想者[M].上海：上海交通大学出版社，2011：47.

② PRICE M E. Media and sovereignty：the global information revolution and its challenge to state power [M].Cambridge：The MIT Press, 2002：3.

③ 赵可金，倪世雄.主权制度的历史考察及其未来演变[J].教学与研究，2005(10)：44-45.

趋势”[①]。

麦凯尔·哈特等则借助全球社会学和全球政治经济学,通过“(全球)帝国”概念,展现了一幅后现代的政治—经济传播图景。“民族—国家正在衰落的主权和它们对经济、文化交流不断减弱的控制力,事实上是帝国主义(原文没有‘主义’,译者笔误)正在降临的主要征兆之一。民族—国家的主权是帝国主义的奠基石,它由欧洲列强在整个现代当中树立……民族国家的现代体系所限定的国境对欧洲主义和经济扩张来说是根本的。国家的边界确定了权力的中心,从那里,统治通过一系列渠道和界限,施加于外国的疆域……帝国主义是欧洲民族国家的主权超出它们自身领域的扩张……无论现代的主权在哪里生根,它都会建立一个利维坦式的怪物,控制它的社会领域,强加等级制的边界以保护其自身特点的纯粹性,排除他者……与帝国主义相比,帝国不建立权力的中心,不依赖固定的疆域和界限。它是一个无中心、无疆界的统治机器。在其开放的、扩展的边界当中,这一统治机器不断加强整个全球领域的统合。帝国通过指挥调节网络管理者混合的身份、富有弹性的等级制和多元交流。”[②]“帝国的系谱学是欧洲中心论的,然而,它现在的力量不限于任何地区。在某种意义上,起源于欧洲和美国的规则逻辑现在在全球进行着实践。”[③]在这种政治—经济传播途径中,人们似乎看到了“国家主权的终结”——尽管这被描述为西方新自由主义的观点与期望。

在主权变迁论者看来,随着全球化和传播的国际化,不仅国家性质,而且国家的主权都发生着变化。“随着20世纪80年代新自由主义意识形态的上升,作为宏大主体的国家的衰落成了日常的话语参照。尽管存在对国家性质及其改变的不同看法,但宏大主体的合法性在众多政治思想流派那里得到了公认,只不过国家的职能问题需要在全球化的语境下来重新界定。”[④]这意味着不仅国家的合法性及其主权制需要重新确认,同时国家职能(性质)还要重新界定。在全球化的语境中,作为宏大主体的国家主权,因国际政治、经济和社会环境的变化而需要重构。这种重构不仅需要考虑国家主权与作为新自由主义思想核心的“人民主权”间的协调、主权国家间的主权

---

① 赵可金,倪世雄.主权制度的历史考察及其未来演变[J].教学与研究, 2005(10):45.

② 哈特,奈格里.帝国:全球化的政治秩序[M].杨建国,范一亭,译. 南京:江苏人民出版社,2003:2.

③ 哈特,奈格里.帝国:全球化的政治秩序[M].杨建国,范一亭,译. 南京:江苏人民出版社,2003:5.

④ 朱振明.传播世界观的思想者[M].上海:上海交通大学出版社,2011:46.

共享问题、国家主权与经济领域(跨国公司的行动成了主权重构的重要范畴)的互动,而且还要考虑国家主权与全球市民社会运动间的关系,以及国家主权与次国家行为体的互动,以便把国家次行为体(如地方群体、社团主义等)的活动整合到统一的国家主体制度中。① 除广义的传播之外,在狭义传播方面,尤其要关注主权国家通过制定合理的信息(特别是文化工业)流动政策,即文化产业政策,应对国家主权的变迁,欧盟国家(如法国)的做法值得借鉴。

不过有的学者认为传统意义上的主权似乎不太可能受到威胁:"'任何政治体系中,国家利益通常只规定少数精英或统治阶级的利益,即国家权力应当保护和促进的那一系列政治经济特权。'在绝大多数国家的现实政治中,主权实际上被用来服务于那些政治、军事、公司界精英的利益,而通常不是服务于'人民的利益'……我们得出的结论是,国家主权在其传统的意义上不太可能受到目前全球化过程的威胁。国家与跨国公司作为今天国际关系中的主要行为体,实际上得益于它们之间的相互依赖……真正处在严重危险中的似乎是各国的'人民主权',即他们表达不同的信仰和生活方式的自主权。"②

不过哈姆林克在10年前从经济全球化角度所做的分析,并没有预见到传播的国际化对国家主权所带来的危机。"全球化不断地削弱民族和国家的基础,因为权力转移到更加无形的力量上,如传播网络、环境影响或不太固定的机构,再如多国公司或国际非政府组织(INGOs)。"③来自"威斯特伐利亚"体系的国家主权概念与国际政治紧密地联系在一起。随着国际政治的演变——如以文化身份为内涵的后现代政治——国家间的政治博弈形式因传播工具的变迁而发生了变化,如互联网政治、赛博空间政治等。由以时空为特征的物理参照(repères)来界定的国家主权无法避免多维度的全球化过程所带来的风险,国际互联网虚拟空间中的政治博弈明显使国家主权面临着危机,一系列现实中的"颜色革命"以及互联网中的"社会媒体革命"足以说明,至少,国家主权概念因传播的网络化、虚拟化、全球化而在内涵上发生嬗变。尤其最近几年,互联网大鳄 GAFAM(Google、Apple、Facebook、Amazon 与 Microsoft)不断

---

① 赵可金,倪世雄.主权制度的历史考察及其未来演变[J].教学与研究, 2005(10):45-47.

② 哈姆林克.全球化、主权与国际传播[J].现代传播,2002(5):7-8.

③ STEARNS P N. Globalization in world history[M].London:Routledge, 2010:126.

地收购互联网领域企业(如 Instagram、Whatsapp/Oculus Rift、Titan Aerospace 等),这些行为不仅见证了全球经济数字化的重要性,而且随着大数据的运用,人类的活动被数字化,这些活动进一步成了地缘政治的工具,威胁着民族国家主权的完整性。这也是为何中国、俄罗斯等国通过建立自己的数字传播网络及防护设施来应对民族记忆外化与全球化所带来的挑战。

# 第十章 作为跨文化交流的国际传播

传播也就是文化。[①]

——阿芒·马特拉

东方几乎是被欧洲人凭空创造出来的地方，自古以来就代表着罗曼司、异国情调、美丽风景、难忘的回忆、非凡的经历。[②]

——爱德华·萨义德

在全球化和大传播背景下，传播的内容已不再局限于新闻传播信息，而是涉及各种不同渠道传输的、涉及不同领域的信息，如政治、经济、文化，等等，全球化呈现出多维度事态。从文化人类学的角度看，文化主要包含着三层意思：(1)艺术和艺术性活动，如音乐、文学作品、绘画雕刻、戏剧电影；(2)一种独特生活方式的象征性特征；(3)一种发展过程，指个人能力的发展以及“教化本身是一个普遍的社会历史过程”的思想。[③] 但如果从文化人类学的角度出发，这些信息内容都可归结为广义的“文化”，用联合国教科文组织的界定就是：“文化在今天可以看成体现一个社会或社会群体的精神、物质、思想、情感等特色特征的综合体。它包括文学艺术、生活方式、人的基本权利、价值体系、传统和信仰。”[④]当不同的社会群体与个体采用不同的制度方

① MATTELART A. L' invention de la communication[M]. Paris: La Découverte, 1994: 8.

② 萨义德.东方学[M].王宇根，译. 上海：三联出版社，1995：2.

③ BALDWIN E, et al. Introducing Cultural Studies[M]. Upper Saddle River: Prentice Hall Europe, 1998: 4.

④ UNESCO. Définition de l'UNESCO de la culture, Déclaration de Mexico sur les politiques culturelles [C]. Conférence mondiale sur les politiques culturelles. Mexico City, 1982-07-26.

法来适应自己的经济现状时，文化成了经济选择的参照。① 当英国的汽车制造商喜欢4缸或8缸发动机，而意大利人却垂青6缸或12缸发动机时，文化成了解释技术选择的基础，即不同的技术文化发生了作用。② 当不同国家在自己发展的关键时刻选择某种适合本国国情的制度时，我们体会到的是政治文化的力量；当国际跨国公司实施跨边界传播时，企业文化成了文明派系的缩影。因此，在这些经济文化、技术文化、政治文化和企业组织文化中，文化成了不同民族或国家传播的本质。"文明间对话的目的之一，就是要扩大对生活在我们这个世界上的不同人群的历史与文化基础的认识与欣赏；而不同人群间相互理解的缺乏往往阻止了相互交换和传播的进行。"③传播具有跨文化性质。特别在当前的全球化背景下，国际传播不仅见证了物质生产方式在全球范围内的展开，而且也见证了文化与信息产品作为商品在全球的流动，信息、文化、工业与技术交叉在一起形成了一个信息—技术—商业化的世界空间，所谓的文化产业成了文化普及的重要方式。④

## 第一节　传播的文化符号

文化符号学。就符号学而言，本文无意去做文学作品语言结构上的符号学赏析，如格雷马斯(Algirdas Julius Greimas，1917—1992)探讨深表层结构及叙事阐释的"结构主义语义符号学"、雅各布森(Roman Jakobson)对语言学元素的分析，或其他探讨语言象征功能、价值观及认知方面的符号分析，如苏珊·朗格(Susan Langer)的"话语象征体系"和查尔斯·莫里斯(Charles Morris)哲学层面上的符号分类及推演，而只是去标示符号学认识道路上在本人看来具有洞见性的、常用来阐释传播的符号理论坐标，以便有助于我们对文化或跨文化传播的认识和理解。

人类与动物的不同之处，在于人具有可以利用的"象征系统"。"卡西尔

---

① SAPIR J.Culture économique, culture technologique, culture organisationnelle[J]. Cahiers du monde russe:Russie, Empire russe, Union soviétique, États indépendants,1995,36 (1-2.):192.

② SAPIR J.Culture économique, culture technologique, culture organisationnelle[J]. Cahiers du monde russe:Russie, Empire russe, Union soviétique, États indépendants,1995,36 (1-2.):194.

③ UNESCO. Cultures et Civilisations[EB/OL].[2010-11-07]. http://www.unesco.org/dialogue/fr/culture1.htm.

④ MATTELART A, et al. La culture contre la démocratie[M]. Paris:La Découverte, 1984:55.

将亚里士多德的把人看作理性动物(animal rationale)观点转变成把人看成象征的动物(animal symbolicum)观点。象征符号不仅提供了人类知识的普遍性中介(medium),而且为人性提供了道德中介(moral medium),该中介被看成人类能够行动其中的文化活动系统。"①"在人类世界中,我们发现了一个看来是人类生命特殊标志的新特征……可以说,人类已经发现了一个使自己适应环境的新方法。在所有动物种属中被发现的接受系统和神经效应系统之间,我们在人那里还发现可称之为象征符号系统的第三个链接。这种新的发现改变着整个人类生活。与其他动物相比,人不仅生活在更广阔的现实中,而且可以说,生活在一个新的现实维度之中。"②在这个充满符号的"中介化"现实中,社会活动者充分地享受着"符号的民主"(semiotic democracy),在这里意义的生产被委托给受众,③早已具备话语能力(discursive competencies)的受众在参与过程的欢愉驱动下生产着意义。④ 在这种欢愉中,索绪尔(Ferdinant de Saussure,1857—1913)、皮尔斯(Charles Sanders Peirce,1839—1914)、巴特(Roland Barthes,1919—1980)等的符号学理论以及福柯的话语理论成了实现符号指称的重要理论坐标。

**索绪尔和皮尔斯。**费尔南·德·索绪尔的《普通语言学教程》(1916)具有划时代意义,开创了结构主义语言学,并为语言符号学发展奠定了基础。索绪尔把语言看成一个符号(signs)系统,该系统应当被"共时研究",即作为给定时间点的整体系统来研究,而不是从"历时",即从历史发展的角度来进行。每个符号由一个"能指"(一个声音—图像,或其文字等同物)和一个"所指"(概念或意义)组成,二者的联系过程就是符号的意义生产过程,被称作"意指"或"意指过程"(signification)。"在索绪尔的指称过程中,作为'所指'的概念实际指的是一个范畴,具体所指的概念是什么,要根据所指的'价值'来判断,即在语境中来判断。三个黑色符号 c—a—t 就是一个能在英国人心中引起所指'猫'(cat)的能指。能指(signifier)与所指(signified)间的关系是任意的:除了文化和历史传统之外,这三个黑色符号与'猫'之间没有内

---

① BAYER T I. Cassirer's metaphysics of symbolic forms[M]. New Haven:Yale University Press, 2001:32.

② CASSIERE E.An essay on man:an introduction to a philosophy of human culture[M]. New York:Doubleday &Company INC.,1944:42-43.

③ FISKE J.Television culture[M]. London:Routldge, 1999:236.

④ FISKE J.Television culture[M]. London:Routldge, 1999:95.

在的联系。"①索绪尔的符号模型可见图 10-1。"索绪尔的能指和所指的分析多半限于语言符号,不能解释绘画、音乐和戏剧等表现当中的所指是如何构成的。后来,法国符号学家巴特和意大利符号学家埃柯(Umberto Eco)把符号学研究转化为研究传播的大众文化形式。"②

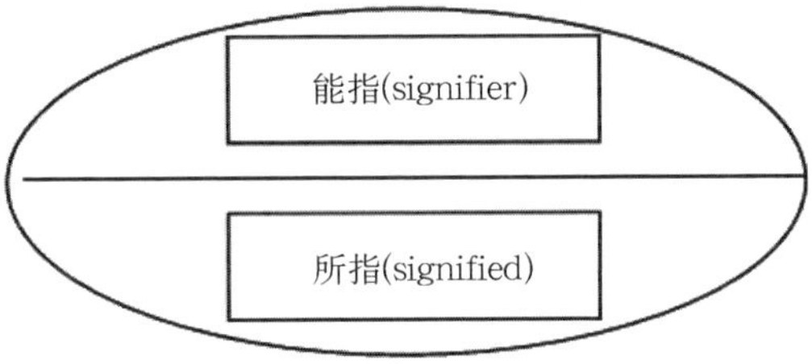


**图 10-1 索绪尔的符号模型**

就在索绪尔阐述自己的符号和符号学,并为结构主义方法论(structuralist methodology)奠定基础的时候,在大西洋彼岸的美国,实证主义哲学家和逻辑学家皮尔斯也在阐述自己的符号模型以及符号的分类学(taxonomies)。③ 在皮尔斯看来,"所有的思想都通过符号(signs)来运作,逻辑可以看作符号的普遍法则的科学"④。相对索绪尔的二元划分,皮尔斯给出了三合一模式。皮尔斯的符号模型包括三个部分:"(1)表达相(representamen):符号所采用的形式(不必是物质,尽管通常如此阐释),被有的理论家称作'符号运载工具'(sign vehicle);(2)阐释项(interpretant):不是一个阐释者(interpreter),而是对符号的理解(sense);(3)物(object):就是符号指的那个东西,即所指对象(referent)。"⑤

如图 10-2,根据皮尔斯的理论⑥,一个符号(或 representamen:表达相),在某人看来它在某些方面或能力上代表某物。它以某人为演说对象,也就是它在某人的心中创造了一个对等的符号,可能是一个更成熟的符号。被创造出来的符号我称之为第一个符号的阐释项(interpretant)。该符号代表

---

① EAGLETON T. Literary theory:an introduction[M].2nd ed.Minneapolis:Blackwell Publishing, 1996:84.
② 陈卫星.传播的观念[M].北京:人民出版社,2004:132.
③ CHANDLER D.Semiotics:the basics[M].2nd ed.London:Routledge, 2007:29.
④ PEIRCE C S. Philosophical writings of peirce[M]. New York:Dover Publications, INC, 1955:62.
⑤ CHANDLER D.Semiotics:the basics[M].2nd ed.London:Routledge, 2007:29.
⑥ PEIRCE C S.Philosophical writings of peirce[M].New York:Dover Publications, INC, 1955:99-100.

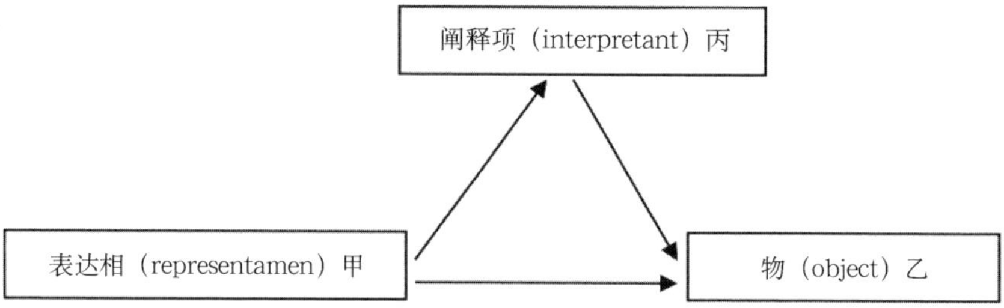


**图 10-2　皮尔斯的符号模型**

某物(object),即它的对象。它不是在某些方面代表该对象,而是就某种概念(idea)而论代表该对象。该概念,我有时称之为表达相(representamen)的根据(ground)。因此每个表达相与三个东西联系在一起:根据(ground)、物(object)和阐释项。某个表达相(representamen)是甲,它与被称作它的对象(object)的乙间存在着这样真实的三合一关系,以便能确定被称作它的阐释项(interpretant)的丙与相同的对象保持相同的三合一关系。阐释项丙不能与对象乙保持纯粹的二合一关系,必须像表达相甲与对象乙保持的关系那样建立二者的关系。

符号是一个具有智力(mental)阐释项的表达相。符号只能再现(represent)对象物,进行有关物的阐释。在此三合一的关系中,阐释项(interpretant)扮演着告知(information)、阐释(interprétation)甚至把一个符号翻译(traduction)为另一个符号的中介角色(médiateur):一个符号的意义(sens)是符号本身应当被翻译成的那个符号。① "指称过程(signification)不是符号(signe)与物(objet)间的关系,而是符号与阐释项(interprétant)间的关系。"②例如,"构成一个符号的三个成分就像一个装有物(object)的不透明箱子上的标签……指称过程或符号的解码过程是这样的:被注意到的第一件东西(representamen)是箱子和标签;这推动人认识到箱子里有物(object)。该认识以及有关箱子装着什么东西的理解(knowledge)由阐释项(interpretant)来提供……需要注意的关键点是符号的物(object)总是隐藏的。实际上,我们不能打开箱子直接看到它。原因很简单:如果物可直接知

① TIERCELIN C. C. S. Peirce et le pragmatisme [M]. Paris:Presses Universitaires de France, 1993:71.

② TIERCELIN C. C. S. Peirce et le pragmatisme [M]. Paris:Presses Universitaires de France, 1993:71.

道,那就不需要符号(sign)来表达。我们只能通过观察标签和箱子来了解物,然后'读标签'并在我们心中形成一个精神图片(mental picture)。因此,被隐藏符号的物只能通过表达相、对象物和阐释项间的互动来认识。"①简而言之,对某个人而言,一个符号(或表达相),指向了某个对象物,到底是何种内容的对象物,由阐释项来告知,于是阐释项的差异造就对象物内容的差异。

索绪尔符号模型与皮尔斯符号模型最明显的区别:虽然皮尔斯的表达相和阐释项分别与索绪尔的能指(signifier)和所指(signfied)相类似,但前者的阐释项本身也是阐释者心中的一个符号(signe),"一个符号的意义就是它可以被翻译成符号",于是在皮尔斯那里阐释项又是连续不断的。②皮尔斯符号学"具有了第三个词语——超越符号(sign)自身的物(object)或所指对象(referent)。正如我们所看到的,索绪尔的所指(signified)不是一个外部所指对象(referent),而是一个抽象的精神层面上的表达(representation)"③。这里我们要意识到,索绪尔的符号模型建立在语言学的基础之上,是语言结构内自我包含的运作系统,而皮尔斯的模型则以哲学层面上的思想逻辑与思辨考虑到阐释者所处语境或意义的不确定性。"与索绪尔的符号学相比较,皮尔斯的符号学的积极意义在于,它没有从先验存在、又能够自我运作的符号系统出发,去肯定能指与所指的符号意义的稳定性或确定性,而是把意义建立在人类的感性基础之上。"④

**巴特的神话论**。"符号学理论的主要创始人是皮尔斯和索绪尔,但把符号学作为分析工具的,当首推法国的符号学大师巴特。"⑤巴特的神话学也是一个符号学系统,不过是一个二级指称系统:第一级表现为索绪尔式的语言学指称机制,表现为历史的逻辑;第二级则是巴特所谓的神话指称机制,体现为自然的逻辑。在这种双重指称机制中,第一级中作为概念(Concept)和影像(Image)结合体并表示一定意义的符号表现为第二级指称过程中的能指(signifiant)。神话系统中的能指既是意义又是形式,作为纯语言系统的意

---

① CHANDLER D. Semiotics:the basics[M].2nd ed.London:Routledge, 2007:31.
② CHANDLER D. Semiotics:the basics[M].2nd ed.London:Routledge, 2007:31.
③ CHANDLER D. Semiotics:the basics[M].2nd ed.London:Routledge, 2007:33.
④ 陈卫星.传播的观念[M].北京:人民出版社,2004:150.
⑤ 陈卫星.传播的观念[M].北京:人民出版社,2004:136.

义，它的命题是丰富的、充实的，饱含一种历史或记忆；但作为神话系统的形式，它又必须淡化这些历史或记忆，以便为自己的所指腾出位置，召唤一种新的指称过程来填补。该指称过程就要使神话的形式和概念发生联系，发生的过程就是神话概念对语言学意义的歪曲、异化。当读者天真地消费神话成为可能时，他没有把神话看成一个符号系统，而是看成了一个推理系统：在这里他只看到一种等价关系，一种因果过程，即二级指称中的能指和所指间是一种自然关系，神话的指称过程被认为“成了”事实关系的推理。简单地说，就是掏空二级能指中的历史或记忆（概念），随后为其填入新的内容，为产生二级所指提供理由，即通过所指（Signifié）推理出能指（Signifiant）。巴特的现代神话论的关键是用自然化过程取代历史过程，在第二级的能指与所指之间产生了指称过程的扭曲，所指使二级能指的意义产生了异化，让二级能指借助形式推理出所指的概念与意义（见图 10-3）。简而言之，“巴特认为意义有两种秩序，第一种秩序是索绪尔提出来的，是在符号中能指和所指之间的关系。而第二种秩序是符号和外部现实的关系。”①第二种秩序就包含着巴特所谓的西方大众文化的神话形成机制，如在国际外交辞令中，都喜欢用“国际社会”一词，实际上它的内涵是有所不同的。

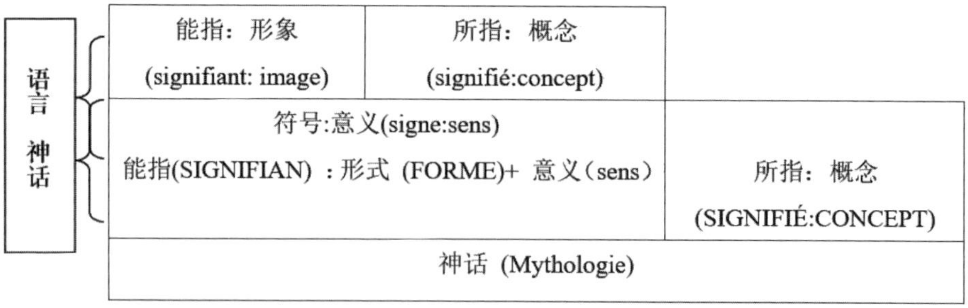


**图 10-3　巴特的神话模型**

**福柯的“词与物”**。在米歇尔·福柯那里，符号学的“能指与所指”进一步深化为“词与物”的关系。根据福柯，在物的经验秩序（经验性、对象、客观性）和解释该秩序的理论（来自主体的词，即语言、观念、理论）之间存在着一个中间区域，存在着“某个文化或时代（epoca）的根本编码”，这种编码既控

① 陈卫星.传播的观念[M].北京：人民出版社，2004：138.

制着经验性的秩序又支配着理论秩序。作为考古学研究对象的认识型就是这个“中间区域”,是一种安排经验秩序和理论秩序的秩序,其既支配着感知图式又支配着语言,还支配着词和物。① 这个中间区域就是“认识型”,其是话语产生的可能条件。考古学就位于主体性和客观性之间、词的秩序和物的秩序之间;秩序既不来自主体也不来自客体,而是提前存在的,它构建了主体和客体,为它们赋予秩序。

“认识型”(épistémè)是不同认识(connaissances)产生的基础,并影响着它们的出现,该概念在于揭示形成于其中的不同理论和辩论发生的可能条件,是知识(savoir)的“历史的先验”或“认识场域”。“支配一种文化的语言、知觉图式、交流、技术、价值、实践体系等的基本代码,从一开始就为每个人确定了与其相关并置身其中的经验秩序。”②所谓的“物之序”意味着按不同的“认识型”或“历史先验”对物进行秩序化表述:文艺复兴时期按相似性组织的物之序;在古典时代通过依据差异和一致性而表述的图表秩序;现代时期因历史性而依据变迁途径等形成了19世纪的物之序。在这种视角下,在某个既定社会的既定时期,并不是所有的陈述都能成为现实,只有那些符合某个话语形成规则的陈述才会不受排斥。

因循福柯的《词与物》的认识型思维,我们可看到人类社会进入现代以来,在知识生产方面存在着三种组织中心:文艺复兴时期的“上帝”,古典时代的“理性”(无限性)与现代时期的“人”(有限性),以及语言将成为“知识”围绕组织的中心而引发的“人的消失”。也就是说,不符合这些“中心”规则的陈述很难受到关注。总体而言,不同时代认识的生产有着不同的“认识型”条件,或者说,词与物(或能指与所指)间的构合在不同时代(或语境)有着不同的话语实践格栅——“被我们称作‘话语实践’的东西现在可以明确了。我们不能把它与个体借以表达观点、欲望和意象的表达操作混同起来,也不能把它等同于推理系统中使用的理性活动,更不能把它看作讲话主体在构建语法词语时的‘能力’(compétence),这是一系列无名的、历史的,常常在某种时空方面确定的规则。这些条件为某个给定社会的经济、地理、语言等领域界定了陈述功能发挥作用的条件。”③

---

① FOUCAULT M. Les Mots et les Choses[M]. Paris:Gallimard, 1966:11-12.

② FOUCAULT M. Les Mots et les Choses[M]. Paris:Gallimard, 1966:11.

③ FOUCAULT M. L'archéologie du savoir[M].Paris:Gallimard,1969:153-154.

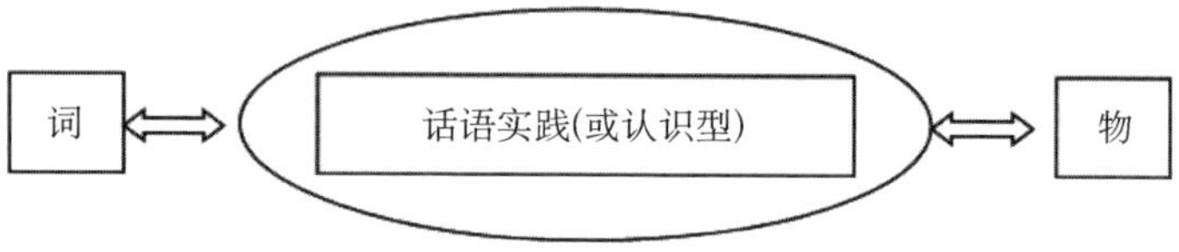


**图 10-4 福柯的词与物模型**

福柯的这种“话语实践”观点为理解某时期的知识或话语的生产以及能指与所指间的指称过程提供了一个阅读格栅(grille de lecture),它意味着特定时期知识或话语的生产是通过该格栅来进行的,而特定时期的“时空”就是这种格栅产生的条件。这种“词与物”之间的构合机制超越了以往纯粹的语言学层面上的符号指称过程,“能指”与“所指”或“词”与“物”间的指称过程被整合进人类社会的整体之中,各种元素(不同领域、不同学科等)都有可能成为阐释知识或话语生产的资源。例如,在四年一度的美国总统选举政治中,中国愈来愈成为选举话语的焦点。这种知识或话语的生产有着明显的演化特征及其认识格栅:人权,经济、贸易与国家竞争。其叙事表征从1992年大选中的“中国人不分享我们的价值观”(所谓的人权)到2008年以后的对中国经济的关注——“中国人正在吃我们的午餐”。实际上,这种演化体现了美国政治对中国认知话语产生条件的变迁:首先,经济发展与国家实力代替以往的人权;其次,中国不再仅是美国外交政策问题,更多成了一种国内政策问题;最后,以往作为总统候选人强硬程度标尺的中国现在成了美国国家实力的测量仪。①

从上面的符号学理论坐标中,我们不仅看到符号指称过程从纯粹的语言符号向话语的过渡,而且看到能指与所指之间的指称过程不再具有唯一性,“信息不提供也不可能提供交流活动的全部‘意义’,交流的所得,有相当一部分来自语境、代码和接触手段”②,所指在全球背景下呈现出了多元性特征。如何使这种指称地方化是思考跨文化传播的关键,如反对“全盘西化”、加强对外交流等,都具有文化传播的合理性。

① FIRESTEIN D. China:a top U.S. domestic policy issue? [N/OL]. The Globalist, 2012-10-22[2012-11-07]. http://www.theglobalist.com/StoryId.aspx? StoryId=9786.

② 霍克斯.结构主义和符号学[M]. 瞿铁鹏,译. 上海:上海译文出版社,1987:83.

# 第二节　文化、身份及文化类型

## 一、文化的界定

文化是人类学(Anthropology,尤其文化人类学)关注的对象。英文“文化”(Culture)一词来自拉丁语 cultūra。在欧洲的诸多语言中,“文化”一词最早被西塞罗在《图斯库鲁姆争辩》(*Tusculanae Disputationes*)中用来比喻灵魂的培养,用农业比喻来描述某个哲学灵魂的发展。“文化”一词的界定繁多,人类学家博厄斯的学生阿尔弗雷德·克鲁伯(Alfred Kroeber,1876—1960)和克莱德·克拉克洪(Clyde Kluckhohn,1905—1960)在1952年出版的《文化概念与界定评述》中就列出了164个定义,这些定义基本涵盖六个类别:强调了内容陈述的描述性定义、强调社会遗产或传统的历史定义、强调规则或方法的规范性定义、强调适应并把文化看成解决问题手段的心理学定义、强调模式和组织的结构性定义、把文化看成人工产品的生发性(genetic)定义以及其他的非完整定义。[①] 虽然“文化”有不同的界定,但在“文化”一词发展历史的后面存在两种性质的概念:人文主义和人类学。[②] 在人文主义看来,“文化”属于文艺、智力探索和个人成就的领域,尤其是这些东西的“更高级”表达,是一种在画廊中被观赏或在剧院里被观看的人工制品,同时也是一种通过教育和知识获得的才能品质。两次世界大战见证了人文主义向人类学概念的转变。在人类学视角下,“文化”更多是一个包括知识、信仰、艺术、道德、法律、习俗及成为社会成员所必需的其他能力和习惯的复合体。[③] 在人类学意义上,文化事关“生活方式”,它是每个社会、特别是某个社会价值观的明显特征,“文化”被稳固地构建成与整个社会相关联的东西,在“每

---

① KROEBER A L, KLUCKHOHN C. Culture, a critical review of concepts and definitions[M]. Cambridge:The Harvard University Printing Office. 1952:41-72.

② REEVES J. Culture and international relations:narratives, natives and tourists[M]. New York:Routledge, 2004:2.

③ TYLOR E B. Primitive culture:researches into the development of mythology, philosophy, religion, language, art and custom:Vol. 1[M].London:John Murray,1871/1903.

个社会都有自己的文化”意义上，为此转变做出贡献的主要是美国的人类学家，如博厄斯及其追随者，如本尼迪克特、米德、萨丕尔、赫斯科维茨等。在人类学视角下，文化具有了相对主义特征。联合国教科文组织在《文化多元性宣言》(2002)中就采用了更具包容性的人类学文化概念：“重申应把文化视为某个社会或某个社会群体特有的精神与物质，智力与情感方面的不同特点之总和；除了文学和艺术外，文化还包括生活方式、共处的方式、价值观体系、传统和信仰。”[①]当被看作一套生活方式、信仰和价值时，文化就成了国际传播的重要内涵：离开文化来谈论国际传播也就失去意义。文化的人类学概念使跨边界传播中的文化多元性、文化身份和文化间的关系产生了意义。文化的人类学界定成了国际传播学“文化”研究的主要参照。

## 二、文化身份

阿芒·马特拉曾说“在文化的框架下来思考传播才有意义” 。这种说法来自文化人类学体验。重视文化，意味着对身份以及对不同语境下意义生产的关注。关注“身份”(identity)即关注“一致性”(identical)，换句话，具有“一致性”或“相同性”(mismidad)的存在才可以说拥有相同的身份。因此，对跨文化的思考实际上是对不同传播者间跨身份的思考。身份是一个具有多元文化特征和跨学科的概念，不同的学科对身份有着不同的界定。从现代哲学思想出发，一般存在着两种身份概念：一种指向个体的“相同性”；另一种指向表示品质性的身份。[②] 前者来自亚里士多德和经院哲学的形而上学传统，把身份看成一种存在的根本性原则和一种思维逻辑：每个存在和自己一致；后者则涉及一种品质或一套品质，借助它，个体或群体紧密地结合在一起。这两种哲学概念分别渗透在当下流行对身份的理解方法之中：本质主义方法、文化主义方法、原生论方法、客观主义方法、主观主义方法、建构主义方法。[③]

---

① UNESCO. Declaración Universal sobre Diversidad Cultural. Una visión, una plataforma conceptual, un semillero de ideas, un paradigma nuevo[R]. UNESCO,2002:4.

② LARRAIN J. Identidad y Modernidad en América Latina[M]. México: Editorial Océano de México, 2004:42.

③ ARIAS P G. La Cultura. Estrategias conceptuales para entender la identidad, la diversidad, la alteridad y la diferencia[M]. Casilla:Ediciones Abya-Yala, 2002:98-101.

在本质主义方法下,身份是一个超越历史的本质主义概念,其拥有不变的自然特征和本质。此视角下的身份提前于个体而存在,一劳永逸地决定个体和社会的生活和行为,构成身份本质的"民族和群体精神"代代相传,成员不可能摆脱这种"遗传性"。本质主义的身份充满了深厚的形而上学内涵,群体成员对其保持高度的忠诚,拥有统一差异的本质主义能力是构建"民族身份"话语的重要支撑。任何试图改变它的努力都被视作是对现实支配秩序的颠覆行为,这种视角的民族身份因无视多元性和差异的存在而具有很强的均质化和排斥特征。本质主义视角会导致极端的意识形态工具化,会为某个群体身份打上"遗传性"的标签或污名化或造成刻板印象。

文化主义方法来自这样的观念:文化是习得的行为,个体借助社会化过程来习得指导其行为的规范和原则,文化成了决定个体行为的社会遗产。这种方法用文化还原主义替代了生物学的还原主义,个体受制于预先存在的文化遗产的力量,从一出生就要学习和内化,这些遗产继而转变成群体的文化身份本质,因此个体也无力改变。文化主义方法构建了一种有关身份和文化的不可改变的视角,看不到身份的辩证构建和变迁,无力解释全球化背景下由移民与大众传媒引起的文化和身份边界的变迁过程。

原生论观点认为归属于某个种族群体是社会归属最重要的形式之一,因为其构建了最根本的联系,如亲缘关系、宗谱关系、祖籍关系、忠诚关系等,并决定着情感的共享、团结等,于是种族—文化身份是最根本的身份形式。在原生论中也存在着本质主义的特征,因为文化身份成了群体传递、构建归属性以及与他者差异的本质特征。

客观主义方法关注的是确定某个人群文化身份的客观特征,是某个群体可观察的、明显的文化特征,如历史、语言、服饰、宗教、共享地域、艺术、节日、音乐等。客观主义视角也会导致还原主义,只考虑了文化身份的明显特征,没有思考构建文化的、不易察觉的象征性表达。该视角考察不到身份的复杂性,有可能导致一种异国风情的面相。

主观主义方法认为,文化身份不能被看作一劳永逸地决定社会行为的属性,也不能被看成社会中某种静态的、不可撤换的、不可改变的与不变的东西。身份不仅参考客观的物质特征,而且也应当被看成一种从属于某"想象的共同体"的情感。主观主义视角也可能会导致一种把身份看成个体武断选择的问题,致使每个个体都可构建自己的身份,导致集体身份碎片化。

建构主义视角没有把身份看成非历史的、不可改变的,而是看成了辩证的社会建构,因为身份是不停变化和变迁的,具有历史性。作为社会建构的身份构建了一种表达与关系系统,是处于历史情境中的社会主体在物质和象征层面上互动、协商和交换的结果。身份成了社会表达理论的组成部分,赋予社会的象征建构过程意义。社会表达是一个复杂的感知、想象、概念、行为、所指、指称和意义系统,其修正着人们的实践,决定着社会活动者的偏好、分类、关系、选择、实践、归属和差异,形塑个体和群体对现实、自我和他者的看法。象征表达成了规定人类行为意义的纲领。

从上面不同的"身份"界定视角出发,我们可以看到,身份涉及不同的"文化属性"认识论(见"文化的界定")。从理解"身份"的不同视角出发,不同界定视角构成了国际传播的跨文化交流的背景,因为"身份假定了不同生活方式、价值观、习惯及其他不同观念的存在"①。

## 三、文化的类型

"文化"概念的词义繁多,它既意味着不同人类有自己的历史、自己的生活和自己的文化归属,与一定的地域和社会文化环境相联系,又意味着每种文化拥有自己的道德、种族、历史、精神和政治价值观。"文化基于包含(inclusion)和排斥(exclusion)的机制之上,超越了对抗(oppositions)和划分(divisions)。它既支持适应、种族中心主义和同化,又赞成多元性的统一。"②

文化的类型最明显地体现于民族观念史的差异以及由此而来的民族或种族宏大叙事母题(motif)或主线的不同上。对文化类型的分析更多借助结构主义认识论来完成,结构主义更多试图解释存在于系统结构中的元素,这些元素使依据它们来进行推理的阐释成为可能。③ 人类社会及其文化本身存在着多样性,即使在相同文化或文明的内部,这种多元性不仅体现于作为宏观参照框架的"结构",而且也表现为微观的社会行动组织元素。

---

① LARRAIN J. Identidad y Modernidad en América Latina[M]. México: Editorial Océano de México, 2004:48.

② MESSAHE S B. Des frontières de l'interculturalité: Etude pluridisciplinaire de la représentation culturelle: identité et altérité[M]. Paris: Presses Universitaires du Septentrion, 2009:10.

③ MUCCHIELLI A. L'analyse phénoménologique et structurale en sciences humaines[M]. Paris: PUF, 1983:32.

文化人类学者本尼迪克特在《文化模式》中把人类文化描述成“博大的人格”(personality writ large):无论文化是微小和原始,还是庞大与复杂,都能在这个人类潜力的巨大苍穹中选择某些特征,并用相当大的力量和强度对其进行详细的锤炼。① 她借鉴尼采对希腊悲剧存在价值的分析中所使用的概念,如“冲破五官感受限制并进入另一种狂乱体验”的“酒神式”(Dionysian),与前者相反的“理性的”“阿婆罗式”(Apollonian),偏执狂式(Paranoid)等,来描述不同的个体文化特征,但并没有建立一个文化类型学,而是给出了一个没有止境的文化发展图景。斯宾格勒(Oswald Spengler,1880—1936)在《西方的没落》中把西方文明分为两类:阿波罗式的古典世界和浮士德式的现代世界。② 阿波罗式人的心灵被描述为“由一种优秀元素构成的宇宙”:意志不存在于他的世界之中;在他的思想中,冲突被看作罪恶,生活总是处在外部的危险之下,其悲剧的高潮在于对令人愉悦的正常存在情景的破坏;浮士德式的形象总是表现为不断地和障碍搏斗,存在的灾难总是作为其过去的选择和体验的结果而出现。古典世界的文明基于阿波罗式的生活理念之上,现代世界则在不同的机构中构建自己的浮士德观点。每一种文明都有青春、壮年、老死等生死轮回。日本人类学者中根千枝在《适应的条件》一书中,以日本社会的各种现象为素材,通过对社会人类学上的“社会结构”进行比较分析,如“纵式社会的人际关系”中的“场所型”集团的特性、“纵式”组织中的序列意识、“纵式”组织形成的特征、集团结构的特征、领导者与集团的关系、人与人的关系等,展现了日本社会结构自有的特征,它与中国、印度、英美等社会有着非常不同的人际等级关系与序列意识、价值取向,并建议日本在对外的适应中不但要“选拔和培养人才”,而且还需因文化差异而“确立对外交流体制”。③

美国人类学家爱德华·霍尔(Edward Hall)认为交流的语境可以扩展到文化范畴,他曾在《超越文化》(*Beyond Culture*, 1976)中把文化分为“低语境文化”(low context culture)和“高语境文化”(high context culture),前者如西方国家(德国、美国、瑞士、加拿大、丹麦、澳大利亚、瑞典、英国等),后者多表现为发展中国家(沙特阿拉伯、科威特、中国、墨西哥、韩国、尼日利亚、越南

---

① BENEDICT R. Patterns of culture[M]. London:Routledge,1960:v.

② BENEDICT R.Patterns of culture[M]. London:Routledge,1960:58.

③ 中根千枝.适应的条件[M].朱京伟,张吉伟,译. 石家庄:河北人民出版社,1989:189.

等），与“东—西方”二元划分相符合。低语境文化强调的是如何通过明晰而清楚的语言讯息来表达意图和意思，高语境文化则关注意图和意思如何通过语言讯息的语境（如社会角色和地位）和非语言渠道（如停顿、沉默、语调）传递，总体而言，低语境交流指直接的、具有线性逻辑、强调自我、基于语言理解、以发送者为导向的语言传播模式，如直接交谈、非言语的直接性和定位于发送者的价值观（即发送者担负着清晰传播的责任），说话者负责为接收者构建一个容易被解码的、清晰的、有说服力的讯息，而高语境则指向非直接的、具有非线性逻辑、隐藏自我、基于语境理解、以接收者为导向的语言交流模式，如不表露自我的谈话、非语言的揣摩以及阐释者可感知的价值观（即接收者或阐释者要通过推理来获取讯息的隐含意义），期待听者或阐释者能够读懂字里行间的意思，并把握与讯息相伴随的非言语元素，从而准确地推断讯息的明晰意图。①

以《文化之重》而闻名的荷兰学者吉尔特·霍夫斯塔德（Geert Hofstede）曾主管过 IBM 欧洲分公司的人事调查工作，是企业文化的主要研究者。通过对来自不同文化背景员工的研究，他发现文化的差异主要存在于五个维度：权力的距离（Power distance）、对不确定性的规避（Uncertainty avoidance）、个体主义和集体主义（Individualism & collectivism）、男性与女性气质（Masculinity & feminity）、长期与短期导向性（Long-term versus short-term orientation）。权力的距离指处于弱势地位的组织和机构成员对权力不平等分配的容忍程度，这里涉及的根本问题是发生在不同社会中的人的不平等程度；对不确定性的规避指某文化使自己成员在非正式组织情景中感到舒服或不舒服的程度，非正式组织情景往往是新的、未知的、令人吃惊的，与平常不同，其基本问题是社会试图控制不可控状态的程度；个体主义与集体主义相对，指个体关注自己或融合于集体的程度，这是所有社会的基本问题；男性主义是相对女性主义而言的，指性别间的情感角色分配，为此社会被区分为“强硬的”和“温柔的”社会类型；长期与短期导向性指某文化使自己成员接受短期或长期的、物质的、社会的情感要求的能力。② 霍夫斯塔德认为，这五个维度在经验上是正确的，不同的国家就处在以上对立的某个位置上，

① TOOMEY S T. Communicating across cultures[M]. New York: The Guilford Press, 1999: 110-101.

② HOFSTEDE G. Cultures' s consequences: comparing values, behaviors, institutions and organization across nations[M]. 2nd ed. 上海：上海外语教育出版社，2008: xv-xvi.

而且这些维度有时会共同出现于某个社会,有时其中某个维度可能强于其他维度。

文化也可根据不同的“价值取向”来划分,这是美国人类学家克拉克洪(Florence Rockwood Kluckhohn)和社会心理学家斯多特贝克(Fred L.Strodtbeck)所做的工作,二者的价值取向理论基于三个基本假设:任何时代的任何民族都必须为某些人类的共同问题提供解决的方法;这些问题的解决方法不是无限的或任意的,而是在一系列的选择或价值取向中变化的;每种价值取向都存在于所有的社会和个体中,但每个社会和个体对价值取向的偏好不同。在《价值取向的变奏》(*Variations in Value Orientations*)中,两人依据不同的文化提出了划分文化类型的五个维度:人性、人与自然的关系、人与时间的关系、人类活动的形式以及人与他人的关系。不少学者对此进行了进一步的阐释和描述。[①] 在人性的价值取向上有善、恶与无所谓善恶之分,如基督教的“原罪”和佛教的“性本善”。在人与自然的关系的价值取向上,不同文化认知存在着隶属于自然、与自然和睦相处、是自然的主宰的特征。在与时间的关系方面,不同的文化有着不同的历史观念,如英国、希腊、中国和日本以过去为导向,有很强的历史感,连续性受到重视,人所做的决定往往受到历史的影响,但拉美和太平洋岛屿的文化则以当下为导向,享受当下,只要有可能就享受生活,明天是另一时间,人所做的决定往往受当下环境的影响。在人类活动形式取向方面,存在着做(doing)、存在(being)和变迁中的存在(being-in-becoming)的倾向——在“做”的文化中,人们关心的是“做什么”,强调行动、努力、乐观主义、成就与竞争,为达到目标而努力,如日耳曼文化和中国—越南的东方文化;在“存在”的文化中,人们关注的是自然享受,来自内心的反应被认为是最真实的,享受当下,把注意力集中在当下生活,如拉丁文化和南太平洋文化;在“变迁中的存在”的文化中,人们关注的是自己是谁,强调精神上的发展和成长,努力完善自我,如佛教与印度教中的“禅”,文化中的最高境界是自我冥想。在与其他人群的关系上,存在三种取向:威权主义、群体主义和个体主义。威权主义具有线性特征,强调社会结构建立在清晰与严格的等级关系之上;群体主义具有旁系特征,强调社

① MCLAREN M C. Interpreting cultural differences: the challenge of intercultural communication[M]. Dereham Norfolk: Peter Francis Publishers, 1998: 76-83.

会结构是根据个体和群体具有同等地位的原则来组织的，如东方社会；个体主义则强调社会结构的建立应该以个体为基础，如西方社会。

## 四、跨文化文本阐释

哲学阐释学往往被看作主体间的“开放性对话”（如伽达默尔），把对文本的理解看作一种由主体间“视域融合”推进的创造过程，而且是一个循环的过程。[①] 这里的对话更多发生在群体内，但对于跨文化群体，存在更多“异己性”（alienness）剩余，如何处理这种“剩余”将是对传统阐释学的批判和修正。“阐释学（hermeneutics）受到批判，因为它植根于一个把他者降级为主体性‘镜像’的唯心主义逻辑，而不是去充分理解具有自治的他性（otherness）特征的他者……一个阐释过程明显地旨在消除异己性并方便挪用，它通过阻止认识试图对自治的他性的体验，使欧洲殖民思维模式长存下去。”[②]换句话是，传统的阐释学倾向于把对“异己性”或“他者性”的体验看成一个向“熟悉”过渡的过程，该过程必须被完成并驯服。[③]

理解陌生文化语境的行为往往必须基于主体间性的方法，从不同于自己的异己性中来发现和理解他者。[④] 对于他者的“异己性”或“他者性”的理解，不能只通过把我们文化的偏见传送到“陌生人”的文化中去理解异己文化象征秩序。简而言之，跨文化阐释学不是去融合文本作者或交际对象的主体体验，或是通过概述赋予该体验意义的“生活方式”对其进行把握，[⑤]而是采用承认的态度，赋予他者以完整的独立存在地位，而不是通过他者本身是什么对其进行理解和界定。[⑥] 跨文化阐释要放弃以自我为中心的挪用，放弃把“自我”看作理解和洞见的唯一参照点；在跨文化领域，不存在“中心位

---

① 李特约翰.人类传播理论[M].史安斌，译.北京：清华大学出版社，2004：221.

② ROTHFUSS E.Intersubjectivity, intercultural hermeneutics and the recognition of the other[J]. ERDKUNGE, 2009, 63(2):182.

③ ROTHFUSS E.Intersubjectivity, intercultural hermeneutics and the recognition of the other[J]. ERDKUNGE, 2009, 63(2):182.

④ ROTHFUSS E.Intersubjectivity, intercultural hermeneutics and the recognition of the other[J]. ERDKUNGE, 2009, 63(2):177.

⑤ ROTHFUSS E.Intersubjectivity, intercultural hermeneutics and the recognition of the other[J]. ERDKUNGE, 2009, 63(2):179.

⑥ ROTHFUSS E.Intersubjectivity, intercultural hermeneutics and the recognition of the other[J]. ERDKUNGE, 2009, 63(2):184.

置”,只存在“中间地带”。①

知识的生产是受时空限制的。“任何阐释和理解只能对与它相关的环境来说是真实的……因此在试图理解隐藏于被研究对象行为后面的语境和论据时,研究者应当从考察异己的(alien)环境和它的人民开始,向他们敞开心扉,并意识到他们的恐惧、偏见和有关异己的观念,以便为彼此交流铺平道路。”②尽管在“自我”与“他者”之间存在着不可理解的移动边界——该边界只可移动但不可被消除,如同我们行走时的影子③——不同的学科与社会人文科学研究方法(如社会阐释学,常人方法论等)都为我们提供了把跨文化认识边界向前推移的理论和技术手段,为跨文化阐释和传播指明了研究方向。

每一种文化传播行为都体现着一种以意义与权力关系为主要内容的象征秩序的构建,无论是作为巴特“神话学”分析素材的“黑人士兵向法兰西国旗致敬”,还是“奥运会上的升国旗仪式”。“权力(pouvoir)及其建立的原则应当被识别出来以便产生效用。国旗、格言、国歌等是些可认识的符号……虽然它们发生变化、消失、再出现……但它们的作用一直没变:围绕作为一种被接受历史产物并唤醒自豪和激发情感的标记塑造一个个体的共同体。”④跨文化文本阐释的意义在于揭示意义、知识以及伴随话语的权力关系在不同语境下的嬗变过程,从而探究不同文化群体间传播与互动的可能性。从后现代政治学的观点来看,跨文化阐释就是旨在显示蕴含意义与权力关系的符号在象征层面上指称过程的重新分布、交错与构合,以及由此引起的心得认同关系,以便了解新的、独立的或杂交的想象共同体的形成——其中的“集体表达”“集体无意识”“象征体系”“意识形态”等成了跨文化阐释变量元素的函数。

不过,跨文化阐释始终具有暧昧性,即意义与权力关系是否能够充分地跨语境传递。卡茨等在《意义的输出:达拉斯跨文化阅读》中的经典分析,验

---

① ROTHFUSS E.Intersubjectivity, intercultural hermeneutics and the recognition of the other[J]. ERDKUNGE, 2009, 63(2):186.

② ROTHFUSS E.Intersubjectivity, intercultural hermeneutics and the recognition of the other[J]. ERDKUNGE, 2009, 63(2):179.

③ ROTHFUSS E.Intersubjectivity, intercultural hermeneutics and the recognition of the other[J]. ERDKUNGE, 2009, 63(2):182.

④ TOMEI S. Le Pouvoir:Symboles et Mythes[M].Paris:Éditions du Palais, 2011:115.

证了自己提出的中心假设:没有一个电视节目能够强加给观众同一种意义解读,相反,不同的发出者与不同的接收者之间存在着协商的过程。[①] 要理解电视节目对观众的意义,就必须考虑电视文本与电视观众间的互动。实际上,这是阐释学中的“视域融合”过程:“一方面我们与文本进行独立的对话;另一方面,我们在理解该文本时又不能摆脱种种偏见和预设。变化是现时的偏见与文本意义进行对话的结果。”[②]霍尔也认为传统的大众传播研究往往被概念化为一个环形的传播流动过程,他不赞成这种发送者—讯息—接收者的线性传播方式。这种模式之所以受到批判,是因为它主要关注讯息的交换层面,没有把传播的不同时刻看成一个复杂的关系结构,其中的“编码”和“解码”就是传播过程中的具有决定性的时刻。[③] 编码和解码不是完全对称的,讯息的意向意义(intended meaning)和阐释意义(interpreted meaning)间存在着差异,这意味着存在着三种电视话语的解码状态:第一种是观众按照编码参照系来解码的主导—霸权模式(dominant-hegemonic position);第二种是因编码参照系和解码参照系差异而引起的协商模式(negotiated code or position);第三种是与意向意义相反的对抗解码模式(oppositional code)。[④]

尽管在斯图亚特·霍尔与伊莱休·卡茨(Elihu Katz)那里,人们知道意义与权力关系的生产不是全面单向的,而是具有另类性(或双向)特征,不过跨文化(文本)阐释研究仍为不同民族文化的传播与互动提供了可能性,在认识论层面上,使我们看到了一个认识的“去地域化”和“再地域化”的认知辩证过程。

---

① KATZ E, LIEBES T. The export of meaning, cross cultural readings of Dallas[M]. London: Polity Press, 1993.

② 李特约翰.人类传播理论[M].史安斌,译. 北京:清华大学出版社,2004:225.

③ HALL S. Culture, media, language: working papers in cultural studies 1972-1979[M]. London: Routledge, 2005:117-118.

④ HALL S. Culture, media, language: working papers in cultural studies 1972-1979[M]. London: Routledge, 2005:125-127.

# 第三节　跨文化研究

## 一、文化研究：一个相关主题

说起跨文化研究，我们可能会想起名噪一时的“文化研究”（Cultural Studies）范式。“文化研究”更多是英国学术界对传播研究的贡献。从19世纪工业社会英国的马修·阿诺德（Matthew Arnold，1882—1888）的《文化与无政府状态》到20世纪70年代的伯明翰学派、20世纪80年代“文化研究”作为一种研究范式流行开来，直至21世纪作为“文化研究”象征的“伯明翰文化研究中心”（CCCS）因学科结构“调整”而关闭，“文化研究”的主题经历了以早期的“文化—国家联系”（如“国民意识的黏合剂”）为中心，到70年代对社会群体文化的思考（如对秩序的反叛或向权力关系的融合、青年与工人文化、媒介的内容与接受）、再到80年代对人类学元素的在媒介消费中的整合（如性别、种族性、诸多消费实践），直至之后对“重新评估主体”“媒介消费愉悦”“新自由主义意识形态”“文化产品的全球流动”等的关注。[①] “文化研究”的范围不断扩大，囊括了其他社会人文科学研究的内容，如消费、时尚、性别身份、博物馆、旅游、文学作品，而且越来越采用跨学科的视角，倾向于认为当代大部分世界问题都可通过文化透镜进行审视，“文化研究”被普遍化，失去了自己的“特殊性”。总体上，在“文化研究”学派中，“文化”概念似乎成了一个无所不包的容器，任何无法分门别类的东西，都可归入“文化”；符号学（如编码/解码）以及阿尔都塞的“国家意识形态机器”成了主要的理论参照，它们显示出“意义来源于差异”与“意识形态”在日常生活中的作用，为此遭到“传播政治经济学派”批判：文化研究更关注身份话语，忽略或不重视把平等原则作为政治行为主要目标的话语；开拓文化领域研究，重要的是重新把文化置于与权力问题和社会冲突相关的联系结构之中，使文化与知识的生产服务于处在阶级、性别和种族不平等世界中的每个人。[②]

---

① MATTELART A, NEVEUÉ. Introduction aux cultural studies[M].Paris:La Découverte, 2008:3-6.

② RENGGER N, et al. Special issue:cultures and politics of global communication[J]. Review of international studies, 2008,34:23.

“文化研究的政治目的是，在自我赋权和周围文化—社会过程间产生联系。”①

在国际传播(或交际)的意义上，“全球化是在以往彼此分离的社会与文化之间建立相互联系……全球化意味着对变化/变迁开放，并创造新的对话机会，但它也威胁着文化传统的生存。相反，对文化传染的封闭虽然保持了文化多元性，但阻止了不同文化间的有意义的对话。开放和封闭既创造了多元性的价值，但同时又是威胁多元性的根源……全球化是系统地跨文化传播的结果，涉及社会化在不同结构社会中的参与者，全球化源自不同结构社会的具体文化形式间的对抗。”②在全球文化和地方文化关系中，对全球化赞同和怀疑以及两种视角的互动形成了所谓的“全球地方化”。“全球化正改变着个体依据经济、宗教、文化、习惯、语言和种族身份来界定自己的方法。”③

跨文化研究有着自己的问题意识。“跨文化传播研究是要试图回答下面的问题：当人们没有分享相同的文化体验时，如何理解对方？”④关于跨文化传播，在外语中有着不同的说法。“跨文化传播”在外语文献中有“cross-cultural communication”和“intercultural communication”的说法，但两者之间存在着差别：“跨文化研究文献中的‘cross-cultural’一词用来指在性质上具有对比性的传播过程，如比较文化 X、Y、Z 中的冲突类型，而‘intercultural’一词则用来指来自不同文化共同体的成员间的传播过程，如荷兰进口商和印度尼西亚出口商间的谈判。更简洁地说，在 Intercultural communication 中，存在于不同个体间的差异首先来自文化群体的成员因素，如信仰、价值观、规范、互动文本；Intergroup communication(群体间传播)意味着，差异程度来自群体内成员因素，如种族、性别、社会阶层。Intercultural communication 发生在我们文化群体成员因素(如文化规范和文本)影响我们传播过程的时候。”⑤无论如何，两者都意味着象征符号的跨文化解读。

---

① RITZER G.Encyclopedia of social theory：Vol.1[M]. London：Sage Publicatons, 2005：164.

② BARADI C. New forms of intercultural communication in a globalized world[J]. The international communication gazette, 2006, 68(1)：54.

③ GIRI V N. Intercultural communication theories[M] //LITTLEJOHN S W, FOSS K A. Encyclopedia of communication theory. London：SAGE, 2009：532.

④ BENNETT M. Basic concepts of intercultural communications：selected readings[M]. London：Intercultural Press, 1998：1.

⑤ TOOMEY S T. Communicating across cultures[M]. New York：The Guilford Press, 1999：16.

## 二、跨文化传播研究

“跨文化传播研究”起源于美国芝加哥学派对移民文化的研究,并因此获得了学科合法性。当前国际传播中的“跨文化研究”多集中于解决现实社会问题,而英国“文化研究”的传统体现着“实用主义”的特色,其中语言学领域中的“语言交际”和跨国总公司扩展中的不同文化成员的融合及全球化营销策略(如全球地方化等)的实施等是跨文化研究的着力点。随着经济全球化的发展,“跨文化研究”更是成了新自由主义商业意识形态的重要组成部分。无论是商业逻辑下的“跨文化研究”还是人文互动下的“跨文化研究”,都体现了具有不同文化背景的互动者间的困境,因为文化这种知识形成的是价值观、生产的是态度,影响的是行为,简而言之,文化影响着人们的思考和行为方法。① 一张简单的“价值观的重要性排列”表格就能使问题一目了然,不同的文化群体有着不同的文化价值观,如表 10-1 所示。

**表 10-1　文化价值观的优先性:美国、日本、阿拉伯国家②**

| 重要性 | 美国 | 日本 | 阿拉伯国家 |
|---|---|---|---|
| | 1 自由(Freedom) | 1 归属(Belonging) | 1 家庭安全(Family security) |
| | 2 独立(Independence) | 2 团体和谐(Group harmony) | 2 家庭和谐(Family harmony) |
| | 3 依靠自己(Self-reliance) | 3 集体性(Collectiveness) | 3 长辈指导(Parental guidance) |
| | 4 平等(Equality) | 4 年龄/资历(Age/seniority) | 4 年龄(Age) |
| | 5 个人主义(Individualism) | 5 群体共识(Group consensus) | 5 权威(Authority) |
| | 6 竞争(Competition) | 6 合作(Cooperation) | 6 妥协(Compromise) |
| | 7 效率(Efficiency) | 7 质量(Quality) | 7 虔敬(Devotion) |
| | 8 时间(Time) | 8 忍耐(Patience) | 8 忍耐(Patience) |
| | 9 直接(Directness) | 9 间接(Indirectness) | 9 间接(Indirectness) |
| | 10 开放(Openness) | 10 中间(Go-between) | 10 好客 (Hospitality) |

作为国际传播的一种形式,跨文化传播被用来描述跨宗教、社会、种族、教育背景等的传播活动以及由此所产生的传播问题。如果从人类学的角度出发,文化与象征动物的人之间交流,就是不同观念与文化间的互动,国际

① LUTHANS F, DOH J P. International management:culture, strategy, and behavior[M]. 8th ed. New York:McGraw-Hill Companies, Inc., 2012:108-109.

② LUTHANS F, DOH J P. International management:culture, strategy, and behavior[M]. 8th ed. New York:McGraw-Hill Companies, Inc., 2012:109.

传播就是跨文化传播。跨文化传播研究的公设在于:不同的文化背景决定着不同个体对信息的编码、解码及认知过程。在认知上,这体现于来自不同文化背景的活动者有着不同的社会态度、思维模式、表述方式、行为方式等。社会学、人类学、文化研究、语言学、心理学等成了跨文化传播这门交叉学科的理论资源。因此,跨文化传播成了企业组织、民族整合、文本翻译、跨边界交流等领域中的显学。

跨文化研究有着不同的视角,如作为"交际"的跨文化传播、作为"交流"的跨文化传播以及作为"文化产品"输出的跨文化传播。就日常的跨文化传播而言,人们的认知更多来自盎格鲁-撒克逊的英语文献,在这里用于交际的书写或口语"语言"成了重要的分析对象。作为"交际"的跨文化传播,更多是从认知心理学和语言学的角度进行对话者之间的"协商"和"共识",这是当前所谓的"跨文化传播理论"的主要范畴。在这些学者看来,在所有的跨文化传播中,存在着两个重要的维度:其一属于文化符码的差异(如语言符码、非语言符码、礼貌符码、理解符码、对话符码等);其二是和个体在与"他"文化发生关系中使用的不同的社会认知和心理过程(如分类、种族中心主义、异域风情、语境等)相对应,换言之,涉及差异性所引起的态度意识和观察机制。① "书写的"与"口语的"语言成了这种传播的介质,作为中介者个体的"对话者"成了一个"文化存在",无时不处在"象征的限制"之中。作为"交流"的跨文化传播,更多涉及政府间或非政府间的文化活动的互动,倾向于对传播内容的消费及效果的分析,如文化团体巡回演出、教育部门之间的奖学金或项目培训、学术交流(尤其是高等教育的国际化)、企业文化或技术培训、旅游、宗教移植等。作为"交流"的文化传播成了"大传播"概念下的基本分析路径。作为"文化产品"输出的跨文化传播,通过文化的商业化,常常与文化产品的生产、营销和企业管理联系在一起,其物质载体表现为"文化工业"或"文化产业",以"全球地方化"的营销理念来实现文化产品的商业价值,在这里文化产品与其他商品具有相同的经济属性,如何实现文化产业以"创意"和"生产营销"为特征的发展是关注的焦点。

大量的跨文化传播研究文献常常与传播的长期或短期结果联系在一

---

① LIPIANSKY E M. La communication interculturelle[J/OL]. Cahiers français, 1992(258)[2016-10-22]. http://www.minkowska.com/content/les-th%C3%A9ories-de-la-communication-la-communication-interculturelle.

起，探究在全球化背景下，文化的跨边界传播最终导致的是“全球均质文化”还是“杂交的文化”。在这里，全球化社会学与文化人类学成了主要分析进路。社会学传统上被界定为对社会的研究。随着社会边界从地方社区扩展到国家直至全球社会，全球社会学成了研究全球社会的科学，这也显示了观念、知识和社会科学的发展伴随着社会现实的变化而变化。文化人类学主要是研究人类社会中的行为、信仰、习惯和社会组织的科学。在作为启蒙文化遗产继承者的欧洲学者那里，全球化是一个充满歧义的概念，甚至是一种意识形态，并针对英语表达全球化提出批判性的概念，如法国传播学家阿芒·马特拉的“世界化”(mondialisation)和德国社会学家乌尔希·贝克(Ulrich Beck)的“世界化”(cosmopolitisation)。二者有着相似的观点：在公共话语中，全球化思想是与世界市场联系在一起，颂扬的是新自由主义的(经济)增长和毫无障碍的跨边界人员、产品与资本的流动；世界化被作为一个多维度的过程来分析，在此过程中社会的历史性质与国家的功能发生变迁，并且多样化的跨边界生活方式以及抵抗“市场唯一支配逻辑”的全球市民运动出现了。① 从文化传播的角度来看，马特拉关注的是世界文化多元性的共存，贝克关心的是欧洲多元文化的融合。

不管是文化的多元共存还是文化的融合，都要涉及一个“全球地方化”(glocalization)的过程。“全球地方化 ”概念起源于日本，它首先作为一种流行的商业策略，后被匹兹堡大学教授罗兰·罗伯特逊(Roland Robertson)引入西方社会科学话语中。② 该过程的中观过程就是常说的“去地域化”和“再地域化”的辩证过程。“去地域化”和“再地域化”概念来自德勒兹与瓜塔里在《反俄狄浦斯》(1972)中对资本主义流动的分析，用来描述一系列关系的去语境化(décontextualisation)与在其他地方被再语境化的过程。“文明的现代社会要通过解码和去地域化的过程来界定。不过在一个地方去地域化的东西，在另一个地方被再地域化。”③“不可能把去地域化和再地域化区分开

① BECK U. Qu'est-ce que le compolitisme? [M]. Paris: Flammarion, 2006: 23-24.

② KHONDKER H H. Glocalization as globalization, evolution of a sociological concept [J/OL]. Bangladesh e-journal of sociology, 2004, 1(2)[2016-10-23]. http://www.bangladeshsociology.org/Habib%20-%20ejournal%20Paper%20GlobalizationHHK,%20PDF.pdf.

③ DELEUZE G, GUATTARI F. L'Anti-Oedipe: Capitalisame et schizophrénie [M]. Paris: Éditions Minuit, 1973: 306.

来,它们彼此掺和在一起,如同一个过程的正反两面。"①这些概念后被引入其他学科之中。对传播全球化的过程而言,"从国家活动者向国际活动者的转移是一个重要的理论问题。这就要理解作为集体身份意义单位的地域的'去地域化'和'再地域化'、解构和重构过程"②。所有这些概念成了描述跨文化传播过程中实质及其发生的宏观或中观机制。

文化交流过程中的"意义挪用"。如果福柯的日常纪律化的权力观被称作"权力微观物理学",那么德·塞尔托(Michel de Certeau, 1925—1986)的"日常生活实践"的文化挪用就可称作"文化挪用微观物理学"。塞尔托在《日常生活实践》中,沿袭法国日常社会学传统的手法,把日常活动实践看作是改变文化象征意义的手段。该书是一部研究"流行文化"或"边缘群体"的著作,相对其他关注社会表达和行为方式的研究,塞尔托更关注群体或个人对这些表达和方式的使用,即借助这些社会文化事实干了什么或制作了什么。这种思维把文化研究从对生产者(作家、科学家、城市规划者)及其产品(书籍、话语、城市街道)的研究转向了对消费者(读者、路人)的关注,从合理化的、扩张性的、集中化的、喧嚷的、壮观的生产转向在消费过程中导向歧途的、漫射的、无处不在的、静悄悄的、几乎不可见的(另类意义的)生产。"长期以来,人们都在研究西班牙对印第安人的'成功'殖民,但何种'歧义'在这种成功的内部造成了裂痕:顺从(甚至赞同)的印第安人使强加给他们的宗教仪式、表述和法律变成了不同于征服者想要通过这些仪式等得到的东西。他们不是通过拒绝和改变,而是通过不同的使用方法并根据不同于被强加的参照体系的方式来颠覆被强加的东西。他们在这种被'同化'外部的内部仍旧是'他者'……他们制造差别的力量在于自己的'消费'方法。"③"日常生活通过诸多方法秘密猎取他者的所有物以创造自己。"④这类不同的"实践运作方法",如日常宗教活动、日常的厨艺、日常穿戴、日常文化产品的消费

---

① DELEUZE G, GUATTARI F. L' Anti-Oedipe: Capitalisame et schizophrénie [M]. Paris: Éditions Minuit, 1973:307.

② MATTELART A. Penser les médias[M].Paris:La Découverte, 1986:184.

③ CERTEAU M de. The practice of everydaylife[M]. 2nd ed. Berkeley:University of California Press, 2002:xiii.

④ CERTEAU M de. The practice of everydaylife[M]. 2nd ed. Berkeley:University of California Press, 2002:xii.

等，成了使用者重新挪用被社会文化生产技术所组织的空间。① 从日常社会学的角度来看，当然这种活动又被赋予不同于强加内涵的象征意义。

在文化社会学与人类学中，"杂交"（hybridization）和"克里奥化"（creolization）是描述全球化文化维度话语中的常用词语。源自语言学的"克里奥化"和源自生物学的"杂交"成了分析全球社会化过程的概念工具。这类研究受到了由现象学引发的日常生活社会学的影响，跨文化的活动不是一种文化对另一种文化的消灭，而是在日常的"修修补补地干零活"（bricolage）过程中，相同的文化形式被赋予了另外的意义。文化中的"修修补补地干零活"概念是由法国人类学家克劳德·列维·施特劳斯在《野性的思维》（1966）中使用的词语，该概念成了一种阐释和使现存材料适应新环境或需要的方法；这种实践并没有一种提前深思熟虑的、带有方向性的指导，而是一种适应性的存在方式。② "克里奥化"既是通过"修修补补地干零活"的形式，临时使用不同片段间的混合和手边的材料的过程；又是在全球化不断发展的背景下，实现身份构合的过程。③

## 三、作为普遍性的跨文化传播

在《想象的共同体》中，美国学者本尼迪克特·安德森从人类学的观点和宏观角度出发，把国家界定为"一种想象的政治共同体，一种被限制的、主权的共同体"④。他解释说，"想象的"原因在于即使最小国家的成员也从来不认识自己很多同胞，甚至没听说过他们，是想象中的；"被限制的"则指国家有着自己的边界，尽管有时具有弹性；"主权的"则是因为它诞生于启蒙运动和法国大革命正在摧毁神权和王权合法性的时期；"共同体"说明尽管存在着不平等，但国家总是被看作深层次的横向友谊团体。安德森把"宗教""皇权""时间"看作文化的根基因素，原因在于它们形成了共同体成员的参照系，这些思想结合在一起把人们的生活坚实地锚固在事物的性质之中，并

---

① CERTEAU M de. The practice of everydaylife[M]. 2 ed. Berkeley:University of California Press, 2002:xiv.

② STRAUSS C L. La Pensée Sauvage[M]. Paris:Plon, 1966:32.

③ KNEPPER W. Colonization, creolization, and globalization:the art and ruses of bricolage[J].Small Axe 21, 2006:71.

④ ANDERSON B. Imagined communities:reflections on the origin and spread of nationalism[M]. London:VERSO, 1991:6.

赋予活动意义。随着资本主义和印刷技术的发展,新的想象共同体的可能性被创造出来。安德森对国家界定的意义在于,国家共同体在宏观上把成员的社会化参照体系、主权、传播媒介、边界、社会背景等联系在一起,为把文化因素作为大国(也包括小国)博弈的基本分析因素的做法提供了有力的支持,如“软实力”。

英国左派文化学者雷蒙德·威廉斯对文化与社会的关系进行了批判分析,指出“任何统治机构都试图把‘正当的’观念灌输给它所统治的人们”①。“即使我们不是被支配技术吸引,至少也是满脑子充斥了支配技术。传播变成了一门渗透大众心灵、在大众心灵上留下深刻影响的科学。”②菲利普·迪里巴纳(Philipe d’Iribarne)有一本有关企业文化研究的书《荣誉的逻辑》,在该书中我们可看到:“企业是一个非常具有文化偶然性的地方。因此,法国企业永远延续着一种直接来自大革命前‘等级社会’(société d’ordres)‘荣誉的逻辑’,在该社会中,每个人根据自己的地位决定的权力和义务进行生活。与这种地位支配相对的——如人们常说——是美国的契约支配……对于荷兰人来说,他们以容忍和尊重的方式花费很多努力来追寻共识,这种方式使他们的祖先在昔日成功地把七个省艰难地整合在一起。”③一个生活在外国的人通常会经历一定的文化震荡,霍夫斯泰德把其分为四个阶段。“第一阶段是新奇期(euphoria),又叫蜜月期,它通常很短,充满了对游览和见识新地方的兴奋。第二阶段是文化震荡期(culture shock),此时人们在新环境中开始真实的生活。第三阶段是文化适应期(acculturation),来访者逐渐学会了在新环境下行动,适应了一些当地的价值观,增长了自信,并开始融入新的社会网络中。第四阶段是最终要达到的心理稳定期(stable state)。”④

无论是对文化与社会关系的分析,还是对企业组织文化以及异域文化适应的探究,都表明跨文化活动不仅是存在的社会现实,而且这种现实随着全球化过程展开而逐渐加强,跨文化传播活动具有普遍性。

在对传播的研究中,欧美文化间的差异往往成为诸多跨文化研究关注

---

① 威廉斯.文化与社会[M].吴松江,张文定,译.北京:北京大学出版社,1991:391.

② 威廉斯.文化与社会[M].吴松江,张文定,译.北京:北京大学出版社,1991:391.

③ SEGRESTIN D.La logique de l’honneur: Gestion des entreprises et traditions nationales par Philippe d’Iribarne[J].Revue française de sociologie,1990(31-34):654.

④ 霍夫斯泰德 G,霍夫斯泰德 G J.文化与组织:心理软件的力量[M].李源,孙健,译.北京:中国人民大学出版社,2010:341.

的主题，因为这两个表面看起来似乎铁板一块的基督教文明也存在差异性。正是这种差异性，才导致了一系列世界传播问题及其后果，如世界传播新秩序的诉求、联合国教科文组织《文化多元性公约》的签订、世界贸易组织的文化产品贸易协议的受挫、欧盟无边界电视指令的颁布等。如果放在发展传播的视角下，不同的文化理念指导下的传播意味着发展与建构不同社会的政治—经济构型，也意味着不同社会对发展道路的选择。尤其在中国，欧美文化的差异关系到中国学人对信息与传播科学的界定与理解——北美传播实证主义思想的特殊性在20世纪30年代逐渐取代欧洲的思辨与批判方法而具有了学科的普遍性，因而中国学者对传播有着不同的理解：留美者崇尚实证主义；留欧者多看重批判的力量。实际上，对于欧美不同文化性质的分析与梳理的关注更多来自欧洲，特别是法国，这主要源自对美国物质享乐主义文化入侵的担忧。就欧美文化而言，"美国的文化模式与欧洲不同。文化首先是一种扩展的手段，而不是一种身份的界定"①。在著名的传播学者阿芒·马特拉那里，这表现为"北美的商业文化"和"作为欧洲启蒙运动遗产的启蒙文化"。"美国显示出对艺术接触民主化的关注。在欧洲，文化停留在知识分子的手中；而在美国，'文化'与'大众'(populaire)一起搏动。尤其在法国，流行文化(culutre populaire)继续包含着一种负面含义，因为它被等同于不具思想合法性的被庸俗化的文化。在欧洲，文化首先是过去留下的遗产。文化首先是不可触及的，它需要一个学习期。法国的主流文化是与'高文化'(culture haute：高级服装业，高级美食学，包括建筑、雕塑、绘画、木刻、音乐、舞蹈等的美术)联系在一起的。在大西洋的彼岸，文化更多面向社会。在传统和规范的愿望中，美国发展出了一种所有人可接触的、民主的、流行的文化。"②"通常认为，美国既没有文化也没有文化政策，但文化与政治间有着牢固的联系。美国主要因政治问题于1984年退出了联合国教科文组织，以抗议该机构的政治化，在它看来，苏联及其盟友和第三世界把持了该机构。在冷战时期，美国化成了其国家安全政策的组成部分。就是在这个时期，欧洲发现了口香糖、可口可乐、汉堡、娱乐电影、爵士乐、摇滚乐或快餐。"③美国的流行文化对欧洲的入侵导致了在20世纪30年代欧洲出现"美国化"概念，"美国

---

① BONIFACE P, LEPRI C. 50 Idées Reçues Sur Les États-Unis[M].Paris：Hachette, 2008：197.

② BONIFACE P, LEPRI C. 50 Idées Reçues Sur Les États-Unis[M].Paris：Hachette, 2008：195-196.

③ BONIFACE P, LEPRI C. 50 Idées Reçues Sur Les États-Unis[M].Paris：Hachette, 2008：197.

化"成了一种批判和动员欧洲来抵抗美国文化的工具。

不过这种抵抗在维护欧洲文化的行动上始终显得力不从心。"美国化遭到了抵抗,特别是在那些感觉到自己身份和独立面临威胁的国家。例如法国人常常抱怨自己国家的美国化——美国领导着衣服时尚、饮食方式、电视连续剧,多年的传统被抛弃。但是,这些抱怨尤其显示了一种对大众传播、技术发展、现代性与传统城市社会碎化的担心——更多是对现代性后果,而不是对'美帝国主义'产品的担心……美国成了法国人排斥和向往的对象,就在他们批评美国的文化霸权,在多边贸易谈判中热情地为'文化例外性'辩护时,又成了好莱坞产品的巨大消费者。"①"美国跨国公司的力量表现在它们对世界经济的影响。它们向外出口工业劳动的方法,如泰勒制、标准化,这些模式现在仍旧是典范,如英语成为工作语言、营销与管理技术的现代化、美国产品的消费等。"②

## 第四节 跨文化传播的理论

1955 年,霍尔在一篇题为"举止人类学"(The anthopology of manners)的论文中,提出了跨文化传播范式。③"跨文化传播在传播学科是一个相对新的研究领域。'跨文化传播'一词的起源往往追溯到爱德华·霍尔在 1959 年出版的《无声的语言》(*The Silent Language*)。到了 20 世纪 70 年代,跨文化研究的课程才开始出现在大学里。也是在 20 世纪 70 年代,跨文化研究部门才在一些主要职业机构中成立,如美国国家传播协会(NCA),国际传播协会(ICA),并且出现了弗雷德·卡斯米尔(Fred Casmir)于 1974 年主编的《国际跨文化传播年鉴》和丹·兰迪斯(Dan Landis)于 1977 年创办的《跨文化关系国际学刊》。"④跨文化传播研究的起源说基本上都和罗杰斯在 1999 年出版的《跨文化传播》中"跨文化传播的根源"⑤章节同出一辙。

---

① BONIFACE P, LEPRI C. 50 Idées Reçues Sur Les États-Unis[M].Paris:Hachette, 2008:198.

② BONIFACE P, LEPRI C. 50 Idées Reçues Sur Les États-Unis[M].Paris:Hachette, 2008:25.

③ 刘双,于文秀.跨文化传播[M].哈尔滨:黑龙江人民出版社,2000:48.

④ GUDYKUNST W B. Cross-cultural and intercultural communication[M]. London:SAGE Publications Inc., 2003:viii.

⑤ ROGERS E M, STEINFATT M. Intercultural communication[M]. Long Grove:Waveland Press, INC. 1999:39.

跨文化传播的研究只是简单地写一篇文章，不分问题学科视角和方法地去讲述不同个体和群体间信息的传播、协商和共享。跨文化传播的研究，需要有自己的问题意识、研究对象、方法和所要提出的结论或建议。研究跨文化传播，首先体现于传播的跨文化问题意识。跨文化传播意味着承认文化多元性，承认传播世界化传播特征，与传播全球化意识形态形成鲜明的对比。跨文化传播的主要兴趣在于“从属于不同文化的个人和群体间确立的关系”。① 文化意味着身份，意味着“我”和“他者”。“自我形象与他者的形象联系在一起。实际上，我们的个人和集体身份是在与他者的关系中建立起来，这成了差异关系的极点。”②

## 一、认识跨文化传播

认识跨文化传播主要涉及两个方面：本体论及认识论和方法论。首先是文化的本体论。就“文化”概念而言，界定颇多。雷蒙·威廉姆斯（Raymond Milliams，1921—1988）在自己的《关键词》一书中也强调了文化是英语语言中最复杂的几个概念之一。③ 不过“现实应用中的‘文化’/‘文化的’的所指对象互不通约”④。刘双和于文秀援引美国人卡雷·多德（Carley H. Dodd）有关文化结构层面的论述，认为文化有三个结构层面：“最外面是物质层面，是人类在改造自然的过程中形成的人与人之间的关系以及规范化的经济、政治、教育等各种制度和体制；中间层面代表在外层制度下进行的反映文化的活动，如文化规则和习俗、文化角色、艺术表达、技术与物质文化；内核是精神层面，即人类在改造自然、塑造自我过程中形成的价值观念、心理状态、思维方式、审美情趣、道德风尚、宗教信仰、民族习性等。”⑤在埃德蒙·里皮安斯基（Edmond Marc Lipiansky）看来，跨文化传播实际上涉及两个重要维度：其一涉及文化编码的差异（如语言符码、非词语符码、礼貌符码、

---

① LADMINRAL J R, LIPIANSKY E M. La communication interculturelle[M].Paris:Armand Colin,1991:11.

② NEGRE F. La communication interculturelle chez Ladmiral et Lipiansky[J]. Quaderni,1994(22):186.

③ SILVERSTONE R. The power of the ordinary:on cultural studies and the sociology of culture[J]. Sociology, 1994, 28(4):991.

④ NELSON C, GAONKAR D P. Disciplinarity and dissent in cultural studies[M]. London:Routledge, 1996:45.

⑤ 刘双，于文秀.跨文化传播[M]. 哈尔滨：黑龙江人民出版社，2000:23-24.

对话符码等)；另一个涉及个体与另一文化代表所有关系中的心理和认知过程。① 这些思考有利于摈弃种族中心主义，形成真正的跨文化传播。

其次是跨文化传播认识论与方法论，即如何从不同的学科和方法来认识跨文化传播，如研究对象、现象学和社会科学研究方法等。对跨文化传播研究而言，随着职业活动领域的不同，研究的学科和方法也不同。例如在职业活动领域方面，媒介传播(互联网、电视、报刊、广告等)、旅游和娱乐、商业营销、企业传播、项目的经营管理、制度传播、职业传播、政治传播、人际传播、文化多元性中的不同文化群体传播、文化遗产的开发、教育培训等，都涉及跨文化传播。职业活动领域不同，跨文化传播研究的方法和学科归属也不同，如语言科学，符号学和话语理论，信息传播学，专业软件和技术，组织与管理理论，项目管理，政治科学，心理学和教育学，社会学(文化的、组织的、微观的、宏观的)，人类学(社会的、文化的)，等等。

最后是跨文化传播理论体系的形成，即从某一学科角度出发形成一定理论阐释框架或范式。理论或范式的意义在于，用一套概念、程序和方法使得某一研究现象能够自圆其说。

所谓的研究“前沿”，就是不同学科领域所产生的新学术辩论和孕育的新集体反思。全球化首先是经济的全球化，随着全球化过程的展开，人员、资本和服务在国际范围内的不断增长流动成了惯例，随之而来的是传播过程的“去地域化”和“再地域化”——在跨国企业经营、管理、销售和消费中被称作“全球地方化”。有必要指出的是，在此过程中“复数文化的真正贡献不在它们特定想象的清单之中，而在它们彼此所提供的差别以及它们的传播能力之中”②。跨文化能力成了诸多领域的新词，如合作、国际企业和组织、大学研究和教学，经济、政治、宗教，等等。“社会向复数和多种族表达方式的转移创造有关文化和跨文化中介(médiation)和反思的新条件，这些条件成了生成意义和价值的象征机构。因此，在来自不同文化背景的人之间建立社会联系的事实就构成了一种超越，它超越了分离不同文化世界的边界，

① LIPIANSKY E M. La communication interculturelle[J/OL]. Cahiers français, 1992(258)[2016-10-22]. http://www.minkowska.com/content/les-th%C3%A9ories-de-la-communication-la-communication-interculturelle.

② MESSAHE S B. Des frontières de l'interculturalité: Etude pluridisciplinaire de la représentation culturelle: identité et altérité[M]. Villeneuve d'Ascq: Presses Universitaires du Septentrion, 2009: 9.

并形成了一种跨文化对话,而这种跨文化对话的目标就是去考虑现代世界的多元性和杂交特征。”①

## 二、跨文化传播理论

作为国际传播的“跨文化传播”的问题意识主要来自世界上的多元文化存在融合或杂交的可能性。从历史角度来看,在跨文化研究方面存在三个中心主题:移民的跨文化研究、国际关系中的跨文化研究以及跨文化管理。②这三个主题成为思考文化传播的关键点。关于移民中的跨文化的研究,北美20世纪30年代的芝加哥学派对此做出了贡献,成了此项研究的开创者:面对北美大陆上的移民潮,移民的社会融合成了社会学家关注的问题,融合问题作为多民族环境中的专业问题被传送到学校研究机构或服务部门;从20世纪60年代开始,该学派就开始探讨脱文化(déculturation)、再文化(inculturation)和文化适应(acculturation)等过程。国际关系中的跨文化研究关注的是“他者”,国际关系中的跨文化传播把文化与跨文化看成了生产意义与价值关系的象征性的机构,与不同群体的“社会表达”和“集体表达”等概念联系在一起,文化的独特性仍是文化存在与创新的源泉,随着全球化过程的展开,“跨文化领域扩展到语言的、文化的与政治的交换方面;人们对近邻国际关系、外国语教育、跨文化语言能力以及国际文化接触的研究产生了兴趣”③。最初对跨文化管理的研究是由组织中的移民和文化多元性引起的,这涉及管理科学:其首先关注的问题是劳动整合问题,即参与企业的生产和社会的建设问题。到了20世纪80年代,管理方面的跨文化研究视角的关注点从少数民族的整合问题转向了(企业)组织的多元化管理,分析的视角从以往对多民族群体与少数民族群体间差异的描述,转向了对交换和互动的理解。④ 就是在北美(具体地说美国),种族研究、文化研究和跨文化研究被联系在一起;

---

① MESSAHE S B. Des frontières de l'interculturalité: Etude pluridisciplinaire de la représentation culturelle: identité et altérité[M]. Villeneuve d'Ascq: Presses Universitaires du Septentrion, 2009: 9.

② AGBOBLI C, HSAB G. Communication internationale et communication interculturelle: Regards épistémologique et espaces de pratique[M]. Québec: Presses de l'Université du Québec, 2011: 47.

③ AGBOBLI C, HSAB G. Communication internationale et communication interculturelle: Regards épistémologique et espaces de pratique[M]. Québec: Presses de l'Université du Québec, 2011: 53

④ AGBOBLI C, HSAB G. Communication internationale et communication interculturelle: Regards épistémologique et espaces de pratique[M]. Québec: Presses de l'Université du Québec, 2011: 53.

随后对多元性的管理研究也纳入制度化的框架下面。①

如同传播的多种称谓一样,“跨文化传播”也具有同样的多语义性质,如在语言学层面上被称为“跨文化交际”,在国际文化互动层面上,又被称为“跨文化交流”,在新闻传输方面,被称为“跨文化宣传”。无论“跨文化交际”“跨文化交流”,还是“跨文化宣传”,似乎都可用“跨文化传播”一词以蔽之,但关键是看传播活动发生的层面与专业范围。因为跨文化传播研究视角的重点是“文化”与“传播(或交际)”,所以文化研究、文化人类学、心理学、交际语言学、传播学等成了跨文化传播研究的理论依据,如爱德华·霍尔、理查德·刘易斯(Richard D. Lewis)、吉尔特·霍夫斯塔德、克利福德·格尔茨(Clifford Geertz)等人的著作。

一般地,跨文化传播(或交际)指来自不同文化背景的人们间的互动过程,更具体地,被界定为不同群体成员间的人际互动。② 换句话说,就是来自不同文化背景的人们间的“人际传播”。

印度学者维加·吉利(Vijai N. Giri)在自己的“跨文化传播理论”的文章中提出了四个流行的理论:文化差异理论(Cultural difference)、面子协商理论(Face negotiation )、不确定性与焦虑理论(Uncertainty & anxiety)、适应理论(Accommodation)。③ 在差异理论中,霍夫斯塔德的思想和美国人类学家爱德华·霍尔的“高、低语境文化”(high-and-low context )成了阐述的主要依据。霍夫斯塔德在《文化与组织:智力的软实力》中提到的不同文化的四个差异维度:个人主义—集体主义(individualism-collectism) ;权力距离(power distance);不确定性避免(uncertainty avoidance);男性与女性特质(masculinity-femininity)。换句话说,不同的文化间存在着差异,有个人主义或集体主义、面对权力分配不平等的低或高容忍度、不确定性的低或高容忍度、男性或女性表现的特征,这些特征都对传播或交际行为产生影响,如以男性表现为特征的文化重在竞争、表现、成功,以女性表现为特征的文化则关注合作、养育、和谐。霍尔的高低语境文化体现着传播和交际行为对语境

① AGBOBLI C, HSAB G. Communication internationale et communication interculturelle: Regards épistémologique et espaces de pratique[M]. Québec:Presses de l'Université du Québec, 2011:55.

② GIRI V N. Intercultural communication theories[M]//LITTLEJOHN S W, FOSS K A. Encyclopedia of communication theory. London:SAGE, 2009:532.

③ GIRI V N. Intercultural communication theories[M]//LITTLEJOHN S W, FOSS K A. Encyclopedia of communication theory. London:SAGE, 2009:533-536.

依赖程度的高低,如高语境文化的信息除了字面意思外,隐藏的维度需要通过语境来传递;低语境文化,传播信息主要体现在言语之中。面子协商理论的假设是:“当我们的社会尊严受到打击或嘲笑时,我们感觉有必要恢复和保住面子。”[①]该理论强调不同文化(或文化的差异)对面子保护策略的影响,关注人际关系对面子的影响,如集体主义、高语境文化的交际者善于照顾双方的面子和包容,能通过妥协和乐于帮助的方法来处理冲突。不确定性与焦虑理论则显示“群体间/文化间的交际效果是个体在彼此交流过程中所体验焦虑和不确定性的函数”[②]。不同的文化群体采用的应对“焦虑和不确定性”的策略不同,如个人主义文化(如美国)倾向以个人为基础的信息来减小不确定性,而集体主义文化(如日本)则用以集体为基础的信息来减小不确定性。适应理论关注言语会合(convergence)或分歧(divergence)在减小或增加不同群体成员间的交际距离方面的作用;因文化差异,跨文化群体成员在交际过程中采用不同的传播(交际语言学)策略来靠近或疏远自己的对话者。

另一个跨文化传播理论的元理论描述者是加利福尼亚州立大学言语传播学(Speech Communication)教授威廉 B. 古迪孔斯特(William B.Gudykunst)等,它在《构建跨文化传播的理论》中以论文集的形式对美国学界的跨文化理论进行了比较概括性的元理论展示,具有“熔炉”(如移民文化)之称的美国的多元文化构成了这些理论产生的背景。古迪孔斯特把跨文化传播分成7个彼此并不排斥(甚至有些重复)的主题范畴:“(1)整合文化与传播过程的理论(Theories that integrate culture with communication processes);(2)解释传播中文化可变性的理论(Theories explaining cultural variablity in communication);(3)聚焦实际传播结果的群体间或跨文化理论(Intergroup/intercultural theories focusing on effective outcomes);(4)聚焦适应的理论(Intergroup/intercultural theories focusing on accomodation or adaption);(5)聚焦身份管理和协商的群体间或跨文化理论(Intergroup or intercultural theories focusing on identity management or negotiation);(6)聚焦传播网络的群体间或

---

① GIRI V N. Intercultural communication theories[M]//LITTLEJOHN S W, FOSS K A. Encyclopedia of communication theory. London:SAGE, 2009:534.

② GIRI V N. Intercultural communication theories[M]//LITTLEJOHN S W, FOSS K A. Encyclopedia of communication theory. London:SAGE, 2009:535.

跨文化理论(Intergroup/intercultural theories focusing on communication networks);(7)聚焦文化适应或调整的跨文化理论(Intercultural theories focusing on acculturation or adjustment)。"[1]这七个主题范畴在《中国传媒报告》中得到了梳理总结,总体情况如表 10-2 所示。

**表 10-2 跨文化研究理论主题框架[2]**

| 主题范畴 | 主要理论 | 关键内涵 |
| --- | --- | --- |
| 整合文化与传播过程的理论 | 建构理论(Constructivist Theory) | "传播逻辑由文化决定","认知结构"不一样,传播观念和相关的目标也不尽相同,这影响个体对环境的定义,并指导他们的策略性行为。"作为一个机制,构建活化(construct activation)是社会认知中影响文化差异的主要因素";不同文化侧重的目标和实现目标的方式都不一样。 |
| | 信息内涵的同位调整理论(或意义管理理论,Coordinated Management of Meaning) | "所有的传播都既是个人的,又是社会的";"该理论被用来解释被作为社会情节的规则","描述社会情节关键就要看社会场合情景";认为要理解文化内和文化间的传播,就必须描述文化语境,也必须了解个人对传播活动的诠释。CMM 所说的描述传播活动,其目的在于帮助参与者了解在具体场合情景中要想"建设性地交流"该做些什么。 |
| | 言语代码理论(Speech Code Theory) | 传播行为文化层面上的不同代码;"言语代码是指历史上制定的,社会中建构的与传播行为相关的概念、意义、前提和规则","社区谈话意味着传播行为的不同代码"。运用文化和言语代码以使自己和他人的传播有意义。 |

① GUDYKUNST W B, et al. Theorizing about intercultural communication[M]. London:SAGE Publications, 2005:5-6.

② 古迪孔斯特.美国跨文化传播理论综述:一[J].中国传媒报告,2004(5):91-107;古迪孔斯特.美国跨文化传播理论综述:二[J].中国传媒报告,2005(2):54-70.

续表

| 主题范畴 | 主要理论 | 关键内涵 |
|---|---|---|
| 解释传播中文化可变性的理论 | 面子—协商理论(Face-Negotiation Theory) | “结合文化层面和个人层面的特征来解释面子问题、冲突形式和维护面子的行为”,面子是“个体期望他人予以其自我社会价值认同的一种需求感”。 |
| | 谈话制约理论(Conversational Constraints Theory) | “谈话是有目的的,要求传播者之间相互调整,原因在于存在着谈话制约”,“不同的文化选择的传播策略不同”;存在两种谈话制约:社会关系型和任务导向型。 |
| | 违背期望理论(Expectancy Violation Theory) | “每种文化都有一定的行为规范,让人们可以借以预期他人的行为”,“关注的是人们对个体行为的预期及这些预期被违背时人们的反应”。 |
| 聚焦实际传播结果的群体间或跨文化理论 | 文化会合理论(Cultural Convergence) | “两个或两个以上的个体或群体分享信息以理解彼此及所属文化”。 |
| | 焦虑/不确定性管理理论(Anxiety/Uncertainty Management) | “当焦虑和不确定性介于最小和最大限度之间时,我们可以通过有意识地控制一种基本因素(如移情力)来提高传播质量或者有意识地与陌生人协商信息内涵”。 |
| | 群体有效决策理论(Effective Decision Making) | “消极环境因素”越多(如群体间有过冲突的历史),群体越是异质性,群体成员就越少注重他人和彼此的脸面,群体传播的有效性就越低;群体越是呈现个人主义倾向,越多成员采用支配式的解决冲突模式,轮流讲话;群体越是呈现出集体主义倾向,越多成员选择协调式的解决冲突模式,共同参与。 |
| | 跨种族传播的整合理论(An Integrative Theory of Interethnic Communication) | “传播双方的关联性编码与解码会增进传播双方的理解,非关联性编码和解码则容易导致误解和冲突。” |

续表

| 主题范畴 | 主要理论 | 关键内涵 |
| --- | --- | --- |
| 聚焦适应的理论 | 传播适应理论(Communication accommodation theory) | “在传播的过程中,说话者运用语言策略以博取赞同或显示个性”。 |
| | 跨文化调整理论(Intercultural adaptation theory) | “传播者在有目的的传播过程中彼此调节以相互适应”。 |
| | 共文化理论<br>(Co-cultural theory) | “处于边缘地位的共文化群体成员可以凭借一定的传播方式来获取成功”。“大体上说,共文化传播是指未充分代表的(underrepresented)群体成员与主流社会群体成员之间的传播活动”。共文化理论有两个前提:(1)共文化群体的成员在主流社会结构中处于边缘地位;(2)当面对“压抑的主流社会结构”时,共文化群体的成员可以凭借一定的传播方式来获取成功。 |
| 聚焦身份管理和协商的群体间或跨文化理论 | 文化身份理论(Cultural Identity theory) | “在跨文化传播中,传播一方给对方文化身份的认定与对方自认定的文化身份越契合,跨文化传播能力越强”。 |
| | 身份管理理论(Identity management theory) | “具有多重身份的传播者经历着共同身份点发现、身份融合、身份重新协商三个循环过程”。 |
| | 身份协商理论(Iidentity negotiation theory) | “人们在认知、情感和行为方面应变能力越强,商定身份的效率越高。人们掌握的传播资源越多样化,他们在互动的身份确定、协调与协同方面的效率越高”。 |
| | 有关身份的传播理论(Communication theory of Identity) | 身份是一种“传播过程”,应该在信息交换的语境中加以研究。一些假设:“1.身份有个人身份、社会身份及群体身份的特征;2.身份相对稳定而又不断变动;3.身份有情感、认知、行为和精神等侧面;4.身份可以从内容与关系的不同层次加以理解;5.身份同时具有主观的和外在的意义;6.身份是一种编码,从对话中表达出来并在社区下定义成员关系;7.身份具有语义特征,可以通过核心符号、意义与名称传递;8.身份指定了恰当传播与有效传播的模式”“身份是一个群体中的人们具有的,它也维系了这个群体的存在”。 |

续表

| 主题范畴 | 主要理论 | 关键内涵 |
| --- | --- | --- |
| 聚焦传播网络的群体间或跨文化理论 | 跨群体传播能力理论(Outgroup communication competence theory) | “个人传播网络的成员越不同,自身进行外群体传播的总体能力越强”;“个人传播网络对外群体成员的向心力越大,自身进行外群体传播的能力越强”;“自身与外群体成员的关系越密切,进行群体传播的能力越强”。与外群体成员保持频繁的接触和亲近的关系有利于提高群体传播能力。 |
| | 文化内与跨文化的传播网络理论(Intracultural versus intercultural networks theory) | “跨文化情境下的行为比文化内部的行为具有更大的变动性”;跨文化传播网络虽然较为疏松且其中多为弱联系,但在与外群体成员的朋友建立联系方面有帮助。 |
| | 网络与文化移入适应理论(Networks and acculturation theory) | “移民的文化适应与社会网络有关系”。“基于情境关系规范的跨文化网络和基于个人关系规范的跨文化网络相比,前者的跨文化网络不如后者密集,但会有更多放射状的联系”。 |
| 聚焦文化适应或调整的跨文化理论 | 传播文化适应理论(Communication acculturation theory) | “实现跨文化适应,是陌生人与接受陌生人的环境双方共同努力的结果”。 |
| | 互动文化适应模式(Interactive acculturation model) | “居住国成员与移民群体之间的关系是‘受到国家整合政策影响的双方文化适应倾向共同作用的结果’”。 |
| | 关于适应的焦虑/不确定性管理理论(Anxiety/uncertainty management theory of adjustment) | “调整(并留意控制)不确定与焦虑的感受是陌生人进行跨文化适应的基本条件,适应能力与陌生人在不确定和焦虑的感受中所进行的调适是分不开的”。 |
| | 在同化、偏离、疏远状态的传播理论(Communication in assimilation, deviance, and alienation states theory) | “当个人(或是群体)的看法在与他人的传播中得到正面的强化,便达到‘同化’的状态,当个体成员遵守期望的规范时,群体便达到‘同化’的状态”。 |
| | 关于适应的文化图式理论(Schema theory of adaptation) | “为了适应新的文化环境,会积极地尝试重构自身的文化图式或者总结新的文化图式”。 |

不管是吉利还是古迪孔斯特的跨文化传播理论的元理论描述，基本上都局限于语言学层面上的交际，不过这也是目前关于跨文化传播理论研究相对比较完善的作品。跨文化传播中的文本、影像、信息等对象，现有跨文化传播理论似乎鲜有涉及，更多被归于“文本阐释学”的范畴：“虽然文本阐释学通常被用于书面文本的解读，但它并不局限于这个范围……从本质上说，文本就是一种记录——文字的、电子的、影像的，或者是以其他方式保存的，甚至连行动本身也可被视为本文。”①而且，在弗朗索瓦·利奥塔所谓后现代知识生产背景下，“社会经济领域、重新发明的神话、重造的经济等所有领域中的跨文化性（interculturalité）表象质询着跨文化性的构建、前沿和表达，同样质询着自由交换和新的身份诉求间的构合，一致化和多元化过程的协调以及现实和历史的衔接”②。宏大的普遍性构建让位于局部的日常意义挪用和生产，跨文化传播具有了新的传播景观。

在媒介的知识生产中，法国学者让·克劳德·苏拉日（Jean-Claude Soulages）等认为：“所有的语言行为和传播行为都是在一个‘有关世界或人世’的复杂装置中进行的，并由此构建一定的‘内容’。‘有关世界或人世’就是有关人们对世界的体验，有关人们通过自己的认知范畴所进行的观察以及依据自己的体验所进行的价值判断，因此在每个社会群体内部树立起使这种观察等级化的价值体系并同时证明着该社会群体的身份。‘内容’本身由‘知识’组成，即来自一种根据理解系统将世界分类的精神构建，这种理解系统（systèmes d'intelligibilité）以生活于集体中的个体的社会实践为基础，同时又基于相同个体对这些实践的评价（表达）。这样，生成了‘体验领域’（domaines d'expérience），这些领域表现为结构现象世界的诸多片段，并且这些领域还有刺激范畴。这种世界的片段化构成一种依据一致性原则来限定的知识，就是该片段化过程中形成了我们称作语言或传播行为的‘话题’或它的‘主题’……所有的‘话题’来自社会群体生成的‘认识体系’（système de connaissance）与‘信仰体系’（système de croyance）的交叉。”③而这就是所谓

---

① 李特约翰.人类传播理论[M].史安斌，译.北京：清华大学出版社，2004：221.

② MESSAHE S B. Des frontières de l'interculturalité：Etude pluridisciplinaire de la représentation culturelle：identité et altérité[M]. Paris：Presses Universitaires du Septentrion，2009：12.

③ SOULAGES J C. La construction thématique du conflit en ex-Yougoslavie par les journaux télévisés français（1990-1994）[J]. Mots，1996(47)：90.

的“主题构建”（构建主义观点），这样，媒体就把自己的主题作为一种有关现象世界中发生事件的知识来构建。①

## 第五节　文明的冲突：一个难以确定的问题

构建大同社会，往往是一个乌托邦的想象与方案。“对他者的体验显示，不管人们的文化有怎样的不同，把人们聚集在一起的东西要多于把人们分开的东西。把人们分开的是他们的语言、历史和生活世界。我们共同拥有的是基本的肉体和情感体验：饥饿、恐惧、痛苦、幸福、爱等。所有这些深刻的相似性，成了把人们联系在一起的基石。这种共享的情感和心理基础使人们有能力和机会用自己不同的世界观知识来心领神会地渗入他者的动机结构中。”②虽然有这样美好的愿望描述，但现实的文明或政治的冲突使其难以实现，因为我们仍旧生活在充满意识形态的世界里。

美国政治学家塞缪尔·亨廷顿（Samuel P. Huntington）于1993年在美国《外交杂志》上写了一篇题为《文明的冲突？》的文章，据说是为了回应福山（Francis Fukuyma）于1992年为歌颂因苏联垮台与东欧剧变出现的“历史的终结”（即西方民主制一统世界）而著的《历史的终结与最后的人》。“历史没有终结。世界不是一个世界。文明既把人类联系在一起，又把他们分开。”③其假设认为：“在这个新世界中，冲突的根源不再首先是意识形态的或经济的。人类间的重要分歧和冲突的支配性根源将是文化的。民族国家仍旧是世界事务中最有力的行动者，但是全球政治的主要冲突将出现在不同文明的群体和国家之间。文明间的犯规界限将是未来的战争边界线。”④他于1996年写了一部《文明的冲突与世界秩序的重造》，对此进行了详细的论述，最后预测一场世界大战：一方是中国、日本、伊朗、朝鲜；另一方则是西

---

① SOULAGES J C. La construction thématique du conflit en ex-Yougoslavie par les journaux télévisés français (1990-1994)[J]. Mots, 1996(47): 90.

② ROTHFUSS E. Intersubjectivity, intercultural hermeneutics and the recognition of the other[J]. ERDKUNGE, 2009, 63(2): 180.

③ HUNTINGTON S P. If not civilizations, what? samuel huntington responds to his critics[J/OL.] Foreign Affairs, 1993(11/12)[2012-05-15]. http://www.foreignaffairs.com/articles/49414/samuel-p-huntington/if-not-civilizations-what-samuel-huntington-responds-to-his-crit? page=show.

④ HUNTINGTON S P. The clash of civilizations?: the debate [M]. 2nd ed. Congers: Foreign Affairs, 2012: 1.

方、俄罗斯、印度等。

"文明的冲突"概念并不是亨廷顿的杜撰。1990年贝尔纳·刘易斯(Bernard Lewis)在《大西洋月刊》写了一篇名为《穆斯林愤怒的根源》(*The Roots of Muslim Rage*)的文章,提出伊斯兰教与犹太—基督教间的"文明的冲突"①,该概念被亨廷顿扩展到七八个文明之中。面对诸多反应,亨廷顿在同年又写了《如果不是文明,那是什么?塞缪尔·亨廷顿回应对他的批评》来回应:认为自己的"文明冲突"是一种解释世界秩序的范式,即文明范式,并列举了发生在前一篇文章后的诸多世界事例,最后指出:"在《外交杂志》上的所有回应并没有提供任何另一种令人佩服的世界图景……文明范式的批判者们没有为当前世界上正在发生的事情提供一个更好的解释……制造文明间冲突的力量只有在它们被认识后才能被抑制。在一个具有不同文明的世界里,每个文明必须学会与其他文明共存。对人们来说最重要的不是政治意识形态或经济利益。信念和家庭,血缘和信仰,这是人们要与之保持一致的东西,是他们为之战斗和献身的东西。这就是为何文明的冲突代替冷战成了全球政治的关键现象,为何文明范式提供了一个理解和应对当前世界正在发生的变化的有用起始点。"②

对"文明冲突范式"的反映或批评主要分为两类:一种是现实主义观点,主要从国际政治和关系现实出发,观察当今国际政治侧重点的变迁,如欧盟主席雅克·德劳(Jacques Delors)的"未来的冲突更多将由文化因素而不是经济或意识形态因素点燃……西方需要深刻理解隐藏在其他文明背后的哲学和宗教思想以及他者看待他们自己利益的方法,需要去识别我们共享的是些什么";③另一种是浪漫主义观点,主要从理想的普世主义出发,具有浓厚的人文主义色彩,想象一种多元共处的世界图景,如美国阿拉伯裔学者爱德华·萨义德就对亨廷顿的"西方"和"伊斯兰"的文明身份界定以及把注意力集中在两者的冲突上而愤愤不平,责怪其没有注意到每种文明内部的多

---

① LEWIS B.The roots of muslim rage[J]. The atlantic monthly, 1990,266(3):47-60.

② HUNTINGTON S P. If not civilizations, what? samuel huntington responds to his critics[J/OL.]Foreign affairs, 1993(11/12)[2012-05-15]. http://www.foreignaffairs.com/articles/49414/samuel-p-huntington/if-not-civilizations-what-samuel-huntington-responds-to-his-crit? page=show

③ HUNTINGTON S P. If not civilizations, what? samuel huntington responds to his critics[J/OL.]Foreign affairs, 1993(11/12)[2012-05-15]. http://www.foreignaffairs.com/articles/49414/samuel-p-huntington/if-not-civilizations-what-samuel-huntington-responds-to-his-crit? page=show.

元性以及现代诸多文化的主要争论在于每种文化的阐释与界定。[①] 另外，“文明间的对话说”“文明联盟说”旨在宣扬文化对话和交流的观点都被提出来作为对“文明冲突论”的批判，实际上，亨廷顿并没有否认文明间交流的努力，并提出文明间要学会共存。虽然法国的“红酒”和“好莱坞大片”受到普遍的欢迎，但不能因此说它们成了“人类文化上的最后共识”。

① SAID E W. The clash of ignorance[N/OL].The nation, 2001-10-04[2012-05-15]. http://www.thenation.com/article/clash-ignorance? page=full.

# 第十一章　国际传播中的另类全球化传播

另类全球化的支持者并不反对全球化本身、边界的开放以及这种开放可能产生或引起的后果。他们抗议的是支配全球化的经济模式，追求一种关注人类和环境的发展方式。①

——米歇尔·维纳

国际传播中的另类全球化传播体现着西方社会对传播全球化的认知：一方面反映了对经济逻辑主导的全球化的异议与担忧；另一方面揭示了全球化背景下对弱势群体或民族的关照。自15世纪西方社会进入现代时期以来，尤其是自欧洲启蒙运动以来，西方所谓的理性表现出两方面的悖论特征："一方面，合理性(racionalidad)是一种有关人类解放的纯正承诺，把人类从其幻觉(fantasmas)中解放出来，把社会从权力的压迫中解放出来；另一方面，合理性成了一种权力和统治(dominación)的工具性装置。"②前者体现在试图把社会从所有不平等、武断和蒙昧主义中解放出来，并把西方现代性构思为一种自由、平等、团结和社会不断进步的承诺，充满了欧洲启蒙运动的"普世的民主共和国"想象，具有"历史理性"的特征；后者则表现一种目的—手段关系，"合理的"就是"有用的"，是"目的—工具理性"内涵，体现着启蒙运动的另一个"普世的商业共和国"诉求。这种合理性随着西方资本主义生产方式的全球化和殖民主义运动而渗透于以往和现行的国际活动中，渗透于西方主导的全球治理秩序中。在国际传播中，抵抗"目的—工具理性"的唯一支配逻辑和争取弱势群体的民主权利成了另类传播的主要内容。

---

① VENNE M. Texte du discours de la séance plénière [M]//KOOP M C. Le Québec à l'aube du nouveau millénaire: Entre tradition et modernité. Québec: Presses de l'Université du Québec, 2008: 4.

② QUIJANO A. Modernidad y utopía en américa latina[M]. Lima: Sociedad y Política, 1988: 63.

## 第一节　走向另类全球化

从社会学的角度来看,复数的全球化如同社会与文化一样存在,即由于文化与社会的多样性,经济逻辑并不是全球化的唯一支配逻辑,还存着全球化的其他动力及逻辑的可能性。在经济逻辑占优势的情况下,不同的社会和文化需要不断的抗争来实现和壮大另类全球化,换言之,国家和全球社会的发展并不一定遵循相同的发展模式,存在着制度、体制与组织(政治、经济、社会)的多元性。无论发展还是现代化,都是要借助传播来实现政治、经济乃至社会的合理发育与增长。国际传播中的另类全球化的问题意识主要来自对传播的商业唯一支配逻辑的批判以及对社会团结的呼吁。

**另类全球化**。不同的学科领域可用"另类的全球化"概念来表述不同的内涵,这属于概念的演变问题。除了传播领域之外,在狭义的经济领域也存在着"另类全球化"的概念:自西方工业革命以后,资本主义的历史被理解为一系列不同的全球化面孔,这些面孔每次都通过民族国家与世界经济的具体关系表现出来,经济的全球化浪潮在这里被描述为从一种国际增长模式转向另一种模式。[①] 如 19 世纪后半期的以"自由交换"为特征的全球化浪潮不仅动摇了业已建立的工业化社会的内聚力,而且刺激了欧洲大陆国家的转型,促使地产所有权模式向围绕以动力、资产阶级和工资制为特征的公司团体构建的现代国家模式过渡,后者中不同构成元素间的冲突又促进了国家仲裁作用的发展;二战后的 20 世纪五六十年代的全球化特征表现为"世界资源"的分配,自由主义为其理论特征,新的国际机构对资本主义的发展起到了推动作用;在 20 世纪 80 年代后,全球化的特征从"物质"转向了"信息",新自由主义成了主导全球化的学说。

埃德加·莫兰说:"必须理解全球化存在着两个面孔。一个纯粹是技术和经济的,基于利润之上;另一个在为全球公民身份做准备,生产一种把地球作为国家的归属意识。这种正通过社会运动被孕育的意识将生产一种国

---

① JACKY F. D'une mondialisation à l'autre[J]. Revue de l'OFCE, 1999(69):161-206.

际公民，他必将使我们把地球开化成一个'全球社会'。"[①]换言之，"如果一方面出现一个占支配地位的技术经济(techno-économique)的全球化，那么另一方面也存在着另一种具有人文和民主特征的、没有完成的、脆弱的全球化。与'世界帝国'(empire-monde)相对应的是'世界社会'"[②]。因此，任何一种面孔相对另一种都体现着"另类全球化"的特征。

"另类全球化"有不同表达：l'autre mondialisation 或 altermondialisation (alternative mondialisation)的缩写。在英语成为"地球村"的主流话语语言时，英语中的 globalization(全球化)成了描述全球在各个领域跨边界整合状态的术语。mondialisation(世界化)是拉丁语系中的术语，在英语中找不到相对等的词语来表述，但随着英语的普及，特别是法语区的学者用拉丁语系中的 mondialisation 来与英语中的 globalization 对接，但这种对接掩盖了两种传播理念的差异。法国著名的传播学者阿芒·马特拉从文化人类学中的语言角度对此进行了精辟的分析和解释，即传播的世界化本身就是相对传播的全球化的"另类全球化"，不再需要一些多余的词缀。马特拉认为，符号学领域的斗争是理解传播的重要挑战之一，因为"它(符号学)是社会控制的一种方式：政治的界定从语言开始"[③]。"在概念界定的后面，新的真理体系、新的权力行使方式和新的人类社会整合方式在发生作用。"[④]目前来看还没有人超越这种见解。

**另类全球化的原因**。另类全球化的产生有诸多原因，如社会的、政治的、经济的等，这包含着不同的层面与领域的现实与想象的诉求。随着现代化和全球化过程的进一步深入，人类的"目的性"行为造成了诸多现实的社会与自然环境问题。社会、政治、经济、文化等方面的构建的合理性受到了质疑，如试图摧毁所有民族国家制度障碍的新自由主义、经济方面的公正、不同政治取向上的民主主张、不同民族的自觉、基本人权、环境的保护，等

① FILIPPIS V de. Porto Alegre，《l'internationale citoyenne en gestation》，Entrevue avec Edgar Morin [N/OL]. Liberation, 2001-02-05 [2012-05-13]. http://www.liberation.fr/economie/0101362776-porto-alegre-l-internationale-citoyenne-en-gestation.

② ZARIFIAN P. L'échelle du monde：Globalisation，Altermondialisme，Mondialité[M]. Paris：La Dispute，2004：19.

③ MANDARD S. Entretien avec Armand Mattelart[N/OL]. Le Monde. 2002-02-01[2012-05-13]. https://www.lemonde.fr/archives/article/2002/02/01/entretien-armand-mattelard_260952_1819218.html.

④ MATTELART A. Penser les médias[M]. Paris：La Découverte，1986：260.

等。于是“另一种世界是可能的！”“另类世界是可能！”等口号回荡在国际公共领域之中，地方的或国际的市民社会运动此起彼伏，如抗议高峰经济论坛［达沃斯世界经济论坛，20国集团领导人峰会（G20）］的召开、抗议经济发展造成自然环境恶化等。这种“另一种”或“另类”的限定语试图呼吁构建一种有别于当今以“工具—目的性”为主导逻辑的“合理化”过程。其实，这种呼吁体现着对欧洲启蒙文化的留恋和对批判的、反思的现代性的向往。

## 第二节　另类全球化传播的维度

何谓另类全球化？其主要就是寻求和建立另类的、不同于世界现行政治的、经济的、社会的传播全球化，构建新的国际传播新秩序。这种诉求的原因在于世界上某种经济或政治霸权逻辑的存在。亨廷顿毫不掩饰地写道，“与其他文明相比，西方现在处在权力的顶峰……它主宰着国际政治和安全机构，并与日本一道支配着国际经济机构。国际政治和安全问题由美国、英国和法国的‘理事会’高效地解决，世界经济问题则由美国、德国和日本来解决，所有这些国家彼此维持着亲密的关系，把非西方国家排斥在外。安理会或国际货币基金组织采取的决策反映着西方的利益，它们被作为国际社会的愿望呈现给世界。‘国际社会’（world community）一词代替‘自由世界’成了委婉的集体名词，用来给反映美国和西方利益的行为以全球合法性。通过国际货币基金组织，西方筹划自己的经济利益，把自己认为合适的经济政策强加给其他国家……实际上，西方正在按照保持西方主导地位的方法，用国际机构、军事力量和经济资源来经营着世界，保护着西方的利益，推进着西方的政治与经济价值观。”①

在另类全球化传播议题的讨论中，法国的传播学家阿芒·马特拉站在了传播理论与实践的前沿。这位从20世纪60年代来到拉美进行社会学、人类学与传播学研究的学者经历了拉美的革命运动——特别是智利民选总统阿连德被内外势力（主要是美国）协同推翻而且自己遭到驱逐——以及传播空间的国际化过程，尤其是美国跨国公司于20世纪六七十年代在拉美的扩

---

① HUNTINGTON S P. The clash of civilizations?: the debate［M］. 2nd ed. Congers: Foreign Affairs, 2012: 20-21.

张以及自20世纪80年代以后新自由主义的泛滥。站在发达国家与发展中国家的交汇处,马特拉从启蒙共和思想出发,追寻着另类传播全球化的研究。他的另类传播全球化思想成了“另类传播”的思想主流。

在马特拉的眼中,另类全球化首先是一个词源学问题。从词源学来说,“在英语中,global(全球的、整体的)与holistic(整体的)是同义词,与‘世界化’及局限于地理维度的其他拉丁语系的同义语言不同,它明显参照了整体论思想,即综合一致性与系统一致性的思想。全球化就像19世纪末的‘国际化’一词,它来自英语,试图涵盖经济领域的一体化过程,并通过推理来解释全球的整体情形。”①“世界化”概念是所有拉丁语系语言中的一个概念,主要应用于欧洲和南美洲地区(除了紧靠美国的墨西哥),如哥伦比亚人类学家阿图罗·埃斯科瓦尔就曾说:“与‘全球化’不同,‘世界化’突出地方历史的多样性,这些地方历史在质询全球设计(如新自由主义的全球化)中追求新的全球性(globalidad)形式。该形式来自那些反对这些全球设计孕育的均质性文化。世界化的多元性与全球化的均质性形成了鲜明的对比,其旨在争取多元的社会秩序。”②世界化是和马特拉的“传播世界”相联系的一个概念,注重差异性的存在。从概念偏重的领域来看,全球化描述生产和商业化空间在整个“经济世界”的扩展过程,而世界化则再现“传播世界”的各种传播活动,包括经济、文化、技术等。“‘世界化’概念使我们看到了一种地缘政治扩张的事实;‘全球化’概念非常复杂,体现着对世界的重组方案。”③在马特拉看来,全球化的关键问题在于,全球化这个诞生于管理和市场营销领域并以经济整合为目的的概念被用来指称一切文化产品和文化交换的国际化现象,并试图用商业的服务和管理模式及逻辑对社会进行治理,忽略了世界的真实复杂性以及经济和传播整合造成的社会排斥。“‘世界化’逻辑使人们注意到,传播系统和经济的‘世界化’与不同地区、社会全体间不平等的出现联系在一起,换句话说,与新的排斥根源联系在一起。‘全球化’与碎片化

---

① MATTELART A. Le mondialisation de la communication[M]. Paris:PUF, 1996:82.

② ESCOBAR A. Mundos y conocimientos de otro modo. El programa de investigación de modernidad/colonialidad latinoamericano[J].Tabula Rasa, 2003(1):67.

③ MATTELART A. Généalogie des nouveaux scénarios de la communication [C]. Colloque 25 images seconde, Valence (France), 1996.

(fragmentation)和片段化(semgmentation)联系在一起。"[①]在一定程度上,我们可以说,传播的世界化概念是对传播的全球化概念的修正和批判。世界化承认了现实世界的传播等级体系及其导致的对传播权利和公共产品的民主诉求,这与全球化中由商业逻辑支配的公共服务的"异化"(公共服务为广告逻辑服务)是相左的。在传播国际化的新阶段,如果说"全球化"概念关注经济(商业)的话,"世界化"概念就更关注文化和公共服务,进一步说就是国家的性质。

要摆脱"全球化意识形态",就要从传播的世界化角度来反思另类有别于这种市场唯一逻辑的社会方案。马特拉总结了两点[②]:首先拒绝谈论全球化,即使被迫用这个词语来进行交流。必须要从布罗代尔和沃勒斯坦对"经济世界"的反思(即自19世纪以来发达国家与其他国家的距离在加大)出发来思考传播系统的发展。这就是说,在排斥者和被排斥者间存在着技术的不对称,社会失衡和技术不平衡是相伴的。我们常常高估了新的技术网络在解决信息领域穷人和富人差别时所发挥的作用。其次,相对"全球化意识形态"必须提出杂交和混合概念。马特拉认为,现在我们并没有走在文化全球化的道路之上,碎片化要比全球化势头强得多。否定全球化就是要重新反思现代与传统、技术与传统间的关系,反对保守的全球化意识形态,反思内部现实与外部技术间的挪用关系,从而找到另外的出路。总之,这就是说,传播国际化的问题不仅仅是建立传播体系的问题,也是一个适应、抵抗和拒绝某种国际模式的问题。[③]

在马特拉那里,另类全球化的关注焦点在于传播的两种进行逻辑:商业逻辑与公共服务逻辑。商业逻辑是相对公共服务逻辑提出来的,是在放松管制和私有化语境下对国家性质的质询以及对公共服务的呼唤。在全球化背景下,政治与文化和商业逻辑相分离,政治的剥离一方面表现在身份话语分析相对权力话语占据上风,另一方面体现为"全球整合资本主义"或管理—认知资本主义的展开。如上面所说,对国家性质的质询,使私人领域和

---

① MATTELART A.Les nouveaux scénarios de la communication mondiale[J]. Le monde diplomatique, 1995,42(487):24-25.

② MATTELART A. Généalogie des nouveaux scénarios de la communication[C]. Colloque 25 images seconde, Valence (France), 1996.

③ 陈卫星.国际化和传播(附录2)[M]//马特拉.世界传播与文化霸权.陈卫星,译.北京:中央编译出版社,2001:289.

公共服务间的关系成了研究传播需要思考的两个方面,但对它们的具体分析体现于文化和信息传播的变迁。

在“文化帝国主义”时代,跨国公司成了冲击公共服务的主要载体,公共服务受到传播商业化的挑战,文化成了产业;在“全球化时代”,信息社会的来自商品自由流动的“信息自由流动”又和商品自由表达原则结合在一起,成了解构传统民族国家参照和削弱公共服务的因素。“自由流动原则”(Free Flow Doctrine)与美国20世纪40年代的助理国务卿威廉·本顿(William Benton, 1900—1973)提出的传播政策相关。作为联合国教科文组织美方政策代表的本顿认为,信息的跨边界自由流动能够改善贫穷国家的悲惨境遇,不过原则中心问题是“谁的做什么的自由”(whose freedom to do what?),这种主张实际是针对苏联的国有媒介提出来的,进一步说,该原则涉及两大阵营的信息地缘政治较量。因为该原则的提出脱离了具体国家的具体社会、政治、文化、经济等背景以及传播技术与其权力分配的不平衡,忽略的“文化特殊性”是意义产生的依据,从而受到政治经济传播学派的批判。“随着信息技术、电信和视听技术的融合以及计算机技术的发展,出现了‘信息工业’一词……它涵盖了基础信息(各种数据库,金融、商业、科学技术信息)以及所谓的文化信息(电影、连续剧、书籍、报纸、杂志、电讯等),也可说,所有的专业技术,如专利、专业技术、咨询、管理等。问题不再仅仅是圈定工业活动的一方面,或标出一种学科的边界,而是指明一种新的、继‘工业社会’之后的社会,即信息社会。”[①]在信息社会条件下,信息传播和文化传播被整合在一起,信息概念成了统一的指称概念。信息传播“不仅被看作我们这个社会摆脱危机的经济出路——被看成‘基础资源’因素——而且被看作是摆脱危机的政治出路——人们并不是毫无理由地谈论‘信息社会’”[②]。

在马特拉看来,特别在第二次世界大战后,随着马歇尔计划的实施,美国大众文化传播(尤其是电影)对欧洲产生了冲击,动摇了传播的公共服务功能。产生这样情景的根源在于两种文化的不同本质。马特拉认为,“两次世界大战期间出现的大众传播机器动摇了文化和文化民主化的习惯思想。纽约成为新的经济世界中心强化了两种文化的对比:一种负载新的世界主

---

① MATTELART A, et al. La culture contre la démocratie[M]. Paris:La Découverte, 1984:54.

② MATTELART A, et al. La culture contre la démocratie[M]. Paris:La Découverte, 1984:56.

义并与市场、工业、技术相联系;另一种是启蒙运动普遍教化方案的遗产,与民族国家的边界有关”①。在这两种不同的文化背景后面,有两种不同的支配逻辑运行:商业逻辑和公共服务逻辑。“在欧洲,直至20世纪70年代,广播电视系统完全在公共权力的掌管之中。尽管这些系统在不同的国家采用的方式不同,但广电活动被认为首先从属于‘普遍利益’。这种活动要服从市场逻辑被认为是有害于支配这些活动的公共服务思想。”②

20世纪80年代,美国的里根政府和英国的首相撒切尔夫人发起了电信放松管制运动。“放松管制在某种程度上是信息自由流动的修改版,不过是一种更加巧妙和富有效率的版本,因为它不再强调所使用策略的政治—意识形态,而是关注法律、技术和工业特征。它成了西方经济重构的一个主要方向。”③“放松管制首先发生在‘国家范围’和地区范围内,但随着世贸组织在电信方面的制度化,放松管制成了一个普遍的现象。”④放松管制远不只是一种竞争模式,实际上,它导致了寡头卖主垄断的市场,代替民族国家公共垄断的是大陆级别的寡头卖主垄断,甚至是全球垄断。⑤“放松管制意味着社会重心转向了市场,市场成了主要的调节因素。随着企业价值观和私人利益变成了支配因素,这些因素的飞跃发展与社会力量以及公共服务和福利国家思想的消退相一致,传播活动被改变了性质和地位:传播被职业化,渗透于诸多专业技术领域,职业被多样化。传播的企业化模式被提升为管理社会关系的技术,嬗变为建立社会各种构成成分间关系的‘唯一方式’。这种在市场上得以试验的管理模式成了管理国家机构、人文组织和地方与本土群体传播策略的唯一参照。”⑥

20世纪80年代以后传播的国际化既不是地缘政治的延伸,也不是自然科学的思辨,而是商品实用主义的产物,商业逻辑渗透到文化传播之中。⑦放松管制不仅在经济方面产生了影响,而且“同时在有关媒介的理论和知识

---

① ATTELART A, L' invention de la communication[M]. Paris:La Découverte, 1994:336.

② MATTELART A, et al. La culture contre la démocratie[M]. Paris:La Découverte, 1984:61.

③ MIEGE B. Les industriels de la culture et de l'information à l'ère des nouveaux médias et des réseaux de diffusion[J]. Sociologie de la communication,1997, 1(1):92.

④ MUSSO P. Les télécommunications[M]. Paris:PUF, 2008:74.

⑤ MUSSO P. Les télécommunications[M]. Paris:PUF, 2008:76.

⑥ MATTELART A. Histoire des théories de la communication[M], Paris:La Découverte, 1995:97.

⑦ 陈卫星.国际化和传播(附录2)[M]//阿芒·马特拉.世界传播与文化霸权.陈卫星,译.北京:中央编译出版社,2001:292.

生产领域也发挥了作用，它动摇了遵循公共利益和公共服务思想的制度与实践范式"①。于是，作为福利国家承担者的民族国家面对合法性的危机，文化公共垄断的生产受到了影响，公共服务受到更加严峻的挑战，私人因素无论在阿尔伯特·戈尔还是七国集团那里都成了社会发展和摆脱危机的排头兵。在《影像狂欢节：巴西的虚构叙事》中，马特拉就指出，"放松管制成功地颠覆了定位电视公共服务产生与发展的文化教育使命"②，"放松管制和私有化的新条件提供了商业决定性的证据"③。

放松管制表明的是一种结构展开条件的成熟。"这种结构的展开将影响国家性质本身，改变它与私人领域和历史的关系，修正与市场的关系，在地方、国家和国际空间之间建立起新的地形图。"④在这种地形图里，市场逻辑指导下的企业活动"揭露了指定要管理新型经济、创造历史和继续构建全球社会联系的活动家抱负的真相，证实了企业领域与国家间关系的暧昧性。被恢复为社会机构的庞大经济实体不断地把自己的帝国扩展到单独的生产领域之外，而且显示出以世界为使命的形象"⑤。也就是说，企业管理理性试图代替国家理性（"国家是平等的必要条件" ⑥）来进行全球治理。不过马特拉对此持怀疑态度："但是全球公司能胜任这种自我赋予的新任务吗？"⑦

"传播世界"主要和地缘经济、金融空间交叉在一起。"传播中的自动调节话语、商业表达自由、（或更宽泛地说）新自由主义思想于 20 世纪末在公共空间的私有化过程中扮演着真正战争机器的角色。"⑧马特拉认为，"一个把社会变化看作经济普及和市场思想之产物且信赖货币主义能够建构数字化社会的世界，它的内聚方案是不牢固的。把重新布置世界的任务托付给'潘多拉'，并否定市民社会想象其他超国家整合途径之权利，否定与历史时刻表现出来的文明重要性具有相同高度的全球意识，这样的'全球性解决方

① MATTELART A. Penser les médias[M]. Paris:La Decouverte, 1986:149.

② MATTELART A. Le carnaval des images[M]. Paris:La Documentation Française,1987:123.

③ MATTELART A. Le carnaval des images[M]. Paris:La Documentation Française,1987:109.

④ MATTELART A. Le carnaval des images[M]. Paris:La Documentation Française,1987:125.

⑤ MATTELART A. La mondialisation de la communication[M]. Paris:PUF, 1996:121.

⑥ MANENT P. La Raison des nations - réflexions sur la démocratie en Europe[M]. Paris:Gallimard, 2006.

⑦ MATTELART A. La mondialisation de la communication[M]. Paris:PUF, 1996:121.

⑧ MATTELART A. L' invention de la communication[M]. Paris:La Découverte, 1994:344.

法'是虚幻的。"[①]在这样的地缘经济空间中，为了避免传播的"全球化意识形态"命定论，马特拉一直在呼吁市民社会的力量，以便构建另类传播全球化。除了马特拉之外，其他学者也在呼吁"另类传播"。德国的社会学家乌尔希·贝克也演绎着与马特拉相似的传播思想，不赞成由市场逻辑支配的全球化："构建另一种秩序，一种基于政治自由、社会与经济平等，而非基于世界市场法则的秩序。"[②]他在跨文化传播中所提出的"世界主义"与"世界化"构想与马特拉"传播世界"内涵一脉相承。

法国的另一学者多米尼克·沃尔顿从"共存"的角度来阐释传播，这不同于人们普遍认为的"传播是共享"。在另类全球化的宏大逻辑方面，如果说马特拉试图摆脱传播全球化的唯一经济支配逻辑，构建一种以"公共服务"和"文化多元性"为特征的逻辑，沃尔顿则在走向多元文化共存的逻辑，换言之，"传播是一个共存与社会联系问题"，"既是分享，又是对区分人类的差异的管理"。"传播的全球化迫使我们去思考差异性(altérité)问题。"[③]不同文化的共存是沃尔顿关心的另类全球化的主题，"传播就是在差异性成为关键问题的信息世界中学习共存"。沃尔顿通过对信息社会的批判来展现对另类全球化的态度。在其看来，存在着三个全球化支柱：首先是全球化的政治支柱，伴随的结果是联合国组织的产生、人权宣言等；其次是经济支柱，与经济全球化伴随的是传播技术的发展、国际贸易的展开；最后是文化支柱，文化与传播的出现成了世界政治问题。[④] 通过对"信息社会"的批判，人们走出技术，走向文化现实，文化多元性成了21世纪的重要问题。海量的信息并不能消除文化多元性，反而随着传播的全球化，人们面对越来越开放的世界，更加强调对身份的诉求。传播所面对的挑战是尊重文化身份，至少在21世纪初，政治问题就从信息系统向构建世界范围内的文化共存过渡，并出现了"文化共存"的建议：坚持语言的多元性；促进世俗性；保证媒介多元主义；把文化多元性与人权联系起来；重视移民的贡献；更好了解南北差异；动员和适应文化共存；让移民拥有选举权；思考旅游的作用。[⑤]

---

① MATTELART A. La mondialisation de la communication[M]. Paris:PUF, 1996:122.

② BECK U.Pouvoir et contre-pouvoir à l'ère de la mondialisation[M]. Paris:Flammarion, 2003:20.

③ WOLTON D. L'autre mondialisation[M]. Paris:Flammarion, 2003:32.

④ WOLTON D. L'autre mondialisation[M]. Paris:Flammarion, 2003:80-81.

⑤ WOLTON D. L'autre mondialisation[M]. Paris:Flammarion, 2003:101-117.

从两种另类全球化的逻辑来看,前者关注全球化维度的另类全球化,在关注制度化的努力外,十分重视全球和地方市民运动的作用,如全球社会论坛;后者则属于体制内的学者,更多立足法国国内,关注多民族的法国所面对的“民族整合”实际问题,该问题始终是法国政府的“殇”。

传播的“另类全球化”的呼声主要体现于全球整合背景下的人对经济全球化加深、新自由主义盛行、自己沦落为技术和经济理性牺牲品等现象的一系列自反性和自卫性反应。这些反应更多与作为欧洲启蒙文化和政治遗产的身份、意义创新、自由、民主、平等、公共服务等概念联系在一起,倡导一种使所有人从社会、经济、技术等发展中受益的公共服务逻辑,而不是一种只重视投入与产出的商业逻辑。“另类全球化”的思想者更多是来欧洲的传播思想家,如阿芒·马特拉、多米尼克·沃尔顿(Dominique Wolton)、乌尔希·贝克等,行动者多是(国际)市民运动组织,如全球社会论坛(Forum Social Mundial)、另类全球化运动(Alternatives)、欧洲社会论坛(Forum social européen),等等。

## 第三节　另类全球传播中的社会运动

另类全球化不仅与知识的生产与信息流动的另类运动和形式相关,而且也与全球市民运动相关。社会运动被看作是一种“独特的社会过程,拥有行动者借以参与集体行动的机制”,通过这些机制,行动者“介入与明确对手的冲突关系之中;借助稠密的非正式网络联系在一起;并分享独特的集体身份”①。一般认为,社会运动出现在 18 世纪,不但与资本主义相关联的机构变化有关,如出现了新的联系中心和边缘的传播方式以及印刷与读写能力的扩张,而且与现代性和资本主义相关,植根于资本主义的世界体系的矛盾之中,并借此而发展。② 谈论社会运动,往往涉及四个要素:一个组织网络;基于一个共享的身份;动员人们(往往)非常规的行动;获得某种社会或政治

---

① PORTA D D, DIANI M. Social movements:an introduction[M]. 2nd ed. Oxford:Blackwell Publishing, 2006:20.

② MOGHADAM V M. Globalization and social movements[M]. Lanham: Rowman & Littlefield Publishers, INC., 2009:6.

目标。[①] “社会运动有很长的历史。社会运动紧随18世纪早期美国与英国民主表达的兴起而出现。因此,它们常常与民主社会联系在一起。”[②]随着对“集体行为”的研究及研究对象的多元化,“社会运动”概念也逐渐被挪用于其他社会,如当代社会中的威权社会。

在社会的发展过程中,社会运动现象也有着不同的内容:从传统的社会运动转向新的社会运动。早期的社会运动(如农业社会、工业社会)研究更关注生产方式造成的阶级冲突以及阶级意识,其直接来源于马克思主义。新社会运动的研究灵感来自社会形态变迁引起的新问题。自20世纪60年代以来,随着被描述为“后工业的”“后福特主义的”“技术专家治理的”“被编程的”(programmed)社会的出现,工业阶级间冲突的关联性在逐渐降低,把运动表述为同质的复数主体(subjects)的做法已行不通,社会运动成了通过一方反对另一方来控制社会生产的重要力量,是一种形塑历史性的阶层行为。在关于新社会运动的认识中,后工业社会中新的社会阶层取代了工业社会中的彼此对抗的统治阶级与大众阶级,成了冲突的中心;新的社会运动多涉及现代主义与进步、去中心化和参与性组织结构、抵抗官僚结构的人际间团结、对自己空间诉求等的意识形态批判与行动,反对国家与市场对社会生活或哈贝马斯意义上“生活时间”的干预,反对体制无所不在的操纵与控制,以实现个体自我身份的构建以及对自己私人与感情生活方面自决,直至全球化背景下的“全球公正”(global justice)以及人与自然的和谐共存。

常识往往把社会运动观念与一系列抗议形式结合在一块,与事件和实践等关键词联系在一起。[③] 随着丹尼尔·贝尔的“后工业社会”与罗纳德·英高赫(Ronald Inglehart)的“后物质主义社会”的来临,诞生了新的社会运动:“新的社会运动与20世纪60年代末诞生的抗议性动员是分不开的……女权主义、生态保护主义者、地区和学生运动、年轻人的反文化运动、反制度(anti-institutinnels)运动、工人运动,等等。”[④]这些运动与以往社会运动不同,而且随着全球化过程展开,新的社会运动被整合进该过程之中。从以往对

---

① DONK W V, et al. Cyberprotest:new media, citizens and social movements[M]. London:Routledge, 2004:88.

② CHRISTIANSEN J. Narrative & social movements[M]//SALEM PRESS. Theories of social movements. Pasadena:SALEM PRESS, 2011:4.

③ NEVEU É. Sociologie des mouvements sociaux[M]. Paris:La Découverte, 2011:5.

④ NEVEU É. Sociologie des mouvements sociaux[M]. Paris:La Découverte, 2011:61.

政治权力的要求转向了对自己合法身份的关注，社会运动已不再属于国家边界内的现象，而是呈现出国际化的态势。

埃里克·纳夫（Érik Neveu）在自己的《社会运动社会学》中，对社会运动的发展进行了分析。他认为，这些新的社会运动与以往以“工会思想”与“工人运动”为特征的、旧的社会运动在四个维度上发生了断裂。“组织形式与行为类型首先体现着一种独特性。与以往的工会和党派的结构功能不同，新的社会运动明显地挑战集中化与权力的远距离操纵现象，赞赏集体大会和对领导者的控制。新社会运动的结构具有去中心化特征，留给基础组成部分很大的自治性……第二个裂痕位于这些与动员相伴随的价值观和诉求之中。古典的社会运动尤其关注财富的再分配以及对决策领域的介入。新的社会运动则注重对社会控制的抵抗与自治性，它们的诉求集中在质的方面，如要求关闭核电站或废除反同性恋法。其与政治的关系构成了第三个维度。在 1930—1960 年的社会运动中，常常是工会—政党二元结构发挥功能，获得国家权力，进入泰勒（Tilly）所谓的政体（polity），成了关键问题。对自治性的强调彻底改变了目标。从此，问题涉及的更多是构建自己的、肯定私人社会形式独立性的空间……最后，这些社会运动的新颖性与其活动者的身份联系在一起。工业社会中的运动要求的是阶级身份……新的社会动员人员不再把自己界定为阶级与社会职业范畴，而是自我界定为穆斯林、西班牙语区的人、同性恋、安第斯人、从属于‘地球之友’，所有这些都指向另类的身份原则。”①不过，我们看到，这些分析的参考框架多来自发达的资本主义国家（尤其法国）自二战后社会运动变迁的结果，但就国际范围内的社会运动而言，出现了新旧社会运动现象共存的局面：西方发达国家的后现代运动主题碎化，如另类群体的身份、自然环境保护等方面的诉求；发展中国家以及正在为政权的合法性而斗争的国家的社会运动叙事仍在继续，如阿富汗与非洲某些落后国家的妇女权利、堕胎、教育等仍是传统社会运动的主题。“因为社会运动反映了社会问题与文化修正，表明新的集体团结性诞生或曾经具有非常明显的凝聚力的群体解体，它们成了生活的一个常量和不断变化的现象。”②因此，这种共存不仅表现在不同发展程度的国家里，而且

① NEVEU É. Sociologie des mouvements sociaux[M]. Paris:La Découverte, 2011:61-63.

② NEVEU É. Sociologie des mouvements sociaux[M]. Paris:La Découverte, 2011:114.

也表现在一个国家的内部。

在 20 世纪 90 年代后期,随着全球化过程的进一步展开,出现了各种各样的跨国倡议(advocacy)网络、跨国社会运动和全球社会运动。[①] 如很有影响的“全球社会论坛”(World Social Forum)于 2001 年 1 月在阿雷格里(巴西)举行了第一次会议。该运动旨在提出与跨国公司和金融全市场推动的新自由主义全球化的独裁不同的政治主张。由于参加该运动的成员和组织间的多样性和团结,另类全球化运动成了世界范围的市民社会运动。《阿雷格里宣言》(*Manifeste de Porto Alegre*)就是这种社会运动取得广泛共识的一个例子,签署者以自己的名义表达了选择另类全球化的可能性。“在 20 世纪 90 年代,(理论家的)重心放在国际组织在构建世界价值观过程中的作用。世界政治组织理论把重点放在文化和政治结构与规范之上,强调规范的扩散与政治、文化发展中的融合,这被解读为一种全球西方化。它指向一种世界范围内制度、价值观、实践和规范的同构,表现为不同国家都来采用各种形式的国际工具,与此相伴而生的是大量增加的、国际的和国内的非政府组织……世界组织被看成‘分享现代性的首要工具’,传播着标准和实践,国际公约和协议常常宣示共同事业变化的蓝图。社会运动和市民社会组织,如人权组织、妇女权利组织、环境保护群体等,被看作深化世界社会(world society)文化和规范特征的积极代理人。”[②]

在《全球化和社会运动》一书中,作者写道:“我把全球化界定为一系列复杂的经济、政治、文化和地理过程。在此,资本、人员、组织、行动、观念和话语的流动性逐渐呈现出跨国或国际化的形式。作为全球化‘礼物’的互联网使快速的传播、迁移和动员成为可能。另外,出现的经济全球化类型是新自由资本主义的,它具有去国家化、自由化、柔性劳动力市场和放松资本市场管制的特征。其缺陷包括对劳工权利、人权、妇女权利和环境保护的关注,于是该关注转向了动员跨国网络中的积极活动者去形成变化的动力。这样,就像全球化引发新自由资本主义在全世界的扩张一样,它也激起了反抗和集体行为。当互联网允许资本家穿越时空地投机和买卖时,它也使积

---

① MOGHADAM V M. Globalization and social movements[M]. Lanham: Rowman & Littlefield Publishers, INC., 2009:4.

② MOGHADAM V M.Globalization and social movements[M]. Lanham:Rowman & Littlefield Publishers, INC., 2009:3.

极活动者迅速有效地组织和动员起来。”①

社会运动具有各种政治信仰的特征,其目的是通过影响特定群体的意见来达到自己的政治目的。有的群体可直接触及几个关键的决策者或选民,有的则尽可能扩大受众的范围来间接地传播自己的信息。② 社会运动是一种对社会不正常状态的反映,媒介自然成了反映这种不正常和构建这种不正常话语的工具。

## 第四节　另类全球传播与媒介

另类全球化中国际社会市民运动往往与“全球行动”(global activism)、“全球公共领域”“全球媒体”等概念联系在一起。这些概念反映了现代国家范围内的“民主生活”构成元素在民族国家边界外的扩展。Activism(暂译为“行动”)在中文中没有很好对应的词,主要用来描述促进、阻止或引导社会、政治、经济与环境变化的所有努力。一般地,“行动主义抗议的是地方和全球权力结构,为强权政治提供另类选择。行动主义政治能够产生运动、网络、组织和互联网站。在世界根本问题方面,如贸易、性别关系、环境以及战争等,它们影响着‘主流政治’”③。

全球化过程的展开和由此引发的问题把体现另类全球化的“全球市民”运动提上了国际辩论议事日程,从此,民族国家范围内的辩论嬗变成了全球辩论。相应地,辩论公共事务的“公共领域”也从民族国家范围扩展到世界范围,并借助国内与国际传播网络形成“国际舆论”,影响国家或全球层面的社会治理。“全球公共领域”概念是哈贝马斯资本主义世界“公共领域”概念的延伸。在哈贝马斯看来,“(资产阶级)公共领域首先被看作一个形成公众

---

① MOGHADAM V M. Globalization and social movements[M]. Lanham: Rowman & Littlefield Publishers, INC., 2009: ix.

② BARKER M. Mass media and social movements: a critical examination of the relation between the mainstream media and social movements[C]. Convergence, Citizen Journalism & Social Change: Building Capacity conference, University of Queensland, 2008-3.

③ JONG W de, et al. Global activism and global media[M]. London: Pluto Press, 2005: 1.

的私人领域”[①],在这里“主体为追求真理和共同的善而进行平等的理性讨论”[②]。公共空间是公共领域的绝对条件。公共空间的许多构成成分属于公共领域中私人拥有的、管理的和调节的元素。[③] 公共领域和公共空间是两个既重叠又不同的概念,“都代表着社会和政治抗议和斗争的共同领域”[④]。公共领域多强调有助于公众、舆论形成的观念、媒介、机构和实践,是一个政治协商和参与的领域;公共空间则强调社会、经济、政治和文化过程和关系所形成的具体空间或景观——这些空间反过来影响着这些关系和过程,具有空间性。“当公共空间中的讨论与对公共领域的思考不能有效地连接时,公共领域就失去了根据。”[⑤]公共空间的产生与存在为公共领域中的辩论提供了条件。互联网空间模糊了私人领域和公共领域的边界,形成了虚拟的网络公共领域,为舆论的产生提供了条件。“公共领域”更多成了“社会”与“国家”的界面,“公共领域”中的辩论成了影响国家乃至国际决策的重要因素。

到目前为止,全球流动的新闻信息主要来自制度化的官方媒体,如BBC、CNN等国际新闻媒体,但同时存在着另类的不同于国际主流媒体的声音,主要体现在非制度化或非官方的信息传播网站:如自由维基、世界公民运动论坛等。作为媒体机构的组成部分,社会运动媒介有着不同于主流媒体的称谓,如“另类媒体(alternative media)、公民媒体(citizens’ media)、社区媒体(community media)、反信息媒体(counterinformation media)、草根媒体(grassroots media)、独立媒体(independent media)、纳米媒体(nano-media)、参与媒体(participatory media)、社会运动媒体(social movement media)、地下媒体(underground media),等等”[⑥]。这些媒体与主流媒体不同:主流媒体一般代表的是征服与企业的利益;另类媒体则关注一些非商业性方案,关注那些被排斥在主流媒体之外人的利益,如弱势群体、政治少数派、少数民族、同性恋、环境保护者等,传播着社会中被边缘化的声音。社会媒体的兴起是非

① HABERMAS J. The structural transformation of the public sphere[M]. Cambridge: The MIT Press, 1993:27.

② FINLAYSON J G. Habermas:a very short introduction[M]. Oxford:Oxford University Press, 2005:12.

③ LOW S, SMITH N. The politics of public space[M]. London:Routledge,2006:5.

④ LOW S, SMITH N. The politics of public space[M]. London:Routledge,2006:12.

⑤ LOW S, SMITH N. The politics of public space[M]. London:Routledge,2006:5.

⑥ DOWNING J D H. Encyclopedia of social movement media[M]. London:SAGE, 2011:xxv.

主流社会力量为争取另类的社会、政治、经济或文化安排所做努力的结果，如面对非民主行为、非公平行为、破坏环境、贫困、非正义的战争、新殖民主义等所做的从地方短期到国际长期的象征或实践层面上的抗争。“全球市民运动”就是借助官方及非官方媒体实现对国内和国际层面上决策的影响。

**媒介的作用。**威廉·甘姆逊（William Gamson）等认为社会运动依靠媒体获取三种服务：政治支持动员；建立在主流话语中的合法性；扩大冲突的范围。① 以女权主义运动为例。女权主义运动的基础信念在于：男女之间的传统关系是一种男人对女人的控制或支配关系；总的来说，女权主义运动的目标就是消除所有女人对男人的服从形式，在各个领域获得男女平等，特别是在政治和法律权利方面。② 对于女权主义运动的历史，学者们一般把其划分为三个阶段：基本上，把发生在19世纪末和20世纪初的运动称为第一浪潮，其出现在城市工业化与社会主义政治的氛围中，目的在于为妇女争取机会，其中选举权是焦点；第二浪潮从20世纪60年代延续到90年代，展开于反战、民权运动和不断增长的自我意识氛围中；第三浪潮开始于20世纪90年代中期，充满了后殖民和后现代思想，传统的女性叙事概念被解构，如普遍的女性概念、身体、性、性别、男女差异规范性等失去了合法性。③ 在第一浪潮阶段中，大众媒介开始应用于女权主义运动之中。在1848年的妇女权利大会（Women's Rights Convention）上，组织者（Elizabeth Cady Stanton）就模仿美国《独立宣言》的形式拟写了一份《情感宣言》（*Declaration of Sentiments*）来吸引公众注意力，并且注意到了媒体的价值；在第二浪潮阶段，女权主义受到诸多新的社会运动（如反战、同性恋权利、民权运动等）的宣传技巧的影响，大众媒介成了美国国内新闻议程设置的手段，并参与到运动的鼓动之中，女权主义成了新闻报道的一个主题；到了21世纪，随着传播技术的发展，除了传统的大众媒介外，互联网成了一种重要的工具：女权主义的网站和博客连续增长，女权主义正享受着被更新的公众以及媒介带来的好处——在全球层面上，阿富汗妇女的苦难、女童的教育、家庭暴力、贫困的女性化、堕

① GAMSON W A, WOLFSFELD G. Movements and media as interacting systems[J]. Annals of the American academy of political and social science, 1993(528):114-125.

② BUNNIN N, YU J Y. The Blackwell dictionary of western philosophy[M]. Hoboken: Blackwell Publishing, 2004:253.

③ RAMPTON M. The three waves of feminism[J/OL]. The magazine of Pacific University, 2012-04-01[2012-10-22]. http://www.pacificu.edu/magazine_archives/2008/fall/echoes/feminism.cfm.

胎的权力、妇女健康以及艾滋病(HIV/AIDS)等问题被带到了全球公众的面前。[①]“对于改变性别关系的努力不仅仅局限于地方的示威或具有明显女权主义特征的群体,而是逐渐表现于‘跨国倡议网络’之中。这种网络把决策者、专家、非政府组织和相关的公民—活动者等聚集在跨边界共享的价值观与原则周围。在今天网络连接的世界中,这些网络联系可能不再是现实中的面对面,而是虚拟的,即广泛的分散成员依靠互联网来联系。有关性别平等的话语借助现实与虚拟网络在国际范围内流动,世界上不同的地方组织都能参与这种讨论和影响的跨边界渠道的形成。在国际和国内层面上,女权主义网络涉入形成政策问题的框架以及提出社会问题的过程中。”[②]

**行动主义与媒介。**在西方人的想象中,关于(全球)市民社会运动与媒介的使用问题并不是一个简单的问题。在这里媒介往往被分为“主流媒体”和“另类媒体”:“主流媒体包括被政权当局或法人组织所拥有的、控制的和管理的电视、广播、报刊等大众媒介,如 BBC。另类媒体是那些被行动者自己生产的媒体。对行动者而言,不管是草根行动者还是参与非政府组织(NGOs,如绿色和平组织和‘行动援助’)行动者,接触和使用这些不同类型的媒体都需要有不同的策略、工具以及技巧。”[③]有的市民社会运动借助主体媒体来制造舆论,有的则构建自己的媒体网络,如 Indymedia、女权主义运动以及绿色和平组织。“促进与维持民主社会的主流媒体,特别是新闻媒体的作用已经受到广泛的质疑。媒体及其信息源为新闻议程设置框架,为辩论设置机构,创造出我们生活在其中的现实。在这层意义上,新闻媒体在我们的社会中扮演一种霸权角色——它们对这个世界的观察和阐释成了常识。”[④]

与以前的市民运动相比,当代的市民运动发生了变化。“首先,当代的行动主义者在与主流媒体相处方面变得更加精明。半制度化的职业非政府组织(成长于早期的市民运动)与当代激进的草根组织采用先进的媒体策略以进入主流媒体……对那些所涉及的行动主义运动,媒体策略的采用既是

① DONSBACH W.The international encyclopedia of communication[M]. Hoboken:Blackwell Publishing Ltd., 2008:5366-5367.

② FERREE M M, TRIPP A M. Global feminism:transnational women's activism, organization and human rights[M]. New York:New York University Press, 2006:247.

③ JONG W de, et al. Global activism and global media[M]. London:Pluto Press, 2005:6.

④ JONG W de, et al. Global activism and global media[M]. London:Pluto Press, 2005:6.

一种自我赋权的形式,又是它们为争取社会变迁斗争的一部分……其次,当代激进行动主义者在新的信息传播技术中看到了使用这些技术方法改变另类媒体地形图的潜力……新技术的采用成了它们传统传播策略的延伸。"①

学者曾繁旭曾经就中国的环保 NGO、国家管制和媒体间互动达成环保议题日程设置,从而影响国家政策议程的过程进行了研究,通过对国家管制、NGO 的媒体近用策略、NGO 动员模式、NGO 影响媒体"报道框架"的议题合法化论述、主流媒体的报道习惯、NGO 与主流媒体互动的动力和目的等内容的分析,提出了 NGO 与主流媒体的"协同互动模式",来说明 NGO 与媒体双方进行互动的机制、动力、目的和结构等。在他看来,该"协同互动模式"的出现主要有以下特征:在传播策略使用方面,"第一,中国的环保 NGO 和媒体之间有一种特殊的共生关系……一些很有影响力的 NGO 都是由记者创办和领导的,另外一些 NGO 也有意识地吸纳了大量的记者作为成员。这种共生关系成为中国环保 NGO 发展过程中颇受关注的一个特点……第二,在 NGO 的发展过程中,一些组织发展出了强有力的媒体网络……第三,当环保 NGO 确定要关注一个议题之后,它不仅会通过组织考察活动,提交信件给相关部门等方式呼吁公众的关注,更会投入大量精力运用各种消息源策略,从而获得媒体的近用与影响媒体的报道框架,以使得议题的发展对于 NGO 更为有利。"在媒体的议题报道方式方面,"这表现为很多媒体,尤其是精英媒体,在新闻实践中倾向于引用 NGO 人士和民间人士作为消息源,所以大部分 NGO 议题都是由行动者来'形塑';另外,媒体倾向于使用批评政府职能部门而支持 NGO 的报道框架,有时候还用评论的方式直接表达对于 NGO 的支持;而在重要的环保 NGO 议题当中,议题一旦出现在某个媒体之后,很快就可能促动媒体的集体关注,形成'议题共鸣'。这种同情 NGO 的新闻立场和新闻实践方式,使得媒体成为'协同互动'当中的重要角色,并自觉或不自觉地成为利益集团和地方政府的反对者。"②

在地方与国际层面联合行动方面,存在着类似的"协同模式"。在《为钻石而殉:主流媒体和非政府组织——援助行动的个案研究(2002)》报告中,研究者艾弗·盖布尔(Ivor Gaber)和爱丽丝·威尔逊(Alice Wynne Willson)

---

① JONG W de, et al. Global activism and global media[M]. London:Pluto Press, 2005:6-7.

② 曾繁旭.中国环保 NGO 议题背后的博弈:国家管制、NGO 的媒体策略与合法性构建[D].北京:中国传媒大学,2007.

指出：随着南北国家传播网络的发展，“非政府组织必须认识到，在一个政府与企业花费大量资源来管理自己形象的世界里，主流媒体就是国际公共领域。与媒体合作有助于 NGOs 介入协商，影响国际对话，激励行动，改变政策和实践。媒体报道为非政府组织提供一种获得公共支持和影响政治意愿的快速手段。媒介对某个特殊非政府组织的经常性报道会强化非政府组织闭门会议所产生的影响。”[①] 该案例通过国际非政府组织“行动援助”(ActionAid)动员反对利用钻石资助的非洲内战和动荡，展示非政府组织、国际媒体、钻石业经营组织、官方组织等的互动，实现对非洲的“为钻石而殉”遏制。这次行动的对象是世界钻石委员会(World Diamond Council)、英国珠宝协会(British Jewellers Association)和英国匠人协会(National Association of Goldsmith)。整个过程展现了一个不同元素间的互动：(1)植入议题：在关键场合，以戏剧的方式提出议题(让长相酷似玛丽莲·梦露的女子和抗议者手持“钻石贸易罪恶”标语站在伦敦“钻石业代表会议”的场外)，吸引众人眼球，同时散发传单，表达关注等；(2)发酵议题：国际媒体 BBC，CNN 以及英国《卫报》《金融时报》等对这次钻石会议的报道引起与会代表以及相关行业对抗议者的关注；(3)共建议题：同时，以往联合国等其他组织的介入，此时又成功地推动此议程的设置；“行动援助”本身也参与自己的研究和游说，并且借助传播网络与其他组织合作，如全球观察(Global Witness)，找出目标受众，动员这些组织参与其中；(4)议题设置成功，钻石行业自律规范的诞生。[②]

传播的全球化又推动这样的跨边界媒体动员：“全球化已经为非政府行为开辟新的空间，从而在一个不断变化的环境中向国际组织施加压力，意图改变局势。在这样的背景下，网络和社会运动组织之间的合作往往形成一种融合战略：组织间的松散联盟往往能够使互联网进行同步动员，并关注不同层次的政治，实现由国内层次向国际层次的自然转变。”[③]

**行动主义与新媒体。**不管是中国特殊社会语境的“协同模式”，还是西方社会的“议程设置”，都反映出了市民运动使用媒介的传播策略及这种协作的重要性。

---

① JONG W de, et al. Global activism and global media[M]. London:Pluto Press, 2005:100.

② JONG W de, et al. Global activism and global media[M]. London:Pluto Press, 2005:95-109.

③ 查德威克.互联网政治学：国家、公民与新传播技术[M].任孟山，译. 北京：华夏出版社，2010：165.

虽然主流媒体发挥着重要作用，但随着互联网的发展，网络行动成了市民运动乃至国际市民运动的重要组成部分，微博、电子邮件、聊天媒体、网络音视频，以及所谓的社交媒体等成了去集中化或所谓的“后现代传播”——在这里，信息不再是单向流动，呈现跨思想和物理边界的平面状态——的普遍手段，出现了所谓的“网络行动主义”(cyberactivism)，即行动主义借助网络技术，如社交媒体传递信息，沟通、组织和动员成员，以实现运动团体所设立的目标。最有名的案例便是墨西哥的民兵组织萨帕特(Saptista)，它让一个看起来是地方性的议题通过互联网，一夜之间彻底转变成一场全球关注的事件，被卡斯特称作“第一场信息游击队运动”。

在中国，面对社会转型中出现的诸多社会问题(甚至环境保护问题)，催生了虚拟空间网络行动，其与主流媒体一道进行着“政策议题设置”，网民多以道德的话语来表达对某些问题的不满。“目前，能把议题引导到网络的是一些掌握信息技术的人，所以议题设置的主体呈现出多样化的趋势。原来可能是一些从事新闻媒体工作的人，或者是所谓的学者和官员，在他们设置议题的时候必须要经过其所在单位的同意。现在发生了很大的变化，出现了一批主体多样的设置议题的人。所以当前中国很多问题的解决靠的已经不是精英的力量，更多是草根的力量，很多草根最后又会变成意见领袖。中国现在有很多意见领袖，这些意见领袖的行为方式大概有两种：第一种是所谓的‘公民记者’自动自发地上传传统媒体不想、不能或尚未来得及报道的内容。第二种是‘广场评论家’就某一事件使用‘大众麦克风’进行评论，通过网络发文或高数量的跟帖等左右舆论，影响事件的后续发展及其处理……这些意见领袖，既有体制内的学者，也有传统媒体的从业人员，还有完全草根的评论家。”[①]中国不断出现的“网络事件”以及由此引发的政府对“网络舆情”的关注，说明了“网络行动”在推进民主建设过程中发挥了不可忽视的作用。这些意见领袖在网络上的影响力超出了许多政治人物，也正是他们，才使许多现实事件成为公共事件，也正是他们参与了中国政治生态的改变。值得注意的是，因互联网的传播特征，参与这种辩论的网民散布在世界各个角落，如散居在外国的华人、海外工作者、留学生等。

在2008年的希腊，抗议警察射杀一个15岁少年的动员中，电子邮件、

---

① 于建嵘.寻找重构中国政治的力量：信息技术与民众抗议行为[R].香港大学所作演讲，2010-04-09.

Facebook、记者的微博等新媒体成了组织动员的工具。“重要的是，这次动员完全是在主流党派和媒介体制之外进行的……主流媒体，特别是商业电视台，无力理解和控制事件的走向，很多情况下，仅能跟随并报道来自互联网的信息。这是商业电视台自20世纪80年代以来首次出现的情况，电视台不能设置议程，诸多频道特别是私人频道都表达出对青年反抗者的强力支持。”[①]政党和主流媒体无力应对这种由新媒体和面对面传播组织的最大规模的全国抗议，致使酿成持续两周的骚乱。这次抗议中新媒体应用体现于三个维度：首先，反抗的年轻行动主义者自发地制作网站、博客、广播电台，以传播没有受到传统媒体过滤的相关信息和观点，有的信息内容甚至带有哗众取宠的特征；其次，社会网络网站变成了政治观点和行动主义的论坛，进行着象征层面上的抵抗；最后，互联网和雅典的街道以及其他的大城市成了联合场所，前所未有地成了暴力的、想象的与情感的事件以及抗议的发生地。[②] 在传播全球化的背景下，新媒体成了不同行动主义者借以进行组织与动员的工具——无论是合法的（如女权主义运动），还是饱受争议的（倡导“非中心化”与“所有信息都应当免费”的黑客行动主义）。

**行动主义的局限性。**作为市民运动的组成部分，“行动主义”对推进地方和世界治理的民主化进程具有进步性，但同时也存在风险。随着传播技术的发展，媒体对社会运动的影响逐渐从真实的空间转向虚拟的空间，社会抗议和社会动员形式也从传统的街头涂鸦、静坐、游行、街头表演、罢工、串联、示威以及所谓的街头政治等——从美国20世纪60年代黑人争取权利的民主运动，直至20世纪90年代发生在独联体国家的“颜色革命”——转向了网络动员和赛博空间抗议，社会运动成员相对明晰的身份表现出暧昧的特征，社会成员的联络由局部的、地区的、国家的层面走向国际化，社会运动的动力和动机已不再简单地体现为某个群体本身的利益，而是涉及不同群体的、国际政治的、国际经济的、正面的、反面的、积极的、消极的利益集团，甚至连追求社会或政治权力的、具有积极意义的社会运动都不可避免地沦落为国际政治和经济博弈的工具。2012年9月19日，在《纽约时报》（中文

---

① KOMNINOS M, VAMVAKAS V. December 2008, Revolt Media (Greece)[M]//DOWNING J D H. Encyclopedia of social movement media[M].London:SAGE, 2011:159-160.

② KOMNINOS M, VAMVAKAS V. December 2008, Revolt Media (Greece)[M]//DOWNING J D H. Encyclopedia of social movement media. London:SAGE, 2011:161.

版）网站上刊出了这样的文章：《俄要求美国停止资助俄民间组织》。美国国际开发署（USAID）在冷战后的俄罗斯开展了20多年的工作，但普京领导下的俄罗斯突然要求美国在2012年10月1日前停止美国国际开发署在俄罗斯的工作，原因是，在俄罗斯看来，美国的行为干涉了俄罗斯的内政。[1]“不过美国官员在本月接到这个决定的通知后表示，会想办法绕过克里姆林宫的禁令。”文章分析认为，“对于面对大规模国内抗议的普京来说，正是由于美国国务院通过非营利组织秘密进行活动，导致了局面的加剧”。并解释说，普京之所以产生这种认识，是因为“援助机构在冷战期间为美国情报机构提供掩护，外国官员对这段历史记忆犹新，他们中有许多人始终怀有戒心”。此文章看来有些批评俄罗斯的味道，因为“最近几个月，克里姆林宫采取了一系列措施，给非政府组织施压，压制政治异见人士，其中包括颁布新法律、要求任何接受外国援助的机构在司法部门注册为‘境外组织’。俄罗斯还加大了对诽谤的惩罚力度，似乎是想要威胁批评政府官员的人士”。俄罗斯对美国国际开发署采取这种态度，是要“打击莫斯科的人权组织”。我们无意去评论是非问题，关键在于，我们意识到在俄罗斯内部的社会运动组织与美国的资助间存在着关联。

作为社会运动传播技术支撑的大众媒介，也由原来的传单、演讲、广播甚至电视，扩张到没有明显“合法性身份”界定的虚拟网络活动个体。网络媒体可能因动员成为社会的不安定因素，如发生在2011年的阿拉伯“茉莉花革命”，新媒体、网络社会媒体成了国内外持不同政见者动员的工具，刚开始的社会改良呼吁变成了对国家政权的颠覆。“网络公共领域”辩论也可能成为网络动员或行动主义局限性的牺牲品。在中国，鉴于“网络舆情”的重要性，表达意见的“网络公共空间”成了某些利益集团或个人借以获利的手段，出现了一些“网络舆情策划师”和“网络水军”，他们把在“网络空间”中的舆论引导看成一种产业，利用相关的被称作“水军”的团队进行网络公关，达到放大或增强人物或事件影响力的目的。再如，网络公共空间被用作社会动员的工具，进行组织和煽动，扰乱社会秩序，英国多个城市的骚乱就是一例，当多个城市发生骚乱时，英国首相卡梅伦曾说：“当得知某些人策划暴

---

① HERSZENHORN D M, BARRY E.俄要求美国停止资助俄民间组织[N/OL].纽约时报（中文版），2012-09-19[2012-09-19]. http://cn.nytimes.com/article/world/2012/09/19/c19russia/.

力、骚乱和犯罪时，我们和警察、情报部门与业界合作，考虑阻止他们利用网站和服务来进行联络的做法是否正确。"①在2009年伊朗的总统选举中，社交媒体（Twitter等）险些成了西方（特别是美国）颠覆伊朗政府的工具。② 社交媒体可以操纵现实，削弱一个国家的行政、社会、军事或经济力量，还可能导致一个国家的内部冲突、社会分化和激进主义。同时，行动主义也是脆弱的群体，他们的行动得到承认与否基本上决定于其各种利益的需要：2012年8月17日，在南非的马里卡纳，警察向一群要求涨工资的铂金矿罢工工人开枪，18人中弹身亡，在种族隔离政策结束18年后，这些情景使人们想起了南非种族隔离时代警察射杀示威者的场面。不过世界性的谴责被稀释在南非西方式的民主制和地缘政治同盟中，拥有几位"第一夫人"的南非黑人总统雅各布·祖马（Jacob Zuma）只是表示："我们的民主秩序有足够的空间，任何争端都可以通过对话解决，而不是采用违法或暴力途径……执法机关尽一切可能控制局面，将暴力犯罪者绳之以法。"③

**另类全球化所面对的挑战。**基本上，明显的另类全球化运动出现在20世纪与21世纪交替之际，典型的事例，如在1999年，西雅图示威阻止了新的多边商业谈判的启动，2001年1月，在阿雷格里（Porto Alegre）成立全球化社会论坛来反对富人峰会的达沃斯经济论坛。"另类全球化显示了公共舆论跨边界现象的发展。自从全球化打破了对交换和流动的所有障碍并创造了全球经济系统之后，全球性的社会与政治觉悟形式就出现了。"④不过，作为制度外的社会运动，为了长期存在，另类全球化思想（altermondialisme）就必须迎接三个挑战。

首先，"要拥有一致的概念和协调机制。揭露'极端自由的全球化'没有形成一个计划。目前的世界经济体系吸引着大量热衷于享受消费社会的人们。总之，另类全球化思想还没有找到自己的卡尔·马克思！其次，要在世界公共空间中找到自己的位置。这个空间仍由国家及整个联合国体系控

---

① BBC. Riots：David cameron's commons statement in full［N/OL］. BBC，2011-08-11［2012-06-23］. http：//www.bbc.co.uk/news/uk-politics-14492789.

② 任孟山，朱振明.试论伊朗"Twitter革命"中社会媒体的政治传播功能［J］.国际新闻界，2009（9）：24-28.

③ POLGREEN L.南非金矿工人罢工警察开枪（更新）［N/OL］.纽约时报（中文版），2012-08-17［2018-08-17］. http：//cn.nytimes.com/article/world/2012/08/17/c17safrica/.

④ DEFARGES P M. L'ordre mondial［M］. Paris：Armand Colin，2008：199.

制;这些国家还没有准备放弃自己对政治合法性的准垄断。另类全球化思想必须找到发出自己声音的方法,特别是借助非政府组织。”①主流媒体报道的性质和质量可能会深深地影响社会运动在公众中的形象,媒体或有助于形成正面的形象来促进运动的发展,或形成负面的影响阻碍或丑化某个社会运动,致使其破产。最后,改善技术隔离现象造成的抵抗的岛屿化,建立跨边界的动员活动。信息技术在全球化经济增长模式演变的潜力不同,导致经济上的距离转变成了技术上的隔离。“数字时代重新界定了地域的面貌。”②同时也界定了不同地域挪用传播流动的能力。不过,真实的情况在于,这些社会运动构成了全球抵抗的一个群岛。

---

① DEFARGES P M. L' ordre mondial[M]. Paris:Armand Colin, 2008:199.

② MATTELART A. Histore de la société de l' information[M]. Paris:La Découvert, 2001:105.

# 第十二章 国际传播与阴谋论

兵者,诡道也。故能而示之不能,用而示之不用,近而示之远,远而示之近。[①]

——孙武

阳谋:用智而不恃智,示信天下,开诚布公,兴利除弊,可为万世法。阴谋:用智,慎秘,权变,依靠诡力诈术,可做权宜之计,非长久之策。[②]

——汪大海、胡卫红

阴谋论的产生来自信息的不对称或信息的扭曲。从西方的知识系谱出发,阴谋(conspire)本来具有积极的含义,其来自罗马词根(*conspiratio*),曾被塔西佗和西塞罗用来指追求相同的善,也可说来自拉丁词根(*con-spirare*)意味着"共呼吸"。[③] 阴谋论不仅指向涉及多人利益的隐秘计划,而且也意味着具有某些具体特征的假设性阴谋。在传统的大众传播和前大众传播时代,信息的不对称使阴谋论的传播成为可能;随着互联网和社交媒体时代的到来,过于丰富的信息不但没有改变的信息不对称,而且变相地以非合法的、非真实的信息增加了新的扭曲或不对称。信息的不对称和不断加剧的全球化过程扭合在一起,致使我们进入一个信息无序的时代。"认识论"让位于"方法论"、"真理"让位于"后真理",命题与认识的可靠性不再由合法的认识来担保,具体的操作方法成了界定"真理"的流行手段。当真理远离事实

① 孙武,孙膑.孙子兵法・孙膑兵法[M]. 第二版. 上海:中国书局,2007.

② 汪大海,胡卫红.成事在谋:左手用阴谋,右手用阳谋[M]. 北京:石油工业出版社,2009.

③ GUALDA E, RÚAS J. Conspiracy theories, credibility, and trust in information [J]. Communication & society, 2019, 32(1):179.

而由方法来界定时,“阴谋论”不可避免成了解读国际传播事件的“阅读格栅”。

## 第一节 阴谋论:传播的另类解读

在现行的国际传播中,很少有人来谈论国际传播中的“阴谋论”。阴谋之所以为阴谋,原因在于其借助看起来合理的逻辑来解释事件的发生原因。当然,有少数的阴谋后来被揭穿,但大多数阴谋还没有充分的证据来加以暴露。无论如何,在国际传播层面上,阴谋论也是国际政治和国际关系互动的一种认识形式。思考国际传播中的阴谋论,其问题意识来自国际传播(如国际政治、国际关系等)中现实与话语表述的失接,简而言之,表里不一。

人类的文明总是有着相似的地方,东西方都存在着阴谋论的说法。根据自由维基,最早的阴谋论概念出现在17世纪的英国,亨利·柏林布鲁克(Henri Bolingbroke, 1678—1751)子爵认为政治对手拿了王室的钱,不履行代表的权力课税,提出了阴谋论的说法,不过历史学家把最早的阴谋论追溯到18世纪的法国大革命,认为这不是一场自发的群众运动,而是反基督教阴谋的结果。① 中国阴谋论的说法产生的就更早。就阴谋论而言,米歇尔·牛顿(Michael Newton)在《阴谋和阴谋论百科全书》(2006)中提出了上千种案例。我们不必去关注阴谋论的起源,关键是在“国际传播”中,我们如何去认识。

布莱克的法律字典把阴谋(conspiracy)界定为:“两个或多个人联合起来,依靠联合力量,来实施一些违法行为……现代新闻报道中令人惊讶的事情是,任何有关阴谋论的暗示实际上都会引起下意识的指责:‘妄想狂(paranoia)’、‘古怪’(eccentricity)或完全是‘妄想精神病’。”②中国人对此早有认识,根据《汉典》,阴谋有几种含义③:(1)用兵的谋略。《国语·越语下》:“阴谋逆德,好用凶器”。(2)秘计,诡计。《管子·轻重甲》:“内则有女华之阴,

① Théorie du complot[EB/OL].[2012-02-12]. http://fr.wikipedia.org/wiki/Th%C3%A9orie_du_complot.

② NEWTON M. The encyclopedia of conspriacies and consipiracy theories[C].New York:Facts On File, Inc., 2006:iv.

③ “阴谋”词条[EB/OL].[2015-03-23].http://www.zdic.net/cd/ci/6/ZdicE9Zdic98ZdicB 4338296.htm.

外则有曲逆之阳,而得成其天子。此汤之阴谋也。"(3)暗中策划,秘密计议。《史记·蒙恬列传》:"(赵高)迺与丞相李斯、公子胡亥阴谋,立胡亥为太子。"这些解释的共同点在于:欲达某目的而暗中策划。

法国学者西罗姆·亚明(Jérôme Jamin)在《阴谋论想象》中指出,"当一个有实力的小群体秘密地谋划并完成一种非法的或不合适的行为且该行为具有影响事件发展的独特性时,就产生了阴谋"或"阴谋就是两个或多个人通过有意图的合作来完成一种非法行为或犯罪";"相信阴谋论就是相信一个个体组织用隐秘的方式来实现坏的目标"①。在全球视角下,阴谋论不再局限于实现某个小团体的利益,而是扩展到国际层面,国家、民族、政治团体等的利益成了支配阴谋运作的杠杆。实施阴谋的主体也呈现多元化势态,如政党、企业、组织等,领域涉及政治、经济和文化。尤其是国际层面上的无政府状态,致使国际利益的纷争被打上了"从立法则"的烙印,在学理上体现为国际政治理论中的现实主义思考——现实中层出不穷的国际抗议、冲突和战争,以及变相的经济与军事制裁成了这种理论现象的注脚,即使在彼此竞争发展的时候也是如此:面对着中国对非洲的基础设施建设投资,美国也不甘落后,曾任美国国务院非洲局副助理国务卿的弗兰克·莫斯(2007—2008)认为"美国不去建高速公路、桥梁和机场,而非洲又需要这些基本设施,所以我们应该感谢中国在做这些事"。因为,"中国建造新机场,意味着非洲的航空公司可能会需要更多的波音(Boeing)飞机;建设更好的道路和港口,意味着沃尔玛(Walmart)能够在非洲更快、更廉价地运输货物"②。

## 第二节　认识阴谋论

一般地,学者把阴谋论描述为"试图解释一个事件的(往往是政治的或社会的)终极原因,把其看作权力个体或组织通过暗中结盟来实施的阴谋,把人们相信阴谋论的原因集中在人们需要解释超过自己控制的事件上。尤其是,一些研究者相信阴谋论是对无力应对的回应;面对不断增长的巨大而

① JAMIN J. L' imaginaire du complot, Discours d' extrême droite en France et aux Etats-Unis[M]. Amsterdam: Amsterdam University Press, 2009: 44.

② POLGREEN L.美国追赶中国投资非洲[N/OL].纽约时报(中文版), 2012-08-10[2012-08-10]. http://cn.nytimes.com/article/world/2012/08/10/c10africa/.

匿名的官僚体系的势力，阴谋论允许人们与形塑自己未来的潜在力量的可能性达成妥协。同样，有的研究者把阴谋论看成弱势个体占有重要和秘密信息的手段”①。

法国社会学家、政治学家和思想史学家皮埃尔·安德烈·塔杰夫(Pierre-André Taguieff)认为，人们通常以保护善的名义来使用错误，并要求与被指定的恶进行无情的斗争；这种善拥有一切解释权力。② 阴谋论通常基于四个大原则："(1)没有什么是偶然的；(2)发生的事情是隐蔽意图与愿望的结果；(3)没有什么是与表面一致的；(4)一切都有联系，而且是以秘密的方式。"③他在对反犹太人士对《犹太人贤士议定书》的意识形态和政治利用进行研究后指出，这种使用有以下五种功能："(1)简单地通过指出具有冷酷敌人形象的隐蔽力量来进行解释；(2)通过解释隐蔽敌人的秘密来抵抗威胁；(3)把反对纯粹的或被妖魔化的敌人的行为合法化，这种行为被说成是自卫的，不过有着斩草除根的做派形式；(4)为了一种目的进行动员，即使该目的是报复和复仇行为；(5)根据虚构和恐怖的形式魅化世界、历史、政治。"④

相信阴谋论，根据阴谋的范围不同，米歇尔·巴坤(Michael Barkun)把阴谋论分成几个类型：事件阴谋论，用于指一个限定的事件或一系列事件，阴谋者把自己的力量集中在一个明确限定的目标上，如肯尼迪遇刺事件；系统阴谋论，指目标广泛的阴谋，常常被认为用来巩固对一个国家、地区甚至整个世界的控制，阴谋机制很简单，是单个的组织制定计划来渗透或颠覆现存的制度机构，如犹太人，光明会，甚至国际资本主义；超级阴谋理论，认为诸多阴谋是彼此相联系的，在这个阴谋论的顶级阶段，一个全能的邪恶力量控

---

① DOUGLAS K M, SUTTON R M.The hidden impact of conspiracy theories[J]. Journal of social psychology 2008, 148 (2):210-222.

② TAQUIEFF P A. L' imaginaire du complot mondial: aspects d' un mythe moderne[M].Paris: Mille et une nuits, 2006:57.

③ TAQUIEFF P A. Taguieff décode la théorie du complot, Propos recueillis par Christophe Ono-dit-Biot [A/OL]. Le Point, 2011-12-15[2012-02-09].http://www.lepoint.fr/societe/taguieff-decode-la-theorie-du-complot-15-12-2011-1408474_23.php.

④ TAQUIEFF P A. L' imaginaire du complot mondial: aspects d' un mythe moderne[M]. Paris: Mille et une nuits, 2006:165.

制着小的阴谋者。[1] 实际上,就理论框架而言,阴谋论是主要借助一种阅读格栅来解释历史事件的理论。在国家与国际层面上,阴谋论往往包含一个巨大的国家、国际或世界层面上的阴谋,其以操纵为基础来解释国家或国际历史的想象。

## 一、阴谋论的基础假设

"阴谋论"存在着假设基础。总体上而言,"阴谋论的想象隐含地断言,政治和社会生活的一切都应当有一个意义,不能没有意义,并且历史能够被顺理成章地理解。在这样做的同时,这些公设也意味着不确定、复杂性,无知和不理解是一些障碍,这些障碍在对世界的阴谋论解读中可以系统地被拿掉"[2]。"阴谋论能发生作用,这是因为它们往往包含着部分事实,阴谋必须基于哪怕是最少的事实以便能够被认出。为了建立无法证明的推理,与没有被证明的命题相关联的不可辩驳的前提是必不可少的。"[3]总之,对阴谋论而言,存在着能够让人进行推理的、作为逻辑前提的、哪怕是最少量的事实。

学科不同,对阴谋论存在着认识上的差异。"哲学家像其他大学老师一样,倾向于不怎么看好阴谋论和阴谋论者。哲学常常和合理性联系在一起,至少在介入合理性研究者那里,阴谋论往往在范式方面被认为是非理性的。像进行创造活动的科学家一样,阴谋论理论家常常被蔑视为错误与混乱的传送带。"[4]卡尔·波普尔虽然承认阴谋的存在,但不赞同阴谋论说法:"我们清楚地看到,并不是我们所有行为的结果都是意向性的;因此,我们看到,社会阴谋论不能是真实的,因为它接近承认,所有结果,甚至那些乍一看不具

---

① BARKUN M. A culture of conspiracy:apocalyptic visions in contemporary America[M]. Berkeley:University of California Press, 2003:6-7.

② JAMIN J. L'imaginaire du complot, Discours d'extrême droite en France et aux Etats-Unis[M]. Amsterdam:Amsterdam University Press, 2009:74.

③ JAMIN J. L'imaginaire du complot, Discours d'extrême droite en France et aux Etats-Unis[M]. Amsterdam:Amsterdam University Press, 2009:78.

④ COADY D. An introduction to the philosophical debate about conspiracy theories[M]//ROCKMORE T, BREAZEALE D. Conspiracy theories:the philosophical debate. Farnham:Ashgate Publishing Limited, 2006:1.

有意向性的结果,都是对这些结果感兴趣者行为想要的结果。”①在政治学家那里,阴谋论往往与战略目标联系在一起:“一个由个体或群体组成的组织过去或现在正在暗中行动以达到一些恶意的目的。”②人类学家拉图尔认为,“当然,阴谋论是对我们自己论据的一种荒唐的扭曲”③。在心理学上,阴谋论常常与“多疑症”联系在一起,“阴谋论标出的是那些政治病态个体或集团所产生的知识体系”④。在社会学者看来,阴谋论与其说具有目的论的性质,倒不如说是主客体或个体与系统相互作用的结果,如“阴谋论(在二战后美国)兴起的原因是人类对代理能力减弱的焦虑,个体不但影响不了有意义的社会行为,而且甚至不能控制自己的行为”⑤。在文化研究中,“阴谋论不仅严格地按内在的性质来界定,而且也根据它们与‘真理的状况’来界定”⑥,阴谋论成了一种话语。媒介批判研究中,乔姆斯基不太认同阴谋论,认为这是行动者采用的不同的“人身攻击”手法。“社会中任何筹划的例子都是一些人聚在一起,试图用一切可能权力来达到一个结果……这些都是阴谋。”⑦“一旦你描述基本事实,并认为掌权者不太具有合理性,好啦,如果对方是敌人,那没说的;如果是我们国内的权力者,那就是阴谋论。”⑧在政治经济学方面,“我们并不是说在屏幕后面存在一个《绿野仙踪》中的魔术师,控制所见、所思、所做……整体上,散布了几十年的有关政府和政府外的阴谋论应当被看作勉强的与错误的……阴谋论构成一个粗劣而有效的机制以接近整体性的功能运作。政治演出如同媒体、军队、政府、跨国公司与世界金融机构一

① Popper K R. The open society and its enemies: Vol. 2: hegel, marx, and the aftermath[M]. 5th ed. Princeton: Princeton University Press, 1971:96.

② BARKUN M.A Culture of Conspiracy: Apocalyptic Visions in Contemporary America[M]. Berkeley: University of California Press, 2003:3.

③ LATOUR B.Matters of fact, matters of concern, critical inquiry[M]. Chicago: The University of Chicago, 2004:230.

④ BRATICH J Z. Conspiracy panics: political rationality and popular culture[M]. Albany: State University of New York Press, 2008:4.

⑤ MELLEY T. Empire of conspiracy: the culture of paranoia in postwar America[M]. Ithaca: Cornell University Press, 2000:11.

⑥ BRATICH J Z. Conspiracy panics: political rationality and popular culture[M]. Albany: State University of New York Press, 2008:3.

⑦ MITCHLL R, SCHOEFFEL J. Understanding power: the indispensable chomsky[M]. New York: The News Press, 2002:348.

⑧ MITCHLL R, SCHOEFFEL J. Understanding power: the indispensable chomsky[M]. New York: The News Press, 2002:390.

样,都明显地由一个单独的强国来管理,即使事实上并非如此。”①

从反思社会学的角度来看,甚至阴谋论本身也成了阴谋论的目标,该词的应用就是在操纵它的受众对不利的情景进行另类阐释。西方发达国家(特别是美欧)对世界上的异己国家采用制裁、围堵、打击、妖魔化等手段进行军事威慑、经济制裁和舆论攻击,这不能不使人反思到,这种对别国采用妖魔化和打压的思维本身是否就是阴谋——更不说“妖魔化”的过程可能就是一种政治或经济战略的阴谋?如美国在世界的大棋局,如北约东扩、大中东计划、战略中心向亚洲转移,在此过程中,以往自己支持的盟友(如伊朗、塔利班)突然变成了必须坚决打击的对手,战略利益成了衡量“我们”与“他们”的标尺。特别是在中美关系上,一方面强调合作,捞取中国经济发展带来的好处,另一方面处处对中国进行阻挠:“中国军事不透明”“与南海争议国家联合演习”“在中国周边结盟”等。

阴谋论是对一种事件运作机制的另类解释,又是对权力运作机制的另类解读;“阴谋想象为历史和特殊的政治提供了一个阐释”②。“总之,阴谋论是一种权力理论。因此,它值得人们注意的是其对资源和高压权力不均衡分配的理解。”③在国际政治传播中,这主要体现于布热津斯基和约瑟夫·奈的“网络外交”和“软实力”说。利用信息来作为外交的杠杆,美国的前国防部长助理约瑟夫·奈对此做了很好的陈述,而这种陈述被马特拉不断引用来说明传播网络在实施世界霸权图谋中的作用。约瑟夫·奈认为,“作为美国外交力量的扩大器,信息优势很重要,这包括‘软实力’——美国的民主和自由市场的吸引力……信息时代不仅使军事而且使软实力工具发生了革命性的变化,并为它们提供了使用场景……如同旧时代的核力量的作用一样,信息时代对信息的控制成了关键”。他乐观地认为,由于美国对信息网络的控制,“21 世纪将是美国地位凸显的时期,信息成了国际舞台的一部分,美国比其他国家更能通过信息来提升软、硬实力”④。

---

① HARDT M, NEGRI A. Empire[M]. Cambridge:Harvard University Press, 2000:323.

② JAMIN J. L'imaginaire du complot, Discours d'extrême droite en France et aux Etats-Unis[M]. Amsterdam:Amsterdam University Press, 2009:18.

③ FENSTER M. Conspiracy theories:secrecy and power in American culture[M]. Minneapolis:University of Minnesota Press, 1999:xiv.

④ NYE J, OWENS W. America's information edge[J]. Foreign affairs,1996, 75(2).

## 二、国际社会中的“殖民”幽灵

商业、军事和传道是殖民占领的经典三部曲。在商业方面,世界应当被看成统一的工厂和市场,国际分工造成的国家间的依赖,而且人类可以联合开发地球,等等,这些理想在面对帝国时代的传播流动地形图的现状时,表现得没有说服力。传播技术网络(如大英盛世时期的电缆网络)在国际交换方面呈现出向心倾向,整个世界表现为等级化体系,最明显的隐喻就是费尔南·布罗代尔的“经济世界”:在这里,出现了经济中心、过渡区和边缘区。于是,传播流动汇集到少数几个国家,信息从中心向边缘扩散。于是随着19世纪80年代非洲的支离破碎出现了新的概念分析工具:帝国主义。“象征力量的关系倾向于再生产和再强化建构社会空间力量的关系。”①象征层面的传播在政治地缘构建中发挥着作用,从教会特权的布道到以在殖民地和他国传播法语为目的的法语联盟②,这些都是利用象征传播来建构地缘政治空间。再如,西方基督教(尤其是梵蒂冈)在奥斯曼帝国后期(1299—1922)在黎巴嫩—叙利亚省传教,并建立马龙教徒使团,强化对基督教的传播,巩固和开拓东罗马帝国留下的象征遗产,以至于黎巴嫩有阿拉伯新闻事业的“摇篮”之称。这种意识层面上的象征构建,在物质上(如为传教而制作的阿拉伯语印刷机)和思想上为基督教文明在阿拉伯世界的扩张奠定了基础,以至于在奥斯曼的威权统治下,法国和英国成了奥斯曼异议人士(尤其是新闻媒体)的海外移民地。事实上,在奥斯曼帝国没有解体之前,英法已经成了奥斯曼帝国一些省份的托管国,如阿尔及利亚(法国,1830),塞浦路斯(英国,1878),突尼斯(法国,1881),埃及(英国,1882)等,更别说在第一次世界大战后,英法瓜分了中东。不过,这种象征与物质构建的“殖民主义”没有在非洲明显:“1415年,葡萄牙占领了摩洛哥的休达,开始建设欧洲在非洲最早

---

① BOURDIEU P. Choses dites[M].Paris:Minuit, 1987:160.

② 法语联盟:成立于1883年,它的全称为“在殖民地和外国传播法语的国家联合会”(Association nationale pour la propagation de la langue française dans les Colonies et à l'Étranger)。法语联盟的总会长皮埃尔·蓬森(Pierre Poncin,1899—1914)说:“避免威胁法国工业和商业的办法之一是传播法国语言;因为,在都讲法语的地方,人们就买法国的东西。法语单词在世界范围内回荡就等于购买了法国的产品。”法语联盟诞生在巴黎一个很有象征意义的地方:圣西门大街的圣西门俱乐部(Le cercle Saint-Simon),这是圣西门协会( La Scoiété historique)的地址。MATTELART A.L'invention de la communication[M]. Paris:La Découverte, 1994:210.

的一块殖民地。在随后的世纪里，随着欧洲的工业化和经济的发展，非洲成了欧洲列强获取资源和推销商品的理想场所。18 世纪末，欧洲揭开了对非洲进行大规模开发和掠夺的序幕。到了 19 世纪后半期，'瓜分非洲'被提上了欧洲列强的议事日程，英国、法国、德国、意大利、比利时、葡萄牙等国纷纷涉入其中。1885 年的柏林会议(Berlin Conference)具有标志性意义，这次由德国首相俾斯麦倡导的会议为瓜分非洲领土设立国际指导原则，它形式化了欧洲对非洲的控制。在柏林会议之前，大多数欧洲国家通过与非洲统治者签订协约的方式来扩展自己的利益，在此会议之后，则逐渐借助军事占领来实现自己的目的。到了 1905 年，除了利比里亚和埃塞俄比亚之外，欧洲列强几乎殖民了所有的非洲土地。随着第一次世界大战(1914—1918)的爆发和结束，德国的失败使它丧失了在非洲所有的殖民地，这些殖民地在英、法、比、南非(1910 年独立)之间进行重新分配。在第一次世界大战之后，欧洲列强对非洲的瓜分格局被固定下来，法国和英国成了非洲最大的殖民者。"①在非洲的新闻传播业方面，在 18 世纪和 19 世纪初传教使团和殖民统治把报纸首次引入非洲，非洲才有了自己的大众媒介，不过这大多掌握在殖民者手里，随着非洲在 20 世纪独立浪潮的兴起，逐渐出现一些所谓的"独立"媒介。这种象征与物质"殖民"造成的结果是：外部势力(宗主国)的态度和内部利益集团的博弈结果成了被殖民国家在国际上获取合法性的重要条件。现代世界中的"巴以冲突""钓鱼岛之争"等莫不是美欧诸国的"表态"为世界和平所带来的障碍。

为了表述传播技术网络对民族政治、经济空间的重要整合作用，弗里德里希·李斯特(Friedrich List, 1789—1864)分析了德国的铁路网络对民族经济空间的建构作用：德国的铁路网络建设不仅促进了经济的发展，更是对国家起到了整合作用。由传播网络延伸出来的这种"空间科学"，即网络为疆土增添活力，成了帝国主义空间扩展的依据。传播中的"地缘政治空间"实际是对 19 世纪伴随帝国霸权形成的文化和传播网络状况的描述，从空间角度来研究传播如何构建国家的地缘政治或经济利益。

## 第三节　阴谋论的注脚

美国的经济学家与自由撰稿人威廉·恩道尔(F. William Engdahl)先后

① 朱振明.非洲新闻事业的发展逻辑[J].国际新闻界,2011(3):122.

写了两部揭示美国构建地缘政治阴谋的著作《百年战争:英美石油政治与世界新秩序》(2004)和《粮食危机:运用粮食武器获取世界霸权》(2007)。在这两本书中,“石油”与“粮食”构成了构建大国(美国)地缘政治与经济的两条权力主线。这两本书成了鲜有的揭示大国(美国)外交政策背后动力因素的历史教科书。在前者中,“石油”成了地缘政治的目标与实现国家霸权的手段;在后者中,“科学向政治下跪”“成为政治的仆人”,粮食及转基因技术成了发达国家实现战略目标的工具。这似乎印证了美国前国务卿亨利·基辛格曾说的话:“如果你控制了石油,你就控制了所有国家;如果你控制了粮食,你就控制了所有的人。”① 尤其是后者揭示出的阴谋,更是残酷到令人发指。在这种“深谋远虑”的国际战略决策下,“1974 年,美国政府的少数要员收到了《国家安全研究备忘录第 200 号》。这份报告由洛克菲勒基金会提交,由基辛格起草完成,其主旨是实施‘世界人口行动计划’以大幅度降低世界人口数量。这一新政策的理论出发点是:大多数高质量的矿藏都位于发展中国家,而发展中国家数量过多的‘劣种人’妨碍美国获得充裕的、廉价的原材料,必须除掉这些高速增长的人口才能保护美国利益。为此,美国政府要求巴西等发展中国家实施大规模绝育手术,甚至把波多黎各作为人口控制的‘活体’试验场。基辛格明确提出:美国要将粮食援助作为‘国家权力的工具’,对那些接受援助的国家来说,要么绝育要么挨饿”②。美国的这种战略,实际上就是“如果这些劣等人种妨碍我们获得充裕的廉价原材料,我们就必须想办法除掉他们……它首次将发展中国家的人口控制列为美国政府的一个明确的(秘密的)战略性国家安全重点……它将人口增长问题与获得战略性矿产资源联系起来”③。中国的经济学家郎咸平及学者柴伟东也有类似的观点与著作。前者的《金融超限战》与后者的《转基因食品和疫苗的阴谋:生化超限战》等有关论述,都与这位美国经济学家有着相同的思考路径:冠冕堂皇的官方语言下面掩盖的是不能言说的欲望与利益纷争,它们构成了具有现实主义色彩的国际政治的重要内容,不能不使人们对国家的交

---

① 恩道尔.粮食危机:运用粮食武器获取世界霸权[M].赵刚,胡钰,等译. 北京:知识产权出版社,2008:60.

② 恩道尔.粮食危机:运用粮食武器获取世界霸权[M].赵刚,胡钰,等译. 北京:知识产权出版社,2008:61.

③ 恩道尔.粮食危机:运用粮食武器获取世界霸权[M].赵刚,胡钰,等译. 北京:知识产权出版社,2008:69.

流与传播产生更多的思考。

在1997年爆发的席卷亚洲的金融危机风暴中，美国的态度与行动暧昧。"让人感到讳莫如深的，是美国人在处理亚洲金融危机时的态度和方式。风暴伊始，美国就迅即否定了日本建立亚洲货币基金的提议，主张通过以其为大股东的国际货币基金组织，实施有条件的救援计划，意在迫使亚洲国家接受美国推行的经济自由化政策。如国际货币基金组织在向韩国提供570亿美元贷款的同时，提出的条件就是要其全面开放市场，让美国资本有机会以不合理的低价收购韩国企业。如此明火执仗地要求给美国为首的发达国家敞开或腾出市场空间，已经近乎一种变相的经济占领。如果我们把美国政府的这种做法与索罗斯之辈对亚洲国家的金融狙击，与美国人的共同基金总额10年间从8100亿美元增加到50,000亿美元并仍以每月300亿美元的速度递增，与穆迪公司、标准普尔公司和摩根士丹利公司在最关键或是最微妙的时刻降低日本、中国香港及马来西亚信用等级，与格林斯潘对香港政府反击'对冲基金'会否改变游戏规则的担心，与美联储对投机失败的长期资本管理公司(LTCM)的破例救助，与曾经在亚洲喧闹一时的说'不'声和'亚洲世纪'的提法日渐沉寂等所有现象，统统联系起来，就会发现这一切的衔接是如此巧妙，天衣无缝。倘若有意识地将它们组合在一起，用以打击觊觎已久的目标，岂不是一次成功的超国家组织+跨国家组织+非国家组织的组合行动？虽然没有直接证据显示，美国政府和美联储刻意设计并使用了这一威力巨大又不露声色的武器，但从迹象上看，起码可以说，某些行动事先得到了他们的鼓励和默许。"①

阴谋论不仅表现在"软实力"方面，而且还体现在"硬实力"方面。二战结束后的德国纽伦堡审判(Nuremberg)控告纳粹的首要罪证是"合伙阴谋"，其他的罪证是"反和平罪""反战争罪""反人类罪"，这些罪名直至现在一直很常用，被掌握传播优势的西方国家用以定位那些不与西方共谋的"叛逆的"第三世界国家的领导人，南斯拉夫的米洛舍维奇、伊拉克的萨达姆·侯赛因、利比亚的卡扎菲等，他们或被关进监狱，或被判处死刑，或被乱军所杀。

在20世纪80年代，美国为了对付伊朗，大力支持伊拉克与伊朗展开战

---

① 乔良，王湘穗.超限战[M].北京：中国社会文献出版社，1999：80.

争，这时候的美国无视自己后来控诉的犯“反人类罪”的萨达姆·侯赛因的作为，并且当萨达姆于1990年7月告知美国大使艾普丽尔·克拉斯皮(April Gillespie)要入侵科威特(原是伊拉克的一个省，19世纪末英国殖民当局把其割离伊拉克成为一个国家)时，华盛顿还表示支持。但当1990年8月入侵开始时，当时的老布什总统突然翻脸，把伊拉克赶出石油丰富的科威特，不过仍保留伊拉克的政权；1991年“萨达姆试图暗杀老布什”的“莫须有”罪名又把伊拉克拖入战争，美国乔治·W.布什总统把伊拉克列为邪恶轴心的三个国家之一，并指责萨达姆与恐怖大亨本·拉登有联系，而且具有各种各样用来打击以色列及其他目标的“大规模杀伤武器”，以此为依据发动海湾战争，入侵伊拉克，绞死了萨达姆，杀死了他的儿子。①

就中国的民族叙事而言，外国势力不断渗透其中，虽然公开承认中华人民共和国，尊重中国的主权，但背地里制造事端，阴谋昭然若揭。张植荣和魏云鹏二位学者在研究美国对西藏问题的态度时，在“引子”中提到“克林顿的表态，正是近百年来美国行政当局对西藏地位所持的一贯看法与立场。但是，我们也看到，在历史上，在现实中，美国有些部门，包括情报部门、立法部门及传媒在内，明里暗里搞些有悖于这一立场的小动作，乃至形形色色的阴谋和阳谋……在科罗拉多州秘密训练西藏游击队；在尼泊尔训练反叛分子向西藏发动袭击；在康奈尔大学为达赖集团培训特工；在纽约和日内瓦成立了‘西藏之家’；在印度建立情报站、搜集情报，等等”②。2012年6月8日，德国《南德意志报》发表长文《神圣的表象》揭露达赖与美国中央情报局的关系，对20世纪50年代达赖集团与美国中央情报局的关系及达赖的虚伪面目进行了揭露。该报编者在按语中指出：“纯粹和平主义的代表人物达赖喇嘛对中情局在西藏活动的了解，很可能比他迄今承认的多得多。如今，暴力的阴影落到了这位神王的头上。”③

---

① NEWTON M.The encyclopedia of conspriacies and consipiracy theories[C].New York：Facts On File, Inc., 2006：167-168.

② 张植荣，魏云鹏.阴谋与阳谋：实录近代美国对西藏的政策[M].北京：中国藏学出版社，2002：2.

③ 人民日报.德国《南德意志报》发表长文揭露达赖与美国中央情报局的关系：神圣的表象[N].人民日报(海外版)，2012-06-27(1).

# 第十三章　国际传播研究的本土化与挪用

一种传播形式的意义，是由采用这种形式的主体来界定的。在阐释的过程中，主体指定的参照系允许意义的产生被纳入社会结构的象征性之中，作为指称的表象来建立一种传播状态。①

——陈卫星

“地方的”变成“全球的”；“全球的”又将变成“地方的”。②

——罗伯特·杨

文化人文学者爱德华·萨义德借助“东方学”概念，对东西方文化之间所产生的偏见或感召力现象及其机制进行了详细的解释。他认为“东方学不只是一个在文化、学术或研究机构中被动反映出来的政治性对象或领域；不是有关东方的文本的庞杂集合；不是对某些试图颠覆‘东方’世界的邪恶‘西方’帝国主义阴谋的表述和表达。它是地域政治意识向美学、经济学、社会学、历史学和哲学文本的一种分配；它不仅是对基本地域的划分，而且是对整个‘利益’体系的一种精心谋划——它通过学术发现、语言重构、心理分析、自然描述或社会描述将这些利益体系创造出来，并且使其得以维持下去；它本身就表达了对一个与自己显然不同的（或新异的、替代性的）世界进行理解——在某些情况下是控制、操纵甚至吞并——的愿望或意图；最重要的是，它是一种话语，这种话语与粗俗的政治权力绝没有直接的对应关系，

① 陈卫星.传播的观念[M].北京：人民出版社，2004：453.

② YOUNG R J C. Ethnicity as otherness in british identity politics[M]//BOYI E M.Beyond dichotomies: histories, identities, cultures and the challenge of globalization. Albany: State University of New York Press, 2002: 153.

而是在与不同形式的权力进行不均衡交换的过程中被创造出来并且存在于这一交换的过程之中，其发展与演变在某种程度上也受制于其与政治权力（比如殖民机构或帝国政府机构）、学术权力（比如比较语言学、比较解剖学或任何形式的现代政治学这类起支配作用的学科）、文化权力（比如处于正统和经典地位的趣味、文本和价值）、道德权力（比如'我们'做什么、'他们'不能做什么或不能像'我们'一样地理解这类观念）之间的交换。实际上……东方学本身就是——而不是表达了——现代政治/学术文化一个至关重要的组成部分，因此，与其说它与东方有关，还不如说与'我们'的世界有关"①。"东方学"实际上构成了东西方文化彼此对望与解读的阅读格栅。

在日常传播与国际传播中，人们会发现，文化的观念、机构及其对他人的影响不是通过控制而是通过葛兰西所称的积极的赞同来实现的。"在任何非集权的社会中，某些文化形式都可获得支配另一些文化形式的权力，正如某些观念会比另一些更有影响力。"②这就是葛兰西所谓的"文化霸权"——换句话，一种文化或文明相对另一种失去了更多的优势与感召力。

就当前传播学研究来看，在理论和实践研究中实际又存在着——模仿萨义德的说法——"西方学"（Occidentalism）：如果说萨义德的"东方学"（Orientalism）来自西方话语机制的生产结果，"西方学"则是东方（或者我们的当前研究）传播学界学术话语生产的结果，并且有着类似"东方学"的生产途径，不过是一种"自认为落后"向"自认为发达"的靠拢，特别是在清末以来，其关键词（如）可表现为"西学东渐"等。本书讨论国际传播理论，旨在尝试：一个东方人从西方理论视角下来审视西方意义上"国际传播"的思想观念史。在某种意义上，本书也可看作"西方学"的组成部分，不过目的不是去引发对西方，特别是欧洲社会人文科学理论的崇拜，而是在某种程度上提供一种思想史性质的脉络或本土化理论生产参照，从中把握西方学者思考问题与选取对象方法，宽泛地讲，即他们研究人类社会（如传播）的本体论、认识论和方法论。在此基础上，本书尝试将这些研究成果的"去地域化"与"再地域化"，即实现它们的"中国化"。"传播是共享。"要融入世界就不能采取"孤立主义"的策略，需要了解"他者"，需要理性地批判，需要更好地了解自

① 萨义德.东方学[M].王宇根，译.上海：三联书店，1995：15-16.
② 萨义德.东方学[M].王宇根，译.上海：三联书店，1995：9.

己。理性批判就是要认识作为语境化理论与实践构建着(或活动者)的自己,认识自己对研究对象的认识,即反思性。

## 第一节　"传播"概念的本土化问题

欧洲传播学著作(特别是法国)更关注信息传播技术(TIC)在不同社会领域中(如社会、政治、经济、文化)的融入、移植或扎根,以及它们的社会应用得以实现的复杂形式,强调传播的"建构过程",这种建构或体现于媒介经济学中的媒介整合,或体现于日常生活社会学中意义的建构(如马夫索利)、政治哲学中的权力微观运作机制(如福柯)、文化人类学中的反纪律的"实践"(如塞尔托),等等,从中勾勒出社会被传播所控制的"逻辑"。[①] 他们看中的是传播,或曰"中介化"的过程,而不是局限于媒介功能主义所产生的"短期效果""结果",或仅表现为符号的"文化或象征表象"。

从"宣传"到"传播"直至"中介化",传播认识论发生了变迁,从纯粹的"结构主义"走向了"建构主义"。在这个仍旧充满意识形态的全球化环境中,如果说用"公共外交"(public diplomacy)代替"宣传"概念是为了摆脱"心理战"的嫌疑,那么在认识上就应该用"中介化"代替"传播",以体现"信息的流动"有意或无意地构建社会或世界秩序的现实。认识传播的"中介化",就要意识到"中介者"(mediator)不再仅仅局限于媒介或媒体从业人员,而是涉及各种各样的、国内的、地区的、国际层面上的活动者,把媒介置于社会、政治、经济与文化关系的中心,使其与社会结构的变迁联系起来,显示媒介与社会关系的复杂性,而不是简单地作为信息的发布、传播、接收与消费工具。

虽然为避嫌,在美国"公共外交"概念被用来代替具有心理战特征的"宣传",在中国用"传播"概念来代替具有"政治意识形态"特征的"宣传",但不能就此认为传播活动是"中性"的。我们不去从伦理学的角度来谈论"信息"

---

① 法国传播学家贝尔纳·米涅著作丰富。其中三卷著作《传播征服社会》就从传播的社会逻辑、文化工业与公共空间、技术创新与社会挪用等方面分析了传播、技术、社会、经济、文化等之间的关系。La société conquise par la communication. I. Logiques sociales(1996);La société conquise par la communication. II. La communication entre l'industrie et l'espace public,(1997);La société conquise par la communication. III. Les Tic entre innovation technique et ancrage social(2007).

的“善/恶”性质，但就“提供信息或告知过程”而言，它并不是自身存在的，其往往与价值观、利益、社会以及权力关系的表达联系在一起，并遵循着真实与虚假的分类标准。从后现代政治学的观点来看，信息与知识流动的中介化装置实际是权力关系，甚至意识形态的生产装置；从传播的过程来看，其中涉及不同的地方或国际层面上的制度化或非制度化、官方或非官方的“中介者”(médiateurs)，就是通过“中介化的传播”形成了表述人类存在状态的象征的、政治的以及社会的秩序。

拉美学者在谈到传播的“本土化”问题的时候，认为“对我们来说，传播更多是‘中介化’问题，而不是传播的手段，因此，不仅是认识而且是重新认识。这种认识一开始就需要一种方法论的位移操作，以便从另一端，即接收、尽力抵抗以及应用层面上‘挪用’的一端来重新审视传播过程。为了避免这种位移只是一种应时的理论反应或修正，必须要重新认识历史：历史地重新挪用拉美的现代性及其与时代脱节的行程，以便在只是从当下抽取现实或真实性的资本主义均质化的虚假逻辑上打开缺口”①。为了实现这样的目标，“就必须从中介化和主体观点出发，即从传播实践与社会运动构合的观点出发来进行审视”②。换言之，“本土化”研究要注重“历史性”，即与当地的社会运动与变迁联系起来，实现一种内外“构合”。

## 第二节　国际传播研究的本土挪用

### 一、传播研究的本土化

国际传播理论的中国“本土化”的成绩既不是去描述有多少高校设立了传播学专业、又有多少高校具有了传播学博士和硕士学位的授予权，也不是引进了多少传播学经典教材和海归人才，更不是用西方传播学理论或其专业术语来解释中国的社会现实问题，应该是这些体现国际传播理论的思想观念通过“去地域化”和“再地域化”后如何与民族国家的现实构合在一起。

① BARBERO J M. Des Médias aux Médiations: Communication, culture et hégémonie[M]. Paris: CNRS Éditions, 2002: 20.

② BARBERO J M. Des Médias aux Médiations: Communication, culture et hégémonie[M]. Paris: CNRS Éditions, 2002: 21.

前者只是实现“本土化”的具体基础，是国际传播理论与具体社会现实结合起来的条件，如何把理论和现实构合则是传播学研究本体论、认识论，甚至方法论变迁的问题，其中关键是“概念”“观念”“思想”等变迁问题。在现实的全球化社会背景下，自己独创的概念、理论和方法无助于全球化的传播共享。

在这方面，陈卫星教授的《传播的观念》堪称典范：“如果说传播学在我们面前展现一种新的知识形态，我们如何去认识？去理解？去生产？因为知识的获得本身，就是求知者对认识对象的支配性权力关系得以确立的过程，或者可以看成一种求知者与认识对象基于各自所拥有的资本的一种博弈……可以肯定的是，中国对外开放和经济改革的全面推进把传播学纳入社会发展的学科资源。从近代以来，中国社会的变迁要解决的一个问题就是中国社会的现代化问题，这个问题的实质是西方社会的‘现代性’和中国社会的‘现代性’这双重的现代性问题，这涉及与中国现代进程相关的文化现象，如社会存在的品质和样式、理念体系、个体—群体的社会心性结构以及相关的文化制度，等等。既然现代性的问题作为传播学的反思对象是从中国在‘文革’以后的改革开放时期开始的。那么，我们有必要对西方传播学的知识观念体系重新进行学术考察。”①

在现代国家的社会空间中，“有两种传播途径构筑了社会传播的调节功能：首先是市场经济的交换空间，这是通过经济组织活动本身表现出来的……今天，新的社会经济形态的内核，是以信息化为基础，以全球化、网络化和知识化为其基本特征的。知识经济的主要依赖对象既不是‘肌肉’，也不是物质能源，而是信息和知识……其次是政治制度的表现空间，在这个领域中起作用的是直接的和间接的政治权力，通过意识形态来发挥作用”②。陈卫星教授着重从这些途径出发来阐释传播在中国现代化过程中的构建与调节功能，与中国的改革开放与社会转型相结合，展现了一幅传播构建作用的“地形图”。

而这两种传播途径构成了当代国际传播的重要维度：经济、政治、文化等维度，对国际传播的研究批判也正是从此开始。“任何传播现象或传播行

① 陈卫星.传播的观念[M].北京：人民出版社，2004：373.

② 陈卫星.传播的观念[M].北京：人民出版社，2004：382-383.

为都无法回避存在于一个社会当中的信息传递逻辑，传播本身从来就不是透明的。"[①]这句话实际就是国际传播要研究的焦点：这种信息传递的逻辑，更具体地说，跨边界的传递逻辑及其在各个维度上所产生的构建或重构。

## 二、国际传播研究的挪用

发展中国家在国际层面上追求权力和财富，其途径之一就是去改变问题的游戏规则，"这种努力与北方国家的长远利益是不相容的。工业化国家与发展中国家的关系注定是冲突性的，因为除非通过挑战工业化国家所倡导的原则、规范和规则，绝大部分南方国家将无望弥合其在国际体系中的脆弱性。政治上的无力与脆弱是第三世界行为的基本根源。这种无力是外部因素和内部因素的综合结果"[②]。

无论是福柯的"认识型"、建构主义社会学中的"建构阐释"，还是萨义德笔下的话语生产与学术、政治、文化等条件的关联性，抑或是知识社会学中的客观条件对知识生产的影响，这些都说明知识话语往往被写在"本土的"条件之中——不管是作为本土化的"引入"还是"自己生产"。

如果在内部构建所谓的"民族国家的现代性"，那么在外部同样面对国际传播中的现代性问题。在谈到"现代性"时，默多克（Graham Murdock）说道："（现代性的）理论者们很少谈论传播系统在现代化过程中的作用……传播的组织结构不仅由现代化的普遍性动力所构成，而且也是它们的组成部分；当我在朝着当下移动的过程中，它在形塑制度和文化构成以及日常生活组织方面发挥着越来越重要的作用。"[③]"研究者们已经指出标示现代性所具有的特殊性的三种主要构成：经济与政治构成；知识与文化构成；日常生活构成。第一种构成在于生产组织基础体验的主要制度规则与资源；第二种构成在于提供话语和表达资源，它们为体验赋予意义；如我们看到，这两种普遍性构成与传播设施形塑其中的现代传播的构成保持着一种动态关

---

① 陈卫星.传播的观念[M].北京：人民出版社，2004：383.

② 克莱斯勒.结构冲突：第三世界对抗全球自由主义[M].李小华，译.杭州：浙江人民出版社，2001：1-2.

③ MURDOCK G. Communications and the constitution of modernity[J]. Media, culture & society, 1993, 15：522-523.

系。"①"传播的历史不是一个机器的历史,而是新媒体帮助重构权力与社会关系网络方法的历史……传播技术当然是在权力的特殊中心内生产出来,并带着特殊的目的被运用开来……因此,它们不是被看作控制或自由的技术,而是被看作围绕阐释和应用进行斗争的场所。"②这就是说,如果从"现代性"的视角出发,在当前的"国际社会"中研究国际传播的"本土化"问题要注意到:在实践方面,要构建组织国际体验的主要制度规则与资源,换句话,去改变国际问题领域的制度游戏规则,创造为这些体验赋予意义的话语和表达资源,同时构建拥有反权力(anti-power)能力和影响国际日常生活结构的现代传播体系;在理论上,结合"地方"的情况来构建一种可以结合"内"(或"中")与"外"的理论参照体系,而不是只有少数人能看懂的"方言"式的抽象话语。

首先,在构建组织国际体验的主要制度规则与资源方面。在战略思想家那里,"民族或地理意义上的国家,不过是'地球村'里人类社会链条上的大小环节。现代国家越来越多地受到区域性和全球性超国家组织(如欧共体、东盟、欧佩克、亚佩克、国际货币基金组织、世界银行、世贸组织以及最为庞大的联合国组织等)的影响。此外,大量跨国家组织和形形色色的非国家组织(如跨国公司、行业协会、绿色和平组织、奥林匹克委员会、宗教机构、恐怖组织、黑客小组等)也同样在左右着国家的走向。这些跨国家、非国家与超国家组织,共同构成了新兴的全球力量体系"③。"在一个政治、经济、思想、技术、文化相互渗透,网络、克隆、好莱坞、辣妹、世界杯轻松越过界碑所标志的疆域的世界上,那种企图在纯粹的国家意义上保障安全和谋求利益的愿望已很难实现。"④"全球经济一体化、国内政治国际化、信息资源网络化、技术换代频繁化、文明冲突隐蔽化和非国家组织强势化,给人类社会带来的便利和麻烦一样多,这就是为什么大国甚至一些中小国家,都不约而同地把解决问题的指针瞄准了超国家组合的原因"。⑤

---

① MURDOCK G. Communications and the constitution of modernity[J]. Media, culture & society,1993,15:525.

② MURDOCK G. Communications and the constitution of modernity[J]. Media, culture & society,1993,15:533-534.

③ 乔良,王湘穗.超限战[M].北京:中国社会文献出版社,1999.

④ 乔良,王湘穗.超限战[M].北京:中国社会文献出版社,1999.

⑤ 乔良,王湘穗.超限战[M].北京:中国社会文献出版社,1999.

参与其中的有效途径在于参与国际或地区性组织，并影响主要制度规则的制定以及资源的分配，如世贸组织、世界银行、上海合作组织等，因为这些组织涉及经济、金融、政治、文化等信息在世界范围内的传播流动秩序，影响国际社会生活的日常建构、制度化和纪律化。“现代性制度网络中心的动力构建了日常体验的基础参数或特性。”①“第三世界国家对追求权力与追求财富一样看重。达到此目的的途径之一就是改变各个国际问题领域的游戏规则。”②如“改革后，中国的（贡献）份额将从目前的3.72%升至6.39%，投票权也将从目前的3.65%升至6.07%，在IBM份额将跃居全球第三……增加投票权，中国可以在国际货币基金组织中发挥更大的作用，不仅能更好地保护自己的利益，还能更有力地反映广大发展中国家的诉求，有利于中国参与全球治理”③。这就是所谓的：“政治（或制度）中介化”构成了社会性主体表述行为的本身。

其次，创造为这些体验赋予意义的话语和表达资源，这属于文化现代性问题。默多克把文化现代性描述为现实主义叙事向自由主义叙事、现代主义叙事向后现代主义叙事的转换问题，从叙事角度来展现赋予体验意义的话语与表达资源的构成。在国际传播层面上，这体现在“地方文化”叙事的转变以及其如何构建和提供与自己在国际体系中地位（确切地说，制度地位）相适应并为其实践赋予意义的叙事。作为这些叙事构成元素的“高文化”“大众文化”“流行文化”（当然不能排除渗透其中的政治文化和经济文化）以及由此形成的文化产业（或文化工业）成了思考的关键点——因为文化产业成了当下文化传播的主要形式——即“地方文化”如何吸收、整合外来文化的嬗变及表达，并发掘自己的潜力，从而整合并呈现具有共享或感召特性（如普遍的人权意识，独特的文化魅力）的文化精神或品质，实现地方文化的跨边界传播。“社会传播的向心力结构是社会调解的有效机制。‘被成功地吸引或社会化到社会的核心模式和价值中去的人越多，他们对统治是一种外部强加的东西的感觉就越少，（政府）所需要的强制（措施）和外部控

---

① MURDOCK G. Communications and the constitution of modernity[J]. Media, culture & society, 1993, 15:531.

② 克莱斯勒. 结构冲突：第三世界对抗全球自由主义[M]. 李小华，译. 杭州：浙江人民出版社，2001:1-2.

③ 罗兰. IBM不能总拿“欧美时间表”对表[N]. 人民日报（海外版），2012-06-23(1).

制就越少，这样就降低了社会交易的成本。'"[①]在国际传播中，这种向心力结构体现为约瑟夫·奈意义上的"软实力"——涵盖政治、经济、文化等维度的吸引力或感召力。这就是所谓的"文化中介化"的作用在于给集体记忆和个体记忆间的构合赋予一种审美和象征性表达，以使社会性的主体植根于一种象征和连续的归属之中。

最后，构建拥有反权力能力和影响国际日常生活结构的现代传播体系。贝克在《全球化时代的权力与反权力》中指出，那些走上街头反对全球化者实际上反对那些在全球权力空间中强加自己全球规范的全球化支持者。[②]在贝克那里，全球化时代的国家和国际的界限变得模糊，谁在世界性的超级游戏中只打民族国家的牌，谁就会输掉。实际上，全球化趋势不可扭转，渗入其中的是不同群体或集团设立的游戏规则、规范，甚至价值标准。它们间的对抗不仅体现在权力话语系统中，而且不同群体，如国家、企业，甚至个体，借助军事的、政治的、经济的、文化的手段来实现自己规则、规范等的合法性，同时给"他者"打上"非法性"的标签，国际层面上的合法性基础是"内""外"合力的结果，不是任何一方的单独决定。这种"合力"发挥作用的关键因素之一就是"传播体系"的构建。"传播体系"的构建包含着两个层面：官方的、制度化以及非官方、非制度化。在官方的制度层面上，传媒机构以及外交与交流网络成了构建的关键，如文化产品的输出，国际化的媒体建设，具有官方性质的企业技术和管理培训，以及教育领域的奖学金与人员交流，当然也包括国家与企业的情报机构，这是因特网在 20 世纪 90 年代出现以前的主要特征；在非官方层面上，伴随全球化的全球市民运动以及伴随互联网出现的"信息"生产社会化，召唤着非官方、非制度化的传播体系构建。

在民主开放社会中，国家是与社会相分离的，二者以哈贝马斯意义上的"公共领域"为中介相互存在，陈卫星教授从决策博弈方面对此进行了表述："纵观历史，政策博弈的形式有两种：一种是民主开放的社会，政策法令的形成，必先经过社会充分酝酿，历经规范的公共选择过程。这样的政令，难于形成，难于被政府使用；但一旦形成，则易于被社会接受，易于贯彻落实。另一种是高度集中的社会，政令形成于上，只有当其贯彻下来时，才会遭遇社

---

① 陈卫星. 传播的观念[M]. 北京：人民出版社，2004：392-393.

② BECK U. Pouvoir et contre-pouvoir à l'ère de la mondialisation[M]. Paris：Flammarion，2003：517.

会的反弹。执行政策的过程就是政治博弈的过程，其结果往往是政令走样，或者在或明或暗中，做出妥协、修改和变通，形成各种形形色色的‘路径依赖’。”①换句话，以“民主开放”为特征的社会，关注社会的“辩论或意见”的力量，“高度集中”的社会则关注国家强制的力量。如果反映在“传播体系”构建上，民主开放社会更容易挖掘社会的潜力，借助市民社会网络达到传播战略目的，如东欧的“颜色革命”、伊朗的“Twitter 革命”。而集中社会则往往相信和求助于政府的传播能力。这就是说，在全球化的“权力与反权力”背景下，对新兴的、地方的发展中国家来说，需要在传播体系构建策略上有所变化，要重视社会的力量，重视网络化与社会化媒体——自由维基百科、有名的独立记者博客——具有市民社会性质的国际非政府组织，如全球社会论坛(WSF)。

自 20 世纪 60 年代——无论被称为“后工业社会”“信息社会”“后现代社会”，还是“知识社会”——以来，随着传播技术的发展，特别是自 20 世纪 90 年代以来，信息或知识的生产和流动出现了两个特征：首先是信息、文化或知识倾向于作为信息来处理的“信息化”；其次是作为传播技术支撑的“信息技术化”，信息的传输倾向于采用新媒体网络，如互联网、移动终端(手机、电子书籍阅读器)等。无论是技术意义上的“社会媒体”，还是社会学意义上的活动者构成的“社会网络”，还是卡斯特意义上的“网络社会”，都应当成为“传播体系”的主要构成元素，因为“传播具有了权力”或“传播具有赋权的能力”。

## 第三节 国际传播中的资本论

该“资本论”不是马克思在政治经济学上探讨剩余价值生产的“资本论”，而是作为一种权力资源的布尔迪厄社会学意义上的“资本论”。探讨国际传播中“资本论”，目的在于从全球化与地方化的视角描述不同资本间(经济资本、文化资本，甚至社会资本)的转换和运用。法国社会学家皮埃尔·布尔迪厄从法国社会中教育和劳动力市场出发，展现了经济资本、文化资本、社会资本间的转换问题。富有意义的是，这种不同资本的分类和转换可

① 陈卫星.传播的观念[M].北京：人民出版社，2004：414.

应用于对国际传播策略的理解。

在布尔迪厄那里，个体、家庭、群体和组织，为了维持和巩固他们在社会秩序中的地位，都试图通过不相称的手段来抓取文化或经济资源，从布尔迪厄的"资本论"角度来看，即抓取文化资本和经济资本。同样，在国际社会中，不同的社会活动者或跨边界活动者，为了维持自己在国际社会中的秩序，也在不停地采用不同的手段获取不同的资源。布尔迪厄把资本当作一种权力关系来处理，他的资本理论是来研究"在何种条件下，个体和群体是如何运用资本积累、投资和转换不同资本的策略，以维持和加强他们在社会秩序的位置"①。在布尔迪厄看来，"在现代社会中，文化资本和经济资本间的对立作为根本的权力分化原则来发挥作用"②。

文化资本与经济资本的关系是布尔迪厄的"资本论"的研究焦点。无论是社会整体还是统治阶层的内部，都存在着文化资本和经济资本的不平衡分配，这导致阶层内部的分化，如文化资本主义者（律师、高级经理、教授）依靠文化资本与基于经济资本上的实业家来争夺地位。"文化资本是知识领域的主要财产，而经济资本是商业世界的财产。"③"经济资本是其他资本形式的基础，如文化资本、社会资本、象征资本；这些资本形式实际上是经济资本的转换与伪装形式。毕竟，经济资本使文化资本投资和积累成为可能。"④

文化是一种像资本一样来发挥作用的权力形式。从文化角度入手，"通过把经济利润观点推广到文化领域，他的象征利润理论重新阐述了社会生活中象征与物质层面间的关系"⑤。在布尔迪厄那里，"文化资本概念涵盖诸多资源，如表达的灵巧程度、普遍的文化意识、审美取向，以及教育背景。其观点指出，文化（广义上）能够成为一种权力资源"⑥。布尔迪厄的文化资本

---

① SWARTZ D. Culure & power: the sociology of Pierre Bourdieu[M]. Chicago: The University of Chicago Press, 1997: 75.

② SWARTZ D. Culure & power: the sociology of Pierre Bourdieu[M]. Chicago: The University of Chicago Press, 1997: 298.

③ SWARTZ D.Culure & power: the sociology of Pierre Bourdieu[M]. Chicago: The University of Chicago Press, 1997: 122.

④ SWARTZ D. Culure & power: the sociology of Pierre Bourdieu[M]. Chicago: The University of Chicago Press, 1997: 80.

⑤ SWARTZ D. Culure & power: the sociology of Pierre Bourdieu[M]. Chicago: The University of Chicago Press, 1997: 8.

⑥ SWARTZ D. Culure & power: the sociology of Pierre Bourdieu[M]. Chicago: The University of Chicago Press, 1997: 43.

有三种存在形式:整合状态、物化形式、制度化形式。[①] 首先,整合状态指一系列有教养的措施,个体通过社会化来进行内化,它构建了欣赏和理解模式。文化产品不同于物质产品,前者只能通过理解意义的方式被占有和消费,如音乐、艺术品、科学公式、流行文化作品,因此,文化资本存在于具体状态之中。其次,文化资本存在于物化(objectified)的形式之中,如钩子、艺术品、科学仪器,需要特殊的文化能力才能被使用。最后,文化资本存在于制度化的形式之中,如教育资格制度,事关在发达社会中的地位分配问题,借助劳动力市场,实现向经济资本的转换。这些不同形式资本的分配不均衡是造成现代社会不平等的关键因素之一,关注文化投资对社会阶层结构延续性的影响。"社会资本是现实和潜在资源的集合,这些资源与相互认识与承认(换句话,成员身份)的、或多或少制度化的关系网络的占有联系在一起,该网络为每个成员提供集体所有资本的支持。"[②]资本有多种形式,并在一定的条件下可以相互转换。如,在教育方面的投资,有助于在劳动力市场找到更好的工作,体现着经济资本向文化资本的转换;社会网络以成员的身份借助某些文化产品或服务,体现社会资本向文化资本的转换。不同类型资本的可转换性是保证资本再生的策略基础。[③]

在布尔迪厄看来,"经济的力量不在于财富,而在于财富与经济关系场域间的联系。该场域与一个专业化的、具有特定利益的活动者团体的发展分不开。就是在这种关系中,财富形成资本,即作为挪用制度设施与该场域所必需的机制及其所产生利益的工具"[④]。"如同经济财富只有与经济装置联系起来才能作为资本发挥作用一样,表现为多种形式的文化能力只有在与经济生产系统和生产者的生产系统建立的客观联系中才能形成。"[⑤]在布尔迪厄看来,"支配不再需要用直接的和私人的方式来实施,因为它已融入

① BOURDIEU P. Les trois états du capital culturel[J]. Actes de la recherche en sciences sociales, 1979, 30:3.

② BOURDIEU P. The forms of capital[M]//RICHARDSON J E. Handbook of theory of research for the sociology of education. Westport: Greenwood Press, 1986:51.

③ BOURDIEU P. The forms of capital[M]//RICHARDSON J E. Handbook of theory of research for the sociology of education. Westport: Greenwood Press, 1986:54.

④ BOURDIEU P. Les modes de domination[J]. Actes de la recherche en sciences sociales, 1976, 2(2-3):123.

⑤ BOURDIEU P. Les modes de domination[J]. Actes de la recherche en sciences sociales, 1976, 2(2-3):124.

占有经济和文化生产场域机制的方法之中,如经济资本与文化资本。这些机制倾向于通过自己的功能机制并独立于所有代理人的干预意图来进行自己的再生产”①。在国际层面上,这种支配已形成了如同后殖民主义人文学者萨义德所描述的“东方主义”或“东方学”中的统治。

布尔迪厄的“资本论”更多适合市场社会,换句话说,工业社会与后工业社会,而非前资本主义社会,在发达的资本主义社会,不同形式的资本间的转换率比较高,因为市场关系渗透到社会的各个领域。在布尔迪厄那里,社会资本与文化资本联系比较紧密;通常,经济资本更容易转换为文化资本和社会资本,而不是相反。

在国际传播研究中,布尔迪厄的“资本论”对我们的启发意义不在于其对各种资本类型的界定,而在于从社会学建构主义的“结构—被结构”(structurante-structuré)的辩证关系中来理解社会现实的构建,而且被命名为“资本”的不同性质的资源间的转换实现了不同国际传播资源间的转换。作为文化资本的宗教并不只是一种信仰,而且是一种政治工具与武器。亨廷顿的“文明冲突论”在某种程度上就是很好的注脚,在这里,文明的差异成了冲突的根源,宗教成了国际政治的组成部分。美国在中东的现实政治就是利用错综复杂的教派,采用“以夷制夷”的策略,使阿拉伯世界战乱不断,如海湾战争等。2012 年 4 月 24 日,美国再次发现疯牛病案例,台湾的国民党要求解禁“美牛”进口,民进党则反对。于是“包括美国贸易代表、美国在台协会(AIT)以及美国国会议员、台湾美国商会等在内的多名美国官员,借各种场合向台湾当局喊话,指出只有台湾尽快解决美牛案,美国才有可能恢复与台湾停止多年的台美贸易和投资框架协议(TIFA)谈判,以及让台湾加入美国主导的跨太平洋经济伙伴协议(TPP)。今年(2012 年)5 月,美国国土安全部还派代表赴台,考察给台湾免费签证事宜,临走时撂下一句话:希望美牛案能够早日通过。美国人甚至指出,美牛案已成为美台 TIFA 谈判的‘绊脚石’”②。于是国民党和民进党在政治舞台上拼命角逐,本来的经济问题转变成了政治问题。借助经济问题,美国遥控着台湾的政治斗争。在中东,美国为了孤立、打击伊朗,采用围而不打的策略:“为切断其经济命脉,发

① BOURDIEU P. Les modes de domination[J]. Actes de la recherche en sciences sociales, 1976, 2(2-3):122.

② 王连伟.美国牛肉让台湾抓狂[N].人民日报(海外版),2012-06-13(1).

动围堵伊朗的石油战,用制裁大棒威逼其他国家远离伊朗石油……美国不喜欢伊朗,也不准别人接近伊朗……将美伊矛盾演变为国际社会与伊朗之间的恩怨……美国的喜好和国内法,就是世界的喜好和国际法,世界因此被美国绑架。"①国家间的政治矛盾不仅转换为经济矛盾,而且成了世界性的经济及经济矛盾:政治、经济甚至社会文化资源嬗变成了国家间彼此可以转换的博弈手段。在韩日(如竹岛)岛屿之争中,双方的官方、半官方以及民间力量都在轮换进行着"买岛、租岛、登岛、插旗、抗议、军演"等象征性展示,但同时都在尽力避免局势失控。在这里,露出水面的陡峭岩石、贫瘠的微型小岛,还有海水中的大块珊瑚,它们的附近或下面被想象着拥有丰富的石油与渔业资源。在这些由美国主导的二战遗留问题上,双方博弈既有象征性意义,又有地缘政治和经济利益。不过在目前经济合作成为双方主要交流形式的形势下,象征性意义变得尤为重要。斯坦福大学(Stanford University)舒思深亚太研究中心(Shorenstein Asia-Pacific Research Center)副主任丹尼尔·C. 施奈德(Daniel C. Sneider)的分析就有一定的道理:"狭隘的观点认为,这些争议的中心是石油和天然气,这完全偏离了重点。""这些行为源于二战结束的方式,它们让人们想起了过往的历史责任,到底谁对谁错。这与领土无关,与这些岩石无关。背后还有很多很多深层次的原因。""首要因素是民族认同感,是民族自尊心。"②在此,"竹岛之争"在国际层面上,文化意义上的象征资本成了国家利益博弈的敲门砖,各国都在利用象征行为构建涉及国家和民族利益的外交议题,并试图在其中占据上风——尽管在国内或民族层面上,涉及内政性和内向性,显示不同政治价值取向(甚至民间力量)对重大政治议题的设定、渲染、动员和操控——这些深受中华文化影响的博弈者都在尝试着"不战而屈人之兵"的策略。

借助传播所进行的国际政治、经济、社会等秩序博弈,实际上是旨在构建一种新的国际秩序,这种秩序在一定程度上需要国际制度机构(如联合国、世贸组织、地区经济自由贸易区)做担保。"制度既是博弈规则,也是博

---

① 阮宗泽.且看美国如何用制裁绑架世界[N].人民日报(海外版),2012-07-04(1).

② MCDONALD M.钓鱼岛背后的历史伤疤[N/OL].纽约时报(中文版),2012-08-17[2012-08-17]. http://cn.nytimes.com/article/world/2012/08/17/c17disputes/.

弈均衡。”①“作为一种均衡现象，制度是重复博弈的内生产物，但同时制度又规制该领域参与人的战略互动。”②所谓的“资本”就构成了世界新秩序的制度资源。在全球化的背景下，伴随着“信息社会”的发展，面对发达的资本主义工业社会或面对具有霸权主义倾向的发达国家，独立的、新型的发展中国家，面对“全球的”攻势，“地方的”在各方面发展不平衡的情况下，应当努力掌握运用不同类型“资本”或“资源”间相互转换策略——从国际政治学的视角，可表述为综合运用“软实力”——维护自己的国际社会秩序中的地位。“实际上，正是政治力量和经济力量左右着社会价值分配规则化决策机制的具体运行。”③

---

① 青木昌彦. 沿着均衡点演进的制度变迁[M]//梅纳尔. 制度、契约与组织：从新制度经济学角度透视. 刘刚，冯建，杨其静，等译. 北京：经济科学出版社，2003：22.

② 青木昌彦. 沿着均衡点演进的制度变迁[M]//梅纳尔. 制度、契约与组织：从新制度经济学角度透视. 刘刚，冯建，杨其静，等译. 北京：经济科学出版社，2003：24.

③ 星野昭吉. 全球政治学：全球化进程中的变动、冲突、治理与和平[M]. 刘小林，张胜军，译. 北京：新华出版社，2000：63.

# 结语　国际传播:一个跨学科的领域

未知存在于科学的边缘。①

——马塞尔·莫斯

未知存在于学科的边缘。②

——帕特利斯·弗利奇

在人类的历史上,人们生产着不同类型的“叙事”,如民族叙事、爱国主义叙事、乌托邦叙事、普遍的民主共和国和商业共和国叙事、现代主义叙事、后现代主义叙事,等等。这些不同的叙事是对不同人类象征或物质活动的现象学描述。传播技术的发展催化和促生了不同的叙事再现和表达形式,而且叙事不再属于局部(如某一部落或民族的内部),具有了跨边界的特征,即具有了国际维度。传播者、传输渠道、内容以及受传者的多元化成了叙事传播过程的总体性描述。

在多维度的全球化背景下,用来描述叙事的“信息社会”“知识社会”“后工业社会”“后现代社会”等概念不仅是物质财富的生产时代,也是不同心智的生产时代;用来描述“叙事”主体的个体、团体、群体、国家不仅是事件的承担者,更是叙事活动中涉及政治、经济、文化与社会的合法性主体。基于主体身份归属差异,形成了主体问题的权利、权力、义务、协商等关系,传播成了这些关系的介质或载体。同时,面对经济全球化、政治与统治合法性要求、意识形态争斗、国家利益博弈等碾压与支配,秩序、制度、体制以及游戏规则成了塑造社会现实的模具,这些模具规制下的传播活动与传播形态

① MAUSS M. Sociologie et anthropologie[M].Paris:PUF, 2004:365.

② FLICHY P. L'innovation technique[M]. Paris:La Découverte, 2003:233.

影响和制约着不同群体的心智状态，并折射出它们之间的区隔与渗透，并成了传播的“网络之网”，反过来这些心智状态又影响着传播活动。

在不同时代，传播被赋予不同的意义，如文明的使者、地缘政治与意识形态斗争的工具、经济的新增长点（如文化产业）、新型民主的载体（如电子民主广场）等。认识传播就是要理解传播形态的历史既是各种关系相互依赖的历史，也是管理情感和冲动形式的历史，要避免迎合唯媒介领域的界定倾向。审视传播，“首先，要避开一种过多迎合媒介领域的定义倾向性，因为这种学术认识和工业活动领域表现出令人陶醉的性质。作为现代性的象征，它不断地超越自己，期望在不断地贬值，从而引起了一个无休止的运动。迫于与这种易逝的、不稳定的且难以稳定的研究对象妥协，观察者常常被置于屈服于‘大势所趋’的境地。人们依次使媒介担当起创世神、救星和替罪羊的角色，对它的单义分析常常忽略我们社会不断增长的文化复杂性”[①]。其次是，要“沿着一种实用主义逆流而上。该实用主义自 80 年代以来在专业知识发展的影响下不断地扩大对传播的观察与表达方法的控制。受管理意识形态影响的传播思想与实践形式包含着多样化的机构和社会角色。这种新的‘人力资源’管理方式的内化同样使植根于（伴随着权力嬗变的）社会调节方式历史中的传播反思变得更加孤立”[②]。简而言之，研究传播，一方面避开唯媒介领域思想，即不能把传播活动仅限于媒介活动；另一方面，传播研究不能局限于“管理意识形态”，即传播活动不只局限于有关传播观察和表达方法控制的专业知识——而这两个方面都是当下大众传播研究的主要关注点。关键是，研究传播要通过不同的现象学视角对不同的传播形态进行描述和分析。

本书中所述的发展与进步、作为新闻媒介的国际传播、文化与信息产业、跨边界的意识形态、历史的运用、制度的全球化、地缘政治、跨文化传播、另类全球化传播、国际传播与阴谋论等国际传播主题描述框架仅是时至当前传播“网络之网”中几种引人注目的现象学阐释坐标。这几种阐释主要显示了作为不同属性（政治、经济、文化、技术、社会）的主体在社会中的活动状况以及所进行的理论阐释，从中我们看到了传播活动性质的复杂性以及由

① MATTELART A. L'invention de la communication[M]. Paris：La Découverte, 1994：11-12.
② MATTELART A. L'invention de la communication[M]. Paris：La Découverte, 1994：12.

此引入的不同的学科观察视角和方法。随着新的信息传播渠道和终端的出现,传播的中介化将变得更加复杂,审视传播不仅需要从跨学科的角度出发,而且更具"复杂性"(complexité)的哲学观。"我们必须理解,今天的革命不是发生在生与死斗争中的彼此相对的好的/真实的与坏的/虚假的思想领域,而是发生在思想组织方式的复杂性中。"①复杂性要求我们在理解整体与部分的关系时,要把对整体和部分的认识联系起来进行反复思考,例如,莫兰曾"批评了当前的全球化运动只着眼于经济的全球化,而无视人类的现实是由政治、经济、文化、环境、人口、民族、宗教等许多方面组成,它们相互制约……西方的唯经济—技术发展的模式在推动世界融合的同时又造成了许多地区之间不可调和的对立和冲突,使人类陷于困境,因此我们应该争取实行的是一种全方位的考虑到人类整体利益的全球化"②。换句话,我们对于国际传播的理解不能局限于从某个学科视角,而应从跨学科的角度来进行,具体在本文就是,不能把不同的阐释框架隔离开来,要彼此参照着来认识国际传播活动。

自从"国际的"在 19 世纪被提出,并成为描述跨边界活动的界定词以来,在传播领域内,国际传播体现出了"西方化""美国化""全球化""世界化"等传播形态。特别是在 20 世纪 30 年代,传播进入另一种传播话语范式,即大众传播范式之中,传播活动及其观察和表达方法成了"管理意识形态"的组成部分。在 20 世纪 80 年代,传播加速与经济—技术话语的融合,文化和信息失去了界定的界限,信息具有了战略作用。"在我们这个千年末,20 世纪 80 年代启动的金融全球化过程以及传播网络方面的放松管制——不管是物质的还是非物质的,与 20 世纪自由贸易的开放具有同样的重要性——已经加速了全球整合运动。于是出现了一个新的时代。在这个时代,一个全球统一的市场正在形成,在该市场出现了一些行为者,对他们来说,产品和服务的策划、生产和消费空间具有了世界维度。新的国际关系依赖着信息技术,并围绕网络逻辑来组织自己。"③不过,基于经济—技术逻辑上的社会组织与管理成了一种被批判的社会方案:一个把社会变化看作经济普及和市场思想之产物且信赖货币主义能够建构数字化社会的世界,它的内聚

① MORIN E. La Méthode 4. Les idées[M]. Paris:Seuil, 1991:238.

② 莫兰.复杂性思想导论[M].陈一壮,译. 上海:华东师范大学出版社,2008:4.

③ MATTELART A. L' invention de la communication[M]. Paris:La Découverte, 1994:339.

方案是不牢固的。把重新布置世界的任务托付给"潘多拉",并否定市民社会想象及其他超国家整合途径之权利,否定与历史时刻表现出来的文明重要性具有相同高度的全球意识,这样的"全球性解决方法"是虚幻的。无论是国际层面上还是国家层面上的传播,具有"批判力"的市民社会成了构建社会乃至世界市民社会的诉求,"重新讨论与基于跨国活动者之上的市民社会相联系的民族国家的作用是必要的。我们不能不进行这样的思考,否则我们将陷入盎格鲁—撒克逊的极端自由主义之中"①。这意味,一种有别于极端自由主义或新自由主义或西方霸权思想的社会方案成了传播批判的对象。而这种对象,正是通过不同传播框架下的传播活动才得以分析,并且这种观察与思考方法将随着跨学科视角进一步交叉而得到深化。特别是,在20世纪70年代,权力合法化的方式受到动摇。"文化和经济的跨国化过程朝着有利于经济与金融的聚集和战略决策的集中化"的说法越来越受到质疑。传播工业不再是昨天的"娱乐工业"。在这种语境下,研究的注意力开始投向与"传播工业发展相联系"的知识/权力生产与分配方式的重组。新的职业实践、新的组织与控制科学起到了支配作用,这体现在所有的社会空间之中。在从传播技术网络向社会的毛细渗透中,学科间的霸权在转移,科学研究中的新的平衡在重新定位。②

在现实的研究操作中,所谓跨学科基本有两个层面的含义:一方面从某一专门的学科领域来研究传播,如语言学(或被称作语言交际)、政治经济学(或被称作文化工业)、社会学等,这些多是学科专家们的工作;另一方面利用跨学科知识来阐释某一传播现象,这是所谓的传播学者旨趣所在。不过在当前"复杂性"背景下,任何一个单独学科都难以阐释传播学的某个主题,用多学科分析(跨学科)成了传播学的学科方法特征。在跨学科的视角下,文化成了传播的守望者,是研究国际传播活动的主线。文化不仅是"身份、意义、尊严和社会革新的根源",而且使人类具有了独立思考、怀疑和批判的精神,保持和恢复文化的多元性价值观成了传播的主要内涵,谈论传播不应当离开文化。文化与信息社会时代也是"一个生产心智状态时代。必须有

① MATTELART A. Généalogie des nouveaux scénarios de la communication [C]. Colloque 25 images seconde, Valence (France), 1996.

② MATTELART A, MATTELART M. Le Carnaval des images[M]. Paris:La Documentation française/INA, 1987:122.

差异地思考民主自由和民主问题。政治自由不能归结为行使自己愿望的权力,而在于控制这种愿望形成过程的权利"①。在这种视角下,文化、经济、技术、公民、社会、国家、权力、权利、非政府组织、协商等成了一种新的社会方案的关键词。现实的国家和国际社会生活的种种传播事件成了这些方案的注脚。哈密特·莫拉纳(Hamid Mowlana)曾在富有影响的《全球信息与世界传播》一书中,从国际关系的角度出发,按照不同的界定范畴把国际传播的研究方法归为四个范畴:关注联合与身份的理想—人文主义(或社会—文化)、关注争取人心的政治皈依(或意识形态)、关注信息支配的经济权力、关注信息支配的政治权力。② 从学科角度来说,这种划分实际就是从文化研究和政治经济学出发来审视传播。但这些分类方法,如同本书中的框架一样,都无法完全涵盖国际传播的方方面面,最多只是提供几种坐标式的参照,对其他人的研究工作起到"抛砖引玉"的作用。正如陈卫星教授所言:"任何一种学术话语的叙述方式,不管是统计学、经济学、管理学、社会学、人类学、政治学、哲学、心理学甚至文学理论对传播学的加入,都不是为了使得自己这门学科在传播学找到自己的话语优势,而是化为传播学本身的一部分。"③

传播的全球化和全媒体化,把作为国际活动主体的民族国家整合进全球传播网络之中,民族国家的政治、经济、文化和社会活动无不暴露在国际传播网络(尤其是国际媒体 BBC、CNN、VOA、好莱坞电影等)之中。国内和国际层面上的政治活动相互波及与影响,现实政治和网络虚拟政治共存,网络链接成了地缘政治的新起点。以文化和信息传播为特征的新经济成了国家和世界经济新的增长点,文化与信息的流动不仅产生了利润,而且具有了战略作用,传播技术的数字化使"集体意识"或"集体想象"外化,为民族国家甚至团体间的博弈提供了新的赌注。国际化或全球化的传播为另类社会方案提供了可能性,国际社会市民运动(如国际非政府组织)成了促变的重要力量。传统的传播现象的阐释方式需要补充新的内容,甚至需要修正,如以往解释不发达的原因时,殖民主义、依附论和种族主义等是重要理论参照,

① MATTELART A, MATTELART M. Histoire des théories de la communication [M]. Paris: La Découverte, 2004:105..

② MOWLANA H. Global information and world communication: new frontiers in international relations [M]. London:Sage Publication Ltd. 1997:6.

③ 陈卫星.传播的观念[M].北京:人民出版社,2004:454.

或不平等的国际传播秩序造就了政治、经济以及文化上的依附或文化帝国主义,但现实的情况需要认真反思这种学术假设——香港、新加坡、日本和韩国得到了很好的发展。在全球化的背景下,国家的合法性和社会建构已不再是某个国家和社会内部的事情:国际媒体、官方媒体、个体、群体、草根组织,甚至持不同政见者等都成了传播主体甚至不同性质议题的设置者,特别是,作为网络之网的、跨边界的互联网成了社会、政治、经济生活的主要议题设置渠道,官方媒体不再是唯一的渠道。于是传播不再只是国内的政治经济活动,更重要的是,成了国际层面上的活动,这对国际政治中国家的主权和转型构建以及经济活动的正常运转形成了严峻的挑战:民族国家的政府或因国外的煽动与操控而被颠覆(如阿拉伯世界的"茉莉花革命")、东欧的"颜色革命"以及因"网络水军"和"网络机器人"(Web bots)作用而形成颠覆性政治与经济舆论等,如 Facebook、Twitter 和 Foursquare 之类的社交媒体因消费者在其上发表想法和与朋友交流,承载着消费者喜爱的海量信息,而成为商家市场调查新宠,[①]不过,这些社交媒体在广告方面又被指"点击造假":"任何一家在 Facebook 上刊登广告的商家都希望自己的广告能够吸引眼球和鼠标点击。Facebook 收费的依据是广告获得的点击量,实际上就是广告给某个特定品牌带来的客户数量……(不过大部分)点击量来自网络机器人,实则就是执行自动任务的一些软件。"[②]所有这些因新的"中介化"而出现的新现象和新问题,都需要从跨学科和"复杂性"的角度进一步思考。

---

① CLIFFORD S.社会媒体成为商家市场调查新宠[N/OL].纽约时报(中文版),2012-08-04[2012-08-13]. http://cn.nytimes.com/article/business/2012/08/04/c04social/.

② SENGUPATA S.Facebook 被指广告点击作假[N/OL].纽约时报(中文版),2012-08-07[2012-08-13]. http://cn.nytimes.com/article/business/2012/08/07/c07bots/.

# 参考文献

CLIFFORD S.社会媒体成为商家市场调查新宠[N/OL].纽约时报(中文版),2012-08-04[2012-08-13]. http://cn.nytimes.com/article/business/2012/08/04/c04social/

HERSZENHORN D M, BARRY E.俄要求美国停止资助俄民间组织[N/OL].纽约时报(中文版),2012-09-19[2012-09-19]. http://cn.nytimes.com/article/world/2012/09/19/c19russia/

JACOBS A.沉重的奥运金牌[N/OL].纽约时报(中文版),2012-08-09[2012-08-09]. http://cn.nytimes.com/article/olympics/2012/08/09/c09olympics/

MCDONALD M.钓鱼岛背后的历史伤疤[N/OL].纽约时报(中文版),2012-08-17[2012-08-17]. http://cn.nytimes.com/article/world/2012/08/17/c17disputes/

POLGREEN L.美国追赶中国投资非洲[N/OL].纽约时报(中文版), 2012-8-10[2012-08-10]. http://cn.nytimes.com/article/world/2012/08/10/c10africa/

POLGREEN L.南非金矿工人罢工警察开枪(更新)[N/OL].纽约时报(中文版),2012-08-17[2018-08-17]. http://cn.nytimes.com/article/world/2012/08/17/c17safrica/

RHODEN W C.奥运开幕式的民族主义情结[N/OL]. 纽约时报(中文版),2012-07-28[2012-08-07]. http://cn.nytimes.com/article/olympics/2012/07/28/c28opening/

SENGUPATA S. Facebook 被指广告点击作假[N/OL].纽约时报(中文版),2012-08-07[2012-08-13]. http://cn.nytimes.com/article/business/2012/08/07/c07bots/

UNESCO.迈向知识社会[R].联合国教科文组织(UNESCO)出版,2005.

阿特休尔.媒介的权力:新闻媒介在人类事务中的作用[M]. 黄煜,裘志康,译. 北京:华夏出版社,1989.

埃默里 M,埃默里 E.新闻史:大众传播媒介解释史[M]. 展江,殷文,译. 北京:新华出版社,2001.

埃斯科瓦尔. 遭遇发展:第三世界的形成与瓦解[M]. 汪淳玉, 吴惠, 潘璐, 等译. 北京:社会科学文献出版社,2011.

巴勒克拉夫.当代史学的主要趋势[M]. 杨豫,译. 上海:上海译文出版社,1987.

包亚明.权力的眼睛:福柯访谈录[M]. 上海:上海人民出版社,1997.

鲍曼.全球化:人类的后果[M]. 郭国良,徐建华,译. 北京:商务印书馆,2011.

贝尔. 后工业社会[M]. 彭强,译. 北京:科学普及出版社,1985.

贝克. 全球化时代的权力与反权力[M]. 蒋仁祥,胡颐,译. 桂林:广西师范大学出版社,2004.

波茨曼.童年的消失[M]. 章艳,译. 桂林:广西师范大学出版社,2004.

伯格,卢克曼.现实的社会构建[M]. 汪涌,译. 北京:北京大学出版社, 2009.

布莱克.比较现代化[M]. 杨豫,陈祖洲,译. 上海:上海译文出版社,1998.

布瓦索.信息空间:认识组织、制度和文化的一种框架[M]. 王寅,译. 上海:上海译文出版社,2000.

蔡爱眉.起火的世界:输出自由市场民主酿成种族仇恨和全球动荡[M].北京:中国大百科全书出版社,2003.

曹晋,赵月枝.传播政治经济学的学术脉络与人文关怀[J].南开学报(哲学社会科学版),2008(5).

查德威克.互联网政治学:国家、公民与新传播技术[M]. 任孟山,译. 北京:华夏出版社,2010.

陈乐民,周弘. 欧洲文明扩张史[M].上海:东方出版中心,1999.

陈世华."受众商品论"的理论夙愿与未来方向[J].新闻知识,2012(1).

陈卫星. 传播的观念[M]. 北京:人民出版社,2004.

陈卫星. 以传播的名义[M]. 北京:北京广播学院出版,2004.

陈卫星.传播的表象[M]. 广州:广东人民出版社,1999.

陈卫星.从"文化工业"到"文化产业":关于传播政治经济学的一种概念转型[J].国际新闻界,2009(8).

陈卫星.国际化和传播(附录2)[M]//阿芒・马特拉.世界传播与文化霸权.北京:中央编译出版社,2001.

陈卫星.雷吉斯・德布雷:媒介学:观念与命题 ——关于媒介学的学术对谈[J].南京社会科学, 2015,(4).

陈卫星.新闻伦理的可能性[J].中国图书评论. 2009(7).

程锡麟,王晓路.当代美国小说理论[M].北京:外语教学与研究出版社,2001.

大内. Z理论:美国企业界怎样迎接日本的挑战[M]. 孙耀君,王祖融,译. 北京:中国社会科学出版社,1984.

戴比尔,等.全球新闻事业:重大议题与传媒体制[M].郭之恩,译. 北京:华夏出版社,2010.

德布雷.普通媒介学教程[M]. 陈卫星, 王杨,译. 北京:清华大学出版社,2015.

德鲁克. 后资本主义社会[M]. 张星岩,译. 上海:上海译文出版社,1998.

迪克.作为话语的新闻[M]. 曾庆香,译. 北京:华夏出版社,2003.

渡边学主编. 漫画荣格[M]. 佟终平,译. 北京:科学技术文献出版社,2003.

多尔迈. 主体性的黄昏[M]. 万俊人,朱国钧,吴海针,译. 上海:上海人民出版社,1992.

恩道尔.粮食危机:运用粮食武器获取世界霸权[M]. 赵刚,胡钰,旷野,刘淳,译. 北京:知识产权出版社,2008.

费尔克拉夫.话语与社会变迁[M]. 殷晓蓉,译. 北京:华夏出版社,2003.

盖茨.未来之路[M]. 辜正坤,译. 北京:北京大学出版社,1996.

盖伦. 技术时代的人类心灵:工业社会的社会心理问题[M]. 何兆武,何冰,译. 上海:上海科技教育出版社,2003.

古迪孔斯特.美国跨文化传播理论综述:一[J].中国传媒报告,2004(5).

古迪孔斯特.美国跨文化传播理论综述:二[J].中国传媒报告,2005(2).

郭官义,李黎.译者前言[M]//哈贝马斯.知识与兴趣. 郭官义,李黎,译. 上海:学林出版社,1999.

郭可.国际传播学导论[M]. 上海:复旦大学出版社,2004.

郭台辉. 西方社会科学方法论的历史之维[J].中国社会科学,2019(8).

郭镇之. 传播政治经济学理论泰斗达拉斯·斯麦兹[J].国际新闻界, 2001(3).

国家互联网应急中心. 2011 年我国互联网网络安全态势综述[R].国家互联网应急中心(CNCERT),2011.

哈贝马斯. 行为交往理论:行为合理性与社会合理化:Ⅰ[M]. 曹卫东,译. 上海:上海人民出版社,2004.

哈贝马斯. 作为“意识形态”的技术与科学[M]. 李黎,郭官义,译. 上海:学林出版社,1999.

哈布瓦赫. 论集体记忆[M]. 毕然,郭金华,译. 上海:上海人民出版社,2002.

哈姆林克. 全球化、主权与国际传播[J].李银波,译. 现代传播,2002(5).

哈特, 奈格里. 帝国:全球化的政治秩序[M]. 杨建国,范一亭,译. 南京:江苏人民出版社,2003.

汉典. “阴谋”词条[EB/OL]. [2015-3-23]. http://www.zdic.net/cd/ci/6/ZdicE9Zdic98ZdicB4338296.htm

赫斯蒙德夫.文化产业[M]. 张菲娜 ,译. 北京:中国人民大学出版社,2007.

赫斯特,等. 质疑全球化:国际经济与治理的可能性[M]. 张文成,许宝友,贺和风,译. 北京:社会科学文献出版社,2002.

亨廷顿.文明的冲突与世界秩序的重建[M]. 周琪,译. 北京:新华出版社,1998.

胡塞尔,黑尔德. 现象学的方法[M]. 倪梁康,译. 上海:上海译文出版社,1994.

霍夫斯泰德 G, 霍夫斯泰德 G J. 文化与组织:心理软件的力量[M]. 李原,孙健敏,译. 北京:中国人民大学出版社,2010.

霍克斯.结构主义和符号学[M]. 瞿铁鹏,译. 上海:上海译文出版社,1987.

吉登斯. 现代性的后果[M]. 田禾,译. 南京:译林出版社,2000

杰姆逊.全球化的文化[M]. 马丁,译. 南京:南京大学出版社,2002.

克莱斯勒.结构冲突:第三世界对抗全球自由主义[M]. 李小华,译. 杭州:浙江人民出版社,2001.

库恩.科学革命的结构[M]. 金吾伦,胡新和,译. 北京:北京大学出版社,2003.

库兰,古尔维奇.大众媒介与社会[M]. 杨击,译. 北京:华夏出版社,2006.

拉斯韦尔.世界大战中的宣传技巧[M]. 张洁,田青,译. 北京:中国人民大学出版社,2003.

勒庞.乌合之众:大众心理研究[M]. 冯克利,译. 北京:中央编译出版社,2004.

李彬.全球新闻传播史,1500—2000[M]. 北京:清华大学出版社,2005.

李建生. 亚里士多德"符合"说真理观[J].新疆师范大学学报(哲学社会科学版),1996(3).

李特约翰. 人类传播理论[M]. 史安斌,译. 北京:清华大学出版社,2004.

里斯曼. 孤独的人群[M]. 王崑,朱虹,译. 南京:南京大学出版社,2002.

刘放桐. 新编现代西方哲学[M]. 北京:人民出版社,2003.

刘双,于文秀. 跨文化传播[M].哈尔滨:黑龙江人民出版社,2000.

刘欣. 新政治社会学:范式转型还是理论补充? [J]社会学研究, 2009(1).

罗杰斯. 传播学史:一种传记的方式[M]. 殷晓蓉,译. 上海:上海译文出版社,2002.

罗兰. IBM 不能总拿"欧美时间表"对表"[N].人民日报(海外版),2012-06-23(1).

罗斯福 E.罗斯福见闻秘录[M]. 李嘉,译. 上海:新群出版社,1974.

马尔库塞.单向度人:发达工业社会意识形态研究[M]. 刘继,译. 上海:上海译文出版社,1989.

马特拉. 世界传播与文化霸权[M]. 陈卫星,译. 北京:中央编译出版社,2001.

马晓天.网络安全离不开国际合作[N].人民日报(海外版),2012-05-30(1).

米尔斯. 权力精英[M]. 王崑,许荣,译. 南京:南京大学出版社,2004.

莫兰. 复杂性思想导论[M]. 陈一壮,译. 上海:华东师范大学出版社,2008.

尼克.无形的兜售者[M]. 滑明达,祖淑珍,译. 西安:陕西人民出版社,1990.

诺斯.绪论[M]//德勒巴克.新制度经济学前沿. 张宇燕,等译. 北京:经济科学出版社,2003.

潘忠党.架构分析:一个亟需理论澄清的领域[J].传播与社会学刊, 2006(1).

乔良,王湘穗.超限战[M].北京:中国社会文献出版社,1999.

青木昌彦.沿着均衡点演进的制度变迁[M]//梅纳尔.制度、契约与组织:从新制度经济学角度透视. 刘刚,冯健,杨其静,等译. 北京:经济科学出版社,2003.

邱风.中情局的"猎鹰"计划[N].人民日报(海外版),2012-08-31(10).

人民日报.德国《南德意志报》表表长文揭露达赖与美国中央情报局的关系:神圣的表象[N].人民日报(海外版),2012-06-27(01).

任孟山,朱振明.试论伊朗"Twitter革命"中社会媒体的政治传播功能[J].国际新闻界, 2009(9).

荣格. 分析心理学的理论与实践[M]. 成穷,王作虹,译. 上海:三联出版社,1991.

荣格. 荣格文集[M]. 冯川,苏克,译. 北京:改革出版社,1997.

阮宗泽.且看美国如何用制裁绑架世界[N].人民日报(海外版),2012-07-04.

萨义德.东方学[M]. 王宇根,译. 上海: 三联书店,1995.

邵琪伟.旅游业目标:战略性支柱产业[N].人民日报(海外版),2012-08-30(2).

沈骥如.动荡冲突不断的一年[N].人民日报(海外版),2012-01-03.

施皮格伯格.现象学运动[M]. 王炳文,张金言,译. 北京:商务印书馆,1995.

舒德森. 发掘新闻—美国报业的社会史[M]. 陈昌凤,常江,译. 北京:北京大学出版社,2009.

隋启炎.当代西方跨国公司[M].北京:经济日报出版社,1992.

孙武,孙膑.孙子兵法·孙膑兵法 [M]. 第2版.上海:中国书局,2007.

塔尔德. 传播与社会影响[M].何道宽,译. 北京:中国人民大学出版社,2005.

曾繁旭.中国环保NGO议题背后的博弈:国家管制、GNO的媒体策略与合法性构建[D].北京:中国传媒大学,2007.

汤家玉.意识形态研究综述[J].安徽电气工程职业学院学报,2006(6).

田春生.国际金融危机:理论与现实的警示[M]. 北京:中国人民大学出版社,2010.

汪大海,胡卫红.成事在谋:左手用阴谋,右手用阳谋[M].北京:石油工业出版社,2009.

王利明.加入世贸组织与我国法制建设[J].中国工商管理研究,2000(7).

王连伟.美国牛肉让台湾抓狂[N].人民日报(海外版),2012-06-13(01).

王燕,赵慧丽.当电影遇上互联网[N].人民日报(海外版),2012-06-13(07).

威廉斯.文化与社会[M]. 吴松江,张文定,译. 北京:北京大学出版社,1991.

沃特斯. 现代社会学理论[M]. 杨善华,李康,郭金华,等译. 北京:华夏出版社,2000.

吴建民.偏见妨碍认识真实中国[N].人民日报(海外版),2012-06-26(01).

吴建民.苏联解体二十年的思考[N]. 人民日报(海外版),2011-12-24(01).

夏文蓉.发展传播学视野中的媒介理论变迁[J]. 扬州大学学报(人文社会科学版),

2007(3).

小妍. 奥运会金牌榜的起落 V.S.国际政治角力的变化[EB/OL].(2012-08-05)[2012-8-7]. http://www.chinese.rfi.fr//国际/20120805-奥运会金牌榜的起落 vs 国际政治角力的变化

小约翰.传播理论[M]. 陈德民,叶晓辉,译. 北京:中国社会科学出版社,1999.

星野昭吉. 全球政治学:全球化进程中的变动、冲突、治理与和平[M]. 刘小林,张胜军,译. 北京:新华出版社,2000.

徐友渔. 哥白尼式的革命:哲学中的语言学转向[M]. 上海:上海三联出版社,1994.

杨豫.译者前言[M]//布莱克.比较现代化.杨豫,译. 上海:上海译文出版社,1998.

英尼斯. 帝国与传播[M].何道宽,译. 北京:中国人民大学出版社,2003.

于建嵘.寻找重构中国政治的力量:信息技术与民众抗议行为[R].香港大学所作演讲,2010-04-09.

展江.媒介理论:关键词·语境·汉译——对“报刊的四种理论”的再认识[EB/OL].(2007-07-29)[2012-02-16]. http://academic.mediachina.net/article.php? id=3575.

张捷.霸权博弈:独立视角透视全球幕后体系[M]. 太原:山西人民出版社,2010.

张汝伦. 德国哲学十论[M]. 上海:复旦大学出版社,2004.

张祥龙.朝着事情本身:现象学导论七讲[M].北京:团结出版社,2003.

张植荣, 魏云鹏.阴谋与阳谋:实录近代美国对西藏的政策[M].北京:中国藏学出版社,2002.

张志伟.西方哲学史[M].北京:人民大学出版社,2002.

赵可金, 倪世雄.主权制度的历史考察及其未来演变[J].教学与研究, 2005(10).

赵月枝, 邢国欣.传播政治经济学[M]//刘曙明,洪浚浩.传播学.北京:中国人民大学出版社,2007.

中根千枝.适应的条件[M]. 朱京伟,张吉伟,译. 石家庄:河北人民出版社,1989.

朱振明. 阿拉伯世界新闻事业的发展逻辑[J]银山学刊,2014(5).

朱振明. 传播世界观的思想者[M]. 上海:上海交通大学出版社,2011.

朱振明. 非洲新闻传播事业的发展逻辑[J].国际新闻界.2011(3).

AAAVV. La democracia en América Latina. Hacia una democracia deciudadanas y ciudadanos[R]. Buenos Aires: Aguilar/ PNUD, 2004.

ABOULAFIA M. A (neo) American in Paris: Bourdieu, Mead, and Pragmatism[M]// SHUSTERMAN R.A Critical Reader. Hoboken: Blackwell Publishers, 1999.

ABRIC J C. Pratiques sociales et représentations[M]. Paris:PUF, 2003.

ADAM G. Les firmes multinationales dans les années 70[J]. Revue économique, 1972, 32(4).

ADORNO T W. L'industrie culturelle[J]. Communications, 1964(3).

AGBOBLI C, HSAB G. Communication internationale et communication interculturelle: regards épistémologique et espaces de pratique [M]. Québec: Presses de l' Université du Québec, 2011.

ALLARD J G. L' UNESCO prend ses distances avec Reporters sans frontières[EB/OL]. (2012-04-10)[2012-06-11]. http://www.michelcollon.info/L-UNESCO-prend-ses-distances-avec.html

ALLEYNE M D. Internationalcommunication theories[M]//LITTLEJOHN S W, FOSS K A. Encyclopedia of communication theory. London: SAGE, 2009.

ALMEIDA F d'. Lamanipulation[M]. Paris: Presses Universitaires de France, 2011.

ALMEIDA F d'. Lamanipulation[M]. Paris: PUF, 2002.

ALONSO A, OIARZABAL P J. Diasporas in the new media age: identity, politics, and community[M]. Reno: University of Nevada Press, 2010.

ALPIZAR J S. Colonialidad/decolonialidad del Poder/Saber: miradas desde el Sur[M]. Valdivia: Ediciones Universidad Austral de Chile, 2012.

ALVES F L. Los caminos de la modernidad: comparando a Europa y Estados Unidos con América Latina [J]. América Latina Hoy, 2011, 57.

AMIN S. Eurocentrismo[M]. London: Zed Books, 1989.

ANDERSON B. Comunidades imaginadas. Reflexiones sobre el origen y la difusión del nacionalismo[M]. México: Fondo de Cultura Económica, 1993.

ANDERSON B. Imaginedcommunities: reflections on the origin and spread of nationalism [M]. London: VERSO, 1991.

ANGERMULLER J, et al. The discourse studies reader: main currents in theory and analysis[M]. Amsterdam/Philadelphia: John Benjamins Publishing Company, 2014.

ANHEIER H K, LIST R A. A Dictionaryof civil society, philanthropy and the non-profit sector[M]. London: Routledge, 2005.

ARENDT H. Lesorigines du totalitarisme[M]. Paris: Gallimard, 2002.

ARENDT H. The origins of totalitarianism[M]. Cleveland: The World Publishing Company, 1958.

ARIAS P G. La Cultura. Estrategias conceptuales para entender la identidad, la diversidad, la alteridad y la diferencia[M]. Casilla: Ediciones Abya-Yala, 2002.

ARNESON P. Epistemology[M]//LITTLEJOHN S W, FOSS K A. Encyclopedia ofcommunication theory. London: SAGE, 2009.

ÁRON K V. Le récit postmoderne[J]. Littérature, 1990, (77).

ASHCROFT B, et al. Post-colonial studies: the key concepts [M] London: Routledge, 2007.

ATTALLAH P. Théories de la communication: sens, sujets, savoirs[M]. Québec: Télé-université, 1994.

AUBERT I. Sujet et intersubjectivité [J/OL]. Trajectoires, 2008(2)[2011-12-10].http://trajectoires.revues.org/index209.html

AYALON A. Thepress in the Arab Middle East: a history[M]. Oxford: Oxford University Press, 1995.

BAFOIL F.L'européanisation: héritages, résistances, mobilisations collectives et cohésion [J]. Critique internationale,2008(41).

BALDWIN E, et al. Introducingcultural studies[M]. Upper Saddle River: Prentice Hall Europe, 1998.

BARADI C. Newforms of intercultural communication in a globalized world[J]. The International Communication Gazette, 2006, 68(1).

BARAN S J, DAVIS D K. Masscommunication theory: foundations, ferment, and future [M]. 6th ed. Boston: Wadsworth Cengage Learning, 2012.

BARBERO J M. Desmédias aux médiations: communication, culture et hégémonie[M]. Paris: CNRS Éditions, 2002.

BARKER M. Massmedia and social movements: a critical examination of the relation between the mainstream media and social movements[C]. Convergence, Citizen Journalism & Social Change: Building Capacity conference, University of Queensland, 2008-3.

BARKUN M. A culture of conspiracy: apocalyptic visions in contemporary America[M]. Berkeley: University of California Press, 2003.

BARREAU J, MOULINE A. La déréglementation américaine des télécommunications et l'Europe: les exemples français et britanniques [J]. Revue d'économie industrielle, 1987, 39 (1).

BARRETT O B. Flow andcontra-Flow[M]//LITTLEJOHN S W, FOSS K A. Encyclopedia of communication theory. London: SAGE, 2009.

BARSTOW D. Behind TVanalysts, Pentagon's hidden hand[N/OL]. The New York Times, 2008-4-20. [2012-6-10].http://www.nytimes.com/2008/04/20/us/20generals.html?_r = 1&ex = 1366344000&en = 196b27df83cc255c&ei = 5090&partner = rssuserland&emc = rss&pagewanted=all.

BAUDRILLARD J, et al. Modernité[EB/OL].[2016-4-25]. https://www.universalis.fr/encyclopedie/modernite/.

BAUDRILLARD J. La société de consommation: ses mythes, ses structures[M]. Paris: Éditions Denoël, 1970.

BAUMAN Z. La cultura como praxis[M]. BuenosAires: PAIDÓS, 1999.

BAYER T I. Cassirer'smetaphysics of symbolic forms[M]. New Haven: Yale University Press, 2001.

BAYLIS J, SMITH S, OWENS P. Theglobalization of world politics: an introduction to International Relations [M]. 5th ed. Oxford: Oxford University Press, 2011.

BAYLY C A. The birth of the modern world 1789-1914: global connections and comparisons[M].Hoboken: Blackwell Publishing, 2004.

BBC. Riots: David Cameron's commons statement in full[N/OL]. BBC, 2011-08-11. [2012-6-23]. http://www.bbc.co.uk/news/uk-politics-14492789

BEAUDP .La société de connivence: média, médiations et classes sociales[M].Paris: Aubier, 1984.

BECK U, BONSS W, LAU C. The theory of reflexive modernization: problematic, hypotheses and research programme [J]. Theory, Culture &Society, 2003, 20(2).

BECK U, GIDDENS A, LASH S. Reflexivemodernization: politics, tradition and aesthetics in the modern social order[M]. Stanford: Stanford University Press, 1994.

BECK U. Pouvoir et contre-pouvoir à l'ère de la mondialisation [M]. Paris: Flammarion, 2003.

BECK U. Qu'est-ce que lecosmopolitisme? [M]. Paris: Flammarion, 2006.

BECK U. Thereinvention of politics: rethinking modernity in the global social order[M]. London: Polity Press, 1997.

BECK U. Worldrisk society[M]. London: Polity Press, 1999.

BELL D. Thecoming of post-industrial society: a venture in social forecasting[M]. New York: Basic Books, 1999.

BELL D. Theworld and the United States in 2013[J]. Daedalus, 1987, 116(3).

BELLINA S, et al. L'État en quête de légitimité [M]. Chavannes: Éditions Charles Leopold Mayer, 2010 .

BENEDICT R. Patterns ofculture[M]. London: Routledge, 1960.

BENNETT M. Basicconcepts of intercultural communications: selected readings[M]. London: Intercultural Press, 1998.

BENNETT W L. News: the politics of illusion [M]. 5th ed. London: Longman, 2003.

BENOIST A DE. A brief history of the idea of progress[J]. The occidental quartely. 2008.

BERG B L. Qualitiveresearch methods for the social sciences[M]. Boston: Allyn and Bacon, 2001.

BERGER P L, LUCKMANN T. The social construction of reality: a treatise in the sociology of knowledge[M]. London: Penguin Books, 1966.

BERMEJO F. Audience manufacture in historical perspective: from broadcasting to Google [J].New Media & Society, 2009.

BERNARD J B. ArmandMattelart:face à la globalisation de la surveillance, "la résistance est le devoir de tout citoyen"[EB/OL]. (2009-01-20)[2012-07-08]. http://www.article11.info/spip/spip.php? article266

BERTHELOT J M.Epistémologie des sciences sociales[M]. Paris:PUF, 2001.

BERTRAND Y. Culture organisationnelle [M]. Québec: Presses Universitaires du Québec,1991.

BOHMAN J. Practicalreason and cultural constraint: agency in Bourdieu's theory of practice[M]//SHUSTERMAN R. A critical reader. Hoboken: Blackwell Publishers, 1999.

BOLLIER D. Internationalpolitics and diplomacy: a report of the eleventh Annual Aspen Institute Roundtable on information technology[R].The Aspen Institute, 2003.

BONIFACE P, LEPRI C. 50idées reçues sur les États-Unis[M]. Paris:Hachette, 2008.

BOORSTIN D J. Hiddenhistory: exploring our secret past[M]. New York: Random House, Inc. 1987.

BOUDIEU P. Questions desociologie[M]. Paris:Les Éditions de Minuit, 1984 .

BOUDON R. La racionalidad en las ciencias sociales [M]. Buenos Aires: Nueva Vision, 2010.

BOURDIEU P, WACQUANT L J. Aninvitation to reflexive sociology[M]. Cambridge: Polity Press, 1992.

BOURDIEU P. Ce que parler veut dire: l'économie des échanges linguistiques[M]. Paris:Fayard, 1982.

BOURDIEU P. Choses dites[M]. Paris:Minuit, 1987.

BOURDIEU P. Les modes de domination[J]. Actes de la recherche en sciences sociales, 1976, 2(2-3) .

BOURDIEU P. Les trois états du capital culturel[J]. Actes de la recherche en sciences sociales, 1979, 30.

BOURDIEU P.Pascalian meditations[M]. Stanford: Stanford University Press, 2000.

BOURDIEU P. Theforms of capital[M]//RICHARDSON J E. Handbook of theory of research for the sociology of education[M]. Westport: Greenwood Press, 1986.

BOYER R, FREYSSENET M. Les modèles productifs [M]. Paris: Éditions La

Découverte, 2000.

BRADIE M.Individualism and Holism in the social sciences[J]. Analyse & Kritik ,2002 (24).

BRATICH J Z. Conspiracypanics: political rationality and popular culture[M]. Albany: State University of New York Press, 2008.

BRAUDEL F. Ladynamique du capitalisme[M]. Paris:Arthaud, 1985.

BRINKERHOFF D B, et al. Essentials ofsociology [M]. 8th ed. Belmont: Wadsworth, Cengage Learning, 2011.

BRUNSCHVICG L. Laraison et la religion [M].Paris:Librairie Félix Alcan, 1939.

BRZEZINSKI Z. Thegrand chessboard: American primacy and its geostrategic imperatives [M]. New York: Basic Books, 1997.

BUNNIN N, YUJiYuan. The Blackwell Dictionary of western philosophy[M]. Hoboken: Blackwell Publishing, 2004.

CACALY S. L´information scientifique et technique aux États-Unis: impact politique et économique du système d´information[J]. Documentaliste - Sciences de l´information, 1997, 14(2).

CAIRE G. Codes de conduite:multinationales et acteurs sociaux[J].Revue d´économie industrielle, 1982, 22(1).

CAREY J W. Communication asculture[M].London:Routledge, 2009.

CARPENTIER N, et al. Researchingmedia, democracy and participation[M]. Tartu: Tartu University Press, 2006.

CASALEGNO F. Mémoire quotidienne: communautés et communication à l' ère des réseaux[M]. Québec:Les Presses de l' Université Laval, 2005.

CASSIERE E. Anessay on Man: an introduction to a philosophy of human culture[M]. New York: Doubleday &Company INC.,1944.

CASSIRER E. Themyth of the State[M]. New Haven:Yale University Press, 1946.

CASTELLS M. Communicationpower[M]. Oxford: Oxford University Press, 2009.

CASTELLS M. Lasociété en réseau[M]. Paris:Fayard, 2001.

CASTELLS M. Therise of the network society [M]. 2nd ed. Hoboken: Wiley-Blackwell, 2010.

CASTORIADIS C. Theimaginary institution of dociety [M]. Cambridge: Polity Press, 2005.

CERTEAU M de. L' invention du quotidien, arts de faire[M]. Paris:Gallimard, 1990.

CERTEAU M de.The practice of everyday life[M]. 2nd ed. Berkeley: University of California Press, 2002.

CHAKRAVARTTY P, ZHAO Y Z. Global communications: towards a transcultural political economy[M]. Lanham: Rowman & Littlefield Publishers, INC, 2008:11.

CHAMPAGEN P. Fairel' opinion: le nouveau jeu politique [M]. Paris: Éditions de Minuit, 1990.

CHANDLER D. Semiotics:the basics[M].2nd ed. London: Routledge, 2007.

CHARAUDEAU P. Les médias et l' information:l' impossible transparence du discours [M].Brussels:De boeck, 2005 .

CHARLTON B, ANDRAS P. The modernization imperative[M]. Devon:Imprint Academic, 2003.

CHI Yu Chung. Schutz on Lifeworld and cultural difference[M]//EMBREE L. Schutzian social science.Dordrecht:Kluwer Academic Publishers, 1999.

CHRISTIANS C G. Primordialissues in communication ethics [M] // FORTNER R S, FACKLER P M. The handbook of global communication and media ethics. 1st ed. Hoboken: Blackwell Publishing Ltd., 2011.

CHRISTIANSEN J. Narrative &social movements [M] // SALEM PRESS. Theories of social movements. Pasadena:SALEM PRESS, 2011.

COADY D. Anintroduction to the philosophical debate about conspiracy theories[M]// ROCKMORE T, BREAZEALE D. Conspiracy theories: the philosophical debate. Farnham: Ashgate Publishing Limited, 2006.

COHEN J L, ARATO A. Civilsociety and political theory [M]. Cambridge: MIT Press, 1994.

COHEN N S. Thevalorization of surveillance: towards a political economy of Facebook[J]. Democratic Communiqué. 2008(Spring), (1).

COLLINS R. Foursociological traditions[M]. Oxford: Oxford University Press, 1994.

COLLYER F. Reflexivity and thesociology of science and technology: the invention of "Eryc" the antibiotic[J]. The Qualitative Report, 2011, 16(2).

COMPTE A, Discours sur l' esprit positif[M]. Paris: Carilian-Goeury et V$^{or}$ Dalmont, 1844 .

CORNWALL M. The undermining of Austria-Hungary: the battle for hearts and minds [M].New York: Palgrave,2000.

COUGHLAN S. Tony Blair's global "battle of ideas" [EB/OL].(2011-03-07)[2011-12-11]. https://www.bbc.com/news/business-12597817

COUSIN S, RÉAU B. Sociologie du tourisme[M]. Paris:La Découverte, 2009.

COWLES M G, et al. L´européanisation de l´action politique des multinationales[J].Politique étrangère, 1997, 62(2).

CROZIER M, HUNTINGTON S P, WATANUKI J. Thecrisis of democracy[M]. New York: New York University Press, 1975.

CUDABACK D. French language law beginning to worry foreign marketers[J].Advertising Age, 1997, (3)..

CULL N J, et al.Propaganda and mass persuasion: a historical Encyclopedia, 1500 to the present[M]. Santa Bárbara:ABC-Clio Inc, 2003.

CURIEN N, MUET P A. Lasociété de l' information[M]. Paris: La Documentation française, 2004.

CURRAN J, PARK M-J.De-westernizing media studies[M].London: Routledge, 2000.

U.S. Department of Defense. Cyber Command Fact Sheet[R/OL].(2010-05-21)[2012-7-6]. http://www.stratcom.mil/factsheets/Cyber_Command/

DAGRON A G.Comunicación para el cambio social: clave del desarrollo participativo[J]. Signo y Pensamiento, 2011,30(58).

DAYAN D, KATZ E. Media Events:the live broadcasting of history[M].Cambridge: Harvard University Press, 1994.

DEBORD D. La société du spectacle [M]. 3rd ed. Paris:Gallimard, 1992.

DEBRAY R. Cours de médiologie générale[M].Paris: Gallimard, 1991.

DEBRAY R. Introducción a la mediologia[M]. Buenos Aires:Paidós, 2001.

DEBRAY R.Media manifestos: on the technological transmission of cultural forms[M]. London: Verso, 1996.

DEBRAY R. Que es lamediologia[J]. Le Monde Diplomatique, Agosto de 1999.

DEFARGES P M. L'ordre mondial[M] . Paris:Armand Colin, 2008 .

DEFAY A. La géopolitique[M].Paris:PUF, 2005.

DELANTY G. Modernity [M] // RITZER G. Encyclopedia ofsociology. Hoboken: Blackwell Publishing Ltd., 2007.

DELEUZE G, GUATTARI F. L' Anti-Œdipe: capitalisme et schizophrénie[M].Paris: Éditions Minuit, 1973.

DELEUZE G, GUATTARI F. What isphilosophy ? [M]. New York: Columbia University Press, 1994.

DELEUZE G. Post-scriptum sur les sociétés de contrôle[J]. L'autre journal, 1990(1).

DEPELTEAU F. Ladémarche d' une recherche en sciences humaines[M]. Brussels: De Boeck, 2000 .

Wikipedia. Development Communication[EB/OL].[2016-10-21]. http://en.wikipedia.org/wiki/Development_communication#cite_ref-0.

DEZALAY Y, GARTH B. Droits del'homme et philanthropie hégémonique[J].Actes de la recherche en sciences sociales, mars 1998,121-122.

DEZALAY Y. Multinationalcs de l'expertise et "dépérissement de l'État" [J].Actes de la recherche en sciences sociales, 1993, 96(1).

DICKEN P.A New geo-economy[M]//HELD D, MCGREW A. The global transformations reader: an introduction to the globalization debate. 2nd ed. London: Polity, 2003.

DIJK J V. Review of Manuel Castells (2009), communication power[J].The European journal of communication,2010.

DOMINGUES J A. O paradigma mediológico. Debray depois de Mcluhan[M]. Covilhã: LabCom, 2010.

DONK W V, et al. Cyberprotest: New media, citizens and social movements[M]. London: Routledge, 2004.

DONSBACH W. Theinternational encyclopedia of communication [M]. Hoboken: Blackwell Publishing Ltd, 2008.

DORA K. Subjectivités [J].Psychothérapies,2011(31) .

DOUGLAS K M, SUTTON R M. The Hiddenimpact of conspiracy theories[J]. Journal of Social Psychology 2008, 148 (2).

DOWNING J D H. Encyclopedia of social movement media[M].London: SAGE, 2011.

DUARTE L. Teorías e investigación de la comunicación en América Latina. situación actual[J]. ÁMBITOS, 2001-2002(7-8).

DUCLOS A. Sociologie de l'inconscient collectif, du rassemblement àl'émeute[J/OL]. Les cahiers psychologie politique,2011(18)[2012-05-30]. http://lodel.irevues.inist.fr/cahierspsychologiepolitique/index.php? id=1777.

DUFOIX S. Les diasporas[M]. Paris:PUF, 2003.

DURKHEIM É. Les formes élémentaires de la vie religieuse [M]. Paris:Librairie Félix Alcan, 1912.

DURKHEIM É. Sociologie etphilosophie[M].Paris:Librairie Félix Alcan, 1924.

DUVEEN G. Culture andsocial representations[M] //VALSINER J, ROSA A. The Cambridge handbook of sociocultural psychology. Cambridge: Cambridge University Press, 2007.

EAGLETON T. Literary theory: an introduction[M]. 2nd ed. Minneapolis:Blackwell Publishing, 1996.

EDGAR M.L'industrie culturelle[J]. Communications, 1961(1).

ELLUS J. Lesystème technicien[M]. Paris:Calmann-Lévy, 1977.

ENDRESS M. Alfred Schutz andcontemporary social theory and social research[M]//ENDRESS M, et al. Explorations of the Life-World. Berlin:Springer, 2005.

ENRIQUE C P A. La quotidienneté comme objet:Henri Lefebvre et MichelMaffesoli deux lectures opposées[J]. Sociétés, 2002, 4(78).

ENTREVES M P de, BENHABIB S. Habermas and theunfinished project of modernity [M]. Cambridge: The MIT Press, 1997.

ESCOBAR A. Mundos y conocimientos de otro modo. El programa de investigación de modernidad/colonialidad latinoamericano[J]. Tabula rasa, 2003(1).

ESCOBAR A. The invention of development[J]. Current history, 1999, 98(631).

FAIRCLOUGH N. Discourse andsocial change[M]. Cambridge:Polity Press,2006.

FALK R. The making of global citizenship[M]//BRECHER J, BROWN J, CUTLER J. Global visions: beyond the new world order. Boston: South End Press, 1993.

FAO. Communication for Development[EB/OL].[2016-10-21]. http://www.fao.org/oek/oek-what-we-do/communication-for-development/en/.

FAVREAU L, FRECHETTE L. Mondialisation, économie sociale, développement local et solidarité internationale[M]. Québec:Presses de l'Université du Québec, 2002.

FEENBERG A. Transformingtechnology: a critical theory revisited[M]. New York: Oxford University Press, 2002.

FENSTER M. Conspiracy theories:secrecy and power in American culture[M]. Minneapolis: University of Minnesota Press, 1999.

FERGUSON H. Phenomenologicalsociology: insight and experience in modern society [M]. London: SAGE Publications, 2006.

FERREE MM, TRIPP A M. Global feminism: transnational women's activism, organization and human rights[M]. New York: New York University Press, 2006.

FILIPPIS V de. Porto Alegre, 《l'internationale citoyenne en gestation》, entrevue avec Edgar Morin[N/OL]. Liberation,2001-02-05[2012-05-13]. http://www.liberation.fr/economie/0101362776-porto-alegre-l-internationale-citoyenne-en-gestation.

FINLAYSON J G. Habermas:a very short introduction[M]. Oxford: Oxford University Press, 2005.

FIRESTEIN D. China: a top U.S. domestic policy issue? [N/OL]. The globalist, 2012-10-22[2012-11-7]. http://www.theglobalist.com/StoryId.aspx? StoryId=9786.

FISKE J. Televisionculture[M]. London: Routldge, 1999.

FLEW T. New media:an introduction[M]. Oxford: Oxford University Press, 2002.

FLICHY P. L' innovation technique[M]. Paris:La Découverte, 2003.

FLICK U, et la. A companion to qualitative research [M]. London: Sage Publications, 2004.

FOUCAULT M.Dits et écrits (1954-1988):I[M].Paris: Gallimard, 1994.

FOUCAULT M. Dits etécrits (1954-1988):II[M]. Paris:Gallimard, 1994 .

FOUCAULT M. Dits et écrits (1976-1979):III[M]. Paris:Gallimard, 1994.

FOUCAULT M. Dits et écrits (1954-1988):IV[M]. Paris:Gallimard, 1994 .

FOUCAULT M. L' archéologie du savoir[M]. Paris:Gallimard, 1969.

FOUCAULT M. Lesmots et les choses[M]. Paris: Gallimard, 1966 .

FOUCAULT M. Obrasesenciales: volumen II, estrategias de poder[M]. Buenos Aires: Paidos 1999.

FOUCAULT M. Qu' est ce que la critique[J]. Bulletin de La Societe francaise de Philosophie,1990,84(2).

FREUD S. Moïse et le monothéisme[M/OL]. Dans le cadre de lacollection: "Les classiques des sciences sociales". [2020-11-23], http: // www. uqac. uquebec. ca/zone30/Classiques_des_sciences_sociales/index.html.

FUCHS C. Somereflections on Manuel Castells' book "Communication Power"[J]. Cognition, Communication, Co-operation, 2009, 7(1).

FUKUYAMA F. The end of history? [J]. The national interest, 1989(Summer).

GAMSON W A, WOLFSFELD G. Movements and media as interacting systems[J]. Annals of the American Academy of Political and Social Science, 1993,528.

GARCIA A PP. El proyecto des-colonial en Enrique Dussel y Walter Mignolo: Hacia una epistemología otra de las ciencias sociales en América Latina[J].Epistemología y desconlonizacion, 2011.

GARCIA de A Z C. Diplomaciapública, propaganda y poder blando[M]. Revista Mexicana de Polĺtica Exterior, 2008,(85).

GARDE R.Americanization of media[M] //LITTLEJOHN S W, FOSS K A. Encyclopedia of communication theory. London: SAGE, 2009.

GARFINKEL H. Studies inEthnomethodology[M]. New Jersey: Prentic-Hall, Inc. 1967.

GARNHAM N. From cultural to creative industries[J]. International journal of cultural policy,2005,11(1).

GAUCHON P, HUISSOUD J M. Les 100 mots de la géopolitique[M].Paris:PUF, 2010.

GAUCHON P, HUISSOUD J M. Les 100 mots de la géopolitique[M].Paris:PUF, 2008.

GERALD F. La planification des mass media en vue du développement[J].Communications, 1969(14) .

GILBERT B M. Postcolonial theory: contexts, practices, politics [M]. London: Verso, 2000.

GILPIN R. Global political economy: understanding the international economic order[M]. Princeton: Princeton University Press, 2001.

GIRI V N. Interculturalcommunication theories[M] //LITTLEJOHN S W, FOSS K A. Encyclopedia of communication theory. London: SAGE, 2009.

Wikipedia. Globalization[EB/OL].[2012-01-07].http://en.wikipedia.org/wiki/Globalization#cite_ref-oed_3-0.

GODELUCK S. La géopolitique d'Internet[M]. Paris:La Découverte, 2002.

GOLDING P, MURDOCK G. The political economy of the media, vol. 1 [M]. Cheltenham:Edward Elgar Publishing Limited, 1997.

GOLDSTEIN R J. The public mind: political censorship in nineteenth-century Europe [M]. Westport: PRAEGER, 2000.

GOLDSTEIN R J. The war for the public mind: political censorship in nineteenth-century Europe[M]. Westport: PRAEGER, 2000.

GÓMEZ S C, GROSFOGUEL R. El giro decolonial: reflexiones para una diversidad epistémica más allá del capitalismo global[M]. Bogotá: Siglo del Hombre Editores,2007.

GÓMEZ S C. Michel Foucault y lacolonialidad del poder[J]. Tabula Rasa. Bogotá-Colombia,2007(6).

GORDON P, MORALES JJ. The silver way: China, Spanish America and the birth of globalisation 1565-1815[M].London: Penguin Books, 2017.

GPE J, HERNÁNDEZ V. Liberalismo,neoliberalismo, postneoliberalismo . Revista Mad, 2007(17).

GRAS A. Grandeur et dépendance. Sociologie des macro-systèmes techniques[M]. Paris: PUF, 1993.

GRAWITZ M.Méthodes des sciences sociales[M].Paris:Dalloz, 1990.

GREENE R W. Modernism incommunication yheory[M]//LITTLEJOHN S W, FOSS K A. Encyclopedia of communication theory. London:SAGE, 2009.

GREIF A, KINGSTON C. Institutions:rules or equilibria? [M]//SCHOFIELD N, CABALLERO G. Political economy of institutions, democracy and voting[M].London: Springer-Verlag Berlin Heidelberg, 2011.

GRYGIEL J J. Great powers and geopolitical change[M]. Baltimore:The Johns Hopkins University Press, 2006

GUALDA E, RUÁS J. Conspiracy theories, credibility, and trust in information [J]. Communication & society, 2019, 32(1).

GUDYKUNST W B, et al. Theorizingabout intercultural communication [M]. London: SAGE Publications, 2005.

GUDYKUNST W B. Cross-cultural and intercultural communication [M]. London: SAGE Publications Inc., 2003.

GUILLAUD F. La modernité: crise d'adolescence de l'humanité ? [J]. Le Philosophoire, février 2005(25).

GUINCHARD C. Bernard LAHIRE, L' esprit sociologique [J]. Questions de communication, 2006(10).

HABERMAS J. The philosophical discourse of modernity [M]. Cambridge: Polity Press, 1984.

HABERMAS J. The theory of communicative action: I [M]. Boston: Beacon Press, 1984.

HABERMAS J. The theory of communicative action: II [M]. Boston: Beacon Press, 1987.

HABERMASJ. The structural transformation of the public sphere [M]. Cambridge: The MIT Press 1993.

HACHTEN W A, SCOTTONWORLD J F. Newsprism, the global information in a satellite age [M]. 7th ed. Hoboken: Blackwell Publishing Ltd, 2006.

HALL D E. Subjectivity [M]. London: Routledge, 2004.

HALL S. Culture, media, language: working papers in cultural studies 1972-79 [M]. London: Routledge, 2005.

HALLIN D C, MANCINI P. Comparingmedia systems: three models of media and politics [M]. Cambridge: Cambridge University Press, 2004.

HAMILTON R F. Masssociety, pluralism, and bureaucracy: explication, assessment, and commentary [M]. Westport: Praeger Publishers, 2001.

HARDT M, NEGRI A. Empire [M]. Cambridge: Harvard University Press, 2000.

HARDY J. Westernmedia systems [M]. London: Routledge, 2008.

HARRIS J. Civilsociety in British history: ideas, identities, institutions [M]. Oxford: Oxford University Press, 2003.

HATZFELD H. Les légitimitésordinaires: au nom de quoi devrions-nous nous taire? [M]. Paris: L' Harmattan, 2011.

HEIDEGGER M. Identity anddifference [M]. New York: Harper & Row, Publishers, 1969.

HEPP A, KROTZ F. Media events, globalization and cultural change: an introduction to the special issue[J]. Communications, 2008, 33(3).

HERRIGEL G. Manufacturingpossibilities: creative action and industrial recomposition in the United States, Germany, and Japan[M].New York: Oxford University Press, 2010.

HESMONDHALG D. The cultural industries[M].London: SAGE Publications,2007.

HITT M A, et al.Strategic management concepts and cases:competitiveness and globalization[M]. 8th ed. Stamford:South -Western Cengage Learning, 2009.

HOBSBAWM E. The dangers of exporting democracy[N/OL].The Guardian, 2005-01-22 [2012-07-09]. http://www.guardian.co.uk/world/2005/jan/22/usa.comment

HOFSTEDE G. Cultures's consequences: comparing values, behaviors, institutions and organization across nations[M].2nd ed. 上海:上海外语教育出版社,2008.

HORKHEIMER M, ADORNO T W. Dialectic of Enlightenment: philosophical fragment [M]. Stanford: Stanford University Press, 2002.

HORKHEIMER M, ADORNO T W. Dialectic of Enlightenment[M]. New York: Continuum, 1989.

HORKHEIMER M, ADORNO T W. Dialectic of Enlightenment [M]. London: Verso, 1979.

HORKHEIMER M. Eclipse of reason[M]. London: Continuum, 2004.

HORNBORG A, et al. Ecology andpower. struggles over land and material resources in the past, present, and future[M]. Now York, Routledge, 2012.

HUGHES M, KROEHLER C J.Sociologie, the core [M]. 10th ed. New York: McGraw-Hill, 2011.

HUGUET M G. Elanalisis del poder: Foucault y la teoria decolonia[J].Tabula Rasa. Bogotá - Colombia,2012(16).

HUNTINGTON S P. Ifnot civilizations, what? Samuel Huntington responds to his critics [J/OL.] Foreign Affairs, 1993 (11/12) [2012-05-15] . http: // www. foreignaffairs. com/articles/49414/samuel-p-huntington/if-not-civilizations-what-samuel-huntington-responds-to- his-crit? page=show.

HUNTINGTON S P. The clash of civilizations and the remaking of world order[M]. New York: Simon & Schuster, 1996.

HUNTINGTON S P. The clash of civilizations?: the debate [M]. 2nd ed. Congers: Foreign Affairs, 2012.

HURRELL A. Onglobal order: power, values, and the constitution of international society [M]. Oxford:Oxford University Press, 2007:239.

HUSSERL E. Generalintroduction to a pure phenomenology[M]. Leiden:Martinus Nijhoff

Publishers, 1982.

HUSSERL E. Ideas pertaining to a pure phenomenology and to a phenomenological philosophy[M].The Hague: Martinus Nijhoff Publishers, 1982

HUSSERL E. Thecrisis of European sciences and transcendental phenomenology [M]. Evanston:Northwestern University Press, 1970.

HUTT W H. Economists and the public: a study of competition and opinion[M].Piscataway:Transaction Publishers, 1990.

HUYGHE F B. Maîtres du faire croire[M].Paris:Vuibert, 2008.

IRIBARNE P d'. La logique de l' honneur: Gestion des entreprises et traditions nationales[M]. Paris:Éditions du Seuil, 1989.

ISLAMOGLU H. Concept andhistory of civil society[M]//SMELSER N J, BALTES P B. International Encyclopedia of social & behavioral sciences. Oxford: Elsevier, 2001.

JACKY F. D'une mondialisation à l'autre[J]. Revue de l'OFCE, 1999(69).

JAMIN J. L' imaginaire du complot, Discours d' extrême droite en France et aux Etats-Unis[M]. Amsterdam:AmsterdamUniversity Press, 2009.

JAVEAU C. Sociologie de la vie quotidienne[M]. Paris:PUF, 2011.

JODELET D.Représentations sociales:phénomènes, concepts et théorie[M]//Moscovici S Psychologie sociale. Paris:PUF, 1984.

JONAS H.Toward a philosophy of technology[R].Hastings Center Report.1979.

JONG W de, et al. Global activism and global media[M].London:Pluto Press, 2005.

JONKER J, PENNINKB. The essence of research methodology [M]. Berlin: Springer, 2010.

JUIGNET P. Lacan, le symbolique et le signifiant [J]. Cliniques méditerranéennes, 2003, 2(68).

JULIETA L.Médiation technologiques dans l' espace urbain contemporain[J]. Sociétés, 2011(111).

JUNNE G. Multinationalenterprises as actors[M]//CARLSNAES W, SMITH S. European Foreign Policy: the EC and Changing Perspectives in Europe. London: Sage, 1994.

JUPP V. The SAGE dictionary of social research methods [M]. London: Sage Publications, 2006.

KALB D. Localizingflows: power, paths, institutions, and networks[M]//KALB D, et al. The ends of globalization. Lanham: Rowman & Littlefield Publishers, INC. 2000.

KARIM K H.Diapsoras and their communication networks: exploring the broader context of transnational narrowcasting[EB/OL] .(2002-04-25)[2012-11-26]. http://www.nautilus.

org/virtual-diasporas/paper/Karim.html.

KATZ E, LIEBES T. The export of meaning, cross cultural readings of Dallas[M].London:Polity Press,1993.

KELLNER D. The Frankfurt School and British Studies: the missed articulation[M]//NEALON J T, IRR C. Rethinking The Frankfurt School: alternative legacies of culture critique. Albany:State University of New York Press, 2002.

KEOHANE R O, NYE J. Globalization:what's new? what's not? (and so what?) [J]. Foreign Policy, 2000(118).

KHONDKER H H. Glocalization as globalization, evolution of a sociological concept[J/OL]. Bangladesh e-journal of sociology, 2004,1(2)[2016-10-23]. http://www.bangladeshsociology.org/Habib%20-%20ejournal%20Paper%20GlobalizationHHK,%20PDF.pdf.

KILANI M. Introduction à l'anthropologie[M].Lausanne:Payot, 1992.

KNEPPER W. Colonization,creolization, and globalization: the art and ruses of bricolage [J].Small Axe 21, 2006,10(3).

KOMNINOS M, VAMVAKAS V. December 2008, revolt media (Greece) [M]//DOWNING J D H. Encyclopedia of social movement media[M]. London:SAGE, 2011.

KROEBER A L, KLUCKHOHN C. Culture, a critical review of concepts and definitions [M]. Cambridge: The Harvard University Printing Office. 1952.

KUHN T S.The strucutres of scientifc revolusions [M]. 3rd ed. Chicago:The University of Chicago Press, 1996.

KUMAR K. Frompost-industrial to post-modern society: new theories of the contemporary world[M]. Hoboken:Blackwell Publishing, 2005

LADMINRAL J R, LIPIANSKY E M. La communication interculturelle[M]. Paris: Armand Colin,1991.

LAHIRE B. L'esprit sociologique[M]. Paris:La Découverte, 2007.

LAMIZET B. La médiation culturelle[M]. Paris:L'Harmattan, 2000.

LAMIZET B. La médiation politique[M]. Paris:L'Harmattan, 1998.

LANDER E. Lacolonialidad del saber: eurocentrismo y ciencias sociales. Perspectivas latinoamericanas[M]. Buenos Aires: CLACSO,2000.

LANE C. Therites of rulers[M]. Cambridge:Cambridge University Press, 1981.

LANE H W, et al. The Blackwell handbook of global management: a guide to managing complexity[M].Oxford:Blackwell Publishing Ltd. 2004.

LARRAIN J. Identidad ymodernidad en América Latina[M]. México: Editorial Océano de México,2004.

LASH S, LURY C. Global culture industry: the mediation of things[M]. London: Polity Press, 2007.

LASH S, WYNNE B. Introduction[M]//BECK U. Risksociety. London: SAGE Publications Ltd, 1992.

LASSWELL H D. Propaganda technique in World War I[M]. Cambridge: M. I. T. Press, 1971.

LASZLO J. Narrativeorganisation of social representations [J]. Papers on social reprentations (1021-5573), 1997,6(2).

LATOUR B. Matters offact, matters of concern, critical inquiry[M]. Chicago: The University of Chicago, 2004.

LAUER Q. Thetriumph of subjectivity: an introduction to transcendental phenomenology [M]. New York: Fordham University Press, 1958.

LAZAR J.L' opinion publique[M]. Paris: Dalloz, 1995.

LECLERC G. La mondialisation culturelle: les civilisations à l' épreuve [M]. Paris: Presses Universitaires de France, 2000.

LEVITT T. Theglobalization of markets[J]. Harvard Business Review, May-June 1983.

LEWIS B. Theroots of Muslim rage[J]. The atlantic monthly, 1990,266(3).

LIPIANSKY E M. Lacommunication interculturelle[EB/OL]. (2014-04-17)[2016-10-22]. http://www.minkowska.com/content/les-th%C3%A9ories-de-la-communication-la-communication-interculturelle

LONDON J. Themessage of motion pictures[M]//MATTELART A. L' invention de la communication[M]. Paris: La Découverte, 1994.

LOPEZ A E.Construcción de sujetos (des) empoderados a través del/de los discurso(s) de derechos humanos[J].Norteamérica, 2010, (1).

LOW S, SMITH N. Thepolitics of public space[M].London: Routledge, 2006.

LOWERY S, DEFLEUR M L. Milestones in mass communication research: media effects [M]. Harlow: Longman, 1983.

LUTHANS F, DOH J P. Internationalmanagement: culture, strategy, and behavior[M]. 8th ed. New York: McGraw-Hill Companies, Inc., 2012.

LYNCH D J. Developing nations poised to challenge USA as king of the hill[EB/OL]. (2007-08-02)[2012-07-03]. http://www.usatoday.com/money/world/2007-02-07-emerging-markets-usat_x.htm.

LYNCH K. Adplomacy faux-pas can ruin sales[J].Advertising age international, 1979(1).

LYOTARD J F. Les problèmes du savoir dans les sociétés industrielles les plus développées[R].Bibliothèque nationale du Québec, 1980.

LYOTARD J F. Thepostmodern condition: a report on knowledge[M]. Minneapolis:University of Minnesota Press, 1984.

MACH Z. Symbols,conflict, and identity: essays in political anthropology[M]. Albany: State University of New York Press, 1993.

MACIONIS JJ. Sociology[M]. 12nd ed. London:Pearson Education, Inc,2008.

MAFFESOLI M. L'instant éternel[M]. Paris:Denoël, 2003.

MAFFESOLI M. Préface[M]//SCHÜTZA . Le chercheur et le quotidien. Paris:Klinchsieck, 1987.

MANDARD S. Entretien avec ArmandMattelart[N/OL]. Le Monde, 2002-02-01[2012-05-13]. https://www.lemonde.fr/archives/article/2002/02/01/entretien-armand-mattelard_260952_1819218.html.

MANENT P. Laraison des nations - réflexions sur la démocratie en Europe[M]. Paris: Gallimard,2006.

MANJIKIAN M M. From global village to virtual battlespace: the colonizing of the Internet and the extension of realpolitik[J].International Studies Quarterly,2010, 54.

MANOVICH L. The language of new media[M]. Cambridge:The MIT Press, 2001.

MARCEL F. Bourdieu, la raison et la rationalité [J].Cités, 2015(51).

MARCUSE H. Eros andcivilization: a philosophical inquiry into Freud [M]. Boston: Beacon Press, 1974.

MARCUSE H. One-dimensional man, studies in the ideology of advanced society[M]. New York:Routledge, 2002.

MARCZYK G, DEMATTEO D, FESTINGER D. Essentials ofresearch design and methodology[M]. Hoboken:John Wiley & Sons, Inc., 2005.

MARIELLE D, ALICE G. Les ONG et la fabrique de l'《opinion publique internationale》[J]. Raisons politiques, 2005(19).

MARTEL F. MAINSTREAM:Enquête sur cette culture qui plaît à tout le monde[M]. Paris:Flammarion, 2010.

MATTELART A, et al. Internationalimage markets:in search of an alternative perspective [M]. London:Comedia Publishing Group, 1984.

MATTELART A, et al. La culture contre la démocratie [M]. Paris: La Découverte, 1984:57.

MATTELART A, et al. La culture contre la démocratie[M]. Paris:La Découverte, 1984.

MATTELART A, MATTELART M. Histoire des théories de la communication[M]. Paris:

La Découverte, 2004.

MATTELART A, MATTELART M. Histoire des théories de la communication[M]. Paris: La Découverte, 1995.

MATTELART A, MATTELART M. Lecarnaval des images[M].Paris:La Documentation française/INA, 1987.

MATTELART A, NEVEUÉ. Introduction auxcultural studies [M]. Paris: La Découverte, 2008.

MATTELART A, SENECALM . Dans l' œil de la communication-monde [J]. Médiamorphoses, 2008, (24).

MATTELART A.Les nouveaux scénarios de la communication mondiale [J]. Le Monde Diplomatique, 1995,42(487).

MATTELART A. Art et argent, histoire d' une soumission[J]. Le monde diplomatique, 2001(570).

MATTELART A. Bataille à l' Unesco sur la diversité culturelle[J]. Le monde diplomatique, 2005(619).

MATTELART A. Communication andclass Struggle: v.1 [M].Amsterdam: International General, 1979.

MATTELART A. Diversité culturelle et mondialisation[M]. Paris:La Découverte, 2005.

MATTELART A. Généalogie des nouveaux scénarios de la communication [C]. Colloque 25 images seconde, Valence (France), 1996.

MATTELART A. Genèse de la notion de la société de l' information[EB/OL].(2005-01-02)[2014-10-20].http://www.societe-de-strategie.asso.fr/pdf.

MATTELART A. Histoire de l' utopieplanétaire[M]. Pairs:La Découverte, 2000.

MATTELART A. Histoire de la société de l' information [M].Pairs:La Découverte,2001.

MATTELART A. Jeter les bases d' une information éthique[J].Le monde diplomatique, 2003(597).

MATTELART A. L' invention de la communication[M]. Paris:La Découverte, 1994.

MATTELART A. L' ordinateur et le tiers monde[M]. Paris:Maspero, 1982.

MATTELART A. La communication-monde: histoire des idées et des stratégies [M]. Paris:La Découverte ,1992.

MATTELART A. La diversité culturelle: entre histoire et géopolitique[C].2001 Bogues Globalisme et Pluralisme. Montréal, 2002-4-23.

MATTELART A.La globalisation de la surveillance[M]. Paris:La Découverte, 2007.

MATTELART A. La mondialisation de la communication[M]. Paris:PUF, 1996.

MATTELART A. La mondialisation de la communication[M]. Pairs:PUF, 2008.

MATTELART A. Mass media, idéologie et mouvement révolutionnaire, Chili 1970-1973 [M].Paris:Anthropos, 1973.

MATTELART A. Multinational corporations and the control of culture: the ideological apparatuses of imperialism[M]. Brighton:Harvester Press, 1979.

MATTELART A.Pensar sobre los medios[M]. San Jose: Editorial DEI, 1988.

MATTELART A. Penser les médias[M]. Paris:La Découverte, 1986.

MATTELART A.Société de la connaissance, société de l'information, société de contrôle. Entretien avec Armand Mattelart[J]. Cultures & Conflits,2006,4(64).

MATTELART A. Généalogie des nouveaux scénarios de la communication [C]. Colloque 25 images seconde, Valence (France), 1996.

MATTELART A. Qui contrôle les concepts ? [J] Le Monde Diplomatique, 2007(641).

MAUSS M. Sociologie et anthropologie[M]. Paris:PUF, 2004.

MCCARTHY T. Translator'sintroduction[M]//HABERMAS J. The theory of communicative action:I. Boston: Beacon Press, 1984.

MCCHESNEY R W, SCHILLER D. Thepolitical economy of international communications [M]. Geneva:UNRISD, 2003.

MCGUIGAN J. Culture and thepublic sphere[M]. London: Routledge, 1996.

MCLAREN M C. Interpretingcultural differences: the challenge of intercultural communication[M]. Dereham Norfolk:Peter Francis Publishers, 1998.

MCLUHAN M. Understandingmedia: the extensions of man[M]. Cambridge: The MIT Press, 1994.

MCLUSKIE E. Power andpower relations[M] //LITTLEJOHN S W, FOSS K A. Encyclopedia of communication theory. London: SAGE, 2009.

MCNAIR B. An introduction to political communication [M]. 3rd ed. London: Routledge, 2003.

MCPHAIL T L. Reframing the role of the media[M]. Hoboken:Wiley-Blackwell,2009.

MCQUAIL D. Audienceanalysis[M]. London:SAGE Publications Inc., 1997.

MCQUAIL D. Masscommunication theory: an introduction[M]. London: SAGE Publications, 1983.

MCQUAIL D.McQuail's mass communication theory[M]. 4th ed. London: SAGE Publiccations, 2000.

MCQUAIL D.McQuail's mass communication theory[M]. London: SAGE,2005.

MEEHAN E R. Audiencecommodity [M] // DONSBACH W. The international

Encyclopedia of communication. Hoboken: Blackwell Publishing Ltd., 2008.

MELISSEN J. The new public diplomacy: soft power in the international relations[M]. New York:Palgrave, 2005.

MELKOTE S R, STEEVES H.L. Communication for development in the third world:theory and practice for Empowerment[M]. 2nd cd. London: Sage Publications, 2001.

MELKOTE S R. Everett M. Rogers and his contribution to the field of communication and social change in developing countries[J]. Journal of creative communications,2006.

MELKOTE S R. Theories of development communication[M]//MODY B. International and development communication: a 21st-century perspective. London: SAGE Publications, Inc, 2003.

MELLEY T. Empire of conspiracy: the culture of paranoia in postwar America[M]. Ithaca:Cornell University Press, 2000.

MELLINO M. Lacrítica poscolonial. descolonización, capitalismo y cosmopolitismo en los estudios poscoloniales[M]. Buenos Aires: PAIDÓS, 2008.

MENDRAS H, BELL D. La fin de l'idéologie [J]. Revue française de science politique, 1997, 47(3).

MESSAHE S B. Des frontières de l'interculturalité: étude pluridisciplinaire de la représentation culturelle: identité et altérité [M]. Paris: Presses Universitaires du Septentrion,2009.

MIEGE B. L' information-communication, objet de connaissance [M]. Brussels: De Boeck, 2004.

MIEGE B. La société conquise par la communication ? Oui, mais selon quelles modalités? [C]. Actes du colloque. Ecole nationales supérieur des télécommunications Paris, 2003.

MIEGE B. Lasociété conquise par la communication, I. Logiques sociales[M]. Grenoble: PUG, 1996.

MIEGE B. Les industriels de la culture et de l'information à l'ère des nouveaux médias et des réseaux de diffusion[J]. Sociologie de la communication, 1997, 1(1).

MIEGE B. Les industries culturelles etmédiatiques: une approche socio-économique[J]. Matrizes, 2007(1) .

MIEGE B. Médias, médiations et médiateurs, continuités et mutations[J]. Réseaux,2008(148-149).

MIEGE B. Sciences de la communication et l' information et sa future [A].Interview par ZHU Zhenming à l' Institut de la communication de l' Universite Stendhal-Grenoble 3, 2012-09-26.

MIGNOLO W D.Coloniality: the darker side of modernity[M]//BREITWISSER S. Modernologies. contemporary artists researching modernity and modernism. Catalog of the exhibit at the museum of modern art, Barcelona, Spain. Barcelona: MACBA,2009.

MIGNOLO W D. Geopolítica de la sensibilidad y del conocimiento. Sobre (de) colonialidad, pensamiento fronterizo y desobediencia epistémica[J]. Revista de Filosofía,2013 (74).

MIGNOLO W D. Habitar lafrontera: sentir y pensar la descolonialidad [M]. Barcelona: CIDOB, 2015 .

MIGNOLO W D. Laidea de América Latina [M]. Barcelona: Editorial Gedisa, 2007.

MIGNOLO W D. Preamble: Thehistorical foundation of modernity/coloniality and the emergence of decolonial thinking[M]//KLAREN S C. A companion to Latin American literature and culture. Oxford: Blackwell Publishing Ltd. 2008.

MIGNOLO W. Capitalismo ygeopolítica del conocimiento: El eurocentrismo y la filosofía de la liberación en el debate intelectual contemporáneo[M]. Buenos Aires: Ediciones del Signo, 2001.

MIGNOLO W. La colonialidad: la cara oculta de la modernidad[M]//BREITWISSER S. Catalog of museum exhibit: Modernologies. Barcelona:Museo de Arte Moderno de Barcelona, 2009.

MISES L V. Humanaction: a treatise on economics[M].Auburn: The Ludwig von Mises Institute, 1996.

MITCHLL R, SCHOEFFEL J. Understandingpower: the indispensable Chomsky[M].New York: The News Press, 2002.

MOGHADAM V M. Globalization andsocial movements [M]. Lanham: Rowman & Littlefield Publishers, INC., 2009.

MONS A. La métaphore sociale: images, territoire, communication [M]. Paris: PUF, 1992.

MORAN D. Introduction to phenomenology[M].London:Routlegde, 2002.

MORIN E. ElEspíritu del Tiempo[M].Madrid:Taurus Ediciones, 1966.

MORIN E. Laméthode 4. Les idées[M]. Paris:Seuil, 1991.

MORISET C, MIÈGE B. Les industries du contenu sur la scène médiatique[J].Réseaux, 2005, (131).

MOSCO V. Currenttrends in the political economy of communication[J].Global Media Journal, 2008, 1(1).

MOSCO V. The political economy of communication [M]. 2nd ed. London:SAGE,2009.

MOSCO V. The political economy of communication [ M ]. London: Sage Publications, 1996.

MOUNIER P. La géopolitique d' internet[J/OL]. Homo numericus, 2002-9-21[2012-11-09]. http://www.homo-numericus.net/article182.html.

MOUSTAKAS C E. Phenomenologicalresearch [ M ]. London: Sage Publications, Inc. 1994.

MOWLANA H. Global information and world communication: new frontiers in international relations[M]. London: Sage Publication Ltd. 1997.

MUCCHIELLI A. L' analyse phénoménologique et structurale en sciences humaines[M]. Paris:PUF, 1983.

MURDOCK G. Communications and the constitution of modernity[J]. Media, culture & society,1993,15(4).

MUSSO P. Les télécommunications[M]. Paris:PUF, 2008.

NASH K. Contemporarypolitical sociology: globalization, politics, and power [M]. 2nd ed. Oxford: Wilkey-Blackwell, 2010.

NEGRE F. La communication interculturelle chezLadmiral et Lipiansky[J]. Quaderni, 1994(22).

NELSON C, GAONKAR D P. Disciplinarity and dissent in cultural studies[M]. London: Routledge, 1996.

NEVEU É. Sociologie des mouvements sociaux[M]. Paris:La Découverte, 2011.

NEWTON M. The Encyclopedia of conspiracies and conspiracy theories[M].New York: Facts On File, Inc., 2006.

NORA S, MINC A. Thecomputerization of society [ M ]. Cambridge: The MIT Press, 1980.

NOSSEL S. Smartpower[J]. Foreign Affairs ,2004, 83( 2).

NYE J, OWENS W. America′s information edge[J].Foreign Affairs,1996, 75(2).

NYE J. Bound to Lead: Thechanging nature of American power[M].New York: Basic Books, 1990.

NYE J. Globalismversus globalization[J/OL]. The Globalist, April 15, 2002. [2012-11-07]. http://www.theglobalist.com/printStoryId.aspx? StoryId=2392

NYE J. In Mideast, the goal is "smartpower"[N].The Boston Globe, 2006-08-19(A15).

NYE J. Softpower: the means to success in world politics [M]. New York: Public Affairs, 2004.

O' LOUGHLIN J, et al. Globalization andits outcomes[M].New York:The Guilford

Press, 2004.

OMAR S M. Los estudiospostcoloniales: Una introducción critica[M]. Castelló:Publicacions de la Universitat Jaume I. 2008.

OMC. Rapport annuel 2007[R/OL]. Organisation Mondiale du Commerce. [2020-12-20]. http://www.wto.org/French/res_f/booksp_f/anrep_f/anrep07_f.pdf

OPELLO W C, ROSOW S J. The nation-state and global order: a historical introduction to contemporary politics[M]. Boulder:Lynne Rienner, 1999.

PALAU Y. La médiation sociale, une construction idéologique[J]. Études, 1996(12).

PANNU P, TOMAR Y A. ICT4D:information communication technology for development [M]. Delhi: I K International Publishing House Pvt. Ltd, 2010.

PAREKH B. A new politics of identity: political principles for an interdependent world [M].London:Palgrave, 2008.

PAUL T. Anthropologie, ethnologie et ethnographie[J]. Bulletins de la Société d'anthropologie de Paris, 1876, 11(2).

PEDERSEN M F. Mobility indaily life: between freedom and unfreedom[M]. London: Routledge, 2016.

PEEMANS JP .Le rôle de la modernisation dans les rapports entre impérialisme, capitalisme et développement[J].Cahiers Marxistes, octobre-novembre 2007(236).

PEIRCE C S. Philosophicalwritings of peirce[M]. New York: Dover Publications, INC, 1955:62.

PERRET M L G, et al. Méthodologie de la recherche [M]. London: Pearson Education, 2008.

PHARES W. The war of ideas, Jihadism against democracy [M]. London: Palgrave, 2007.

PIERRE B. Les rites comme actes d'institution[J]. Actes de la recherche en sciences sociales.juin 1982, 43(1).

PIERRE B. Stratégies de reproduction et modes de domination[J]. Actes de la recherche en sciences sociales, 1994(105) .

PIRONT O. GILLES DELEUZE (1925-1995), Le théoricien des sociétés de contrôle [J]. Le monde diplomatique,2007.

PLATON. Gorgias-Ménexène, Ménon-Cratyle[M]. Paris:Garnier Frères, 1967.

PLOOY G M. Mediastudies: institutions, theories and issues[M]. Cape Town: Juta Academic, 2007.

PONTY M. Phénoménologie de la perception[M].Paris:Gallimard, 1976.

Popper K R. The open society and its enemies: vol. 2 Hegel, Marx, and the aftermath [M]. 5th ed. Princeton: Princeton University Press, 1971:96.

PORTA DD, DIANI M. Social movements: an Introduction [M]. 2nd ed. Oxford: Blackwell Publishing, 2006.

POSTMAN N.Technopoly: the surrender of culture to technology[M]. New York:Vintage Books Edition, 1992.

POTTER E H. Cyber-diplomacy: managing foreign policy in the twenty-first century[M]. Montreal: McGill-Queen's University Press,2003.

PRICE M E. Media andsovereignty:the global information revolution and its challenge to state power[M]. Cambridge: The MIT Press, 2002.

PROSSER M H. Mediadiplomacy [M] //LITTLEJOHN S W, FOSS K A. Encyclopedia of communication theory. London:SAGE, 2009.

QUADRUPPANI S. La politique de la peur[M].Paris:Seuil, 2011.

QUEBRAL N C. Whatdo we mean by "Development Communication" [J].International Development Review ,1973, 15 (2).

QUIJANO A. Modernidad y utopía en américa latina [M]. Lima: Sociedad y Política, 1988.

RAMPTONM. The three waves of feminism[J/OL]. The magazine of Pacific University, 2012-04-01[2012-10-22]. http: // www. pacificu. edu/magazine _ archives/2008/fall/echoes/feminism.cfm.

RANGEON F. Société civil: histoire d'un mot[M]//CHEVALLIER J, et al. La société civile.Paris:PUF, 1986.

REEVES J. Culture andinternational relations: narratives, natives and tourists[M]. New York: Routledge, 2004:2.

RENAUD G. Michel Maffesoli ou la passion de l'ordinaire[J].Revue Religiologiques, printemps 1991(3).

RENAULT E. Du fordisme aupost-fordisme:Dépassement ou retour de l'aliénation ? [J]. Actuel Marx, 2006,1(39):.

RENGGER N, et al. Specialissue: cultures and politics of global communication [J]. Review of International Studies, 2008,34(1).

RESTREPO E, ROJAS A. Inflexión decolonial: fuente, conceptos y cuestionamientos [M]. Popayán:Editorial Universidad del Cauca, 2010.

REVUELTAS A. Modernidad ymundialidad[J].Estudios, 1990(23).

REY A. Dictionnaire historique de la langue française [M]. Paris: Dictionnaire

Robert, 1995.

RFI. Une convention pour protéger les cultures[EB/OL] .(2005-10-17)[2019-12-20]. http://www.rfi.fr/actufr/articles/070/article_39214.asp.

RICOEUR P. Du texte à l' action: essais d' herméneutique[M]. Paris:Éditions du Seuil, 1986 .

RICOEUR P. L' idéologie et l' utopie[M]. Paris: Éditions du Seuil, 1997.

RITZER G, GOODMAN D J. Classical sociological theory[M]. Beijing:Beijing University Press, 2004.

RITZER G. Encyclopedia ofsocial theory:Vol.1[M]. London:Sage Publicatons, 2005.

RITZER G. The Blackwell Encyclopedia ofsociology[M]. Hoboken:Blackwell Publishing Ltd. 2007.

RIUTORT P. Sociologie de la communication politique[M]. Paris:La Découverte, 2007.

RIZO M, ROMEU V. Cultura ycomunicación intercultural[J]. Revista da associacao naciona dos programas de pos-graduacao em comunicacao, 2006(7).

ROBIN C. Fear: the history of a political idea [M]. New York: Oxford University Press,2004.

RODRIGUEZ A G.Filosofía y metodología de las ciencias sociales[M]. Mardid: Alian/a Editorial, 2005.

ROGERS E M, STEINFATT M. Intercultural communication[M]. Long Grove:Waveland Press, INC. 1999.

ROSITA F, BAPTISTE M J. Introduction: Le lien plus que l' essence[J].Autrepart, 2002,2(22).

ROTHFUSS E. Intersubjectivity, intercultural hermeneutics and the recognition of the Other[J]. ERDKUNGE, 2009, 63(2).

ROTOR A V. Developmentcommunication-catalyst of socio-economic change[EB/OL]. [2011-11-21].http://avrotor.blogspot.com/2010/11/development-communication-catalyst-of.html.

RUIZ H M, DAVILA G G. Introduccion a las ciencias sociales[M]. Boston:Cengage Learning Editores, 2009.

RUKUNDWA L S, ARDE A G. The formation of postcolonial theory[J]. HTS,2007,63(3).

RYFE D M. De l' audience au public des médias:le courrier des causeries du président Roosevelt[J].Le Temps des Médias, 2004(3).

SAGOT RM . Dependencia, subdesarrollo y colonialidad en La ' Patria Del Criollo' : las ciencias cociales en Centroamérica a fin e inicios de siglo[J]. Anuario de estudios centroamericanos, 2014(40).

SAID E W. The clash of ignorance[N/OL].The nation, 2001-10-04[2012-05-15]. http://www.thenation.com/article/clash-ignorance? page=full.

SAMUEL B J. ASHVEEN P. Histoires de dispositifs[J].Terrains & travaux, 2006(11).

SANDOVAL P. Repensando la subalternidad:miradas críticas desde/sobre América Latina [M].Lima:Instituto de Estudios Peruanos, 2010:8.

SANTOS B de S, MENESES M P.Epistemologías del Sur perspectivas[M]. Madrid:Ediciones Akal, 2014.

SAPIR J. Culture économique, culture technologique, culture organisationnelle [J]. Cahiers du monde russe:Russie, Empire russe, Union soviétique, États indépendants,1995,36 (1-2.).

SAURUGGER S, SUREL Y. L'européanisation comme processus de transfert de politique publique[J]. Revue Internationale de Politique Comparée, 20016,13(2).

SAUVY A. Troismondes, une Planète[J]. L'Observateur,1952(118).

SCAHILL J. Thewar on Al Jazeera[N/OL]. The nation, 2005-12-01[2012-06-10]. http://www.thenation.com/article/war-al-jazeera.

SCHEIN E H. Organizational culture and leadership[M]. Hoboken:John Wiley & Sons, Inc., 2004.

SCHEMENT J R. Encyclopedia of communication and information[M]. New York:Macmillan Reference USA, 2002.

SCHEUFELE D A. Framing as atheory of media effects[J]. Journal of communication, 1999, 49(1).

SCHILLER D. Digitalcapitalism: networking the global market system[M]. Cambridge: The MIT Press, 2000.

SCHILLER D. Themilitarization of US communications[M]//WASKO J, et al. Handbook of the Political Economy of Communications. Hoboken:Blackwell Publishing Ltd., 2011.

SCHILLER H. Communication and cultural domination[M]. New York: International Arts and Sciences Press, Inc., 1976.

SCHILLER H. Information andthe crisis economy [M]. Oxford: Oxford University Press, 1986.

SCHRÖTER H G. Americanization of the Europeaneconomy[M]. Berlin:Springer, 2005.

SCHUDSON M. Thesociology of news production [J]. Media, Culture and Society, 1989,11.

SCOTT J, MARSHALL G. A Dictionary ofsociology [M]. Oxford: Oxford University

Press, 2005.

SEGALES JJ B. ¿Qué significa pensar desde América Latina? Hacia una racionalidad transmoderna y postoccidental[M].Madrid:AKAL, 2014.

SEGOVIA A I. Treinta años de economía política de la comunicación: Las aportaciones de Herbert I. Schiller[J].Cuadernos de Información y Comunicación,2000(5).

SEGRESTIN D. La logique del'honneur: Gestion des entreprises et traditions nationales par Philippe d'Iribarne[J]. Revue française de sociologie,1990(31-4).

SEMATI M. Newfrontiers in international communication theory[M]. Lanham: Rowman & Littlefield Publishers, INC, 2004.

SENARCLENS P de. La mondialisation, enjeux et débats [M]. Paris: Armand Colin, 2001.

SFEZ L. La Communication[M].Paris: Presses Universitaires de France, 1991.

SHAMIR J, SHAMIR M. The anatomy of public opinion[M]. Ann Arbor: University of Michigan Press, 2000.

SHANAHAN J. Culturalindicators[M] //LITTLEJOHN S W, FOSS K A. Encyclopedia of communication theory. London:SAGE, 2009.

SHAPIN S. The Scientific revolution[M].Chicago and London: The University of Chicago Press, 1996.

SHARPE M, BOUCHER G. Zizek andpolitics:a critical introduction[M]. Edinburgh:Edinburgh University Press, 2010.

SHUTZ A. Thephenomenology of the social world[M]. Evanston: Northwestern University Press, 1967.

SIEBERT F S, PETERSON T, SCHRAMM W. Four theories of the Press,the authoritarian, libertarian, social responsibility and soviet communist concepts of what the Press should be and go[M]. Champaign:University of Illinois Press, 1963.

SILVA J M da. Régis Debray: as tecnologias da crença[J]. Revista FAMECOS, Porto Alegre , 1998(9).

SILVERSTONE R. The power of the ordinary: on cultural studies and the sociology of culture[J]. Sociology, 1994, 28(4).

SINNERBRINK R. Culture industry redux: Stiegler and Derrida on technics and cultural politics[J]. Transformation,2009, (17).

SLUNECHO T, HENGLE S. Language, cognition, subjectivity: a dynamic constitution [M]//VALSINER J, ROSA A. The Cambridge Handbook of sociocultural psychology. Cambridge: Cambridge University Press, 2007.

SMITH A D. National identity[M]. London: Penguin,1991.

SMITH A D. When is a nation[J].Geopolitics, 2002,7(2).

SMYTHE D W. On theaudience commodity and its work [M] // DURHAM M G, KELLNER D M. Media and cultural studies: key works. Hoboken: Blackwell Publishing, 2006.

SNOW N, TAYOR P M. Routledge Handbook ofpublic diplomacy[M].New York:Routledge, 2009.

SNOW N. Propaganda, Inc.: selling America's culture to the world[M]. New York: Seven Stories Press, 2002.

SO A Y. Social change and development: modernization, dependency, and World-System theories[M]. London:SAGE Publications, Inc., 1990.

SOULAGES J C. La construction thématique du conflit en ex-Yougoslavie par les journaux télévisés français (1990-1994)[J]. Mots,1996(47).

SPIVAK G C. Can thesubaltern speak? [M]//NELSON C, GROSSBERG L. Marxism and the interpretation of culture. London: Macmillan, 1988.

STEARNS P N. Globalization in world history[M]. London:Routledge, 2010.

STEGER M B, JAMES P.Levels of subjective globalization: ideologies, imaginaries, ontologies[J] Perspectives on Global Development and Technology. 2013,12 (1-2).

STEINMETZ G. Introduction:culture and the State[M]//STEINMETZ G. State/Culture: State-formation after the cultural turn. New York: Cornell University Press,1999.

STEPHAN A. The Americanization of Europe:culture, diplomacy and anti-Americanism after 1945[M]. Oxford: Berghahn Books, 2006.

STEVENSON R. Defininginternational communication as a field[J]. Journalism Quarterly, 1992,69(3).

STIEGLER B. Technics andtime: the fault of epimetheus[M]. Stanford: Stanford University Press, 1998.

STRATE L. A Mediaecology review[J]. Communication Research Trends, 2004, 23(2).

STRATE L. Mediaecology as a scholarly activity[J].Proceedings of the media ecology association,2002(3).

STRAUSS C L. Anthropologie structurale[M].Paris:Plon, 1958.

STRAUSS C L. Introduction [M] // MAUSS M. Sociologie et anthropologie. Paris: PUF,2004.

STRAUSS C L. La Penséesauvage[M]. Paris:Plon, 1966.

SUNKEL G, CATALÁN C. Comunicación y política en América Latina [J]. Historia crítica, 1993(7).

SUNKEL O. Intégration capitaliste transnationale et désintégration nationale en Amérique latine[J].Politique étrangère, 1970, 35(6).

SWARTZ D. Culure & power: the sociology of Pierre Bourdieu [M]. Chicago: The University of Chicago Press, 1997.

SWIDLER A, ARDITI J. The New sociology of knowledge[J]. Annu. Rev. Sociol. Annual Reviews Inc., 1994(20).

Syrie: Wikileaks publie des《Syria files》d'Assad et de l'opposition[N/OL]. TF1 NEWS. 2012-07-05[2012-07-07]. http://lci.tf1.fr/monde/amerique/la-taupe-de-wikileaks-risque-la-peine-de-mort-7201093.html

TABACHNICK D E. Techne, technology and tragedy[J]. Techne: Research in Philosophy and Technology. 2004, 7(3).

TABBONI S. Les temps sociaux[M].Paris: Armand Colin, 2006.

TAIZixue. The Internet in China: cyberspace and civil society [M]. London: Routledge, 2006.

TAQUIEFF P A. L' imaginaire du complot mondial: Aspects d' un mythe moderne[M]. Paris: Mille et une nuits, 2006.

TAQUIEFF P A.Taguieff décode la théorie du complot, Propos recueillis par Christophe Ono-dit-Biot[J/OL]. Le Point, 2011-12-15[2012-02-09]. http://www.lepoint.fr/societe/taguieff-decode-la-theorie-du-complot-15-12-2011-1408474_23.php.

TARDE G. L' Opinion et la foule[M]. Paris: PUF, 1989.

TAROT C. Sociologie et anthropologie de Marcel Mauss[M].Paris: La Découverte, 2003.

TAYLOR P M. Munitions of the mind: a history of propaganda from the ancient world to the present day[M]. Manchester: Manchester University Press, 2003.

TCHAKHOTINE S. Le viol des foules par la propagande politique [M]. Paris: Gallimard, 1952.

The Communication Initiative & Food and Agriculture Organization of the United Nations & World Bank. World Congress on Communication for Development: Lessons, Challenges, and the Way Forward[R]. The WorldBank: World Bank Publictions. 2007.

The Economist. The threat from theinternet: Cyberwar [N/OL]. The economist, 2010-07-01[2012-07-06]. http://www.economist.com/node/16481504? story_id=16481504&source=features_box1

The Economist. War in the fifth domain[N/OL]. The economist, 2010-07-01[2012-07-06].http://www.economist.com/node/16478792.

Wikipédia. Théorie du complot[EB/OL].[2012-02-12]. http://fr.wikipedia.org/wiki/Th%C3%A9orie_du_complot.

THEVENET M. La culture d'entreprise[M].Paris:PUF, 1993.

THOMPSON J B. The globalization of communication[M]//HELED D, McGREW A. The global transformations reader: an introduction to the globalization debate. 2nd ed. London: Polity Press, 2005.

TIERCELIN C. C. S. Peirce et le pragmatisme [M]. Paris: Presses Universitaires de France, 1993.

TISCHLER H L Introduction tosociology [M].10th ed. Belmont: Wadsworth, Cengage Learning, 2011.

TOMEI S. Le pouvoir:Symboles etmythes[M]. Paris:Les Éditions du Palais,2011.

TOMLINSON J. Culturalimperialism: a critical introduction[M]. Baltimore: The Johns Hopkins University Press, 1991.

TOOMEY S T. Communicatingacross cultures[M]. New York:The Guilford Press, 1999.

TORRES N M. Sobre la colonialidad del ser: contribuciones al desarrollo de un concepto [M]//GÓMEZ S C, GROSFOGUEL R. El giro decolonial: Reflexiones para una diversidad epistémica más allá del capitalismo global. Bogotá: Siglo del Hombre Editores,2007.

TOURARD H. L' internationalisation des constitutions nationales[M]. Paris: L. G. D. J,2000.

TRUMAN H S. First Inaugural Address [EB/OL].[2015-09-12]. http://teachingamericanhistory.org/library/index.asp? document=1188.

TYLOR E B. Primitive Culture: researches into the development of mythology, philosophy, religion, language, art and custom, vol. 1[M].London: John Murray,1871/1903.

UNESCO. UNagencies and communication for development[EB/OL].[2020-10-22]. http://portal.unesco.org/ci/en/ev.php-URL_ID=21370&URL_DO=DO_TOPIC&URL_SECTION=201.html

UNESCO.Cultures et civilisations[EB/OL].[ 2010-11-07 ]. http://www.unesco.org/dialogue/fr/culture1.htm.

UNESCO. Declaración Universal sobre Diversidad Cultural. Una visión, una plataforma conceptual, un semillero de ideas, un paradigma nuevo[R].UNESCO,2002.

UNESCO. Définition de l'UNESCO de la culture, Déclaration de Mexico sur les politiques culturelles[C]. Conférence mondiale sur les politiques culturelles. Mexico City, 1982-7-26.

UNESCO. Conventionsur la protection et la promotion de la diversité des expressions culturelles [R]. Paris:UNESCO, 2005-10-20.

UNITED NATIONS. Communicationfor development: strengthening the effectiveness of the United Nations[R]. United Nations Development Programme, 2011.

UNITED NATIONS. Étude sur lestransports maritimes 2010[R]. United Nations, 2010.

VALERO A. Reseña de "Lacolonialidad del saber: eurocentrismo y ciencias sociales. Perspectivas latinoamericanas" de Edgardo Lander[J]. Boletín Antropológico, 2003, 21(57).

VAQUERA M L C. En losorígenes del concepto ' ideología '. De la filosofía a la lingüística, del individuo a la sociedad[J]. Boletín Hispánico Helvético, 2014, 23(primavera 2014).

VENNE M. Texte du discours de la séance plénière [M]//KOOP M C. Le Québec à l'aube du nouveaumillénaire: Entre tradition et modernité[M]. Québec: Presses de l'Université du Québec, 2008.

VERENE D P. Kant, Hegel, and Cassirer: Theorigins of the philosophy of symbolic forms [J]. Journal of the History of Ideas, 1969, 30(1).

VERHULST S. Diasporic andtransnational communication: technologies, politics and regulation[J]. The Public, 1999, 6(1).

VOLKMER I. Globalization theories[M] //LITTLEJOHN S W, FOSS K A. Encyclopedia of communication theory. London: SAGE, 2009.

WAJCMAN G. L'Œil absolu [M]. Paris: Editions Denoël, 2001.

WALKER C, LUDWIG J. Sharppower: rising authoritarian influence[R]. The National Endowment for Democracy, 2017.

WALLERSTEIN I, et al. Abrir las ciencias sociales[M]. Mexico: Siglo XXI editors, 2004.

WALLERSTEIN I. Les économies-monde et leur histoire. Entretient[J]. Le Débat, 2009 (154).

WALLERSTEIN I. Theessential Wallerstein[M]. New York: The New Press, 2000: 129.

WALLERSTEIN I. The modern world-system: v1[M]. New York: Academic Press, 1980.

WALSH C. (Re)pensamiento crítico y (de)colonialidad[M]//WALSH C. Pensamiento crítico y matriz (de)colonial. Reflexiones latinoamericanas. Quito: Universidad Andina Simón Bolívar-Abya-Yala, 2005.

WANTA W. Gatekeeping[M]//DONSBACH W. The International Encyclopedia of communication. Hoboken: Blackwell Publishing Ltd., 2008.

WATERS M. Globalization [M]. 2nd ed. London: Routledge, 1995.

WATZLAWICK P, BEAVIN JH, JACKSON Don D. Une logique de la communication [M]. Paris: Editions du Seuil, 1972.

WEISS L. The state-augmenting effects of globalization [J]. New Political Economy,

2005,10(2).

WERTSCH J V. Collectivememory[M] //VALSINER J, ROSA A. The Cambridge handbook of sociocultural psychology. Cambridge: Cambridge University Press, 2007.

WEST R, TURNER L H. Introducingcommunication theory: analysis and application[M]. 4th ed. New York:McGraw-Hill Higher Education, 2010.

WOLTON D. Avant-propos. Audience et publics: économie, culture, politique [J]. HERMÈS, 2003(37).

WOLTON D. L'autre mondialisation[M]. Paris:Flammarion, 2003.

World Bank. What isdevelopment communication[EB/OL].[2016-10-21]. http://web.worldbank. org/WBSITE/EXTERNAL/TOPICS/EXTDEVCOMMENG/0,, contentMDK:20240303~menuPK:34000167~pagePK:34000187~piPK:34000160~theSitePK:423815,00.html.

WUNENBURGER J J. L'imaginaire[M].Paris:PUF. 2003.

VACHER Y. La pratique réflexive:un concept et des mises en œuvre à définir[J]. Recherche et formation,2011(66).

YOUNG R J C. Ethnicity asotherness in British identity politics[M]//BOYI E M .Beyond Dichotomies: histories, identities, cultures and the challenge of globalization. Albany: State University of New York Press, 2002.

YOUNG R J C. Post-colonialism: an historical introduction [M]. London: Blackwell, 2001.

YOUNG R J C. Whitemythologies: writing history and the West [M]. London: Routledge, 2004.

YOUNG R. Intercultural communication: pragmatics, genealogy, deconstruction [M]. Bristol:Multilingual Matters Ltd, 1996.

ZAFIROVSKI M. The Enlightenment and its effects on modern society [M]. Berlin: Springer, 2011.

ZARIFIAN P. L'échelle du monde:globalisation, altermondialisme, mondialité[M]. Paris:La Dispute, 2004 .

ZARZALEJOSJ A. Comunicación, periodismo y "fact-checking" La Era de La Posverdad: Realidad vs. Percepción[J]. UNO,2017(27).

# 后 记

这本《西方国际传播的想象》主要基于对西方国际传播理论的思考。写这本书的主要动力来自为我国的学生和相关研究者提供一个“西方国际传播想象”,展现西方学者思考国际传播的概念、路径与问题意识。中国的“走出去”战略,不仅是经济和政治问题,更是文化问题。不仅要了解我们自己,更要了解西方人的想象。在写这本书的时候,一方面努力去展现西方(主要是欧美)对国际传播的理解及理论基础,如法国社会人文科学思想、德国的主体及反主体哲学以及美国国际政治与国际关系理论;另一方面不得不把西方世界(欧美)看作一个学术上自治的世界,这种自治不仅来自象征层面上的文明与信仰的共享,而且来自地缘情感的融洽。

在学术研究上,尽管我们存在着不同的见解,但不可否认现代社会体系以及规范的自然与社会人文科学来源于西方,主要是欧美。西方的学者(特别是法国)对社会—文化—技术—经济传播现象的分析到了“精巧”的程度,如涂尔干、莫斯、施特劳斯、布尔迪厄、列斐伏尔、福柯、利奥塔、巴特、拉康、埃吕尔、斯蒂格勒、塞尔托、布罗代尔、马特拉、米涅等。德国的主体哲学为不同学科的研究分析提供了基础性的认识框架和概念工具,如康德的“主体”、黑格尔的“认识辩证法”、胡塞尔的“现象学方法”、哈贝马斯的“交际行为”、尼采的“系谱学”等。更重要的是,这些人文社会科学思想的发展不是断裂的,而是形成传统意义的系谱学体系与彼此的理论参照框架,正是这些系谱构成了传播学思辨研究的灵感源泉:从所谓的“工业社会”到“后工业社会”(或“信息社会”),都是现代或后现代知识生产的理论参照系。除欧洲大陆之外,也融合了盎格鲁-撒克逊学者在国际传播学研究中的贡献(如传播批判政治经济学和文化研究),不过更多的是构建在商业与实证主义文化基础上的想象。二战后,美国的国际政治与国家关系理论是研究和分析世界地缘政治与经济游戏的重要理论参照体系，尤其是进入后工业社会以后，信息成了促进社会调整和经济增长的重要手段，同时成了国际政治和国际关系博弈的重要手段，如摩根索、约瑟夫·奈、亨廷顿、布热津斯基、福山等。所有这些学者的思想与著作构成了"国际传播"的重要理论资源。

在研究上除了我们看到欧美的学术自治之外，另外两个使我感到"有趣"的现象是欧洲的"罗马帝国情结"与欧洲诸国的情感联系。首先，从罗马帝国、东西罗马帝国、查理曼大帝的法兰克王国（"神圣罗马帝国"），经过德国的哈布斯堡家族到维多利亚时代的英国，直至20世纪的希特勒的第三帝国与现在的欧盟，无不企求建立一个强大统一的欧洲以及在此基础上的世界性帝国，"神圣罗马帝国"的想象始终是贯穿欧洲政治社会的一条红线，"罗马帝国情结"成了欧洲政治文化的组成部分。其次，欧洲诸国与亚洲、拉美、非洲等国家不同，欧洲诸国的皇室在历史上大都有着亲缘关系，而不是单纯的部落或附属国。亲情、文明、信仰、地缘等因素把这些国家在心理上牢固地粘合在一起。无论是11世纪第一次基督教分裂生成的罗马天主教（西欧）和东正教（俄罗斯），还是15世纪宗教改革形成的新教、加尔文教等，都属于基督教。宗教的同源使欧美共享着相同的基督教信仰。另外，在欧洲这块共享宗教信仰与文明的土地上，因历史上的皇室亲缘又使各国的关系变得相当复杂。无论是罗马帝国时代、查理曼大帝时期（742—814），还是德国的哈布斯堡家族（1282—1918）直至英国的维多利亚时期（1819—1901），联姻成就欧洲有名的"婚床政治"。英国的维多利亚女王（Alexandrina Victoria，1819—1901）尤为典型。女王生于英国伦敦，长于德国，受舅父利奥波德一世（后为比利时国王）监护教育，因英国国王兼德国汉诺威王国的叔父去世，18岁登基为英国国王，并把汉诺威让与另一位叔父，致使汉诺威不再是英国的领土。她的子女与孙女们，有的成为德国的皇后或国王，有的成为挪威国王，有的成为俄罗斯皇后，有的成为加拿大总督的夫人；儿子与孙子们则迎娶丹麦、俄罗斯、德国等地公主或郡主。维多利亚因此被称为"欧洲的祖母"，在一定程度上，第一次世界大战成了欧洲亲戚间的战争。

鉴于欧美社会与学术自治性以及他们在当代国际社会体系中的位置，本书主要梳理当代国际传播理论研究中常见理论阐释框架，以主题框架的形式勾勒和呈现自20世纪以来的主要"国际传播"研究学术话语，突出其研究的问题、视角乃至方法，力求呈现出研究中的一些理论框架以及概念的重要坐标，给出一个思考问题的导向。如果读者能从本书中体会到国际传播(传播学)的主要问题意识、本体论、认识论和方法论方面的启示，本书也就达到了目的。齐格蒙特·鲍曼曾说“文化是一种实践”，①在此意义上，本书是在中国文化语境下对西方国际传播理论的探讨实践，也算是一种跨文化传播研究的粗浅尝试。

最后，我要向促成本书出版的领导、同事和朋友表示崇高敬意和感谢！感谢中国传媒大学传播研究院对本书的资助，感谢国际传播研究中心主任孟山教授不遗余力地推动本书的出版，感谢中国传媒大学出版社总编赵均和责任编辑的大力关照和付出的辛苦。另外还要感谢我的研究生谢林丽、栗珊、付佳洁等，她们帮我阅读了书稿并提出了建议。

---

① BAUMAN Z. La cultura como praxis[M]. Buenos Aires:PAIDÓS, 1999.

**图书在版编目(CIP)数据**

西方国际传播的想象/朱振明著.--北京:中国传媒大学出版社,2021.11
ISBN 978-7-5657-3031-3

Ⅰ.①西…　Ⅱ.①朱…　Ⅲ.①传播学-西方国家　Ⅳ.①G206

中国版本图书馆 CIP 数据核字(2021)第 189513 号

**西方国际传播的想象**
**XIFANG GUOJI CHUANBO DE XIANGXIANG**

| | |
|---|---|
| **著　　者** | 朱振明 |
| **责任编辑** | 张　蕊 |
| **封面设计** | 风得信设计·阿东 |
| **责任印制** | 李志鹏 |

| | | | |
|---|---|---|---|
| **出版发行** | 中国传媒大学出版社 | | |
| **社　　址** | 北京市朝阳区定福庄东街 1 号 | **邮　　编** | 100024 |
| **电　　话** | 010-65450528　65450532 | **传　　真** | 65779405 |
| **网　　址** | http://cucp.cuc.edu.cn | | |
| **经　　销** | 全国新华书店 | | |

| | |
|---|---|
| **印　　刷** | 唐山玺诚印务有限公司 |
| **开　　本** | 710mm×1000mm　1/16 |
| **印　　张** | 32 |
| **字　　数** | 525 千字 |
| **版　　次** | 2021 年 11 月第 1 版 |
| **印　　次** | 2021 年 11 月第 1 次印刷 |

| | | | |
|---|---|---|---|
| **书　　号** | ISBN 978-7-5657-3031-3/G·3031 | **定　　价** | 158.00 元 |

**本社法律顾问:北京李伟斌律师事务所　郭建平**